L'HUMOUR YIDDISH

YIDISHER HUMOR

יידישער הומאר

Éditions Eyrolles
61, bd Saint-Germain
75240 Paris Cedex 05
www.editions-eyrolles.com

Illustrations : Monique Vainberg

Nouvelle édition du titre paru aux éditions Zeldov en 2013.

© Éditions Eyrolles, 2019
ISBN : 978-2-212-57088-5

JACQUELINE ET **DAVID KURC**

PRÉFACES DE **MAREK HALTER** ET **YITSKHOK NIBORSKI**

L'HUMOUR YIDDISH

YIDISHER HUMOR

יידישער הומאר

Éditions
EYROLLES

זשאַקלין און דוד קורץ

Zhaklin un Dovid Kurts

ייִדישער הומאָר

Yidisher Humor

Hakdomes :

Marek Halter

Yitskhok Niborski

הקדמות :

מאַרעק האַלטער

יצחוק ניבאָרסקי

Éditions
EYROLLES

En hommage à nos parents disparus,

Rosa et Hershl Kurc,
Chaja et Hermann Ramstein.

À la mémoire d'Amnon Kurc.

לכּבֿד אונדזער עלטערן,

רויזע און הערשל קורץ,
חיִיה און הערמאַן ראַמשטיין.

אין אָנדענק פֿון אמנון קורץ.

En héritage,

A nos enfants :
Stéphane, Emmanuel et Hélène,
A nos petits-enfants :
Dimitri, Nicolas, Thibault,
Simon, Théophile et Antonin.

A tous ceux qui ne veulent pas oublier, et à leurs descendants.

A tous les curieux…

בירושה,

פֿאַר אונדזערע קינדער :
סטעפֿאַן, עמאַנועל און עלען,
פֿאַר אונדזערע אייניקלעך :
דימיטרי, ניקאָלאַ, טיבאָ,
סימאָן, טעאָפֿיל און אַנטאָנין.

פֿאַר די אַלע וואָס ווילן נישט פֿאַרגעסן און זייערע קינדסקינדער.

פֿאַר וועמען עס וויל נאָר...

וויצן זײַנען ווי קעץ : זיי געהערן צו די וואָס כאַפּן זיי.

אַלטער דרויאַנאָוו

Les blagues, c'est comme les chats :
elles appartiennent à ceux qui les attrapent.

Alter Druyanov

Vitsn zaynen azoy vi kets : zey gehern tsu di vos khapn zey.

Alter Druyanov

PRÉAMBULE

Il nous fallait trouver un titre à ces lignes puisqu'il y a déjà, en tête de ce livre, deux préfaces signées de noms célèbres, ainsi qu'un avant-propos et une introduction de nos amis et auteurs Jacqueline et David Kurc. Mon épouse et moi-même regrettions beaucoup que la première édition fût épuisée. Nous avons été ravis d'aider à sa réédition.

Cet ouvrage est d'abord drôle, mais souvent aussi nostalgique. Il s'est également avéré très didactique : il sert d'exercices ludiques à ceux qui ont envie de s'approprier la langue, ainsi qu'aux professeurs de yiddish, que ce soit en version ou en thème ! De plus, cette traduction en « troisième langue », la translittération du yiddish, est une idée superbe, un peu comme une aide à fredonner lorsque l'on ne sait pas chanter…

Loin d'être un recueil de blagues, « Humour yiddish » est un médicament qui guérit : lecteur, soigne-toi bien !

Évelyne et Alain Ziegler

© Laurent Berman

PRÉFACE

Marek HALTER

POURQUOI L'HUMOUR JUIF ?

Le mot humour vient paraît-il du mot anglais *humour*, l'humeur. Il suffit que, sur scène, un acteur joue le rôle d'un excentrique qui change tout le temps d'humeur pour déclencher le rire.

Pour les chercheurs, la théorie des humeurs, après avoir traversé la Grèce, été transmise par les Arabes puis recueillie par les médecins et les alchimistes à la fin du Moyen-Âge, elle avait été établie il y a deux mille ans par Hippocrate de Cos.

Il n'est donc pas étonnant que Jacqueline et David Kurc, deux excellents médecins, se soient penchés à son chevet.

Mais tout ce qui fait rire est-il de l'humour ? Que sont alors la satire, la caricature, l'ironie, l'absurde... ? Dans son livre *Le mot d'esprit et ses rapports avec l'inconscient* (1905), Freud mêla à sa démonstration un grand nombre d'histoires juives. Pour se justifier, il explique : « *Nous n'exigeons de nos exemples aucune lettre de noblesse, nous ne nous soucions pas de leurs origines, nous nous demandons seulement s'ils sont capables de nous faire rire et s'ils sont dignes d'éveiller notre intérêt de théoricien. Or, ce sont précisément des histoires juives qui répondent le mieux à ces deux exigences.* »

Pour les Juifs, l'humour est une forme de résistance. Tous les hommes sont, selon Henri Bergson (*Le Rire*, 1900), « *des animaux qui savent rire* ». Tous les hommes sont aussi des animaux qui « *font rire* ». Bergson ajoute qu'à moins d'étouffer nos émotions, il est difficile de rire de quelqu'un qui nous inspire de la pitié.

Aussi, pour échapper tant à la pitié qu'à la haine, les Juifs ont inventé une autre catégorie de rire : le rire de soi comme moyen de prévenir et de désarmer l'ironie, le sarcasme ou les caricatures dont on les accable. Ce rire-là, que l'on nomme l'humour juif, joue sur le déplacement des mots ou des situations. Exemple : à l'annonce des premières rafles de Juifs en France, le dramaturge Tristan Bernard déclare : « *J'appartiens à la race élue (...) pour le moment en ballottage.* » Et, arrivant avec sa femme dans le camp de Drancy, l'antichambre d'Auschwitz : « *Jusqu'à présent nous vivions dans l'angoisse, maintenant nous vivrons dans l'espérance.* » L'écrivain Piotr Rawicz, rescapé d'Auschwitz, était frileux. Même en été il portait un cache-nez et un paletot. Quand on le pressait de questions, il répondait que, depuis qu'il était sorti des fours, il avait tout le temps froid.

En travaillant à cette préface pour le recueil de blagues ou de mots d'esprit de Jacqueline et David Kurc, j'ai fini par me demander s'il y avait un autre humour que l'humour juif. Il existe bien sûr de multiples moyens de faire rire les gens. « *On obtiendra un effet comique,* dit Henri Bergson dans *Le Rire*, *en transposant l'expression naturelle d'une idée dans un autre ton.* » Mais ce que nous appelons aujourd'hui l'humour, ce que Chaplin a si bien su illustrer, n'est pas fondé sur l'agression envers l'autre mais envers soi-même. Et ceux qui ont inventé cet « art » et qui l'ont pratiqué à travers les siècles sont les Juifs.

En rassemblant leurs blagues – *witz* –, Jacqueline et David Kurc ont eu la géniale intuition de les transcrire en yiddish. Car la plupart d'entre elles avaient été formulées en yiddish. Je dirais même qu'elles font partie du corpus de cette langue qui n'est autre qu'une grosse blague que les Juifs, dans leur diaspora européenne, ont inventé pour alléger leurs souffrances et se faire rire.

Dès l'an 50 avant notre ère, au moment où Jules César distribuait à ses légionnaires des terres publiques en Sicile, en Grèce, en Orient, en Afrique et en Gaule, les soldats juifs eux, s'établirent dans la vallée du Rhin. Ces hommes et leurs familles y apprirent la langue germaine. Mais, pour se protéger de l'hostilité de la population, ils transformèrent les lettres hébraïques, la langue vernaculaire, en une langue singulière : le yiddish, seule langue qui ne soit pas née de la nécessité de communiquer mais de celle de résister.

Dès le premier jour où ils commencèrent à se parler en allemand, les Juifs modelèrent un allemand *aftselakhes*, pour narguer le mépris de leurs voisins. Partout où ils le pouvaient, ils se mirent à prendre des mots qu'ils injectaient dans la syntaxe allemande, rendant la langue originale ridicule et surtout incompréhensible.

Il faut lire ces histoires juives que Jacqueline et David Kurc ont rassemblées. Mais aussi leur transcription littérale en yiddish. On trouvera toujours un mot provenant d'une langue que nous connaissons et qui donne une saveur supplémentaire à cette histoire. Un travail remarquable.

הקדמה

יצחק ניבאָרסקי

פֿאַראַן אַ באַקאַנטער אַנעקדאָט וואָס פֿאַרגלײַכט ווי עס רעאַגירן אויף אַ וויץ אַ פויער, אַן אָפֿיציר, אַ פריץ און אַ ייִד. שאַט, נעמט נישט שרײַען אַז איר האָט דאָס שוין געגוג געהערט, איך רעכן ממילא נישט עס צו דערציילן ווידער. איך וויל נאָר דערמאָנען דעם אויסלאָז פֿון יענעם אַנעקדאָט : דער ייִד הערט אויס דעם וויץ און טוט אַ מאַך : „עט, אַן אַלטע מעשׂה, איך קען זי דערציילן בעסער“.
דוד קורץ איז טאַקע אַזאַ ייִד, וואָס אָפֿט מאָל קען ער טאַקע די אַלטע מעשׂה דערציילן בעסער. זינט ער איז אַרויס אויף פענסיע נאָך אַ גאַנץ אַרבעטס-לעבן ווי אַ דאָקטער, האָט ער זיך דערוואָרבן אַ שם אין ייִדישן פּאַריז מיט זײַנע הומאָר-אָוונטן, ווו ער טרעט אַרויס — אויף פֿראַנצייזיש און אַ ביסל אויף ייִדיש — מיט אַ פֿײַנעם און רײַכן רעפּערטואַר וויצן. אַ טייל פֿון זײַנע וויצן שטאַמען פֿון קלאַסישן ייִדישן הומאָר-אוצר, אָבער זיי זענען צוגעפּראַוועט מיט דוד קורצעס אייגענע, שמעקעדיקע געווירצן. אַנדערע זענען נײַערע, נישט אַזוי אויס-געדראָשענע, טייל מאָל אויך נישט טיפּיש ייִדישע. ווען דוד דערציילט זיי בעל-פּה, קריגן זיי דעם גאַנצן חן פֿונעם דערציילערס פּערזענלעכקייט. דוד איז אי אַ גאַנצער ייִד, אי אַ גאַנצער פּאַריזער פֿראַנצויז, דעריבער קריגן בײַ אים אַפֿילו די אַלגעמיינע חכמות אַ שטיקל ייִדישן טעם, און די ייִדישע שטעקן זיך אַ ביסל אָן מיט לײַכטער פּאַריזערישער שטיפֿערישקייט.

איצט האָט זיך דוד קורץ פֿאַרמאָסטן אַרויסצוגעבן — מיט דער הילף פֿון זײַן ווײַב זשאַקלין — זײַן פֿולן רעפּערטואַר אין איין באַנד, אײַנגעטיילט לויט טעמעס און תּקופֿות, פֿאַרזאָרגט מיט קורצע אַרײַנפֿירן און דערקלערונגען, און אין גאַנצן צווייטשפּראַכיק, ווי אַן אויסדרוק פֿון ליבשאַפֿט און באַציִונג צו מאַמע-לשון. איך זאָג : דוד, אָבער אַז איך רעד וועגן דעם בוך מיין איך צו זאָגן : דוד און זשאַקלין קורץ, זשאַקלין און דוד קורץ,ביידע אין איינעם, אין אַ זעלטענער אַחדות. זיי, וואָס האָבן זיך געהאָדעוועט אין שאָטן פֿונעם חורבן, האָבן אַרײַנגעלייגט יאָרן אַרבעט כּדי אינעם בוך זאָל זײַן פֿאַרטראָטן די שפּראַך פֿון זייערע עלטערן.

צווישן הונדערטער וויצן זענען פֿאַרשטייט זיך פֿאַראַן אַזעלכע, וואָס קענען אַ באַשטימטן לייענער פּערזענלעך געפֿעלן בעסער ווי אַנדערע. הומאָר שפּיגלט אָפּ פֿאַרשפּרייטע שטי-מונגען און געשמאַקן, צווישן וועלכע דער יחיד האָט אַ ברירה. אָבער פֿון דער גאַנצקייט פֿונעם געזעמל שפּרודלט מיט שאַרפֿזין, מיט געזונטער פֿרייד און מיט מענטשלעכקייט. יעדער לייענער וועט זיך דערמיט מחיה זײַן.

לאָמיך ענדיקן מיט אַ פּערזענלעכן מאָמענט. שוין איבער דרײַסיק יאָר קען איך די קורצעס. אַחוץ פּערזענלעכער פֿרײַנדשאַפֿט, בינדט מיך צו זיי די ליבשאַפֿט צו ייִדיש בכלל, און בפֿרט צו אונדזער היימישן פּוילישן ייִדיש, פֿון וועלכן מיר זוכן אויפֿצוהיטן די פֿונקען, אַפֿילו אינעם גלות פֿון אַנדערע אַקצענטן און אונטער דער ווירקונג פֿון אַנדערע שפּראַכן. בײַם דוד קורץ בעל-פּה זענען אַזעלכע פֿונקען אַן אָפֿטער שטריך. הלוואי זאָלן זיי אויך אין שריפֿט דערגיין צו די, וואָס דערקענען נאָך זייער שײַן און וועלן זיך אין איר דערקוויקן.

HAGDOME

Yitskhok NIBORSKI

Faran a bakanter anekdot vos farglaykht vi es reagirn oyf a vits a poyer, an ofitsir, a porets un a Yid. Shat, nemt nisht shrayen az ir hot dos shoyn genug gehert, ikh rekhn mimeyle nisht es tsu dertseyln vider. Ikh vil nor dermonen dem oysloz fun yenem anekdot : der Yid hert oys dem vits un tut a makh : "Et, an alte mayse, ikh ken zi dertseyln beser".

Dovid Kurts iz take aza Yid, vos oft mol ken er take di alte mayse dertseyln beser. Zint er iz aroys oyf pensye nokh a gants arbets-lebn vi a dokter, hot er zikh dervorbn a shem in yidishn Pariz mit zayne humor-ovntn, vu er tret aroys – oyf frantseyzish un a bisl oyf yidish – mit a faynem un raykhn repertuar vitsn. A teyl fun zayne vitsn shtamen fun klasishn yidishn humor-oytser, ober zey zenen tsugepravet mit Dovid Kurtses eygene, shmekedike gevirtsn. Andere zenen nayere, nisht azoy oysgedroshene, teyl mol oykh nisht tipish yidishe. Ven Dovid dertseylt zey bal-pe, krign zey dem gantsn kheyn fun dem dertseylers perzenlekhkeyt.

Dovid iz i a gantser Yid, i a gantser parizer Frantsoyz, deriber krign bay im afile di algemeyne khokhmes a shtikl yidishn tam, un di yidishe shtekn zikh a bisl on mit laykhter parizerisher shtiferishkeyt.

Itst hot zikh Dovid Kurts farmostn aroystsugebn – mit der hilf fun zayn vayb Zhaklin – zayn fuln repertuar in eyn band, ayngeteylt loyt temes un tkufes, farzorgt mit kurtse araynfirn un derklerungn, un – in gantsn tsveyshprakhik, vi an oysdruk fun libshaft un batsiung tsu mame-loshn. Ikh zog : Dovid, ober az ikh red vegn dem bukh meyn ikh tsu zogn : Dovid un Zhaklin Kurts, Zhaklin un Dovid Kurts, beyde in eynem, in a zeltener akhdes. Zey, vos hobn zikh gehodevet in shotn funem khurbm, hobn arayngeleygt yorn arbet kedey in dem bukh zol zayn fartrotn di shrakh fun zeyere eltern.

Tsvishn hunderter vitsn zenen farshteyt zikh faran azelkhe, vos kenen a bashtimtn leyener perzenlekh gefeln beser vi andere. Humor shpiglt op farshreyte shtimungen un geshmakn, tsvishn velkhe der yokhed hot a breyre. Ober fun der gantskeyt funem gezeml shprudlt mit sharfzin, mit gezunter freyd un mit mentshlekhkeyt. Yeder leyener vet zikh dermit mekhaye zayn.

Lomikh endikn mit a perzenlekhn moment. Shoyn iber draysik yor ken ikh di Kurtses. Akhuts perzenlekher frayndshaft, bindt mikh tsu zey di libshaft tsu yidish bikhlal, un bifrat tsu undzere heymishn poylishn yidish, fun velkhn mir zukhn oyftsuhitn di funken, afile inem goles fun andere aksentn un unter der virkung fun andere shprakhn. Baym Dovid Kurts balpe zenen azelkhe funken an ofter shtrikh. Halevay zoln zey oykh in shrift dergeyn tsu di, vos derkenen nokh zeyer shayn un veln zikh in ir derkvikn.

PRÉFACE

Yitskhok NIBORSKI

Il y a une vieille histoire juive où l'on compare la façon de réagir d'un paysan ukrainien, d'un officier russe, d'un seigneur polonais et d'un Juif, lorsqu'on leur raconte une blague. Du calme, ne vous mettez pas à crier que vous l'avez déjà entendue mille fois ! Je n'ai pas du tout l'intention de la raconter ici, je ne veux qu'en évoquer la chute. Le Juif écoute la blague et dit : « Bah, c'est une vieille histoire, mais moi je sais la raconter mieux ».
David Kurc est justement ce Juif qui sait souvent la raconter mieux. Depuis qu'il a pris sa retraite, après des décennies d'exercice de la médecine, il s'est lancé dans une nouvelle carrière, celle de conteur. Que ce soit en français ou partiellement en yiddish, ses soirées d'humour animent de leur gaité les réunions culturelles juives à Paris et ailleurs. Si pour une partie, ses histoires sont tirées du trésor classique de l'humour populaire yiddish, elles sont accommodées à la « sauce » David. D'autres histoires sont plus nouvelles ou moins connues. Dans la bouche de David Kurc, elles se chargent toutes du charme du conteur lui-même. Cent pour cent juif et cent pour cent français, il sait donner un je-ne-sais-quoi de juif, même à des contes qui ne le sont pas, tandis qu'il enrichit l'humour yiddish d'un zeste d'espièglerie parisienne.

Maintenant David Kurc a entrepris, avec l'aide de sa femme, de réunir en un livre la quasi intégralité de son répertoire, classé par thèmes, eux-mêmes introduits par de courts textes explicatifs. De plus, cet ouvrage est rigoureusement bilingue, en témoignage d'amour et de respect pour la langue yiddish.

Je dis : David, mais en parlant du livre je veux dire : David et Jacqueline Kurc, Jacqueline et David Kurc, tous les deux ensemble dans une complicité rare. Grandis à l'ombre du génocide, ils ont investi des années d'effort pour que la langue de leurs parents soit présente dans ce volume.

Parmi les centaines d'histoires, chaque lecteur en trouvera inévitablement certaines qui lui plairont plus que d'autres. L'humour est un miroir de sensibilités diverses, et chaque lecteur fera son propre tri. Toutefois, l'ensemble du livre dégage un esprit sainement enjoué, une gaieté empreinte d'humanité qui fera les délices de tout le monde.

Je voudrais terminer par une note personnelle. Les Kurc, je les connais depuis plus de trente ans. Ce qui nous unit, en plus de l'amitié, est l'amour du yiddish. De tout le yiddish, certes, mais plus particulièrement de notre yiddish polonais familier, dont nous aimons retrouver les étincelles, même lorsqu'elles sont exilées parmi d'autres accents ou sous l'influence d'autres langues.
L'art oral de David Kurc est chargé de ces étincelles-là. Puissent-elles parvenir aussi par l'écrit, jusqu'à ceux qui les reconnaîtront et que leur éclat ravira.

פֿאָרוואָרט

נאָך אַ בוך מיט יִדישע וויצן ! יאָ, נאָך איינס !

די מאָטיווירונג האָט זיך ביסלעכווײַז אויסגעקלאָרט בײַ מיר אין געדאַנק.
פֿון תּמיד אָן האָב איך הנאה געהאַט פֿון טיילן זיך מיט יִדישע מעשׂיות מיט פֿרײַנד און אויך מיטן עולם וואָס קומט, שוין מער ווי צען יאָר, ווען איך טרעט אַרויס אויף פֿאַרשיידענע בינעס אין פּאַריז און אין פּראָווינץ. נאָך דער פֿאָרשטעלונג קומען צו מיר צו מענטשן און זאָגן :
„פֿאַר וואָס זאָלט איר נישט אָנשרײַבן דאָס אַלץ, אַ שאָד סע זאָל פֿאַרשווונדן ווערן !“
צום סוף, האָבן מיר, מײַן ווײַבל און איך, זיך מישבֿ געווען : „טאַקע, פֿאַר וואָס נישט ?“
יאָ, אָבער...

אָבער דאָס בוך וועט מוזן האָבן דעם יִדישן טעם פֿון מאַמע-לשון !
האָבן מיר זיך באַמיט, מיט אַן אויסערגעוויינטלעכן פֿאַרגעניגן, אויפֿצולעבן די מעלאָדיע און די אויסדרוקן וואָס מיר האָבן קינדווײַז געהערט און געניצט.
און מיר פֿילן אַן אמתדיק גליק וואָס מיר טיילן זיך מיט די וואָס פֿאַרשטיין און רעדן עס, מיטן טײַערן לשון וואָס איז אומגעקומען, צוזאַמען מיט די רעדערס, אין די חורבן-יאָרן.

יאָ דווקא, נאָך אַ בוך מיט וויצן.
יאָ, אָבער מיר האָבן געזוכט אָפּצוגעבן דעם אויבנאָן וויצן וואָס זענען נישט אַזוי באַקאַנט, אָדער גאָרנישט באַקאַנט.
יאָ, אָבער מיר האָבן באַשלאָסן אַרויסצוגעבן דעם באַנד אין דרײַ שריפֿטן, און דאָס איז די אייגנשאַפֿט פֿון דעם בוך.

- קודם אויף יִדיש[1] מיט יִדישע אותיות, פֿאַר די יִדיש-לייענערס.
- דערנאָך אויף יִדיש מיט לאַטײַנישע אותיות[2], פֿאַר די וואָס פֿאַרשטייען נאָר לייענען נישט.
- און צום לעצט, אויף פֿראַנצייזיש. אין אייניקע מעשׂיות איז דער פֿראַנצייזישער טעקסט בכּיוון נאָענט צו דעם יִדישן טעקסט, די יִדיש-רעדערס זאָלן שאַצן די מעלאָדיע[3] פֿון זייער מאַמע-לשון.

[1] מיר האָבן באַניצט דעם אויסלייג פֿון „ייִוואָ“ - ייִדישער וויסנשאַפֿטלעכער אינסטיטוט.
[2] מיר האָבן באַניצט די ייִוואָ-טראַנסקריפּציע.
[3] לויט דעם געגנט, דעם אַקסענט און דער אַרויסרעד, איז די מעלאָדיע אַנדערש.

דער אַרויסרעד פֿון אַ וואָרט איז נישט דער זעלבער, לויט דעם געגנט ווו מע ניצט עס. אַ מאָל פֿירט עס צו אַ מיספֿאַרשטענדעניש און אַ מאָל צו אַ שלעכטן פּועל-יוצא.
למשל די מעשׂה פֿון צוויי קעץ מיט אַ שטיקל פֿלייש:

אַ וואַרשעווער קאַץ לויפֿט מיט אַ שטיקל פֿלייש איַינגעקלעמט צווישן די ציין, און זי שטעלט זיך פֿאַר ווי זי וועט זיך קוויקן מיט דער וועטשערע!
אַ קאַץ פֿון ליטע איז דערביַי און זי פֿרעגט איר „תּמימותדיק“:
– וואָס האַלסטו אַזוי אין פּיסק?
– „פֿלאַאַאַיַש“, ווי מע זאָגט ביַי איר אין דער היים.
אַוודאי, עפֿנט זי אַ ברייטן פּיסק... און לאָזט אַראָפּ דעם רויב!
די ליטווישע קאַץ כאַפּט עס געשווינד און אַנטלויפֿט. יענע דעריאָגט זי און פֿרעגט:
– וואָס האַלסטו אַזוי אין פּיסק?
– „פֿלעעעייש, ווי מע זאָגט ביַי איר אין דער היים.
אַוודאי, מיט פֿאַרקלעמטע קיַיערס...
און אונדזער וואַרשעווער קאַץ קוקט טרויעריק ווי ס׳ווערט איר וועטשערע פֿאַרשוווּנדן!

FORVORT

Nokh a bukh mit yidishe vitsn ! Yo, nokh eyns !

    Di motivirung hot zikh bislekhvayz oysgeklort bay mir in gedank.
Fun tomid on hob ikh hanoe gehat fun teyln zikh mit yidishe mayses mit fraynd un oykh mitn oylem vos kumt, shoyn mer vi tsen yor, ven ikh tret aroys oyf farsheydene bines in Pariz un in provints.
Nokh der forshtelung, kumen tsu mir tsu mentshn un zogn : "Far vos zolt ir nisht onshraybn dos alts, a shod se zol farshvundn vern !".
Tsum sof hobn mir, mayn vaybl un ikh, zikh meyashev geven : "Take, far vos nisht ?".
    Yo, ober…

    Ober dos bukh vet muzn hobn dem yidishn tam fun mame-loshn !
Hobn mir zikh bamit, mit an oysergeveyntlekhn fargenign, oyftsulebn di melodye un di oysdrukn vos mir hobn kindvayz gehert un genitst.
Un mir filn an emesdik glik vos mir teyln zikh mit di vos farshteyn un redn es, mitn tayern loshn vos iz umgekumen, tsuzamen mit di reders, in di khurbm-yorn.

    Yo dafke, nokh a bukh mit vitsn.
Yo, ober mir hobn gezukht optsugebn dem oybnon vitsn vos zenen nisht azoy bakant, oder gornisht bakant.

    Yo, ober mir hobn bashlosn aroystsugebn dem band in dray shriftn, un dos iz di eygnshaft fun dem bukh.
- Koydem oyf yidish[1] mit yidishe oysyes, far di yidish-leyeners.
- Dernokh oyf yidish mit lataynishe oysyes[2], far di vos farshteyen nor leyenen nisht.
- Un tsum letst, oyf frantseyzish. In eynike mayses iz der frantseyzisher tekst bekivn noent tsu dem yidishn tekst, di yidish-reders zoln shatsn di melodye[3] fun zeyer mame-loshn.

⁽¹⁾ Mir hobn banitst dem oysleyg fun Yivo - Yidisher visnshaftlekher institut.

⁽²⁾ Mir hobn banitz di Yivo-transkriptsye.

        e   = m**è**re - le e muet n'existe pas en yiddish.
        u   = f**ou**
        ei = s**éi**sme
        ay = p**aill**e
        ey = v**eill**e
        oy = g**oy**ave
        h   = **h**aut - h aspiré -
        k   = **c**ar, **k**ilt, **q**ue
        kh = la **jota** espagnole
        s   = **c**e, **s**el
        sh = **ch**at
        y(a-e-i-o-u) = **y**ak, (yeti, yin, yo-yo, yourte)
        zh = **j**e

⁽³⁾ Loyt dem gegnt, dem aksent un der aroysred, iz di melodye andersh.

Der aroysred fun a vort iz nisht der zelber, loyt dem gegnt vu me nitst es. A mol firt es tsu a misfarshtendenish un a mol tsu a shlekhtn poyel-yoytse. Lemoshl di mayse fun tsvey kets mit a shtikl fleysh :

A varshever kats loyft mit a shtikl fleysh ayngeklemt tsvishn di tseyn, un zi shtelt zikh for vi zi vet zikh kvikn mit der vetshere !
A kats fun Lite iz derbay, un zi fregt ir "tmimesdik" :
– Vos haltstu azoy in pisk ?
– "Flaaaysh", vi me zogt bay ir in der heym.
Avade, efnt zi a breytn pisk... un lozt arop dem royb !
Di litvishe kats khapt es geshvind un antloyft. Yene deryogt zi un fregt :
– Vos haltstu azoy in pisk ?
– "Fleeeysh", vi me zogt bay ir in der heym.
Avade, mit farklemte kayers...
Un undzer varshever kats kukt troyerik vi s'vert ir vetshere farshvundn !

AVANT-PROPOS

Encore un livre de « blagues juives » ! Oui, un de plus !

La motivation m'en est venue peu à peu.
Je me plaisais depuis toujours à partager le charme des histoires juives avec des amis et avec le public qui, depuis plus de dix ans, vient m'écouter sur des scènes parisiennes ou de province.
À force de m'entendre dire à la fin de spectacles : « Pourquoi ne pas coucher ces trésors sur papier, ce serait dommage qu'ils disparaissent ! »…
« Pourquoi pas » ? Avons-nous fini par penser avec mon épouse.

Oui, mais…

Mais à la condition de restituer la saveur du « mame-loshn* », la langue maternelle !
C'est ainsi que nous avons goûté un plaisir fou à retrouver le charme des mots et la richesse des expressions qui ont bercé notre enfance.
Et puis, cette langue que nous aimons, qui a été massacrée avec ses locuteurs pendant la Shoah, c'est un bonheur de la faire revivre en complicité avec ceux qui la comprennent…

Donc oui, encore un livre de vitsn*.
Oui, mais nous avons cherché à privilégier des anecdotes peu ou pas du tout connues.
Oui, mais nous avons décidé de transcrire notre texte sous trois formes, et c'est ce qui en fait l'originalité.
- En premier lieu en yiddish[1], en caractères hébraïques, pour les yiddishisants.
- Puis en yiddish translittéré[2], en lettres latines, pour ceux qui comprennent le yiddish mais ne le lisent pas.
- Et enfin en français. Dans certaines histoires, le texte français est volontairement très proche du texte yiddish, les yiddishophones pourront ainsi y retrouver la mélodie de leur mame-loshn[3].

* termes figurant dans le glossaire.

(1) Nous avons adopté la norme orthographique du YIVO*.

(2) Nous avons utilisé la translittération recommandée par le YIVO.

    e = m**è**re - le e muet n'existe pas en yiddish -
    u = f**ou**
    ay = p**aille**
    ey = v**eille**
    ei = s**éi**sme
    oy = g**oy**ave
    h = **h**aut - h aspiré -
    k = **c**ar, **k**ilt, **q**ue
    kh = la **jota** espagnole
    s = **c**e, **s**el
    sh = **ch**at
    y (a-e-i-o-u) = **y**ak, (**y**eti, **y**in, **y**o-**y**o, **y**ourte)
    zh = **j**e

(3) La « mélodie » diffère toutefois selon les régions, les accents ou la prononciation.

La prononciation différente pour un même mot, selon la région, peut entraîner un malentendu et réserve parfois de mauvaises surprises.
Ainsi l'histoire de ces deux chats et d'un morceau de viande :
   (Viande en yiddish se prononce « flaysh » à Varsovie, mais « fleysh » à Vilno.)

Un chat de Varsovie court dans la rue, serrant entre les dents un morceau de viande, qu'il se voit déjà savourer pour son dîner.
Passe un chat lituanien qui lui demande « innocemment » :
– Que tiens-tu dans la gueule ?
– « Flaaaysh », comme on dit chez lui.
Ce faisant, il ouvre une large gueule... et bien sûr, laisse tomber sa proie !
Le chat lituanien s'en saisit et s'enfuit. L'autre le rattrape et demande :
– Que tiens-tu dans la gueule ?
– « Fleeeysh », comme on dit chez lui.
Ce faisant, il tient les mâchoires fermement soudées... et notre pauvre chat varsovien voit son dîner disparaître !

אַרײַנפֿיר

הײַנטיקע צײַטן ווערט דער ייִדישער הומאָר איבערגעגעבן איבערהויפּט בעל־פּה, און אויך דורך דער ליטעראַטור[1], דעם קינאָ[2] און די ביכער מיט ייִדישע וויִצן[3] און אפֿילו ייִדישע לידער[4]. דער דאָזיקער הומאָר איז אַן עדות פֿון די קולטורעלע און פֿאָלקלאָרישע שטייגערס פֿונעם ייִדישן פֿאָלק.

אַנאַליזירן וואָס איז באַזונדער און ווי אַזוי פֿונקציאָנירט דער ייִדישער הומאָר, דאָס איז נישט דער ציל פֿון דעם בוך. דאָס האָבן בשפֿע דערקלערט פֿילאָזאָפֿן, סאָציאָלאָגן און פּסיכאָאַנאַליטיקערס[5].
מיר ווילן באַשרײַבן די פֿאַרשיידענע אַספּעקטן פֿון דער אַשכּנזישער וועלט אין מיזרח-אייראָפּע פֿאַר דעם חורבן, און אויך דאָס לעבן אין ישׂראל און אין די תּפֿוצות.

די קוואַלן פֿון די מעשׂיות זײַנען פֿילצאָליק. קודם מעשׂיות וואָס מיר האָבן קינדערווײַז געהערט אויף ייִדיש, מיט די עלטערן און זייער פֿרײַנד. דערנאָך האָבן מיר געשעפּט פֿון די אַנטאָלאָגיעס אויף פֿראַנצייזיש[6], און אויך אויף ענגליש, ייִדיש, דײַטש, רוסיש און העברעיִש[7]. די זאַמלונג האָט מען באַרײַכערט מיט מעשׂיות וואָס פֿרײַנד האָבן אונדז בײַגעטראָגן אָדער וואָס מיר האָבן געפֿונען אויף דער אינטערנעץ, וואָס מיר האָבן געהערט צווישן פֿרײַנד, אין פֿאַרמעסטן און אין די וואַרשטאַטן פֿאַר „וויצאָלאָגיע“ וואָס מיר האָבן געפֿירט. צום לעצט, האָבן מיר צוגעגעבן אַ פּאָר אמתדיקע מעשׂיות... אַ מאָל שטײַגט די וואָר איבער דעם אויסקלער !

מיר האָבן אומיסטן אויסגעשלאָסן דעם ספֿרדישן הומאָר, און אויך אַלע שפּריכווערטער, קללות, ווערטלעך אאַז״וו. וואָס שײַך סעקסועלע מעשׂיות האָבן מיר באַזײַטיקט די וואָס מיר האָבן געהאַלטן פֿאַר פּראָסטע און געמיינע. מיר האָבן אויך באַזײַטיקט די ווערטערשפּילן ווען זיי פֿאַרלירן זייער באַטײַט אין דער איבערזעצונג.

מיר האָבן אויסגעקליבן אונדזערע וויצן צווישן טויזנטער. אין די ייִדישע ביכער פֿון ע. אָלסוואַנגער(§), פֿון י-ח. ראַווניצקי(§), און איבערהויפּט פֿון אַ. דרויאַנאָוו(§)[7], געפֿינט מען מעשׂיות אָן אַ צאָל (3170 אין דרויאַנאָווס בוך, אַרויסקום 1951).

אייניקע מעשׂיות באַנעמט מען שוין נישט הײַנט, ווײַל דער היסטאָרישער קאָנטעקסט האָט זיך געענדערט. דאָס וועט אויך מסתּמא פֿאַרקומען שפּעטער מיט אַ טייל מעשׂיות פֿון דעם דאָזיקן בוך.

דאָקטוירים הייסן לאַכן : לאַכן איז אַן ערשטקלאַסיקע רפֿואה צו פּײַן. אין די הײַנטיקע צײַטן זענען פֿאַראַן „געלעכטער-קלובן" און „געלעכטער-קאַבאַרעטן". לצים שפּילן אַ וויכטיקע ראָלע בײַ די קראַנקע קינדער אין שפּיטאָל.
מ. האָלטער(§) שרײַבט אַז שוין טויזנטער יאָרן שטייט דאָס ייִדישע פֿאָלק אויס רדיפֿות און „די ייִדן האָבן אַנטוויקלט דורך די תּקופֿות אַ (...) מין ווידערשטאַנד : דער הומאָר".
מענטשן בכלל האָבן פֿון תּמיד אָן הנאה געהאַט צו הערן און צו דערציילן וויצן, און ייִדן – גאָר באַזונדערס. אפֿילו ווען דאָס לעבן איז שווער און ביטער געווען – און אַזוי איז עס געווען געוויינטלעך.
בפֿרט האָבן חסידים „געהייסן פֿריילעך זײַן".
שלום-עליכם פֿלעגט הייסן „קיין טרערן נישט, לאַכן, בלויז לאַכן !"
און בן-ציון וויטלער הייסט אין אַ ליד : „ביסטו פֿול מיט זאָרגן ? ... איז דײַן האַרץ צעריסן ? ... זינג, ברודער, זינג !"
עס איז ענלעך צום „בלוז" פֿון די אַמעריקאַנער נעגערס.

דער דלות, די טעגלעכע שרעקן און דאגות, די פּאָגראָמען און רדיפֿות, דערקלערן די צוויי וויכטיקסטע אייגנקייטן פֿונעם ייִדישן הומאָר : זעלבסט-נחמה און זעלבסט-חוזק, „לאַכן, כּדי נישט צו וויינען", „לאַכן צווישן טרערן", דאָס זענען אייניקע אויסדרוקן צווישן די וואָס ווערן צום מיינסטן איבערגעחזרט.
אָבער דער ייִדישער הומאָר איז נישט תּמיד טרויעריק. אָט שרײַבט ג. ראַבינאָוויטש(§), „זען אין דעם ייִדישן הומאָר בלויז דעם פֿאָדעם וואָס פֿאַרבינדט אים מיט לײַדן, און מאַכן פֿון דעם אַ גראָבן שטריק, ווי עס טוען שוין צו פֿיל פֿאַרטײַטשערס, איז אפֿשר עפּעס מער ווי אַ טעות אין פּשוט..."

אייניקע מעשׂיות רופֿן אַרויס אַ גוואַלדיק געלעכטער און אַנדערע אַ שמייכל ; און אייניקע פֿירן אַרײַנצוקלערן.
דעמאָלט שטעלט זיך די אַלטע פֿראַגע : „מעג מען לאַכן פֿון אַלצדינג" ? מיט איר געוויינטלעכן ענטפֿער : „יאָ, אָבער נישט מיט אַבי וועמען". אין די שוואַרצע יאָרן פֿון נאַציזם און אפֿילו אין די געטאָס און לאַגערן, האָט מען זיך געוויצלט. צווישן די זעלטענע לעבן-געבליבענע, זענען פֿאַראַן אַזעלכע וואָס ווערן אויפֿגעבראַכט ווען מע דערמאָנט אַזוינס ; בשעת אַנדערע טענהן אַז די וויצן האָבן זיי געהאָלפֿן איבערלעבן.

וועגן דעם ענין האָט מען לעצטנס אָפּגעהאַלטן אַ קאָלאָקוויום אין „מעמאָריאַל דע לאַ שאָאַ“ אין פּאַריז, נאָכן אַרויסקום פֿון אַ זאַמלונג אונטער דער רעדאַקציע פֿון אַ. לאַטערווײַן(§).
בכּלל קען מען זאָגן אַז געוויסע מעשׂיות טאָר מען נישט דערציילן אַבי ווי, אַבי ווו, אַבי ווען און וועמען סע זאָל נישט זײַן. און מע מוז זיי דערציילן מיט באַרעכנטקייט.

דאָס דערמאָנט אונדז אויך ווי דין עס איז די גרענעץ צווישן ייִדישע מעשׂיות און אַנטיסעמיטישע מעשׂיות.
בכּלל איז דער אונטערשייד בולט, ווײַל די אַנטיסעמיטישע מעשׂיות חזרן איבער סטערעאָטיפּן. ער מעג זײַן רײַך צי אָרעם, איז דער ייִד „עגאָיִסטיש, פֿאַרכאַפּעריש און זשעדנע נאָך געלט, מוראוודיק און פּחדניש, שמוציק און פֿאַלש“ אאַז״וו. לויט דעם מאָדערנעם אַנטיסעמיטיזם, איז ער אפֿילו „בלוטדורשטיק און אָן רחמנות“.
שוין אין 1925 האָט ר. גייגער(§) געוואָרנט, אינעם פֿאָרוואָרט פֿון זײַן בוך, אַז יעדער לייענער קען אַנדערש אויפֿנעמען אַזאַ מין ווערק. לויט דער עפּאָכע, דער ספֿערע און די סאָציאַלע קרײַזן ווו ער לעבט, און לויט זײַן געפֿיל, וועט ער אַלץ קענען געפֿינען : פֿון אַ דערמאָנונג פֿון אַן אויסגעבענקטן אַמאָל, ביז אַ פֿאַרשטאַרקונג פֿאַר אַ טיף אײַנגעוואָרצלטן אַנטיסעמיטיזם.
די סכּנה איז אַ פֿאַקט, אָבער צי זאָל מען דעריבער נישט אַרויסגעבן אַזאַ אָפּקלײַב ?

יעדן וויץ קען מען צופּאַסן און אַ טייל פּאַסן זיך טאַקע אַרײַן אומעטום. זיי קענען פֿאָרקומען אין וועלכער צײַט און אין וועלכן לאַנד עס זאָל נישט זײַן. גענוג איז צו ענדערן די נעמען פֿון די ערטער אָדער פֿון די מענטשן און די מעשׂה ווערט אַ ייִדישע, אָבער נישט קיין ספּעציפֿיש ייִדישע.
ווי אַזוי דערקענט מען אַז אַ מעשׂה איז טאַקע אַ ייִדישע ? מערסטנס איז עס אַזאַ, וואָס מע האָט זי אויסגעקלערט און דערציילט אויף ייִדיש. אפֿילו ווען זי איז איבערגעזעצט אויף פֿראַנצייזיש, וועט דער ניגון נישט אָפּנאַרן, איבער הויפּט די מעלאָדיע פֿונעם אויסלאָז, וואָס אַ ייִדיש-רעדער קען אים זיך גרינג פֿאָרשטעלן אין זײַן געשמאַקן מאַמע-לשון.
אין אַלגעמיין האַנדלט זיך וועגן טיפּישע טעמעס פֿונעם ייִדישלאַנד, ווי אַ שטייגער דאָס לעבן אין אַ שטעטל אָדער אין אַ שטאָט פֿון תּחום-המושבֿ, צי פֿיגורן אָדער טראַדיציעס פֿון דער ייִדישער וועלט אאַז״וו.
צי מיינט עס אַז אַ נישט-ייִד וועט נישט אָפּשאַצן די וויצן ? כּלל נישט, אָבער אַ ייִד וועט זיי מסתּמא מער אָפּשאַצן, דער עיקר אויב זיי דערמאָנען אים די פֿאַרגאַנגענע יאָרן, אויב ער פֿאַרשטייט ייִדיש אָדער אויב קינדווײַז האָט ער געהערט די שפּראַך, און אויך אויב ער איז מער-ווייניקער באַקאַנט מיט זײַן קולטורעלער ירושה.

מיר האָבן באַשלאָסן צו שרײַבן די וויצן אַז קורץ און שאַרף ווי מעגלעך, להיפּוך צו דער מינדלעכער ווערסיע, אין וועלכער די בילדער פֿון לעבן ווערן באַרײַכערט מיט ברייטע באַשרײַבונגען, אינטאָנאַציעס און מימיק.

מיר האָפֿן אַז דער לייענער וועט שעפּן אַזוי פֿיל נחת פֿון לייענען די דאָזיקע אַנטאָלאָגיע, ווי מיר האָבן געהאַט פֿאַרגעניגן זי צו ברענגען צו שטאַנד !

(1) מענדעלע מוכר-ספֿרים, שלום עליכם, י.ל. פּרץ, די גרינדערס פֿון דער מאָדערנער ייִדישער ליטעראַטור. אַ. רייזען, דער טונקעלער, מ. נאַדיר, י. באַשעוויס־זינגער אאַז״וו. ווי אויך אַ סך ייִדישע מחברים וואָס שרײַבן אויפֿן לשון פֿון די לענדער וווּ זיי לעבן.

(2) ווודי אַלען, די ברידער מאַרקס, מעל ברוקס, זשערי לויִס, ג. אורי, זש-זש. זילבערמאַן[2] אאַז״וו.

(3) סינאָנימען : חכמות, ייִדישע מעשׂיות, אָפּשניצלעך, אַנעקדאָטן, קאַטאָוועס, שפּאַסן, ווערטערשפּילן אאַז״וו.

(4) דער פֿילאָזאָף״, „נסים (טשיריבים)״, „די גרינע קוזינע״ אאַז״וו. לעצטנס פֿון זשאַק גראָבער :
„פֿריידיאַנישער וואַלס״, „ראַפּ זיך אויף״...

(5) אויסער זיגמונד פֿרויד : מאַקס כהן, מ-אַ. אואַקנין, ג. ראַבינאָוויטש, ד. סיבאָני, זש. סטאָראַ־סאַנדאָר אאַז״וו.

(6) מיר האָבן שטודירט מיט קאָפּ די ווערק פֿון : ר. גייגער (1925), אַדאַם (1966), א. קישון (1973), ס. אַבראַהאַם (1979), זש. סטאָראַ־סאַנדאָר (1984), ב. לאָרענס (1986), ס. סימאָן און מ. קאָהן (1987), ה. בולאַווקאָ (1988), ל. ראָסטען (1994 און 2011), ל. ראָשמאַן (1995), ע. באַרוך און ד. לעמבערג (1995), מ. הילעל (1997), ד. ליפּשיץ (1997), זש. קלאַצמאַן (1998), י. אַזוראַל (1999), ג. אַשאַש (2000), בן־זימעט (2000), מ-אַ. אואַקנין און ד. ראָטנעמער (1997 און 2001), מ-אַ. אואַקנין (2011), מ. אָוואַדיאַ (2002), מ. קליין־זאָלטי (2002), וו. דימשיץ (2004), וו. מאַלקאַ (2006 און 2011), פֿ. לעלוש (2008), מ. רחמאַני (2008), אַ. לאָטערוויין (2009), ג. ראַבינאָוויטש (2002 און 2010), פּאָפּעק (2011), זש. אייזענבערג (2012).

(7) דימשיצעס בוך(§) איז איבערגעזעצט געוואָרן פֿון רוסיש, די ביכער פֿון ד. סדן(§) און פֿון א. דרויאַנאָוו זענען געשריבן געוואָרן אויף העברעיִש.

(§) זען די ווערק פֿון די מחברים אין דער ביבליאָגראַפֿישער רשימה, לויט דעם אַלף־בית.

ARAYNFIR

Hayntike tsaytn vert der yidisher humor ibergegebn iberhoypt balpe, un oykh durkh der literatur[1], dem kino[2] un di bikher mit yidishe vitsn[3] un afile yidishe lider[4].
Der doziker humor iz an eydes fun di kulturele un folklorishe shteygers funem yidishn folk.

Analizirn vos iz bazunder un vi azoy funktsyonirt der yidisher humor, dos iz nisht der tsil fun dem bukh. Dos hobn beshefe derklert filozofn, sotsyologn un psikhoanalitikers[5].
Mir viln bashraybn di farsheydene aspektn fun der ashkenazisher velt in mizrekh-Eyrope far dem khurbm, un oykh dos lebn in Yisroel un in di tfutses.

Di kvaln fun di mayses zaynen filtsolik. Koydem mayses vos mir hobn kindervayz gehert oyf yidish, mit di eltern un zeyer fraynd.
Dernokh hobn mir geshept fun di antologyes oyf frantseyzish[6], un oykh oyf english, yidish, daytsh, rusish un hebreish[7]. Di zamlung hot men baraykhert mit mayses vos fraynd hobn undz baygetrogn oder vos mir hobn gefunen oyf der Internets, vos mir hobn gehert tsvishn fraynd, in farmestn un in di varshtatn far "vitsologye" vos mir hobn gefirt.
Tsum letst, hobn mir tsugegebn a por emesdike mayses... a mol shtaygt di vor iber dem oyskler !

Mir hobn umistn oysgeshlosn dem sfardishn humor, un oykh ale shprikhverter, kloles, vertlekh u.az.v. Vos shayekh seksuele mayses, hobn mir bazaytikt di vos mir hobn gehaltn far proste un gemeyne.
Mir hobn oykh bazaytikt di vertershpiln ven zey farlirn zeyer batayt in der iberzetsung.

Mir hobn oysgeklibn undzere vitsn tsvishn toyznter.
In di yidishe bikher fun I. Olsvanger(§), fun Y-Kh. Ravnitski(§), un iberhoypt fun A. Druyanov(§)[7], gefint men mayses on a tsol (3170 in Druyanovs bukh, aroyskum 1951).
Eynike mayses banemt men shoyn nisht haynt, vayl der historisher kontekst hot zikh geendert. Dos vet oykh mistome forkumen shpeter mit a teyl mayses fun dem dozikn bukh.

Doktoyrim heysn lakhn : lakhn iz an ershtklasike refue tsu payn. In di hayntike tsaytn zenen faran "gelekhter klubn" un "gelekhter kabaretn". Leytsim shpiln a vikhtike role bay di kranke kinder in shpitol.
Marek Halter(§) shraybt az shoyn toyznter yorn shteyt dos yidishe folk oys redifes un "di Yidn hobn antviklt durkh di tkufes a (…) min vidershtand : der humor".
Mentshn bikhlal hobn fun tomid on hanoe gehat tsu hern un tsu dertseyln vitsn, un Yidn – gor bazunders. Afile ven dos lebn iz shver un biter geven – un azoy iz es geven geveyntlekh !
Bifrat hobn khsidim "geheysn freylekh zayn".
Sholem Aleykhem flegt heysn : "Keyn trern nisht, lakhn, bloyz lakhn !".
Un Bentsion Witler heyst in a lid : "Bistu ful mit zorgn ?… Iz dayn harts tserisn ? ... zing, bruder, zing !"
Es iz enlekh tsum "bluz" fun di amerikaner negers.

Der dales, di teglekhe shrekn un dayges, di pogromen un redifes, derklern di tsvey vikhtikste eygnkeytn funem yidishn humor : zelbst-nekhome un zelbst-khoyzek, "lakhn, kedey nisht tsu veynen", "lakhn tsvishn treren", dos zenen eynike oysdrukn tsvishn di vos vern tsum meynstn ibergekhazert.
Ober der yidisher humor iz nisht tomid troyerik. Ot shraybt Gérard Rabinovitch(§), "Zen in dem yidishn humor bloyz dem fodem vos farbindt im mit laydn, un makhn fun dem a grobn shtrik, vi es tuen shoyn tsu fil fartaytshers, iz efsher epes mer vi a toes in poshet…"

Eynike mayses rufn aroys a gevaldik gelekhter un andere a shmeykhl ; un eynike firn arayntsuklern. Demolt shtelt zikh di alte frage : “Meg men lakhn fun altsding ?” Mit ir geveyntlekhn entfer : “Yo, ober nisht mit abi vemen”. In di shvartse yorn fun natsizm un afile in di getos un lagern, hot men zikh gevitslt. Tsvishn di zeltene lebn-geblibene zenen faran azelkhe, vos vern oyfgebrakht ven me dermont azoyns ; beshas andere taynen az di vitsn hobn zey geholfn iberlebn.
Vegn dem inyen hot men letstns opgehaltn a kolokvium in “Memorial de la Shoah” in Pariz, nokhn aroyskum fun a zamlung unter der redaktsye fun A. Lauterwein(§).
Biklal ken men zogn az gevise mayses tor men nisht dertseyln abi vi, abi vu, abi ven un vemen se zol nisht zayn. Un me muz zey dertseyln mit barekhntkeyt !

Dos dermont undz oykh vi din es iz di grenets tsvishn yidishe mayses un antisemitishe mayses.
Biklal iz der untersheyd boylet, vayl di antisemitishe mayses khazern iber stereotipn. Er meg zayn raykh tsi orem, iz der Yid “egoistish, farkhaperish un zhedne nokh gelt, moyrevdik un pakhdonish, shmutsik un falsh u.az.v”. Loyt dem modernem antisemitizm, iz er afile “blutdurshtik un on rakhmones”.
Shoyn in 1925 hot R. Geiger(§) gevornt, inem forvort fun zayn bukh, az yeder leyener ken andersh oyfnemen aza min verk. Loyt der epokhe, der sfere un di sotsiale krayzn vu er lebt, un loyt zayn gefil, vet er alts kenen gefinen : fun a dermonung fun an oysgebenktn amol biz a farshtarkung far a tif ayngevortsltn antisemitizm.
Di sakone iz a fakt, ober tsi zol men deriber nisht aroysgebn aza opklayb ?

Yedn vits ken men tsupasn un a teyl pasn zikh take arayn umetum. Zey kenen forkumen in velkher tsayt un in velkhn land es zol nisht zayn. Genug iz tsu endern di nemen fun di erter oder fun di mentshn un di mayse vert a yidishe, ober nisht keyn spetsifish yidishe…
Vi azoy derkent men az a mayse iz take a yidishe ? Merstens iz es aza, vos me hot zi oysgeklert un dertseylt oyf yidish. Afile ven zi iz ibergezetst oyf frentseyzish, vet der nign nisht opnarn, iber hoypt di melodye funem oysloz,

vos a yidish-reder ken im zikh gring forshteln in zayn geshmakn mame-loshn.

In algemeyn handlt zikh vegn tipishe temes funem Yidishland, vi a shteyger dos lebn in a shtetl oder in a shtot fun tkhum-hamoyshev, tsi figurn oder traditsyes fun der yidisher velt u.az.v.

Tsi meynt es az a nisht Yid vet nisht opshatsn di vitsn ? Klal nisht, ober a Yid vet zey mistome mer opshatsn, der iker oyb zey dermonen im di fargangene yorn, oyb er farshteyt yidish oder oyb kindvayz hot er gehert di shprakh, un oykh oyb er iz mer-veyniker bakant mit zayn kultureler yerushe.

Mir hobn bashlosn tsu shraybn di vitsn az kurts un sharf vi meglekh, lehipekh tsu der mindlekher versye, in velkher di bilder fun lebn vern baraykhert mit breyte bashraybungen, intonatsyes un mimik.

Mir hofn az der leyener vet shepn azoy fil nakhes fun leyenen di dozike antologye vi mir hobn gehat fargenign zi tsu brengen tsu shtand !

---

[1] Mendele Moykher-Sforim, Sholem Aleykhem, I. L. Perets, di grinders fun der moderner yiddisher literatur. A. Reyzen, der Tunkeler, Moyshe Nadir, I. Bashevis Singer u.az.v. Vi oykh a sakh yidishe mekhabrim vos shraybn oyfn loshn fun di lender vu zey lebn.

[2] Woody Allen, di Brider Marks, Mel Brooks, Jerry Lewis, Gérard Oury, J.J. Zilberman u.az.v.

[3] Sinonimen : khokhmes, yidishe mayses, opshnitslekh, anekdotn, katoves, shpasn, vertershpiln u.az.v.

[4] "Der filozof", "Nisim (tshiribim)", "Di grine kuzine" u.az.v. Letstns fun Jacques Grober :
  "Freydyanisher vals", "Rap zikh oyf"...

[5] Oyser Zigmund Freud : Max Kohn, Marc-Alain Ouaknin, Gérard Rabinovitch, Daniel Sibony, Judith Stora-Sandor u.az.v.

[6] Mir hobn shtudirt mit kop di verk fun : R. Geiger (1925), Adam (1966), E. Kishon (1973), S. Abraham (1979), J. Stora-Sandor (1984), B. Laurence (1986), S. Simon un M. Kohn (1987), H. Bulawko (1988), L. Rosten (1994 & 2011), L. Rochemann (1995), E. Baroukh un D. Lemberg (1995), M. Hillel (1997), D. Lifschitz (1997), J. Klatzmann (1998), Y. Azoueral (1999) G. Achache (2000), Ben Zimet (2000), M-A. Ouaknin un D. Rotnemer (1997 un 2001), M-A. Ouaknin (2011), M. Ovadia (2002), M. Klein-Zolty (2002), V. Dymchitz (2004), V. Malka (2006 & 2011), Ph. Lellouche (2008), M. Rahmani (2008), A. Lauterwein (2009), G. Rabinovitch (2002 un 2010), Popeck (2011), J. Eisenberg (2012).

[7] D. Dymshitzes(§) bukh iz ibergezetst gevorn fun rusish, di bikher fun D. Sadan(§) un fun A. Druyanov zenen geshribn gevorn oyf hebreish.

(§) Zen di verk fun di mekhabrim in der biblyografisher reshime, loyt dem alef-beys.

INTRODUCTION

De nos jours, l'humour juif se transmet surtout par le « bouche à oreille » mais aussi par la littérature[1], le cinéma[2], les livres de « blagues juives » ou vitsn*[3] et même certaines chansons yiddish[4].
Cet humour témoigne du passé culturel et folklorique du peuple juif.

Le but de cet ouvrage n'est pas d'analyser les caractères et les mécanismes de l'humour juif. Cela a été largement étudié par des philosophes, des sociologues et des psychanalystes[5].
Nous voulons, à l'aide d'histoires humoristiques, donner un aperçu de la société ashkénaze en Europe de l'est avant la shoah, ainsi que de la vie juive en Israël et en diaspora.

Les sources des vitsn* de ce recueil sont multiples. Tout d'abord les histoires entendues en yiddish dans l'enfance, auprès des parents et de leurs amis. Puis nous avons puisé dans les livres en français[6], mais aussi en anglais, yiddish, allemand, russe et hébreu[7]. Cette collecte a été enrichie avec de nombreuses histoires sollicitées autour de nous, trouvées sur l'Internet, racontées entre amis ou retenues lors de concours de vitsn* et des ateliers « de vitsologie* » que nous avons animés.
Enfin, nous y avons ajouté quelques anecdotes authentiques… la réalité dépasse quelquefois la fiction !

Nous avons délibérément écarté l'humour spécifiquement séfarade, ainsi que les proverbes, malédictions et autres dictons. Quant aux histoires de sexe, nous n'avons pas retenu celles que nous avons estimées triviales ou vulgaires. Nous avons aussi éliminé les jeux de mots lorsque la traduction leur enlevait tout sens.

Nos histoires ont été sélectionnées parmi des milliers. Dans les livres en yiddish d'I. Olsvanger(§), d'Y-Kh. Ravnitski(§) et surtout d'A. Druyanov(§)[7] on trouve un nombre d'histoires impressionnant (3170 dans l'édition de 1951 du livre de Druyanov).
Certaines ne sont plus comprises aujourd'hui car le contexte historique a évolué. Il en sera sans doute de même plus tard pour certaines histoires de ce livre.

Les médecins recommandent le rire : c'est un excellent traitement de l'angoisse. Les temps modernes ont vu se créer des clubs de rire et des cabarets dédiés à l'humour. Des clowns jouent un rôle important dans les hôpitaux d'enfants.
Comme l'écrit Marek Halter(§), les persécutions du peuple juif datent de plusieurs millénaires et « les Juifs ont développé une (…) forme de résistance à travers les âges : l'humour ».
Les non-Juifs et surtout les Juifs ont de tout temps aimé écouter et raconter des histoires drôles, y compris lorsque leur vie était particulièrement difficile, et c'était souvent le cas.
D'ailleurs, le hassidisme* a toujours préconisé de vivre dans la joie. Sholem Aleichem conseillait : « Pas de larmes, rire, seulement rire ». De son côté, Bentsion Witler nous dit en musique : « Tu as des gros soucis ?... Ton cœur se déchire ?... Chante, frère, chante ! ».
On observe un phénomène comparable avec le « blues » noir américain.

La misère, les peurs et les angoisses quotidiennes, les pogroms et les persécutions rendent compte des deux principales caractéristiques de l'humour juif : l'auto-consolation et l'auto-dérision, « Rire pour ne pas pleurer », « Rire entre les larmes » sont parmi les expressions les plus employées.
Mais l'humour juif n'est pas seulement triste. Comme l'écrit Gérard Rabinovitch(§) : « Identifier dans l'humour juif un unique fil doloriste et le grossir jusqu'à la taille d'un câble porteur, comme il est fait d'ordinaire par trop de commentateurs, pourrait ne pas être qu'une erreur de lecture… ».

Certaines histoires suscitent un rire franc et d'autres le sourire ; certaines autres prêtent à réflexion. Ceci nous amène à la classique question : « Peut-on rire de tout ? » et à la non moins classique réponse : « Oui, mais pas avec n'importe qui ».

Pendant les années funestes du nazisme et même dans les ghettos et les camps, on a raconté des vitsn*. Cette dernière affirmation entraine des polémiques et soulève l'indignation chez certains des rares survivants ; alors que pour d'autres, les vitsn les ont aidés à survivre.

Ce sujet a d'ailleurs fait l'objet d'un récent colloque au Mémorial de la Shoah à Paris, à l'occasion de la sortie du recueil coordonné par A. Lauterwein(§).

Il reste communément admis que dans certains domaines sensibles, toutes les histoires ne peuvent être racontées n'importe comment, n'importe où, n'importe quand et à n'importe qui. Et elles doivent l'être avec circonspection.

À cet égard, la frontière est mince qui sépare « l'histoire juive » de « l'histoire antisémite ». En général la distinction est facile car les histoires antisémites reprennent les stéréotypes. Qu'il soit riche ou pauvre, le Juif est « égoïste, cupide et âpre au gain, peureux et lâche, sale et faux etc. ». Dans la forme moderne de l'antisémitisme, il est même « cruel et sans pitié ».

Comme l'exprimait déjà R. Geiger(§) en 1925, dans le préambule à son recueil, le sens de ce genre d'ouvrage est déterminé avant tout par le lecteur. Selon l'époque, le milieu ou l'appartenance à tel ou tel groupe social et selon sa sensibilité, ce dernier peut tout y trouver : depuis alimenter de douces réminiscences du passé jusqu'à nourrir un antisémitisme solidement ancré.

Ce danger est réel, mais doit-on pour autant s'interdire de publier ?

Toute « blague » peut être adaptée et certaines ont une portée universelle. Elles peuvent avoir lieu à n'importe quelle époque et dans n'importe quel pays : il suffit de modifier le nom du lieu ou des personnages pour que l'histoire devienne une « histoire juive », sans être spécifiquement juive...

Comment reconnaître qu'une histoire est authentiquement juive ?

La plupart du temps, elle a été conçue et racontée en yiddish. Même si elle est traduite en français, la mélodie ne trompe pas, en particulier celle de la chute, qu'un yiddishophone imagine aisément dans la langue savoureuse qu'est le yiddish. En général, le sujet est spécifique au Yiddishland*.

Il s'agit par exemple de la vie dans un shtetl* ou dans une ville de la zone de résidence, ou bien d'un personnage du monde juif ou encore de traditions juives etc.

Est-ce à dire qu'un non-Juif n'appréciera pas ces histoires ? Sûrement pas, mais un Juif a d'autant plus de chances de les savourer davantage si elles le renvoient à son vécu, s'il parle yiddish, s'il a entendu cette langue dans l'enfance ou s'il est plus ou moins familiarisé avec son héritage culturel.

Nous avons choisi d'écrire nos vitsn* de façon aussi concise que possible, contrairement à leur version orale. Cette dernière, qui met en scène des tranches de vie, tire bénéfice de descriptions plus étoffées, enrichies d'intonations, d'imitations d'accents, de mimiques et d'une gestuelle appropriées.

Nous espérons que le lecteur aura autant de plaisir à lire ce recueil que nous avons eu à le réaliser.

---

[1] Mendele Moykher-Sforim, Sholem Aleichem et I.L. Perets, pères de la littérature yiddish moderne. Avrom Reisen, Der Tunkeler, Moyshe Nadir, I. Bashevis Singer... puis de nombreux écrivains juifs s'exprimant dans leur langue nationale.

[2] Woody Allen, les Marx Brothers, Mel Books, Jerry Lewis, Gérard Oury, J.J. Zilbermann etc.

[3] Vitsn (ou Witzen en allemand). Synonymes : mots d'esprit, blagues, histoires juives, histoires drôles, anecdotes, plaisanteries, jeux de mots, traits d'esprit, saynètes humoristiques, sketches...

[4] "Le philosophe", "miracles (tshiribim)", "La verte cousine" en Amérique etc. Plus récemment, de Jacques Grober : "La valse freudienne", "Rap-veille-toi !" ...

[5] Outre Sigmund Freud : Max Kohn, Marc-Alain Ouaknin, Gérard Rabinovitch, Daniel Sibony, Judith Stora-Sandor etc.

[6] Nous avons particulièrement étudié avec le plus vif intérêt les ouvrages des auteurs suivants :
R. Geiger (1925), Adam (1966), E. Kishon (1973), S. Abraham (1979), J. Stora-Sandor (1984), B. Laurence (1986), S. Simon et M. Kohn (1987), H. Bulawko (1988), L. Rosten (1994 et 2011), L. Rochemann (1995), E. Baroukh et D. Lemberg (1995), M. Hillel (1997), D. Lifschitz (1997), J. Klatzmann (1998), Y. Azoueral (1999), G. Achache (2000), Ben Zimet (2000), M-A. Ouaknin et D. Rotnemer (1997 et 2001), M-A. Ouaknin (2011), M. Ovadia (2002), M. Klein-Zolty (2002), V. Dymchitz (2004), V. Malka (2006 et 2011), Ph. Lellouche (2008), M. Rahmani (2008), A. Lauterwein (2009), G. Rabinovitch (2002 et 2010), Popeck (2011), J.Eisenberg (2012).

[7] Le livre de D. Dymshitz(§) est traduit du russe, ceux de D. Sadan(§) et d'A. Druyanov sont écrits en hébreu.

(§) voir la liste bibliographique, selon l'ordre alphabétique.

* terme figurant dans le glossaire.

ערשטע טייל

ייִדישע געשטאַלטן

ERSHTE TEYL

YIDISHE GESHTALTN

PREMIÈRE PARTIE

PERSONNAGES DE LA COMÉDIE HUMAINE JUIVE

אין יעדן ייִד איז דאָ אַ וועלט מיט ייִדן.

פֿיליפּ ראָט

Dans chaque Juif, il y a une foule de Juifs.

Philip Roth

In yedn Yid iz do a velt mit Yidn.

Philip Roth

Chapitre 1 Kapitl 1 קאַפּיטל 1
Famille Mishpokhe משפחה

זיידע-באָבע

ZEYDE-BOBE

GRANDS-PARENTS

זיידע-באָבע זײַנען אונדזער שורש. אָן זיי, איז קיין משפחה נישטאָ...

Zeyde-Bobe zaynen undzer shoyresh. On zey, iz keyn mishpokhe nishto…

Grand-père et grand'mère sont nos racines. Sans eux, pas de famille…

1

משה פֿייגלבוים קומט אין אַ פֿאַרזיכערונג אַגענטור :

– איך וויל אונטערשרײַבן אַ לעבן פֿאַרזיכערונג.

– זײַט מיר מוחל, ווי אַלט זענט איר ?

– אַכט און זיבעציק, קיין עין-הרע.

– עס טוט מיר לײַד, אָבער עס איז נישט מעגלעך ! איר זענט צו אַלט !

– וואָס הייסט צו אַלט ? מײַן אייגענער טאַטע האָט נעכטן דאָ אונטערגעשריבן, און איך זאָל זײַן צו אַלט ?

– אוממעגלעך ! ווי אַלט איז אײַער טאַטע ?

– מײַן טאַטע ? אַכט און נײַנציק, קיין עין-הרע. איר קענט קאָנטראָלירן ?

– אוי טאַקע, איך זע אויפֿן קאָמפּיוטער :
„פֿייגלבוים יִצחק, 98 יאָר“.

אַך, נעכטן האָט דאָ געאַרבעט מײַן יונגער אַסיסטענט... האָט ער געהאַט אַ טעות ! נו, אויב אַזוי, קען איך אײַך נישט אָפּזאָגן ! איך וועל צוגרייטן דעם פּאָליס און איר וועט קומען מיטוואָך אונטערשרײַבן.

Moyshe Feyglboym kumt in a farzikherung agentur :

– Ikh vil untershraybn a lebn farzikherung.

– Zayt mir moykhl, vi alt zent ir ?

– Akht un zibetsik, keyneynore.

– Es tut mir layd, ober es iz nisht meglekh ! Ir zent tsu alt !

– Vos heyst tsu alt ? Mayn eygener tate hot nekhtn do untergeshribn, un ikh zol zayn tsu alt ?

– Ummeglekh ! Vi alt iz ayer tate ?

– Mayn tate ? Akht un nayntsik, keyneynore. Ir kent kontrolirn !

– Oy take, ikh ze oyfn kompyuter :
"Feyglboym Yitskhok, 98 yor".

Akh, nekhtn hot do gearbet mayn yunger asistent... hot er gehat a toes ! Nu, oyb azoy, ken ikh aykh nisht opzogn ! Ikh vel tsugreytn dem polis un ir vet kumen mitvokh untershraybn.

| *Chapitre 1* | Kapitl 1 | קאַפּיטל 1 |
| *Famille* | Mishpokhe | משפּחה |

– Oy, mitvokh ken ikh nisht ! Mitvokh hot mayn zeyde khasene ! – Vos ? Ayer zeyde ? Vi alt iz er ? – Hundert un akhtsn, keyneynore. – Hundert un akhtsn ! Un far vos hot er nisht khasene gehat frier ? – Far vos hot er nisht khasene gehat frier ? ... Dos veys ikh nisht. Ober eyn zakh veys ikh yo : az itst vil er shoyn nisht mer voynen bay di eltern !	– אוי, מיטוואָך קען איך נישט ! מיטוואָך האָט מײַן זיידע חתונה ! – וואָס ? אײַער זיידע ? ווי אַלט איז ער ? – הונדערט און אַכצן, קיין עין-הרע. – הונדערט און אַכצן ! און פֿאַר וואָס האָט ער נישט חתונה געהאַט פֿריִער ? – פֿאַר וואָס האָט ער נישט חתונה געהאַט פֿריִער ? ... דאָס ווייס איך נישט. אָבער איין זאַך ווייס איך יאָ : אַז איצט וויל ער שוין נישט מער וווינען בײַ די עלטערן !

Moyshe Feygelboym s'adresse à un agent d'assurance :
– Je souhaite souscrire une assurance-vie.
– Excusez-moi, mais quel âge avez-vous ?
– Soixante dix-huit ans, sans le mauvais œil.
– Je suis désolé, mais ce n'est pas possible ! Vous êtes trop âgé !
– Comment ça, trop âgé ? Mon propre père, hier, a souscrit une assurance-vie chez vous, et moi, je serais trop âgé ?
– Impossible ! Quel âge a votre père ?
– Mon père a quatre-vingt dix-huit ans, sans le mauvais œil. Vous pouvez vérifier !
– Oh, effectivement, je vois sur l'ordinateur « Feygelboym Itskhok, 98 ans »! Hier, c'est mon jeune assistant qui était au bureau, et il a fait cette erreur ! Dans ces conditions, je ne peux pas rejeter votre demande ! Je vais vous préparer un contrat et vous viendrez signer mercredi.
– Non, mercredi, je ne peux pas ! Mercredi, mon grand-père se marie !
– Quoi ? Votre grand-père ? Quel âge a-t-il ?
– Cent dix-huit ans, sans le mauvais œil.
– Cent dix-huit ans ! Et pourquoi ne s'est-il pas marié plus tôt ?
– Pourquoi il ne s'est pas marié plus tôt ? ... Ça je ne sais pas. Mais ce que je sais, c'est qu'il ne veut plus vivre chez ses parents !

<u>*2*</u>

In a park zitsn alte Yidn un shmuesn. Moyshe geyt tsu tsu a bank : – Ir hot eyniklekh ? – Yo, dray, zoln zey zayn gezunt !	אין אַ פּאַרק זיצן אַלטע ייִדן און שמועסן. משה גייט צו צו אַ באַנק : – איר האָט אייניקלעך ? – יאָ, דרײַ, זאָלן זיי זײַן געזונט !

Chapitre 1	Kapitl 1	קאַפּיטל 1
Famille	Mishpokhe	משפּחה

Geyt er tsu a tsveyter bank :
— Ir hot eyniklekh ?
— Yo, ikh hob fir, Got tsu danken !
— Un ikh hob finef, keyneynore !
Un azoy geyt er fun eyn bank tsu an anderer, biz er kumt tsu tsu an altn porfolk :
— Ir hot eyniklekh ?
— Neyn, tsum badoyern !
Moyshe zetst zikh lebn zey, nemt aroys etlekhe fotografyes fun keshene un zogt mit a shmeykhl :
— Aha, do vel ikh kenen redn fun mayne eyniklekh !

גייט ער צו אַ צווייטער באַנק :
— איר האָט אייניקלעך ?
— יאָ, איך האָב פֿיר, גאָט צו דאַנקען !
— און איך האָב פֿינעף, קיין עין-הרע !
און אַזוי גייט ער פֿון איין באַנק צו אַן אַנדערער, ביז ער קומט צו צו אַן אַלטן פּאָרפֿאָלק :
— איר האָט אייניקלעך ?
— ניין, צום באַדויערן !
משה זעצט זיך לעבן זיי, נעמט אַרויס עטלעכע פֿאָטאָגראַפֿיעס פֿון קעשענע און זאָגט מיט אַ שמייכל :
— אַהאַ, דאָ וועל איך קענען רעדן פֿון מײַנע אייניקלעך !

Dans un parc, des Juifs d'un certain âge sont assis et bavardent. Moyshe* se dirige vers un banc :
— Vous avez des petits-enfants ?
— Oui, trois, qu'ils restent en bonne santé !
Il va vers un deuxième banc :
— Vous avez des petits-enfants ?
— Oui, j'en ai quatre, Dieu soit loué !
— Et moi, j'en ai cinq, sans le mauvais œil !
Et il va ainsi d'un banc à l'autre, jusqu'à ce qu'il arrive près d'un vieux couple :
— Vous avez des petits-enfants ?
— Non, malheureusement !
Moyshe Feygelboym s'assied près d'eux, sort quelques photos de sa poche et dit avec un petit sourire :
— Ah enfin, là je vais pouvoir parler de mes petits-enfants !

3

— Dokter, zayt azoy gut, farshraybt mir di pil.
— Froy Feyglboym, tsu akht un zibetsik yor nemt men nisht di pil !
— Dokter, ikh bin a gute koynete ! Ikh

— דאָקטער, זײַט אַזוי גוט, פֿאַרשרײַבט מיר די פּיל.
— פֿרוי פֿייגלבוים, צו אַכט און זיבעציק יאָר נעמט מען נישט די פּיל !
— דאָקטער, איך בין אַ גוטע קונהטע ! איך

Chapitre 1 Kapitl 1 קאַפּיטל 1
Famille Mishpokhe משפּחה

bet aykh, farshraybt mir di pil. Mit der pil shlof ikh fil beser !
– Froy Feyglboym, di pil iz nisht tsu shlofn !
– Dokter, ikh vel aykh zogn dem emes : itst hob ikh bay mir in stub oyf a por monatn mayn eynikl, a sheyn meydele fun akhtsn yor - a kraft un a koyekh in di beyndelekh - un yedn ovnt loyft zi in diskotek. Azoy az, ven zi nemt di pil, shlof ikh fil beser !

בעט אײַך, פֿאַרשרײַבט מיר די פּיל. מיט דער פּיל שלאָף איך פֿיל בעסער !
– פֿרוי פֿייגלבוים, די פּיל איז נישט צו שלאָפֿן !
– דאָקטער, איך וועל אײַך זאָגן דעם אמת : איצט האָב איך בײַ מיר אין שטוב אויף אַ פּאָר מאָנאַטן מײַן אייניקל, אַ שיין מיידעלע פֿון אַכצן יאָר - אַ קראַפֿט און אַ כּוח אין די ביינדעלעך - און יעדן אָוונט לויפֿט זי אין דיסקאָטעק. אַזוי אַז, ווען זי נעמט די פּיל, שלאָף איך פֿיל בעסער !

– Docteur, soyez gentil, faites-moi une ordonnance pour la pilule.
– Madame Feygelboym, à soixante dix-huit ans, on ne prend pas la pilule !
– Docteur, je suis une bonne cliente ! Je vous en prie, prescrivez-moi la pilule. Avec la pilule, je dors beaucoup mieux !
– Madame Feygelboym, la pilule, ce n'est pas fait pour dormir !
– Docteur, je vais vous dire la vérité : actuellement, j'ai à la maison pour quelques mois, ma petite-fille, une fille de dix-huit ans, belle comme le jour - qu'elle soit en bonne santé - et chaque soir elle court à la discothèque. Alors, quand elle, elle prend la pilule, moi je dors beaucoup mieux !

4

An alter Yid iz kemat toyb un a spetsyalist borgt im tsvey aparatn.
A monat shpeter :
– Nu, s'iz aykh beser mit di aparatn ?
– A sakh beser !
– Ayere kroyvim zenen mistome tsufridn ?
– Zey veysn gornisht fun dem ! Un itst her ikh alts vos zey zogn… Azoy az s'iz shoyn dos tsveyte mol az ikh ender mayn tsavoe !

אַן אַלטער ייִד איז כּמעט טויב און אַ ספּעציאַליסט באָרגט אים צוויי אַפּאַראַטן.
אַ מאָנאַט שפּעטער :
– נו, ס'איז אײַך בעסער מיט די אַפּאַראַטן ?
– אַ סך בעסער !
– אײַערע קרובֿים זענען מסתּמא צופֿרידן ?
– זיי ווייסן גאָרנישט פֿון דעם ! און איצט הער איך אַלץ וואָס זיי זאָגן... אַזוי אַז ס'איז שוין דאָס צווייטע מאָל אַז איך ענדער מײַן צוואה !

Chapitre 1 Kapitl 1 קאַפּיטל 1
Famille Mishpokhe משפּחה

Un vieux Juif est pratiquement sourd et un spécialiste lui prête deux appareils auditifs. Un mois plus tard :
– Alors, vous êtes mieux avec les appareils ?
– Beaucoup mieux !
– Vos proches sont sans doute contents ?
– Ils ne sont pas du tout au courant ! Et depuis que j'entends tout ce qu'ils disent… j'ai déjà modifié deux fois mon testament !

5

Khayim ligt oyfn toytn-bet bay zikh in shtub. Di gantse mishpokhe iz gekumen. Eynike shteyen un shmuesn, andere zitsn bay dem tish bay a gloz tey. Kinder shpiln zikh un loyfn arum.
Khayim ruft eynem fun di eyniklekh :
– Zog mir, Moyshele, se shmekt epes shtrudl ! Kh'hob azoy lib shtrudl ! Gey un bet der mamen zi zol mir brengen a shtikl shtrudl. Efsher mit a shtikele shtrudl, vel ikh gezunt vern !
A bisl shpeter iz vider do dos kind.
– Nu Moyshele, du host gebetn der mamen ?
– Yo, ober zi hot gezogt… az der shtrudl… iz oyf nokh der levaye !

חיים ליגט אויפֿן טויטן-בעט בײַ זיך אין שטוב. די גאַנצע משפּחה איז געקומען. אייניקע שטייען און שמועסן, אַנדערע זיצן בײַ דעם טיש בײַ אַ גלאָז טיי. קינדער שפּילן זיך און לויפֿן אַרום.
חיים רופֿט איינעם פֿון די אייניקלעך :
– זאָג מיר, משהלע, סע שמעקט עפּעס שטרודל ! כ׳האָב אַזוי ליב שטרודל ! גיי און בעט דער מאַמען זי זאָל מיר ברענגען אַ שטיקל שטרודל. אפֿשר מיט אַ שטיקעלע שטרודל, וועל איך געזונט ווערן !
אַ ביסל שפּעטער איז ווידער דאָ דאָס קינד.
– נו משהלע, דו האָסט געבעטן דער מאַמען ?
– יאָ, אָבער זי האָט געזאָגט... אַז דער שטרודל... איז אויף נאָך דער לוויה !

Le vieux Haïm est sur son lit de mort dans son appartement. Toute la famille est réunie. Certains bavardent, d'autres sont à table devant un verre de thé. Les enfants jouent et courent partout.*
Haïm appelle l'un de ses petits-fils :*
– Dis-moi, Moyshele, on dirait une odeur de shtroudel ! J'aime tellement le shtroudel ! Va demander à maman qu'elle m'apporte un morceau de shtroudel. Peut-être qu'avec un peu de shtroudel, je pourrai guérir !*
L'enfant revient un peu plus tard.
– Moyshele, tu as demandé à maman ?
Oui, mais elle a dit… que le shtroudel… c'est pour après l'enterrement !

Chapitre 1	Kapitl 1	קאַפּיטל 1
Famille	Mishpokhe	משפּחה

6

— Vos bistu azoy farzorgt ?
— Mayn tate vil nokh a mol khasene hobn.
— Nu, vos iz ?
— Er iz alt akhtsik yor, keyneynore.
— Nu, es iz beser vi tsu blaybn aleyn, iber hoypt in zayn elter.
— Du farshteyst nisht... er vil zikh getn mit der mamen !

— ?וואָס ביסטו אַזוי פֿאַרזאָרגט
— מײַן טאַטע וויל נאָך אַ מאָל חתונה האָבן.
— נו, וואָס איז ?
— ער איז אַלט אַכציק יאָר, קיין עין-הרע.
— נו, עס איז בעסער ווי צו בלײַבן אַליין, איבער הויפּט אין זײַן עלטער.
— דו פֿאַרשטייסט נישט... ער וויל זיך גטן מיט דער מאַמען !

— *Qu'est-ce qui te préoccupe ?*
— *Mon père veut se remarier.*
— *Et alors ?*
— *Il a quatre-vingts ans, sans le mauvais œil.*
— *Eh bien, c'est mieux que de rester seul, surtout à son âge.*
— *Tu ne comprends pas... il veut divorcer d'avec ma mère !*

7

— Zogt mir, vi fil kinder hot ir ?
— Ikh hob dray kinder un zeks eyniklekh, keyneynore. Un ir ?
— Ikh hob nebekh nisht gehat keyn kinder !
— Vos ? Nisht keyn kinder, nisht keyn eyniklekh ? Oyb azoy, fun vos hot ir tsores ?

— זאָגט מיר, ווי פֿיל קינדער האָט איר ?
— איך האָב דרײַ קינדער און זעקס אייניקלעך, קיין עין-הרע. און איר ?
— איך האָב נעבעך נישט געהאַט קיין קינדער !
— וואָס ? נישט קיין קינדער, נישט קיין אייניקלעך ? אויב אַזוי, פֿון וואָס האָט איר צרות ?

— *Dites-moi, combien d'enfants avez-vous ?*
— *J'ai trois enfants et six petits-enfants, sans le mauvais œil. Et vous ?*
— *Moi, je n'ai malheureusement pas eu d'enfants !*
— *Comment ? Ni enfants, ni petits-enfants ? Alors, avec quoi vous faites-vous du souci ?*

Chapitre 1 Kapitl 1 קאַפּיטל 1
Famille Mishpokhe משפּחה

8

Moyshele, zibn yor alt, fregt :
– Zog mir bobe, far vos hot der tate khasene gehat mit der mamen ?
– Take a gute frage !

משהלע, זיבן יאָר אַלט, פֿרעגט :
– זאָג מיר באָבע, פֿאַר וואָס האָט דער טאַטע חתונה געהאַט מיט דער מאַמען ?
– טאַקע אַ גוטע פֿראַגע !

Moyshele, sept ans, demande :
– Dis-moi grand-mère, pourquoi papa s'est-il marié avec maman ?
– Eh oui, c'est une bonne question !

Chapitre 1 | Kapitl 1 | קאַפּיטל 1
Famille | Mishpokhe | משפּחה

ייִדישע מאַמעס

YIDISHE MAMES

MÈRES JUIVES

אַ ייִדישע מאַמע, „זי מאַכט זיס די גאַנצע וועלט(...)
אוי וויי, ווי ביטער ווען זי פֿעלט“

פֿאַר איר, שטייען די קינדער איבער אַלצדינג.
ווען עפּעס נײַעס קומט פֿאָר, פֿרעגט זיך אַ ייִד אויב דאָס איז גוט פֿאַר ייִדן.
די ייִדישע מאַמע פֿרעגט זיך אויב דאָס איז גוט פֿאַר אירע קינדער !

A yidishe mame, “Zi makht zis di gantse velt (...)
Oy vey, vi biter ven zi felt”

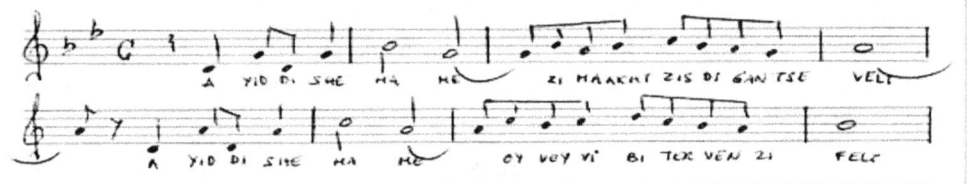

Far ir, shteyen di kinder iber altsding.
Ven epes nayes kumt for, fregt zikh a Yid oyb dos iz gut far Yidn.
Di yidishe mame fregt zikh oyb dos iz gut far ire kinder !

La mère juive, « Elle crée un monde de douceur (...)
Sans elle, hélas, que la vie est amère »

Pour elle, les enfants passent avant tout.
Quand quelque chose de nouveau survient,
un Juif se demande si c'est bon pour les Juifs.
La mère juive, elle, se demande :
« Est-ce que c'est bon pour mes enfants ? ».

| *Chapitre 1* | Kapitl 1 | קאַפּיטל 1 |
| *Famille* | Mishpokhe | משפחה |

די ייִדישע מאַמעס האָבן זייערע אייגענע מעלות און חסרונות.

Di yidishe mames hobn zeyere eygene mayles un khesroynes.

Les mères juives ont des qualités et des défauts qui leur sont propres.

אַ ייִדישע מאַמע איז כּסדר גערעכט, אַן אמתדיקע עקשנטע.

A yidishe mame iz keseyder gerekht, an emesdike akshnte.

Une mère juive a toujours raison, elle est têtue comme une mule.

9

– וואָס איז דער אונטערשייד צווישן אַ ייִדי-
שע מאַמע און אַ טעראָריסט ?
– מיט אַ טעראָריסט, קען מען אַ מאָל דורכ-
קומען !

– Vos iz der untersheyd tsvishn a yidi-
she mame un a terorist ?
– Mit a terorist, ken men a mol durkh-
kumen !

– Quelle est la différence entre une mère juive et un terroriste ?
– Avec un terroriste, il arrive qu'on puisse négocier !

אַ ייִדישע מאַמע איז שטאָלץ מיט אירע קינדער : איר זון איז דער בעסטער, דער שענסטער, דער קליגסטער... ווען צוויי ייִדישע מאַמעס רעדן פֿון זייערע זין, ווערט עס באַלד אַ פֿאַרמעסט !

A yidishe mame iz shtolts mit ire kinder : ir zun iz der bester, der shenster, der kligster... Ven tsvey yidishe mames redn fun zeyere zin, vert es bald a farmest !

Une mère juive est fière de ses enfants : son fils est le meilleur, le plus beau, le plus intelligent... Quand deux mères juives parlent de leurs fils, cela tourne aussitôt à la compétition !

| *Chapitre 1* | Kapitl 1 | קאַפּיטל 1 |
| *Famille* | Mishpokhe | משפּחה |

10

Tsvey yakhnes shmuesen :
– Nu, vos hert zikh mit dayn zun ?
– Mayn Moyshe hot shtudirt in fakultet, un itst fartaydikt er mentshn in tribunal !
– Yo, sheyn... Ober mayn Yankl hot shtudirt in universitet, un itst iz er an advokat !

צוויי יאַכנעס שמועסן :
– נו, וואָס הערט זיך מיט דייַן זון ?
– מייַן משה האָט שטודירט אין פֿאַקול-טעט, און איצט פֿאַרטייַדיקט ער מענטשן אין טריבונאַל !
– יאָ, שיין... אָבער מייַן יאַנקל האָט שטו-דירט אין אוניווערסיטעט, און איצט איז ער אַן אַדוואָקאַט !

Deux commères discutent :
– Alors, que devient ton fils ?
– Mon Moyshe a étudié à la faculté de droit, et maintenant il défend les accusés au tribunal !
– Oui, c'est bien... Mais moi mon Yankl, il a étudié à l'université, et maintenant il est avocat !

11

Fir Yidenes zitsn oyf a bank un shmuesn. Froy Blumenkrants zogt :
– Mayn zun iz der bester kardyolog fun Pariz ! Un mayn sheyne voynung, ver hot batsolt ?
Ruft zikh on froy Goldberg :
– Zeyer fayn ! Ober mayn zun iz der grester stomatolog ! Git a kuk vos far a brilyant er hot mir gekoyft !
Shpringt arayn froy Altblum :
– Un mayn zun iz der feikster shmatolog. Er git oys a mayontik baym psikhoanalitiker, bloyz tsu redn fun zayn mamen !
Zi dreyt zikh oys :
– ...Vos zitst ir azoy troyerik, froy Feyglboym ? Ir zogt gornisht !
– Ikh hob nebekh nisht keyn kinder... Ober kh'hob a kats... shpilt zi piane !

פֿיר ייִדענעס זיצן אויף אַ באַנק און שמועסן. פֿרוי בלומענקראַנץ זאָגט :
– מייַן זון איז דער בעסטער קאַרדיאָלאָג פֿון פּאַריז ! און מייַן שיינע וווינונג, ווער האָט באַצאָלט ?
רופֿט זיך אָן פֿרוי גאָלדבערג :
– זייער פֿייַן ! אָבער מייַן זון איז דער גרעסטער סטאָמאַטאָלאָג ! גיט אַ קוק וואָס פֿאַר אַ בריליאַנט ער האָט מיר געקויפֿט !
שפּרינגט אַרייַן פֿרוי אַלטבלום :
– און מייַן זון איז דער פֿעיִקסטער שמאַ-טאָלאָג. ער גיט אויס אַ מאַיאָנטיק בייַם פּסיכאָאַנאַליטיקער, בלויז צו רעדן פֿון זייַן מאַמען !
זי דרייט זיך אויס :
– ... וואָס זיצט איר אַזוי טרויעריק, פֿרוי פֿייגלבוים ? איר זאָגט גאָרנישט !
– איך האָב נעבעך נישט קיין קינדער... אָבער כ'האָב אַ קאַץ... שפּילט זי פּיאַנע !

Chapitre 1 Kapitl 1 קאַפּיטל 1
Famille Mishpokhe משפּחה

Shabes nokh mitog zenen zey ale bay froy Feyglboym. Di kats shpilt... Shopens a polonez !
Froy Goldberg iz anttsikt :
– Oy froy Feyglboym, vi herlekh shpilt ayer kats !
Zi ken shpiln di “Apasionate” ?
– Avade ! Ketsele, shpil di “Apasionate” far froy Goldberg.
Un froy Goldberg veynt mit trern :
– Oy Froy Feyglboym, ir megt zayn shtolts mit aza kats !
– Avade bin ikh shtolts, zogt zi troyerik, ober ikh volt azoy gevolt az zi zol vern... a dokter !

שבת נאָך מיטאָג זענען זיי אַלע בײַ פֿרוי פֿייגלבוים. די קאַץ שפּילט... שאָפּענס אַ פּאָלאָנעז !
פֿרוי גאָלדבערג איז אַנטציקט :
– אוי פֿרוי פֿייגלבוים, ווי הערלעך שפּילט אײַער קאַץ !
זי קען שפּילן די „אַפּאַסיאָנאַטע“ ?
– אַוודאי ! קעצעלע, שפּיל די „אַפּאַסיאָנאַטע“ פֿאַר פֿרוי גאָלדבערג.
און פֿרוי גאָלדבערג וויינט מיט טרערן :
– אוי פֿרוי פֿייגלבוים, איר מעגט זײַן שטאָלץ מיט אַזאַ קאַץ !
– אוודאי בין איך שטאָלץ, זאָגט זי טרויעריק, אָבער איך וואָלט אַזוי געוואָלט אַז זי זאָל ווערן... אַ דאָקטער !

Quatre femmes sont assises sur un banc et bavardent.
Madame Blumenkrants dit :
– Mon fils, c’est le meilleur cardiologue de Paris ! Et mon superbe appartement, qui l’a payé ?
Madame Goldberg rétorque :
– C’est bien ! Mais moi, mon fils, c’est le plus grand stomatologue. Regardez un peu ce diamant qu’il m’a acheté !
Madame Altblum intervient :
– Et mon fils à moi, c’est le shmatologue le plus doué. Il dépense une fortune chez le psychanalyste, rien que pour parler de sa maman !*
Elle se tourne vers madame Feygelboym :
– ... Pourquoi êtes-vous si triste ? Vous ne dites rien ?
– Je n’ai malheureusement pas d’enfant ! Par contre, j’ai un chat extraordinaire... il faut voir comme il joue du piano !
Le samedi après-midi, elles se retrouvent toutes chez madame Feygelboym. Et le fameux chat joue... une polonaise de Chopin !
Madame Goldberg est émerveillée :
– Oy madame Feygelboym, comme il joue bien, votre chat ! Il sait aussi jouer l’« Apassionata » ?*
– Bien sûr ! Ketsele, joue l’« Apassionata » pour Madame Goldberg !
Là, Madame Goldberg a les larmes aux yeux :
– Oy madame Feygelboym, vous avez de quoi être fière avec un tel chat !

Chapitre 1 Kapitl 1 קאַפּיטל 1
Famille Mishpokhe משפּחה

– Bien sûr que je suis fière, dit-elle tristement, mais moi j’aurais tellement voulu qu’il soit… docteur !

אַ ייִדישע מאַמע ציטערט איבער די קינדער אָן אַ מאָס.

A yidishe mame tsitert iber di kinder on a mos.

Une mère juive est une vraie mère-poule, elle protège ses enfants à l’excès.

12

Sure firt dos ershte mol in shule ir fir-yorik meydele.
– Ketsele, zolst zayn a voyl meydele mit der lererke, yo Ketsele ?
Un Ketsele, zolst nisht shlogn di andere kinder ! Oy, nokh epes Ketsele, ven du vest aroysgeyn, zolst nisht fargesn dayn shalekl, du zolst zikh kholile nisht farkiln !
Un ven dos meydele kumt aroys, fregt di mame :
– Nu Ketsele, host haynt epes gelernt in shule ?
– Yo mame, kh’hob zikh oysgelernt… az ikh heys Rokhl !

שׂרה פֿירט דאָס ערשטע מאָל אין שולע איר פֿיר-יאָריק מיידעלע.
– קעצעלע, זאָלסט זײַן אַ ווויל מיידעלע מיט דער לערערקע, יאָ קעצעלע ?
און קעצעלע, זאָלסט נישט שלאָגן די אַנדערע קינדער ! אוי, נאָך עפּעס קעצעלע, ווען דו וועסט אַרויסגיין, זאָלסט נישט פֿאַרגעסן דײַן שאַלעקל, דו זאָלסט זיך חלילה נישט פֿאַרקילן !
און ווען דאָס מיידעלע קומט אַרויס, פֿרעגט די מאַמע :
– נו קעצעלע, האָסט הײַנט עפּעס געלערנט אין שולע ?
– יאָ מאַמע, כ׳האָב זיך אויסגעלערנט... אַז איך הייס רחל !

Sarah amène à l’école pour la première fois sa fillette âgée de 4 ans :
– Mon petit chat, tu seras gentille avec la maîtresse, hein mon petit chat ?
Et puis mon petit chat, faudra pas battre les autres enfants !
Ah, autre chose mon petit chat, quand tu sortiras, n’oublie pas ton cache-nez, pour ne pas t’enrhumer, à Dieu ne plaise !
Lorsque la fillette sort de l’école :
– Alors mon petit chat, tu as appris quelque chose aujourd’hui à l’école ?
– Oui maman, j’ai appris… que je m’appelle Rachel !

Chapitre 1 Kapitl 1 קאַפּיטל 1
Famille Mishpokhe משפּחה

13

Oyfn breg yam zitst a yidishe mame, un zi shrayt oyf a yingele fun 3 yor :
– Gey nisht arayn in vaser, du kenst kholile dertrunken vern ! Shpil zikh nisht in zamd, s'iz shmutsik ! Un kum zitsn untern parasol, di zun brent vi a fayer !
Un tsu a froy vos zitst lebn ir :
– Oy ! Dos kind iz azoy nerveish, er ken nisht aynzitsn !

אויפֿן ברעג ים זיצט אַ ייִדישע מאַמע, און זי שרײַט אויף אַ ייִנגעלע פֿון דרײַ יאָר :
– גיי נישט אַרײַן אין וואַסער, דו קענסט חלילה דערטרונקען ווערן ! שפּיל זיך נישט אין זאַמד, ס׳איז שמוציק ! און קום זיצן אונטערן פּאַראַסאָל, די זון ברענט ווי אַ פֿײַער !
און צו אַ פֿרוי וואָס זיצט לעבן איר :
– אוי ! דאָס קינד איז אַזוי נערוועיִש, ער קען נישט אײַנזיצן !

A la plage, une mère juive s'énerve sur son garçonnet de trois ans :
– Ne vas pas dans l'eau, tu pourrais te noyer, Dieu m'en préserve ! Ne joue pas avec le sable, c'est sale ! Viens t'asseoir sous le parasol, le soleil est brûlant !
Et à une femme assise près d'elle :
– Oh là là, comme il est nerveux cet enfant, il ne tient pas en place !

14

Khotsh zi lozt nisht arop keyn oyg fun im, ganvet zikh dos kind tsum yam un a khvalye nemt es avek...
Taynet di mame tsum himl :
– Gotenyu, ikh bet dikh, hob rakhmones, gib mir tsurik mayn Yankele ! Er iz di eyntsike sibe far vos ikh leb.
Ikh vel...
Un a khvalye brengt tsurik dos kind a lebediks.
– Oy, geloybt zolstu zayn, Gotenyu ! Ober... vu iz dos hitl ?

כאָטש זי לאָזט נישט אַראָפּ קיין אויג פֿון אים, גנבֿעט זיך דאָס קינד צום ים און אַ כוואַליע נעמט עס אַוועק...
טענהט די מאַמע צום הימל :
– גאָטעניו, איך בעט דיך, האָב רחמנות, גיב מיר צוריק מײַן יאַנקעלע ! ער איז די איינציקע סיבה פֿאַר וואָס איך לעב.
איך וועל...
און אַ כוואַליע ברענגט צוריק דאָס קינד אַ לעבעדיקס.
– אוי, געלויבט זאָלסטו זײַן, גאָטעניו ! אָבער... ווּ איז דאָס היטל ?

Elle ne le quitte pas des yeux ; pourtant il parvient à courir à la mer et une vague l'emporte...
La mère s'adresse au ciel :
– Mon Dieu, je t'en prie, par pitié, rends-moi mon Yankele ! Il est ma seule

Chapitre 1 Kapitl 1 קאַפּיטל 1
Famille Mishpokhe משפּחה

raison de vivre. Je…
Et une vague ramène l’enfant sain et sauf.
– Oh sois loué, mon Dieu ! Mais… où est son chapeau de soleil ?

15

A yidishe mame dertseylt irer a khaverte :
– A gantse nakht hob ikh gekholemt beyze khaloymes. Mayn zun Moyshe iz geven oyfn kampus fun universitet. Er hot getrunken shnaps un er hot gereykhert on a shier. Ale studentn arum hobn im gezidlt un geshpign in ponim arayn ! Shpeter iz er gelign in shpitol, mit rern in noz un er hot keseyder geyomert : “Mame, ikh bin khorev krank, ikh vel bald shtarbn !” Oy, sara shreklekhe nakht ! Nor Got tsu danken, hob ikh zikh oyfgevekt !
– Nu, un vos hostu dan geton ?
– Vos ikh hob geton ? Ikh hob zikh oyfgehoybn un… ikh hob im ibergeviklt !

אַ ייִדישע מאַמע דערציילט אירער אַ חבֿרטע :
– אַ גאַנצע נאַכט האָב איך געחלומט בייזע חלומות. מײַן זון משה איז געווען אויפֿן קאַמפּוס פֿון אוניווערסיטעט. ער האָט געטרונקען שנאַפּס און ער האָט גערייכערט אָן אַ שיעור. אַלע סטודענטן אַרום האָבן אים געזידלט און געשפּיגן אין פּנים אַרײַן ! שפּעטער איז ער געליגן אין שפּיטאָל, מיט רערן אין נאָז און ער האָט כּסדר געיאָמערט ! „מאַמע, איך בין חרובֿ קראַנק, איך וועל באַלד שטאַרבן !“ אוי, סאַראַ שרעקלעכע נאַכט ! נאָר גאָט צו דאַנקען, האָב איך זיך אויפֿגעוועקט !
– נו, און וואָס האָסטו דאַן געטאָן ?
– וואָס איך האָב געטאָן ? איך האָב זיך אויפֿגעהויבן און... איך האָב אים איבער-געוויקלט !

Une yiddishe mame raconte à une amie :
– J’ai fait des cauchemars toute la nuit : je voyais mon fils Moyshe sur le campus de l’université. Il buvait de l’alcool et n’arrêtait pas de fumer. Tous les étudiants qui l’entouraient lui crachaient au visage en l’insultant ! Ensuite il était à l’hôpital, avec des tuyaux dans le nez et il n’arrêtait pas de se lamenter : « Maman, j’ai une maladie terrible, je vais bientôt mourir ! »
Oy, quelle nuit horrible ! Et puis Dieu soit loué, je me suis réveillée !*
– Et alors, qu’est-ce que tu as fait ?
– Eh bien, je me suis levée et… je suis allée lui changer les couches !

Chapitre 1 Kapitl 1 קאַפּיטל 1
Famille Mishpokhe משפּחה

אפֿילו ווען זיי זענען עלטער, ציטערט זי נאָך איבער די קינדער.

Afile ven zey zenen elter, tsitert zi nokh iber di kinder.

Même lorsqu'ils sont adultes, elle continue de couver ses enfants.

16

משה איז גרייט אַרויסצוגיין.
די מאַמע זאָגט אים :
– טו אָן אַ שאַליקל, ס׳איז קאַלט אין דרויסן !
– מאַמע, ס׳איז אויגוסט !
און ער טוט אָן דאָס שאַליקל.
– טו אויך אָן דעם סוועטער, עס בלאָזט אַ ווינט !
– מאַמע, ס׳איז אויגוסט !
און ער נעמט מיט דעם סוועטער.
– און טו אָן...
– מאַמעלע, הער אויף ! איך בין שוין פֿינעף און פֿערציק יאָר אַלט !

Moyshe iz greyt aroystsugeyn.
Di mame zogt im :
– Tu on a shalikl, s'iz kalt in droysn !
– Mame, s'iz oygust !
Un er tut on dos shalikl.
– Tu oykh on dem sveter, es blozt a vint!
– Mame, s'iz oygust !
Un er nemt mit dem sveter.
– Un tu on...
– Mamele, her oyf ! Ikh bin shoyn finef un fertsik yor alt !

Moyshe s'apprête à sortir. Sa mère lui dit :
– Mets ton écharpe, il fait froid dehors !
– Maman, nous sommes en août !
Et il met son écharpe.
– Mets aussi ton pull, il y a du vent !
– Maman, nous sommes en août !
Et il emporte son pull.
– Et mets aussi...
– Ma petite maman, arrête ! Je te rappelle que j'ai quarante-cinq ans !

פֿאַר אַ ייִדישע מאַמע, איז דאָס עסן דער עיקר ! דאָס פֿאַרשטייט זיך ווען מע ווייסט אַז אין מיזרח-אייראָפּע, האָבן ס׳רובֿ ייִדן געליטן פֿון הונגער. אין פּאַריז איז די באַליבטסטע מעטראָ-סטאַנציע ביי די ייִדישע מאַמעס די סטאַנציע :„מאָנזש“[1].

[1] „מאַנזש“ אין פֿראַנצייזיש, וואָס הייסט „עס“, ווערט „מאָנזש“ מיטן ייִדישן אַקצענט.

Chapitre 1 Kapitl 1 קאַפּיטל 1
Famille Mishpokhe משפּחה

Far a yidishe mame, iz dos esn der iker ! Dos farsteyt zikh ven me veyst az in mizrekh Eyrope, hobn s'rov Yidn gelitn fun hunger. In Pariz iz di balibtste metro-stantsye bay di yidishe mames, di stantsye "Monzh"(1).

(1) "manzh" in frantseyzish, vos heyst "es", vert "monzh" mitn yidishn aktsent.

Pour la mère juive, manger, c'est primordial. On le comprend quand on sait qu'en Europe de l'est, la majorité des Juifs a souffert de la faim. A Paris, la station de métro préférée des mères juives est la station « Monge » – « mange » prononcé avec l'accent yiddish.

17

Vos iz der untersheyd tsvishn an italyenishe mame un a yidishe mame ?
– Oyb du est nisht, varf ikh dikh aroys durkhn fenster ! Strashet di italyenishe mame.
– Oyb du est nisht, strashet di yidishe mame, varf ikh zikh aroys durkhn fenster !

וואָס איז דער אונטערשייד צווישן אַן איטאַליענישע מאַמע און אַ ייִדישע מאַמע ?
– אויב דו עסט נישט, וואַרף איך דיך אַרויס דורכן פֿענסטער ! סטראַשעט די איטאַליע-נישע מאַמע.
– אויב דו עסט נישט, סטראַשעט די ייִדישע מאַמע, וואַרף איך זיך אַרויס דורכן פֿענסטער !

Quelle est la différence entre une mère italienne et une mère juive ?
– Si tu ne manges pas, je te passe par la fenêtre ! Menace la mamma italienne.
– Si tu ne manges pas, menace la mère juive, je me jette par la fenêtre !

18

In Tshikago in di draysiker yorn, iz a yidisher "gangster" shtark ranirt gevorn in meshekh fun a shiseray.
Er hot farloyrn a sakh blut un koym mit tsores krikht er biz tsu der mames dire.
– Mame, efn, gikh !
– Oy vey mayn kind, vos iz mit dir geshen ? Dertseyl mir... Nor koydem-kol, es epes !

אין טשיקאַגאָ אין די דרײַסיקער יאָרן, איז אַ ייִדישער „גאַנגסטער" שטאַרק ראַנירט גע-וואָרן אין משך פֿון אַ שיסערײַ.
ער האָט פֿאַרלוירן אַ סך בלוט און קוים מיט צרות קריכט ער ביז צו דער מאַמעס דירה.
– מאַמע, עפֿן, גיך !
– אוי וויי מײַן קינד, וואָס איז מיט דיר געשען ? דערצייל מיר... נאָר קודם־כּל, עס עפּעס !

Chapitre 1 | Kapitl 1 | קאַפּיטל 1
Famille | Mishpokhe | משפּחה

A Chicago dans les années trente, un gangster juif est grièvement blessé au cours d'une fusillade. Il a perdu beaucoup de sang et il se traine à grand-peine jusque chez sa mère.
– Maman, ouvre, vite !
– Oy mon pauvre fils, qu'est-ce qui t'est arrivé ? Raconte... Mais d'abord, il faut que tu manges quelque chose !

19

Sure vet morgn vern finef un zibetsik yor alt. Di tsvey brider, Shmuel un Yankl, zukhn a matone.
Efsher a popugay ? Azoy vet di mame kenen redn a vort mit im un zi vet nisht zayn aleyn !
In gesheft, fregn zey :
– Vos kost a popugay ?
– Zeks hundert eyros.
– Zeks hundert eyros ? S'iz zeyer tayer !
– Take tayer, ober zey kenen etlekhe shprakhn, afile yidish kenen zey !
Shmuel geyt tsu tsu a popugay :
– Emes, redst yidish ?
– Vos far a frage !
Mit aza noz vos ikh hob, zol ikh nisht redn keyn yidish ?
Der soykher ruft zikh on :
– Fun velkhn gegnt in Poyln shtamt ayer mame ?
– Fun Varshe.
– Ot do zenen di popugayen vos redn varshever yidish. Neyn, geyt nisht ahin... Dortn redn zey vilner yidish !
Shmuel un Yankl klaybn oys a sheynem un gezuntn popugay. Der soykher shtelt im arayn in a shtaygl, un a shikyingl trogt es bald op tsu der mamen.
Oyf tsu morgns, kumen di tsvey brider farbrengen dem tog mit der mamen.

שׂרה וועט מאָרגן ווערן פֿינעף און זיבעציק יאָר אַלט. די צוויי ברידער, שמואל און יאַנקל, זוכן אַ מתּנה.
אפֿשר אַ פּאָפּוגייַ ? אַזוי וועט די מאַמע קענען רעדן אַ וואָרט מיט אים און זי וועט נישט זייַן אַליין !
אין געשעפֿט, פֿרעגן זיי :
– וואָס קאָסט אַ פּאָפּוגייַ ?
– זעקס הונדערט אייראָס.
– זעקס הונדערט אייראָס ? ס'איז זייער טייַער !
– טאַקע טייַער, אָבער זיי קענען עטלעכע שפּראַכן, אַפֿילו ייִדיש קענען זיי !
שמואל גייט צו צו אַ פּאָפּוגייַ :
– אמת, רעדסט ייִדיש ?
– וואָס פֿאַר אַ פֿראַגע !
מיט אַזאַ נאָז וואָס איך האָב, זאָל איך נישט רעדן קיין ייִדיש ?
דער סוחר רופֿט זיך אָן :
– פֿון וועלכן געגנט אין פּוילן שטאַמט אייַער מאַמע ?
– פֿון וואַרשע.
– אָט דאָ זענען די פּאָפּוגייַען וואָס רעדן וואַרשעווער ייִדיש. ניין, גייט נישט אַהין, דאָרטן רעדן זיי ווילנער ייִדיש !
שמואל און יאַנקל קלייַבן אויס אַ שיינעם און געזונטן פּאָפּוגייַ. דער סוחר שטעלט אים אַרייַן אין אַ שטייַגל, און אַ שיקייִנגל טראָגט עס באַלד אָפּ צו דער מאַמען.
אויף צו מאָרגנס, קומען די צוויי ברידער פֿאַרברענגען דעם טאָג מיט דער מאַמען.

Chapitre 1 Kapitl 1 קאַפּיטל 1
Famille Mishpokhe משפּחה

– Nu mame, vi gefelt dir undzer matone ?
– Oy tayere kinder, vunderlekh ! Aza sheyn of hob ikh nokh keyn mol nisht gezen ! Ikh hob bald gekokht a yoykh mit a meygele far ayert vegn. Ir vet lekn di finger !
– Oy mame ! Vos hostu geton ? Du host opgekokht a foygl vos hot geredt afile varshever yidish !
– Azoy gor, to far vos hot er gornisht gezogt ?

– נו מאַמע, ווי געפֿעלט דיר אונדזער מתּנה ?
– אוי טײַערע קינדער, ווונדערלעך ! אַזאַ שיין עוף האָב איך נאָך קיין מאָל נישט געזען ! איך האָב באַלד געקאָכט אַ יויך מיט אַ מייגעלע פֿאַר אײַערט וועגן. איר וועט לעקן די פֿינגער !
– אוי מאַמע ! וואָס האָסטו געטאָן ? דו האָסט אָפּגעקאָכט אַ פֿויגל וואָס האָט גערעדט אפֿילו וואַרשעווער ייִדיש !
– אַזוי גאָר, טאָ פֿאַר וואָס האָט ער גאָר-נישט געזאָגט ?

Demain, Sarah aura soixante-quinze ans. Pour son anniversaire ses deux fils, Shmouel et Yankl*, ont l'idée de lui offrir un perroquet. Elle pourra discuter avec lui et elle se sentira moins seule !*
Dans le magasin, ils se renseignent :
– Combien coûte un perroquet ?
– Six cents euros.
– Six cents euros ? Mais c'est très cher !
– Oui c'est vrai, c'est cher, mais ces perroquets parlent plusieurs langues, y compris le yiddish !
Shmouel s'adresse à un perroquet :
– C'est vrai, tu parles yiddish ?
– Quelle question ! Avec le nez que j'ai, je ne parlerais pas yiddish ?
Le vendeur intervient :
– Votre maman, de quelle région de Pologne vient-elle ?
– De Varsovie.
– Les perroquets qui parlent le yiddish de Varsovie sont là. Non, n'allez pas là-bas... ce sont les perroquets qui parlent le yiddish de Vilnius !
Shmouel et Yankl choisissent un beau perroquet bien dodu. Le vendeur le met dans une cage et le fait livrer le jour-même. Le lendemain, les deux frères arrivent chez leur mère pour passer la journée avec elle.
– Alors maman, que dis-tu de ton cadeau d'anniversaire ?
– Oy mes chers enfants, formidable ! Un poulet aussi beau, je n'en avais jamais vu ! Je vous ai tout de suite mijoté un bouillon avec un cou farci. Vous allez vous lécher les babines !

Chapitre 1	Kapitl 1	קאַפּיטל 1
Famille	Mishpokhe	משפחה

— Oy maman ! Qu'est-ce que tu as fait ? Tu as fait cuire un oiseau qui parlait même le yiddish de Varsovie !
— Vraiment ? Alors pourquoi n'a-t-il rien dit ?

פֿאַר אַ ייִדישער מאַמען זענען די וויכטיקסטע זאַכן, דאָס גליק און די הצלחה פֿון די קינדער : דאָס געזונט, אַ גוטע פּרנסה און אַ גוטער שידוך ; וועגן דעם זענען אַלע מסכּים, אי די ספֿרדים אי די אַשכּנזים.

אַ גוטע פּרנסה : אין מיזרח-אייראָפּע, האָט דער גרעסטער טייל קינדער, איבערן דלות און די רדיפֿות, נישט געקענט שטודירן אין אוניווערסיטעט. ווען זיי זענען אָנגעקומען אין די פֿרײַע לענדער, האָבן די קינדער געקענט דערגרייכן צו די שענסטע פּראָפֿעסיעס, צווישן וועלכע דאָקטער אָדער אַדוואָקאַט האָבן פֿאַרנומען דעם אויבנאָן.

Far a yidisher mamen zenen di vikhtikste zakhn, dos glik un di hatslokhe fun di kinder : dos gezunt, a gute parnose un a guter shidekh ; vegn dem zenen ale maskem, i di sfardim i di ashkenazim.
A gute parnose : in mizrekh Eyrope hot der grester teyl kinder, ibern dales un di redifes, nisht gekent shtudirn in universitet. Ven zey zenen ongekumen in di fraye lender, hobn di kinder gekent dergreykhn tsu di shenste profesyes, tsvishn velkhe dokter oder advokat hobn farnumen dem oybnon.

Pour la mère juive, le plus important, c'est le bonheur et la réussite de ses enfants : la santé, un bon métier et un bon mariage ; sur ce point, tous sont d'accord, les séfarades comme les ashkénazes.
Un bon métier : dans l'Europe de l'est, en raison des quotas, de la misère et des persécutions, la plupart des jeunes ne pouvait pas faire d'études supérieures. Quand ils sont arrivés dans des pays libres, les enfants ont pu accéder à des métiers dont les plus enviés étaient médecin ou avocat.

20

Sure shpatsirt mit ire tsvey yinglekh. Kumt Rokhl antkegn :	שׂרה שפּאַצירט מיט אירע צוויי ייִנגלעך. קומט רחל אַנטקעגן :
— Vi alt zaynen zey, keyneynore ?	— ווי אַלט זענען זיי, קיין עין־הרע ?
— Der dokter iz dray yor alt un der advokat, tsvey yor alt.	— דער דאָקטער איז דרײַ יאָר אַלט און דער אַדוואָקאַט, צוויי יאָר אַלט.

Sarah promène ses deux garçons. Arrive Rachel :
— Quel âge ont vos enfants, que Dieu les protège du mauvais œil ?
— Le docteur a trois ans et l'avocat, deux ans.

Chapitre 1	Kapitl 1	קאַפּיטל 1
Famille	Mishpokhe	משפחה

דער שם פֿון אַ דאָקטער, דאָס איז עפּעס !

Der shem fun a dokter, dos iz epes !

Le prestige du docteur, ça c'est quelque chose !

21

Yosl klingt der mamen :
— Mame, du veyst az ikh bin gevorn der Prezident fun land.
   Dem tsveytn oktober vet zayn a groyse tseremonye. Vest megn zayn shtolts !
— Ober ikh hob nisht keyn kleyd far aza tseremonye.
— Mamele, ikh bin der Prezident fun land ! Vel ikh dir shikn a barimte shnaydern.
— Ober ikh es kosher.
— Mamele, spetsyel far dir vet zayn kosher esn !
Dem tog fun der tseremonye, zitst di mame fornt tsvishn ale ministorn, un zi barimt zikh :
— Zolt ir visn az zayn bruder iz nokh beser : a dokter iz er !

יאָסל קלינגט דער מאַמען :
— מאַמע, דו ווייסט אַז איך בין געוואָרן דער פּרעזידענט פֿון לאַנד.
דעם צווייטן אָקטאָבער וועט זײַן אַ גרויסע צערעמאָניע. וועסט מעגן זײַן שטאָלץ !
— אָבער איך האָב נישט קיין קלייד פֿאַר אַזאַ צערעמאָניע.
— מאַמעלע, איך בין דער פּרעזידענט פֿון לאַנד ! וועל איך דיר שיקן אַ באַרימטע שנײַדערין.
— אָבער איך עס כּשר.
— מאַמעלע, ספּעציעל פֿאַר דיר וועט זײַן כּשר עסן !
דעם טאָג פֿון צערעמאָניע, זיצט די מאַמע פֿאָרנט צווישן אַלע מיניסטאָרן, און זי באַרימט זיך :
— זאָלט איר וויסן אַז זײַן ברודער איז נאָך בעסער : אַ דאָקטער איז ער !

Yosl téléphone à sa mère :
— Maman, tu sais que j'ai été élu Président de la république. Le deux octobre, il y aura une grande cérémonie. Tu pourras être fière de ton fils !
— Mais je n'ai pas de robe pour une telle cérémonie.
— Ma petite maman, je suis le Président de la république ! Je vais t'envoyer un grand couturier.
— Mais je mange kasher*.
— Ma petite maman, spécialement pour toi, il y aura des plats kasher.
Le jour J, elle est assise au premier rang parmi tous les ministres et elle se vante auprès d'eux :
— Sachez que son frère, c'est encore mieux : il est docteur !

Chapitre 1 Kapitl 1 קאַפּיטל 1
Famille Mishpokhe משפּחה

22

A groyser profesor fun meditsin bashlist tsu farlozn dem shpitol, zayne shtudentn un di private patsyentn.
Er farzamlt manshaftn un er fort arum in gants Afrike tsu heyln toyznter mentshn. Yedes mol ven er klingt tsu der mamen, fregt zi :
– Nu Yankele, ven vestu tsurik vern an emesdiker dokter ?

אַ גרויסער פּראָפּעסאָר פֿון מעדיצין באַשליסט צו פֿאַרלאָזן דעם שפּיטאָל, זײַנע סטודענטן און די פּריוואַטע פּאַציענטן.
ער פֿאַרזאַמלט מאַנשאַפֿטן און ער פֿאָרט אַרום אין גאַנץ אַפֿריקע צו היילן טויזנטער מענטשן. יעדעס מאָל ווען ער קלינגט צו דער מאַמען, פֿרעגט זי :
– נו יאַנקעלע, ווען וועסטו צוריק ווערן אַן אמתדיקער דאָקטער ?

Un grand professeur de médecine décide d'abandonner l'hôpital, ses étudiants et ses patients privés. Il constitue des équipes et parcourt toute l'Afrique pour donner des soins à des milliers de gens.
Chaque fois qu'il téléphone à sa mère, elle lui demande :
– Alors Yankele, quand est-ce que tu vas redevenir un vrai docteur ?

23

Tsvey Yidenes shmuesn :
– Un vos hert zikh mit Surelen ?
– Surele ? Zi iz shoyn a dokter. In tsvey monatn arum vet zi khasene hobn mit dem asistent fun shpitol.
– Dem asistent ? Nisht dem profesor ?
– Neyn, der profesor iz geven ir ershter man !
– Er iz nisht geven keyn psikhyater ?
– Neyn, du host a toes. Der psikhyater iz geven ir tsveyter man !
– Ze nor ! Eyn eyntsike tokhter, un azoy fil nakhes !

צוויי ייִדענעס שמועסן :
– און וואָס הערט זיך מיט שׂרהלען ?
– שׂרהלע ? זי איז שוין אַ דאָקטער. אין צוויי מאָנאַטן אַרום וועט זי חתונה האָבן מיט דעם אַסיסטענט פֿון שפּיטאָל.
– דעם אַסיסטענט ? נישט דעם פּראָפֿעסאָר ?
– ניין, דער פּראָפֿעסאָר איז געווען איר ערשטער מאַן !
– ער איז נישט געווען קיין פּסיכיאַטער ?
– ניין, דו האָסט אַ טעות. דער פּסיכיאַטער איז געווען איר צווייטער מאַן !
– זע נאָר ! איין איינציקע טאָכטער, און אַזוי פֿיל נחת !

Deux femmes bavardent :
– Et Sourele, qu'est ce qu'elle devient ?
– Sourele ? Elle est docteur, maintenant. Dans deux mois, elle va se marier avec l'assistant de l'hôpital.
– L'assistant ? Pas le professeur ?

| *Chapitre 1* | Kapitl 1 | קאַפּיטל 1 |
| *Famille* | Mishpokhe | משפּחה |

– Non, le professeur, c'était son premier mari !
– Ce n'était pas un psychiatre ?
– Non, tu te trompes. Le psychiatre, c'était son deuxième mari !
– Regarde-moi ça ! Une fille unique, et autant de satisfactions !

אַחוץ דאָקטער און אַדוואָקאַט מעג דאָס קינד זײַן אַ מוזיקער, אַבי אַ ווירטואָז !

Akhuts dokter un advokat meg dos kind zayn a muziker, abi a virtuoz !

A part médecin et avocat, son fils peut être musicien, du moment que c'est un virtuose !

24

Nokh a kontsert, loyft Ester nokh dem kapel-mayster:
– Mayster, mayster, zayt azoy gut, shenkt mir bloyz a vayle fun ayer tsayt. Hert oys a registratsye fun mayn zun, er shpilt fidl vunderlekh sheyn !
Der mayster hert zikh ayn un vert in gantsn anttsikt !
– Beemes ? Ayer zun shpilt do ?
– Neyn... Do shpilt Yehudi Menuhin. Ober mayn zun shpilt akurat azoy !

נאָך אַ קאָנצערט, לויפֿט אסתּר נאָך דעם קאַפּעל-מײַסטער :
– מײַסטער, מײַסטער, זײַט אַזוי גוט, שענקט מיר בלויז אַ ווײַלע פֿון אײַער צײַט. הערט אויס אַ רעגיסטראַציע פֿון מײַן זון, ער שפּילט פּידל וווּנדערלעך שיין !
דער מײַסטער הערט זיך אײַן און ווערט אין גאַנצן אַנטציקט !
– באמת ? אײַער זון שפּילט דאָ ?
– ניין... דאָ שפּילט יהודי מענוהין. אָבער מײַן זון שפּילט אַקוראַט אַזוי !

A la fin d'un concert, Esther court derrière le chef d'orchestre :
– Maitre, maitre, je vous en prie, accordez-moi un instant pour écouter un enregistrement de mon fils, c'est un merveilleux violoniste !
Le chef d'orchestre écoute et il est subjugué !
– C'est vraiment votre fils qui joue là ?
– Non... Ça, c'est un enregistrement de Yehudi Menuhin. Mais mon fils, il joue exactement comme ça !

אַ גוטער שידוך איז די צווייטע דאגה.

A guter shidekh iz di tsveyte dayge.

Un bon mariage est sa deuxième préoccupation.

Chapitre 1 Kapitl 1 קאַפּיטל 1
Famille Mishpokhe משפּחה

25

In an avyon fun El-Al, shrayt a froy :
– S'iz do a dokter in avyon ?
Kumt tsu a yunger man :
– Ikh bin a dokter. Vos iz ?
Zi kukt im on :
– Ir gefelt mir gants gut... Ikh hob a tokhter fun akhtsn yor, sheyn vi gold ! Un ikh volt azoy gevolt hobn an eydem a dokter !

אין אַן אַוויאָן פֿון אל-על שרײַט אַ פֿרוי :
– ס'איז דאָ אַ דאָקטער אין אַוויאָן ?
קומט צו אַ יונגער מאַן :
– איך בין אַ דאָקטער. וואָס איז ?
זי קוקט אים אָן :
– איר געפֿעלט מיר גאַנץ גוט... איך האָב אַ טאָכטער פֿון אַכצן יאָר, שיין ווי גאָלד ! און איך וואָלט אַזוי געוואָלט האָבן אַן איידעם אַ דאָקטער !

Dans un avion d'El-Al, une femme s'écrie :
– Il y a un docteur dans l'avion ?
Un jeune homme s'approche :
– Je suis médecin, madame. De quoi s'agit-il ?
Elle le contemple :
– Vous me plaisez beaucoup... J'ai une fille de dix-huit ans, belle comme le jour. Et je voudrais tellement avoir pour gendre un docteur !

26

In di nayntsn hundert un tsvantsiker yorn, fort a raykher Amerikaner keyn Poyln, in dem shtetl vu er iz geboyrn gevorn, kedey tsu gefinen far yeder tokhter a khosn.
Kumt tsu im a bokher mit zayn mamen.
Der Amerikaner derklert azoy :
– Ikh hob tsvey sheyne tekhter, keyneynore, tsvey oytsres : di ershte iz tsvantsik yor alt, un zi vet krign tsvantsik toyznt dolar nadn. Di tsveyte iz alt draysik yor, un zi vet krign draysik toyznt dolar.
Ruft zikh on di mame :
– Un fun fertsik yor, hot ir nisht ?

אין די נײַנצן הונדערט און צוואַנציקער יאָרן, פֿאָרט אַ רײַכער אַמעריקאַנער קיין פּוילן, אין דעם שטעטל וווּ ער איז געבוירן געוואָרן, כּדי צו געפֿינען פֿאַר יעדער טאָכטער אַ חתן.
קומט צו אים אַ בחור מיט זײַן מאַמען.
דער אַמעריקאַנער דערקלערט אַזוי :
– איך האָב צוויי שיינע טעכטער, קיין עין־הרע, צוויי אוצרות : די ערשטע איז צוואַנציק יאָר אַלט און זי וועט קריגן צוואַנציק טויזנט דאָלאַר נדן. די צווייטע איז אַלט דרײַסיק יאָר, און זי וועט קריגן דרײַסיק טויזנט דאָלאַר.
רופֿט זיך אָן די מאַמע :
– און פֿון פֿערציק יאָר, האָט איר נישט ?

Chapitre 1 — Kapitl 1 — קאַפּיטל 1
Famille — Mishpokhe — משפּחה

Dans les années 1920, un Américain qui a fait fortune revient dans son village natal en Pologne, à la recherche de fiancés pour ses filles.
Un jeune homme à marier vient le voir, accompagné de sa mère. L'Américain explique :
– J'ai deux filles merveilleuses, sans le mauvais œil, de vrais trésors. La première a vingt ans et elle recevra une dot de vingt mille dollars. La seconde a trente ans et elle aura une dot de trente mille dollars.
Alors la mère intervient :
– Et une fille de quarante ans, vous n'avez pas ?

פֿאַר דער ייִדישער מאַמען איז די חתונה אַ מין באַנעמעניש.

Far der yidisher mamen iz di khasene a min banemenish.

Pour la mère juive, le mariage est une obsession.

27

A mol kumt Moyshe aheym, vert er dershtoynt : di mame zitst un kukt oyf der televizye a pornografishn film.
– Mame, oyf azelkhe paskudstves kukstu ?
Un er vil bald oysleshn di televizye.
– Neyn ! Lesh nisht oys. Ikh vil zen oyb tsum sof veln zey khasene hobn !

אַ מאָל קומט משה אַהיים, ווערט ער דערשטוינט : די מאַמע זיצט און קוקט אויף דער טעלעוויזיע אַ פּאָרנאָגראַפֿישן פֿילם.
– מאַמע, אויף אַזעלכע פּאַסקודסטוועס קוקסטו ?
און ער וויל באַלד אויסלעשן די טעלעוויזיע.
– ניין ! לעש נישט אויס. איך וויל זען אויב צום סוף וועלן זיי חתונה האָבן !

Un jour en rentrant à la maison, Moyshe est stupéfait : sa mère regarde un film pornographique à la télévision.
– Maman, toi tu regardes de telles horreurs ?
Et il veut aussitôt éteindre la télévision.
– Non ! N'éteins pas. Je veux voir si à la fin, ils vont se marier !

28

Dovid un Sure zaynen kolokatorn shoyn tsvey monatn. Zey ladn ayn Dovids mame oyf shabes. Ven Sure geyt zikh poren in kikh, zogt di mame :

דוד און שׂרה זײַנען קאָלאָקאַטאָרן שוין צוויי מאָנאַטן. זיי לאַדן אײַן דודס מאַמע אויף שבת. ווען שׂרה גייט זיך פּאָרען אין קיך, זאָגט די מאַמע :

Chapitre 1 Kapitl 1 קאַפּיטל 1
Famille Mishpokhe משפּחה

– Dudele, Sure hot toyznt tam un du aleyn bist mole-kheyn ! Du vest mir nisht lozn gleybn az ir zent nor kolo-katorn. Dayn mamen kenstu alts zogn.
– Mame, du host a toes. Mir teyln zikh mitn dire-gelt, gornisht mer !
– Nu shoyn Dudele, shoyn ! Zogt zi mit a shmeykhl.
A vokh shpeter kumt tsu Sure tsu Dovidn :
– S'iz nisht laykht dir tsu zogn, Dovid, ober zint dayn mame iz do geven, veys ikh nisht vu iz ahin der zilberner kokhlefl !
Shikt Dovid a blits-briv :
"Tayere mame, ikh zog nisht az du host genumen dem zilbernem kokhlefl. Ober zint du bist do geven, ken men im nisht gefinen !" ...
Entfert di mame oyfn ort :
"Mayn tayerer Dovidl, ikh zog nisht az du shlofst mit Suren. Ober volt zi geshlofn in ir bet, volt zi shoyn gehat gefunen dem kokhlefl !"

– דודעלע, שׂרה האָט טויזנט טעם און דו אַליין ביסט מלא-חן ! דו וועסט מיר נישט לאָזן גלייבן אַז איר זענט נאָר קאָלאָ-קאַטאָרן. דייַן מאַמען קענסטו אַלץ זאָגן.
– מאַמע, דו האָסט אַ טעות. מיר טיילן זיך מיטן דירה-געלט, גאָרנישט מער !
– נו שוין דודעלע, שוין ! זאָגט זי מיט אַ שמייכל.
אַ וואָך שפּעטער קומט צו שׂרה צו דודן :
– ס'איז נישט לייַכט דיר צו זאָגן, דוד, אָבער זינט דייַן מאַמע איז דאָ געווען, ווייס איך נישט ווו איז אַהין דער זילבערנער קאָכלעפּל !
שיקט דוד אַ בליץ־בריוו :
„טייַערע מאַמע, איך זאָג נישט אַז דו האָסט גענומען דעם זילבערנעם קאָכלעפּל. אָבער זינט דו ביסט דאָ געווען, קען מען אים נישט געפֿינען !" ...
ענטפֿערט די מאַמע אויפֿן אָרט :
„מייַן טייַערער דודל, איך זאָג נישט אַז דו שלאָפֿסט מיט שׂרהן. אָבער וואָלט זי געשלאָפֿן אין איר בעט, וואָלט זי שוין געהאַט געפֿונען דעם קאָכלעפּל !"

David et Sarah sont en colocation depuis deux mois et ils invitent la maman de David à dîner pour le shabbat. Pendant que Sarah s'affaire dans la cuisine, la maman dit :
– Dis-moi, Doudalé, Sarah est superbe et toi-même, tu as un charme fou ! Tu ne vas pas me faire croire que vous êtes seulement colocataires !
À ta maman, tu peux tout dire !
– Tu te trompes maman ! Nous partageons le loyer, rien de plus !
– Bon d'accord, Doudalé, d'accord ! Dit-elle avec un petit sourire malicieux.
La semaine suivante, Sarah s'approche de David :
– C'est délicat à dire, David, mais depuis que ta maman est venue, je ne sais pas où est passée la louche en argent !
Alors David envoie un courriel à sa mère :
« Chère maman, je ne dis pas que tu as pris la louche en argent, mais depuis que tu es venue, nous n'arrivons pas mettre la main dessus !... »

Chapitre 1 | Kapitl 1 | קאַפּיטל 1
Famille | Mishpokhe | משפחה

La maman répond aussitôt :
« Mon cher Dovidl, je ne dis pas que tu couches avec Sarah, mais si elle dormait dans son lit, elle aurait déjà trouvé la louche ! »

ווען אַ זון האָט חתונה, גט ער זיך מיט דער מאַמען.
אין די וויצן דערשײַנט די שנור ווי אַ שונא.

Ven a zun hot khasene, get er zikh mit der mamen.
In di vitsn dershaynt di shnur vi a soyne.

Quand un fils se marie, il divorce d'avec sa mère.
Dans les histoires, la bru apparait comme une ennemie.

29

יאָסעלע, פֿערציק יאָר אַלט, קומט אַרײַן :
– מאַמע, איך האָב שוין געפֿונען אַ מיידל !
– מזל טובֿ מײַן זון ! אָבער דו וועסט שוין נישט מער האָבן די מאַמע אין זינען...
– וואָס רעדסטו, מאַמע !
– און אויב זי האָט מיך נישט ליב, וועסטו דאָך מיך באַזוכן ?
– אַוודאי, מאַמע !
– יאָ, דו ביסט טאַקע אַ וווּיל קינד. נאָר זאָג מיר : פֿאַר וואָס האָסטו פּונקט אויס-געקליבן אַ מיידל... וואָס האָט מיך נישט ליב ?

Yosele, fertsik yor alt, kumt arayn :
– Mame, ikh hob shoyn gefunen a meydl !
– Mazl tov mayn zun ! Ober du vest shoyn nisht mer hobn di mame in zinen...
– Vos redstu, mame !
– Un oyb zi hot mikh nisht lib, vestu dokh mikh bazukhn ?
– Avade, mame !
– Yo, du bist take a voyl kind. Nor zog mir : far vos hostu punkt oysgeklibn a meydl... vos hot mikh nisht lib ?

Yosele, quarante ans, arrive chez sa mère :
– Maman, ça y est, j'ai trouvé une femme !
– Mazl tov, mon fils ! Mais maintenant, tu ne penseras plus à ta mère...*
– Mais si, maman !
– Et si elle ne m'aime pas, tu viendras quand même me voir ?
– Bien sûr, maman !
– Ah, tu es un bon fils. Mais quand même, dis-moi : pourquoi as-tu choisi justement une fille... qui ne m'aime pas ?

Chapitre 1 Famille | Kapitl 1 Mishpokhe | קאַפּיטל 1 משפחה

30

Zeks monatn nokh der khasene, hot im dos vayb farlozt un zey getn zikh.
A yor shpeter, klingt er :
– Mame, itst hob ikh gefunen a meydl, an oytser ! Oy mame, bin ikh farlibt ! Du vilst zi zen ? Itst iz zi bay mir in shtub.
– Avade vil ikh zi zen ! Ikh kum bald.
Tsen minut shpeter, klapt zi in tir.
– Gib a kuk mame, zi zitst oyf der sofe mit tsvey khavertes. Loyt dayn meynung, velkhe iz mayne ?
Zi tut a blik :
– Di brunetke !
– Oy mame, punkt getrofn ! Vi azoy ?
– Vayl di brunetke, zi gefelt mir in gantsn nisht !

זעקס מאָנאַטן נאָך דער חתונה, האָט אים דאָס ווײַב פֿאַרלאָזט און זיי גטן זיך.
אַ יאָר שפּעטער, קלינגט ער :
– מאַמע, איצט האָב איך געפֿונען א מיידל, אַן אוצר ! אוי מאַמע, בין איך פֿאַרליבט ! דו ווילסט זי זען ? איצט איז זי בײַ מיר אין שטוב.
– אַוודאי וויל איך זי זען ! איך קום באַלד.
צען מינוט שפּעטער, קלאַפּט זי אין טיר.
– גיב אַ קוק מאַמע, זי זיצט אויף דער סאָפֿע מיט צוויי חבֿרטעס. לויט דײַן מיינונג, וועלכע איז מײַנע ?
זי טוט אַ בליק :
– די ברונעטקע !
– אוי מאַמע, פּונקט געטראָפֿן ! ווי אַזוי ?
– ווײַל די ברונעטקע, זי געפֿעלט מיר אין גאַנצן נישט !

Six mois après le mariage, sa femme le quitte et ils divorcent.
Un an après, il téléphone :
– Allo maman ? Cette fois-ci, j'ai trouvé une fille formidable ! Oh maman, je suis terriblement amoureux ! Tu veux la voir ? Elle est chez moi.
– Et comment que je veux la voir ! Je viens tout de suite.
Dix minutes plus tard, elle est là :
– Regarde maman, elle est assise sur le canapé avec deux copines. D'après toi, laquelle est-ce ?
Elle jette un rapide coup d'œil :
– C'est la brune !
– Oh maman, c'est exact ! Comment as-tu deviné ?
– Parce que la brune, elle ne me plait pas du tout !

31

Tsvey yor nokh der tsveyter khasene, baklogt zikh di mame :
– Oy Rokhl, du kenst zikh nisht forshteln vos far a shlimazl iz mayn zun !

צוויי יאָר נאָך דער צווייטער חתונה, באַקלאָגט זיך די מאַמע :
– אוי רחל, דו קענסט זיך נישט פֿאָרשטעלן וואָס פֿאַר אַ שלימזל איז מײַן זון ! ער האָט

Chapitre 1 Kapitl 1 קאַפּיטל 1
Famille Mishpokhe משפּחה

Er hot tsvey mol khasene gehat :
Dos ershte mol iz dos vayb avek un dos tsveyte mol, layder, iz dos vayb geblibn !

צוויי מאָל חתונה געהאַט :
דאָס ערשטע מאָל איז דאָס ווײַב אַוועק און דאָס צווייטע מאָל, לײַדער, איז דאָס ווײַב געבליבן !

Deux ans après ce deuxième mariage, la mère se plaint :
– Oy Rachel, mon fils n'a vraiment pas de chance ! Il s'est marié deux fois :
Sa première femme l'a quitté et la seconde est restée, malheureusement !

אַ ייִדישע מאַמע שעפּט נישט בלויז נחת פֿון די קינדער.
מער ווי איין מאָל האָט זי צוליב זיי האַרצווייטיק.

A yidishe mame shept nisht bloyz nakhes fun di kinder.
Mer vi eyn mol hot zi tsulib zey hartsveytik.

Une mère juive n'a pas que des satisfactions de ses enfants.
Ils sont souvent aussi source de chagrin.

32

Far zayn geburstog hot a yidishe mame geshonken ir zun tsvey kravatn, a bloyen un a roytn.
Oyf shabes kumt er arayn mitn roytn.
Zogt di mame troyerik :
– Layder, der bloyer gefelt dir nisht !

פֿאַר זײַן געבורסטאָג האָט אַ ייִדישע מאַמע געשאָנקען איר זון צוויי קראַוואַטן, אַ בלויען און אַ רויטן.
אויף שבת קומט ער אַרײַן מיטן רויטן.
זאָגט די מאַמע טרויעריק :
– לײַדער, דער בלויער געפֿעלט דיר נישט !

Pour son anniversaire, une mère juive a offert à son fils deux cravates, une bleue et une rouge. Le samedi, il vient avec la cravate rouge.
Sa mère dit tristement :
– Hélas, la bleue ne te plait pas !

33

Fir yidishe mames zitsn in a park.
– Oy" ! Zogt di ershte.
Di tsveyte :
– "Oy vey" !

פֿיר ייִדישע מאַמעס זיצן אין אַ פּאַרק.
– „אוי" ! זאָגט די ערשטע.
די צווייטע :
– „אוי ווײ" !

Chapitre 1 Kapitl 1 קאַפּיטל 1
Famille Mishpokhe משפּחה

Di drite :
– "Oy vey iz mir" !
Un di ferde :
– Mir hobn dokh gezogt az haynt veln mir nisht redn fun di kinder !

די דריטע :
– „אוי ווײ איז מיר“ !
און די פֿערדע :
– מיר האָבן דאָך געזאָגט אַז הײַנט װעלן מיר נישט רעדן פֿון די קינדער !

Quatre mères juives sont assises dans un parc.
– « Oy » ! Dit la première. La seconde : « Oy vey* ! ». La troisième : « Oy vey iz mir (pauvre de moi) » ! Et la quatrième :*
– On avait pourtant dit qu'aujourd'hui, on ne parlerait pas des enfants !

34

Sure hot hartsveytik, s'iz shoyn tsen yor az di tsvey kinder voynen in Amerike, Ester in Nyu-York un Khayim in Tshikago. Frier flegt zi derhaltn a briv fun tsayt tsu tsayt, flegt zi redn fun "papirene kinder". Itst mit der Internets, redt zi fun "blits-brivene kinder" !
A vokh far Peysekh, klogt zi zikh az di kinder veln nisht zayn oyfn seyder.
– Surele, zogt Moyshe, ikh ken nisht fartrogn vi du veynst ! Ikh kling bald in Tshikago :
"Halo Khayim, ikh hob a shlekhte psure : mir getn zikh mit der mamen."
– Tate, vos redstu ?
– Yo, a gantsn tog krigt men zikh.
Mitvokh veln mir zikh trefn mit dem advokat.
– Neyn tate ! Khas-vekholile !
Ikh kling oyfn ort tsu Estern, un mir kumen bald tsu flien. Veln mir ale tsuzamen diskutirn.
Moyshe leygt avek dem telefon :
– Surele, di kinder veln do zayn oyf Peysekh. Ober itst muz men onheybn

שׂרה האָט האַרצווייטיק, ס׳איז שוין צען יאָר אַז די צוויי קינדער וווינען אין אַמעריקע, אסתּר אין ניו-יאָרק און חיים אין טשיקאַגאָ. פֿריִער האָט זי דערהאַלטן אַ בריוו פֿון צײַט צו צײַט, פֿלעגט זי רעדן פֿון „פּאַפּירענע קינדער“. איצט מיט דער אינטערנעץ רעדט זי פֿון „בליץ־בריוועגע קינדער“ !
אַ וואָך פֿאַר פּסח, קלאָגט זי זיך אַז די קינדער וועלן נישט זײַן אויפֿן סדר.
– שׂרהלע, זאָגט משה, איך קען נישט פֿאַרטראָגן ווי דו ווײנסט ! איך קלינג באַלד אין טשיקאַגאָ :
„האַלאָ חיים ? איך האָב אַ שלעכטע בשׂורה : מיר גטן זיך מיט דער מאַמען“.
– טאַטע, וואָס רעדסטו ?
– יאָ, אַ גאַנצן טאָג קריגט מען זיך.
מיטוואָך וועלן מיר זיך טרעפֿן מיט דעם אַדוואָקאַט.
– ניין טאַטע ! חס-וחלילה !

איך קלינג אויפֿן אָרט צו אסתּרן, און מיר קומען באַלד צו פֿליִען. וועלן מיר אַלע צוזאַמען דיסקוטירן.
משה לייגט אַוועק דעם טעלעפֿאָן :
– שׂרהלע, די קינדער וועלן דאָ זײַן אויף פּסח. אָבער איצט מוז מען אָנהייבן

| Chapitre 1 | Kapitl 1 | קאַפּיטל 1 |
| Famille | Mishpokhe | משפּחה |

arayntsuklern kedey oystrakhtn epes far Rosheshune un Yomkiper !	אַרײַנצוקלערן כּדי אויסטראַכטן עפּעס פֿאַר ראָש-השנה און יום־כּיפּור !

Sarah est malheureuse, car ses deux enfants vivent depuis dix ans aux Etats-Unis : Esther à New-York et Haïm à Chicago. Auparavant, elle recevait des lettres de temps à autre et elle parlait d' « enfants de papier » ! À présent, depuis l'Internet, elle parle d' « enfants du net » !*
La semaine qui précède Pessah, elle n'arrête pas de se plaindre :*
– Nous n'aurons pas les enfants pour le seder !*
– Sourele, dit Moyshe, je ne peux pas supporter de te voir pleurer ! Je téléphone tout de suite à Chicago !
« Allo, Haïm, j'ai une mauvaise nouvelle : ta mère et moi, nous allons divorcer ! »
– Qu'est ce que tu dis, papa ?
– Oui, nous nous disputons du matin au soir. Nous avons rendez-vous mercredi avec l'avocat !
– Ah non papa ! Surtout pas ! J'appelle Esther sur le champ et nous arrivons avec le premier vol. Nous discuterons ensemble de tout ça !
Moyshe raccroche :
– Sourele, tes enfants seront là pour le seder ! Mais maintenant, nous devons commencer à réfléchir : qu'est-ce qu'on pourrait imaginer pour Rosh Hashana et Yom Kippour* ?*

35

– Tsi veyst ir far vos a yidishe mame vil nisht trinken keyn glezl ?	– צי ווייסט איר פֿאַר וואָס אַ ייִדישע מאַמע וויל נישט טרינקען קיין גלעזל ?
– Vayl shnaps volt gekent mildern ire laydn !	– ווײַל שנאַפּס וואָלט געקענט מילדערן אירע לײַדן !

– Savez-vous pourquoi une mère juive refuse un petit verre ?
– Parce que l'alcool pourrait adoucir ses souffrances !

36

In der mishpokhe Bonom, gevezene Guterman, zenen shoyn di eltern geboyrn gevorn in Pariz. Nisht zey redn	אין דער משפּחה באָנאָם, געוועזענע גוטערמאַן, זענען שוין די עלטערן געבוירן געוואָרן אין פּאַריז. נישט זיי רעדן ייִדיש,

Chapitre 1 Kapitl 1 קאַפּיטל 1
Famille Mishpokhe משפּחה

yidish, nisht zey hitn op yidishkeyt.
Di kinder veysn afile nisht az zey zenen Yidn. Ven der zun vert tsen yor alt, trakht di mame az s'iz shoyn tsayt er zol visn :
– Mishel, dayne tate-mame zenen Yidn, azoy az du bist oykh a Yid.
Dos kind beyzert zikh un taynet :
– Far vos hostu gehaltn dem sod in boykh ? Far vos hostu mir gornisht gezogt frier ? Far vos...
– Nu, du zest ? Koym du host zikh dervust az du bist a yidish kind, materstu shoyn dayn mame !

נישט זיי היטן אָפּ ייִדישקייט.
די קינדער ווייסן אַפילו נישט אַז זיי זענען ייִדן. ווען דער זון ווערט צען יאָר אַלט, טראַכט די מאַמע אַז ס'איז שוין צײַט ער זאָל וויסן :
– מישעל, דײַנע טאַטע-מאַמע זענען ייִדן, אַזוי אַז דו ביסט אויך אַ ייִד.
דאָס קינד בייזערט זיך און טענהט :
– פֿאַר וואָס האָסטו געהאַלטן דעם סוד אין בויך ? פֿאַר וואָס האָסטו מיר גאָרנישט געזאָגט פֿריִער ? פֿאַר וואָס...
– נו, דו זעסט ? קוים דו האָסט זיך דערוווּסט אַז דו ביסט אַ ייִדיש קינד, מאַטערסטו שוין דײַן מאַמע !

Dans la famille Bonhomme, à l'origine Guterman, les parents sont nés à Paris. Ils ne parlent pas yiddish, et ils n'observent pas les traditions juives. Les enfants ne savent même pas qu'ils sont juifs.
Lorsque le fils atteint ses dix ans, sa mère pense qu'il est temps qu'il sache.
– Michel, ton père et ta mère sont juifs, par conséquent toi aussi tu es juif.
L'enfant se met en colère :
– Pourquoi as-tu gardé le secret ? Pourquoi tu ne m'as rien dit avant ? Pourquoi...
– Eh bien tu vois ? À peine as-tu appris que tu es un enfant juif, que déjà tu harcèles ta mère !

ווען אַ ייִדישע מאַמע איז קראַנק, איז זי חרובֿ קראַנק.

Ven a yidishe mame iz krank, iz zi khorev krank.

Quand une mère juive est malade, elle est à l'article de la mort.

37

– Halo mame, vi filstu zikh haynt ?
– Zeyer gut !
– Oy antshuldikt, ikh hob gemakht a falshn numer !

– האַלאָ מאַמע, ווי פֿילסטו זיך הײַנט ?
– זייער גוט !
– אוי אַנטשולדיקט, איך האָב געמאַכט אַ פֿאַלשן נומער !

Chapitre 1 Kapitl 1 קאַפּיטל 1
Famille Mishpokhe משפּחה

– Allo maman, comment te sens-tu aujourd'hui ?
– Très bien !
– Oh excusez-moi, je me suis trompé de numéro !

38

– Oy Yankl kroyn, gut az du bist do.
Ikh bin toyt krank : in der fri hob ikh gehat akht un draysik grad hits, mitog hob ikh gehat akht un draysik akht, un itst nayn un draysik tsvey ! Ikh hob gemeynt az der termometer vet platsn !
– Mamele, hob keyn dayge nisht vegn dem, vos kost haynt a termometer ?

– אוי יאַנקל קרוין, גוט אַז דו ביסט דאָ.
איך בין טויט קראַנק : אין דער פֿרי האָב איך געהאַט אַכט און דרײַסיק גראַד היץ, מיטאָג האָב איך געהאַט אַכט און דרײַסיק אַכט, און איצט נײַן און דרײַסיק צוויי ! איך האָב געמיינט אַז דער טערמאָמעטער וועט פּלאַצן !
– מאַמעלע, האָב קיין דאגה נישט וועגן דעם, וואָס קאָסט הײַנט אַ טערמאָמעטער ?

– Ah Yankl mon trésor, je suis contente que tu sois là, parce que je suis malade à mourir : ce matin j'avais trente-huit de fièvre, à midi, trente-huit huit et ce soir, trente-neuf deux ! Je croyais que le thermomètre allait exploser !
– Ma petite maman, ne t'inquiète pas pour ça ! Qu'est ce que ça coûte de nos jours, un thermomètre ?

39

Froy Oyvey klingt tsu ir zun :
– Yosele, kum bald ! Ikh bin oyf yener velt !
Tsen minut shpeter iz er do.
– Yosele, ikh leb shoyn nisht, ikh leb nisht, ikh leb nisht !
– Mamele, du lebst yo, az du redst tsu mir...
– Ikh leb nisht, zog ikh dir ! Her oys... ikh leb zikher nisht, az gornisht tut mir vey !

פֿרוי אויוויי קלינגט צו איר זון :
– יאָסעלע, קום באַלד ! איך בין אויף יענער וועלט !
צען מינוט שפּעטער איז ער דאָ.
– יאָסעלע, איך לעב שוין נישט, איך לעב נישט, איך לעב נישט !
– מאַמעלע, דו לעבסט יאָ, אַז דו רעדסט צו מיר...
– איך לעב נישט, זאָג איך דיר ! הער אויס... איך לעב זיכער נישט, אַז גאָרנישט טוט מיר וויי !

Chapitre 1	Kapitl 1	1 קאַפּיטל
Famille	Mishpokhe	משפחה

Madame Oyvey* téléphone à son fils :
– Yosele, viens tout de suite ! Je suis morte !
Dix minutes plus tard, il est là.
– Yosele, je suis morte, je suis morte, je suis morte !
– Mais maman, tu n'es pas morte, puisque tu me parles…
– Je suis morte, je te dis ! Écoute, je suis sûrement morte… j'ai mal nulle part !

Chapitre 1 — Kapitl 1 — קאַפּיטל 1
Famille — Mishpokhe — משפּחה

טאַטעס

TATES

PÈRES

אין געוויסע מעשׂות, זאָרגט זיך דער טאַטע פֿאַר די קינדער, קליין אָדער גרויס.

In gevise mayses, zorgt zikh der tate far di kinder, kleyn oder groys.

Certaines histoires expriment la préoccupation du père pour ses enfants.

40

משה שפּאַצירט אין דאָרף מיט זײַן זון יאַנקעלען, זיבן יאָר אַלט. אין די פֿעלדער פּאַשן זיך דאָ קי, דאָרטן פֿערד, ווײַטער שעפּסעלעך. פֿרעגט יאַנקעלע :
– טאַטע, ווי לאַנג לעבט אַ קו ?
– איך ווייס נישט.
– און אַ פֿערד, טאַטע ?
– אַ פֿערד ? ווייס איך נישט.
– אוי טאַטע, וואָס פֿאַר אַ פֿויגל פֿליט צו דעם בוים, דאָרטן ?
– דאָס, ווייס איך נישט.
אַ ביסעלע שפּעטער :
– טאַטע, מעג איך דיר שטעלן נאָך אַ פֿראַגע ?
– אוודאי יאַנקעלע. אויב דו פֿרעגסט נישט, וועסטו קיין מאָל גאָרנישט וויסן !

Moyshe shpatsirt in dorf mit zayn zun Yankelen, zibn yor alt. In di felder pashn zikh do ki, dortn ferd, vayter shep- selekh. Fregt Yankele :
– Tate, vi lang lebt a ku ?
– Ikh veys nisht.
– Un a ferd, tate ?
– A ferd ? Veys ikh nisht.
– Oy tate, vos far a foygl flit tsu dem boym, dortn ?
– Dos, veys ikh nisht.
A bisele shpeter :
– Tate, meg ikh dir shteln nokh a frage?
– Avade Yankele. Oyb du fregst nisht, vestu keyn mol gornisht visn !

Moyshe se promène à la campagne avec son fils Yankele, âgé de sept ans. Dans les prés paissent ici des vaches, là des chevaux, plus loin des moutons. Yankele demande :*
– Papa, combien de temps ça vit, une vache ?
– Je ne sais pas.

Chapitre 1 Kapitl 1 קאַפּיטל 1
Famille Mishpokhe משפּחה

– Et un cheval, papa ?
– Un cheval ? Je ne sais pas.
– Oh papa, comment s'appelle l'oiseau qui vole vers l'arbre, là-bas ?
– Ça, je ne sais pas.
Un peu plus tard :
– Papa, je peux te poser encore une question ?
– Bien sûr, Yankele. Si tu ne poses pas de questions, tu ne sauras jamais rien !

41

Motl der shnayder halt in arbetn mit tsvey lernyinglekh. Kumt arayn Yosl :
– Nu Motl, bist tsufridn fun zey ?
– Yo, zeyer tsufridn, iber hoypt fun Moyshen.
– Un fun Yanklen ?
– Fun Yanklen oykh !
– Un zey arbetn mit kheyshek ?
– Yo, mit kheyshek, iber hoypt Moyshe.
– Un Yankl ?
– Yankl oykh !
– Un zey hobn lib dem fakh ?
– Yo avade, iber hoypt Moyshe.
– Un Yankl ?
– Yankl oykh !
– Far vos zogstu keseyder :
"iber hoypt Moyshe" ?
– Vayl Moyshe iz mayn zun !
– Un Yankl ?
– Yankl... oykh !

מאָטל דער שנײַדער האַלט אין אַרבעטן מיט צוויי לערנייִנגלעך. קומט אַרײַן יאָסל :
– נו מאָטל, ביסט צופֿרידן פֿון זיי ?
– יאָ, זייער צופֿרידן, איבער הויפּט פֿון משהן.
– און פֿון יאַנקלען ?
– פֿון יאַנקלען אויך !
– און זיי אַרבעטן מיט חשק ?
– יאָ, מיט חשק, איבער הויפּט משה.
– און יאַנקל ?
– יאַנקל אויך !
– און זיי האָבן ליב דעם פֿאַך ?
– יאָ אוודאי, איבער הויפּט משה.
– און יאַנקל ?
– יאַנקל אויך !
– פֿאַר וואָס זאָגסטו כּסדר :
„איבער הויפּט משה“ ?
– ווײַל משה איז מײַן זון !
– און יאַנקל ?
– יאַנקל... אויך !

Motl le tailleur est en train de travailler avec ses deux jeunes apprentis, lorsqu'arrive Yosl :
– Alors Motl, tu es content d'eux ?
– Oui, très content, surtout de Moyshe.
– Et de Yankl ?
– De Yankl aussi !

Chapitre 1 Kapitl 1 קאַפּיטל 1
Famille Mishpokhe משפּחה

– Et ils sont sérieux au travail ?
– Oui, très sérieux, surtout Moyshe.
– Et Yankl ?
– Yankl aussi !
– Et ils aiment le métier ?
– Oui, ils adorent, surtout Moyshe.
– Et Yankl ?
– Yankl aussi !
– Pourquoi dis-tu toujours « surtout Moyshe » ?
– Parce que Moyshe, c'est mon fils !
– Et Yankl ?
– Yankl... aussi !

אַ מאָל איז דער טאַטע נישט אַזוי איידל.

A mol iz der tate nisht azoy eydl.

Il arrive que le père ne soit pas si gentil.

42

– טאַטע, גיב מיר אַן עצה : משה און יאַנקל ווילן ביידע חתונה האָבן מיט מיר.
איך האָב זיי ביידע ליב און איך ווייס נישט וואָס צו טאָן. ווער פֿון זיי וועט געווינען ?
– זאָל משה זײַן דײַן מאַן, וועט יאַנקל זײַן דער געווינער...

– Tate, gib mir an eytse : Moyshe un Yankl viln beyde khasene hobn mit mir.
Ikh hob zey beyde lib un ikh veys nisht vos tsu ton. Ver fun zey vet gevinen ?
– Zol Moyshe zayn dayn man, vet Yankl zayn der geviner...

– Papa, conseille-moi : Moyshe et Yankl* veulent tous les deux m'épouser. Je les aime tous les deux et je ne sais pas quoi faire. Lequel va gagner ?*
– Que Moyshe soit ton mari et Yankl sera le gagnant...

Chapitre 1 | Kapitl 1 | קאַפּיטל 1
Famille | Mishpokhe | משפּחה

שווער-און-שוויגער - שנור און איידעם

SHNUR UN EYDEM – SHVER-UN-SHVIGER

BRU ET GENDRE – BEAUX-PARENTS

די געפֿילן צווישן שוויגער און שנור.

Di gefiln tsvishn shviger un shnur.

Les sentiments partagés entre belle-mère et bru.

43

שׂרהס שנור האָט געחלשט. קומט דער דאָקטער וואָס דערקלערט :
– צוויי פּעטש, דאָס איז די בעסטע רפֿואה !
– אוי דאָקטער, מישט זיך באַלד אַרייַן די שוויגער : איך בעט אייַך, לאָזט דאָס פֿאַר מיר, שוין אַ פּאָר יאָרן וואַרט איך אויף אַזאַ געלעגנהייט !

Sures shnur hot gekhalesht. Kumt der dokter vos derklert :
– Tsvey petsh, dos iz di beste refue !
– Oy Dokter, misht zikh bald arayn di shviger : ikh bet aykh, lozt dos far mir, shoyn a por yorn vart ikh oyf aza gelegnheyt !

La belle-fille de Sarah s'est évanouie. Le médecin arrive et déclare :
– Une paire de gifles, c'est le meilleur traitement !
– Oh Docteur, intervient aussitôt la belle-mère : je vous en prie, laissez ça pour moi, ça fait des années que j'attends une telle occasion !

44

– מייַן טאָכטער האָט אַ מאַן אַן אוצר : יעדן טאָג ברענגט ער איר דעם פֿרישטיק אין בעט !
– איר האָט אַ גרויס מזל ! מייַן שנור, שטעלט זיך פֿאָר : יעדן פֿרימאָרגן מוז מייַן זון איר ברענגען די קאַווע אין בעט ! אַז

– Mayn tokhter hot a man an oyster : yedn tog brengt er ir dem frishtik in bet !
– Ir hot a groys mazl ! Mayn shnur, shtelt zikh for : yedn frimorgn muz mayn zun ir brengen di kave in bet ! Az

Chapitre 1 Kapitl 1 קאַפּיטל 1
Famille Mishpokhe משפּחה

nisht, heybt zi zikh nisht oyf, di printsesn !	נישט, הייבט זי זיך נישט אויף, די פּרינצעסין !

– Ma fille a un mari, un vrai trésor : chaque matin il lui apporte son petit déjeuner au lit !
– Vous avez bien de la chance ! Ma belle-fille, rendez vous compte : chaque matin mon fils doit lui porter son café au lit ! Sinon, elle ne se lève pas, cette princesse !

45

Farn shtarbn, zogt a shviger tsu ir shnur, a frisher almone : – Ester, zog mir tsu az du vest khasene hobn mit Yosl Fayerbrot, ven s'vet kumen di tsayt. – Ober du host im faynt ! – Davke !	פֿאַרן שטאַרבן, זאָגט אַ שוויגער צו איר שנור, אַ פֿרישער אַלמנה : – אסתּר, זאָג מיר צו אַז דו וועסט חתונה האָבן מיט יאָסל פֿײַערבראָט, ווען ס'וועט קומען די צײַט. – אָבער דו האָסט אים פֿײַנט ! – דווקא !

Avant de mourir, une belle-mère demande à sa bru, qui vient de perdre son mari :
– Esther, promets-moi d'épouser Yosl Fayerbrot, le moment venu.*
– Mais tu le détestes !
– Justement !

46

Beshas a kreys kumt on a shtorem. A matros geyt tsu tsu a froy : – Git akhtung ! Blaybt nisht do, a khvalye ken aykh avekkhapn ! Kumt tsu a yunge froy : – Me fregt aykh epes ? S'iz mayn shviger, nisht ayere !	בשעת אַ קרייס קומט אָן אַ שטאָרעם. אַ מאַטראָס גייט צו צו אַ פֿרוי : – גיט אַכטונג ! בלײַבט נישט דאָ, אַ כוואַליע קען אײַך אַוועקכאַפּן ! קומט צו אַ יונגע פֿרוי : – מע פֿרעגט אײַך עפּעס ? ס'איז מײַן שוויגער, נישט אײַערע !

Au cours d'une croisière survient une tempête. Un membre de l'équipage s'approche d'une femme :
– Attention madame, ne restez pas là, une vague pourrait vous emporter !

Chapitre 1 Kapitl 1 קאַפּיטל 1
Famille Mishpokhe משפּחה

Arrive une jeune femme :
– De quoi vous mêlez-vous ? C'est ma belle-mère, pas la vôtre !

47

Moyshe fregt zayn vayb :
– Sure, du gedenkst, ikh hob gekoyft a bukh :
"Vi azoy vern a hundert-yoriker" ?
– Yo Moyshe, ikh hob es avekgevorfn !
– Avekgevorfn ? Far vos ?
– Far vos ? Vayl dayn mame hot es gevolt leyenen !

משה פֿרעגט זײַן װײַב :
– שׂרה, דו געדענקסט, איך האָב געקױפֿט אַ בוך :
„װי אַזױ װערן אַ הונדערט־יאָריקער" ?
– יאָ משה, איך האָב עס אַװעקגעװאָרפֿן !
– אַװעקגעװאָרפֿן ? פֿאַר װאָס ?
– פֿאַר װאָס ? װײַל דײַן מאַמע האָט עס געװאָלט לײענען !

Moyshe demande à sa femme :
– Sarah, tu te souviens, j'avais acheté un livre :
« Comment devenir centenaire » ?
– Oui Moyshe, je l'ai jeté !
– Tu l'as jeté ? Mais pourquoi ?
– Pourquoi ? Parce que ta mère voulait le lire !

48

Tsvey mener shmuesn :
– Mayn shviger iz a malekh !
– Du host a groys mazl ! Mayn shviger lebt nokh !

צװײ מענער שמועסן :
– מײַן שװיגער איז אַ מלאך !
– דו האָסט אַ גרױס מזל ! מײַן שװיגער לעבט נאָך !

Deux hommes bavardent :
– Ma belle-mère, c'est un ange !
– Tu en as de la chance ! La mienne, elle est encore en vie !

| Chapitre 1 | Kapitl 1 | קאַפּיטל 1 |
| Famille | Mishpokhe | משפּחה |

קינדער

KINDER

ENFANTS

וואָס קינדער קענען אויסטראַכטן.

Vos kinder kenen oystrakhtn.

Mots d'enfants.

49

אין אַ שטעטל :
– צו וואָס קומען די שעפּסן צוניץ ?
– זיי געבן וואָל, ענטפֿערט משהלע.
– יאָ, און וואָס מאַכט מען פֿון וואָל ?
– דאָס ווייס איך נישט.
– שוטה וואָס דו ביסט ! פֿון וואָס איז געמאַכט דיין וועסטל ?
– פֿון מיין טאַטנס אַלטע הויזן !

In a shtetl :
– Tsu vos kumen di shepsn tsunits ?
– Zey gebn vol, entfert Moyshele.
– Yo, un vos makht men fun vol ?
– Dos veys ikh nisht.
– Shoyte vos du bist ! Fun vos iz gemakht dayn vestl ?
– Fun mayn tatns alte hoyzn !

Dans une bourgade du Yiddisland :
– Quelle est l'utilité des moutons ?
– Ils donnent de la laine, répond Moyshele.
– Oui, très bien. Et que fait-on avec la laine ?
– Ça, je ne sais pas.
– Sot que tu es ! Avec quoi est fait ton gilet ?
– Avec les vieux pantalons de mon père !

Chapitre 1	Kapitl 1	קאַפּיטל 1
Famille	Mishpokhe	משפּחה

50

Di eltern zaynen aroys. Moyshele, zibn yor alt, zogt tsu zayn shvesterl Estern, finef yor :	די עלטערן זײַנען אַרויס. משהלע, זיבן יאָר אַלט, זאָגט צו זײַן שװעסטערל אסתּרן, פֿינעף יאָר :
– Veyst vos ? Lomir shpiln in tate-mame.	– װײסט װאָס ? לאָמיר שפּילן אין טאַטע-מאַמע.
– Yo Moyshele. Nor vi azoy ?	– יאָ משהלע. נאָר װי אַזוי ?
– Mir veln arayngeyn in tsimer fun di eltern…	– מיר װעלן אַרײַנגײן אין צימער פֿון די עלטערן...
– Un nakher ?	– און נאַכער ?
– Mir veln zikh oyston…	– מיר װעלן זיך אויסטאָן...
– Un nakher ?	– און נאַכער ?
– Mir veln zikh leygn in bet…	– מיר װעלן זיך לײגן אין בעט...
– Un nakher ?	– און נאַכער ?
– Mir veln oysleshn dem lomp…	– מיר װעלן אויסלעשן דעם לאָמפּ...
– Un nakher ?	– און נאַכער ?
– Nakher, veln mir redn yidish, di kinder zoln nisht farshteyn !	– נאַכער, װעלן מיר רעדן ייִדיש, די קינדער זאָלן נישט פֿאַרשטײן !

Les parents sont sortis. Moyshele, sept ans, dit à sa petite soeur Esther, cinq ans :
– *Tu sais quoi ? On va jouer au papa et à la maman.*
– *Oh oui Moyshele. Mais comment ?*
– *Et bin, on va aller dans la chambre des parents…*
– *Et après ?*
– *On va se déshabiller…*
– *Et après ?*
– *On va se coucher dans leur lit…*
– *Et après ?*
– *On va éteindre la lumière…*
– *Et après ?*
– *Bin après, on va parler yiddish, pour que les enfants ne comprennent pas !*

Chapitre 1 Kapitl 1 קאַפּיטל 1
Famille Mishpokhe משפּחה

51

A yingele zitst baym dokter mit der mamen. Der dokter rirt im on dos nezele un fregt im mit a shtiferishn shmeykhl :
– Zog mir Yosele, dos iz dayn oyer ?
Dreyt zikh dos kind oys tsu der mamen:
– Mame, me vet muzn gefinen an andern dokter !

אַ ייִנגעלע זיצט בייַם דאָקטער מיט דער מאַמען. דער דאָקטער רירט אים אָן דאָס נעזעלע און פֿרעגט אים מיט אַ שטיפֿערישן שמייכל :
— זאָג מיר יאָסעלע, דאָס איז דייַן אויער ?
דרייט זיך דאָס קינד אויס צו דער מאַמען :
— מאַמע, מע וועט מוזן געפֿינען אַן אַנדערן דאָקטער !

Un petit garçon est chez le médecin avec sa mère. Le docteur lui touche le bout du nez et demande avec un petit sourire malicieux :
– Dis-moi Yosele, c'est ton oreille ça ?
Alors le gamin se tourne vers sa mère :
– Maman, faudra trouver un autre docteur !

52

Zint er iz geboyrn gevorn, hot Moyshele nisht aroysgeredt keyn vort nisht. In gantsn shtum iz er geven.
Di greste doktoyrim hobn gezukht, nor keyner hot nisht gekent gefinen vos iz mit im.
Ven er iz shoyn zibn yor alt, tsekalye-tshet er zikh a finger. Di mame nemt im in shpitol.
A khirurg bahandlt im mit a sakh tsartkeyt un es tut im gornisht vey.
Ven zey zenen aroys, hert di mame :
– Ven ikh vel vern groys, vil ikh vern a khirurg !
– Oy Reboyne-sheloylem, a nes iz ge-shen ! Dos kind redt ! ... Far vos hostu frier gornisht gezogt ?
– Vayl biz itst, hob ikh gornisht gehat vos tsu zogn !

זינט ער איז געבוירן געוואָרן, האָט משהלע נישט אַרויסגערעדט קיין וואָרט נישט. אין גאַנצן שטום איז ער געווען.
די גרעסטע דאָקטוירים האָבן געזוכט, נאָר קיינער האָט נישט געקענט געפֿינען וואָס איז מיט אים.
ווען ער איז שוין זיבן יאָר אַלט, צעקאַליע-טשעט ער זיך אַ פֿינגער. די מאַמע נעמט אים אין שפּיטאָל.
אַ כירורג באַהאַנדלט אים מיט אַ סך צאַרטקייט און עס טוט אים גאָרנישט וויי.
ווען זיי זענען אַרויס, הערט די מאַמע :
— ווען איך וועל ווערן גרויס, וויל איך ווערן אַ כירורג !
— אוי ריבונו-של-עולם, אַ נס איז געשען ! דאָס קינד רעדט ! ... פֿאַר וואָס האָסטו פֿריִער גאָרנישט געזאָגט ?
— ווייַל ביז איצט, האָב איך גאָרנישט גע-האַט וואָס צו זאָגן !

Depuis sa naissance, Moyshele n'a jamais dit un seul mot. Il était complètement muet. Les médecins les plus réputés en ont cherché la cause, mais en vain. Il a déjà sept ans lorsqu'un jour, il se blesse un doigt. Sa mère le conduit à l'hôpital. Un chirurgien le soigne avec beaucoup de douceur, et l'enfant n'a pas mal du tout. Lorsqu'ils sortent, la maman entend :
– Quand je serai grand, je veux être chirurgien !
– Oh, Dieu du Ciel, c'est un miracle ! Cet enfant parle ! Pourquoi n'as-tu rien dit jusque-là ?
– Parce que jusque-là, j'avais rien à dire !

53

Dray yinglekh shmuesn :
– Mayn mame iz an advokat, zi fartaydikt mentshn.
– Mayn mame iz a doktershe, zi heylt kranke. Un dayne ?
– Di mame mayne iz a treferke.
– Vos heyst, zi iz a treferke ?
– Yo ! Eyder ikh bin geboyrn gevorn, hot zi foroysgezogt az ikh vel heysn Dovid, un az ikh vel vern a dokter !

דרײַ ייִנגלעך שמועסן :
– מײַן מאַמע איז אַן אַדוואָקאַט, זי פֿאַרטײַדיקט מענטשן.
– מײַן מאַמע איז אַ דאָקטערשע, זי היילט קראַנקע. און דײַנע ?
– די מאַמע מײַנע איז אַ טרעפֿערקע.
– וואָס הייסט, זי איז אַ טרעפֿערקע ?
– יאָ ! איידער איך בין געבוירן געוואָרן, האָט זי פֿאָרויסגעזאָגט אַז איך וועל הייסן דוד, און אַז איך וועל ווערן אַ דאָקטער !

Trois gamins discutent :
– Ma mère, elle est avocate, elle défend des gens.
– Moi, ma mère, elle est docteur et elle soigne des malades. Et la tienne ?
– Ma mère à moi, elle est voyante.
– Comment ça, elle est voyante ?
– Oui ! Avant ma naissance, elle avait prédit que je m'appellerais David et que je serais docteur !

54

Moyshe un Yankl, tsen yor alt, shmuesn :
– Vi alt iz dayn zeyde ?
– Ikh veys nisht, er iz shoyn alt geven ven ikh bin geboyrn gevorn !

משה און יאַנקל, צען יאָר אַלט, שמועסן :
– ווי אַלט איז דײַן זיידע ?
– איך ווייס נישט, ער איז שוין אַלט געווען ווען איך בין געבוירן געוואָרן !

Chapitre 1	Kapitl 1	קאַפּיטל 1
Famille	Mishpokhe	משפּחה

Moyshe et Yankl, dix ans, bavardent :
— Quel âge il a, ton grand-père ?
— Je ne sais pas, il était déjà vieux quand je suis né !

55

In a raykhn shtotteyl fregt der lerer in shule :
— Ver fun aykh ken bashraybn an oreme mishpokhe ?
— Ikh ken ! Entfert a kind.
— Nu, Moyshele ?
— In an oremer mishpokhe, iz der tate orem, di mame un di kinder zenen orem. Di dinst iz orem, di kekhn iz orem un oykh der struzh iz orem. Un afile der shofer iz orem !

אין אַ רייַכן שטאָטטייל פֿרעגט דער לערער אין שולע :
— ווער פֿון אייַך קען באַשרייַבן אַן אָרעמע משפּחה ?
— איך קען ! ענטפֿערט אַ קינד.
— נו, משהלע ?
— אין אַן אָרעמער משפּחה, איז דער טאַטע אָרעם, די מאַמע און די קינדער זענען אָרעם. די דינסט איז אָרעם, די קעכין איז אָרעם און אויך דער סטרוזש איז אָרעם. און אַפֿילו דער שאָפֿער איז אָרעם !

Une école dans les beaux quartiers. L'instituteur demande :
— Qui peut décrire une famille pauvre ?
— Moi ! Répond un enfant.
— Je t'écoute, Moyshele.
— Une famille pauvre, c'est quand le papa est pauvre, la maman est pauvre et les enfants sont pauvres. Et aussi la bonne, la cuisinière, le concierge, ils sont tous pauvres. Et même le chauffeur, il est pauvre !

56

Der lerer git an oyfgabe :
— Zol zikh aykh dakhtn kinderlekh, az ir farmogt tsen milyon eyros. Shraybt vos ir volt geton dermit.
Ale kinder shraybn. Nor Yosele blaybt fartrakht un kukt durkhn fenster vi di feygelekh flatern ahin un aher.
— Nu Yosele, oyf vos vartstu ? Nem zikh tsu der arbet !
— Vos arbet, ven arbet ? Mit tsen milyon eyros, zol ikh arbetn ?

דער לערער גיט אַן אויפֿגאַבע :
— זאָל זיך אייַך דאַכטן קינדערלעך, אַז איר פֿאַרמאָגט צען מיליאָן אייראָס. שרייַבט וואָס איר וואָלט געטאָן דערמיט.
אַלע קינדער שרייַבן. נאָר יאָסעלע בלייַבט פֿאַרטראַכט און קוקט דורכן פֿענסטער ווי די פֿייגעלעך פֿלאַטערן אַהין און אַהער.
— נו יאָסעלע, אויף וואָס וואַרטסטו ? נעם זיך צו דער אַרבעט !
— וואָס אַרבעט, ווען אַרבעט ? מיט צען מיליאָן אייראָס, זאָל איך אַרבעטן ?

Chapitre 1 Kapitl 1 קאַפּיטל 1
Famille Mishpokhe משפּחה

L'instituteur donne un devoir :
– Imaginez mes enfants, que vous possédiez dix millions d'euros. Ecrivez ce que vous en feriez.
Tous les enfants écrivent. Seul Yosele reste pensif et regarde par la fenêtre les oiseaux qui volètent ici et là.
– Alors Yosele, qu'est-ce que tu attends ? Mets-toi au travail !
– Au travail ? Et quoi encore ? Avec dix millions d'euros, il faudrait que je travaille !

57

Sure zogt ir zun, fuftsn yor alt :
– Itst bistu a groys yingl, s'iz shoyn tsayt mir zoln shmuesn vegn seksuele inyonim.
– Yo mamelu, vos vilstu visn ?

שׂרה זאָגט איר זון, פֿופֿצן יאָר אַלט :
– איצט ביסטו אַ גרויס ייִנגל, ס׳איז שוין צײַט מיר זאָלן שמועסן וועגן סעקסועלע ענינים.
– יאָ מאַמעלו, וואָס ווילסטו וויסן ?

Sarah dit à son fils de quinze ans :
– Maintenant que tu es un jeune homme, il est temps que nous parlions de sexualité.
– Oui ma petite maman, qu'est-ce que tu veux savoir ?

58

Sure krigt oyf ir keshene telefon di por verter fun ir zun :
– Mame, ikh bin durkhgefaln bay der mature. Greyt tsu dem tatn.
Entfert zi :
– Der tate iz greyt. Itst greyt du zikh tsu !

שׂרה קריגט אויף איר קעשענע טעלעפֿאָן די פּאָר ווערטער פֿון איר זון :
– מאַמע, איך בין דורכגעפֿאַלן בײַ דער מאַטורע. גרייט צו דעם טאַטן.
ענטפֿערט זי :
– דער טאַטע איז גרייט. איצט גרייט דו זיך צו !

Sarah reçoit sur son téléphone portable ces quelques mots de son fils :
– Maman, j'ai échoué au baccalauréat. Prépare papa.
Elle répond :
– Ton père est prêt. Maintenant, à toi de te préparer !

Chapitre 2 | Kapitl 2 | קאַפּיטל 2
Couples | Porfolk | פּאָרפֿאָלק

מיט שלום־בית

MIT SHOLEM-BAIS

BONNE ENTENTE

דאָס לעבן צווישן מאַן און ווײַב איז אָפֿט מאָל מלא-צאַרקייט.

Dos lebn tsvishn man un vayb iz oft mol mole-tsartkeyt.

La vie de couple, elle est souvent pleine de tendresse.

59

משה וווינט אויפֿן זעלבן הויף ווי יאַנקל, און ער איז אים שולדיק צוויי הונדערט זלאָטעס. אַ גאַנצע נאַכט קען ער נישט שלאָפֿן, ווײַל ער האָט אים צוגעזאָגט אַז ער וועט עס מאָרגן אָפּגעבן.
זײַן ווײַב מאַכט אויף דאָס פֿענסטער און שרײַט :
– יאַנקל, משה וועט דיר נישט אָפּגעבן דאָס געלט, ער האָט עס נישט !
און זי דרייט זיך אויס :
– נו, שלאָף משה ! איצט וועט ער נישט קענען שלאָפֿן !

Moyshe voynt oyfn zelbn hoyf vi Yankl, un er iz im shuldik tsvey hundert zlotes. A gantse nakht ken er nisht shlofn, vayl er hot im tsugezogt az er vet es morgn opgebn.
Zayn vayb makht oyf dos fenster un shrayt :
– Yankl, Moyshe vet dir nisht opgebn dos gelt, er hot es nisht !
Un zi dreyt zikh oys :
– Nu, shlof Moyshe ! Itst vet er nisht kenen shlofn !

Moyshe habite dans la même cour que Yankl, à qui il doit deux cents zlotys*. Il n'arrive pas à dormir car il a promis de le rembourser le lendemain. Alors sa femme ouvre la fenêtre et crie :*
– Yankl, Moyshe ne te rendra pas ce qu'il te doit, il n'a pas l'argent !
Puis elle se retourne :
– Allez, dors Moyshe ! Maintenant, c'est lui qui ne pourra pas dormir !

Chapitre 2 Kapitl 2 קאַפּיטל 2
Couples Porfolk פּאָרפֿאָלק

60

Oyfn breg yam in Tel-Aviv gefint Moyshe an altn tshaynik. Er nemt arop dos dekl arayntsukukn ineveynik. Shpringt aroys a kishef-makher.

– Oy ! Toyznt yor bin ikh gezesn in dem tshaynik. Du host mikh bafrayt, to zog aroys a vuntsh un ikh vel im oysfirn.

– To breng sholem in noentn Mizrekh ! S'iz shoyn mer vi zekhtsik yor az me kumt nisht tsu tsum sholem tsvishn medines-Yisroel un di shkheynim.

– Vayz mir a mape fun gegnt...

Oy a brokh ! Azoy fil lender firn di milkhome ? Sirye, Levonen, Irak, Iran, Arabye, Kovet, Katar, Teymen ! Aha, Egiptn un Yardn zenen shoyn oys milkhome ? Un vu shteyt medines-Yisroel ? Ikh zey zi nisht... Oy, dos pintele do ? S'iz a shvere mayse !

Veyzst vos, zog a tsveytn vuntsh !

– Ober dos iz di greste zorg mayne ! Vos zol ikh nokh vintshn ?

Nu... Efsher kenstu bavayzn az mayn zis Surele zol vern sheyn vi gold ?

– Host a bild fun dayn vayb ?

– Avade, na dir.

– Dos iz dayn vaybl Surele ?

... Oy oy oy ! Vayz mir beser nokh a mol di mape fun noentn Mizrekh !

אויפֿן ברעג ים אין תּל-אבֿיבֿ געפֿינט משה אַן אַלטן טשײַניק. ער נעמט אַראָפּ דאָס דעקל אַרײַנצוקוקן אינעווייניק. שפּרינגט אַרויס אַ כּישוף-מאַכער.

– אוי ! טויזנט יאָר בין איך געזעסן אין דעם טשײַניק. דו האָסט מיך באַפֿרײַט, טאָ זאָג אַרויס אַ ווּנטש און איך וועל אים אויספֿירן.

– טאָ ברענג שלום אין נאָענטן מיזרח ! ס׳איז שוין מער ווי זעכציק יאָר אַז מע קומט נישט צו צום שלום צווישן מדינת-ישׂראל און די שכנים.

– ווײַז מיר אַ מאַפּע פֿון געגנט...

אוי אַ בראָך ! אַזוי פֿיל לענדער פֿירן די מלחמה ? סיריע, לבֿנון, איראַק, איראַן, אַראַביע, קאָוועט, קאַטאַר, תּימן ! אַהאַ, עגיפּטן און ירדן זענען שוין אויס מלחמה ? און ווּ שטייט מדינת-ישׂראל ? איך זע זי נישט... אוי, דאָס פּינטעלע דאָ ? ס׳איז אַ שווערע מעשׂה !

ווייסט וואָס, זאָג אַ צווייטן ווּנטש !

– אָבער דאָס איז די גרעסטע זאָרג מײַנע ! וואָס זאָל איך נאָך ווינטשן ?

נו... אפֿשר קענסטו באַווײַזן אַז מײַן זיס שׂרהלע זאָל ווערן שיין ווי גאָלד ?

– האָסט אַ בילד פֿון דײַן ווײַב ?

– אַוודאי, נאַ דיר.

– דאָס איז דײַן ווײַבל שׂרהלע ?

... אוי אוי אוי ! ווײַז מיר בעסער נאָך אַ מאָל די מאַפּע פֿון נאָענטן מיזרח !

Moyshe trouve une théière très ancienne sur la plage de Tel-Aviv.
Dès qu'il soulève le couvercle pour voir ce qu'il y a à l'intérieur, jaillit un génie qui lui dit :
– Cela fait mille ans que j'étais prisonnier dans cette théière. Tu viens de me délivrer. Fais un vœu, et je l'exaucerai !
– Alors, réalise la paix au Proche Orient ! Cela fait plus de soixante ans qu'on ne parvient pas à faire la paix entre l'état d'Israël et ses voisins !

Chapitre 2 | Kapitl 2 | קאַפּיטל 2
Couples | Porfolk | פּאָרפֿאָלק

– Montre-moi une carte de la région… Oh la la ! Tous ces pays sont en guerre ? La Syrie, le Liban, l'Irak, l'Iran, l'Arabie, le Koweït, le Qatar, le Yémen. Tiens ! L'Egypte et la Jordanie ne sont plus en guerre ? Mais… où est donc l'état d'Israël ? Je ne le vois pas… Ah, ce petit point, là ? Oh la la !
Tu sais quoi, fais un autre vœu !
– Mais c'est mon vœu le plus cher ! Que pourrais-je souhaiter d'autre ?
Voyons… Peut-être pourrais-tu faire en sorte que ma douce Sourele devienne belle comme le jour ?
– Tu as une photo de ta femme ?
– Bien sûr, tiens.
– C'est elle ta petite femme Sourele ?
… Oh la la ! Remontre-moi plutôt la carte du Proche-Orient !

61

A mol vakht oyf Moyshe mit a katsn-yomer. Oyf dem nakht-tish ligt a tsetl vu es iz geshribn :
"Tayerer, der frishtik iz greyt in kikh. Ikh hob dikh lib."
In kikh, zitst zayn eynikl.
– Zog mir Khayiml, vu iz di bobe ?
– Zi iz aroys dir koyfn a matone.
Nor sha ! Zi hot geheysn ikh zol gor-nisht zogn !
– Vos far a simkhe ? Vos iz ?
– Nekhtn bay nakht, zeyde, bistu arayn gekumen shiker vi Lot. Beyde, ikh mit der boben, hobn mir dikh geshlept biz tsum bet. Un ven di bobe hot dir gevolt oyston di hoyzn, hostu geshrign mit a gevald :
"Her oyf, du kurve ! Ikh bin bavaybt !"

אַ מאָל וואַכט אויף משה מיט אַ קאַצן־יאָמער. אויף דעם נאַכט-טיש ליגט אַ צעטל ווּ עס איז געשריבן :
„טײַערער, דער פֿרישטיק איז גרייט אין קיך. איך האָב דיך ליב.“
אין קיך זיצט זײַן אייניקל.
— זאָג מיר חיימל, ווּ איז די באָבע ?
— זי איז אַרויס דיר קויפֿן אַ מתּנה.
נאָר שאַ ! זי האָט געהייסן איך זאָל גאָר-נישט זאָגן !
— וואָס פֿאַר אַ שׂימחה ? וואָס איז ?
— נעכטן בײַ נאַכט, זיידע, ביסטו אַרײַנגעקומען שיכּור ווי לוט. ביידע, איך מיט דער באָבען, האָבן מיר דיך געשלעפּט ביז צום בעט. און ווען די באָבע האָט דיר געוואָלט אויסטאָן די הויזן, האָסטו געשריגן מיט אַ גוואַלד :
„הער אויף, דו קורווע ! איך בין באַ-ווײַבט !“

Un matin, Moyshe se réveille avec la gueule de bois. Sur la table de nuit, il voit un petit papier sur lequel il lit :
« Mon chéri, le petit déjeuner est prêt dans la cuisine. Je t'aime. »

Chapitre 2 Kapitl 2 קאַפּיטל 2
Couples Porfolk פּאָרפֿאָלק

Dans la cuisine, il voit son petit-fils.
– Dis-moi, mon petit Henri, où est ta grand-mère ?
– Elle est sortie pour t'acheter un cadeau. Mais chut ! Elle m'a recommandé de ne rien dire !
– C'est quoi cette fête ? Qu'est ce qui se passe ?
– Hier soir, grand-père, tu es rentré complètement saoul ! Alors grand-mère et moi, on t'a trainé jusqu'au lit. Et quand grand-mère a voulu t'enlever ton pantalon, tu as hurlé :
« Arrête, espèce de putain ! Je suis marié, moi ! »

62

Royze, di almone fun an altn rov, hot khasene mit a yungn katsev.
Kumt erev-shabes. Zi bentsht likht un nokhn esn, kumt ir man un murmlt :
– Mayn tate Hershl zogt az nokhn esn iz a mitsve zikh tsu baheftn. Nu, azoy tuen zey…
Shabes in der fri zogt der katsev :
– Mayn zeyde Shepsl zogt az, eyder me geyt in shul, iz a mitsve zikh tsu baheftn. Nu…
Kumendik tsurik fun shul, shushket er :
– Mayn feter Yankl zogt az, nokh der shul, iz a mitsve zikh tsu baheftn. Nu…
Tsu morgens fregt ir ir khaverte Ester :
– Nu Royze, vi azoy iz dayn man ?
– Oysergeveyntlekh ! Avade iz er nisht aza lamdn vi der rov "zal" (1), nor sara mishpokhe !

(1) Zikhroyne levrokhe*

רויזע, די אלמנה פֿון אַן אַלטן רבֿ, האָט חתונה מיט אַ יונגן קצבֿ.
קומט ערבֿ-שבת. זי בענטשט ליכט און נאָכן עסן, קומט איר מאַן און מורמלט :
– מײַן טאַטע הערשל זאָגט אַז נאָכן עסן איז אַ מיצווה זיך צו באַהעפֿטן. נו, אַזוי טוען זיי...
שבת אין דער פֿרי זאָגט דער קצבֿ :
– מײַן זיידע שעפּסל זאָגט אַז, איידער מע גייט אין שול, איז אַ מיצווה זיך צו באַהעפֿטן. נו...
קומענדיק צוריק פֿון שול, שושקעט ער :
– מײַן פֿעטער יאַנקל זאָגט אַז, נאָך דער שול, איז אַ מיצווה זיך צו באַהעפֿטן. נו...
צו מאָרגנס פֿרעגט איר איר חבֿרטע אסתּר :
– נו רויזע, ווי אַזוי איז דײַן מאַן ?
– אויסערגעוויינטלעך ! אוודאי איז ער נישט אַזאַ למדן ווי דער רבֿ ז"ל (1), נאָר סאַראַ משפּחה !

(1) זכרונו לבֿרכה

Rosa, la veuve d'un vieux rabbin, se marie avec un jeune boucher.
Arrive le vendredi soir. Elle fait la bénédiction des bougies et après le repas, son mari s'approche et murmure :
– Mon père Hershl dit qu'après le repas, c'est bien de faire un calin. Alors ils le font…

Chapitre 2	Kapitl 2	קאַפּיטל 2
Couples	Porfolk	פּאָרפֿאָלק

Le samedi matin, le boucher dit :
— Mon grand-père Shepsl dit qu'avant d'aller à la synagogue, c'est bien de faire un calin. Alors…
De retour de la synagogue, il chuchote :
— Mon oncle Yankl dit qu'après la synagogue, c'est bien de faire un calin. Alors…
Le lendemain, son amie Esther demande :
— Alors Rosa, comment est-il ton mari ?
— Formidable ! Evidemment, il n'est pas aussi érudit que le rabbin, de mémoire bénie, mais quelle famille merveilleuse !

63

Fun ven zey hobn khasene gehat, leygt Sure avek a gevise sume gelt, yedes mol ven zey baheftn zikh.
— Moyshe, flegt zi zogn, dos vet tsu nits kumen ven mir veln zayn oyf pensye !
Draysik yor shpeter, shteyen zey baym fenster un kukn arop in der gas.
— Gib a kuk Moyshe, di bekeray kegn iber iz undzere, di apteyk un di yatke dortn zenen oykh undzere. Un voltstu geven a greserer knaker, volt haynt di gantse gas geven undzere !

פֿון װען זײ האָבן חתונה געהאַט, לייגט שׂרה אַװעק אַ געװיסע סומע געלט, יעדעס מאָל װען זײ באַהעפֿטן זיך.
— משה, פֿלעגט זי זאָגן, דאָס װעט צו ניץ קומען װען מיר װעלן זײַן אויף פּענסיע !
דרײַסיק יאָר שפּעטער, שטײען זײ בײַם פֿענסטער און קוקן אַראָפּ אין דער גאַס.
— גיב אַ קוק משה, די בעקערײַ קעגן איבער איז אונדזערע, די אַפּטײק און די יאַטקע דאָרטן זענען אויך אונדזערע. און װאָלסטו געװען אַ גרעסערער קנאַקער, װאָלט הײַנט די גאַנצע גאַס געװען אונדזערע !

Depuis qu'ils sont mariés, Sarah met de côté une certaine somme, chaque fois qu'ils se rencontrent sous la couette.
— Moyshe, lui disait-elle, cela nous sera utile quand nous serons à la retraite !
Trente ans après, ils se tiennent à la fenêtre et regardent dans la rue.
— Tu vois, Moyshe, la boulangerie en face, elle est à nous, la pharmacie et la boucherie là-bas, elles sont aussi à nous. Et si tu avais été un homme plus vaillant, aujourd'hui toute la rue serait à nous !

Chapitre 2 | Kapitl 2 | קאַפּיטל 2
Couples | Porfolk | פּאָרפֿאָלק

64

Moyshe un Sure, akhtsik yor alt, lign in bet un shlofn. In mitn der nakht vekt zi im oyf :
– Vos iz, Sure ?
– Moyshe, du gedenkst ? Ven du bist geven yung, hostu mir gebisn...
di oyern...
– Un derfar vekstu mikh oyf ? Host khotsh gehat hanoe ?
– Vos far a frage !
A halbe sho shpeter :
– Moyshe, Moyshe !
– Vos nokh ?
– Moyshe, du gedenkst ? Ven du bist geven yung, hostu mir gebisn...
di tsitskes...
– Host gehat hanoe ?
– Oy, a fargenign !
Nokh a bisele shpeter :
– Moyshe, du gedenkst ? Ven du bist geven yung, hostu mir gebisn...
dem pupik...
– Dem pupik ? Take ? A meshugas ! Host khotsh gehat hanoe ?
– Oy, aza mekhaye !
Tsen minut shpeter, krikht Moyshe aroys fun bet, lomendik un husndik.
– Moyshe, vu geystu ?
– Ikh gey zukhn di tseyn !

משה און שׂרה, אַכציק יאָר אַלט, ליגן אין בעט און שלאָפֿן. אין מיטן דער נאַכט וועקט זי אים אויף :
– וואָס איז, שׂרה ?
– משה, דו געדענקסט ? ווען דו ביסט געווען יונג, האָסטו מיר געביסן...
די אויערן...
– און דערפֿאַר וועקסטו מיך אויף ? האָסט כאָטש געהאַט הנאה ?
– וואָס פֿאַר אַ פֿראַגע !
אַ האַלבע שעה שפּעטער :
– משה, משה !
– וואָס נאָך ?
– משה, דו געדענקסט ? ווען דו ביסט געווען יונג, האָסטו מיר געביסן...
די ציצקעס...
– האָסט געהאַט הנאה ?
– אוי, אַ פֿאַרגעניגן !
נאָך אַ ביסעלע שפּעטער :
– משה, דו געדענקסט ? ווען דו ביסט געווען יונג, האָסטו מיר געביסן...
דעם פּופּיק...
– דעם פּופּיק ? טאַקע ? אַ משוגעת ! האָסט כאָטש געהאַט הנאה ?
– אוי, אַזאַ מחיה !
צען מינוט שפּעטער, קריכט משה אַרויס פֿון בעט, לאָמענדיק און הוסנדיק.
– משה, וווּ גייסטו ?
– איך גיי זוכן די ציין !

Moyshe et Sarah, 80 ans l'un et l'autre, dorment lorsqu'au milieu de la nuit elle le réveille :
– Qu'est ce qui se passe, Sarah ?
– Moyshe, tu te rappelles ? Quand tu étais jeune, tu me mordillais...
les oreilles...
– Et c'est pour ça que tu me réveilles ? C'était agréable au moins ?
– Quelle question !

| *Chapitre 2* | Kapitl 2 | קאַפּיטל 2 |
| *Couples* | Porfolk | פּאָרפֿאָלק |

Un peu plus tard :
– Moyshe, Moyshe !
– Quoi encore ?
– Moyshe, tu te rappelles ? Quand tu étais jeune, tu me mordillais... le bout des seins...
– Et c'était agréable ?
– Oh, c'était un plaisir !
Encore un peu plus tard :
– Moyshe, tu te rappelles ? Quand tu étais jeune, tu me mordillais... le nombril...
– Le nombril ? Vraiment ? Quelle idée ! C'était agréable au moins ?
– Oh, un vrai bonheur !
Dix minutes plus tard, Moyshe sort du lit en boîtant et en toussant.
– Moyshe, où vas-tu ?
– Je vais chercher mes dents !

<u>*65*</u>

Sure, zeks un akhtsik yor alt, voynt in a moyshev-skeynim.
Kumt a nayer pensyoner, Moyshe, tsvey un nayntsik yor alt. Er kukt zi on, zi kukt im on, un beyde vern bald farlibt ! A bisl shpeter hobn zey khasene. Di tsvey ershte nekht, tuen zey zikh oys un leygn zikh in bet.
Dan... Moyshe drikt Sures hant, Sure drikt Moyshes hant un zey shlofn ayn, gliklekh ! Di drite nakht, drikt Moyshe Sures hant, nor zi murmlt mit a milder shtime :
– Neyn mayn tayerer, nisht haynt, kh'hob a kopveytik !

שׂרה, זעקס און אַכציק יאָר אַלט, וווינט אין אַ מושבֿ־זקנים.
קומט אַ נײַער פּענסיאָנער ,משה, צוויי און נײַנציק יאָר אַלט. ער קוקט זי אָן, זי קוקט אים אָן, און ביידע ווערן באַלד פֿאַרליבט !
אַ ביסל שפּעטער האָבן זיי חתונה. די צוויי ערשטע נעכט, טוען זיי זיך אויס און לייגן זיך אין בעט.
דאַן... משה דריקט שׂרהס האַנט, שׂרה דריקט משהס האַנט און זיי שלאָפֿן אײַן, גליקלעך ! די דריטע נאַכט, דריקט משה שׂרהס האַנט, נאָר זי מורמלט מיט אַ מילדער שטימע :
– ניין מײַן טײַערער, נישט הײַנט, כ׳האָב אַ קאָפּווייטיק !

Sarah, 86 ans, réside dans une maison de retraite. Un beau jour arrive un nouveau pensionnaire, Moyshe, 92 ans. Il la regarde, elle le regarde, et c'est le coup de foudre immédiat ! Peu après, ils se marient.*

Chapitre 2	Kapitl 2	קאַפּיטל 2
Couples	Porfolk	פּאָרפֿאָלק

Les deux premiers soirs, ils se mettent au lit.
Et alors... Moyshe serre la main de Sarah, Sarah serre la main de Moyshe et ils s'endorment, heureux ! Le troisième soir, Moyshe serre la main de Sarah, mais elle murmure tendrement :
– Non mon chéri, pas ce soir, j'ai la migraine !

| Chapitre 2 | Kapitl 2 | קאַפּיטל 2 |
| Couples | Porfolk | פּאָרפֿאָלק |

אָן שלום-בית

ON SHOLEM-BAIS

MÉSENTENTE

דאָס לעבן צווישן מאַן און ווײַב איז נישט יעדן טאָג ברויט מיט שמאַלץ.

Dos lebn tsvishn man un vayb iz nisht yedn tog broyt mit shmalts.

La vie de couple, ce n'est pas tous les jours la vie en rose.

66

Moyshe hot ersht khasene gehat, un Yankl treft im oyf der gas :	משה האָט ערשט חתונה געהאַט, און יאַנקל טרעפֿט אים אויף דער גאַס :
— Vu loyfstu azoy mit dayn valizke ?	— ווּ לויפֿסטו אַזוי מיט דײַן וואַליזקע ?
— Ikh for keyn Yerusholaim, oyf kush-vokh.	— איך פֿאָר קיין ירושלים, אויף קוש-וואָך.
— Un vu iz dos yunge vaybl ?	— און ווּ איז דאָס יונגע ווײַבל ?
— Zi blaybt do. Az nisht, ver vet efenen dos gevelb ?	— זי בלײַבט דאָ. אַז נישט, ווער וועט עפֿענען דאָס געוועלב ?

Moyshe vient juste de se marier, et Yankl le rencontre dans la rue :
— *Où cours-tu comme ça avec ta valise ?*
— *Je pars à Jérusalem, en voyage de noces.*
— *Et où est la jeune mariée ?*
— *Elle reste là. Sinon, qui va ouvrir la boutique ?*

67

| — Veyst vos Moyshe ? Nekhtn hob ikh getrofn dayn vayb oyf der gas. Un zi hot mir gornisht gezogt, herst ? | — ווייסט וואָס משה ? נעכטן האָב איך גע-טראָפֿן דײַן ווײַב אויף דער גאַס. און זי האָט מיר גאָרנישט געזאָגט, |

| Chapitre 2 | Kapitl 2 | קאַפּיטל 2 |
| Couples | Porfolk | פּאָרפֿאָלק |

Gornisht gezogt ! – Ummeglekh ! Oyb zi hot dir gornisht gezogt, iz es nisht geven mayn vayb !	הערסט ? גאָרנישט געזאָגט ! – אוממעגלעך ! אויב זי האָט דיר גאָרנישט געזאָגט, איז עס נישט געווען מײַן ווײַב !

– Tu sais quoi, Moyshe ? Hier j'ai rencontré ta femme dans la rue, et elle ne m'a rien dit, tu m'entends ? Rien du tout !
– Ça, ce n'est pas possible ! Si vraiment elle ne t'a rien dit, alors ce n'était pas ma femme !

68

– Mayn vayb, vos zi zet, vos zi hert, vos zi leyent, vos me dertseylt ir, alts gedenkt zi. Azoy az mit yedn eynem iz zi feik tsu redn lange shoen, fun vos far an inyen es zol nisht zayn ! – Nu, vos zhe ? Mayn vayb ken oykh redn lange shoen, un keyn inyen badarf zi nisht !	– מײַן ווײַב, וואָס זי זעט, וואָס זי הערט, וואָס זי לייענט, וואָס מע דערציילט איר, אַלץ געדענקט זי. אַזוי אַז מיט יעדן איינעם איז זי פֿעיִק צו רעדן לאַנגע שעהען, פֿון וואָס פֿאַר אַן ענין עס זאָל נישט זײַן ! – נו, וואָס זשע ? מײַן ווײַב קען אויך רעדן לאַנגע שעהען, און קיין ענין באַדאַרף זי נישט !

– Ma femme, tout ce qu'elle voit, ce qu'elle entend, ce qu'elle lit, ce qu'on lui raconte, elle se souvient absolument de tout. A tel point qu'elle est capable de parler pendant des heures, avec n'importe qui, sur n'importe quel sujet !
– Et alors ? Ma femme aussi peut parler pendant des heures, et elle, elle n'a même pas besoin de sujet !

69

– Mayn vayb makht mikh meshuge ! Yede nakht kholemt zi az zi hot a man a milyoner ! – Du host a groys mazl ! Mayn vayb, bay tog kholemt zi az zi hot a man a milyoner !	– מײַן ווײַב מאַכט מיך משוגע ! יעדע נאַכט חלומט זי אַז זי האָט אַ מאַן אַ מיליאָנער ! – דו האָסט אַ גרויס מזל ! מײַן ווײַב, בײַ טאָג חלומט זי אַז זי האָט אַ מאַן אַ מיליאָנער !

Chapitre 2 | Kapitl 2 | קאַפּיטל 2
Couples | Porfolk | פּאָרפֿאָלק

– Ma femme me rend complètement fou ! Toutes les nuits, elle rêve qu'elle a un mari millionnaire !
– Tu as une sacrée chance ! La mienne, c'est le jour qu'elle rêve qu'elle a un mari millionnaire !

70

– M'hot mir tsugeganvet mayn kredit-kartl.
– Nu, bistu gegangen tsu der po litsey ?
– Avade nisht !
– Far vos ?
– Vayl mayn vayb git oys a sakh mer vi der ganev !

– מ'האָט מיר צוגעגנבֿעט מײַן קרעדיט-קאַרטל.
– נו, ביסטו געגאַנגען צו דער פּאָליצײַ ?
– אַוודאי נישט !
– פֿאַר וואָס ?
– ווײַל מײַן ווײַב גיט אויס אַ סך מער ווי דער גנבֿ !

– On m'a volé ma carte bancaire.
– Tu es allé porter plainte au commissariat ?
– Sûrement pas !
– Pourquoi ?
– Parce que ma femme, elle dépense bien plus que le voleur !

71

– Mayn vayb rut zikh op baym yam, un ikh shrayb ir yedn tog a por verter.
– Yedn tog ? Tsen yor nokh der khasene ? Dos heyst libe !
– Her oys, ven zi iz avek, hot zi mikh gestrashet :
"Oyb du shraybst mir nisht yedn tog, kum ikh bald tsurik !"

– מײַן ווײַב רוט זיך אָפּ בײַם ים, און איך שרײַב איר יעדן טאָג אַ פּאָר ווערטער.
– יעדן טאָג ? צען יאָר נאָך דער חתונה ? דאָס הייסט ליבע !
– הער אויס, ווען זי איז אַוועק, האָט זי מיך געסטראַשעט :
„אויב דו שרײַבסט מיר נישט יעדן טאָג, קום איך באַלד צוריק !“

– Ma femme est en villégiature à la mer, et je lui écris tous les jours.
– Tous les jours ? Après dix ans de mariage ? Ça c'est de l'amour !
– Figure-toi que lorsqu'elle est partie, elle m'a menacé :
« Si tu ne m'écris pas tous les jours, je reviens immédiatement ! »

Chapitre 2 Kapitl 2 קאַפּיטל 2
Couples Porfolk פּאָרפֿאָלק

72

– Zog nor Moyshe, shoyn draysik yor az du bist mit dayn vayb, un du rufst zi nokh alts feygele, shepsele, zisele, ketsele…
– Veyst vos ? Kh'hob in gantsn fargesn vi zi heyst !

– זאָג נאָר משה, שוין דרײַסיק יאָר אַז דו ביסט מיט דײַן ווײַב, און דו רופֿסט זי נאָך אַלץ פֿייגעלע, שעפּסעלע, זיסעלע, קעצעלע...
– ווייסט וואָס ? כ'האָב אין גאַנצן פֿאַרגעסן ווי זי הייסט !

– Dis-moi Moyshe, ça fait déjà trente ans que tu vis avec ta femme et tu l'appelles encore « Mon p'tit oiseau », « Mon p'tit agneau », « Ma douce », « Mon p'tit chat »…
– Tu sais quoi ? J'ai complètement oublié comment elle s'appelle !

73

Moyshe iz greyt aroystsugeyn, un er fregt zayn vayb :
– Sure, zol ikh nemen dem shirem tsi dem shtekn ?
– Nem dem shirem.
– Ober di zun shaynt, tsu vos a shirem ?
– To nem dem shtekn.
– Se dakht zikh mir az der veter endert zikh. Ikh nem dem shirem !
– To nem dem shirem !
– Un efsher vet nisht regenen ? Efsher nem ikh beser dem shtekn ?
– Zog nor nudnik ! Nem vos du vilst, un hak mir nisht keyn tshaynik !
– Sara khutspe ! Do zogt zi dem shtekn, do zogt zi dem shirem, un dertsu vert zi in kas !

משה איז גרייט אַרויסצוגיין, און ער פֿרעגט זײַן ווײַב :
– שׂרה, זאָל איך נעמען דעם שירעם צי דעם שטעקן ?
– נעם דעם שירעם.
– אָבער די זון שײַנט, צו וואָס אַ שירעם ?
– טאָ נעם דעם שטעקן.
– סע דאַכט זיך מיר אַז דער וועטער ענדערט זיך. איך נעם דעם שירעם !
– טאָ נעם דעם שירעם !
– און אפֿשר וועט נישט רעגענען ? אפֿשר נעם איך בעסער דעם שטעקן ?
– זאָג נאָר נודניק ! נעם וואָס דו ווילסט, און האַק מיר נישט קיין טשײַניק !
– סאַראַ חוצפּה ! דאָ זאָגט זי דעם שטעקן, דאָ זאָגט זי דעם שירעם, און דערצו ווערט זי אין כּעס !

Moyshe s'apprête à sortir :
– Sarah, je prends le parapluie ou la canne ?
– Prends le parapluie.
– Mais le soleil brille, à quoi bon un parapluie ?

Chapitre 2 Kapitl 2 קאַפּיטל 2
Couples Porfolk פּאָרפֿאָלק

– Alors prends ta canne.
– Il me semble que le temps change. Je prends le parapluie !
– Bon, prends le parapluie !
– Mais peut-être qu'il ne pleuvra pas ? Peut-être que je prends plutôt ma canne ?
– Quel casse-pieds ! Prends ce que tu veux, et laisse-moi tranquille !
– Quel toupet ! Un coup elle conseille la canne, un coup le parapluie, et en plus elle se met en colère !

74

Zibn a zeyger in ovnt, farmakht Moyshe dos gevelb. Ven er kumt aheym, gefint er oyfn tish an eyntsikn teler, mit a tsetl :
"Ikh bin avek mit an andern man. Mit dir iz mir biter dos lebn. Oyf vetshere, vestu gefinen a polke in fridzhider !"
Moyshe zetst zikh anider mitn kop tsvishn di hent :
– Vey iz mir nebekh... Vider a polke !

זיבן אַ זייגער אין אָוונט, פֿאַרמאַכט משה דאָס געוועלב. ווען ער קומט אַהיים, געפֿינט ער אויפֿן טיש אַן איינציקן טעלער, מיט אַ צעטל :
„איך בין אַוועק מיט אַן אַנדערן מאַן. מיט דיר איז מיר ביטער דאָס לעבן. אויף וועטשערע וועסטו געפֿינען אַ פּאָלקע אין פֿרידזשידער !"
משה זעצט זיך אַנידער מיטן קאָפּ צווישן די הענט :
– ווי איז מיר נעבעך... ווידער אַ פּאָלקע !

A 19 heures, Moyshe ferme son magasin. Quand il arrive chez lui, il voit une seule assiette sur la table, avec un petit mot :
« Je suis partie avec un autre homme. Avec toi, je ne suis pas heureuse. Pour ton dîner, tu trouveras une cuisse de poulet dans le réfrigérateur ! »
Moyshe se laisse tomber sur sa chaise et se prend la tête entre les mains :
– Oy, pauvre de moi... Encore une cuisse de poulet !

75

Moyshe un Sure Feyglboym forn in a Mertsedes. Politsyantn shteln zey op.
– Vayzt mir di papirn...
Her Feyzhlboym, loyt dem oytomatishn radar, zent ir geforn 123 km a sho anshtot 90 !

משה און שׂרה פֿייגלבוים פֿאָרן אין אַ מערצעדעס. פּאָליציאַנטן שטעלן זיי אָפּ.
– ווײַזט מיר די פּאַפּירן...
הער פֿייזשלבוים, לויט דעם אויטאָמאַטישן ראַדאַר, זענט איר געפֿאָרן 123 קם אַ שעה אַנשטאָט 90 !

Chapitre 2 Kapitl 2 קאַפּיטל 2
Couples Porfolk פּאָרפֿאָלק

– Nisht meglekh, her politsyant. Efsher 100, nisht mer.
Ruft zikh on dos vayb :
– Moyshe, du host mir ersht gezogt az mit dem oyto, filt men afile nisht ven me fort 140 km a sho !
– Tsveyter shtraf, der linker lomp fun hintn iz kalye.
– Take ? Dos hob ikh nisht gevust.
– Vos redstu, Moyshe ? Shoyn tsvey vokhn az du host dem ol tsu toyshn dem lomp !
– Driter shtraf, ir hot nisht farshpilyet dem shitspas !
– Ikh hob im ersht oysgeshpilyet ven ir zent ongekumen.
– Moyshe ! Keyn mol farshpilyestu nisht dem shitspas. Du zogst az se shtert dikh tsu forn !
Moyshe vert in gantsn tsekokht :
– Vest shoyn farmakhn dayn pisk !
– Madam, ale mol redt er azoy tsu aykh ?
– Avade nisht, her politsyant, bloyz ven er hot tsu fil getrunken !

– נישט מעגלעך, הער פּאָליציאַנט. אפֿשר 100, נישט מער.
רופֿט זיך אָן דאָס ווײַב :
– משה, דו האָסט מיר ערשט געזאָגט אַז מיט דעם אויטאָ, פֿילט מען אַפֿילו נישט ווען מע פֿאָרט 140 קם אַ שעה !
– צווייטער שטראָף, דער לינקער לאָמפּ פֿון הינטן איז קאַליע.
– טאַקע ? דאָס האָב איך נישט געוווּסט.
– וואָס רעדסטו, משה ? שוין צוויי וואָכן אַז דו האָסט דעם עול צו טוישן דעם לאָמפּ !
– דריטער שטראָף, איר האָט נישט פֿאַר־שפּיליעט דעם שיצפּאַס !
– איך האָב אים ערשט אויסגעשפּיליעט ווען איר זענט אָנגעקומען.
– משה ! קיין מאָל פֿאַרשפּיליעסטו נישט דעם שיצפּאַס. דו זאָגסט אַז סע שטערט דיך צו פֿאָרן !
משה ווערט אין גאַנצן צעקאָכט :
– וועסט שוין פֿאַרמאַכן דײַן פּיסק !
– מאַדאַם, אַלע מאָל רעדט ער אַזוי צו אײַך ?
– אַוודאי נישט, הער פּאָליציאַנט, בלויז ווען ער האָט צו פֿיל געטרונקען !

Moyshe et Sarah Feygelboym roulent en Mercédès.
Ils sont arrêtés par des policiers.
– Vos papiers, s'il vous plait... Monsieur « Fejelboime », d'après le radar automatique, vous rouliez à 123 km à l'heure, alors que la vitesse est limitée à 90 !
– Impossible, monsieur l'agent. Je roulais peut-être à 100, pas plus !
Madame Feygelboym intervient :
– Moyshe, tu venais de me dire qu'avec cette voiture, on roule à 140 sans même s'en rendre compte !
– Deuxième infraction, monsieur, votre feu arrière gauche ne fonctionne pas !
– Ah bon ? Je ne savais pas.

| Chapitre 2 | Kapitl 2 | קאַפּיטל 2 |
| Couples | Porfolk | פּאָרפֿאָלק |

– Qu'est ce que tu racontes, Moyshe ? Ça fait deux semaines que tu dois faire changer cette lampe !
– Troisième infraction, votre ceinture de sécurité n'était pas bouclée !
– Je venais juste de l'enlever quand vous êtes venu vers ma voiture !
– Moyshe ! Tu ne la mets jamais, ta ceinture. Tu dis qu'elle te gêne pour conduire !
Moyshe bouillonne de rage :
– Tu vas bientôt la fermer !
– Dites-moi, madame, il vous parle toujours comme ça ?
– Oh non, monsieur l'agent, seulement quand il a trop bu !

76

A por yor nokh der khasene, zitsn Moshe un Sure bay dem seksolog un zi baklogt zikh :
– Keyn mol nisht keyn libes-vort, keyn glet nisht, keyn kush nisht mit libe...
Der dokter geyt tsu tsu ir, heyst ir zikh oyfshteln, un er git ir a glet mit a langen flamikn kush !
Nokh dem dreyt er zikh tsum man :
– Dos badarf ayer vayb ! Un yedn tog, ir hert ? Yedn tog !
Entfert der man :
– Dokter, a gantse vokh, bin ikh maskem. Ober shabes for ikh nisht... Vel ikh zi nisht kenen tsufirn tsu aykh !

אַ פּאָר יאָר נאָך דער חתונה, זיצן משה און שׂרה בײַ דעם סעקסאָלאָג און זי באַקלאָגט זיך :
– קיין מאָל נישט קיין ליבעס-וואָרט, קיין גלעט נישט, קיין קוש נישט מיט ליבע...
דער דאָקטער גייט צו צו איר, הייסט איר זיך אויפֿשטעלן, און ער גיט איר אַ גלעט מיט אַ לאַנגען, פֿלאַמיקן קוש !
נאָך דעם דרייט ער זיך צום מאַן :
– דאָס באַדאַרף אײַער ווײַב ! און יעדן טאָג, איר הערט ? יעדן טאָג !
ענטפֿערט דער מאַן :
– דאָקטער, אַ גאַנצע וואָך, בין איך מסכּים. אָבער שבת פֿאָר איך נישט... וועל איך זי נישט קענען צופֿירן צו אײַך !

Quelques années après leur mariage, Moyshe et Sarah sont chez le sexologue et elle se plaint :
– Jamais un mot d'amour, jamais une caresse, jamais un baiser amoureux...
Le médecin va vers elle, lui demande de se lever. Il se met à la caresser et lui donne un long baiser enflammé.
Puis il se tourne vers le mari :
– Voilà ce dont votre femme a besoin ! Et ceci chaque jour, vous entendez ? Chaque jour !

Chapitre 2	Kapitl 2	קאַפּיטל 2
Couples	Porfolk	פּאָרפֿאָלק

Alors le mari répond :
— Docteur, dans la semaine, pas de problème. Mais le samedi, je ne conduis pas... Je ne pourrai donc pas vous l'amener !

77

Ergets in Raysn, farmogt a dorfsyid a vunderlekhn bik.
Er vil kelblekh fun im. Geyt er oyfn yarid koyfn a ku. Er lozt zi arayn in der lonke mit dem bik vos loyft glaykh tsu ir. Un zi antloyft. Vider a mol loyft der bik tsu der ku, un vider a mol loyft zi avek... Der dorfsyid farshteyt nisht vos tut zikh do. Geyt er dertseyln dem rebn di gantse mayse.
Fregt bald der rebe :
— Zog mir Moyshe, dayn ku kumt nisht fun Minsk ?
— Yo Rebe, vundert zikh der Yid, ikh hob zi take gekoyft in Minsk oyfn yarid. Fun vanen veyst ir ?
— Di rebetsn kumt oykh fun Minsk !

ערגעץ אין רײַסן, פֿאַרמאָגט אַ דאָרפֿסייִד אַ װוּנדערלעכן ביק.
ער װיל קעלבלעך פֿון אים. גייט ער אויפֿן יריד קויפֿן אַ קו. ער לאָזט זי אַרײַן אין דער לאָנקע מיט דעם ביק וואָס לויפֿט גלײַך צו איר. און זי אַנטלויפֿט. ווידער אַ מאָל לויפֿט דער ביק צו דער קו, און ווידער אַ מאָל לויפֿט זי אַוועק... דער דאָרפֿסייִד פֿאַרשטייט נישט וואָס טוט זיך דאָ. גייט ער דערציילן דעם רבין די גאַנצע מעשׂה.
פֿרעגט באַלד דער רבי :
— זאָג מיר משה, דײַן קו קומט נישט פֿון מינסק ?
— יאָ רבי, וווּנדערט זיך דער ייִד, איך האָב זי טאַקע געקויפֿט אין מינסק אויפֿן יריד. פֿון וואַנען ווייסט איר ?
— די רביצין קומט אויך פֿון מינסק !

Dans un shtetl* biélorusse, un paysan juif possède un taureau superbe et il en veut des petits veaux. Il va à la foire et il achète une vache. Il la lâche dans le pré avec le taureau qui se précipite vers elle. Elle se sauve. Une seconde fois, le taureau accourt vers la vache et à nouveau elle se sauve... Le paysan n'y comprend rien et il va raconter toute l'histoire au rabbin.
Le rabbin lui demande d'emblée :
— Dis-moi Moyshe, ta vache, elle ne vient pas de Minsk ?
— Si, s'étonne le paysan. Je l'ai effectivement achetée à la foire de Minsk. Comment le savez-vous ?
— Ma femme aussi, elle vient de Minsk !

Chapitre 2	Kapitl 2	קאַפּיטל 2
Couples	Porfolk	פּאָרפֿאָלק

78

Yankele kumt aheym fun shule :
— Mame, ikh vel shpiln a role in a drame !
— Vos far a role ?
— Ikh vel zayn der man, in a yidishn porfolk.
— Loyf bald tsurik, un zog dem lerer az du vilst shpiln a redevdike role !

יאַנקעלע קומט אַהיים פֿון שולע :
— מאַמע, איך וועל שפּילן אַ ראָלע אין אַ דראַמע !
— וואָס פֿאַר אַ ראָלע ?
— איך וועל זײַן דער מאַן, אין אַ ייִדישן פּאָרפֿאָלק.
— לויף באַלד צוריק, און זאָג דעם לערער אַז דו ווילסט שפּילן אַ רעדעוודיקע ראָלע !

Yankele* revient de l'école :
— Maman, je vais jouer un rôle dans une pièce !
— Quel rôle ?
— Je vais être le mari, dans un couple juif.
— Retourne tout de suite, et dis au maître que tu veux un rôle parlant !

79

A feste Yidene halt a bezem in hant, un zi loyft nokh ir man, a kleyntshik mentshele.
Er loyft zikh bahaltn untern bet. Zi kumt tsu tsum bet un shrayt :
— Krikh bald aroys fun dortn !
A shtil kelekhl kumt aroyf fun untern bet :
— Neyn, ikh vel nisht aroys ! Ikh vil dir vayzn ver iz der balebos, do in shtub !

אַ פֿעסטע ייִדענע האַלט אַ בעזעם אין האַנט, און זי לויפֿט נאָך איר מאַן, אַ קלײנטשיק מענטשעלע.
ער לויפֿט זיך באַהאַלטן אונטערן בעט. זי קומט צו צום בעט און שרײַט :
— קריך באַלד אַרויס פֿון דאָרטן !
אַ שטיל קולכל קומט אַרויף פֿון אונטערן בעט :
— נײן, איך וועל נישט אַרויס ! איך וויל דיר ווײַזן ווער איז דער בעל־בית, דאָ אין שטוב !

Une grosse matrone, armée d'un balai, court derrière son gringalet de mari. Il court se cacher sous le lit. Elle arrive près du lit et crie :
— Sors immédiatement de là !
Une toute petite voix vient de dessous le lit :
— Non, je ne sortirai pas ! Je veux te montrer qui est l'homme, dans cette maison !

Chapitre 2 Kapitl 2 קאַפּיטל 2
Couples Porfolk פּאָרפֿאָלק

80

Yosele Kortnshpiler shpilt a derdl mit fraynd in a kafe. Un oyf eyn mol, shtarbt er avek.
Eyner fun di shpilers iz zikh matriekh ontsuzogn di psureroe dem vayb :
– Ikh kum vegn ayer man…
– Akh ! Ikh bin zikher az er zitst in kafe un shpilt kortn !
– Yo, er shpilt take kortn.
– Un mistome hot er nokh farshpilt gelt ?
– Yo, er hot take farshpilt gelt.
– Avade a sakh gelt ?
– Yo, a sakh gelt.
– Zol er krign an atak un shtarbn oyfn ort !
– Oy, froy Kortnshpiler, ayere verter zenen glaykh arayn in Gots oyern !

יאָסעלע קאָרטנשפּילער שפּילט אַ דערדל מיט פֿרײַנד אין אַ קאַפֿע. און אויף איין מאָל, שטאַרבט ער אַוועק.
איינער פֿון די שפּילערס איז זיך מטריח אָנצוזאָגן די בשׂורה-רעה דעם ווײַב :
— איך קום וועגן אײַער מאַן...
— אַך ! איך בין זיכער אַז ער זיצט אין קאַפֿע און שפּילט קאָרטן !
— יאָ, ער שפּילט טאַקע קאָרטן.
— און מסתּמא האָט ער נאָך פֿאַרשפּילט געלט ?
— יאָ, ער האָט טאַקע פֿאַרשפּילט געלט.
— אוודאי אַ סך געלט ?
— יאָ, אַ סך געלט.
— זאָל ער קריגן אַן אַטאַק און שטאַרבן אויפֿן אָרט !
— אוי, פֿרוי קאָרטנשפּילער, אײַערע ווער-טער זענען גלײַך אַרײַן אין גאָטס אויערן !

Yosele Kortnshpiler joue à la belote avec ses amis, au café. Subitement, il meurt.*
L'un des joueurs se dévoue pour aller annoncer la nouvelle à sa femme :
– Je viens au sujet de votre mari…
– Akh ! Je suis sûre qu'il est encore au café et qu'il joue aux cartes !
– En effet, il joue aux cartes.
– Et sans doute a-t-il encore perdu de l'argent ?
– En effet, il a perdu de l'argent.
– Sûrement beaucoup d'argent ?
– Oui, beaucoup d'argent.
– Qu'il ait d'une attaque, et qu'il meure sur place !
– Oy, madame Kortnshpiler, vos paroles sont directement tombées dans l'oreille de notre Gotenyu !*

Chapitre 2	Kapitl 2	קאַפּיטל 2
Couples	Porfolk	פּאָרפֿאָלק

81

Shoyn zeks yor iz Yankl avek fun der heym. Er iz farkrokhn tif in Indye, un dortn iz er gevorn epes a guru. Ven dos vayb dervist zikh dos, nisht kukndik oyf di shverikeytn, lozt zi zikh in veg arayn. Koym mit tsores kumt zi on in Kalkute. Nor do heybt zikh on di rikhtike avanture. Mit grine verem, fort zi mit shif un ban, mit oytobus un rikshe, mit moyleyzl, akhuts tsu fus ! Zi mordevet zikh vokhn lang biz zi pakt im ! Dan, shtelt zi zikh in a langer rey fun oreme un kranke mentshn vos vartn oyf an eytse fun dem barimtn guru. Ven es kumt ir tshere, hert zi az yeder eyner tor nisht zogn mer vi zibn verter. Ven zi shteyt shoyn oyg oyf oyg mit im, makht zi a gevald : – Yankl, genug zikh narish gemakht ! Tsurik aheym !	שוין זעקס יאָר איז יאַנקל אַוועק פֿון דער היים. ער איז פֿאַרקראָכן טיף אין אינדיע, און דאָרטן איז ער געוואָרן עפּעס אַ גורו. ווען דאָס ווײַב דערוויסט זיך דאָס, נישט קוקנדיק אויף די שוועריקייטן, לאָזט זי זיך אין וועג אַרײַן. קוים מיט צרות קומט זי אָן אין קאַלקוטע. נאָר דאָ הייבט זיך אָן די ריכטיקע אַוואַנטורע. מיט גרינע ווערעם, פֿאָרט זי מיט שיף און באַן, מיט אויטאָבוס און ריקשע, מיט מוילאייזל, אַחוץ צו פֿוס ! זי מאָרדעוועט זיך וואָכן לאַנג ביז זי פּאַקט אים ! דאַן, שטעלט זי זיך אין אַ לאַנגער רײ פֿון אָרעמע און קראַנקע מענטשן וואָס וואַרטן אויף אַן עצה פֿון דעם באַרימטן גורו. ווען עס קומט איר טשערע, הערט זי אַז יעדער איינער טאָר נישט זאָגן מער ווי זיבן ווערטער. ווען זי שטייט שוין אויג אויף אויג מיט אים, מאַכט זי אַ גוואַלד : – יאַנקל, גענוג זיך נאַריש געמאַכט ! צוריק אַהיים !

Cela fait déjà six ans que Yankl a quitté la maison. Il s'est terré quelque part au fin fond de l'Inde où il est devenu une espèce de gourou.
Quand sa femme finit par l'apprendre, elle se met en route sans tenir compte des difficultés. A grand'peine, elle arrive à Calcutta. Mais c'est là que commence véritablement l'aventure. Elle poursuit son voyage péniblement, en bateau et en train, en autobus et en pousse-pousse, à dos de mule, sans compter la marche à pied ! Elle s'épuise pendant de longues semaines jusqu'à ce qu'enfin elle le déniche.
Mais là, elle doit encore se mettre dans une longue file d'attente de pauvres et de malades qui attendent un conseil du célèbre gourou.
Lorsqu'enfin arrive son tour, elle s'entend dire que chacun n'a le droit qu'à sept mots.
Alors quand enfin elle est en face de lui, elle se met à hurler :
– Yankl, assez d'enfantillages ! A la maison !

Chapitre 2 Kapitl 2 קאַפּיטל 2
Couples Porfolk פּאָרפֿאָלק

<u>*82*</u>

Haynt shteyt oyf Moyshe oyf der linker zayt. Er kumt in kikh arayn un bald varft er zikh :
– Di kave iz kalt ! Dos broyt iz fartriknt, un der kez iz farshimlt !
Un on a kuk tsum vayb, geyt er aroys. Dos vayb loyft im nokh :
– Moyshe, host epes fargesn !
– Vos hob ikh fargesn ? Ritshet er.
– Du host fargesn tsu farhakn di tir !

הײַנט שטייט אויף משה אויף דער לינקער זײַט. ער קומט אין קיך אַרײַן און באַלד וואַרפֿט ער זיך :
– די קאַווע איז קאַלט ! דאָס ברויט איז פֿאַרטריקנט, און דער קעז איז פֿאַרשימלט !
און אָן אַ קוק צום ווײַב, גייט ער אַרויס. דאָס ווײַב לויפֿט אים נאָך :
– משה, האָסט עפּעס פֿאַרגעסן !
– וואָס האָב איך פֿאַרגעסן ? ריטשעט ער.
– דו האָסט פֿאַרגעסן צו פֿאַרהאַקן די טיר !

Aujourd'hui, Moyshe s'est levé du pied gauche. Il arrive dans la cuisine et se met aussitôt à râler :*
– Le café est froid ! Le pain est rassis et le fromage est moisi !
Et, sans un regard pour sa femme, il sort. Sa femme lui court après :
– Moyshe, tu as oublié quelque chose !
– Qu'est ce que j'ai oublié ? Rugit-il.
– Tu as oublié de claquer la porte !

<u>*83*</u>

Moyshe ligt oyfn toytn-bet in shpitol. Sure zitst troyerik lebn im. Shoyn a halbe sho hobn zey nisht aroysgeredt keyn vort. Plutsem, zogt Moyshe :
– Veyst vos Surele ? Gey aheym…
– Ober, Moyshe…
– Du vest onton dayn shenste kleyd…
– Ober Moyshe…
– Un du vest geyn tsum frizirer. Du vest onton dos shnirl un di shenste oyerringlekh vos du farmogst…
– Moyshe, du bist meshuge gevorn?
– Un du vest tsurikkumen.
– Ober, Moyshe, far vos ?
– Gey, un tu vos ikh heys dir !
Tsvey sho shpeter, iz zi vider do bay

משה ליגט אויפֿן טויטן-בעט אין שפּיטאָל. שׂרה זיצט טרויעריק לעבן אים. שוין אַ האַלבע שעה האָבן זיי נישט אַרויסגערעדט קיין וואָרט. פּלוצעם, זאָגט משה :
– ווייסט וואָס שׂרהלע ? גיי אַהיים...
– אָבער, משה...
– דו וועסט אָנטאָן דײַן שענסטע קלייד...
– אָבער משה...
– און דו וועסט גיין צום פֿריזירער. דו וועסט אָנטאָן דאָס שנירל און די שענסטע אויערינגלעך וואָס דו פֿאַרמאָגסט...
– משה, דו ביסט משוגע געוואָרן ?
– און דו וועסט צוריקקומען.
– אָבער, משה, פֿאַר וואָס ?
– גיי, און טו וואָס איך הייס דיר !
צוויי שעה שפּעטער, איז זי ווידער דאָ בײַ

Chapitre 2 Kapitl 2 קאַפּיטל 2
Couples Porfolk פּאָרפֿאָלק

Moyshes bet, sheyn vi a brilyant !
– Ober Moyshe, far vos ?
– Her oys Surele, der malekh-hamoves vet bald do araynkumen.
Efsher... efsher vestu im beser gefeln vi ikh !

משהס בעט, שיין ווי אַ בריליאַנט !
— אָבער משה, פֿאַר וואָס ?
— הער אויס שׂרהלע, דער מלאך־המוות וועט באַלד דאָ אַרייַנקומען.
אפֿשר... אפֿשר וועסטו אים בעסער גע-פֿעלן ווי איך !

Moyshe est sur son lit de mort, à l'hôpital. Sa femme est assise près du lit, toute triste. Depuis une demi-heure, ils n'ont pas échangé un seul mot. Soudain, Moyshe dit :*
– Tu sais quoi Sourele ? Tu vas rentrer à la maison...*
– Mais, Moyshe...
– Tu vas mettre ta plus belle robe...
– Mais Moyshe...
– Tu vas aller chez le coiffeur. Tu vas mettre ton collier de perles, tes plus belles boucles d'oreilles...
– Moyshe, tu es devenu fou ?
– Et tu reviens.
– Mais, Moyshe, pourquoi ?
– Va, et fais ce que je te demande !
Deux heures après, elle revient, belle comme un cœur.
– Mais Moyshe, pourquoi ?
– Ecoute Sourele, dans peu de temps l'ange de la mort va arriver. Alors peut-être... peut-être que tu lui plairas plus que moi !

Chapitre 2 Kapitl 2 קאַפּיטל 2
Couples Porfolk פּאָרפֿאָלק

אומגעטרײַשאַפֿט

UMGETRAYSHAFT

INFIDÉLITÉ

84

– Veyst vos ? Ikh hob gornisht keyn mazl ! Hob ikh a shikse, hob ikh nisht keyn tsimer. Hob ikh a tsimer, hob ikh nisht keyn shikse.

Un hob ikh shoyn i a shikse i a tsimer, kumt arayn mayn vayb !

–ווייסט וואָס ? איך האָב גאָרנישט קיין מזל ! האָב איך אַ שיקסע, האָב איך נישט קיין צימער. האָב איך אַ צימער, האָב איך נישט קיין שיקסע.

און האָב איך שוין אי אַ שיקסע אי אַ צימער, קומט אַרײַן מײַן ווײַב !

– Tu sais quoi ? Je n'ai vraiment pas de chance ! Quand j'ai une fille, je n'ai pas de chambre. Quand j'ai une chambre, je n'ai pas de fille.
Et quand déjà j'ai et une chambre et une fille, voilà ma femme qui arrive !

85

Moyshe treft zayn fraynd Khayim oyf der gas.
– Vu loyfstu azoy ?
– Ikh ? Ikh gey in ovnt-shule. Dortn lernt men zikh a sakh ! Tsum bayshpil, tsi veystu ven iz geshen di shlakht in Marinyan ?
– Neyn.
– In toyznt finef hundert un fuftsn ! Un Verdin, ven iz es geven ?
– Ikh veys nisht.
– In nayntsn hundert un zekhtsn ! Un Vaterlo ?

משה טרעפֿט זײַן פֿרײַנד חיים אויף דער גאַס.
– ווּ לויפֿסטו אַזוי ?
– איך ? איך גיי אין אָוונט-שולע. דאָרטן לערנט מען זיך אַ סך ! צום בײַשפּיל, צי ווייסטו ווען איז געשען די שלאַכט אין מאַריניאַן ?
– ניין.
– אין טויזנט פֿינעף הונדערט און פֿופֿצן ! און ווערדין, ווען איז עס געווען ?
– איך ווייס נישט.
– אין נײַנצן הונדערט און זעכצן ! און וואַטערלאָ ?

Chapitre 2	Kapitl 2	קאַפּיטל 2
Couples	Porfolk	פּאָרפֿאָלק

— Ikh veys oykh nisht un s'geyt mir nisht on ! Nor du, Khayim, vos veystu vegn Zemla ?
— Zemla ? Fun aza shlakht, nisht gehert, nisht gezen !
— Zemla, Moris Zemla ! Ven du bist in ovnt-shule, iz er do bay dayn vayb !

— איך װײס אױך נישט און ס׳גייט מיר נישט אָן ! נאָר דו, חיים, װאָס װייסטו װעגן זעמלאַ ?
— זעמלאַ ? פֿון אַזאַ שלאַכט, נישט געהערט, נישט געזען !
— זעמלאַ, מאָריס זעמלאַ ! װען דו ביסט אין אָװנט-שולע, איז ער דאָ בײַ דײַן װײַב !

Moyshe* rencontre son copain Haïm*.
— Où cours-tu comme ça ?
— Moi ? Je vais au cours du soir. C'est fou ce qu'on y apprend ! Tiens, par exemple, connais-tu la date de la bataille de Marignan ?
— Non.
— 1515 ! Et la bataille de Verdun ?
— Je ne sais pas.
— 1916 ! Et Waterloo ?
— Je ne sais pas non plus et je n'en ai rien à faire ! Mais toi, Haïm, que sais-tu de Zemla ?
— Zemla ? Jamais entendu parler de cette bataille !
— Zemla, Maurice Zemla ! C'est le gars qui vient voir ta femme quand tu es aux cours du soir !

86

— Zog mir Moyshe, vi azoy iz dayn vayb, in bet ?
— Ikh ken nisht zogn : faran azelkhe vos zogn azoy... un andere vos zogn andersh...

— זאָג מיר משה, װי אַזױ איז דײַן װײַב, אין בעט ?
— איך קען נישט זאָגן : פֿאַראַן אַזעלכע װאָס זאָגן אַזױ... און אַנדערע װאָס זאָגן אַנדערש...

— Dis-moi Moyshe, comment est-elle au lit, ta femme ?
— Je ne peux pas dire : y'en a qui disent comme çi... et d'autres qui disent comme ça...

87

Moyshe kumt aheym frier vi geveyntlekh un er treft zayn vayb in bet mit

משה קומט אַהיים פֿריִער װי געװיינטלעך און ער טרעפֿט זײַן װײַב אין בעט מיט

Chapitre 2 Kapitl 2 קאַפּיטל 2
Couples Porfolk פּאָרפֿאָלק

Yanklen, zayn bestn fraynd.
– Yankl, ikh vunder zikh oyf dir ! Ikh meyle, ikh muz, nor du ?

יאַנקלען, זײַן בעסטן פֿרײַנד.
– יאַנקל, איך וווּנדער זיך אויף דיר ! איך מילא, איך מוז, נאָר דו ?

Moyshe rentre à l'improviste et trouve sa femme au lit avec Yankl, son meilleur ami.*
– Yankl, ça m'étonne de toi ! Moi ma foi, je suis obligé, mais toi ?

<u>*88*</u>

Moyshe kumt aheym frier vi geveyntlekh. Zayn bester fraynd, Yosele, ligt in bet mit zayn vayb.
– Her oys Moyshe, s'iz nisht vos du meynst ! Farloz zikh oyf mir, baruik zikh : gey trinken a kave un ven du vest tsurikkumen, vel ikh dir gebn tsu farshteyn !
Ober ven Moyshe kumt tsurik, iz keyner mer nishto. Tsvey teg shpeter, di zelbe mayse. Dos drite mol, di zelbe khasene. Loyft Moyshe tsum dokter un dertseylt im dos alts.
– Yo, s'iz take troyerik. Ober vos ken ikh ton far aykh ?
– Dokter, zogt mir : vi fil mol a vokh meg ikh trinken a kave ?

משה קומט אַהיים פֿריִער ווי געוויינטלעך. זײַן בעסטער פֿרײַנד, יאָסעלע, ליגט אין בעט מיט זײַן ווײַב.
– הער אויס משה, ס׳איז נישט וואָס דו מיינסט ! פֿאַרלאָז זיך אויף מיר, באַרויִק זיך : גיי טרינקען אַ קאַווע און ווען דו וועסט צוריקקומען, וועל איך דיר געבן צו פֿאַרשטיין !
אָבער ווען משה קומט צוריק, איז קיינער מער נישטאָ. צוויי טעג שפּעטער, די זעלבע מעשׂה. דאָס דריטע מאָל, די זעלבע חתונה. לויפֿט משה צום דאָקטער און דערציילט אים דאָס אַלץ.
– יאָ, ס׳איז טאַקע טרויעריק. אָבער וואָס קען איך טאָן פֿאַר אײַך ?
– דאָקטער, זאָגט מיר : ווי פֿיל מאָל אַ וואָך מעג איך טרינקען אַ קאַווע ?

Moyshe rentre plus tôt que prévu et il trouve son meilleur ami, Yosele, au lit avec sa femme.*
– Ecoute Moyshe, ce n'est pas ce que tu crois ! Fais-moi confiance, calme-toi : va boire un café et quand tu reviendras, je t'expliquerai !
Mais lorsque Moyshe revient, il n'y a plus personne !
Le surlendemain, même scénario. La troisième fois, le même cirque !
Alors Moyshe court raconter toute l'histoire à son médecin, qui compatit :
– Oui, effectivement, ce n'est pas drôle. Mais que puis-je faire pour vous ?
– Docteur, dites-moi : combien de cafés puis-je boire par semaine ?

Chapitre 2	Kapitl 2	קאַפּיטל 2
Couples	Porfolk	פּאָרפֿאָלק

89

— Zog mir Moyshe, zol dir dakhtn az du kumst aheym un du trefst dayn vayb in bet mit a man. Vos tustu ?
— Vos ikh tu ? Koydem shik ikh mayn vayb in kikh arayn. Dernokh, nem ikh zikh tsu im : ikh brekh im iber zayn shtekn oyfn kop, un zayn hunt leyg ikh avek !
— Vos far a shtekn ? Vos far a hunt ?
— Zog nor, khokhem eyner, oyb er ligt in bet mit mayn vayb, iz er dokh a blinder !

— זאָג מיר משה, זאָל דיר דאַכטן אַז דו קומסט אַהיים און דו טרעפֿסט דײַן װײַב אין בעט מיט אַ מאַן. װאָס טוסטו ?
— װאָס איך טו ? קודם שיק איך מײַן װײַב אין קיך אַרײַן. דערנאָך, נעם איך זיך צו אים : איך ברעך אים איבער זײַן שטעקן אױפֿן קאָפּ, און זײַן הונט לײג איך אַװעק !
— װאָס פֿאַר אַ שטעקן ? װאָס פֿאַר אַ הונט ?
— זאָג נאָר, חכם אײנער, אױב ער ליגט אין בעט מיט מײַן װײַב, איז ער דאָך אַ בלינדער !

— Moyshe, suppose qu'en rentrant, tu trouves ta femme au lit avec un homme. Qu'est ce que tu fais ?
— Qu'est ce que je fais ? D'abord, j'envoie ma femme à la cuisine. Ensuite, je m'occupe de lui : je lui casse sa canne sur la tête, puis je tue son chien !
— Quelle canne ? Quel chien ?
— Dis-moi, gros malin, s'il couche avec ma femme, c'est qu'il est aveugle, non ?

90

Moyshe iz avekgeforn a por teg. Ven er kumt tsurik, gefint er a razir-meser in bodtsimer.
Tsum sof, onerkent zayn vayb az s'iz take geven a man in shtub.
— Mistome iz es Yankl.
— Beshum-oyfn nisht !
— Efsher Volf ?
— Oykh nisht.
— Oy, itst veys ikh shoyn : Yosl.
— Vos falt dir ayn !
— Vos iz ? Mayne fraynd pasn dir nisht ?

משה איז אַװעקגעפֿאָרן אַ פּאָר טעג. װען ער קומט צוריק, געפֿינט ער אַ ראַזיר-מעסער אין באָדצימער.
צום סוף, אָנערקענט זײַן װײַב אַז ס'איז טאַקע געװען אַ מאַן אין שטוב.
— מסתּמא איז עס יאַנקל.
— בשום-אופֿן נישט !
— אפֿשר װאָלף ?
— אױך נישט.
— אױ, איצט װײס איך שױן : יאָסל.
— װאָס פֿאַלט דיר אײַן !
— װאָס איז ? מײַנע פֿרײַנד פּאַסן דיר נישט ?

Chapitre 2 Kapitl 2 קאַפּיטל 2
Couples Porfolk פּאָרפֿאָלק

Moyshe s'est absenté quelques jours. A son retour, il trouve un rasoir dans la salle de bains. Sa femme finit par reconnaître qu'effectivement un homme est venu.*
– Sans doute est-ce Yankl.
– Sûrement pas.
– Peut-être Wolf ?
– Non plus.
– Cette fois, je sais : c'est Yosl.
– Qu'est-ce que tu vas imaginer ?
– Alors quoi ? Aucun de mes amis ne te convient ?

91

Sure zogt Rokhlen :
– Veyst vos, mayn man makht mikh in gantsn meshuge. Shtel zikh for : yede nakht kumt er aheym arum dray a zeyger.
– Dos iz gornisht. Mayn man flegt oykh makhn azelkhe kuntsn, ober ikh hob im oysgeheylt.
– Oysgeheylt ? Vi azoy ?
– Zeyer poshet ! Eyn mol, iz er tsurik gekumen fir a zeyger banakht. Er hot oysgeton di shikh un er iz shtil tsugekumen tsum bet in der finster.
Hob ikh a murml geton :
"Dos bistu, Moyshe ?"
– Nu, vos zhe ?
– Vos heyst vos zhe ? Du veyst gants gut az mayn man heyst nisht Moyshe, nor Yankl !

שׂרה זאָגט רחלען :
– ווייסט וואָס, מײַן מאַן מאַכט מיך אין גאַנצן משוגע. שטעל זיך פֿאָר: יעדע נאַכט קומט ער אַהיים אַרום דרײַ אַ זייגער.
– דאָס איז גאָרנישט. מײַן מאַן פֿלעגט אויך מאַכן אַזעלכע קונצן, אָבער איך האָב אים אויסגעהיילט.
– אויסגעהיילט ? ווי אַזוי ?
– זייער פּשוט ! איין מאָל, איז ער צוריק-געקומען פֿיר אַ זייגער באַנאַכט. ער האָט אויסגעטאָן די שיך און ער איז שטיל צוגעקומען צום בעט אין דער פֿינסטער.
האָב איך אַ מורמל געטאָן :
„דאָס ביסטו, משה ?“
– נו, וואָס זשע ?
– וואָס הייסט וואָס זשע ? דו ווייסט גאַנץ גוט אַז מײַן מאַן הייסט נישט משה, נאָר יאַנקל !

Sarah raconte à son amie Rachel :
– Tu sais, mon mari me rend complètement folle : figure-toi qu'il rentre chaque nuit vers trois heures du matin !
– Ce n'est pas grave ! Mon mari me faisait le même cirque, mais je l'ai guéri !

Chapitre 2	Kapitl 2	קאַפּיטל 2
Couples	Porfolk	פּאָרפֿאָלק

– *Guéri ? Et comment as-tu fait ?*
– *Très simplement ! Une nuit, il est rentré à quatre heures du matin. Il a enlevé ses chaussures, il s'est approché du lit dans le noir sur la pointe des pieds. Alors j'ai murmuré : « C'est toi, Moyshe ? »*
– *Et alors ?*
– *Comment ça, et alors ? Tu sais très bien que mon mari ne s'appelle pas Moyshe, mais Yankl !*

92

Moyshe Sulmon der pyanist un Mordkhay Sulmon der bankir voynen beyde oyf der zelber gas. Nisht eyn mol hot der brivn-treger a toes.
A mol kumt Moyshe tsum bankir :
– Reb Mordkhay, di briv zenen far aykh. Un zayt azoy gut, git tsu visn mayn vayb az der mayontik mit dolarn vos ligt in der "Bank fun Amerike" iz ayers, nisht mayns !
– Nat aykh, ikh hob oykh do etlekhe briv far aykh. Un ikh bet aykh, zogt mayn vayb az froy Natacha Padopolska fun Varshe, froy Tityana Milenvicz fun Belgrad un mademoazel Rokhl Kroyn fun Pariz, zaynen ayere metreses, nisht mayne !

משה סולמאָן דער פּיאַניסט און מרדכי סולמאָן דער באַנקיר וווינען ביידע אויף דער זעלבער גאַס. נישט איין מאָל האָט דער בריוון-טרעגער אַ טעות.
אַ מאָל קומט משה צום באַנקיר :
– ר׳ מאָרדכי, די בריוו זענען פֿאַר אײַך. און זײַט אַזוי גוט, גיט צו וויסן מײַן ווײַב אַז דער מײַאָנטיק מיט דאָלאַרן וואָס ליגט אין דער ״באַנק פֿון אַמעריקע״ איז אײַערס, נישט מײַנס !
– נאַט אײַך, איך האָב אויך דאָ עטלעכע בריוו פֿאַר אײַך. און איך בעט אײַך, זאָגט מײַן ווײַב אַז פֿרוי נאַטאַשאַ פּאַדאָפּאָלסקאַ פֿון וואַרשע, פֿרוי טיטיאַנאַ מילענוויטש פֿון בעלגראַד און מאַדעמאָאַזעל רחל קרוין פֿון פּאַריז, זײַנען אײַערע מעטרעסעס, נישט מײַנע !

Le pianiste Moyshe Soulmon et Mardochée Soulmon le banquier habitent tous deux la même rue. Et plus d'une fois le facteur se trompe.
Un jour, Moyshe arrive chez le banquier :
– Cher Mardochée, ces lettres sont pour vous. Et ayez la gentillesse de dire à ma femme que la fortune en dollars qui est à la « Bank of America » est à vous, et non à moi.
– Tenez, moi aussi j'ai quelques lettres qui vous sont destinées ! Et je vous en prie, dites à mon épouse que madame Natacha Padopolska de Varsovie, madame Titiana Milenvitch de Belgrade et mademoiselle Rachel Kroyn de Paris, ce sont vos maîtresses, et non les miennes !

Chapitre 2	Kapitl 2	קאַפּיטל 2
Couples	Porfolk	פּאָרפֿאָלק

93

A frumer Yid kumt aheym un treft zayn vayb in bet mit a man. S'vert im shvarts far di oygn. Un zi, zi tsitert in gantsn… Nokh a vayle, zogt er mit a milder shtime :
– Surele, se past nisht ! Me heybt on azoy un dernokh… reykhert men shabes !

אַ פֿרומער ייִד קומט אַהיים און טרעפֿט זײַן ווײַב אין בעט מיט אַ מאַן. ס'ווערט אים שוואַרץ פֿאַר די אויגן. און זי, זי ציטערט אין גאַנצן...
נאָך אַ ווײַלע זאָגט ער מיט אַ מילדער שטימע :
– שׂרהלע, סע פּאַסט נישט ! מע הייבט אָן אַזוי און דערנאָך... רייכערט מען שבת !

Un Juif pieux rentre chez lui et trouve sa femme au lit avec un homme. Il n'en croit pas ses yeux. Quant à sa femme, elle tremble comme une feuille… Après quelques instants, il dit d'une voix douce :
– Sourele, ce n'est pas convenable ! On commence comme ça, et on finit par fumer le shabbat !

94

A frumer Yid kumt aheym un treft zayn vayb in bet mit a man. S'vert im shvarts far di oygn.
Er loyft glaykh in kikh arayn, er khapt a lang meser in hant un er loyft tsurik tsum bet. Er heybt oyf di hant…
Shrayt dos vayb :
– Gevald ! … S'iz dos milkhike meser !

אַ פֿרומער ייִד קומט אַהיים און טרעפֿט זײַן ווײַב אין בעט מיט אַ מאַן. ס'ווערט אים שוואַרץ פֿאַר די אויגן.
ער לויפֿט גלײַך אין קיך אַרײַן, ער כאַפּט אַ לאַנג מעסער אין האַנט, און ער לויפֿט צוריק צום בעט. ער הייבט אויף די האַנט...
שרײַט דאָס ווײַב :
– גוואַלד ! ... ס'איז דאָס מילכיקע מעסער !

Un Juif pieux rentre chez lui et trouve sa femme au lit avec un homme. Il n'en croit pas ses yeux.
Il court aussitôt à la cuisine, attrape un grand couteau et revient dans la chambre. Il lève le bras…
Sa femme s'écrie :
– Au secours ! … C'est le couteau pour les laitages !

Chapitre 2 Kapitl 2 קאַפּיטל 2
Couples Porfolk פּאָרפֿאָלק

אומפֿאַרשטייעניש

UMFARSHTEYENISH

QUIPROQUOS

95

A fee proponirt a porfolk fun zekhtsik yor alt :
– Zol yeder fun aykh beyde ton a vuntsh un ikh vel im oysfirn !
Farlangt dos vayb :
– Ikh volt gevolt arumforn oyf der gantser velt mit mayn tayern man.
Di fee treyslt mitn shtekele, un bald krigt di froy ale biletn un alts vos zi badarf oyf der rayze.
Dernokh, farlangt der man :
– Ikh volt gevolt az mayn vayb zol zayn draysik yor yinger far mir.
Di fee treyslt mitn shtekele, un oyfn ort... vert er nayntsik yor alt !

Muser-haskl : a man blaybt a man, nor a fee blaybt a froy !

אַ פֿעע פּראָפּאָנירט אַ פּאָרפֿאָלק פֿון זעכציק יאָר אַלט :
– זאָל יעדער פֿון אײַך ביידע טאָן אַ ווּנטש און איך וועל אים אויספֿירן !
פֿאַרלאַנגט דאָס ווײַב :
– איך וואָלט געוואָלט אַרומפֿאָרן אויף דער גאַנצער וועלט מיט מײַן טײַערן מאַן.
די פֿעע טרייסלט מיטן שטעקעלע, און באַלד קריגט די פֿרוי אַלע בילעטן און אַלץ וואָס זי באַדאַרף אויף דער רײַזע.
דערנאָך, פֿאַרלאַנגט דער מאַן :
– איך וואָלט געוואָלט אַז מײַן ווײַב זאָל זײַן דרײַסיק יאָר ייִנגער פֿאַר מיר.
די פֿעע טרייסלט מיטן שטעקעלע, און אויפֿן אָרט... ווערט ער נײַנציק יאָר אַלט !

מוסר-השׂכּל : אַ מאַן בלײַבט אַ מאַן, נאָר אַ פֿעע בלײַבט אַ פֿרוי !

Une fée propose à un couple de la soixantaine :
– Que chacun de vous fasse un voeu et je l'exaucerai !
La femme demande :
– Je voudrais faire le tour du monde avec mon mari chéri !
La fée agite sa baguette, et la femme reçoit aussitôt les billets et tout ce qui est nécessaire au voyage. A son tour, le mari s'exprime :
– Moi, je voudrais que ma femme ait trente ans de moins que moi.
La fée agite sa baguette, et immédiatement... il a quatre-vingt-dix ans !

Chapitre 2 Kapitl 2 קאַפּיטל 2
Couples Porfolk פּאָרפֿאָלק

Moralité : un homme reste un homme, mais une fée reste une femme !

96

S'kumt for a shifbrokh in dem Patsifik, un bloyz a yunge froy iz geblibn lebn. Zi shvimt un shvimt... Biz zi kumt on tsu an indzl. Azoy vi zi kumt tsu di koykhes, shrayt zi :
– S'iz emetser do ?
Keyner entfert nisht. Nokh a vayle, kumt on fun hinter a boym an alter Yid, in bord un peyes :
– Ikh bin do.
– Aleyn ?
– Yo, aleyn.
– Ir zent shoyn lang do ?
– Hu... shoyn lange yorn !
Zi farshteyt az mistome vet zi oykh do zayn oyf lange yorn. Zogt zi mit a tsarter shtime :
– Ikh breng aykh epes vos ir hot shoyn lang nisht gehat.
– Vos, matses ?

ס׳קומט פֿאָר אַ שיפֿבראָך אין דעם פּאַציפֿיק, און בלויז אַ יונגע פֿרוי איז געבליבן לעבן. זי שווימט און שווימט... ביז זי קומט אָן צו אַן אינדזל. אַזוי ווי זי קומט צו די כּוחות, שרייַט זי :
– ס׳איז עמעצער דאָ ?
קיינער ענטפֿערט נישט. נאָך אַ ווייַלע, קומט אָן פֿון הינטער אַ בוים אַן אַלטער ייִד, אין באָרד און פּאות :
– איך בין דאָ.
– אַליין ?
– יאָ, אַליין.
– איר זענט שוין לאַנג דאָ ?
– הו... שוין לאַנגע יאָרן !
זי פֿאַרשטייט אַז מסתּמא וועט זי אויך דאָ זייַן אויף לאַנגע יאָרן. זאָגט זי מיט אַ צאַרטער שטימע :
– איך ברענג אייַך עפּעס וואָס איר האָט שוין לאַנג נישט געהאַט.
– וואָס, מצות ?

Au cours d'une tempête dans l'océan Pacifique, un bateau coule et seule une jeune femme survit. Elle nage, elle nage... et elle finit par arriver épuisée sur une île. Dès qu'elle reprend son souffle, elle appelle :
– Il y a quelqu'un ? Aucune réponse.
Quelques minutes plus tard, un vieux Juif, avec barbe et papillotes, sort de derrière un arbre :*
– Je suis là.
– Vous êtes seul ?
– Oui, seul.
– Vous êtes là depuis longtemps ?
– Hou ou ou... ça fait déjà de longues années !
Alors elle comprend que sans doute elle aussi est là pour de longues années. Elle prend une petite voix tendre :

| Chapitre 2 *Couples* | Kapitl 2 Porfolk | קאַפּיטל 2 פּאָרפֿאָלק |

– Je vous apporte ce qui vous a manqué, depuis toutes ces années !
*– Quoi, des matses ?**

97

Haynt iz Moyshes geburtstog, er vert fertsik yor alt. Er iz zeyer antoysht : nisht dos vayb, nisht di kinder hobn im gornisht gevuntshn.
Er kumt tsu der arbet, un bald vintsht im di sekretarshe mit a breytn shmeykhl :
– A freylekhn geburtstog, her Feygl-boym !
Ven es kumt mitogtsayt, fregt zi :
– S'volt aykh geglust tsu esn mit mir in restoran ?
Un nokhn esn :
– In aza tog vet ir nisht bald tsurikgeyn tsu der arbet ! Kumt mit mir aheym, veln mir trinken a glezl !
Nokhn glezl, zogt zi mit a shmeykhl :
– Ikh kum bald tsurik !
"Vos far a modne tog !" Trakht er.
Er iz in gantsn tsekhusht un se klapt im in hartsn…
Nokh a vayle, iz di sekretarshe tsurik… mit fil peklekh in di hent.
Hinter ir kumen arayn dos vayb, di kinder, zayne beste fraynd un koleges fun der arbet…
S'vert im shvarts far di oygn, vayl er shteyt… in di gatkes !

הײַנט איז משהס געבורטסטאָג, ער ווערט פֿערציק יאָר אַלט. ער איז זייער אַנטוישט : נישט דאָס ווײַב, נישט די קינדער האָבן אים גאָרנישט געווונטשן.
ער קומט צו דער אַרבעט, און באַלד ווינטשט אים די סעקרעטאַרשע מיט אַברייטן שמייכל :
– אַ פֿריילעכן געבורטסטאָג, הער פֿייגל-בוים !
ווען עס קומט מיטאָגצײַט, פֿרעגט זי :
– ס'וואָלט אײַך געגלוסט צו עסן מיט מיר אין רעסטאָראַן ?
און נאָכן עסן :
– אין אַזאַ טאָג וועט איר נישט באַלד צוריקגיין צו דער אַרבעט ! קומט מיט מיר אַהיים, וועלן מיר טרינקען אַ גלעזל !
נאָכן גלעזל, זאָגט זי מיט אַ שמייכל :
– איך קום באַלד צוריק !
„וואָס פֿאַר אַ מאָדנער טאָג !" טראַכט ער.
ער איז אין גאַנצן צעחושט און סע קלאַפּט אים אין האַרצן...
נאָך אַ ווײַלע, איז די סעקרעטאַרשע צו-ריק... מיט פֿיל פּעקלעך אין די הענט.
הינטער איר קומען אַרײַן דאָס ווײַב, די קינדער, זײַנע בעסטע פֿרײַנד און קאָלעגעס פֿון דער אַרבעט...
ס'ווערט אים שוואַרץ פֿאַר די אויגן, ווײַל ער שטייט... אין די גאַטקעס !

Aujourd'hui, Moyshe a 40 ans. Il est très déçu : ni sa femme, ni ses enfants ne lui ont rien souhaité ! Mais dès qu'il arrive au bureau, sa secrétaire l'accueille avec un grand sourire :
– Joyeux anniversaire, monsieur Feygelboym !

Chapitre 2 Kapitl 2 קאַפּיטל 2
Couples Porfolk פּאָרפֿאָלק

A l'heure du déjeuner, elle propose :
– Ça vous dirait de manger avec moi au restaurant ?
Après le repas :
– Un jour comme celui-là, vous n'allez pas retourner tout de suite au bureau ! Venez donc prendre un verre à la maison !
Après le petit verre, elle dit avec un sourire :
– Je reviens tout de suite !
« Quelle journée étrange ! » Se dit- il. Il est tout désarçonné, son cœur bat la chamade…
Après quelques instants, la secrétaire entre… avec des paquets-cadeaux plein les bras. Derrière elle, entrent sa femme, ses enfants, ses meilleurs amis et quelques collègues du bureau…
Et lui, rouge de honte, se tient au milieu du salon… en caleçon !

98

Tsvey fraynd shmuesn :
– Ikh bin keyn mol nisht geshlofn mit mayn vayb far der khasene. Un du ?
– Ikh veys nisht, vi heyst shoyn dayn vayb ?

צוויי פֿרײַנד שמועסן :
– איך בין קיין מאָל נישט געשלאָפֿן מיט מײַן ווײַב פֿאַר דער חתונה. און דו ?
– איך ווייס נישט, ווי הייסט שוין דײַן ווײַב ?

Deux copains discutent :
– Moi, je n'ai jamais couché avec ma femme avant le mariage. Et toi ?
– Je ne sais pas, comment s'appelle ta femme, déjà ?

99

Moyshe un Sure zaynen oyf a khasene bay raykhe mentshn. Esn un trinken iz do far hunderter mentshn ! Klezmorim shpiln un der oylem tantst, zingt un lakht. Ober… se felt shtuln !
Moyshe kumt tsu tsu zayn vayb, vos zitst un shmuest.
– Sure, vilst tantsn ?
– Yo-o…
– Nu, meg ikh nemen dayn shtul ?

משה און שׂרה זײַנען אויף אַ חתונה בײַ רײַכע מענטשן. עסן און טרינקען איז דאָ פֿאַר הונדערטער מענטשן ! כּלי-זמרים שפּילן און דער עולם טאַנצט, זינגט און לאַכט. אָבער... סע פֿעלט שטולן !
משה קומט צו צו זײַן ווײַב, וואָס זיצט און שמועסט.
– שׂרה, ווילסט טאַנצן ?
– יאָ-אָ...
– נו, מעג איך נעמען דײַן שטול ?

Chapitre 2 Kapitl 2 קאַפּיטל 2
Couples Porfolk פּאָרפֿאָלק

Moyshe et Sarah assistent à un mariage chez des gens riches. Il y a à boire et à manger pour des centaines de personnes ! Un orchestre klezmer joue, les invités dansent, chantent et rient. Mais… il manque des chaises ! Moyshe s'approche de sa femme, qui est assise et qui bavarde.
– Sarah, tu veux danser ?
– Vou-oui…
– Alors, je peux prendre ta chaise ?

100

Moyshe un Sure kumen tsurik fun der khasene. Dortn hobn zey zikh ongefresn un ongetrunken.
Moyshe tut oys dem mantl, batapt zikh dos baykhl un zogt :
– Du vayst vos Surele ? Di tey mit tsitrin blaybt mir oyfn mogn !

משה און שׂרה קומען צוריק פֿון דער חתונה. דאָרטן האָבן זיי זיך אָנגעפֿרעסן און אָנגעטרונקען.
משה טוט אויס דעם מאַנטל, באַטאַפּט זיך דאָס בײַכל און זאָגט :
— דו ווייסט וואָס שׂרהלע ? די טיי מיט ציטרין בלײַבט מיר אויפֿן מאָגן !

Moyshe et Sarah reviennent du mariage où ils ont mangé et bu en surabondance. Moyshe enlève son manteau, se caresse la bedaine et dit :
– Sourele, tu sais quoi ? Le thé au citron me reste sur l'estomac !

101

Oyf Peysekh vil Moyshe praven dem seyder, nor er veyst nisht vi azoy.
Zogt er zayn vayb :
– Gey un gib a kuk durkhn fenster vi di shkheynim greytn tsu dem seyder.
Nokh a langer tsayt, efnt er di tir, un er zet vi zi shteyt un veynt.
– Vos shteystu azoy ? Ikh vart oyf dir, di gest zenen bald do !
Un er lozt ir arop a hilkhikn patsh. Yomert zi :
– Az du host gevust, to vos zhe hostu mikh geshikt ?

אויף פּסח וויל משה פּראַווען דעם סדר, נאָר ער ווייסט נישט ווי אַזוי.
זאָגט ער זײַן ווײַב :
— גיי און גיב אַ קוק דורכן פֿענסטער ווי די שכנים גרייטן צו דעם סדר.
נאָך אַ לאַנגער צײַט, עפֿנט ער די טיר, און ער זעט ווי זי שטייט און וויינט.
— וואָס שטייסטו אַזוי ? איך וואַרט אויף דיר, די געסט זענען באַלד דאָ !
און ער לאָזט איר אַראָפּ אַ הילכיקן פּאַטש.
יאָמערט זי :
— אַז דו האָסט געוווּסט, טאָ וואָס זשע האָסטו מיך געשיקט ?

Chapitre 2 Kapitl 2 קאַפּיטל 2
Couples Porfolk פּאָרפֿאָלק

A Pessah, Moyshe veut conduire le seder*, mais il ne sait pas comment. Alors il demande à sa femme :*
– Va regarder par la fenêtre chez les voisins, pour savoir comment on prépare le seder.
Après un bon moment, il ouvre la porte ; elle se tient là, en pleurs.
– Qu'est-ce que tu fais là ? Je t'attends, les invités vont arriver !
Et il lui assène une gifle retentissante. Et elle :
– Puisque tu savais, pourquoi m'as-tu envoyée ?

102

Moyshe leyent an anons in tsaytung.
– Sure, kum bald aher, her oys :
"Plats Trokadero, shtaynern hoyz, dire tsvey hundert un zekhtsik kvadrat-meters, zekstn shtok, lift aroyf un arop, zeks fenster-tirn oyf an oysgearbetn balkon, on vizavi, oysblik iber tur Eyfel un Shan-de-Mars". Un der prayz iz nisht tsu gleybn : akht hundert toyznt eyros ! Mistome iz es a toes ! Ikh kling bald.
– Halo, di agentur "Odegam" ? Vegn dem anons numer 278 :
"Plats Trokadero, dire 260 kvadrat-meters..." Zogt mir, der prayz iz beemes akht hundert toyznt eyros ? S'iz nisht keyn toes ?
– Neyn, dos iz der prayz.
Er bakumt a randevu tsvey a zeyger. Halb-tsvey zenen Moyshe un Sure shoyn oyfn plats Trokadero. S'iz a sheyner tog, der himl iz blo, di beymer zenen tseblit un di zun balaykht dos prakhtike hoyz.
Tsvey a zeyger geyen zey arayn in a vunderlekher dire : farsheynte sufitn, panelirte vent, topelte tirn mit shay-

משה לייענט אַן אַנאָנס אין צײַטונג.
– שׂרה, קום באַלד אַהער, הער אויס :
„פּלאַץ טראָקאַדעראָ, שטיינערן הויז, דירה צוויי הונדערט און זעכציק קוואַדראַט-מעטערס, זעקסטן שטאָק, ליפֿט אַרויף און אַראָפּ, זעקס פֿענסטער-טירן אויף אַן אויסגעאַרבעטן באַלקאָן, אָן וויזאַווי, אויסבליק איבער טור אייפֿעל און שאַן-דע-מאַרס“. און דער פּרײַז איז נישט צו גלייבן : אַכט הונדערט טויזנט אייראָס ! מסתּמא איז עס אַ טעות ! איך קלינג באַלד.
– האַלאָ, די אַגענטור „אָדעגאַם“ ? וועגן דעם אַנאָנס נומער 278 :
„פּלאַץ טראָקאַדעראָ, דירה צוויי הונדערט און זעכציק קוואַדראַט-מעטערס...“ זאָגט מיר, דער פּרײַז איז באמת אַכט הונדערט טויזנט אייראָס ? ס'איז נישט קיין טעות ?
– ניין, דאָס איז דער פּרײַז.
ער באַקומט אַ ראַנדעוווּ צוויי אַ זייגער. האַלב צוויי זענען משה און שׂרה שוין אויפֿן פּלאַץ טראָקאַדעראָ. ס'איז אַ שיינער טאָג, דער הימל איז בלאָ, די ביימער זענען צעבליט און די זון באַלײַכט דאָס פּראַכטיקע הויז.
צוויי אַ זייגער גייען זיי אַרײַן אין אַ וווּנדערלעכער דירה : פֿאַרשיינטע סופֿיטן, פּאַנעלירטע ווענט, טאָפּעלטע טירן מיט

blekh, dembene podloges... Un dos alts in an ershtklasikn tsushtand !

– S'iz nisht in mayn teve tsu koyfn un zikh nisht dingen. Nor in dem fal, vil ikh bald untershraybn. Ober aza dire far 800.000 eyros ! Git mir tsu farshteyn : vi azoy iz zi nokh nisht farkoyft ? Topl gelt iz zi vert !

– Ikh vel aykh zogn dem emes : a porfolk hot gezen di dire. Zey hobn gornisht ibergeklert un hobn bald do untergeshribn. Di froy iz geven azoy tseflamt, azoy tseyakhmert, az zi hot gekrign a hartsshlak in lift un zi iz geshtorbn oyfn ort. Nu, farshteyt ir, der man...

– Yo, ikh farshtey, ikh farshtey... Dokh, aza dire far 800.000 eyros iz a matone. S'iz nisht tsu gleybn !

– Ikh muz aykh zogn : an ander porfolk hot zikh gefilt tsugetsoygn. Di froy hot gevolt zen dem tur Eyfel fun balkon, un ikh veys nisht vi azoy, nor zi iz ariber un iz aropgefaln oyfn trotuar.

Nu, se farshteyt zikh, der man...

– Oy a brokh ! Avade, se farshteyt zikh... Nor dokh, aza dire far aza prayz, ikh farshtey alts nisht...

– Ir zent gerekht, take shver tsu farshteyn. Ober m'hot gemuzt aroplozn dem prayz, vayl a driter brokh iz forgekumen. A porfolk iz gekumen onkukn di dire. Di froy hot gezen fun balkon vi politsyantn shteyen lebn dem oyto, take shlekht parkirt. Iz zi adurkhgelofn durkh der dire, aropgelozt zikh oyf di zeks shtok, oysgeshprungen in droysn... un an oytobus hot zi ibergeforn.

שײַבלעך, דעמבענע פּאָדלאָגעס... און דאָס אַלץ אין אַן ערשטקלאַסיקן צושטאַנד !

– ס'איז נישט אין מײַן טבֿע צו קויפֿן און זיך נישט דינגען. נאָר אין דעם פֿאַל, וויל איך באַלד אונטערשרײַבן. אָבער אַזאַ דירה פֿאַר 800.000 אייראָס ! גיט מיר צו פֿאַרשטיין : ווי אַזוי איז זי נאָך נישט פֿאַרקויפֿט ? טאָפּל געלט איז זי ווערט !

– איך וועל אײַך זאָגן דעם אמת : אַ פּאָר-פֿאָלק האָט געזען די דירה. זיי האָבן גאָרנישט איבערגעקלערט און האָבן באַלד דאָ אונטערגעשריבן. די פֿרוי איז געווען אַזוי צעפֿלאַמט, אַזוי צעיאַכמערט, אַז זי האָט געקריגן אַ האַרצשלאַק אין ליפֿט און זי איז געשטאָרבן אויפֿן אָרט. נו, פֿאַרשטייט איר, דער מאַן...

– יאָ, איך פֿאַרשטיי, איך פֿאַרשטיי... דאָך, אַזאַ דירה פֿאַר 800.000 אייראָס איז אַ מתּנה. ס'איז נישט צו גלייבן !

– איך מוז אײַך זאָגן : אַן אַנדער פּאָרפֿאָלק האָט זיך געפֿילט צוגעצויגן. די פֿרוי האָט געוואָלט זען דעם טור אייפֿעל פֿון באַלקאָן, און איך ווייס נישט ווי אַזוי, נאָר זי איז אַריבער און איז אַראָפּגעפֿאַלן אויפֿן טראָטואַר.

נו, סע פֿאַרשטייט זיך, דער מאַן...

– אוי אַ בראָך ! אַוודאי, סע פֿאַרשטייט זיך... נאָר דאָך, אַזאַ דירה פֿאַר אַזאַ פּרײַז, איך פֿאַרשטיי אַלץ נישט...

– איר זענט גערעכט, טאַקע שווער צו פֿאַרשטיין. אָבער מ'האָט געמוזט אַראָפּ-לאָזן דעם פּרײַז ווײַל אַ דריטער בראָך איז פֿאָרגעקומען. אַ פּאָרפֿאָלק איז געקומען אָנקוקן די דירה. די פֿרוי האָט געזען פֿון באַלקאָן ווי פּאָליציאַנטן שטייען לעבן דעם אויטאָ, טאַקע שלעכט פּאַרקירט. איז זי אַדורכגעלאָפֿן דורך דער דירה, אַראָפּ-געלאָזט זיך אויף די זעקס שטאָק, אַרויס-געשפּרונגען אין דרויסן... און אַן אויטאָבוס האָט זי איבערגעפֿאָרן.

Nu, farshteyt ir, der man...
– Oy oy oy ! Yo, ikh farshtey, ikh farshtey...
Antshuldikt mikh, ikh vil iberklern.

Er geyt a bisl vayter un khazert iber far zikh aleyn :
"Plats Trokadero, shtaynern hoyz, tsvey hundert un zekhtsik kvadrat-meters, zeks fenster-tirn oyf an oysgearbetn balkon mit oysblik iber tur Eyfel un Shan-de-Mars... far akht hundert toyznt eyros ! Aza metsie ken ikh nisht adurkhlozn !
Oyf der tsveyter hant, far di vayber...
S'iz a shvere mayse !"

Nokh a vayle, dreyt er zikh oys :
– Veyst vos, Sure ? Ikh rizikir !

נו, פֿאַרשטייט איר, דער מאַן...
– אוי אוי אוי ! יאָ, איך פֿאַרשטיי, איך פֿאַרשטיי...
אַנטשולדיקט מיך, איך וויל איבערקלערן.

ער גייט אַ ביסל ווײַטער און חזרט איבער פֿאַר זיך אַליין :
„פּלאַץ טראָקאַדעראָ, שטײַנערן הויז, צוויי הונדערט און זעכציק קוואַדראַט-מעטערס, זעקס פֿענסטער-טירן אויף אַן אויסגעאַרבעטן באַלקאָן, מיט אויסבליק איבער טור אייפֿעל און שאַן-דע-מאַרס... פֿאַר אַכט הונדערט טויזנט אייראָס ! אַזאַ מציאה קען איך נישט אַדורכלאָזן !
אויף דער צווייטער האַנט, פֿאַר די ווײַבער...
ס'איז אַ שווערע מעשׂה !“

נאָך אַ ווײַלע, דרייט ער זיך אויס :
– ווייסט וואָס, שׂרה ? איך ריזיקיר !

Moyshe lit une petite annonce dans le journal.
– Sarah, viens vite, écoute un peu !
« Place du Trocadéro, immeuble pierre de taille, appartement 260 mètres carrés, sixième étage, ascenseur-descenseur, six portes-fenêtres sur balcon fer forgé, vue dégagée sur tour Eiffel et Champ-de-Mars ». Et le prix, c'est incroyable ! Huit cent mille euros ! Il y a sûrement une erreur ! Je téléphone tout de suite :
– Allo, l'agence ODEGAM ? Je vous appelle au sujet de l'annonce 278 :
« Place du Trocadéro, 260 mètres carrés » ...vous voyez ? Dites-moi, le prix, c'est vraiment huit cent mille euros ? Ce n'est pas une erreur ?
– Non, c'est bien le prix.
Il obtient un rendez-vous le jour-même, à 14h.
Dès 13h30, il est place du Trocadéro avec sa femme ! C'est une belle journée, le ciel est bleu, les arbres sont en fleurs et le soleil illumine un splendide immeuble.
A 14h commence la visite d'un appartement magnifique : plafonds décorés, murs lambrissés, doubles-portes à petits carreaux, planchers en chêne, le tout en excellent état.
– Mademoiselle, je n'ai pas l'habitude de ne pas marchander, mais dans ce

Chapitre 2	Kapitl 2	קאַפּיטל 2
Couples	*Porfolk*	פּאָרפֿאָלק

cas précis, je veux signer tout de suite ! Seulement dites-moi, un appartement comme celui-là, pour huit cent mille euros ! Comment se fait-il qu'à ce prix-là, il ne soit pas encore vendu ? Il vaut au moins le double !
– Je vais vous dire la vérité : un couple qui visitait était tellement emballé qu'ils ont immédiatement signé la promesse de vente. La femme était tellement émue, tellement excitée, qu'elle a fait un arrêt cardiaque dans l'ascenseur et elle est morte sur place ! Alors le mari, vous comprenez…
– Oui, je comprends, je comprends… Mais quand même ! Un appartement comme ça pour huit cent mille euros, c'est un cadeau, ce n'est pas croyable !
– Bien sûr, mais il faut que je vous dise : un deuxième couple était très intéressé. La femme voulait voir la tour Eiffel depuis le balcon, et je ne sais pas comment elle a fait, mais elle est passée par-dessus bord et elle s'est écrasée sur le trottoir ! Alors le mari, ça se comprend…
– Oy, quel malheur ! Bien sûr, ça se comprend… Mais tout de même, un appartement comme ça pour ce prix-là, je ne comprends toujours pas !
– Vous avez raison, c'est difficile à comprendre. Mais nous avons dû baisser le prix car il est arrivé un troisième malheur : un couple visitait l'appartement. La femme, depuis le balcon, a vu des policiers autour de sa voiture qui était mal garée ! Alors elle a traversé l'appartement comme une flèche, elle a dévalé les six étages et s'est précipitée dans la rue… juste au moment où passait un autobus ! Alors le mari, vous comprenez…
– Oy oy oy ! Oui, je comprends, je comprends…
Excusez-moi, j'ai besoin de réfléchir !

Il s'éloigne un peu et récapitule pour lui-même :
   « Place du Trocadéro, pierre de taille, 260 mètres carrés, six portes-fenêtres sur balcon fer forgé, vue sur tour Eiffel et Champ-de-Mars ; tout ça pour huit cent mille euros ! Je ne peux tout de même pas laisser passer une telle affaire ! D'un autre côté, pour les femmes…
   Pas facile de prendre une décision ! »

Puis il se retourne :
– Sarah, tu sais quoi ? Moi… je prends le risque !

Chapitre 2 Kapitl 2 קאַפּיטל 2
Couples Porfolk פּאָרפֿאָלק

103

Moyshe dertseylt zayn fraynd :
– Ikh hob zikh shreklekh gekrigt mit Suren vegn a vizon mantl. Nor tsum sof, hob ikh gehat dos letste vort !
– Take ? Un vos far a vort ?
– Ikh hob ir azoy gezogt :
"Du vilst koyfn ? ... Koyf !"

משה דערציילט זײַן פֿרײַנד :
– איך האָב זיך שרעקלעך געקריגט מיט שׂרהן וועגן אַ וויזאָן מאַנטל. נאָר צום סוף, האָב איך געהאַט דאָס לעצטע וואָרט !
– טאַקע ? און וואָס פֿאַר אַ וואָרט ?
– איך האָב איר אַזוי געזאָגט :
„דו ווילסט קויפֿן ? ... קויף“ !

Moyshe raconte à un ami :
– Je me suis terriblement disputé avec Sarah au sujet d'un manteau de vison. Mais finalement, c'est moi qui ai eu le dernier mot !
– Vraiment ? Et c'était quoi, le dernier mot ?
– Je lui ai dit : « Tu veux acheter ? ... Achète ! »

104

Moyshe, akhtsik yor alt, vet khasene hobn mit a meydl fun fir un tsvantsik yor. Der dokter vornt im :
– Pavolye ! Ir darft zayn forzikhtik !
– Vos iz ? Zi shtelt ayn ir lebn ?

משה, אַכציק יאָר אַלט, וועט חתונה האָבן מיט אַ מיידל פֿון פֿיר און צוואַנציק יאָר. דער דאָקטער וואָרנט אים :
– פּאַוואָליע ! איר דאַרפֿט זײַן פֿאָרזיכטיק !
– וואָס איז ? זי שטעלט אײַן איר לעבן ?

Moyshe, quatre vingts ans, va se marier avec une jeunette de vingt quatre ans. Le docteur le met en garde :
– Doucement ! Soyez prudent !
– Pourquoi ? Sa vie est en danger ?

105

Moyshe zitst in restoran mit zayn gelibte. Nokhn esn, derklert er zikh in libe :
– Ketsele mayns, ikh hob dikh azoy lib ! Ikh volt dir gebn di levone, ale shtern fun himl, dos alts vos du kenst nor veln...

משה זיצט אין רעסטאָראַן מיט זײַן געליבטע. נאָכן עסן, דערקלערט ער זיך אין ליבע :
– קעצעלע מײַנס, איך האָב דיך אַזוי ליב ! איך וואָלט דיר געגעבן די לבֿנה, אַלע שטערן פֿון הימל, דאָס אַלץ וואָס דו קענסט נאָר וועלן...

Chapitre 2 Kapitl 2 קאַפּיטל 2
Couples Porfolk פּאָרפֿאָלק

Un tsum kelner, belakhesh :
– Bazunder di kheshboynes, ikh bet aykh !

און צום קעלנער, בלחש :
– באַזונדער די חשבונות, איך בעט אײַך !

Moyshe est au restaurant avec sa bien-aimée. Après le repas il lui déclare sa flamme :
– Je t'aime tant, mon petit chat ! Je te donnerais la lune, toutes les étoiles du ciel, tout ce que tu peux souhaiter…
Et au maître d'hôtel, à voix basse :
– Les additions, séparées je vous prie !

<u>*106*</u>

– Yosl, heyb zikh oyf ! Du vest farshpetikn di gimnazye !
– Neyn, se glust mir nisht tsu geyn : di kinder makhn khoyzek fun mir, un di profesorn hobn mikh nisht lib !
– OberYosl, du muzt geyn, host nisht keyn breyre !
– Un far vos muz ikh geyn ?
– Yosl, du host fargesn az du bist der direktor fun gimnazye ?

– יאָסל, הייב זיך אויף ! דו וועסט פֿאַרשפּעטיקן די גימנאַזיע !
– ניין, סע גלוסט מיר נישט צו גיין : די קינדער מאַכן חוזק פֿון מיר, און די פּראָ-פֿעסאָרן האָבן מיך נישט ליב !
– אָבער יאָסל, דו מוזט גיין, האָסט נישט קיין ברירה !
– און פֿאַר וואָס מוז איך גיין ?
– יאָסל, דו האָסט פֿאַרגעסן אַז דו ביסט דער דירעקטאָר פֿון גימנאַזיע ?

– Yosl, lève-toi ! Tu vas être en retard au lycée !*
– Non, je n'ai pas envie d'y aller : les enfants se moquent de moi et les professeurs ne m'aiment pas !
– Mais Yosl, tu dois y aller, tu n'as pas le choix !
– Et pourquoi dois-je y aller ?
– Yosl, tu as oublié que tu es le directeur du lycée ?

<u>*107*</u>

– Mayn man iz a malekh.
– Oy, mayn man iz oykh nisht keyn mentsh !

– מײַן מאַן איז אַ מלאך.
– אוי, מײַן מאַן איז אויך נישט קיין מענטש !

Chapitre 2	Kapitl 2	קאַפּיטל 2
Couples	Porfolk	פּאָרפֿאָלק

– Mon mari, c'est un ange.
– Ah, mon mari non plus, n'est pas un mentsh*[(1)] !

[(1)] « Mentsh » a un double sens : « Homme, être humain ». Mais aussi : « Quelqu'un de bien ».

108

– Moyshe mayn liber, dermon mir morgn in der fri az ikh hob dir epes tsu zogn.
– Far vos nisht itst ?
– Ikh vil dir nisht shtern dem shlof !

— משה מײַן ליבער, דערמאָן מיר מאָרגן אין דער פֿרי אַז איך האָב דיר עפּעס צו זאָגן.
— פֿאַר װאָס נישט איצט ?
— איך װיל דיר נישט שטערן דעם שלאָף !

– Moyshe mon chéri, rappelle-moi demain matin que j'ai quelque chose à te dire.
– Pourquoi pas maintenant ?
– Je ne veux pas que tu passes une nuit blanche !

109

– Moyshenyu mayn tayerer, ikh hob far dir a psuretoyve : bekorev, veln mir zayn dray !
Moyshe vert gliklekh un halt in eyn kushn zayn Surele.
– Yo… zi kumt morgn nokhmitog, mayn mamenyu !

— משהניו מײַן טײַערער, איך האָב פֿאַר דיר אַ בשׂורה-טובֿה : בקרובֿ, װעלן מיר זײַן דרײַ !
משה װערט גליקלעך און האַלט אין אײן קושן זײַן שׂרהלע.
— יאָ… זי קומט מאָרגן נאָכמיטאָג, מײַן מאַמעניו !

– Moyshe* mon chéri, j'ai une grande nouvelle : nous allons bientôt être trois !
Moyshe saute de joie et n'arrête pas d'embrasser sa petite Sourele*.
– Oui… elle arrive demain après-midi, ma petite maman !

Chapitre 3 | Kapitl 3 | קאַפּיטל 3
Rabbis et Rabbins | Rabonim un Rabeim | רבנים און רביים

רבנים און רביים

RABONIM un RABEIM

RABBIS et RABBINS

מיטן טיטל „רבי“ ווענדט מען זיך צו פֿאַרשיידענע געשטאַלטן וואָס זענען צענטראַל אין
ייִדישן לעבן, אַזוי אַז מע וועט זיי טרעפֿן אין עטלעכע קאַפּיטלען פֿון דעם דאָזיקן בוך.
דאָס קען זײַן אַ רבֿ אין אַ קליין שטעטל אָדער אין אַ גרעסערער קהילה,
צי אַ חסידישער רבי מיט זײַנע באַגײַסטערטע חסידים, אָדער גאָר אַ באַרימטער בן-תּורה.
צו זיי אַלע באַציִען זיך תּלמידים און סתּם ייִדן מיט דרך-ארץ און ליבשאַפֿט.
דאָס קען אויך זײַן אַ באַשיידענער מלמד פֿון קליינע ייִנגלעך.
דער רבֿ זיצט אין בית-דין-שטוב און זאָרגט פֿאַר פֿרומקייט און גערעכטיקייט
צווישן די מיטגלידער פֿון דער קהילה.
דער רבי לערנט זײַנע חסידים צו פֿאַרטיפֿן די אמונה און לײַטערן די נשמה.
ביידע זענען זיי גײַסטיקע פֿירערס און מאָראַלישע וועגווײַזערס.

בקיצור :
זיי זענען לערערס. בײַ זיי זוכט מען אַ דעה און מע בעט אַן עצה. זיי זאָרגן פֿאַר אָרעמע-לײַט.
מע גיט אָפּ כּבֿוד זייער חכמה און זייער יושר, און מע נעמט אָן זייער פּסק-דין
ווײַל מע פֿאַרלאָזט זיך אויף זיי.

Mitn titl “rebe” vendt men zikh tsu farsheydene geshtaltn vos zenen tsentral in yidishn lebn, azoy az me vet zey trefn in etlekhe kapitlen fun dem dozikn bukh.
Dos ken zayn a rov in a kleyn shtetl oder in a greserer kehile,
tsi a khsidisher rebe mit zayne bagaysterte khsidim,
oder gor a barimter ben-toyre.
Tsu zey ale batsien zikh talmidim un stam Yidn
mit derekh-erets un libshaft.
Dos ken oykh zayn a basheydener melamed fun kleyne yinglekh.
Der rov zitst in bezden-shtub un zorgt far frumkeyt un gerekhtikeyt
tsvishn di mitglider fun der kehile.
Der rebe lernt zayne khsidim tsu fartifn di emune un laytern di neshome.
Beyde zenen zey gaystike firers un moralishe vegvayzers.

Chapitre 3 Kapitl 3 קאַפּיטל 3
Rabbis et Rabbins Rabonim un Rabeim רבנים און רביים

Bekitser :
Zey zenen lerers. Bay zey zukht men a deye un me bet an eytse. Zey zorgn far oreme-layt. Me git op koved zeyer khokhme un zeyer yoysher, un me nemt on zeyer psakdin vayl me farlozt zikh oyf zey.

Sous le vocable "Rebe", on désigne différents personnages qui sont des figures centrales de la vie juive. On les retrouvera donc dans plusieurs chapitres de ce recueil.
Ce peut être un rabbin dans un petit shtetl ou dans une communauté plus importante. Ce peut être un rabbin hassidique entouré de ses fervents hassidim ou d'un rabbin érudit plus ou moins prestigieux.*
Tous suscitent le respect et l'amour de leurs élèves, mais aussi des autres Juifs.
Ce peut être tout simplement le modeste instituteur de jeunes garçons.
Le rov se tient dans la salle du tribunal rabbinique et veille au respect de la religion et de la justice dans sa communauté. Le rabbin hassidique enseigne à ses élèves à approfondir leur foi et à purifier leur âme.*
Ce sont tous deux des guides moraux et spirituels.
En bref :
Ce sont des enseignants. Ils prodiguent avis et conseils. Ils se préoccupent des pauvres. On rend hommage à leur sagesse et à leur droiture et l'on fait confiance en leur verdict.

דער „רביניו“ איז דער הייליקער רבי אין אַ גרעסערן צי ענגערן קרײַז חסידים. ער איז אַ צדיק, אַ גוטער-ייִד.
אין אַ צאָל לידער[1] און מעשׂיות, מאַכט מען חוזק פֿון דעם רבין און זײַנע נסים-ונפֿלאָות.

[1] אַז דער רבי זינגט, רבי אלימלך, דער פֿילאָזאָף, נסים...

Der "Rebenyu" iz der heyliker rebe in a gresern tsi engern krayz khsidim. Er iz a tsadik, a guter-yid.
In a tsol lider[1] un mayses, makht men khoyzek fun dem rebn un zayne nisim-venifloes.

[1] Az der Rebe zingt, Rebe Elimeylekh, der Filozof, Nisim…

Le « Rebenyu » est le maître vénéré d'un cercle plus ou moins large de hassidim*. C'est un « tsadik* », un « guter-yid* ». Dans nombre de chansons*[1] *et d'histoires, on tourne en dérision le rabbin et ses miracles.*

[1] *Quand le Rabbi chante, Rabbi Elimeylekh, Le philosophe, Miracles…*

Chapitre 3 Kapitl 3 קאַפּיטל 3
Rabbis et Rabbins Rabonim un Rabeim רבנים און רביים

110

An oremer Yid, a melamed, kumt mit tsutroy tsum rebn :
– Heyliker Rebe, ratevet !
– Vos iz ?
– Oy Rebe, gevald ! In a khoydesh arum iz Peysekh, un ikh hob nisht mit vos tsu koyfn matses !
– Hob keyn dayge nisht. Gey ruik aheym ! S'vet zayn matses !

"Meyle, az der rebe zogt az s'vet zayn, vet mistome zayn..." Tsvey vokhn shpeter zet er az keyn gelt iz nokh nishto. Loyft er vider tsum rebn :
– Heyliker Rebe, helft ! In tsvey vokhn arum iz Peysekh, un ikh hob nokh alts nisht oyf matses !
– Vos heyst ? Ikh hob shoyn gezogt az s'vet zayn, vet zayn !
Der melamed dershrekt zikh farn rebns kas, un geyt avek.

"Az der rebe zogt s'vet zayn, vet dokh avade zayn..." Nokh a vokh iz farbay. Dos vayb klogt zikh : s'iz nishto keyn matses ! Zorgt zikh vayter der melamed... Geyt er vider a mol tsum rebn :
– Heyliker Rebe, vos zol ikh ton ? S'iz nishto oyf Peysekh keyn matses !
Vert der rebe shtark beyz :
– Apikoyres eyner ! Gey aheym un loz mikh tsu ru ! Ikh hob gezogt az s'vet zayn, vet zayn !
Geyt der melamed avek. Tsvey teg far Peysekh, nishto keyn matses, nishto keyn gelt oyf matses, nishto, nishto... Geyt er un farkoyft a laykhter mit dem kidesh-bekher, un kumt tsurik aheym mit matses.

אַן אָרעמער ייִד, אַ מלמד, קומט מיט צוטרוי צום רבין :
– הייליקער רבי, ראַטעוועט !
– וואָס איז ?
– אוי רבי, גוואַלד ! אין אַ חודש אַרום איז פּסח, און איך האָב נישט מיט וואָס צו קויפֿן מצות !
– האָב קיין דאגה נישט. גיי רויִק אַהיים ! ס'וועט זײַן מצות !

„מילא, אַז דער רבי זאָגט אַז ס'וועט זײַן, וועט מסתּמא זײַן..." צוויי וואָכן שפּעטער זעט ער אַז קיין געלט איז נאָך נישטאָ. לויפֿט ער ווידער צום רבין :
– הייליקער רבי, העלפֿט ! אין צוויי וואָכן אַרום איז פּסח, און איך האָב נאָך אַלץ נישט אויף מצות !
– וואָס הייסט ? איך האָב שוין געזאָגט אַז ס'וועט זײַן, וועט זײַן !
דער מלמד דערשרעקט זיך פֿאַרן רבינס כּעס, און גייט אַוועק.

„אַז דער רבי זאָגט ס'וועט זײַן, וועט דאָך אוודאי זײַן..." נאָך אַ וואָך איז פֿאַרבײַ. דאָס ווײַב קלאָגט זיך : ס'איז נישטאָ קיין מצות ! זאָרגט זיך ווײַטער דער מלמד... גייט ער ווידער אַ מאָל צום רבין :
– הייליקער רבי, וואָס זאָל איך טאָן ? ס'איז נישטאָ אויף פּסח קיין מצות !
ווערט דער רבי שטאַרק בייז :
– אַפּיקורס איינער ! גיי אַהיים און לאָז מיך צו רו ! איך האָב געזאָגט אַז ס'וועט זײַן, וועט זײַן !
גייט דער מלמד אַוועק. צוויי טעג פֿאַר פּסח, נישטאָ קיין מצות, נישטאָ קיין געלט אויף מצות, נישטאָ, נישטאָ...
גייט ער און פֿאַרקויפֿט אַ לײַכטער מיט דעם קידוש-בעכער, און קומט צוריק אַהיים מיט מצות.

Chapitre 3	Kapitl 3	קאַפּיטל 3
Rabbis et Rabbins	Rabonim un Rabeim	רבנים און רביים

Dem ershtn tog Peysekh, treft der rebe dem melamed in shul :	דעם ערשטן טאָג פּסח, טרעפֿט דער רבי דעם מלמד אין שול :
— Nu, host matses ?	— נו, האָסט מצות ?
Der melamed dertseylt im di gantse mayse. Taynet der rebe :	דער מלמד דערציילט אים די גאַנצע מעשׂה. טענהט דער רבי :
— Nu vos ? Hob ikh dir nisht gezogt : "s'vet zayn" ?	— נו וואָס ? האָב איך דיר נישט געזאָגט : "ס'וועט זײַן" ?

Un mélamed* très pauvre vient confiant chez le rabbin :
— Rabbi vénéré, au secours !
— Que se passe t-il ?
— Oy Rabbi, c'est catastrophique ! Dans un mois ce sera Pessah*, et je n'ai pas de quoi acheter des matsot* !
— Ne te fais pas de soucis et retourne tranquillement chez toi ! Il y aura des matsot. « Bon, si le rabbin dit qu'il y aura, c'est sans doute qu'il y aura... » Deux semaines plus tard, il constate qu'il n'y a toujours pas l'argent nécessaire. Alors il se précipite à nouveau chez le rabbin :
— Rabbi vénéré, aidez-moi ! Pessah sera là dans deux semaines, et je n'ai toujours pas de quoi acheter des matsot !
— Quoi ? Je t'ai déjà dit qu'il y aura, c'est qu'il y aura !
Devant la colère du rabbin, le mélamed prend peur et s'en va.
« Si le rabbin dit qu'il y aura, c'est sûrement qu'il y aura... »
Passe encore une semaine. Sa femme se lamente de ne pas avoir de matsot ! Il s'inquiète de plus en plus et une fois de plus, il retourne chez le rabbin.
— Rabbi vénéré, qu'est ce que je dois faire ? Je n'ai pas de matsot pour Pessah !
Le rabbin devient rouge de colère :
— Mécréant que tu es ! Retourne chez toi et laisse-moi tranquille. J'ai dit qu'il y aura, il y aura !
Alors, le mélamed s'en va. L'avant-veille de Pessah, toujours pas de matsot ni d'argent pour en acheter, rien, rien de rien ! Alors il part vendre un chandelier et la timbale du kiddouch* et il rapporte des matsot à la maison. Le premier jour de Pessah, le rabbin croise le mélamed à la synagogue :
— Alors, tu as des matsot ?
Le mélamed lui raconte ce qu'il a fait et le rabbin réplique :
— Eh bien, ne t'avais-je pas dit : « Il y aura » ?

Chapitre 3 Kapitl 3 קאַפּיטל 3
Rabbis et Rabbins Rabonim un Rabeim רבנים און רביים

111

צוויי חסידים שמועסן :
— אַ פֿרײַטיק אויף דער נאַכט, האָט דער רבי מײַנער מיטגענומען פֿון שול בײַ זיך אין שטוב, אויף וועטשערע, פֿיר פֿון זײַנע חסידים. די רבצין באַקלאָגט זיך :
„איך האָב נישט מער ווי איין איינציקן פֿיש !“
„ס׳מאַכט נישט אויס, לייג אים אויפֿן טיש“, זאָגט מײַן רבי.
ווען זיי זעצן זיך צום טיש, ליגט אַ פֿיש אין יעדן טעלער !
— פּפֿף ! דער רבי מײַנער האָט אַ מאָל געשפּילט אַ דערדל. איינער האָט געקריגן פֿיר קיניגן, האָט ער אויסגערופֿן :
„איך האָב געוווּנען !“
האָט ער געהאַט אַ טעות... מײַן רבי האָט געהאַט פֿינעף טײַז !
— פֿינעף טײַז, דאָס איז אוממעגלעך !
— טאָ, טרײַב נישט איבער מיט די פֿיש, וועל איך אַראָפּלאָזן פֿון די טײַז !

Tsvey khsidim shmuesn :
– A fraytik oyf der nakht, hot der rebe mayner mitgenumen fun shul bay zikh in shtub, oyf vetshere, fir fun zayne khsidim. Di rebetsn baklogt zikh :
"Ikh hob nisht mer vi eyn eyntsikn fish !"
"S'makht nisht oys, leyg im oyfn tish", zogt mayn rebe.
Ven zey zetsn zikh tsum tish, ligt a fish in yedn teler !
– Pff ! Der rebe mayner hot a mol geshpilt a derdl. Eyner hot gekrign fir kinign, hot er oysgerufn :
"Ikh hob gevunen !"
Hot er gehat a toes... Mayn rebe hot gehat finef tayz !
– Finef tayz, dos iz ummeglekh !
– To, trayb nisht iber mit di fish, vel ikh aroplozn fun di tayz !

Deux hassidim discutent :*
– Un vendredi soir, mon rabbi a invité chez lui pour le dîner quatre de ses hassidim. Sa femme se plaint :
« Mais je n'ai qu'un seul poisson ! »
« Ça ne fait rien, pose-le sur la table ! » dit mon rabbi.
Et quand ils passent à table... il y a un poisson dans chaque assiette.
– Pff ! Une fois, mon rabbi à moi jouait aux cartes. L'un des joueurs avait quatre rois et s'est écrié : « J'ai gagné ! »
Eh non, erreur... Mon rabbi, lui, avait cinq as !
– Cinq as, ça c'est impossible !
– Soit ! Alors n'exagère pas avec tes poissons, et moi je rabattrai sur mes as !

Chapitre 3 | Kapitl 3 | קאַפּיטל 3
Rabbis et Rabbins | Rabonim un Rabeim | רבנים און רביים

ער איז אַ לערער : אין חדר רופֿט מען „רבי“ דעם מלמד, וואָס לערנט די קינדער דעם אַלף-בית[(1)]. ווײַטער לערנט ער מיט זיי אויך חומש און גמרא.
„רבֿ“ הייסט דער וואָס האָט היתּר-הוראה און ווערט אויפֿגענומען פֿון אַ קהילה ווי איר וועגווײַזער אין ייִדישקייט.
אַ רבֿ קען אויך זײַן אַ ראָש-ישיבֿה, באַגלייבט צו פֿאַרענטפֿרן שווערע קשיאות.

[(1)] דאָס ליד פֿון מאַרק וואַרשאַווסקי : אויפֿן פּריפּעטשיק.

Er iz a lerer : in kheder ruft men “rebe” dem melamed vos lernt di kinder dem alef-beys[(1)]. Vayter lernt er mit zey oykh khumesh un gemore.
“Rov” heyst der vos hot heter-hoyroe un vert oyfgenumen fun a kehile vi ir vegvayzer in yidishkeyt. A rov ken oykh zayn a rosh-yeshive, bagleybt tsu farentfern shvere kashes.

[(1)] Dos lid fun Mark Warshavsky : Oyfn pripetshik.

C'est un enseignant : au heder, on appelle « rabbi » le maître qui enseigne la lecture aux enfants[(1)]. Il leur enseigne également le pentateuque* et la guemara*.*
On appelle rov celui qui possède un diplôme rabbinique. Il devient le guide spirituel de la communauté qui l'accueille.*
Il est également apte à diriger l'école rabbinique et il a autorité pour solutionner les questions épineuses.

[(1)] *La chanson de Mark Warshavsky : Oyfn pripetshik = Près de l'âtre.*

112

– Zog mir Moyshele, vos lernstu mitn rebn ?
– Oy tate, der rebe lernt mikh kadesh.
– Vos ? Kadesh **?**
Vert der tate shtark oyfgeregt un er loyft tsum rebn.
– Rebe, vos heyst ? Mayn zun lernt ir kadesh ? Ikh bin dokh nokh a yunger man !
– Makht zikh nisht keyn tsores ! Biz Moyshele vet zikh oyslernen kadesh...

– זאָג מיר משהלע, וואָס לערנסטו מיטן רבין ?
– אוי טאַטע, דער רבי לערנט מיך קדיש.
– וואָס ? קדיש ?
ווערט דער טאַטע שטאַרק אויפֿגערעגט און ער לויפֿט צום רבין.
– רבי, וואָס הייסט ? מײַן זון לערנט איר קדיש ? איך בין דאָך נאָך אַ יונגער מאַן !
– מאַכט זיך נישט קיין צרות ! ביז משהלע וועט זיך אויסלערנען קדיש...

– Dis-moi Moyshele, qu'est-ce que tu apprends avec le rabbin ?*
– Oh papa, j'apprends le kaddish.*

Chapitre 3 | Kapitl 3 | קאַפּיטל 3
Rabbis et Rabbins | Rabonim un Rabeim | רבנים און רביים

– Quoi ? Le kaddish ?
Le père est furieux et court chez le rabbin.
– Rabbi, qu'est-ce que ça veut dire ? A mon fils vous enseignez le kaddish ? Pourtant je suis un homme encore jeune !
– Soyez sans crainte ! Jusqu'à ce que Moyshele sache dire le kaddish...

113

אַ באַרימטער רבֿ פֿלעגט אַרומפֿאָרן אין אַלע שטעטלעך מיט זײַן געטרײַען בעל-גלה.
אויף אַלע שאלות פֿלעגט ער געבן דעם ענטפֿער.
אַ מאָל איז ער זייער מיד, און ער זאָגט דעם בעל-עגלה, וואָס איז שוין אַליין אַ למדן זינט ער איז דערבײַ :
– אין דעם שטעטל ווּ מיר פֿאָרן, קען מיך קיינער נישט. טאָ זײַ אַזוי גוט : דו וועסט זײַן דער רבֿ, און איך וועל דיך פֿירן. בעת די ייִדן וועלן דיר שטעלן שאלות, וועל איך קענען זיך אָפּרוען אַ ביסל !
אַלץ איז אויפֿן בעסטן, ביז אַ ייִד פֿרעגט דעם רבֿ, דעם בעל-עגלה הייסט עס, אַ שווערע קשיא.
זאָגט דער פֿאַלשער רבֿ :
– אוי, דאָס איז אַ פֿראַגע זייער אַ גרינגע, זאָל מײַן בעל-עגלה ענטפֿערן !

A barimter rov flegt arumforn in ale shtetlekh mit zayn getrayen balegole.
Oyf ale shayles flegt er gebn dem entfer.
A mol iz er zeyer mid, un er zogt dem balegole, vos iz shoyn aleyn a lamdn zint er iz derbay :
– In dem shtetl vu mir forn, ken mikh keyner nisht. To zay azoy gut : du vest zayn der rov, un ikh vel dikh firn. Beys di Yidn veln dir shteln shayles, vel ikh kenen zikh opruen a bisl !
Alts iz oyfn bestn, biz a Yid fregt dem rov, dem balegole heyst es, a shvere kashe.
Zogt der falsher rov :
– Oy, dos iz a frage zeyer a gringe, zol mayn balegole entfern !

Un rabbin réputé pour son érudition va de bourgade en bourgade, accompagné de son fidèle cocher. Il répond à toutes les questions rituelles qu'on lui pose. Un jour qu'il est épuisé, il dit à son cocher, lui-même déjà savant à force d'écouter le Maître :
– Dans le village où nous allons, personne ne me connait. Alors si tu veux bien, c'est toi qui seras le rabbin et moi je te conduirai. Pendant que les gens te poseront leurs questions, moi je pourrai me reposer un peu !
Tout est pour le mieux jusqu'au moment où l'on soumet au rabbin, au cocher s'entend, un problème difficile. Alors le faux rabbin de dire :
– Oh ça, c'est une question vraiment très facile, que mon cocher réponde !

Chapitre 3 Kapitl 3 קאַפּיטל 3
Rabbis et Rabbins Rabonim un Rabeim רבנים און רביים

114

A barimter rov halt baym shtarbn. Er ligt un etlekhe talmidim shteyen arum.
Ruft zikh on der yingster :
– Rebe, meg ikh aykh shteln nokh a kashe ? Vos iz dos lebn ?
Der rov entfert mit a shvakher shtime :
– Dos lebn iz a krenitse.
– Vos ? Dos lebn iz a krenitse ? Vundert zikh der yunger talmid.
Un koym-koym zogt aroys der rov :
– Vos ? ... Dos lebn iz nisht keyn krenitse?

אַ באַרימטער רבֿ האַלט בײַם שטאַרבן. ער ליגט און עטלעכע תּלמידים שטייען אַרום.
רופֿט זיך אָן דער ייִנגסטער :
– רבי, מעג איך אײַך שטעלן נאָך אַ קשיא ? וואָס איז דאָס לעבן ?
דער רבֿ ענטפֿערט מיט אַ שוואַכער שטימע :
– דאָס לעבן איז אַ קרעניצע.
– וואָס ? דאָס לעבן איז אַ קרעניצע ? וווּנדערט זיך דער יונגער תּלמיד.
און קוים-קוים זאָגט אַרויס דער רבֿ :
– וואָס ? ... דאָס לעבן איז נישט קיין קרע-ניצע ?

Un grand rabbin est sur le point de mourir. De nombreux élèves sont autour de son lit. Le plus jeune l'interroge :
– Maître, puis-je vous poser encore une question ? Qu'est-ce que la vie ?
Le Maître répond d'une voix affaiblie :
– La vie est une source !
– Comment ? La vie est une source ? S'étonne le jeune étudiant.
Alors le rabbin murmure à grand'peine :
– Quoi ? ... La vie n'est pas une source ?

ער זאָרגט פֿאַר די אָרעמע־לײַט. די צוויי ערשטע מעשׂות זענען אַרויסגעצויגן געוואָרן פֿון די חסידישע דערציילונגען פֿון מאַרטין בובער(§).

Er zorgt far di oreme-layt. Di tsvey ershte mayses zenen aroysgetsoygn gevorn fun di khsidishe dertseylungen fun Martin Buber(§).

Il se préoccupe des pauvres. Les deux premières histoires sont tirées des récits hassidiques de Martin Buber(§).

115

An oreme Yidene, vos farkoyft epl, baklogt zikh baym rebn :
– Rebe, ikh hob nisht oyf shabes !
– Un fun di epl, hostu nisht keyn

אַן אָרעמע ייִדענע, וואָס פֿאַרקויפֿט עפּל, באַקלאָגט זיך בײַם רבין :
– רבי, איך האָב נישט אויף שבת !
– און פֿון די עפּל, האָסטו נישט קיין

Chapitre 3	Kapitl 3	קאַפּיטל 3
Rabbis et Rabbins	Rabonim un Rabeim	רבנים און רביים

parnose ?
— Di mentshn zogn az zey zenen nisht gut, to koyfn zey nisht !
Der rebe geyt mit ir oyfn mark :
— Ver vil geshmake zaftike epl ? Koyft zhe epl oyf shabes !
In a vaylinke vert alts farkoyft !
— Du zest, itst hostu shoyn oyf shabes ! Me darf gebn tsu visn, az di epl zenen gut !

פּרנסה ?
— די מענטשן זאָגן אַז זיי זענען נישט גוט, טאָ קויפֿן זיי נישט !
דער רבי גייט מיט איר אויפֿן מאַרק :
— ווער וויל געשמאַקע זאַפֿטיקע עפּל ? קויפֿט זשע עפּל אויף שבת !
אין אַ ווײַלינקע ווערט אַלץ פֿאַרקויפֿט !
— דו זעסט, איצט האָסטו שוין אויף שבת ! מע דאַרף געבן צו וויסן, אַז די עפּל זענען גוט !

Une femme pauvre, qui vend des pommes, se plaint auprès du rabbin :
— Rabbi, je n'ai pas de quoi préparer le shabbat !
— Tes pommes ne t'apportent donc pas de quoi vivre ?
— Les gens prétendent qu'elles ne sont pas bonnes, alors ils n'achètent pas !
Le rabbin l'accompagne au marché :
— Qui veut de délicieuses pommes juteuses ? Achetez donc des pommes pour shabbat !
En un rien de temps tout est vendu !
— Tu vois, maintenant tu as pour ton shabbat ! Il faut le faire savoir, que tes pommes sont bonnes !

116

A vokh far Peysekh kumt der rebe aheym fun shul.
— Vos zestu mir oys azoy mid ? Fregt di rebetsn.
— Oy ! A gantsn tog hob ikh gezorgt far di oreme-layt, vos hobn nisht oyf Peysekh !
— Nu, vos iz aroys ?
— Oy ! A teyl fun der arbet hob ikh shoyn fartik gemakht : di oreme-layt zenen greyt tsu nemen. Itst muz ikh ibertsaygn di gvirim !

אַ וואָך פֿאַר פּסח קומט דער רבי אַהיים פֿון שול.
— וואָס זעסטו מיר אויס אַזוי מיד ? פֿרעגט די רביצין.
— אוי ! אַ גאַנצן טאָג האָב איך געזאָרגט פֿאַר די אָרעמע-לײַט, וואָס האָבן נישט אויף פּסח !
— נו, וואָס איז אַרויס ?
— אוי ! אַ טייל פֿון דער אַרבעט האָב איך שוין פֿאַרטיק געמאַכט : די אָרעמע-לײַט זענען גרייט צו נעמען. איצט מוז איך איבערצײַגן די גבֿירים !

Dans la semaine qui précède Pessah, le rabbin rentre de la synagogue.
— Tu m'as l'air bien fatigué, dit sa femme, que se passe-t'il ?

Chapitre 3 Kapitl 3 קאַפּיטל 3
Rabbis et Rabbins Rabonim un Rabeim רבנים און רביים

– Oy ! Toute la journée, je me suis fait du souci pour les pauvres qui n'ont pas de quoi célébrer Pessah !
– Et alors ?
– J'ai mené à bien une partie du travail : les pauvres sont prêts à recevoir. Il me reste à convaincre les riches !

117

A rebe kumt tsu zeyer a kargn gevir. Keyn mol git er nisht keyn nedove. Es iz a frost in droysn, un der gevir zogt :
– Kumt arayn Rebe, in shtub iz varem !
Vi oyf tsu lehakhes, lozt der rebe di tir ofn. Der gevir tsitert far kelt :
– Rebe, makht tsu di tir !
– Ikh bin gekumen aykh betn gelt oyf holts far di oreme-layt. Oyb ikh vel farmakhn di tir, vet ir nisht farshteyn vi biter zey laydn, in aza frost !

אַ רבי קומט צו זייער אַ קאַרגן גבֿיר. קיין מאָל גיט ער נישט קיין נדבֿה. עס איז אַ פֿראָסט אין דרויסן, און דער גבֿיר זאָגט :
– קומט אַרייַן רבי, אין שטוב איז וואַרעם !
ווי אויף צו להכעיס, לאָזט דער רבי די טיר אָפֿן. דער גבֿיר ציטערט פֿאַר קעלט :
– רבי, מאַכט צו די טיר !
– איך בין געקומען אייַך בעטן געלט אויף האָלץ פֿאַר די אָרעמע-לייַט. אויב איך וועל פֿאַרמאַכן די טיר, וועט איר נישט פֿאַרשטיין ווי ביטער זיי לייַדן, אין אַזאַ פֿראָסט !

Un rabbin va chez un homme riche mais très avare, qui ne fait jamais de don. Il fait un froid de canard dehors, et le nanti invite :
– Entrez Rabbi, à la maison il fait chaud !
Intentionnellement, le rabbin laisse la porte ouverte. Le riche frissonne de froid :
– Rabbi, fermez donc la porte !
– Je suis venu vous demander de l'argent pour acheter du bois pour les pauvres. Si je ferme la porte, vous ne pourrez pas imaginer ce qu'ils endurent par ce froid !

118

Etlekhe Yidn shpiln kortn, un a rebe kumt tsu zey zamlen gelt far di oreme-layt. Eyner fun di shpilers, a zhlob, git a zog dem rebn :
– Geyt, brekht hent un fis !
Entfert der rebe :
– Dos iz far mir. Un far di oreme-layt,

עטלעכע ייִדן שפּילן קאָרטן, און אַ רבי קומט צו זיי זאַמלען געלט פֿאַר די אָרעמע-לייַט. איינער פֿון די שפּילערס, אַ זשלאָב, גיט אַ זאָג דעם רבין :
– גייט, ברעכט הענט און פֿיס !
ענטפֿערט דער רבי :
– דאָס איז פֿאַר מיר. און פֿאַר די אָרעמע-

Chapitre 3 | Kapitl 3 | קאַפּיטל 3
Rabbis et Rabbins | Rabonim un Rabeim | רבנים און רביים

vos git ir ?

לײַט, וואָס גיט איר ?

Des Juifs jouent aux cartes, et un rabbin vient à leur table quêter pour les pauvres. Un joueur mal dégrossi lui lance :
– Allez au diable !
Le rabbin rétorque :
– Ça, c'est pour moi. Et pour les pauvres, qu'est ce que vous donnez ?

ער איז אַן עצה-געבער, אַ יועץ. צום מײנסטן, זענען זײַנע רייד האַרציקע רייד.

Er iz an eytse-geber, a yoyets. Tsum meynstn, zenen zayne reyd hartsike reyd.

C'est un conseiller ; il prodigue avis et conseils. La plupart du temps, ses paroles sont bienveillantes.

119

– Oy Rebe, hob ikh a pekl tsores !
Un yeder eyner baklogt zikh az zayn pekl iz dos shverste. Der rebe vert shoyn mid tsu hern keseyder di zelbe mayse. Heyst er zey zoln ale brengen di peklekh un yeder vet oysklaybn a gringers ! Tsum sof... nemt yeder tsurik zayns !

– אוי רבי, האָב איך אַ פּעקל צרות !
און יעדער איינער באַקלאָגט זיך אַז זײַן פּעקל איז דאָס שווערסטע. דער רבי ווערט שוין מיד צו הערן כּסדר די זעלבע מעשׂה. הייסט ער זיי זאָלן אַלע ברענגען די פּעקלעך און יעדער וועט אויסקלײַבן אַ גרינגערס !
צום סוף... נעמט יעדער צוריק זײַנס !

– Oy Rabbi, j'ai une montagne de soucis !
Et chacun de se plaindre que son paquet de tracas est le pire de tous. Le rabbin est fatigué d'entendre toujours la même rengaine. Alors il demande que tous apportent leurs paquets, et chacun s'en choisira un meilleur !
En fin de compte... chacun repart avec son propre lot !

120

In shtetl zet men vos a vokh klorer az di zibetsn-yerike Rokhl shvangert. Der tate halt in eyn fregn :
– Rokhl, ver iz der tate, ver iz shuldik

אין שטעטל זעט מען וואָס אַ וואָך קלאָרער אַז די זיבעצן-יעריקע רחל שוואַנגערט. דער טאַטע האַלט אין איין פֿרעגן :
– רחל, ווער איז דער טאַטע, ווער איז שול-

Chapitre 3 Kapitl 3 קאַפּיטל 3
Rabbis et Rabbins Rabonim un Rabeim רבנים און רביים

derin ?
Zi blayt shtum, biz zi lozt aroys :
– Der rebe iz shuldik !
– Vos ? Der rebe ? Ummeglekh !
Er khapt Rokhlen far der hant un loyft mit ir tsum rebn. Der rebe hert oys di gantse mayse un vert shtark in kas :
– Vi azoy kenstu azoyns zogn ?
– Yo, ir zent shuldik ! Dermont zikh, Rebe : mit tsvey yor tsurik iz mayn shvester Reyzl gekumen tsu aykh, vayl zi hot nisht gekent hobn keyn kinder. Ir hot ir gegebn a fleshele Yardn-vaser, un zi hot gehat a kind. Nu, hob ikh oykh getrunken fun fleshele...
Az er hot dos gehert, hot zikh der rebe baruikt. Un mit a linder shtime :
– Ober Rokhele, tsu hobn a kind, iz oykh neytik... a man !
– Nu Rebe, s'felt mener in shtetl ?

דיק דערין ?
זי בלײַבט שטום, ביז זי לאָזט אַרויס :
– דער רבי איז שולדיק !
– וואָס ? דער רבי ? אוממעגלעך !
ער כאַפּט רחלען פֿאַר דער האַנט און לויפֿט מיט איר צום רבין. דער רבי הערט אויס די גאַנצע מעשׂה און ווערט שטאַרק אין כּעס :
– ווי אַזוי קענסטו אַזוינס זאָגן ?
– יאָ, איר זענט שולדיק ! דערמאָנט זיך, רבי : מיט צוויי יאָר צוריק איז מײַן שוועסטער רייזל געקומען צו אײַך, ווײַל זי האָט נישט געקענט האָבן קיין קינדער. איר האָט איר געגעבן אַ פֿלעשעלע ירדן-וואַסער, און זי האָט געהאַט אַ קינד. נו, האָב איך אויך געטרונקען פֿון פֿלעשעלע...
אַז ער האָט דאָס געהערט, האָט זיך דער רבי באַרויִקט. און מיט אַ לינדער שטימע :
– אָבער רחעלע, צו האָבן אַ קינד, איז אויך נייטיק... אַ מאַן !
– נו רבי, ס'פֿעלט מענער אין שטעטל ?

Dans le village, chacun peut voir que le ventre de Rachel, 17ans, s'arrondit de semaine en semaine. Son père ne cesse de lui demander :
– Rachel, qui est le père, qui est responsable ?
Elle reste muette, jusqu'au jour où elle laisse échapper :
– C'est le rabbin qui est responsable !
– Quoi ? Le rabbin ? Impossible !
Il attrape Rachel par la main et se rend avec elle chez le rabbin. Celui-ci écoute et furieux, il rétorque :
– Comment peux-tu dire une chose pareille ?
– Oui, c'est de votre faute ! Rappelez-vous, Rabbi : il y a deux ans, ma sœur Rosa est venue vous voir parce qu'elle ne pouvait pas avoir d'enfant. Vous lui avez donné un flacon d'eau du Jourdain, et elle a eu un enfant. Eh bien moi aussi, j'ai bu de l'eau du flacon...
A ces mots, le rabbin se calme et dit d'une voix douce :
– Mais, ma petite Rachel, pour avoir un enfant, il faut aussi... un homme !
– Et alors Rabbi, il manque des hommes dans le village ?

Chapitre 3 | Kapitl 3 | קאַפּיטל 3
Rabbis et Rabbins | Rabonim un Rabeim | רבנים און רביים

121

– Rebe, ikh bet aykh, git mir an eytse ! Ikh hob shoyn tsen kinder, ikh bin an oremer Yid, un es kumt mir on azoy shver dos lebn ! Vos zol ikh ton, nisht tsu hobn mer keyn kinder ?
– Du muzst gornisht ton. Du herst ? Gornisht !

– רבי, איך בעט אײַך, גיט מיר אַן עצה ! איך האָב שוין צען קינדער, איך בין אַן אָרעמער ייִד, און עס קומט מיר אָן אַזוי שווער דאָס לעבן ! וואָס זאָל איך טאָן, נישט צו האָבן מער קיין קינדער ?
– דו מוזסט גאָרנישט טאָן. דו הערסט ? גאָרנישט !

A tsveyter nusekh :
– Rebe, ikh bet aykh, git mir an eytse ! Ikh hob shoyn tsen kinder, ikh bin an oremer Yid, un es kumt mir on azoy shver dos lebn ! Efsher iz do an oysveg, nisht tsu hobn mer keyn kinder ?
– Yo, es iz take do an oysveg : poshet a glezele shnaps.
– Emes Rebe ? Un dos glezele, darf men es trinken frier tsi nakher ?

אַ צווייטער נוסח :
– רבי, איך בעט אײַך, גיט מיר אַן עצה ! איך האב שוין צען קינדער, איך בין אַן אָרעמער ייִד, און עס קומט מיר אָן אַזוי שווער דאָס לעבן ! אפֿשר איז דאָ אַן אויסוועג, נישט צו האָבן מער קיין קינדער ?
– יאָ, עס איז טאַקע דאָ אַן אויסוועג : פּשוט אַ גלעזעלע שנאַפּס.
– אמת רבי ? און דאָס גלעזעלע, דאַרף מען עס טרינקען פֿריִער צי נאָכער ?

– Rabbi, je vous en prie, donnez-moi un conseil ! J'ai déjà dix enfants, je suis pauvre et la vie est si difficile ! Que faire pour ne plus avoir d'enfant ?
– Tu ne dois rien faire. Tu entends ? Rien du tout !

Variante :
– Rabbi, je vous en prie, donnez-moi un conseil ! J'ai déjà dix enfants, je suis pauvre et la vie est si difficile ! Peut-être y a-t'il un moyen pour ne plus avoir d'enfant ?
– Oui justement, il y a un moyen : tout simplement un petit verre de shnaps.*
– Vraiment Rabbi ? Et ce petit verre, il faut le boire avant ou bien après ?

122

In a shtetl fregt an oremer Yid :
– Rebe, mayne kinder zaynen avek in Amerike, un zey hitn nisht mer keyn mitsves : zey praven nisht mer keyn yontoyvim, zey esn treyfe un shabes

אין אַ שטעטל פֿרעגט אַן אָרעמער ייִד :
– רבי, מײַנע קינדער זײַנען אַוועק אין אַמעריקע, און זיי היטן נישט מער קיין מיצוות : זיי פּראַווען נישט מער קיין יום-טובֿים, זיי עסן טרייפֿע און שבת אַרבעטן

Chapitre 3 — Kapitl 3 — קאַפּיטל 3
Rabbis et Rabbins — Rabonim un Rabeim — רבנים און רביים

arbetn zey... Ober zey shikn mir gelt vayl dos lebn iz mir shver. Meg ikh banitsn dos gelt ?
– Avade ! Opgebn koved tate-mame, iz fun di same ershte mitsves. Un di dozike mitsve hitn zey yo op, borekhashem !

זיי... אָבער זיי שיקן מיר געלט ווײַל דאָס לעבן איז מיר שווער. מעג איך באַניצן דאָס געלט ?
– אוודאי ! אָפּגעבן כּבֿוד טאַטע-מאַמע איז פֿון די סאַמע ערשטע מיצוות. און די דאָזיקע מיצווה היטן זיי יאָ אָפּ, ברוך-השם.

Dans un shtetl un Juif nécessiteux se renseigne :
– Rabbi, mes enfants sont partis en Amérique et ils n'observent plus les commandements : ils ne célèbrent plus les fêtes juives, ils ne mangent pas casher et le shabbat, ils travaillent...
Mais ils m'envoient de l'argent car j'ai du mal à m'en sortir. M'est-il permis d'utiliser cet argent ?
– Bien sûr ! Honorer les parents est un commandement essentiel. Et ce commandement-là, tes enfants le respectent, Dieu soit loué !

<u>*123*</u>

Moyshe un Yankl hobn beshutfes gekoyft tsvey kvorim, un yeder vil bakumen dos beste ort. Geyen zey tsum rebn un der rebe pasknt :
– Der vos vet shtarbn der ershter, der vet krign dos beste ort !
Oys diskusyie...

משה און יאַנקל האָבן בשותּפֿות געקויפֿט צוויי קבֿרים, און יעדער וויל באַקומען דאָס בעסטע אָרט. גייען זיי צום רבין און דער רבי פּסקנט :
– דער וואָס וועט שטאַרבן דער ערשטער, דער וועט קריגן דאָס בעסטע אָרט !
אויס דיסקוסיע...

Moyshe et Yankl se sont associés pour acheter deux caveaux, et chacun d'eux veut le meilleur emplacement.
Ils se rendent donc chez le rabbin, qui tranche :
– Le premier qui mourra aura le meilleur emplacement !
Discussion close...

<u>*124*</u>

In a yeshive shpet banakht. S'iz finster. Bay a langn tish baleygt mit sforim, zitst der rebe, an alter Yid mit a vayser bord. Er shoklt zikh un shoklt zikh.

אין אַ ישיבֿה שפּעט באַנאַכט. ס'איז פֿינס-טער. בײַ אַ לאַנגן טיש באַלייגט מיט ספֿרים, זיצט דער רבי, אַן אַלטער ייִד מיט אַ ווײַסער באָרד. ער שאָקלט זיך און שאָקלט זיך.

Chapitre 3 | Kapitl 3 | קאַפּיטל 3
Rabbis et Rabbins | Rabonim un Rabeim | רבנים און רביים

Kumt arayn a yunger man, mit shvartse bord un peyes, mit a shvarts hitl un a shvartser kapote. Er fregt mit derekh-erets :
– Rebe, vi lang muz men vartn tsu hobn a kind ?
– Nayn khadoshim, Moyshe.
– Aha…
Rebe, mayn vayb hot gehat a kind dray khadoshim nokh der khasene !
– Se vayzt oys, Moyshe, az du darfst nokh a sakh lernen… Zog mir, mit dayn vayb, voynstu shoyn dray khadoshim ?
– Yo Rebe.
– Un zi, zi voynt mit dir shoyn dray khadoshim ?
– Yo Rebe.
– Tsuzamen, voynt ir shoyn dray khadoshim ?
– Yo Rebe.
– Nu Moyshe, zog aleyn : dray khadoshim, mit dray un nokh dray, vifl makht es oys tsuzamen ?
– Oy, take nayn khadoshim, Rebe !
– Nu, far vos kumstu tsu mir mit aza posheter frage !

קומט אַרײַן אַ יונגער מאַן, מיט שוואַרצע באָרד און פּאות, מיט אַ שוואַרץ היטל און אַ שוואַרצער קאַפּאָטע. ער פֿרעגט מיט דרך־ארץ :
– רבי, ווי לאַנג מוז מען וואַרטן צו האָבן אַ קינד ?
– נײַן חדשים, משה.
– אַהאַ...
רבי, מײַן ווײַב האָט געהאַט אַ קינד דרײַ חדשים נאָך דער חתונה !
– סע ווײַזט אויס, משה, אַז דו דאַרפֿסט נאָך אַ סך לערנען... זאָג מיר, מיט דײַן ווײַב, וווינסטו שוין דרײַ חדשים ?
– יאָ רבי.
– און זי, זי וווינט מיט דיר שוין דרײַ חדשים ?
– יאָ רבי.
– צוזאַמען, וווינט איר שוין דרײַ חדשים ?
– יאָ רבי.
– נו משה, זאָג אַליין : דרײַ חדשים, מיט דרײַ און נאָך דרײַ, וויפֿל מאַכט עס אויס צוזאַמען ?
אוי, טאַקע נײַן חדשים, רבי !
– נו, פֿאַר וואָס קומסטו צו מיר מיט אַזאַ פּשוטער פֿראַגע !

Dans une yeshiva, une salle d'études, tard le soir. Il fait sombre. Devant la table surchargée de livres saints, est assis le rabbin, un vieil homme à la barbe blanche. Et il se balance d'avant en arrière et d'arrière en avant.*
Arrive un jeune homme, à la barbe noire, avec des papillotes noires, un chapeau noir et une redingote noire.
Il s'adresse au rabbin avec déférence.
– Rabbi, combien de temps faut-il pour avoir un enfant ?
– Neuf mois, Moyshe.
– Aha… Rabbi, ma femme a eu un enfant trois mois après notre mariage !
– Je vois, Moyshe, que tu as encore beaucoup à apprendre…
Dis-moi, tu vis avec ta femme depuis trois mois ?
– Oui Rabbi.

Chapitre 3 — Kapitl 3 — קאַפּיטל 3
Rabbis et Rabbins — Rabonim un Rabeim — רבנים און רביים

– Et elle, elle vit avec toi depuis trois mois ?
– Oui Rabbi.
– Vous vivez donc ensemble depuis trois mois ?
– Oui Rabbi.
– Alors, Moyshe, compte toi-même : trois mois plus trois et encore trois, cela fait combien ?
– Oh, juste neuf mois, Rabbi !
– Alors, pourquoi viens-tu me poser une question aussi simpliste !

ער האָט שׂכל און חכמה, די חכמה פֿון אַ פֿילאָזאָף.

Er hot seykhl un khokhme, di khokhme fun a filozof.

C'est un sage, il a la sagesse d'un philosophe.

<u>*125*</u>

אַ גבֿיר, זייער אַ רײַכער נאָר זייער אַ קאַרגער, וויל נישט וויסן פֿון געבן אַ נדבֿה און פֿון טאָן צדקה. דער רבי פֿירט אים צו צום פֿענסטער :
– וואָס זעסטו ?
– איך זע ווי מענטשן גייען אויף דער גאַס !
דערנאָך פֿירט אים דער רבי צו צו אַ שפּיגל.
– און איצט, וואָס זעסטו ?
– איך זע זיך אַליין !
– נו, קלער אַליין אַרײַן : בלויז אַ ביסעלע זילבער אויף אַ שויב, און מע זעט שוין נישט יענעם, מע זעט נאָר זיך אַליין !

A gevir, zeyer a raykher nor zeyer a karger, vil nisht visn fun gebn a nedove un fun ton tsdoke. Der rebe firt im tsu tsum fenster :
– Vos zestu ?
– Ikh ze vi mentshn geyen oyf der gas !
Dernokh firt im der rebe tsu tsu a shpigl.
– Un itst, vos zestu ?
– Ikh ze zikh aleyn !
– Nu, kler aleyn arayn : bloyz a bisele zilber oyf a shoyb, un me zet shoyn nisht yenem, me zet nor zikh aleyn !

Un homme très riche mais très avare, ne veut entendre parler ni de dons, ni de charité. Le rabbin le conduit à la fenêtre :
– Que vois-tu ?
– Je vois des gens qui marchent dans la rue !
Le rabbin le conduit alors devant un miroir :
– Et maintenant, que vois-tu ?
– Je me vois moi-même !

Chapitre 3	Kapitl 3	קאַפּיטל 3
Rabbis et Rabbins	Rabonim un Rabeim	רבנים און רביים

— *Réfléchis donc toi-même : juste un peu d'argent derrière une vitre, et l'on ne voit plus les autres, on ne voit que soi-même !*

126

A gevir farbet dem rebn tsum tish oyf a yontef.
— Mit fargenign, entfert der rebe. Ober di vetshere zol zikh nisht tsien mer vi tsvey sho.
Der balebos heyst di kekhn zi zol zen optsuhitn vos der rebe hot gebetn.
Nokhn esn, fregt der balebos far vos hot gemuzt di vetshere zayn azoy gikh. Demolt farlangt der rebe tsu redn mit der kekhn :
— Zay mir moykhl az ikh hob dikh geyogt mit der vetshere.
— Farkert Rebe ! Geveyntlekh, kum ikh shpet aheym. Nor haynt, a dank aykh, vel ikh kenen farbrengen dem yontef mit di kinder.
Dreyt zikh oys der rebe tsum balebos :
— Nu, itst farshteystu ? Az du ladst ayn, darf es nisht zayn oyf yenems khezhbm!

אַ גביר פֿאַרבעט דעם רבין צום טיש אױף אַ יום-טובֿ.
— מיט פֿאַרגעניגן, ענטפֿערט דער רבי. אָבער די וועטשערע זאָל זיך נישט ציִען מער ווי צוויי שעה.
דער בעל-הבית הייסט די קעכין זי זאָל זען אָפּצוהיטן וואָס דער רבי האָט געבעטן.
נאָכן עסן, פֿרעגט דער בעל-הבית פֿאַר וואָס האָט געמוזט די וועטשערע זײַן אַזוי גיך.
דעמאָלט פֿאַרלאַנגט דער רבי צו רעדן מיט דער קעכין :
— זײַ מיר מוחל אַז איך האָב דיך געיאָגט מיט דער וועטשערע.
— פֿאַרקערט רבי ! געוויינטלעך קום איך שפּעט אַהיים. נאָר היינט, אַ דאַנק אײַך, וועל איך קענען פֿאַרברענגען דעם יום-טובֿ מיט די קינדער.
דרייט זיך אויס דער רבי צום בעל-הבית :
— נו, איצט פֿאַרשטייסטו ? אַז דו לאַדסט אײַן, דאַרף עס נישט זײַן אויף יענעמס חשבון !

Un riche notable invite le rabbin à sa table à l'occasion d'une fête.
— Avec plaisir, répond le rabbin. Mais le dîner ne devra pas excéder deux heures.
Le maître de maison demande à la cuisinière de veiller à respecter le désir du rabbin. A la fin du repas, le maître de maison demande pourquoi le repas devait-il être si rapide. Alors le rabbin fait venir la cuisinière :
— Pardonne-moi de t'avoir bousculée en accélérant le repas.
— Au contraire Rabbi ! Habituellement, je rentre tard chez moi. Mais grâce à vous, je pourrai aujourd'hui être présente à la fête avec mes enfants !
Le rabbin se tourne alors vers son hôte :
— Tu comprends maintenant ? Inviter ne doit pas se faire au détriment d'autrui !

127

A rebe iz geven barimt dermit, az er redt keyn mol nisht keyn loshn-hore. Fun a ligner, flegt er zogn :

– Er hot an oysergeveyntlekhn zikorn ! Es zenen faran mentshn vos gedenken dos vos iz geshen mit a sakh yorn tsurik. Nor er gedenkt afile dos, vos iz keyn mol nisht geshen !

אַ רבי איז געווען באַרימט דערמיט, אַז ער רעדט קיין מאָל נישט קיין לשון-הרע. פֿון אַ ליגנער, פֿלעגט ער זאָגן :

– ער האָט אַן אויסערגעוויינטלעכן זכּרון ! עס זענען פֿאַראַן מענטשן וואָס געדענקען דאָס וואָס איז געשען מיט אַ סך יאָרן צוריק. נאָר ער געדענקט אפֿילו דאָס, וואָס איז קיין מאָל נישט געשען :

Un rabbin était réputé ne jamais dire du mal de personne. A propos d'un menteur, il disait :

Il a une mémoire exceptionnelle ! Il y a des gens qui se souviennent de ce qui s'est passé il y a des dizaines d'années. Mais lui, il se souvient même de ce qui n'a jamais existé !

128

Der rebe muz forn keyn Kiev. Der balegole vornt im :

– S'iz a shverer veg biz Kiev, un mayn ferd iz alt un mid. S'vet lang gedoyern biz mir veln onkumen !

Ober der rebe hot nisht keyn breyre, er muz forn. Lozn zey zikh in veg.

Nokh a fertl sho, zogt der balegole :

– Rebe, far mayn ferd iz dos bergl tsu shver. Ir muzt aropgeyn fun vogn.

Tsen minut shpeter :

– Itst iz nokh shverer, muzn mir beyde aroyfkrikhn tsu fus.

Un azoy vayter...Tsum sof, kumen zey on in Kiev un der rebe zogt :

– Dem grestn teyl fun veg bin ikh gegangen tsu fus. Far vos hob ikh gedarft a ferd-un-vogn ? Far dir meyle, iz es dayn parnose.

Ober dos ferd ?

דער רבי מוז פֿאָרן קיין קיִעוו. דער בעל-עגלה וואָרנט אים :

– ס'איז אַ שווערער וועג ביז קיִעוו, און מײַן פֿערד איז אַלט און מיד, ס'וועט לאַנג געדויערן ביז מיר וועלן אָנקומען !

אָבער דער רבי האָט נישט קיין ברירה, ער מוז פֿאָרן. לאָזן זיי זיך אין וועג.

נאָך אַ פֿערטל שעה, זאָגט דער בעל-עגלה :

– רבי, פֿאַר מײַן פֿערד איז דאָס בערגל צו שווער. איר מוזט אַראָפּגיין פֿון וואָגן.

צען מינוט שפּעטער :

– איצט איז נאָך שווערער, מוזן מיר בײדע אַרויפֿקריכן צו פֿוס.

און אַזוי ווײַטער... צום סוף, קומען זיי אָן אין קיִעוו און דער רבי זאָגט :

– דעם גרעסטן טייל פֿון וועג בין איך געגאַנגען צו פֿוס. פֿאַר וואָס האָב איך געדאַרפֿט אַ פֿערד-און-וואָגן ? פֿאַר דיר מילא, איז עס דײַן פּרנסה.

אָבער דאָס פֿערד ?

Chapitre 3 Kapitl 3 קאַפּיטל 3
Rabbis et Rabbins Rabonim un Rabeim רבנים און רביים

Le rabbin doit se rendre à Kiev. Le cocher le prévient :
– La route est dure jusqu'à Kiev, et mon cheval est vieux et fatigué. Ce sera long ! Mais le rabbin n'a pas le choix et ils se mettent en route.
Au bout d'un quart d'heure, le cocher dit :
– Rabbi, pour mon cheval cette petite côte est trop dure, il vous faut descendre. Dix minutes plus tard :
– Maintenant c'est encore plus ardu, il nous faut grimper la côte à pied tous les deux.
Et ainsi de suite... Ils finissent par arriver à Kiev et le rabbin dit :
– La plus grande partie du trajet, je l'ai faite à pied. A quoi bon une voiture à cheval ? Toi, c'est ton gagne-pain. Mais pourquoi le cheval ?

129

Tsu Yoseles bar-mitsve hobn di eltern ayngeladn a sakh gest.
Ven zey zenen ale avek, bamerkt di mame az se felt a zilbern lefele. Ver hot es gekent tsunemen ? Eyner fun der mishpokhe ? A fraynd ? Di dinst ? A kashe oyf a mayse...
A por yor shpeter, hot Yosele khasene. Tsu der khupe kumt der zelber rebe.
Az der khosn efnt dos tales-zekl, falt aroys dos lefele... Badoyert der rebe :
– Layder ! Ikh hob farshtanen az dos lefele vet blaybn in zekele biz haynt...

צו יאָסעלעס בר-מיצווה האָבן די עלטערן אײַנגעלאַדן אַ סך געסט.
ווען זיי זענען אַלע אַוועק, באַמערקט די מאַמע אַז סע פֿעלט אַ זילבערן לעפֿעלע. ווער האָט עס געקענט צונעמען ? איינער פֿון דער משפּחה ? אַ פֿרײַנד ? די דינסט ? אַ קשיא אויף אַ מעשׂה...
אַ פּאָר יאָר שפּעטער, האָט יאָסעלע חתונה. צו דער חופּה קומט דער זעלבער רבי.
אַז דער חתן עפֿנט דאָס טלית-זעקל, פֿאַלט אַרויס דאָס לעפֿעלע... באַדויערט דער רבי :
– לײַדער ! איך האָב פֿאַרשטאַנען אַז דאָס לעפֿעלע וועט בלײַבן אין זעקעלע ביז הײַנט...

Pour la bar-mitsva de Yosele, les parents ont invité beaucoup de monde.
Quand tous les invités sont partis, la mère constate qu'il manque une petite cuillère en argent. Qui a bien pu la prendre ? Quelqu'un de la famille ? Un ami ? La bonne ? Qui sait...
Quelques années plus tard, au mariage de Yosele le même rabbin officie. Lorsque le fiancé ouvre l'étui de son châle de prière, la petite cuillère en tombe... Alors le rabbin dit avec regret :
– Hélas, je me doutais bien que la petite cuillère resterait dans l'étui jusqu'aujourd'hui...

Chapitre 3 | Kapitl 3 | קאַפּיטל 3
Rabbis et Rabbins | Rabonim un Rabeim | רבנים און רביים

130

A yunger rebe volt gevolt firn a kehile in a groyser shtot. Kumt er tsum rov-haroshi, vos fregt im :
– Ver bistu ?
– Ikh bin dos eynikl fun rebn reb Yosl Lentshner.
– Ikh freg nisht ver iz dayn zeyde, nor ver du aleyn bist !

אַ יונגער רבי וואָלט געוואָלט פֿירן אַ קהילה אין אַ גרויסער שטאָט. קומט ער צום רבֿ-הראָשי, וואָס פֿרעגט אים :
– ווער ביסטו ?
– איך בין דאָס אייניקל פֿון רבין ר׳יאָסל לענטשנער.
– איך פֿרעג נישט ווער איז דײַן זיידע, נאָר ווער דו אַליין ביסט !

Un jeune rabbin souhaite travailler dans une grande ville. Il va trouver le Grand Rabbin qui lui demande :
– Qui es-tu ?
– Je suis le petit-fils du rabbin Yosl Lentshner.
– Je ne te demande pas qui est ton grand-père, mais qui toi-même tu es !

ער איז אַ דיין, אַ שופֿט. זײַן פּסק איז נייטיק אין אַלערלײַ אומשטאַנדן : בײַ אַ גט, צו פּסקענען מיט ערלעכקייט אַ לאָדעניש אאַז״וו.

Er iz a dayen, a shoyfet. Zayn psak iz neytik in alerlay umshtandn : bay a get, tsu paskenen mit erlekhkeyt a lodenish u.az.v.

C'est un arbitre, un juge. On fait appel à son verdict en diverses circonstances : en cas de divorce, pour trancher honnêtement un litige etc.

131

A Yid vil zikh getn. Nemt er mit dos vayb tsum rebn.
Er rekhnt oys ale khesroynes ire :
– Zi ken nit kokhn, zi ken nisht ramen, zi ken nisht presn : tsvey linke hent hot zi ! Un in bet, fregt shoyn gornisht... a shtikl ayz !
– Du bist gerekht, zogt aroys der rebe.
Nokh dem, rekhnt oys dos vayb ale taynes ire, take rikhtike un vikhtike taynes.

אַ ייִד וויל זיך גטן. נעמט ער מיט דאָס ווײַב צום רבין.
ער רעכנט אויס אַלע חסרונות אירע :
– זי קען נישט קאָכן, זי קען נישט ראַמען, זי קען נישט פּרעסן : צוויי לינקע הענט האָט זי ! און אין בעט, פֿרעגט שוין גאָרנישט... אַ שטיקל אײַז !
– דו ביסט גערעכט, זאָגט אַרויס דער רבי.
נאָך דעם, רעכנט אויס דאָס ווײַב אַלע טענות אירע, טאַקע ריכטיקע און וויכטיקע טענות !

Chapitre 3
Rabbis et Rabbins
Kapitl 3
Rabonim un Rabeim
קאַפּיטל 3
רבנים און רביים

– Du bist gerekht, zogt aroys der rebe.
Ven zey zenen aroys, vundert zikh di rebetsn :
– Ikh ken nisht farshteyn : er iz gerekht un zi iz gerekht ? Vos heyst ?
– Veyst vos, Feygele ? Du bist oykh gerekht !

– דו ביסט גערעכט, זאָגט אַרויס דער רבי.
ווען זיי זענען אַרויס, וווּנדערט זיך די רביצין :
– איך קען נישט פֿאַרשטיין : ער איז גע-רעכט און זי איז גערעכט ? וואָס הייסט ?
– ווייסט וואָס, פֿייגעלע ? דו ביסט אויך גערעכט !

Un Juif veut divorcer. Pour obtenir le « get » il se rend avec sa femme chez le rabbin.*
Il énumère tous ses défauts :
– Elle ne sait pas faire la cuisine, elle ne sait pas faire le ménage, elle ne sait pas repasser : c'est deux mains gauches qu'elle a ! Et au lit, n'en parlons pas... un vrai glaçon !
– Tu as raison, déclare le rabbin.
A son tour, la femme énumère tous ses griefs, qui sont effectivement réels et importants.
– Tu as raison, déclare le rabbin.
Quand ils sont sortis, la femme du rabbin s'étonne :
– Je ne comprends pas : lui, il a raison et elle, elle a raison ? Qu'est-ce que ça veut dire ?
– Tu sais quoi, ma petite Fanny ? Toi aussi, tu as raison !

132

An oreman gefint a baytl oyf der gas mit nayntsik rubl ineveynik. Bay dem kremer hot er gezen a tsetl vu es iz geven geshribn :

MAYN NOMEN IZ... DO VOYN IKH...
DER VOS GEFINT MAYN BAYTL UN BRENGT ES MIR TSURIK, DER VET KRIGN TSEN RUBL

Der oreman loyft bald tsum balebos un git im dos baytl.
– A dank. Nor ikh ze az ir hot shoyn genumen di tsen rubl.
– Ikh ? Zikher nisht !

אַן אָרעמאַן געפֿינט אַ בײַטל אויף דער גאַס מיט נײַנציק רובל אינעווייניק. בײַ דעם קרעמער האָט ער געזען אַ צעטל וווּ עס איז געווען געשריבן :

מײַן נאָמען איז... דאָ וווין איך ...
דער וואָס געפֿינט מײַן בײַטל און ברענגט עס מיר צוריק, דער וועט קריגן צען רובל

דער אָרעמאַן לויפֿט באַלד צום בעל-הבית און גיט אים דאָס בײַטל.
– אַ דאַנק. נאָר איך זע אַז איר האָט שוין גענומען די צען רובל.
– איך ? זיכער נישט !

Chapitre 3 Kapitl 3 קאַפּיטל 3
Rabbis et Rabbins Rabonim un Rabeim רבנים און רביים

– Ikh veys az in baytl zenen gelign hundert rubl !
Geyen zey tsum rebn un dertseyln im di gantse mayse. Nemt der rebe dos baytl un git es dem oreman.
– Rebe, vos tut ir ? Shrayt der gevir.
Entfert der rebe mit a shmeykhl :
– In ayer baytl, hot ir gezogt, zenen gelign hundert rubl. To, vart biz me vet aykh brengen dos baytl mit hundert rubl !

– איך ווייס אַז אין בײַטל זענען געליגן הונדערט רובל !
גייען זיי צום רבין און דערציילן אים די גאַנצע מעשׂה. נעמט דער רבי דאָס בײַטל און גיט עס דעם אָרעמאַן.
– רבי, וואָס טוט איר ? שרײַט דער גבֿיר.
ענטפֿערט דער רבי מיט אַ שמייכל :
– אין אײַער בײַטל, האָט איר געזאָגט, זע־נען געליגן הונדערט רובל. טאָ, וואַרט ביז מע וועט אײַך ברענגען דאָס בײַטל מיט הונדערט רובל !

Un homme pauvre trouve dans la rue une bourse qui contient quatre-vingt-dix roubles. Il se rappelle avoir vu une annonce chez l'épicier :

JE M'APPELLE…, J'HABITE…
CELUI QUI TROUVERA MA BOURSE ET ME LA RAPPORTERA
RECEVRA DIX ROUBLES EN RÉCOMPENSE

L'homme court à l'adresse indiquée et donne la bourse.
– Merci. Mais je vois que vous avez déjà pris les dix roubles.
– Moi ? Jamais de la vie !
– Je sais que dans ma bourse il y avait cent roubles.
Ils vont chez le rabbin et lui racontent toute l'histoire. Celui-ci prend la bourse et la tend au miséreux.
– Rabbi, qu'est-ce que vous faites ? Hurle le nanti.
Alors le rabbin explique avec un sourire :
– Vous avez bien dit que dans votre bourse il y avait cent roubles ? Alors, attendez qu'on vous rapporte la bourse contenant les cent roubles !

Chapitre 4 Kapitl 4 קאַפּיטל 4
Marieurs Shadkhonim שדכנים

שדכנים

SHADKHONIM

MARIEURS

אַמאָליקע צײַטן האָבן מײנסטנס בחורים און מײדלעך נישט געהאַט קײן דעה.
די עלטערן פֿלעגן טאָן דעם שידוך.
פֿון זעכצעטן יאָרהונדערט אָן זענען פֿאַראַן שדכנים, טראַדיציאָנעלע געשטאַלטן
פֿון דער ייִדישער וועלט.
אַ צאָל אַנעקדאָטן מאַכן חוזק פֿון אַזאַ שדכן וואָס איז פֿיפֿיק, ציניש און קלײַבט נישט איבער,
נאָר באַקט ליגנס אַבי אויסצופֿירן זײַנס ! ז. פֿרויד(§) האָט דערקלערט דאָס געווערק פֿון וויצן
בכלל אַנאַליזירנדיק אַ ריי מעשׂיות פֿון שדכנים, און אויך פֿון שנאָרערס, אין זײַן בוך :
„דער וויץ און זײַן באַציִונג צום אומבאַוווּסטזײַן“

Amolike tsaytn hobn meynstns bokherim un meydlekh nisht gehat keyn deye. Di eltern flegn ton dem shidekh.
Fun zekhtsetn yorhundert on zenen faran shadkhonim, traditsyonele gestaltn fun der yidisher velt.
A tsol anekdotn makhn khoyzek fun aza shadkhn vos iz fifik, tsinish un klaybt nisht iber, nor bakt ligns abi oystsufirn zayns ! Z. Freud(§) hot derklert dos geverk fun vitsn bikhlal analizirndik a rey mayses fun shadkhonim, un oykh fun shnorers, in zayn bukh :
“Der vits un zayn batsiung tsum umbavustzayn”.

Autrefois les mariages étaient presque toujours « arrangés », conclus par les parents sans l'avis des intéressés.
Au seizième siècle sont apparus les « shadkhonim» ou marieurs, personnages traditionnels du monde juif.*
De nombreuses histoires tournent en dérision le marieur rusé, cynique et sans scrupules, qui ment comme un arracheur de dents pour arriver à ses fins ! Certaines de ces histoires ont servi à S. Freud(§) pour décrypter les mécanismes des vitsn dans son livre :*
« Le mot d'esprit et sa relation avec l'inconscient ».

Chapitre 4 Kapitl 4 קאַפּיטל 4
Marieurs Shadkhonim שדכנים

איין בחור וויל אין גאַנצן נישט חתונה האָבן, דער צווייטער וויל שוין יאָ, איז ער אָבער איבערקלײַבעריש.

Eyn bokher vil in gantsn nisht khasene hobn, der tsveyter vil shoyn yo, iz er ober iberklayberish.

Parmi les célibataires, l'un ne veut pas entendre parler de mariage, l'autre aura des exigences difficiles à satisfaire.

133

An alter bokher taynet mit Got :
– Oy ! Reboyne-sheloylem, du host bashafn mentshn on a harts, ministorn on seykhl, artistn on talant...
To far vos ken nisht gemolt zayn a nadn on a meydl ?

אַן אַלטער בחור טענהט מיט גאָט :
– אוי ! רבונו-של-עולם, דו האָסט באַשאַפֿן מענטשן אָן אַ האַרץ, מיניסטאָרן אָן שׂכל, אַרטיסטן אָן טאַלאַנט...
טאָ פֿאַר וואָס קען נישט געמאָלט זײַן אַ נדן אָן אַ מיידל ?

Un célibataire endurci s'adresse à Dieu :
– Oh ! Maître de l'univers, tu as créé des hommes sans cœur, des ministres sans bon sens, des artistes sans talent… Alors pourquoi pas une dot sans fiancée ?

134

A shadkhn zogt tsu a bokher az s'iz shoyn tsayt er zol khasene hobn.
– S'iz nisht neytik. Ikh hob tsvey shvester vos tuen alts in shtub.
– Ober yunger-man, fun tsvey shvester kent ir nisht hobn dos vos a vayb ken aykh gebn !
– Hert oys, ikh hob aykh gezogt az zey zenen tsvey shvester, ikh hob nisht gezogt az zey zenen mayne shvester !

אַ שדכן זאָגט צו אַ בחור אַז ס'איז שוין צײַט ער זאָל חתונה האָבן.
– ס'איז נישט נייטיק. איך האָב צוויי שוועסטער וואָס טוען אַלץ אין שטוב.
– אָבער, יונגער-מאַן, פֿון צוויי שוועסטער קענט איר נישט האָבן דאָס וואָס אַ ווײַב קען אײַך געבן !
– הערט אויס, איך האָב אײַך געזאָגט אַז זיי זענען צוויי שוועסטער, איך האָב נישט געזאָגט אַז זיי זענען מײַנע שוועסטער !

Un marieur dit à un jeune homme qu'il est grand temps qu'il se marie.
– C'est inutile. J'ai deux sœurs qui me font tout à la maison.
– Mais jeune homme, deux sœurs ne peuvent pas vous donner ce qu'une

Chapitre 4 Kapitl 4 קאַפּיטל 4
Marieurs Shadkhonim שדכנים

épouse vous donne !
– Ecoutez, je vous ai dit que ce sont deux sœurs, je n'ai pas dit que ce sont les miennes !

135

A bokher kumt tsu a shadkhn :
– Ikh zukh a meydl, nor nisht abi a meydl. Zi muz zayn sheyn un klug, mit a sheynem nadn un fun a fayner mishpokhe !
– Ikh farshtey : ir vilt a kale a sheyne, a kluge, a raykhe un mit a gutn yikhes !
Ober yunger-man, mit di fir mayles, ken ikh oysfirn fir shidukhim !

אַ בחור קומט צו אַ שדכן :
– איך זוך אַ מיידל, נאָר נישט אַבי אַ מיידל. זי מוז זײַן שיין און קלוג, מיט אַ שיינעם נדן און פֿון אַ פֿײַנער משפּחה !
– איך פֿאַרשטיי : איר ווילט אַ כּלה אַ שיינע, אַ קלוגע, אַ רײַכע און מיט אַ גוטן ייִחוס !
אָבער יונגער-מאַן, מיט די פֿיר מעלות, קען איך אויספֿירן פֿיר שידוכים !

Un jeune homme va voir un marieur :
– Je cherche une jeune fille, mais pas n'importe laquelle. Elle doit être belle et intelligente, avec une belle dot et issue d'une bonne famille !
– Je comprends : vous voulez une fiancée belle, intelligente, riche et de bonne lignée ! Mais jeune homme, moi, avec ces quatre qualités, je peux mener à bien quatre mariages !

136

A shadkhn kumt tsu a bokher :
– Ikh hob far aykh a sheyn meydl, a lyalke !
– Lozt mikh tsu ru ! Dos geyt mir nisht on !
– To, hob ikh an ander meydl, nisht azoy sheyn nor nisht mies, mit a nadn fun finef toyznt rubl !
– Lozt mikh tsu ru !
– Nisht genug ? Nu, hob ikh eyne mit a nadn fun tsvantsik toyznt rubl !
– Lozt mikh tsu ru, zog ikh aykh !
– Aha, a gutn yikhes zukht ir ? Hob ikh a meydl mit finef doyres rabonim ! Vos

אַ שדכן קומט צו אַ בחור :
– איך האָב פֿאַר אײַך אַ שיין מיידל, אַ ליאַלקע !
– לאָזט מיך צו רו ! דאָס גייט מיר נישט אָן !
– טאָ, האָב איך אַן אַנדער מיידל, נישט אַזוי שיין, נאָר נישט מיאוס, מיט אַ נדן פֿון פֿינעף טויזנט רובל !
– לאָזט מיך צו רו !
– נישט גענוג ? נו, האָב איך איינע מיט אַ נדן פֿון צוואַנציק טויזנט רובל !
– לאָזט מיך צו רו, זאָג איך אײַך !
– אַהאַ, אַ גוטן ייִחוס זוכט איר ? האָב איך אַ מיידל מיט פֿינעף דורות רבנים ! וואָס

| Chapitre 4 | Kapitl 4 | קאַפּיטל 4 |
| *Marieurs* | Shadkhonim | שדכנים |

zogt ir tsu dem ?	זאָגט איר צו דעם ?
– Ikh bin nisht keyn baln deroyf ! Ikh kholem fun libe !	– איך בין נישט קיין בעלן דערויף ! איך חלום פֿון ליבע !
– Baleydikt zikh nisht ! A shidekh mit libe... Dos hob ikh oykh !	– באַליידיקט זיך נישט ! אַ שידוך מיט ליבע... דאָס האָב איך אויך !

Un marieur va voir un jeune homme à marier :
– J'ai pour vous une jolie fille, une vraie poupée !
– Laissez-moi tranquille ! Ça ne m'intéresse pas !
– Alors, j'ai une autre jeune fille, pas aussi belle, mais pas vilaine, qui a une dot de cinq mille roubles !
– Laissez-moi tranquille !
– Ce n'est pas suffisant ? Bon, j'en ai une autre avec une dot de vingt mille roubles !
– Laissez-moi tranquille, vous dis-je !
– Ah, c'est une belle ascendance qu'il vous faut ? Alors j'ai une jeune fille avec cinq générations de rabbins ! Qu'est-ce que vous en dites ?
– Je n'en ai rien à faire ! Moi, je rêve d'amour !
– Ne vous fâchez pas ! Un mariage d'amour... Ça j'ai aussi !

<u>*137*</u>

Moyshe zukht a shidekh far zayn tokhter. Fregt im der shadkhn :	משה זוכט אַ שידוך פֿאַר זייַן טאָכטער. פֿרעגט אים דער שדכן :
– Vos far a nadn kent ir leygn oyfn tish ?	– וואָס פֿאַר אַ נדן קענט איר לייגן אויפֿן טיש ?
– Tsvantsik toyznt rubl.	– צוואַנציק טויזנט רובל.
– Far aza nadn, ken ikh aykh forleygn an apteyker.	– פֿאַר אַזאַ נדן, קען איך אײַך פֿאָרלייגן אַן אַפּטייקער.
– Keyn besers ken nisht zayn ?	– קיין בעסערס קען נישט זייַן ?
– Efsher... a dokter.	– אפֿשר... אַ דאָקטער.
– Keyn besers hot ir nisht ?	– קיין בעסערס האָט איר נישט ?
– Vos heyst ? A shmatolog volt ir gevolt far dem gelt ?	– וואָס הייסט ? אַ שמאַטאָלאָג וואָלט איר געוואָלט פֿאַר דעם געלט ?

Moyshe recherche un parti pour sa fille. Le marieur demande :
– Quelle dot offrez-vous ?
– Vingt mille roubles.
– Avec une telle dot, je peux proposer un pharmacien.

Chapitre 4 Kapitl 4 קאַפּיטל 4
Marieurs Shadkhonim שדכנים

– Mieux, ce n'est pas possible ?
– Peut-être... un docteur.
– Vous n'avez rien de mieux ?
– Comment ça ? C'est un shmatologue que vous voudriez, avec une telle dot ?*

ס'רובֿ שדכנים זענען אומפֿאַרשעמט.

S'rov shadkhonim zenen umfarshemt.

La plupart des marieurs sont sans vergogne.

138

אַ שדכן קומט צו אַ בחור :
– איך האָב פֿאַר אײַך אַ שיין מיידל !
– איז זי מסתּמא אַן אָרעמע.
– חלילה ! די עלטערן האָבן אַ סך געלט, און זי וועט ברענגען אַ שיינעם נדן.
– נו, איז זי אַ נאַר.
– וואָס רעדט איר ? זי איז אַ קלוג מיידל !
– טאָ איז זי אַ קראַנקע ?
– זי איז געזונט אײַזן, קיין עין-הרע !
– אַ כּלל : זי איז שיין און קלוג, רײַך און געזונט. טאָ, וואָס איז דער פֿעלער ?
– זי... שוואַנגערט נאָר אַ ביסעלע !

אַ צווייטער נוסח :
אַ שדכן קומט צו אַ בחור :
– איך האָב פֿאַר אײַך אַ גוטן שידוך : דאָס מיידל איז שיין, קלוג, געלערנט און רײַך דערצו !
– נו, וואָס איז דער פֿעלער ? זי איז אַ קראַנ-קע ?
– ניין, זי איז בלויז... אַ ביסעלע טראָגעדיק. איז דאָס אַ קראַנקייט ?

A shadkhn kumt tsu a bokher :
– Ikh hob far aykh a sheyn meydl !
– Iz zi mistome an oreme.
– Kholile ! Di eltern hobn a sakh gelt, un zi vet brengen a sheynem nadn.
– Nu, iz zi a nar.
– Vos redt ir ? Zi iz a klug meydl !
– To iz zi a kranke ?
– Zi iz gezunt ayzn, keyneynore !
– A klal : zi iz sheyn un klug, raykh un gezunt. To, vos iz der feler ?
– Zi... shvangert nor a bisele !

A tsveyter nusekh :
A shadkhn kumt tsu a bokher :
– Ikh hob far aykh a gutn shidekh : dos meydl iz sheyn, klug, gelernt un raykh dertsu !
– Nu, vos iz der feler ? Zi iz a kranke ?
– Neyn, zi iz bloyz... a bisele trogedik. Iz dos a krankeyt ?

Un marieur s'adresse à un jeune homme à marier :
– J'ai une belle fille à vous proposer !
– Elle est sans doute pauvre.

Chapitre 4	Kapitl 4	קאַפּיטל 4
Marieurs	Shadkhonim	שדכנים

– Pas du tout ! Ses parents ont beaucoup d'argent et elle aura une belle dot.
– C'est qu'elle est sotte.
– Qu'est-ce que vous dites ? C'est une fille très intelligente !
– Alors elle est malade ?
– Elle est en parfaite santé, sans le mauvais œil !
– En somme, elle est belle et intelligente, riche et en bonne santé. Alors quel est son handicap ?
– Elle est juste… un petit peu enceinte !

Variante :
Un marieur s'adresse à un jeune homme à marier :
– J'ai pour vous un beau parti : la jeune fille est belle, intelligente, instruite et riche par-dessus le marché !
– Alors, où le bât blesse-t'il ? Elle est malade ?
– Non, elle est seulement… un petit peu enceinte. Est-ce une maladie ?

139

Der bokher kumt on mitn shadkhn tsu der kale in shtub. Fregt der shadkhn :
– Ir hot gezen dos zilbervarg in der vitrine ? Ikh hob aykh gezogt az s'iz a raykhe mishpokhe !
– Efsher hobn zey dos alts geborgt.
– Vos redt ir ? Azelkhe mentshn, ver vet zey epes borgn oyf rizike ?

דער בחור קומט אָן מיטן שדכן צו דער כּלה אין שטוב. פֿרעגט דער שדכן :
— איר האָט געזען דאָס זילבערוואַרג אין דער וויטרינע ? איך האָב אײַך געזאָגט אַז ס'איז אַ רײַכע משפּחה !
— אפֿשר האָבן זיי דאָס אַלץ געבאָרגט.
— וואָס רעדט איר ? אַזעלכע מענטשן, ווער וועט זיי עפּעס באָרגן אויף ריזיקע ?

Le jeune homme arrive avec le marieur au domicile de la jeune fille. Le marieur lui demande :
– Vous avez-vu l'argenterie dans la vitrine ? Je vous l'ai bien dit que c'est une famille riche !
– Peut-être ont-ils emprunté tout ça.
– Qu'est-ce que vous dites ? Des gens comme ça, qui prendrait le risque de leur prêter quelque chose ?

Chapitre 4 | Kapitl 4 | קאַפּיטל 4
Marieurs | Shadkhonim | שדכנים

140

Der bokher :
– Ir hot mir gezogt az di mishpokhe iz zeyer a raykhe, un az der foter lebt shoyn nisht. Ikh hob zikh ersht dervust az er zitst in tfise !
– Nu, dos heyst gelebt ?

דער בחור :
– איר האָט מיר געזאָגט אַז די משפּחה איז זייער אַ רײַכע, און אַז דער פֿאָטער לעבט שוין נישט. איך האָב זיך ערשט דערוווּסט אַז ער זיצט אין תּפֿיסה !
– נו, דאָס הייסט געלעבט ?

Le jeune homme à marier :
– Vous m'avez dit que la famille est très riche, et que le père est mort. Or je viens d'apprendre qu'il est en prison !
– Et alors, vous appelez ça vivre ?

141

A bokher, nisht aza sheyner un nisht aza kluger, zogt tsum shadkhn :
– Ikh farlang fun aykh a shidekh, nor on a pgam.
Der shadkhn kukt im on un tut a zukh in bikhele :
– Oy, ir hot mazl. Ikh hob punkt far aykh a tsugepast meydl : zi iz sheyn, klug un raykh, un zi shtamt fun a fayner mishpokhe.
– Un far vos hot zi nokh nisht khasene gehat ?
– Ikh vel aykh zogn dem emes, zi hot a kleyntshikn khisorn : eyn mol a yor vert zi a bisele meshuge... ober s'gedoyert nisht.
– Oy, dos iz nisht geferlekh. Ikh vil zi bald trefn !
– Akh, ummeglekh, ir muzt tsuvartn a bisele.
– Vartn ? Far vos ? Biz vanet ?
– Biz zi vet vern a bisele meshuge !

אַ בחור, נישט אַזאַ שיינער און נישט אַזאַ קלוגער, זאָגט צום שדכן :
– איך פֿאַרלאַנג פֿון אײַך אַ שידוך, נאָר אָן אַ פּגם.
דער שדכן קוקט אים אָן און טוט אַ זוך אין ביכעלע :
– אוי, איר האָט מזל. איך האָב פּונקט פֿאַר אײַך אַ צוגעפּאַסט מיידל : זי איז שיין, קלוג און רײַך, און זי שטאַמט פֿון אַ פֿײַנער משפּחה.
– און פֿאַר וואָס האָט זי נאָך נישט חתונה געהאַט ?
– איך וועל אײַך זאָגן דעם אמת, זי האָט אַ קליינטשיקן חסרון : איין מאָל אַ יאָר ווערט זי אַ ביסעלע משוגע... אָבער ס'געדויערט נישט.
– אוי, דאָס איז נישט געפֿערלעך. איך וויל זי באַלד טרעפֿן !
– אַך, אוממעגלעך, איר מוזט צוּוואַרטן אַ ביסעלע.
– וואַרטן ? פֿאַר וואָס ? ביז וואַנעט ?
– ביז זי וועט ווערן אַ ביסעלע משוגע !

Chapitre 4
Marieurs
Kapitl 4
Shadkhonim
קאַפּיטל 4
שדכנים

Un jeune homme, ni très beau ni très futé, s'adresse au marieur :
– Trouvez-moi une fiancée, mais il faut qu'elle soit irréprochable.
Le marieur le dévisage et feuillette son calepin :
– Vous avez de la chance, j'ai exactement la jeune fille qu'il vous faut : elle est belle, intelligente, riche et d'une bonne famille.
– Comment se fait-il qu'elle ne soit pas encore mariée ?
– Je vais vous dire la vérité, elle a un tout petit défaut : une fois par an elle perd un peu la tête, mais ça ne dure pas !
– Bah, ce n'est pas terrible. Je veux la voir tout de suite !
– Ah ça, c'est impossible, il vous faut attendre un peu.
– Attendre ? Pourquoi ? Jusqu'à quand ?
– Jusqu'à ce qu'elle perde un peu la tête !

142

Der bokher :
– Ir makht khoyzek fun mir ! Zi iz shreklekh mies : zi shiklt, di noz iz krum un di linke zayt fun moyl falt arop...
– Oyb ir zent nisht keyn meyvn oyf Picaso, vos bin ikh shuldik ?

דער בחור :
– איר מאַכט חוזק פֿון מיר ! זי איז שרעק-לעך מיאוס : זי שיקלט, די נאָז איז קרום און די לינקע זײַט פֿון מויל פֿאַלט אַראָפּ...
– אויב איר זענט נישט קיין מבֿין אויף פּיקאַסאָ, וואָס בין איך שולדיק ?

Le jeune homme à marier :
– Vous vous moquez de moi ! Elle est laide à faire peur : elle louche, elle a le nez de travers et en plus, la commissure gauche de sa bouche tombe...
– Si vous n'appréciez pas Picasso, est-ce ma faute ?

143

A bokher shlept dem shadkhn in a vinkl un er zidlt im on, belakhesh :
– Efsher hot dos meydl take a sheynem nadn, ober... yene metsie ! Zi lomt !
– Bloyz ven zi geyt.
– Un zi shtamlt !
– Bloyz ven zi redt.
– Un zi iz azoy mies !
– Ir megt redn hekher... zi iz kemat toyb!

אַ בחור שלעפּט דעם שדכן אין אַ ווינקל און ער זידלט אים אָן, בלחש :
– אפֿשר האָט דאָס מיידל טאַקע אַ שיינעם נדן, אָבער... יענע מציאה ! זי לאָמט !
– בלויז ווען זי גייט.
– און זי שטאַמלט !
– בלויז ווען זי רעדט.
– און זי איז אַזוי מיאוס !
– איר מעגט רעדן העכער... זי איז כּמעט טויב !

Chapitre 4 Kapitl 4 קאַפּיטל 4
Marieurs Shadkhonim שדכנים

Un jeune homme traîne le marieur dans un coin et le tance à voix basse :
– Possible qu'elle ait une belle dot, mais… vous parlez d'une perle ! Elle boite !
– Seulement quand elle marche.
– Et elle bégaye !
– Seulement quand elle parle.
– Et elle est affreuse !
– Vous pouvez parler plus fort, elle est presque sourde !

144

Der bokher :
– Zi iz kemat blind !
– Nu, vet zi nisht zen vos ir tut.
– Zi plontert mit der tsung !
– Nu, vet zi shvaygn… un ir vet zayn ruik.
– Zi iz toyb !
– Nu, vet ir kenen shrayen oyf ir.
– Un zi iz a sakh elter far mir !
– Zogt nor ! Ikh breng aykh a brilyant, un ir shtelt zikh op bay a kleyntshikn prat !

דער בחור :
– זי איז כּמעט בלינד !
– נו, וועט זי נישט זען וואָס איר טוט.
– זי פּלאָנטערט מיט דער צונג !
– נו, וועט זי שווײַגן... און איר וועט זײַן רויִק.
– זי איז טויב !
– נו, וועט איר קענען שרײַען אויף איר.
– און זי איז אַ סך עלטער פֿאַר מיר !
– זאָגט נאָר ! איך ברענג אײַך אַ בריליאַנט, און איר שטעלט זיך אָפּ בײַ אַ קלײנטשיקן פּרט !

Le jeune homme à marier :
– Elle est presque aveugle !
– Comme ça, elle ne verra pas ce que vous faites.
– Elle bafouille !
– Comme ça, elle ne parlera pas et vous aurez la paix.
– Elle est sourde !
– Vous pourrez crier sur elle.
– Et puis elle est beaucoup plus âgée que moi !
– Regardez-moi ça ! Je vous offre une perle, et vous vous arrêtez à un détail infime !

| *Chapitre 4* | Kapitl 4 | קאַפּיטל 4 |
| *Marieurs* | Shadkhonim | שדכנים |

145

Der shadkhn vil aynredn Moyshen :
– Her oys, ikh hob aleyn a vayb, ikh veys vos ikh zog. Vinter ven du kumst aheym nokh der arbet, iz varem in shtub un zi vart oyf dir mit di shtublatshn. Zi hot ongegreyt lokshn mit yoykh. Un nokhn esn, zetst zi zikh lebn dir oyf der sofe un zi redt tsu dir… zi redt, zi redt, zi redt, zi redt…

דער שדכן וויל אײַנרעדן משהן :
– הער אויס, איך האָב אַליין אַ ווײַב, איך ווייס וואָס איך זאג. ווינטער ווען דו קומסט אַהיים נאָך דער אַרבעט, איז וואַרעם אין שטוב און זי וואַרט אויף דיר מיט די שטובלאַטשן. זי האָט אָנגעגרייט לאָקשן מיט יויך. און נאָכן עסן, זעצט זי זיך לעבן דיר אויף דער סאָפֿע און זי רעדט צו דיר… זי רעדט, זי רעדט, זי רעדט, זי רעדט…

Le marieur veut convaincre Moyshe :
– Ecoute, j'ai moi-même une femme, je sais de quoi je parle. En hiver quand tu rentres après le travail, il fait chaud à la maison et elle t'attend avec tes pantoufles. Elle a préparé un bouillon avec des nouilles. Et après le repas, elle s'assied près de toi sur le canapé et elle te parle… elle parle, elle parle, elle parle, elle parle…

אפֿילו אַן אַלטער ייִד באַדאַרף אַ מאָל אַ שדכן.

Afile an alter Yid badarf a mol a shadkhn.

Même un vieil homme fait parfois appel au marieur.

146

An almon fun akhtsik yor vil khasene hobn. Fregt im der shadkhn :
– Vos gefelt aykh beser, a blondine tsi a brunetke ?
– Dos iz gornisht vikhtik. Ikh badarf bloyz zi zol hobn geduld !

אַן אלמן פֿון אַכציק יאָר וויל חתונה האָבן. פֿרעגט אים דער שדכן :
– וואָס געפֿעלט אײַך בעסער, אַ בלאָנדינע צי אַ ברונעטקע ?
– דאָס איז גאָרנישט וויכטיק. איך באַדאַרף בלויז זי זאָל האָבן געדולד !

Un veuf de quatre-vingt ans veut se remarier. Le marieur lui demande :
– Qu'est-ce que vous préférez, une blonde ou une brune ?
– Cela n'a aucune importance. Il faut seulement qu'elle soit patiente !

Chapitre 5 | Kapitl 5 | קאַפּיטל 5
Khelem-Bêtise | Khelemer-Narishkeyt | כעלעמער-נאַרישקייט

כעלעמער

KHELEMER

LES HABITANTS de KHELEM

כעלעם איז אַ קליינע שטאָט אין פּוילן, נישט ווײַט פֿון לובלין. די פֿאָלקס-לעגענדע האָט
גענאַכט די כעלעמער אַ שם פֿאַר נאַראָנים, מע ווייסט נישט גענוי פֿאַר וואָס. הײַנט צו טאָג
איז די זעלביקע מעשׂה מיט די בעלגיער, די בלאָנדינקעס...
אָבער די כעלעמער „נאַראָנים“ האָבן געהאַט אַ טבֿע אין יעדער זאַך אַרײַנצוקלערן, און וועגן
אַלץ צו דרייען מיטן גראָבן פֿינגער ווי די אמתע באַנקקוועטשערס.
די ”חכמים“ פֿון כעלעם פֿלעגן זיך פֿאַרזאַמלען אויף אַסיפֿות און זיך אַמפּערן און זיך
אַמפּערן... מיט זייערע פּילפּולדיקע אַמפּערנישן בלײַבן די כעלעמער
– נאַראָנים צי חכמים – געטרײַ דעם ייִדישן גײַסט.
מאַקס קאָהן(§) האָט פֿאָרגעלייגט אַ פּסיכאָאַנאַליטישן אויסטײַטש פֿאַר
„דער נאַרישקייט פֿון כעלעם“

Khelem iz a kleyne shtot in Poyln, nisht vayt fun Lublin. Di folks-legende hot gemakht di khelemer a shem far naronim, me veyst nisht genoy far vos. Haynt tsu tog, iz di zelbike mayse mit di Belgyer, di blondinkes…
Ober di khelemer “Naronim” hobn gehat a teve in yeder zakh arayntsuklern, un vegn alts tsu dreyen mitn grobn finger vi di emese bankkvetshers.
Di “Khakhomim” fun Khelem flegn zikh farzamlen oyf asifes un zikh ampern un zikh ampern... Mit zeyere pilpldike ampernishn blaybn di Khelemer - Naronim tsi Khakhomim - getray dem yidishn gayst.
Max Kohn(§) hot forgeleygt a psikhoanalitishn oystaytsh far “der narishkeyt fun Khelem”.

Khelem est une petite ville de Pologne près de Lublin. D'après la légende[1] ses habitants étaient réputés être des sots, sans qu'on connaisse vraiment l'origine de cette assertion. Actuellement, on retrouve le même phénomène avec les Belges ou les blondes…
Mais ces « Niais » ou Naronim de Khelem avaient la manie d'utiliser le raisonnement, d'ergoter comme des rats de bibliothèque à propos de n'importe quel problème.*

Chapitre 5 Kapitl 5 קאַפּיטל 5
Khelem-Bêtise Khelemer-Narishkeyt כעלעמער-נאַרישקייט

Ces « Sages » ou Khakhomim de Khelem tenaient conseil pour discuter et discuter à l'infini, en poussant la logique jusqu'à l'absurde...*
Mais qu'ils soient niais ou sages ils restent, avec ces débats évoquant le pilpoul talmudique, en conformité avec la démarche du judaïsme.*
Max Kohn(§) a proposé une approche psychanalytique de « la bêtise de Khelem ».

(1)Légende selon laquelle, lorsque l'ange qui répartissait sagesse et sottise à travers le monde a survolé Khelem, le sac de sottise s'est percé...

די חכמים פֿלעגן זיך אַמפּערן, אַ מאָל ביז אַכט טעג און אַכט נעכט, ביז אומזיניקייט.

Di Khakhomim flegn zikh ampern, a mol biz akht teg un akht nekht, biz umzinikeyt.

Les Sages pouvaient débattre parfois huit jours et huit nuits, pour aboutir finalement à un non-sens.

147

Der khelemer rov koyft oyfn mark a sheynem lebedikn karp oyf shabes.
– Vi azoy zol ikh im aheym trogn ?
In eyn hant halt ikh dem shtekn un in der tsveyter hant, dem tales mit dem sider !
Git im der soykher an eytse :
– Tut im arayn in der keshene fun kaftn, mitn kop arop !
Ober oyfn veg, klapt der veydl dem rov in ponim. Bald dervist men zikh dos in der gantser shtot.
– Sara khutspe ! Keyn koved nisht far undzer tayern rov ! Shrayen ale khelemer. Un bald farzamlen zikh di Khakhomim. Eyn sho iz genug tsu paskenen :
"Toytshtrof", der fish muz dertrunken vern ! Ven me varft dem karp in taykh arayn az er zol dertrunken vern, shteyt

דער כעלעמער רבֿ קויפֿט אויפֿן מאַרק אַ שיינעם לעבעדיקן קאַרפּ אויף שבת.
– ווי אַזוי זאָל איך אים אַהיים טראָגן ? אין איין האַנט האַלט איך דעם שטעקן און אין דער צווייטער האַנט, דעם טלית מיט דעם סידור !
גיט אים דער סוחר אַן עצה :
– טוט אים אַרײַן אין דער קעשענע פֿון קאַפֿטן, מיטן קאָפּ אַראָפּ !
אָבער אויפֿן וועג, קלאַפּט דער ווײדל דעם רבֿ אין פּנים. באַלד דערוויסט מען זיך דאָס אין דער גאַנצער שטאָט.
– סאַראַ חוצפּה ! קיין כּבֿוד נישט פֿאַר אונדזער טײַערן רבֿ ! שרײַען אַלע כעלעמער. און באַלד פֿאַרזאַמלען זיך די חכמים. איין שעה איז גענוג צו פּסקענען :
„טויטשטראָף“, דער פֿיש מוז דער-טרונקען ווערן !
ווען מע וואַרפֿט דעם קאַרפּ אין טײַך אַרײַן אַז ער זאָל דערטרונקען ווערן, שטייט די

Chapitre 5 Kapitl 5 קאַפּיטל 5
Khelem-Bêtise Khelemer-Narishkeyt כעלעמער-נאַרישקייט

di gantse kehile derbay...

גאַנצע קהילה דערבײַ ...

Le rabbin de Khelem achète une belle carpe vivante au marché pour shabbat.*
– Comment la rapporter à la maison ? Dans une main, j'ai ma canne et dans l'autre mon châle et mon livre de prières !
– Mettez-la dans la poche du caftan, la tête en bas ! Conseille le vendeur.
Mais tout le long du chemin, la queue du poisson frappe le rabbin au visage. Cela se sait immédiatement dans toute la ville.
– Quel toupet ! Aucun respect pour notre vénéré rabbin ! Crient tous les khelemer.*
Aussitôt les Sages se réunissent. Une heure suffit pour parvenir au verdict : le poisson doit mourir noyé ! Quand on jette la carpe dans la rivière, toute la communauté est présente pour assister à la noyade...

148

In Khelem hot men geboyt a naye mikve. Hobn zikh di khelemer tsekrigt vegn der podloge. Eynike hobn nisht gevolt hubleven di bretlekh :
– Mentshn veln zikh oysglitshn, hobn zey getaynet.
Andere hobn geentfert :
– Oyb me vet nisht hubleven di bretlekh, ken men kholile zikh arayn-shtekhn skabkes in di fis, oy vey !
Nokh akht teg un akht nekht hobn di Khakhomim bashlosn :
– Lomir koydem hubleven di bretlekh. Un nakher... veln mir zey leygn ka-poyer!

אין כעלעם האָט מען געבויט אַ נײַע מיקווה. האָבן זיך די כעלעמער צעקריגט וועגן דער פּאָדלאָגע. אייניקע האָבן נישט געוואָלט הובלעווען די ברעטלעך :
– מענטשן וועלן זיך אויסגליטשן, האָבן זיי געטענהט.
אַנדערע האָבן געענטפֿערט :
– אויב מע וועט נישט הובלעווען די ברע-טלעך, קען מען חלילה זיך אַרײַנשטעכן סקאַבקעס אין די פֿיס, אוי ווײ !
נאָך אַכט טעג און אַכט נעכט האָבן די חכמים באַשלאָסן :
– לאָמיר קודם הובלעווען די ברעטלעך. און נאַכער... וועלן מיר זיי לייגן קאַפּויער !

A Khelem on construisait de nouveaux bains rituels. Les khelemer se disputaient au sujet du plancher.*
Les uns ne voulaient pas raboter les planches :
– Les gens vont glisser, disaient-ils.

Chapitre 5 Kapitl 5 קאַפּיטל 5
Khelem-Bêtise Khelemer-Narishkeyt כעלעמער-נאַרישקייט

Les autres rétorquaient :
– Si on ne rabote pas les planches, on risque de se planter des échardes dans les pieds ! Aïe aïe aïe !
Les Sages ont délibéré huit jours et huit nuits et finalement ils ont décrété :
– D'abord, qu'on rabote les planches. Et ensuite... qu'on les retourne !

149

אַ מאָל איז אויסגעבראָכן אַ שׂרפֿה אין כעלעם, האָט מען געזוכט דעם וואַ-סערפּלומפּ. אָבער צום באַדויערן, איז דער פּלומפּ געווען אין אַ פֿאַס בײַם שמשׂ, אָנגע-שטאָפּט מיט קאַרטאָפּל און ציבעלעס ! דער שמשׂ האָט געמעגט דאָ האַלטן די קאַרטאָפּל און די ציבעלעס, ווײַל מיט אַכט קינדער אין אַן איינציקן צימער, האָט ער נישט געהאַט קיין אַנדער אָרט.
נאָך דער שׂרפֿה, זײַנען זיך די חכמים צונויפֿגעקומען. נאָך זיבן טעג און זיבן נעכט, האָבן זיי באַשלאָסן אַז פֿון הײַנט אָן, וועט דער שמשׂ מוזן אַרויסנעמען פֿון פֿאַס און פֿון פּלומפּ אַלע קאַרטאָפּל און ציבעלעס... יעדן ערבֿ-שׂרפֿה !

A mol iz oysgebrokhn a sreyfe in Khelem, hot men gezukht dem vaserplump. Ober tsum badoyern, iz der plump geven in a fas baym shames, ongeshtopt mit kartofl un tsibeles ! Der shames hot gemegt do haltn di kartofl un di tsibeles, vayl mit akht kinder in an eyntsikn tsimer, hot er nisht gehat keyn ander ort.
Nokh der sreyfe, zaynen zikh di Khakhomim tsunoyfgekumen. Nokh zibn teg un zibn nekht, hobn zey bashlosn az fun haynt on, vet der shames muzn aroysnemen fun fas un fun plump ale kartofl un tsibeles... yedn erev-sreyfe !

Un jour un incendie ayant éclaté à Khelem, on chercha la pompe à incendie. Hélas, la pompe était dans un tonneau chez le shames, complètement enfouie sous des pommes de terre et des oignons. Le shames avait l'autorisation d'y entreposer ses pommes de terre et ses oignons, car avec huit enfants dans une seule pièce, il ne disposait d'aucun autre endroit.*
Après l'incendie, les Sages se sont réunis et après avoir délibéré sept jours et sept nuits, ils ont décrété : à partir de ce jour, le shames devra enlever du tonneau et de la pompe toutes les pommes de terre et tous les oignons... chaque veille d'incendie !

Chapitre 5 Kapitl 5 קאַפּיטל 5
Khelem-Bêtise Khelemer-Narishkeyt כעלעמער-נאַרישקייט

150

כעלעם, אַ פּרעכטיקע נאַכט. אַ שיינע און קיַילעכדיקע לבֿנה שמייכלט אין הימל און באַלייַכט די שטאָט.
פּלוצטהאַלבן, באַמערקט איינער פֿון די חכמים ווי די לבֿנה איז אַרייַן אין אַ פֿאַס וואַסער, און אַ נס איז געשען : זי שייַנט אַלץ נאָך אויבן אין הימל.
– לאָמיר האַלטן די לבֿנה אין פֿאַס, און לאָמיר דעם פֿאַס פֿאַרבאַהאַלטן אין שול ביז אַ פֿינסטערער נאַכט. דאַן וועלן מיר באַ-פֿרייַען די לבֿנה, און ס'וועט ווערן ליכטיק !
געזאָגט און געטאָן. מע פֿאַרמאַכט דעם פֿאַס מיט אַ שווער דעקל, מע וויקלט אים איַין אין אַ קאָלדערע מיט שטריק, און מע ברענגט אים אַרייַן אין שול.
צוויי וואָכן שפּעטער, פֿאַרזאַמלען זיך אַלע כעלעמער פֿאַר דער שול : זיי ווילן זייַן דערבייַ ווען די באַהאַלטענע לבֿנה וועט אַרויס אויף דער פֿרייַ. מע טראָגט אַרויס דעם פֿאַס פֿון שול, מע נעמט אַראָפּ שטריק און קאָלדערע, און דער חכם הייבט אויף דאָס דעקל... און... גאָרנישט !
נאָך זיבן טעג און זיבן נעכט זייַנען די חכמים געקומען צום אויספֿיר... אַז די לבֿנה איז דערטרונקען געוואָרן !

Khelem, a prekhtike nakht. A sheyne un kaylekhdike levone shmeykhlt in himl un balaykht di shtot.
Plutsthalbn, bamerkt eyner fun di Khakhomim vi di levone iz arayn in a fas vaser, un a nes iz geshen : zi shaynt alts nokh oybn in himl.
– Lomir haltn di levone in fas, un lomir dem fas farbahaltn in shul biz a finsterer nakht. Dan veln mir bafrayen di levone, un s'vet vern likhtik !
Gezogt un geton. Me farmakht dem fas mit a shver dekl, me viklt im ayn in a koldere mit shtrik, un me brengt im arayn in shul.
Tsvey vokhn shpeter, farzamlen zikh ale khelemer far der shul : zey viln zayn derbay, ven di bahaltene levone vet aroys oyf der fray. Me trogt aroys dem fas fun shul, me nemt arop shtrik un koldere, un der Khokhem heybt oyf dos dekl… un… gornisht !
Nokh zibn teg un zibn nekht zaynen di Khakhomim gekumen tsum oysfir… az di levone iz dertrunken gevorn !

A Khelem, une nuit superbe. La lune, toute ronde et brillante, sourit dans le ciel et éclaire la ville.
A un moment donné, l'un des Sages remarque que la lune se trouve dans un baril d'eau et, ô miracle : en même temps, elle brille toujours là-haut dans le ciel.
– Conservons la lune dans ce tonneau, et mettons-le en lieu sûr dans la synagogue jusqu'à ce que revienne la nuit noire. A ce moment-là, nous libèrerons la lune et la nuit sera claire !
Sitôt dit, sitôt fait. On ferme le tonneau à l'aide d'un lourd couvercle, on l'entoure d'une couverture maintenue par une corde, et on le transporte dans la synagogue.

Chapitre 5 Kapitl 5 קאַפּיטל 5
Khelem-Bêtise Khelemer-Narishkeyt כעלעמער-נאַרישקייט

Deux semaines plus tard, tous les khelemer se rassemblent devant la synagogue : ils veulent assister à la libération de la lune. On sort le tonneau de la synagogue, on enlève corde et couverture, et le Sage soulève le couvercle… et… rien ! Après sept jours et sept nuits, le conseil des Sages arrive à la conclusion… que la lune s'est noyée !

151

Der khelemer shuster hot derharget zayn vayb, vayl zi hot im farratn mitn shokhn.
Nokh zibn teg un zibn nekht hobn im di Khakhomim farmishpet tsu der tlie. Ober eyner fun zey hot bamerkt :
– Oyb undzer eyntsikn shuster firt men tsu der tlie, ver vet farrikhtn undzere shikh ?
Nokh vider a mol zibn teg un zibn nekht, hobn di Khakhomim bashlosn :
– Lomir oyfhengen a beker, vayl in Khelem zenen faran etlekhe bekers !

דער כעלעמער שוסטער האָט דערהרגעט זייַן ווייַב, ווייַל זי האָט אים פֿאַרראַטן מיטן שכן.
נאָך זיבן טעג און זיבן נעכט, האָבן אים די חכמים פֿאַרמישפּט צו דער תּליה. אָבער איינער פֿון זיי האָט באַמערקט :
– אויב אונדזער איינציקן שוסטער פֿירט מען צו דער תּליה, ווער וועט פֿאַרריכטן אונדזערע שיך ?
נאָך ווידער אַ מאָל זיבן טעג און זיבן נעכט, האָבן די חכמים באַשלאָסן :
– לאָמיר אויפֿהענגען אַ בעקער, ווייַל אין כעלעם זענען פֿאַראַן עטלעכע בעקערס !

Le cordonnier de Khelem a tué sa femme car elle l'a trompé avec le voisin.
Après sept jours et sept nuits de délibération, les Sages l'ont condamné à être pendu. Mais l'un d'eux fait remarquer :
– Si l'on mène à la potence notre seul et unique cordonnier, qui va réparer nos chaussures ?
Après encore sept jours et sept nuits de délibération, les Sages ont tranché :
– Qu'on pende un boulanger, puisqu'à Khelem il y en a plusieurs !

152

Der rov bazukht di khelemer tfise.
Ale tfisenikes taynen az zey zitsn umzist, bloyz eyner halt zikh far a shuldikn. Brengt der rov dem inyen far di Khakhomim. Nokh zibn teg un zibn nekht bashlisn zey :
– In Khelem darf men hobn tsvey tfises,

דער רבֿ באַזוכט די כעלעמער תּפֿיסה.
אַלע תּפֿיסהניקעס טענהן אַז זיי זיצן אומזיסט, בלויז איינער האַלט זיך פֿאַר אַ שולדיקן. ברענגט דער רבֿ דעם ענין פֿאַר די חכמים. נאָך זיבן טעג און זיבן נעכט, באַשליסן זיי :
– אין כעלעם דאַרף מען האָבן צוויי תּפֿי-

Chapitre 5 — Kapitl 5 — קאַפּיטל 5
Khelem-Bêtise — Khelemer-Narishkeyt — כעלעמער-נאַרישקייט

eyne far di shuldike un eyne far di vos zenen umshuldik bashtroft !

סות, איינע פֿאַר די שולדיקע און איינע פֿאַר די וואָס זענען אומשולדיק באַשטראָפֿט !

Le rabbin visite la prison de Khelem. Tous les prisonniers soutiennent qu'ils sont là sans raison. Un seul se reconnait coupable.
Le rabbin soumet le problème aux Sages.
Après avoir délibéré sept jours et sept nuits, ils décident :
– A Khelem, il nous faut deux prisons : l'une pour les coupables et l'autre pour les innocents !

ווען אַ כעלעמער באַטראַכט זיך, קומט אַרויס צום סוף אַן אומזיניקייט.

Ven a khelemer batrakht zikh, kumt aroys tsum sof an umzinikeyt.

Quand un khelemer réfléchit, il en résulte finalement un non-sens.

153

A Yid kumt tsum rebn :
– Rebe, mayn vayb ken nisht hobn keyn kinder.
– Ven hostu khasene gehat ?
– Shoyn zeks khadoshim, Rebe.
– Nu, a bisl geduld !
– Ober Rebe, ikh muz aykh zogn, az mayn tate hot oykh nisht gehat keyn kinder, un mayn zeyde oykh nisht.
– Oyb azoy, fun vanen kumstu ?
– Ikh ? Ikh kum fun Khelem !

אַ ייִד קומט צום רבין :
– רבי, מײַן ווײַב קען נישט האָבן קיין קינדער.
– ווען האָסטו חתונה געהאַט ?
– שוין זעקס חדשים, רבי.
– נו, אַ ביסל געדולד !
– אָבער רבי, איך מוז אײַך זאָגן, אַז מײַן טאַטע האָט אויך נישט געהאַט קיין קינדער, און מײַן זיידע אויך נישט.
– אויב אַזוי, פֿון וואַנען קומסטו ?
– איך ? איך קום פֿון כעלעם !

Un Juif vient voir le rabbin :
– Rabbi, ma femme ne peut pas avoir d'enfant.*
– Depuis quand êtes-vous mariés ?
– Déjà six mois, Rabbi.
– Allons, un peu de patience !
– Oui mais Rabbi, il faut que je vous dise : mon père n'a pas eu d'enfants et mon grand-père non plus !
– Si c'est comme ça, d'où viens-tu ?
– Moi ? Je viens de Khelem !

Chapitre 5	Kapitl 5	קאַפּיטל 5
Khelem-Bêtise	Khelemer-Narishkeyt	כעלעמער־נאַרישקייט

154

In Khelem, a shtot fun Khakhomim, iz a bord a simen oyf seykhl. A khelemer kumt tsum rebn. Er batrakht mit kine di lange vayse bord un fregt :
– Rebe, far vos hob ikh, bay mayn elter, nisht keyn bord ?
– Dos iz a yerushe-zakh : oyb dayn tate hot nisht keyn bord, vestu oykh nisht hobn.
– Ober Rebe, mayn tate hot a sheyne lange bord !
– Nu, kumt es fun der mames tsad.
"Oy vos far a Khokhem, trakht der Yid, mayn mame hot take nisht keyn bord !"

אין כעלעם, אַ שטאָט פֿון חכמים, איז אַ באָרד אַ סימן אויף שׂכל. אַ כעלעמער קומט צום רבין. ער באַטראַכט מיט קינאה די לאַנגע װײַסע באָרד און פֿרעגט :
– רבי, פֿאַר װאָס האָב איך, בײַ מײַן עלטער, נישט קיין באָרד ?
– דאָס איז אַ ירושה־זאַך : אויב דײַן טאַטע האָט נישט קיין באָרד, װעסטו אויך נישט האָבן.
– אָבער רבי, מײַן טאַטע האָט אַ שיינע לאַנגע באָרד !
– נו קומט עס פֿון דער מאַמעס צד.
,,אוי װאָס פֿאַר אַ חכם, טראַכט דער ייִד, מײַן מאַמע האָט טאַקע נישט קיין באָרד !"

A Khelem, ville de Sages, avoir une barbe est signe de sagesse. Un khelemer* va voir le rabbin, contemple avec envie sa longue barbe blanche et demande :
– Rabbi, pourquoi est-ce que moi, à mon âge, je n'ai pas de barbe ?
– C'est une question d'hérédité : si ton père n'a pas de barbe, tu n'en auras pas non plus.
– Mais Rabbi, justement, mon père a une belle et longue barbe !
– Alors cela vient du côté de ta mère.
« Oh, quel Sage, pense notre homme, c'est vrai que ma mère n'a pas de barbe ! »

155

Yosl krigt a briv. In konvert ligt bloyz a bletl vays papir.
Er dreyt es ahin, er dreyt es aher un er klert arayn :
– Ot, itst veys ikh shoyn ! Dem briv hot mayn bruder geshikt : mir zaynen broygez !

יאָסל קריגט אַ בריוו. אין קאָנװערט ליגט בלויז אַ בלעטל װײַס פּאַפּיר. ער דרייט עס אַהין, ער דרייט עס אַהער און ער קלערט אַרײַן :
– אָט, איצט װייס איך שוין ! דעם בריוו האָט מײַן ברודער געשיקט : מיר זײַנען ברוגז !

Chapitre 5 Kapitl 5 קאַפּיטל 5
Khelem-Bêtise Khelemer-Narishkeyt כעלעמער-נאַרישקייט

*Yosl * reçoit une lettre. Dans l'enveloppe, une simple feuille de papier blanc. Il la tourne et la retourne dans tous les sens :*
– Ça y est, je sais ! Cette lettre, c'est mon frère qui l'a envoyée : nous sommes fâchés !

156

Me fregt a khelemer :
– Ven a hunt iz tsufridn, far vos makht er mitn veydl ?
– Vayl der hunt iz shtarker ! Volt der veydl geven shtarker, volt er geshoklt dem hunt !

מע פֿרעגט אַ כעלעמער :
– ווען אַ הונט איז צופֿרידן, פֿאַר וואָס מאַכט ער מיטן ווידל ?
– ווײַל דער הונט איז שטאַרקער ! וואָלט דער ווידל געווען שטאַרקער, וואָלט ער געשאָקלט דעם הונט !

On demande à un khelemer :*
– Quand un chien est content, pourquoi remue-t'il la queue ?
– Parce que c'est le chien qui est le plus fort ! Si c'était la queue la plus forte, c'est elle qui remuerait le chien !

157

In Khelem khapt men a fremdn ganev un me firt im in tfise. Oyfn veg derzet er fun der vaytns a kretshme. Heybt er on tsu krekhtsn :
– Oy ! S'iz mir shlekht ! Oy ! Dos harts khalesht mir !
Der bagleyter krigt rakhmones. Er firt im tsu biz der kretshme :
– Nu, geyt arayn un khapt epes in moyl arayn. Ikh vel do vartn oyf aykh.
In eyn oygnblik, geyt der ganev arayn un antloyft bald fun hintn...
Ober me khapt im vider a mol, un vider a mol firt im der zelber vekhter in tfise. Vider a mol, bay der kretshme nemt er krekhtsn :
– Oy ! S'iz mir shlekht ! Oy ! Dos harts khalesht mir !

אין כעלעם כאַפּט מען אַ פֿרעמדן גנבֿ און מע פֿירט אים אין תּפֿיסה. אויפֿן וועג דערזעט ער פֿון דער ווײַטנס אַ קרעטשמע. הייבט ער אָן צו קרעכצן :
– אוי ! ס'איז מיר שלעכט ! אוי ! דאָס האַרץ חלשט מיר !
דער באַגלייטער קריגט רחמנות. ער פֿירט אים צו ביז דער קרעטשמע :
– נו, גייט אַרײַן און כאַפּט עפּעס אין מויל אַרײַן. איך וועל דאָ וואַרטן אויף אײַך.
אין איין אויגנבליק, גייט דער גנבֿ אַרײַן און אַנטלויפֿט באַלד פֿון הינטן...
אָבער מע כאַפּט אים ווידער אַ מאָל, און ווידער אַ מאָל פֿירט אים דער זעלבער וועכטער אין תּפֿיסה. ווידער אַ מאָל בײַ דער קרעטשמע נעמט ער קרעכצן :
– אוי ! ס'איז מיר שלעכט ! אוי ! דאָס האַרץ חלשט מיר !

Zogt der shoymer, mit a fifik shmeykhl :
– Dos mol vet ir mikh nisht opnarn ! Itst vet ir do vartn, un ikh vel aykh brengen epes tsu khapn a bis !

זאָגט דער שומר מיט אַ פֿיפֿיק שמייכל :
– דאָס מאָל וועט איר מיך נישט אָפּנאַרן ! איצט וועט איר דאָ וואַרטן, און איך וועל אײַך ברענגען עפּעס צו כאַפּן אַ ביס !

On arrête à Khelem un voleur étranger à la ville et on le conduit en prison. En chemin, il aperçoit de loin une auberge. Il se met alors à geindre :
– Oy ! Je me sens mal ! Oy ! Je meurs de faim, je vais m'évanouir !
Le garde prend pitié et l'accompagne jusqu'à l'auberge :
– Bon, allez chercher quelque chose à manger. Je vous attends ici.
En un rien de temps, le voleur entre dans l'auberge et s'enfuit aussitôt par derrière...
Mais on le rattrape, et à nouveau le même garde le conduit en prison. A nouveau, près de l'auberge, il se met à gémir :
– Oy ! Je me sens mal ! Oy ! Je meurs de faim, je vais m'évanouir !
Alors le garde réplique, avec un petit sourire futé :
– Cette fois-ci, vous ne m'aurez pas ! C'est vous qui allez m'attendre, et c'est moi qui vous apporterai quelque chose à manger !

158

An oremer khelemer farmogt an eyzl. Er git im vos a mol vintsiker tsu esn, kedey ayntsubrengen gelt. Avade vert dos eyzl yedn tog shvakher un shvakher, biz es peygert...
– Oy a brokh ! Klogt zikh der khelemer. Punkt ven es hot zikh shoyn tsugevoynt tsu arbetn kemat oyfn nikhtern mogn !

אַן אָרעמער כעלעמער פֿאַרמאָגט אַן אייזל. ער גיט אים וואָס אַ מאָל ווינציקער צו עסן, כּדי אײַנצוברענגען געלט. אוודאי ווערט דאָס אייזל יעדן טאָג שוואַכער און שוואַ-כער, ביז עס פּגרט...
– אוי אַ בראָך ! קלאָגט זיך דער כעלעמער. פּונקט ווען עס האָט זיך שוין צוגעוווינט צו אַרבעטן כּמעט אויפֿן ניכטערן מאָגן !

Un miséreux de Khelem possède un âne. Il le nourrit de moins en moins, afin de faire des économies. Bien entendu, l'âne s'affaiblit de jour en jour, jusqu'au jour où il meurt...
– Oy ! Quelle catastrophe ! Gémit le khelemer. Juste quand il était enfin habitué à travailler avec presque rien dans le ventre !*

Chapitre 5 Kapitl 5 קאַפּיטל 5
Khelem-Bêtise Khelemer-Narishkeyt כעלעמער-נאַרישקייט

159

A khelemer zitst oyf a bank un er est broyt. Ven er hot shoyn oyfgegesn a halb broyt, nemt er zikh tsu der tsveyter helft. Ober er iz alts nisht zat. Nemt er a beygele, est es oyf in gantsn un iz shoyn mer nisht hungerik. Dan trakht er :

"Vos far a nar ikh bin ! Volt ikh bald oyfgegesn dem beygl, volt ikh farshshport oyftsuesn a gants broyt !"

אַ כעלעמער זיצט אויף אַ באַנק און ער עסט ברויט. ווען ער האָט שוין אויפֿגעגעסן אַ האַלב ברויט, נעמט ער זיך צו דער צווייטער העלפֿט. אָבער ער איז אַלץ נישט זאַט. נעמט ער אַ בייגעלע, עסט עס אויף אין גאַנצן און איז שוין מער נישט הונגעריק. דאַן טראַכט ער :

„וואָס פֿאַר אַ נאַר איך בין ! וואָלט איך באַלד אויפֿגעגעסן דעם בייגל, וואָלט איך פֿאַרשפּאָרט אויפֿצועסן אַ גאַנץ ברויט !"

Un khelemer est assis sur un banc et il mange du pain. Lorsqu'il a dévoré la moitié d'un pain, il s'en prend à la deuxième moitié. Mais il n'est toujours pas rassasié. Il prend alors un petit pain, le mange en entier et enfin il n'a plus faim. À ce moment-là, il se dit :*

« Qu'est-ce que je suis bête ! Si j'avais commencé par ce petit pain, j'aurais économisé tout un pain ! »

160

Tsvey khelemer forn durkh a vald oyf a fur, ober a gefalener boym ligt oyfn veg. Zey darshenen mer vi a sho, biz es kumen on tsvey Polyakn, oykh oyf a fur. On a kler, trogn zey avek dem boym oyf der zayt, un forn vayter... Zogt a khelemer tsum tsveytn :

– Avade ! Mit koyekh...

Muser-askl : a mol iz beser koyekh vi moyekh !

צוויי כעלעמער פֿאָרן דורך אַ וואַלד אויף אַ פֿור, אָבער אַ געפֿאַלענער בוים ליגט אויפֿן וועג. זיי דרשענען מער ווי אַ שעה, ביז עס קומען אָן צוויי פּאָליאַקן, אויך אויף אַ פֿור. אָן אַ קלער, טראָגן זיי אַוועק דעם בוים אויף דער זײַט, און פֿאָרן ווײַטער...

זאָגט אַ כעלעמער צום צווייטן :

— אוודאי ! מיט כּוח...

מוסר-השׂכּל : אַ מאָל איז בעסער כּוח ווי מוח !

Deux khelemer traversent un bois sur une charrette, mais un arbre, tombé en travers du chemin, leur barre la route. Ils tiennent conseil pendant plus d'une heure pour trouver une solution, jusqu'à ce qu'arrivent deux Polonais, eux aussi sur une charrette. Sans prendre le temps de réfléchir, ils transportent le tronc d'arbre sur le bas-côté et continuent leur chemin.*

Chapitre 5 | Kapitl 5 | קאַפּיטל 5
Khelem-Bêtise | Khelemer-Narishkeyt | כעלעמער-נאַרישקייט

Alors l'un des khelemer dit à l'autre :
– Evidemment ! Avec de la force...

Morale de l'histoire : parfois des bras valent mieux que débat !

<u>*161*</u>

Me fregt a khelemer :
– Loyt ayer meynung, vos iz vikhtiker, di zun tsi di levone ?
– Di levone, avade !
– Far vos ?
– Vayl zi shaynt banakht, ven me zet gornisht in der finster. Di zun shaynt bay tog, ven es iz say vi say likhtik !

מע פֿרעגט אַ כעלעמער :
– לויט אײַער מיינונג, וואָס איז וויכטיקער, די זון צי די לבֿנה ?
– די לבֿנה, אוודאי !
– פֿאַר וואָס ?
– ווײַל זי שײַנט בײַ נאַכט, ווען מע זעט גאָרנישט אין דער פֿינסטער. די זון שײַנט בײַ טאָג, ווען עס איז סײַ ווי סײַ ליכטיק !

On demande à un khelemer :
– D'après vous, qu'est-ce qui est plus important, le soleil ou la lune ?
– La lune, bien sûr !
– Pourquoi ?
– Parce qu'elle brille la nuit, quand on ne voit rien dans le noir ! Le soleil, lui, il brille dans la journée, quand il fait clair de toute façon !

<u>*162*</u>

In Amerike flegt men lozn di farmishpete layt oysklaybn tsvishn dem elektrishn shtul un der tlie.
A Sitsilyaner un a khelemer vartn. Me fregt dem Sitsilyaner :
– Dem elektrishn shtul tsi di tlie ?
– Dem elektrishn shtul.
Me bindt im tsu oyfn shtul un me kvetsht arop dem oysshliser. A nes iz geshen... Di mashin iz kalye gevorn. Al-pi gezets, vert der Sitsilyaner bafrayt. Er geyt aroys, un ven er geyt adurkh lebn dem khelemer, shushket er :
– Der elektrisher shtul iz kalye !
A bisl shpeter, kumt men nokh dem

אין אַמעריקע פֿלעגט מען לאָזן די פֿאַר-משפּטע לײַט אויסקלײַבן צווישן דעם עלעקטרישן שטול און דער תּליה.
אַ סיציליאַנער און אַ כעלעמער וואַרטן. מע פֿרעגט דעם סיציליאַנער :
– דעם עלעקטרישן שטול צי די תּליה ?
– דעם עלעקטרישן שטול.
מע בינדט אים צו אויפֿן שטול און מע קוועטשט אַראָפּ דעם אויסשליסער. אַ נס איז געשען... די מאַשין איז קאַליע געוואָרן. על-פּי געזעץ, ווערט דער סיציליאַנער באַפֿרײַט. ער גייט אַרויס און ווען ער גייט אַדורך לעבן דעם כעלעמער, שושקעט ער :
– דער עלעקטרישער שטול איז קאַליע !
אַ ביסל שפּעטער, קומט מען נאָך דעם

Chapitre 5 Kapitl 5 קאַפּיטל 5
Khelem-Bêtise Khelemer-Narishkeyt כעלעמער-נאַרישקייט

khelemer :
– Dem elektrishn shtul tsi di tlie?
Entfert der khokhem :
– Ikh hob gehert az di mashin iz kalye gevorn. To, zol zayn di tlie !

כעלעמער :
– דעם עלעקטרישן שטול צי די תּליה ?
ענטפֿערט דער חכם :
– איך האָב געהערט אַז די מאַשין איז קאַ-ליע געוואָרן. טאָ, זאָל זייַן די תּליה !

En Amérique on laissait le choix aux condamnés à mort entre la chaise électrique et la potence. Un Sicilien et un khelemer attendent.*
On demande d'abord au Sicilien :
– La chaise électrique ou la potence ?
– La chaise électrique.
On l'installe sur la chaise, on abaisse l'interrupteur. Ô miracle ! La machine est en panne. Conformément à la loi, le Sicilien est libéré. Il sort et lorsqu'il passe près du khelemer, il chuchote :
– La chaise électrique est en panne !
Un peu plus tard, on vient chercher le khelemer.
– La chaise électrique ou la potence ? Et ce gros malin de répondre :
– Il paraît que la machine est en panne. Alors, va pour la potence !

ווען אַ כעלעמער באַטראַכט זיך נישט, איז אויך נישט בעסער.

Ven a khelemer batrakht zikh nisht, iz oykh nisht beser.

Quand un khelemer ne réfléchit pas, ce n'est pas mieux.

163

A khelemer hot tsu ton in Varshe. Plutsthalbn, shtelt er zikh op bay a vayzfentster.
"Oy, a bild fun mayn tatn !"
Er koyft dem shpigl, brengt im aheym un trogt im aroyf oyfn boydem. Un yedn tog geyt er aroyf un redt tsu zayn tatn. Dos vayb iz farkhidesht. A mol, beys er iz nisht in der heym, geyt zi aroyf :
– Aha ! Tsu ir geyt er es aroyf yedn tog !

אַ כעלעמער האָט צו טאָן אין וואַרשע. פּלוצטהאַלבן, שטעלט ער זיך אָפּ ביי אַ ווייַזפֿענצטער.
„אוי, אַ בילד פֿון מייַן טאַטן !“
ער קויפֿט דעם שפּיגל, ברענגט אים אַהיים און טראָגט אים אַרויף אויפֿן בוידעם. און יעדן טאָג גייט ער אַרויף און רעדט צו זייַן טאַטן. דאָס ווייַב איז פֿאַרחידושט. אַ מאָל, בעת ער איז נישט אין דער היים, גייט זי אַרויף :
– אַהאַ ! צו איר גייט ער עס אַרויף יעדן טאָג !

Chapitre 5 | Kapitl 5 | קאַפּיטל 5
Khelem-Bêtise | Khelemer-Narishkeyt | כעלעמער-נאַרישקייט

Zi klogt zikh far der mamen. Di mame kumt arop mit a shmeykhl :
– Makh zikh nisht keyn tsores, s'iz an alte Yidene !
Fun dest vegn rufn zey a politsyant. Ven er kumt tsurik arop, iz er in kas :
– Far vos hot ir mikh gerufn ? Oybn iz shoyn do a kolege !

זי קלאָגט זיך פֿאַר דער מאַמען. די מאַמע קומט אַראָפּ מיט אַ שמייכל :
– מאַך זיך נישט קיין צרות, ס'איז אַן אַלטע ייִדענע !
פֿון דעסט וועגן רופֿן זיי אַ פּאָליציאַנט. ווען ער קומט צוריק אַראָפּ, איז ער אין כּעס :
– פֿאַר וואָס האָט איר מיך גערופֿן ? אויבן איז שוין דאָ אַ קאָלעגע !

Un khelemer marche dans une rue de Varsovie. Soudain, il tombe en arrêt devant une vitrine.*
« Oh, le portrait de mon père ! »
Il achète le miroir, le rapporte à la maison et le monte au grenier. Et chaque jour, il monte parler à son père.
Sa femme est intriguée. Un jour où il n'est pas là, elle monte :
– Aha ! C'est pour elle qu'il monte chaque jour !
Elle se plaint auprès de sa mère. Sa mère redescend avec un sourire :
– Ne t'en fais pas, c'est une vieille femme !
Toutefois elles appellent un policier.
Lorsqu'il redescend, il dit avec colère :
– Pourquoi m'avez-vous fait venir ? Là-haut, il y a déjà un collègue !

164

A khelemer fort keyn Lublin.
Ven er geyt aroyf oyf der drozhke, halt er di tsvey vayzfinger opgerukt a tsvantsik tsentimeter eynem fun andern. A Yidene hot rakhmones :
– Shoyn lang zenen ayere hent paralizirt ?
– Paralizirt ? Tfu tfu tfu!
Khas-vekholile ! Mayn vayb hot mir geheysn koyfn far ir a por shikh in Lublin.
– Nu, far vos halt ir azoy di hent ?
– Vayl dos iz di mos fun di fis ire !

אַ כעלעמער פֿאָרט קיין לובלין.
ווען ער גייט אַרויף אויף דער דראָזשקע, האַלט ער די צוויי ווײַזפֿינגער אָפּגערוקט אַ צוואַנציק צענטימעטער איינעם פֿון אַנדערן. אַ ייִדענע האָט רחמנות :
– שוין לאַנג זענען אײַערע הענט פּאַראַליזירט ?
– פּאַראַליזירט ? טפֿו טפֿו טפֿו !
חס-וחלילה ! מײַן ווײַב האָט מיר געהייסן קויפֿן פֿאַר איר אַ פּאָר שיך אין לובלין.
– נו, פֿאַר וואָס האַלט איר אַזוי די הענט ?
– ווײַל דאָס איז די מאָס פֿון די פֿיס אירע !

| Chapitre 5 | Kapitl 5 | קאַפּיטל 5 |
| Khelem-Bêtise | Khelemer-Narishkeyt | כעלעמער־נאַרישקייט |

Un khelemer se rend à Lublin. Lorsqu'il monte dans la diligence, il maintient ses deux index écartés d'une vingtaine de centimètres. Une femme s'apitoie :
– Il y a longtemps que vos mains sont paralysées ?
– Paralysées ? Ptou ptou ptou ! Dieu m'en préserve ! Ma femme m'a demandé de lui acheter une paire de chaussures à Lublin.
– Et alors, pourquoi gardez-vous les mains comme ça ?
– Parce que c'est la taille de ses pieds !

165

Moyshe shpatsirt mit a khelemer. Mit a mol heybt on regenen.
– Far vos efnt ir nisht oyf dem shirem ? Entfert der khelemer :
– S'vet nisht helfn, mayn shirem iz ful mit lekher !
– Oyb azoy, far vos hot ir im mit-genumen ?
– Ikh hob zikh nisht gerekhnt az s'vet regenen !

משה שפּאַצירט מיט אַ כעלעמער. מיט אַ מאָל הייבט אָן רעגענען.
— פֿאַר וואָס עפֿנט איר נישט אויף דעם שירעם ? ענטפֿערט דער כעלעמער :
— ס׳וועט נישט העלפֿן, מײַן שירעם איז פֿול מיט לעכער !
— אויב אַזוי, פֿאַר וואָס האָט איר אים מיט־גענומען ?
— איך האָב זיך נישט גערעכנט אַז ס׳וועט רעגענען !

Moyshe se promène avec un khelemer*. Soudain il se met à pleuvoir.
– Pourquoi n'ouvrez-vous pas votre parapluie ? Le khelemer répond :
– Ça ne servirait à rien, mon parapluie est plein de trous !
– Alors, pourquoi l'avez-vous pris ?
– Je ne pensais pas qu'il pleuvrait !

166

In a shtetl nisht vayt fun Khelem, kukn tsvey Yidenes tsum himl :
– Ikh zog aykh az dos iz di zun !
– Beshum-oyfn nisht, dos iz di levone !
– Di zun !
– Di levone !
– Vos darf men zikh krign ? Ot punkt kumt a froy, zi vet undz bald zogn :
"Zayt mir moykhl, loyt ayer meynung,

אין אַ שטעטל נישט ווײַט פֿון כעלעם, קוקן צוויי ייִדענעס צום הימל :
— איך זאָג אײַך אַז דאָס איז די זון !
— בשום־אופֿן נישט, דאָס איז די לבֿנה !
— די זון !
— די לבֿנה !
— וואָס דאַרף מען זיך קריגן ? אָט פּונקט קומט אַ פֿרוי, זי וועט אונדז באַלד זאָגן :
,,זײַט מיר מוחל, לויט אײַער מיינונג,

Chapitre 5 Kapitl 5 5 קאַפּיטל
Khelem-Bêtise Khelemer-Narishkeyt כעלעמער-נאַרישקייט

vos zet men oybn in himl, di zun tsi di levone ? ”
– Ikh veys nisht, ikh bin nisht fun hi, ikh bin fun Khelem !

וואָס זעט מען אויבן אין הימל, די זון צי די לבֿנה ?“
– איך ווייס נישט, איך בין נישט פֿון הי, איך בין פֿון כעלעם !

Dans un petit village, pas loin de Khelem, deux commères observent le ciel :
– Je vous dis que c'est le soleil !
– Jamais de la vie, c'est la lune !
– Le soleil !
– La lune !
– Pourquoi se disputer ? Voilà justement une femme qui va nous dire ça tout de suite : « Excusez-moi madame, d'après vous, dans le ciel là-haut, c'est le soleil ou c'est la lune ? »
– Je ne sais pas moi, je ne suis pas d'ici, je suis de Khelem !

167

A khelemer geyt oyfn veg mit a shver pekl oyf der pleytse. Er toptshet zikh koym un koym. A poyer fort adurkh un heyst im aroyfkrikhn oyf der fur. Der khelemer badankt, er zetst zikh anider, nor er halt alts dos shvere pekl oyf der pleytse. Zogt der poyer :
– Lozt arop ayer pekl !
Entfert der khokhem :
– Neyn ! Ikh hob moyre az s'vet zayn tsu shver farn ferd !

אַ כעלעמער גייט אויפֿן וועג מיט אַ שווער פּעקל אויף דער פּלייצע. ער טאָפּטשעט זיך קוים און קוים. אַ פּויער פֿאָרט אַדורך און הייסט אים אַרויפֿקריכן אויף דער פֿור. דער כעלעמער באַדאַנקט, ער זעצט זיך אַנידער, נאָר ער האַלט אַלץ דאָס שווערע פּעקל אויף דער פּלייצע. זאָגט דער פּויער :
– לאָזט אַראָפּ אײַער פּעקל !
ענטפֿערט דער חכם :
– ניין ! איך האָב מורא אַז ס׳וועט זײַן צו שווער פֿאַרן פֿערד !

Un khelemer avance péniblement sur la route, portant une lourde charge sur le dos.*
Un paysan s'arrête et le fait grimper sur sa charrette. Le khelemer remercie et s'assied, mais il garde toujours son pesant fardeau sur le dos.
Le paysan lui dit :
– Posez donc votre sac !
Alors le gros malin de répondre :
– Non ! J'ai peur que ce soit trop lourd pour le cheval !

Chapitre 5 — Kapitl 5 — קאַפּיטל 5
Khelem-Bêtise — Khelemer-Narishkeyt — כעלעמער-נאַרישקייט

168

Tsvey khelemer geyen aroys fun shul.
– Host gehert undzer nayem khazn vi herlekh er zingt ?
– Herlekh, shmerlekh ! Volt ikh gehat zayn kol, volt ikh oykh gezungen azoy herlekh !

צוויי כעלעמער גייען אַרויס פֿון שול.
– האָסט געהערט אונדזער נײַעם חזן ווי הערלעך ער זינגט ?
– הערלעך, שמערלעך ! וואָלט איך געהאַט זײַן קול, וואָלט איך אויך געזונגען אַזוי הערלעך !

Deux khelemer sortent de la synagogue.*
– Tu as entendu ça comme il chante à merveille, notre nouveau chantre ?
– Merveille, shmerveille ! Si j'avais sa voix, moi aussi je chanterais à merveille !

169

Nayn khelemer hobn zikh gebodn in taykh. Aroys fun vaser, tseyln zey zikh iber, kedey tsu zayn zikher az keyner felt nisht. Eyner tseylt : nisht eyns, nisht tsvey, nisht dray... biz akht.
Er tseylt vider a mol : vider akht. Nemt a tsveyter tseyln : nisht eyns, nisht tsvey, nisht dray... vider akht. Nokh dem tseylt yeder fun zey, un der khezhbm iz take tomid akht. Zey klogn zikh : ver iz dertrunken gevorn ?
Emetser geyt farbay un fregt vos es iz zey. Dan tut er a kuk un zogt :
– Ir zent nisht akht, nor take nayn : yeder hot poshet fargesn zikh aleyn tsu rekhenen ! To, zol yetveder arayn-shtekn di noz in zamd, un tseylt iber di lekher...

נײַן כעלעמער האָבן זיך געבאָדן אין טײַך. אַרויס פֿון וואַסער, ציילן זיי זיך איבער, כּדי צו זײַן זיכער אַז קיינער פֿעלט נישט. איינער ציילט : נישט איינס, נישט צוויי, נישט דרײַ... ביז אַכט.
ער ציילט ווידער אַ מאָל : ווידער אַכט. נעמט אַ צווייטער ציילן : נישט איינס, נישט צוויי, נישט דרײַ... ווידער אַכט. נאָך דעם ציילט יעדער פֿון זיי, און דער חשבון איז טאַקע תּמיד אַכט. זיי קלאָגן זיך : ווער איז דערטרונקען געוואָרן ?
עמעצער גייט פֿאַרבײַ און פֿרעגט וואָס עס איז זיי. דאַן טוט ער אַ קוק און זאָגט :
– איר זענט נישט אַכט, נאָר טאַקע נײַן : יעדער האָט פּשוט פֿאַרגעסן זיך אַליין צו רעכענען ! טאָ, זאָל יעטוועדער אַרײַנ-שטעקן די נאָז אין זאַמד, און ציילט איבער די לעכער...

Neuf khelemer se sont baignés dans la rivière. Quand ils sortent de l'eau, ils se comptent pour s'assurer que personne ne manque. L'un deux compte : un, deux, trois... jusqu'à huit. Il recompte : encore huit. Un second se met à compter : un, deux, trois... Toujours huit. Puis chacun d'eux compte, et le*

Chapitre 5 Kapitl 5 קאַפּיטל 5
Khelem-Bêtise Khelemer-Narishkeyt כעלעמער-נאַרישקייט

*résultat est immanquablement huit. Ils se lamentent : qui s'est noyé ?
Un quidam qui passe par là demande ce qui leur arrive. Puis il jette un rapide coup d'œil et dit :
– Vous n'êtes pas huit, mais bel et bien neuf : chacun a tout simplement oublié de se compter soi-même ! Enfoncez donc tous votre nez dans le sable et comptez les trous…*

170

In Khelem, heyst a soykher zayn dinst zi zol geyn opshikn a briv. Zi kumt tsurik mitn gelt fun postmarke.
– Un di marke ?
– Ikh bin nisht keyn nar ! Ikh hob zikh arumgekukt, un az ikh hob keynem nisht gezen, hob ikh oyf gikh arayngevorfn dem briv in brivkastn !

אין כעלעם, הייסט אַ סוחר זײַן דינסט זי זאָל גיין אָפּשיקן אַ בריוו. זי קומט צוריק מיטן געלט פֿון פּאָסטמאַרקע.
– און די מאַרקע ?
– איך בין נישט קיין נאַר ! איך האָב זיך אַרומגעקוקט, און אַז איך האָב קיינעם נישט געזען, האָב איך אויף גיך אַרײַנגעוואָרפֿן דעם בריוו אין בריווקאַסטן !

*A Khelem, un commerçant envoie sa bonne poster une lettre. Elle revient avec l'argent du timbre postal.
– Et le timbre ?
– Je ne suis pas idiote ! J'ai bien regardé de tous les côtés, et comme je n'ai vu personne, j'ai vite jeté la lettre dans la boîte à lettres !*

171

Es iz bald shabes in Khelem. Der shames muz arumgeyn in shtot, gebn tsu visn az s'iz shoyn tsayt tsu geyen in shul. Er kukt aroys durkhn fentster : es geyt a shney.
– A shod kalye tsu makhn aza sheynem vaysn tepekh ! Zogt er tsum rov.
Heyst der rov az dray fun di mener vos shoklen zikh, zoln oyfhern davenen :
– Itst muzt ir trogn dem shames iber di gasn !

עס איז באַלד שבת אין כעלעם. דער שַמשׂ מוז אַרומגיין אין שטאָט, געבן צו וויסן אַז ס'איז שוין צײַט צו גיין אין שול. ער קוקט אַרויס דורכן פֿענצטער : עס גייט אַ שניי.
– אַ שאָד קאַליע צו מאַכן אַזאַ שיינעם ווײַסן טעפּעך ! זאָגט ער צום רבֿ.
הייסט דער רבֿ אַז דרײַ פֿון די מענער וואָס שאָקלען זיך, זאָלן אויפֿהערן דאַווענען :
– איצט מוזט איר טראָגן דעם שמשׂ איבער די גאַסן !

Chapitre 5	Kapitl 5	5 קאַפּיטל
Khelem-Bêtise	Khelemer-Narishkeyt	כעלעמער-נאַרישקייט

C'est bientôt shabbat à Khelem. Le bedeau doit parcourir la ville pour prévenir qu'il est temps d'aller à la synagogue. Il regarde par la fenêtre : il neige.
– Dommage d'abîmer un si joli tapis blanc ! Dit-il au rabbin.
Alors le rabbin ordonne à trois des hommes qui se balancent d'avant en arrière, d'arrêter de prier :
– Il faut maintenant que vous portiez le bedeau à travers les rues !

Chapitre 5	Kapitl 5	קאַפּיטל 5
Khelem-Bêtise	Khelemer-Narishkeyt	כעלעמער-נאַרישקייט

נאַרישקייט

NARISHKEYT

BÊTISE

צו די כעלעמער מעשׂיות האָט מען צוגערעכנט אַלע אַנעקדאָטן מיט נאַראָנים און טיפּשים פֿון
ייִדישן פֿאָלקלאָר. צווישן די העלדן פֿון אַזעלכע אַנעקדאָטן טרעפֿט מען דעם שלומיאל
וואָס איז אָפֿט מאָל אַ תּם מיט צוויי לינקע הענט - דער שטאָטנאַר.
דער שלימזל, דער בטלן און דער לופֿטמענטש זענען אַנדערע פּערסאָנאַזשן פֿון זעלבן מין...
אַזעלכע מעשׂיות זענען אַלוועלטלעכע מעשׂיות. זאָגט דאָך אַ. אײַנסטיין :
,,צוויי זאַכן זענען אָן אַ סוף : דער קאָסמאָס און די מענטשלעכע נאַרישקייט.
וועגן דעם קאָסמאָס בין איך נאָך נישט אין גאַנצן זיכער''.

Tsu di khelemer mayses hot men tsugerekhnt ale anekdotn mit naronim un
tipshim fun yidishn folklor. Tsvishn di heldn fun azelkhe anekdotn treft men
dem shlemil vos iz oft mol a tam mit tsvey linke hent - der shtotnar.
Der shlimazl, der batlen un der luftmentsh zenen andere
personazhn fun zelbn min...
Azelkhe mayses zenen alveltlekhe mayses. Zogt dokh A. Aynstein :
"Tsvey zakhn zenen on a sof : der kosmos un di mentshlekhe narishkeyt.
Vegn dem kosmos bin ikh nokh nisht in gantsn zikher".

*Par extension, ont été assimilées aux histoires de Khelem toutes les histoires
du folklore humoristique juif qui ridiculisent les gens stupides ou simples
d'esprit... Parmi les héros de telles histoires figure le shlemil*, maladroit
souvent simplet, considéré comme l'idiot du village.
Le shlimazl* (qui n'a pas de chance), le batlen* (le pauvre type) et le
luftmentsh (tête en l'air) sont d'autres personnages de la même série...
Ces anecdotes sont universelles. En effet, selon Albert Einstein :
« Deux choses sont infinies : l'univers et la bêtise humaine. En ce qui
concerne l'univers, je n'en ai pas encore acquis la certitude absolue ».*

Chapitre 5 Kapitl 5 קאַפּיטל 5
Khelem-Bêtise Khelemer-Narishkeyt כעלעמער-נאַרישקייט

172

אַ בחור אַ תּם איז גערן צו וויסן ווי ער קען געפֿעלן אַ מיידל. אַ פֿרײַנד גיט אים די עצה, ער זאָל קענען שמועסן וועגן דרײַ וויכטיקע ענינים :

ליבע, משפּחה און פֿילאָזאָפֿיע.

בײַ דער ערשטער געלעגנהייט, ווענדט ער זיך צום מיידל.

ערשטנס — ליבע :

— איר האָט ליב לאָקשן ?

— יאָ, איך האָב זייער ליב לאָקשן !

דערמאָנט ער זיך — משפּחה :

— איר האָט אַ ברודער ?

— ניין, צום באַדויערן, האָב איך נישט קיין ברודער !

פֿרעגט ער ווײַטער, לויט דער דריטער טעמע — פֿילאָזאָפֿיע :

— ווי מיינט איר, וואָלט איר געהאַט אַ ברודער, וואָלט ער ליב געהאַט לאָקשן ?

A bokher a tam iz gern tsu visn vi er ken gefeln a meydl. A fraynd git im di eytse, er zol kenen shmuesn vegn dray vikhtike inyonim :

Libe, mishpokhe un filozofye.

Bay der ershter gelegnheyt, vendt er zikh tsum meydl.

Ershtns – Libe :

– Ir hot lib lokshn ?

– Yo, ikh hob zeyer lib lokshn !

Dermont er zikh – Mishpokhe :

– Ir hot a bruder ?

– Neyn, tsum badoyern, hob ikh nisht keyn bruder !

Fregt er vayter, loyt der driter teme – Filozofye :

– Vi meynt ir, volt ir gehat a bruder, volt er lib gehat lokshn ?

C'est un jeune homme simple d'esprit qui voudrait savoir comment plaire à une jeune fille.

– Il faut savoir l'entretenir de trois choses importantes, lui conseille un ami :

Amour, famille et philosophie.

A la première occasion, le jeune homme s'adresse à la jeune fille :

D'abord – l'amour

– Est ce que vous aimez les pâtes ?

– Oui, j'aime beaucoup les pâtes !

Ah oui – la famille :

– Avez-vous un frère ?

– Non, je n'ai pas de frère, malheureusement !

Et il enchaine avec le troisième thème – la philosophie :

– A votre avis, si vous aviez un frère, est-ce qu'il aimerait les pâtes ?

Chapitre 5 | Kapitl 5 | קאַפּיטל 5
Khelem-Bêtise | Khelemer-Narishkeyt | כעלעמער-נאַרישקייט

מע טרעפֿט נאַראָנים אין אַלערליי מעשׂיות : מעשׂיות פֿון ליבע, אין משפּחות, וועגן פֿילאָזאָפֿיע... און אויך ביי מלאָכות.

Me treft naronim in alerlay mayses : mayses fun libe, in mishpokhes, vegn filozofye… un oykh bay melokhes.

On rencontre des personnages stupides dans toutes sortes d'histoires : histoires d'amour, de scènes familiales, de pseudo-philosophie… et aussi autour des activités professionnelles.

ליבע.

Libe.

Amour.

173

יאָסעלע קומט צו רחלען און דערקלערט איר :
– אוי רחל, איך בין אַזוי פֿאַרליבט אין אײַך ! איך ווייס אוודאי אַז איך בין נישט אַזוי שיין און אזוי פֿעסט ווי מײַן פֿרײַנד יאַנקל ! איך בין נישט אַזוי רײַך און אויך נישט אַזאַ געלערנטער ווי ער איז ! אָבער איר קענט זיך נישט פֿאָרשטעלן ווי טיף פֿאַרליבט איך בין !
– אײַערע ווערטער נעמען מיך באמת אָן בײַם האַרצן, איך בין גאָר-גאָר גערירט...
נאָר... זאָגט מיר, קען איך זיך באַקענען מיט אײַער פֿרײַנד יאַנקלען ?

Yosele kumt tsu Rokhlen un derklert ir :
– Oy Rokhl, ikh bin azoy farlibt in aykh ! Ikh veys avade az ikh bin nisht azoy sheyn un azoy fest vi mayn fraynd Yankl ! Ikh bin nisht azoy raykh un oykh nisht aza gelernter vi er iz ! Ober ir kent zikh nisht forshteln vi tif farlibt ikh bin !
– Ayere verter nemen mikh beemes on baym hartsn, ikh bin gor-gor gerirt…
Nor… zogt mir, ken ikh zikh bakenen mit ayer fraynd Yanklen ?

Yossele vient chez Rachel et lui déclare :*
– Oh Rachel, je suis amoureux fou de vous ! Bien sûr, je sais que je ne suis pas aussi beau ni aussi costaud que mon ami Yankl ! Je ne suis pas aussi riche et je ne suis pas aussi instruit que lui ! Mais vous ne pouvez pas vous imaginer combien je vous aime !*
– Vraiment, vos paroles me vont droit au cœur, je suis profondément touchée… Mais… dites-moi, pourriez-vous me présenter votre ami Yankl ?

Chapitre 5 Kapitl 5 קאַפּיטל 5
Khelem-Bêtise Khelemer-Narishkeyt כעלעמער-נאַרישקייט

אין משפּחות.

In mishpokhes.

En famille.

174

Sure vil zikh oyslernen di yapanishe shprakh. Me fregt ir far vos.
– Mir hobn adoptirt a yapanish kind. Dervayl iz es dray khadoshim alt, nor ven es vet onheybn redn, vil ikh es farshteyn !

שׂרה וויל זיך אויסלערנען די יאַפּאַנישע שפּראַך. מע פֿרעגט איר פֿאַר וואָס.
– מיר האָבן אַדאָפּטירט אַ יאַפּאַניש קינד. דערווײַל איז עס דרײַ חדשים אַלט, נאָר ווען עס וועט אָנהייבן רעדן, וויל איך עס פֿאַרשטיין !

Sarah veut apprendre le japonais. On lui demande pourquoi.
– Nous avons adopté un bébé japonais. Pour l'instant il a trois mois, mais quand il commencera à parler, je veux pouvoir le comprendre !

175

Sure kumt tsu ir tokhter un treft zi a farveynte.
– Oy mame, s'iz mit mir geshen epes oysergeveyntlekhs !
– Dertseyl mir, feygele.
– M'hot ongeklapt in tir. Hob ikh geefnt. A man iz arayn, on a vort...
Er hot mikh arayngeshtupt in shlof-tsimer, on a vort...
Er hot mikh oysgeton, on a vort...
Er hot zikh oysgeton, on a vort...
Er hot zikh geporet mit mir, vi du kenst zikh forshteln, tomid on a vort...
Er hot zikh tsurik ongeton, on a vort...
Un er iz aroys, vayter on a vort...
Vundert zikh di mame :
– Vayter on a vort ? Vet men keyn mol nisht visn far vos er iz gekumen !

שׂרה קומט צו איר טאָכטער און טרעפֿט זי אַ פֿאַרוויינטע.
– אוי מאַמע, ס'איז מיט מיר געשען עפּעס אויסערגעוויינטלעכס !
– דערציייל מיר, פֿייגעלע.
– מ'האָט אָנגעקלאַפּט אין טיר. האָב איך געעפֿנט. אַ מאַן איז אַרײַן אָן אַ וואָרט...
ער האָט מיך אַרײַנגעשטופּט אין שלאָפֿ-צימער, אָן אַ וואָרט...
ער האָט מיך אויסגעטאָן, אָן אַ וואָרט...
ער האָט זיך אויסגעטאָן, אָן אַ וואָרט...
ער האָט זיך געפּאָרעט מיט מיר, ווי דו קענסט זיך פֿאָרשטעלן, תּמיד אָן אַ וואָרט...
ער האָט זיך צוריק אָנגעטאָן, אָן אַ וואָרט.
און ער איז אַרויס, ווײַטער אָן אַ וואָרט...
וווּנדערט זיך די מאַמע :
– ווײַטער אָן אַ וואָרט ? וועט מען קיין מאָל נישט וויסן פֿאַר וואָס ער איז געקומען !

Chapitre 5 Kapitl 5 קאַפּיטל 5
Khelem-Bêtise Khelemer-Narishkeyt כעלעמער-נאַרישקייט

La mère de Rachel arrive chez sa fille et elle la trouve en pleurs.
– Oh maman, il m'est arrivé quelque chose d'incroyable !
– Raconte-moi, ma chérie.
– On a frappé à la porte. J'ai ouvert. Un homme est entré, sans dire un mot…
Il m'a poussée dans la chambre à coucher, sans un mot…
Il m'a déshabillée, sans un mot… Il s'est déshabillé, sans un mot…
Il s'est occupé de moi, comme tu peux l'imaginer, sans un seul mot…
Il s'est rhabillé, sans un mot…
Et il est parti, toujours sans un mot…
La mère s'étonne :
– Toujours sans un mot ? Alors, on ne saura jamais pourquoi il est venu !

176

Dem tog fun ir khasene, zitst Surele farveynt.
– Vos iz, zisinke ? Fregt di mame. Ven ikh hob khasene gehat, hob ikh gelakht, nisht geveynt !
– Ober mamele, du host khasene gehat mitn tatn, nisht mit keyn fremdn !

דעם טאָג פֿון איר חתונה, זיצט שׂרהלע פֿאַרוויינט.
– וואָס איז, זיסינקע ? פֿרעגט די מאַמע. ווען איך האָב חתונה געהאַט, האָב איך געלאַכט, נישט געוויינט !
– אָבער מאַמעלע, דו האָסט חתונה געהאַט מיטן טאַטן, נישט מיט קיין פֿרעמדן !

Le jour de son mariage, Sourele est assise en larmes.
– Qu'est-ce qui se passe ma chérie ? Demande sa mère. Quand moi je me suis mariée, je riais, je n'ai pas pleuré !
– Oui mais toi, ma petite maman, tu t'es mariée avec papa, pas avec un inconnu !

177

– Moyshe, es iz mir kalt. Zay azoy gut, farmakh dos fentster, s'iz aza frost in droysn !
– Zog mir, khakhome eyne, un az ikh vel farmakhn dos fentster, meynstu az s'vet zayn varemer in droysn ?

– משה, עס איז מיר קאַלט. זײַ אַזוי גוט, פֿאַרמאַך דאָס פֿענצטער, ס׳איז אַזאַ פֿראָסט אין דרויסן !
– זאָג מיר, חכמה איינע, און אַז איך וועל פֿאַרמאַכן דאָס פֿענצער, מיינסטו אַז ס׳וועט זײַן וואַרעמער אין דרויסן ?

Chapitre 5 Kapitl 5 קאַפּיטל 5
Khelem-Bêtise Khelemer-Narishkeyt כעלעמער-נאַרישקייט

– Moyshe, j'ai froid. Sois gentil, ferme la fenêtre, il fait un froid de canard dehors !
– Dis-moi grosse maligne, et si je ferme la fenêtre, tu crois qu'il fera plus chaud dehors ?

178

A vayb hot taynes tsu ir man :
– Vos shnorkhtsstu azoy yede nakht ? Du shterst mir dem shlof !
– Heybst shoyn vayter on ? Yene vokh hostu mir gezogt di zelbe zakh. Bin ikh geblibn vakh a gantse nakht un ikh hob nisht gehert dos mindeste shnorkhts !

אַ ווײַב האָט טענות צו איר מאַן :
— וואָס שנאָרכצסטו אַזוי יעדע נאַכט ? דו שטערסט מיר דעם שלאָף !
— הייבסט שוין ווײַטער אָן ? יענע וואָך האָסטו מיר געזאָגט די זעלבע זאַך. בין איך געבליבן וואַך אַ גאַנצע נאַכט און איך האָב נישט געהערט דאָס מינדעסטע שנאָרכץ !

Une femme se plaint à son mari :
– Qu'est-ce que tu as à ronfler comme ça toutes les nuits ? Ça m'empêche de dormir !
– Tu recommences déjà ? La semaine dernière, tu m'as déjà dit la même chose. Alors je suis resté éveillé une nuit entière et je n'ai pas entendu le moindre ronflement !

179

Se regnt, se gist vaser ! Ester bot on der mume Suren zi zol blaybn bay ir shlofn. Di mume geyt aroys fun salon.
Tsvey sho shpeter, klapt men in tir. Sure iz do, in gantsn oysgeveykt.
– Vos iz ? Vundert zikht Ester.
– Ikh bin gegangen zukhn dos nakht-hemd !

סע רעגנט, סע גיסט וואַסער ! אסתּר באָט אָן דער מומע שׂרהן זי זאָל בלײַבן בײַ איר שלאָפֿן. די מומע גייט אַרויס פֿון סאַלאָן.
צוויי שעה שפּעטער, קלאַפּט מען אין טיר. שׂרה איז דאָ, אין גאַנצן אויסגעווייקט.
— וואָס איז ? וווּנדערט זיך אסתּר.
— איך בין געגאַנגען זוכן דאָס נאַכטהעמד !

Il pleut, il tombe des cordes. Esther propose donc à la tante Sarah de rester dormir à la maison. La tante sort du salon. Deux heures plus tard, on frappe à la porte. La tante Sarah est là, trempée jusqu'aux os.
– Qu'est ce qui se passe ? S'étonne Esther.
– Je suis allée chercher ma chemise de nuit !

Chapitre 5 | Kapitl 5 | קאַפּיטל 5
Khelem-Bêtise | Khelemer-Narishkeyt | כעלעמער-נאַרישקייט

180

– Moyshe, ikh bin dayn shokhn fun kegn iber, vil ikh dir gebn an eytse : ven du nemst arum un kushst dayn vayb, vi nekhtn bay nakht, makh tsu di lodn !
– Ze nor vi a mentsh makht zikh narish : ikh hob nekhtn bay nakht gekusht mayn vayb ? Ikh bin afile nisht geven in der heym a gantse vokh !

– משה, איך בין דײַן שכן פֿון קעגן איבער, וויל איך דיר געבן אַן עצה : ווען דו נעמסט אַרום און קושסט דײַן ווײַב, ווי נעכטן בײַ נאַכט, מאַך צו די לאָדן !
– זע נאָר ווי אַ מענטש מאַכט זיך נאַריש : איך האָב נעכטן בײַ נאַכט געקושט מײַן ווײַב ? איך בין אַפֿילו נישט געווען אין דער היים אַ גאַנצע וואָך !

– Moyshe, je suis ton voisin d'en face et je veux te donner un conseil : lorsque tu enlaces et que tu embrasses ta femme comme tu l'as fait hier soir, ferme donc les volets !*
– Qu'est-ce que tu peux être bête : moi j'ai embrassé ma femme hier soir ? Je n'étais même pas chez moi de toute la semaine !

181

Der dokter kumt aroys mit a farzorgt ponem funem tsimer vu es ligt froy Goldsteyn.
– Her Goldsteyn, ikh ken aykh nisht bahaltn az ayer vayb... gefelt mir gornisht.
– Oy Dokter, s'iz shoyn lang az zi gefelt mir nisht !

דער דאָקטער קומט אַרויס מיט אַ פֿאַרזאָרגט פּנים פֿונעם צימער וווּ עס ליגט פֿרוי גאָלדשטיין.
– הער גאָלדשטיין, איך קען אײַך נישט באַהאַלטן אַז אײַער ווײַב... געפֿעלט מיר גאָרנישט.
– אוי דאָקטער, ס'איז שוין לאַנג אַז זי געפֿעלט מיר נישט !

Le docteur sort de la chambre de madame Goldstein, avec un air soucieux :
– Monsieur Goldstein, je ne peux pas vous cacher que votre femme... ne me plaît pas du tout !
– Oy Docteur, moi, ça fait longtemps qu'elle ne me plaît pas !

182

Sure vil zikh koyfn a keyver oyfn besoylem. Der ongeshtelter zogt ir :
– Se blaybt nisht keyn sakh erter, bloyz etlekhe lebn der ozere bay dem

שׂרה וויל זיך קויפֿן אַ קבֿר אויפֿן בית־עולם. דער אָנגעשטעלטער זאָגט איר :
– סע בלײַבט נישט קיין סך ערטער, בלויז עטלעכע לעבן דער אָזערע בײַ דעם

Chapitre 5 Kapitl 5 קאַפּיטל 5
Khelem-Bêtise Khelemer-Narishkeyt כעלעמער-נאַרישקייט

"goldenem breg", vi me ruft im. Vayl dortn iz an oysergeveyntlekh ort : shtil, mit vaser-lilyes, veynendike verbes, fishelekh, feygelekh... A zeyer glustik ort. Avade kost es tayer, ober se loynt zikh ! S'rov hobn gekoyft shmatologn, vayl me darf hobn a gute parnose !
– Dos iz nit keyn problem : ikh bin aleyn a shmatolog ! Ober... punkt baym vaser, mit mayn revmatizm... Ikh muz fregn mayn revmatolog !

„גאָלדענעם ברעג“, ווי מע רופֿט אים. ווײַל דאָרטן איז אַן אויסערגעוויינטלעך אָרט : שטיל, מיט וואַסער-ליליעס, וויינענדיקע ווערבעס, פֿישעלעך, פֿייגעלעך... אַ זייער גלוסטיק אָרט. אַוודאי קאָסט עס טײַער, אָבער סע לוינט זיך ! ס'רובֿ האָבן געקויפֿט שמאַטאָלאָגן, ווײַל מע דאַרף האָבן אַ גוטע פּרנסה !
– דאָס איז נישט קיין פּראָבלעם : איך בין אַליין אַ שמאַטאָלאָג ! אָבער... פּונקט בײַם וואַסער, מיט מײַן רעוומאַטיזם... איך מוז פֿרעגן מײַן רעוומאַטאָלאָג !

Sarah veut s'acheter un caveau au cimetière. L'employé lui dit :
– Il ne reste pas beaucoup d'emplacements, seulement quelques-uns près du lac, sur « le rivage d'or » comme on l'appelle. C'est un endroit extra-ordinaire : tranquille, avec des nénuphars, des saules pleureurs, des poissons, des petits oiseaux... Un endroit très convoité. C'est cher, bien sûr, mais ça vaut la peine ! D'ailleurs la plupart de ces caveaux appartiennent à des shmatologues, car il faut avoir de l'argent !*
– Ça, ce n'est pas le problème : moi-même, je suis shmatologue !
Mais... juste au bord de l'eau, avec mes rhumatismes... Il faut que je demande à mon rhumatologue !

פֿילאָזאָפֿיע.

Filozofye.

Philosophie.

183

Tsvey Yidn shmuesn :
– Antisemitizm, pogromen, oremkeyt, vos far a miese velt ! Shver tsu zayn a Yid ! Teyl mol trakht ikh az se volt geven beser nisht geboyrn tsu vern !
– Du bist take gerekht, nor... vifl hobn dos mazl ?

צוויי ייִדן שמועסן :
– אַנטיסעמיטיזם, פּאָגראָמען, אָרעמקייט, וואָס פֿאַר אַ מיאוסע וועלט ! שווער צו זײַן אַ ייִד ! טייל מאָל טראַכט איך אַז סע וואָלט געווען בעסער נישט געבוירן צו ווערן !
– דו ביסט טאַקע גערעכט, נאָר... וויפֿל האָבן דאָס מזל ?

Chapitre 5 — Kapitl 5 — קאַפּיטל 5
Khelem-Bêtise — Khelemer-Narishkeyt — כעלעמער־נאַרישקייט

Deux Juifs discutent :
— L'antisémitisme, les pogromes, la misère, quel monde pourri ! Pas facile d'être juif ! Quelquefois je me dis qu'il aurait mieux valu ne pas être né !
— C'est vrai, tu as raison, mais… combien ont cette chance ?

184

Froy Zilberbarg iz a shtikl nar. Ober zi hot geyarshnt a groyse fabrik fun shpilvarg un zi hot shvere shtayern tsu batsoln. A guter fraynd git ir an eytse :
— Oyb du vest brengen shpilvarg als matone far kinder in Afrike, vestu i tsoln veyniker shtayern, i fardinen a mitsve !
Froy Zilberbarg greyt on groyse kastenes mit shpilvarg un zi flit keyn Afrike mitn fraynd.
Ven zey kumen on, vartn di kinder in luftport.
— Oy, vi dar zey zenen, di kinder !
— Vayl zey esn nisht, derklert ir der fraynd.
— Vos heyst zey esn nisht ?
 Az me est nisht, krigt men nisht keyn shpilekhlekh !

פֿרוי זילבערבאַרג איז אַ שטיקל נאַר. אָבער זי האָט געירשנט אַ גרויסע פֿאַבריק פֿון שפּילוואַרג, און זי האָט שווערע שטײַערן צו באַצאָלן. אַ גוטער פֿרײַנד גיט איר אַן עצה :
— אויב דו וועסט ברענגען שפּילוואַרג אַלס מתּנה פֿאַר קינדער אין אַפֿריקע, וועסטו אי צאָלן ווייניקער שטײַערן, אי פֿאַרדינען אַ מיצווה !
פֿרוי זילבערבאַרג גרייט אָן גרויסע קאַסטענעס מיט שפּילוואַרג און זי פֿליט קיין אַפֿריקע מיטן פֿרײַנד.
ווען זיי קומען אָן, וואַרטן די קינדער אין לופֿטפּאָרט.
— אוי, ווי דאַר זיי זענען, די קינדער !
— ווײַל זיי עסן נישט, דערקלערט איר דער פֿרײַנד.
— וואָס הייסט זיי עסן נישט ?
אַז מע עסט נישט, קריגט מען נישט קיין שפּילעכלעך !

Madame Zylberbarg* est bête comme ses pieds. Mais elle a hérité d'une grande fabrique de jouets et elle doit payer de lourds impôts.
Un ami lui conseille :
— Si tu fais don de jouets aux enfants d'Afrique, tu paieras moins d'impôts et en plus tu feras une bonne action !
Madame Zylberbarg prépare des caisses de jouets et elle s'envole vers l'Afrique, accompagnée de son ami. Les enfants les attendent à l'aéroport :
— Comme ils sont maigres, ces enfants !
— C'est parce qu'ils ne mangent pas ! Lui explique son ami.
— Comment ça, ils ne mangent pas ? Quand on ne mange pas, on n'a pas de joujoux !

Chapitre 5 | Kapitl 5 | קאַפּיטל 5
Khelem-Bêtise | Khelemer-Narishkeyt | כעלעמער-נאַרישקייט

אין פֿאַרשיידענע מלאָכות.

In farsheydene melokhes.

Au cours d'activités variées.

185

Moyshe farkoyft beygelekh oyf der gas. Kumt tsu im a fraynd vos vil borgn bay im tsen rubl.
– Ummeglekh ! Ikh tor nisht.
– Vos heyst, du torst nisht ?
– Mit der bank kegn iber, hobn mir opgemakht, az bay zey vet men nisht krign keyn beygelekh tsu koyfn, un bay mir, nisht keyn gelt oyf borg !

משה פֿאַרקויפֿט בייגעלעך אויף דער גאַס. קומט צו אים אַ פֿרײַנד וואָס וויל באָרגן בײַ אים צען רובל.
– אוממעגלעך ! איך טאָר נישט.
– וואָס הייסט, דו טאָרסט נישט ?
– מיט דער באַנק קעגן איבער, האָבן מיר אָפּגעמאַכט, אַז בײַ זיי וועט מען נישט קריגן קיין בייגעלעך צו קויפֿן, און בײַ מיר, נישט קיין געלט אויף באָרג !

Moyshe vend des petits pains dans la rue. Un ami vient vers lui et veut lui emprunter dix roubles.
– Impossible ! Je n'ai pas le droit.
– Comment ça, tu n'as pas le droit ?
– Avec la banque en face, on a conclu un marché : chez eux, on ne trouvera pas de petits pains à acheter, et chez moi, pas d'argent à emprunter !

186

A yunger poyer shteyt oyfn yarid un vil farkoyfn zayn ku. Eyner shtelt zikh op :
– Di ku iz tsu farkoyfn ?
– Yo.
– Zi est a sakh ?
– Zi frest, nisht zi est !
– Un zi git a sakh milkh ?
– A mol yo un a mol kemat gornisht !
– Vi fil vilt ir ?
– Toyznt rubl.
Geyt der koyne avek, mit a kvetsh mit di pleytses. Moyshe shteyt derbay un

אַ יונגער פּויער שטייט אויפֿן יריד און וויל פֿאַרקויפֿן זײַן קו. איינער שטעלט זיך אָפּ :
– די קו איז צו פֿאַרקויפֿן ?
– יאָ.
– זי עסט אַ סך ?
– זי פֿרעסט, נישט זי עסט !
– און זי גיט אַ סך מילך ?
– אַ מאָל יאָ און אַ מאָל כּמעט גאָרנישט !
– ווי פֿיל ווילט איר ?
– טויזנט רובל.
גייט דער קונה אַוועק מיט אַ קוועטש מיט די פּלייצעס. משה שטייט דערבײַ און ער

Chapitre 5 Kapitl 5 קאַפּיטל 5
Khelem-Bêtise Khelemer-Narishkeyt כעלעמער-נאַרישקייט

er hot rakhmones :
– Loz mir farkoyfn dayn ku. S'vet dir gornisht kostn !
Kumt tsu geyn a tsveyter koyne :
– Zogt mir, di dozike ku, zi est a sakh ?
– Pff, kemat gornisht !
– Un milkh, git zi a sakh ?
– Vos heyst a sakh ? Gantse emers git zi yedn tog !
– Un vifl kost ?
– Gornisht tayer, nisht mer vi dray toyznt rubl ! Beemes a sheyne metsie !
Der koyne khapt di metsie. Moyshe dreyt zikh oys optsugebn di dray toyznt rubl, zet er vi der poyer veynt.
– Vos veynstu ? Du bist nisht tsufridn ?
– Oy vey iz mir ! Volt ikh gevust vos far a metsie ikh farmog, volt ikh zi nisht farkoyft !

האָט רחמנות :
– לאָז מיר פֿאַרקויפֿן דײַן קו. ס'וועט דיר גאָרנישט קאָסטן !
קומט צו גיין אַ צווייטער קונה :
– זאָגט מיר, די דאָזיקע קו, זי עסט אַ סך ?
– פּפֿף, כּמעט גאָרנישט !
– און מילך, גיט זי אַ סך ?
– וואָס הייסט אַ סך ? גאַנצע עמערס גיט זי יעדן טאָג !
– און וויפֿל קאָסט ?
– גאָרנישט טײַער, נישט מער ווי דרײַ טויזנט רובל ! באמת אַ שיינע מציאה !
דער קונה כאַפּט די מציאה. משה דרייט זיך אויס אָפּצוגעבן די דרײַ טויזנט רובל, זעט ער ווי דער פּויער וויינט.
– וואָס וויינסטו ? דו ביסט נישט צופֿרידן ?
– אוי וויי איז מיר ! וואָלט איך געוווּסט וואָס פֿאַר אַ מציאה איך פֿאַרמאָג, וואָלט איך זי נישט פֿאַרקויפֿט !

Un jeune paysan vend sa vache à la foire. Quelqu'un s'arrête :
– Cette vache est à vendre ?
– Oui.
– Elle mange beaucoup ?
– Elle ne mange pas, elle dévore !
– Et elle donne beaucoup de lait ?
– Ça dépend, des fois oui et des fois presque rien !
– Combien en voulez-vous ?
– Mille roubles.
L'homme s'en va en haussant les épaules. Moyshe, qui a assisté à la scène, a pitié de lui :
– Laisse-moi vendre ta vache. Ça ne te coûtera rien.
Un autre client s'approche :
– Dites-moi, cette vache, elle mange beaucoup ?
– Pff, presque rien !
– Et du lait, elle en donne beaucoup ?
– Beaucoup ? C'est rien de le dire : des seaux entiers, elle donne chaque jour !

| Chapitre 5 | Kapitl 5 | קאַפּיטל 5 |
| Khelem-Bêtise | Khelemer-Narishkeyt | כעלעמער־נאַרישקייט |

– Et combien coûte-t-elle ?
– Pas cher, seulement trois mille roubles ! C'est une véritable affaire !
Le client s'empare de l'affaire. Moyshe se tourne vers le paysan pour lui donner les trois mille roubles, et il le voit en larmes.
– Pourquoi pleures-tu ? Tu n'es pas content ?
– Pauvre de moi ! Si j'avais su que ma vache était une telle affaire, je ne l'aurais pas vendue !

187

A melamed iz geven zeyer orem, vi a melamed flegt zayn.
A mol hot er getrakht :
– Volt ikh geven Rotshild, volt ikh geven nokh raykher far im, vayl tsum ashires volt ikh nokh tsugegebn private kursn !

אַ מלמד איז געווען זייער אָרעם, ווי אַ מלמד פֿלעגט זײַן.
אַ מאָל האָט ער געטראַכט:
— וואָלט איך געווען ראָטשילד, וואָלט איך געווען נאָך רײַכער פֿאַר אים, ווײַל צום עשירות וואָלט איך נאָך צוגעגעבן פּריוואַטע קורסן!

Un melamed* était très pauvre, comme l'était tout melamed.
Un jour il se dit :
– Si j'étais Rothschild, je serais encore plus riche que lui, car en plus de ma fortune, je donnerais des cours privés !

188

A rov shteyt ayn in a kretshme oyf a nakht, mit a yeshive-bokher. Der bokher heyst dem kretshmer er zol im oyfvekn finef a zeyger, vayl er vil nisht farshpetikn di ban.
S'iz nokh finster ven der kretshmer vekt im oyf. Er tut zikh on shtilerheyt un zet nisht az er nemt dem rovs malbushim… Bay der stantsye, shpiglt er zikh in a shoyb un er trakht :
– Vos far a nar iz der kretshmer ! Er hot oyfgevekt dem rov !

אַ רבֿ שטייט אײַן אין אַ קרעטשמע אויף אַ נאַכט, מיט אַ ישיבֿה־בחור. דער בחור הייסט דעם קרעטשמער ער זאָל אים אויפֿוועקן פֿינעף אַ זייגער, ווײַל ער וויל נישט פֿאַרשפּעטיקן די באַן.
ס'איז נאָך פֿינסטער ווען דער קרעטשמער וועקט אים אויף. ער טוט זיך אָן שטילערהייט און זעט נישט אַז ער נעמט דעם רבֿס מלבושים… בײַ דער סטאַנציע, שפּיגלט ער זיך אין אַ שויב און ער טראַכט:
— וואָס פֿאַר אַ נאַר איז דער קרעטשמער! ער האָט אויפֿגעוועקט דעם רבֿ!

Chapitre 5 | Kapitl 5 | קאַפּיטל 5
Khelem-Bêtise | Khelemer-Narishkeyt | כעלעמער-נאַרישקייט

Un rabbin, accompagné d'un élève de la yeshiva, s'arrête dans une auberge pour la nuit. L'étudiant demande à l'aubergiste de le réveiller à cinq heures, car il ne veut pas rater son train. Il fait encore nuit quand l'aubergiste le réveille. Il s'habille sans faire de bruit et ne s'aperçoit pas qu'il a pris les vêtements du rabbin...*
A la gare, il voit son reflet dans une vitre et il se dit :
– Quel imbécile, cet aubergiste ! Il a réveillé le rabbin !

189

Yosl git a briv dem baamtn fun post.
– Der briv iz tsu shver, ir muzt tsuleygn a postmarke.
– Un az ikh vel tsuleygn a marke, vet der briv vern laykhter ?

יאָסל גיט אַ בריוו דעם באַאַמטן פֿון פּאָסט.
– דער בריוו איז צו שווער, איר מוזט צולייגן אַ פּאָסטמאַרקע.
– און אַז איך וועל צולייגן אַ מאַרקע, וועט דער בריוו ווערן לײַכטער ?

Yosl donne une lettre à l'employé de la poste.
– Votre lettre est trop lourde, il vous faut ajouter un timbre.
– Et si j'ajoute un timbre, la lettre sera moins lourde ?

190

Oyf a banstantsye, fregt zikh on a Yid bay dem baamtn :
– Ven kumt on di ban Varshe-Lodzh ?
– Elef a zeyger.
– Oy, s'iz nokh do onderthalbn sho tsu vartn. Hob ikh tsayt tsu trinken a kave.
A halbe sho shpeter :
– Di ban Varshe-Lodzh iz nokh nishto ?
– Elef a zeyger, hob ikh aykh gezogt.
– Nu, gey ikh trinken nokh a kavele.
Tsvantsik minut far elef :
– Di ban Varshe-Lodzh iz alts nishto ?
– Ir hot nokh tsayt oyf a kavele, entfert der baamter.
Der Yid geyt avek, un kumt tsurik...
a fertl nokh elef.
Fregt er vider a mol :

אויף אַ באַנסטאַנציע, פֿרעגט זיך אָן אַ ייִד בײַ דעם באַאַמטן :
– ווען קומט אָן די באַן וואַרשע-לאָדזש ?
– עלעף אַ זייגער.
– אוי, ס'איז נאָך דאָ אַן אָנדערטהאַלבן שעה צו וואַרטן ! האָב איך צײַט צו טרינקען אַ קאַווע !
אַ האַלבע שעה שפּעטער :
– די באַן וואַרשע-לאָדזש איז נאָך נישטאָ ?
– עלעף אַ זייגער, האָב איך אײַך געזאָגט.
– נו, גיי איך טרינקען נאָך אַ קאַוועלע.
צוואַנציק מינוט פֿאַר עלעף :
– די באַן וואַרשע-לאָדזש איז אַלץ נישטאָ ?
– איר האָט נאָך צײַט אויף אַ קאַוועלע, ענטפֿערט דער באַאַמטער.
דער ייִד גייט אַוועק, און קומט צוריק... אַ פֿערטל נאָך עלעף.
פֿרעגט ער ווידער אַ מאָל :

Chapitre 5 Kapitl 5 קאַפּיטל 5
Khelem-Bêtise Khelemer-Narishkeyt כעלעמער-נאַרישקייט

– Nu ? Di ban Varshe-Lodzh ?
– Oy, ir hot zi farshpetikt !
– Shoyn, Got tsu danken ! Itst vel ikh kenen ruik aribergeyn di relsn !

– נו ? די באַן וואַרשע-לאָדזש ?
– אוי, איר האָט זי פֿאַרשפּעטיקט !
– שוין, גאָט צו דאַנקען ! איצט וועל איך קענען רויִק אַריבערגיין די רעלסן !

Dans une gare, un Juif se renseigne auprès d'un employé :
– A quelle heure passe le train Varsovie-Lodz ?
– A onze heures.
– Oh, il y en a encore pour une heure et demie. J'ai le temps de prendre un café.
Une demi-heure plus tard :
– Le train Varsovie-Lodz n'est toujours pas là ?
– Je vous ai dit à onze heures.
– Bon, je vais boire encore un petit café.
A onze heure moins vingt :
– Le train Varsovie-Lodz n'est toujours pas là ?
– Vous avez encore le temps de prendre un petit café, répond l'employé.
L'homme s'en va et revient à… onze heures un quart :
– Alors ? Le train Varsovie-Lodz ?
– Hélas, vous l'avez raté !
– Ah, enfin ! Maintenant, je vais pouvoir traverser les rails en toute sécurité !

191

Moyshe iz a shrayber. A mol geyt er aroys un lozt oyfn tish etlekhe geshribene zaytlekh, mit a sakh oysgeshtrokhene erter. Ven er kumt tsurik, iz di shtub oyfgeramt, bloyz a por vayse bleter lign oyfn tish.
– Sure, vu zenen ahingekumen di andere bleter ?
– Ikh hob zey arayngevorfn in fayer ! Ober ikh bin nisht keyn nar : bloyz di ongepatshkene hob ikh farbrent, di reyne hob ikh dir ibergelozt !

משה איז אַ שרײַבער. אַ מאָל גייט ער אַרויס און לאָזט אויפֿן טיש עטלעכע געשריבענע זײַטלעך, מיט אַ סך אויסגעשטראָכענע ערטער. ווען ער קומט צוריק, איז די שטוב אויפֿגעראַמט, בלויז אַ פּאָר ווײַסע בלעטער ליגן אויפֿן טיש.
– שׂרה, וווּ זענען אַהינגעקומען די אַנדערע בלעטער ?
– איך האָב זיי אַרײַנגעוואָרפֿן אין פֿײַער ! אָבער איך בין נישט קיין נאַר : בלויז די אָנגעפּאַטשקענע האָב איך פֿאַרברענט, די ריינע האָב איך דיר איבערגעלאָזט !

| *Chapitre 5* | Kapitl 5 | קאַפּיטל 5 |
| *Khelem-Bêtise* | Khelemer-Narishkeyt | כעלעמער-נאַרישקייט |

Moyshe est écrivain. Un jour, il sort et laisse sur la table quelques feuilles pleines de ratures. Lorsqu'il revient, le ménage est fait et seules quelques feuilles blanches restent sur la table.
– Sarah, où sont passées les autres feuilles ?
– Je les ai jetées dans le feu ! Mais je ne suis pas idiote : je n'ai brûlé que celles qui étaient gribouillées ; les feuilles blanches, je te les ai laissées !

192

– Zog mir, vos makht dayn feter der shnayder ?	– זאָג מיר, וואָס מאַכט דײַן פֿעטער דער שנײַדער ?
– Er iz nifter.	– ער איז ניפֿטר.
– Vos makht er ?	– וואָס מאַכט ער ?
– Er iz nifter.	– ער איז ניפֿטר.
– Nifter, pifter ! Ober parnose, hot er ?	– ניפֿטר, פּיפֿטר ! אָבער פּרנסה, האָט ער ?

– Dis-moi, que fait ton oncle le tailleur ?
– Il est parti dans un monde meilleur.
– Qu'est-ce qu'il fait ?
– Il est parti dans un monde meilleur.
– Meilleur, shmeilleur ! Mais il gagne sa vie au moins ?

Chapitre 6 | Kapitl 6 | קאַפּיטל 6
Amuseurs. bouffons | Magidim. Badkhonim. Leytsim | מגידים.בדחנים. לצים

מגידים. בדחנים. לצים

MAGIDIM. BADKHONIM. LEYTSIM

PRÉDICATEURS. AMUSEURS. BOUFFONS

צווישן די געשטאַלטן פֿון דער ייִדישער פֿאָלקלאָרישער וועלט, זענען פֿאַראַן מגידים, בדחנים און לצים. אַלע זענען זיי געווען אָרעמע-לײַט.
דער מגיד און דער בדחן, בײַ גלײַך מיט די כּלי-זמרים, פֿלעגן אַרומפֿאָרן פֿון איין שטעטל צום אַנדערן צו קריגן אַ שטיקל פּרנסה.
די מגידים, בעלי-דרשנים, פֿלעגן מיט זייערע דרשות אָנשרעקן דעם גאָטספֿאָרכטיקן עולם, ספּעציעל די פֿרויען, ווען זיי פֿלעגן סטראַשען מיט גיהנום.

Tsvishn di geshtaltn fun der yidisher folklorisher velt, zenen faran magidim, badkhonim un leytsim. Ale zenen zey geven oreme-layt.
Der magid un der badkhn, bay glaykh mit di klezmorim, flegn arumforn fun eyn shtetl tsum andern tsu krign a shtikl parnose.
Di magidim, bale-darshonim, flegn mit zayere droshes onshrekn dem gotsforkhtikn oylem, spetsyel di froyen, vemen zey flegn strashen mit gehenem.

Parmi les personnages du folklore juif, on trouve les prédicateurs ou magidim, les amuseurs lors des mariages ou badkhonim* et les bouffons ou leytsim*. Tous étaient de pauvres bougres.*
Les prédicateurs et les badkhonim, tout comme les klezmorim ou musiciens ambulants, allaient d'un shtetl* à l'autre pour gagner quelques sous.*
Les prédicateurs, faiseurs de sermons, haranguaient les foules et les effrayaient, plus spécialement les femmes, en les menaçant de l'enfer.

אַ מגיד פֿלעגט דערציילן אַזאַ מעשׂה :

A magid flegt dertseyln aza mayse :

Un magid se plaisait à raconter l'histoire suivante :*

Chapitre 6 Kapitl 6 קאַפּיטל 6
Amuseurs. bouffons Magidim. Badkhonim. Leytsim מגידים.בדחנים. לצים

193

A Yid kumt on oyf yener velt un treft dortn bekovedike skeynim, un tsvishn zey derkent er a rebn un a dayen. Trakht er :

– "Yo, do bin ikh in ganeydn !"

Ober vayter, zet er a vayb vos er hot gevust az zi flegt nisht fartrogn keyn alte mener, afile nisht ir fertsik-yerikn man. Zi hot im shoyn gehaltn far tsu alt, bloyz yunge bokherim hot zi lib gehat. Trakht er :

– "In gehenem bin ikh !"

Tsu visn genoy, fregt er a malekh :

– Vu bin ikh do, in ganeydn tsi in gehenem ?

– Di skeynim zenen in ganeydn, nor far der froy dortn, iz hi dos gehenem !

אַ ייִד קומט אָן אויף יענער וועלט און טרעפֿט דאָרטן בכּבֿודיקע זקנים, און צווישן זיי דערקענט ער אַ רבין און אַ דיין. טראַכט ער :

— ,,יאָ, דאָ בין איך אין גן-עדן !"

אָבער ווײַטער, זעט ער אַ ווײַב וואָס ער האָט געוווּסט אַז זי פֿלעגט נישט פֿאַרטראָגן קיין אַלטע מענער, אפֿילו נישט איר פֿערציק-יעריקן מאַן. זי האָט אים שוין געהאַלטן פֿאַר צו אַלט, בלויז יונגע בחרים האָט זי ליב געהאַט. טראַכט ער :

— ,,אין גיהנום בין איך !"

צו וויסן גענוי, פֿרעגט ער אַ מלאך :

— ווּו בין איך דאָ, אין גן-עדן צי אין גיהנום ?

— די זקנים זענען אין גן-עדן, נאָר פֿאַר דער פֿרוי דאָרטן, איז הי דאָס גיהנום !

Un Juif arrive dans l'autre monde et y rencontre de vénérables vieillards, parmi lesquels il reconnait un rabbin et un juge rabbinique. Il se dit :

– *« Bon, je suis au paradis ! »*

Mais un peu plus loin il aperçoit une femme réputée ne pas supporter les hommes âgés, même son propre mari âgé de quarante ans. Elle le considérait déjà comme trop vieux, elle n'aimait que les jeunes hommes.

– *« Je suis donc en enfer ! » Se dit-il.*

Pour en avoir le cœur net, il demande à un ange :

– Où suis-je, au paradis ou en enfer ?

– Ces vieillards sont au paradis, mais pour cette femme là-bas, ici c'est l'enfer !

בדחנים און לצים פֿלעגן משׂמח זײַן דעם עולם.

דער בדחן איז געווען אַ שפּאַסן-מאַכער, אַ גראַמען-זאָגער אויף חתונות. ער איז געווען דער רעדל-פֿירער און פֿלעגט שאַפֿן אויסגעצייכנטע ווערטערשפּילן, אַקראָסטיכן אאַז"וו.

דער לץ איז גיכער געווען אַ וויצלער, אַן אָפּלאַכער... ער פֿלעגט פֿלעכטן שפּאַסן פֿאַר דעם פּראָסטן פֿאָלק און מאַכן חוזק פֿון די קעגנאַנאַנדן צווישן נגידים און דלפֿנים, מתנגדים און חסדים, פֿרומע לײַט און אַפּיקורסים, חכמים און נאַראָנים אאַז"וו.

אַזעלכע מעשׂיות זענען געווען זייער פּאָפּולער.

Chapitre 6 Kapitl 6 קאַפּיטל 6
Amuseurs. bouffons Magidim. Badkhonim. Leytsim מגידים.בדחנים. לצים

אַזאַ מין פֿאָלקלאָרישע פֿיגור איז פֿאַראַן אין פֿאַרשיידענע קולטורן.
דזשאָהאַ איז אַ באַקאַנטער לץ בײַ די ספֿאַרדישע ייִדן.
בײַ די אַשכּנזישע ייִדן איז הערשעלע אָסטראָפּאָלער דער באַרימטסטער.

Badkhonim un leytsim flegn mesameyekh zayn dem oylem.
Der badkhn iz geven a shpasn-makher, a gramen-zoger oyf khasenes.
Er iz geven der redl-firer un flegt shafn oysgetseykhnte vertershpiln, akrostikhn u.az.v.
Der lets iz gikher geven a vitsler, an oplakher… Er flegt flekhtn shpasn far dem prostn folk un makhn khoyzek fun di kegnanandn tsvishn negidim un dalfonim, misnagdim un khsidim, frume layt un apikorsim, khakhomim un naronim u.az.v.
Azelkhe mayses zenen geven zeyer populer.
Aza min folklorishe figur iz faran in farsheydene kulturn.
Dzhoha iz a bakanter lets bay di sfardishe Yidn.
Bay di ashkenazishe Yidn iz Hershele Ostropoler der barimtster.

Le rôle des badkhonim et des bouffons était de divertir les gens.*
Le badkhn animait les mariages. Expert en plaisanteries et en rimes, il excellait dans le maniement des jeux de mots, des acrostiches etc.*
Le bouffon était plutôt un humoriste maniant l'ironie. Il faisait rire le petit peuple en se moquant des situations qui opposaient richards et indigents, misnagdim et hassidim*, croyants et mécréants, personnes sensées et personnes sottes...*
Ces histoires étaient très populaires.
Ce type de personnage existe dans diverses cultures, tel le célèbre Djoha chez les Juifs sépharades.*
Chez les Juifs ashkénazes, le plus connu est Hershele Ostropoler.*

הערשעלע אָסטראָפּאָלער האָט געלעבט אין אָסטראָפּאָלע, אַ וואָלינער שטעטל אין פּוילן. ער איז געווען אַ שוחט, נאָר דער דלות האָט פֿון אים געמאַכט אַ וואַנדערער. צוליב זײַן וויציקייט, האָט אים דער רײַכער רבי ר' ברוך צוגענומען פֿאַר אַ לץ. וועגן אים האָט זיך צעשפּרייט אַ היפּש ביסל מעשׂות.

Hershele Ostropoler hot gelebt in Ostropole, a voliner shtetl in Poyln. Er iz geven a shoykhet, nor der dales hot fun im gemakht a vanderer. Tsulib zayn vitsikeyt, hot im der raykher rebe reb Borekh tsugenumen far a lets. Vegn im hot zikh tseshpreyt a hipsh bisl mayses.

Chapitre 6 — Kapitl 6 — קאַפּיטל 6
Amuseurs. bouffons — Magidim. Badkhonim. Leytsim — מגידים.בדחנים. לצים

Hershele Ostropoler a vécu à Ostropol, une bourgade de Volhynie en Pologne. De profession il était shoykhet, abatteur rituel, mais la misère en avait fait un vagabond. Son sens de l'humour lui valut d'être engagé comme bouffon par l'opulent rabbin reb Borukh. Bon nombre d'histoires ont circulé à son sujet.*

194

Der porets fun Ostropole fodert az yeder eyner zol aropnemen dem hut ven er geyt farbay.
Hershele hot nisht aropgenumen zayn hitl. Beyzert zikh der porets :
– Fun vanen bistu ?
– Ikh bin fun Ostropole.
– Un dayn hut ?
– Mayn hut iz oykh fun Ostropole.

דער פּריץ פֿון אָסטאָפּאָלע פֿאָדערט אַז יעדער איינער זאָל אַראָפּנעמען דעם הוט ווען ער גייט פֿאַרבײַ .
הערשעלע האָט נישט אַראָפּגענומען זײַן היטל. בייזערט זיך דער פּריץ :
– פֿון וואַנען ביסטו ?
– איך בין פֿון אָסטראָפּאָלע.
– און דײַן הוט ?
– מײַן הוט איז אויך פֿון אָסטראָפּאָלע.

Le seigneur d'Ostropol exige que tout un chacun enlève son chapeau quand il le croise.
Hershele n'a pas enlevé sa casquette. Le seigneur se fâche :
– D'où es-tu ?
– Je suis d'Ostropol.
– Et ton chapeau ?
– Mon chapeau aussi, il est d'Ostropol.

195

A gevir zogt tsu Hershelen :
– Oyb ir zent feik oystsutrakhtn a lign oyfn ort, vet ir bakumen a rubl.
– Ir hot ersht gezogt tsvey rubl !

אַ גבֿיר זאָגט צו הערשעלען :
– אויב איר זענט פֿעיִק אויסצוטראַכטן אַ ליגן אויפֿן אָרט, וועט איר באַקומען אַ רובל.
– איר האָט ערשט געזאָגט צוויי רובל !

Un homme riche dit à Hershele :
– Si vous êtes capable d'inventer un mensonge sans réfléchir, vous aurez un rouble.
– Mais vous venez de dire deux roubles !

Chapitre 6 Kapitl 6 קאַפּיטל 6
Amuseurs. bouffons Magidim. Badkhonim. Leytsim מגידים.בדחנים. לצים

196

Hershele flegt arumgeyn mit a gor tserisenem mantl, vos iz shier nisht aropgefaln fun di pleytses. Fregt eyner : – Reb Hershl, vos trogt ir aza tsekodertn mantl ? Ir hot nisht keyn andern ? – Yo, ikh hob yo ! – To, far vos trogt ir aza trante ? – Vayl di andere zenen nokh mer tsekodert !	הערשעלע פֿלעגט אַרומגיין מיט אַ גאָר צעריסענעם מאַנטל, וואָס איז שיִער נישט אַראָפּגעפֿאַלן פֿון די פּלייצעס. פֿרעגט איינער : – ר׳חערשל, וואָס טראָגט איר אַזאַ צע־קאָדערטן מאַנטל ? איר האָט נישט קיין אַנדערן ? – יאָ, איך האָב יאָ ! – טאָ, פֿאַר וואָס טראָגט איר אַזאַ טראַנטע ? – ווייַל די אַנדערע זייַנען נאָך מער צע־קאָדערט !

Hershele portait un manteau complètement déchiré, qui tenait à peine sur ses épaules !
Quelqu'un lui demande :
– Reb Hershl, pourquoi portez-vous un manteau en loques comme ça ? Vous n'en avez pas d'autres ?*
– Si, j'en ai d'autres !
– Alors, pourquoi portez-vous une telle guenille ?
– Parce que les autres sont encore plus en loques que celui-ci !

197

A Yidene vil farkoyfn Hershelen a shank. – Tsu vos darf ikh a shank ? – Arayntsuleygn dayne malbushim ! – Un arumgeyn naket ?	אַ ייִדענע וויל פֿאַרקויפֿן הערשעלען אַ שאַנק. – צו וואָס דאַרף איך אַ שאַנק ? – אַרייַנצולייגן דייַנע מלבושים ! – און אַרומגיין נאַקעט ?

Une femme veut vendre une armoire à Hershele.
– A quoi me servirait une armoire ?
– A y ranger tes vêtements !
– Et je me baladerais tout nu ?

Chapitre 6 Kapitl 6 קאַפּיטל 6
Amuseurs. bouffons Magidim. Badkhonim. Leytsim מגידים.בדחנים. לצים

198

Opgerisn-opgeshlisn kumt arayn Hershele in a kretshme un bashtelt esn. Kumt tsu tsu im der kretshmer un fregt :
– Ir hot mit vos tsu batsoln ?
– Neyn, kh'hob nisht keyn gelt, ober ikh vil esn.
– Nisht keyn gelt, nisht keyn esn !
Makht Hershele a gevald :
– Oyb ir git mir nisht tsu esn, vel ikh ton vos mayn foter flegt ton… akurat dos zelbe.
Der kretshmer krigt moyre un brengt a gantsn nakhtmol. Nokhn esn, fregt er :
– Itst meg ikh visn vos ayer foter flegt ton ?
– Mayn foter, oyb er hot nisht gekrign keyn esn… Nu… flegt er geyn shlofn oyfn nikhtern mogn !

אָפּגעריסן-אָפּגעשליסן קומט אריַין הערשעלע אין אַ קרעטשמע און באַשטעלט עסן.
קומט צו צו אים דער קרעטשמער און פֿרעגט :
– איר האָט מיט וואָס צו באַצאָלן ?
– ניין, כ׳האָב נישט קיין געלט, אָבער איך וויל עסן.
– נישט קיין געלט, נישט קיין עסן !
מאַכט הערשעלע אַ געוואַלד :
– אויב איר גיט מיר נישט צו עסן, וועל איך טאָן וואָס מיַין פֿאָטער פֿלעגט טאָן... אַקוראַט דאָס זעלבע.
דער קרעטשמער קריגט מורא און ברענגט אַ גאַנצן נאַכטמאָל. נאָכן עסן, פֿרעגט ער :
– איצט מעג איך וויסן וואָס איַיער פֿאָטער פֿלעגט טאָן ?
– מיַין פֿאָטער, אויב ער האָט נישט געקריגן קיין עסן... נו... פֿלעגט ער גיין שלאָפֿן אויפֿן ניכטערן מאָגן !

Vêtu de haillons, Hershele entre dans une auberge et commande à manger.
L'aubergiste vient vers lui et lui demande :
– Vous avez de quoi payer ?
– Non ! Je n'ai pas d'argent, mais je veux manger.
– Pas d'argent, pas de repas !
Hershele fait un scandale :
– Si vous ne me donnez pas à manger, je ferai comme mon père… exactement la même chose que lui.
L'aubergiste prend peur et lui apporte un dîner complet. Après le repas, il demande :
– Maintenant, je peux savoir ce que faisait votre père ?
– Mon père, si on ne lui donnait pas à manger… Eh bien… il allait se coucher l'estomac vide !

Chapitre 6 Kapitl 6 קאַפּיטל 6
Amuseurs. bouffons Magidim. Badkhonim. Leytsim מגידים.בדחנים. לצים

199

הערשעלע קויפֿט צוויי בייגעלעך. ער גיט זיין פֿרײַנד דאָס קלענערע און האַלט פֿאַר זיך דאָס גרעסערע.
– דאָס איז נישט איידל, זאָגט דער פֿרײַנד.
– וואָס וואָלסטו געטאָן ?
– איך וואָלט גענומען דאָס קלענערע.
– נו, דאָס קלענערע האָסטו דאָך !

Hershele koyft tsvey beygelekh. Er git zayn fraynd dos klenere un halt far zikh dos gresere.
– Dos iz nisht eydl, zogt der fraynd.
– Vos volstu geton ?
– Ikh volt genumen dos klenere.
– Nu, dos klenere hostu dokh !

Hershele achète deux petits pains. Il donne le plus petit à son ami et se garde le plus gros.
– Ce n'est pas poli, lui dit son ami.
– Qu'est-ce que tu aurais fait, toi ?
– J'aurais pris le plus petit.
– Eh bien tu l'as, le plus petit !

200

אַ פֿרײַנד פֿרעגט הערשעלען :
– זאָג מיר, פֿאַר וואָס פֿון שוחט ביסטו מיט אַ מאָל געוואָרן אַ לץ ביים רבין ר׳ ברוך ?
– איך האָב זעקס גוטע סיבות : אַ ווײַב, פֿיר קינדער און קיין ברויט נישט !

A fraynd fregt Hershelen :
– Zog mir, far vos fun shoykhet bistu mit a mol gevorn a lets baym rebn reb Borekh ?
– Ikh hob zeks gute sibes : a vayb, fir kinder un keyn broyt nisht !

Un ami demande à Hershele :
– Dis-moi, tu étais abatteur rituel ; pour quelle raison es-tu devenu d'un seul coup bouffon chez le rabbin reb Borukh ?
– J'ai six bonnes raisons : une femme, quatre enfants et pas de pain !

שמערל שניטקאָווער, אויך פֿון אַ שטעטל אין וואָלין, איז געווען באַקאַנט ווי „אַ לץ אַן אפּיקורס".

Shmerl Shnitkover, oykh fun a voliner shtetl, iz geven bakant vi "a lets an apikoyres".

Shmerl Snitkover était lui aussi d'une bourgade de Volhynie. Il était connu comme étant « le bouffon mécréant ».

Chapitre 6 Kapitl 6 קאַפּיטל 6
Amuseurs. bouffons Magidim. Badkhonim. Leytsim מגידים.בדחנים. לצים

201

A mol kumt Shmerl in shul nokhn davenen. A khosid iz im mekhabed mit a glezl mashke. Ver vet opzogn a glezl mashke ? Er nemt dos gloz tsum moyl nor eyner farhalt im di hant :
– Un di brokhe ?
– Vos far a brokhe ?
– Ir veyst dokh az eyder me trinkt, muz men bentshn dem Eybershtn, vos er hot alts bashafn.
– Vos ? Far aza kleyntshik glezl, aza groysn lign !

אַ מאָל קומט שמערל אין שול נאָכן דאַווענען. אַ חסיד איז אים מכבד מיט אַ גלעזל משקה. ווער וועט אָפּזאָגן אַ גלעזל משקה ? ער נעמט דאָס גלאָז צום מויל נאָר איינער פֿאַרהאַלט אים די האַנט :
— און די ברכה ?
— וואָס פֿאַר אַ ברכה ?
— איר ווייסט דאָך אַז איידער מע טרינקט, מוז מען בענטשן דעם אייבערשטן, וואָס ער האָט אַלץ באַשאַפֿן.
— וואָס ? פֿאַר אַזאַ קליינטשיק גלעזל, אַזאַ גרויסן ליגן !

Un jour Shmerl arrive à la synagogue après l'office. Un Juif pieux lui offre un petit verre d'alcool. Qui refuserait un petit verre ? Il porte le verre à la bouche mais quelqu'un arrête son geste :
– Et la bénédiction ?
– Quelle bénédiction ?
– Vous savez bien qu'avant de boire, il faut adresser une bénédiction au Tout-Puissant, qui a tout créé ?
– Quoi ? Pour un si petit verre, un si gros mensonge !

202

A Yid fregt Shmerlen :
– Meg men forn Yomkiper mit a ban ?
Entfert er :
– Oyb ir treft a rebn oyf der ban, vet er zikh makhn nisht visndik. Un oyb s'iz nishto keyn rebe oyf der ban, nu vu iz di shayle ?

אַ ייִד פֿרעגט שמערלען :
— מעג מען פֿאָרן יום-כּיפּור מיט אַ באַן ?
ענטפֿערט ער :
— אויב איר טרעפֿט אַ רבין אויף דער באַן, וועט ער זיך מאַכן נישט וויסנדיק. און אויב ס'איז נישטאָ קיין רבי אויף דער באַן, נו ווו איז די שאלה ?

Quelqu'un demande à Shmerl :
– Peut-on voyager en train le jour du Grand Pardon ?
Il répond :
– Si vous rencontrez un rabbin dans le train, il fera comme si de rien n'était. Et s'il n'y a pas de rabbin dans le train, où est le problème ?

Chapitre 6	Kapitl 6	קאַפּיטל 6
Amuseurs. bouffons	Magidim. Badkhonim. Leytsim	מגידים.בדחנים. לצים

לייב גאָטסווינדער איז געווען אַ חזן אין באַרדיטשעוו, אָבער אויך אַ לץ.

Leyb Gotsvinder iz geven a khazn in Barditchev, ober oykh a lets.

Leyb* Gotsvinder était chantre dans une synagogue de Berditchev, mais c'était aussi un bouffon.

203

A mol in mitn der nakht ganvenen zikh arayn kol-boynikes tsu Leybn in shtub. Zey nishtern umetum. Dos vayb vekt im oyf :
— Du herst ? S'iz do ganovim ! Oy a brokh !
— Yo ikh her, nor baruik zikh. Zey zukhn umzist, bay undz iz gornishto vos tsu ganvenen !

אַ מאָל אין מיטן דער נאַכט, גנבֿענען זיך אַרײַן כּל-בוניקעס צו לייבן אין שטוב. זיי נישטערן אומעטום. דאָס ווײַב וועקט אים אויף :
— דו הערסט ? ס'איז דאָ גנבֿים ! אוי אַ בראָך !
— יאָ איך הער, נאָר באַרויִק זיך. זיי זוכן אומזיסט, בײַ אונדז איז גאָרנישטאָ וואָס צו גנבֿענען !

Une nuit des voyous s'introduisent chez Leyb et fouillent partout. Sa femme le réveille :
— Tu entends ? Il y a des voleurs ! Oy vey* !
— Oui j'entends, mais calme-toi. Ils cherchent en vain, il n'y a rien à voler chez nous !

שלמה לודמירער שטאַמט פֿון לודמיר, אויך אַ שטעטל אין וואָלין.

Shloyme Ludmirer shtamt fun Ludmir, oykh a shtetl in Volin.

Shloyme Ludmirer est natif de Ludmir, encore une bourgade de Volhynie.

204

A Yid vil koyfn bay a shuster a por shikh. Zey kostn nayntsik kopikes, ober haynt hot er nisht mer vi zibetsik. Zogt der shuster :
— Se makht nisht oys, dos vos felt vet ir mir brengen morgn.

אַ ייִד וויל קויפֿן בײַ אַ שוסטער אַ פּאָר שיך. זיי קאָסטן נײַנציק קאָפּיקעס, אָבער הײַנט האָט ער נישט מער ווי זיבעציק. זאָגט דער שוסטער :
— סע מאַכט נישט אויס, דאָס וואָס פֿעלט וועט איר מיר ברענגען מאָרגן.

Ven der koyne iz avek, varft im oyf dos vayb : – Tsvantsik kopikes bagrobn ! Er vet zikher nisht tsurikkumen ! – Makh zikh nisht keyn tsores, er vet shoyn yo tsurikkumen : ikh hob im ayngepakt tsvey shikh fun zelbn fus !	ווען דער קונה איז אַוועק, וואַרפֿט אים אויף דאָס ווײַב : – צוואַנציק קאָפּיקעס באַגראָבן ! ער וועט זיכער נישט צוריקקומען ! – מאַך זיך נישט קיין צרות, ער וועט שוין יאָ צוריקקומען : איך האָב אים אײַנגעפּאַקט צוויי שיך פֿון זעלבן פֿוס !

Un client veut acheter une paire de chaussures chez le cordonnier. Elles coûtent quatre-vingt-dix kopeks, mais il n'en a que soixante-dix sur lui.
– Cela ne fait rien, dit le cordonnier, vous m'apporterez le reste demain.
Quand le client est parti, sa femme l'invective :
– Voilà vingt kopeks qu'on ne verra jamais ! Il ne reviendra sûrement pas !
– Ne t'en fais pas, c'est sûr qu'il reviendra : dans le paquet, j'ai mis deux chaussures du même pied !

Chapitre 7 Kapitl 7 קאַפּיטל 7
Mendiants Shnorers שנאָרערס

שנאָרערס

SHNORERS

MENDIANTS

אַ שנאָרער איז נישט קיין פּראָסטער בעטלער. ער איז אַ קלוגער און אַ געלערנטער ייִד.
ער האָט שׂכל און ענטפֿערט אויפֿן אָרט מיט הומאָר און וויציקייט.
געניסן פֿון צדקה איז בײַ אים אַ רעכט און ער ווייסט אַז דערמיט
פֿאַרדינט דער געבער אַ מיצווה.
שנאָרן איז אַ פֿאַך און פֿון דעם האָט ער פּרנסה. ער שטרעקט נישט פּראָסט-פּשוט די האַנט :
ער מאָנט מיט חוצפּה און גאווה „דאָס וואָס קומט אים“...
ז.פֿרויד(§) האָט צעגלידערט מעשׂיות פֿון שנאָרערס און אויך פֿון שדכנים אין זײַן בוך :
„דער וויץ און זײַן באַציִונג צום אומבאַוווסטזײַן.

A shnorer iz nisht keyn proster betler. Er iz a kluger un a gelernter Yid. Er hot seykhl un entfert oyfn ort mit humor un vitsikeyt. Genisn fun tsdoke iz bay im a rekht un er veyst az dermit fardint der geber a mitsve.
Shnorn iz a fakh un fun dem hot er parnose. Er shtrekt nisht prost-poshet di hant : er mont mit khutspe un gayve "dos vos kumt im"...
Z. Freud(§) hot tseglidert mayses fun shnorers un oykh fun shadkhonim in zayn bukh :
"Der vits un zayn batsiung tsum umbavustzayn".

Un shnorer n'est pas un simple mendiant. C'est un homme intelligent et instruit. Il a du bon sens et il répond sur-le-champ avec esprit et humour. Pour lui, bénéficier du commandement de charité est un droit et il sait qu'ainsi le donneur accomplit une mitsva*.*
Mendier pour un shnorer est un métier et il en vit. Il ne tend pas la main : il exige « son dû » avec toupet et arrogance...*
S. Freud(§) a analysé en profondeur plusieurs histoires de shnorers et de marieurs dans son livre :*
« Le mot d'esprit et sa relation avec l'inconscient ».

Chapitre 7
Mendiants

Kapitl 7
Shnorers

קאַפּיטל 7
שנאָרערס

וועז אַ שנאָרער איז הונגעריק, האַנדלט ער אַ מאָל ווי אַ פּראָסטער בעטלער אָן אַ צונג. אָבער ער קען אויך אָפּענטפֿערן אַ וואָרט פֿאַר אַ וואָרט.

Ven a shnorer iz hungerik, handlt er a mol vi a proster betler on a tsung. Ober er ken oykh opentfern a vort far a vort.

Lorsqu'un shnorer* a faim, il se comporte parfois comme un simple mendiant sans répartie. Mais il peut aussi répliquer du tac au tac.

205

— Ikh bet aykh... Shoyn dray teg es ikh nisht.
— Ir muzt zikh a bisl onton a koyekh !

— איך בעט אײַך... שוין דרײַ טעג עס איך נישט.
— איר מוזט זיך אַ ביסל אָנטאָן אַ כּוח !

— Je vous en prie... Cela fait déjà trois jours que je ne mange pas.
— Vous devriez vous forcer un peu !

206

A baleboste, nisht aza raykhe, hot rakhmones oyf a shnorer un lozt im arayn. Oyfn tish ligt a gants shvarts broyt, mit a fertl khale. Der shnorer nemt a shtikl khale... un nokh a shtikl... un nokh a shtikl.
Ruft zikh on di baleboste :
— S'iz oykh do shvarts broyt !
— Yo, nor se shmekt mir beser khale.
— Ober khale iz tayer !
Entfert der khuspediker shnorer :
— Take tayer, nor s'iz vert !

אַ בעל-הביתטע, נישט אַזאַ רײַכע, האָט רחמנות אויף אַ שנאָרער און לאָזט אים אַרײַן. אויפֿן טיש ליגט אַ גאַנץ שוואַרץ ברויט מיט אַ פֿערטל חלה. דער שנאָרער נעמט אַ שטיקל חלה... און נאָך אַ שטיקל... און נאָך אַ שטיקל.
רופֿט זיך אָן די בעל-הביתטע :
— ס׳איז אויך דאָ שוואַרץ ברויט !
— יאָ, נאָר סע שמעקט מיר בעסער חלה.
— אָבער חלה איז טײַער !
ענטפֿערט דער חוצפּהדיקער שנאָרער :
— טאַקע טײַער, נאָר ס׳איז ווערט !

Une femme pas très riche prend un shnorer* en pitié et l'invite à entrer. Sur la table se trouvent un pain noir entier et un quart de pain brioché.
Le shnorer prend un petit morceau de brioche... puis encore un morceau... et encore un morceau.
La femme dit alors :
— Il y a aussi du pain noir !

Chapitre 7 *Mendiants*	Kapitl 7 Shnorers	קאַפּיטל 7 שנאָרערס

– Oui, mais je préfère la brioche.
– Mais la brioche, c'est cher !
Et le shnorer répond sans vergogne :
– C'est vrai, c'est cher, mais ça vaut la peine !

207

A gevir hot gegebn a shnorer a nedove a hipsh bisl gelt.
Dem zelbn ovnt geyt er in a barimtn restoran un er zet vi der shnorer zitst bay a gantsn teler laks :
– Oyf dem hob ikh aykh gegebn gelt ?
– Nu vos zhe ? Ven ikh hob nisht keyn gelt, ken ikh zikh nisht farginen tsu esn laks. Ven ikh hob shoyn genug gelt, tor ikh oykh nisht esn keyn laks ! To, ven meg ikh yo esn laks ?

אַ גבֿיר האָט געגעבן אַ שנאָרער אַ נדבֿה אַ היפּש ביסל געלט.
דעם זעלבן אָוונט גייט ער אין אַ באַרימטן רעסטאָראַן און ער זעט ווי דער שנאָרער זיצט בײַ אַ גאַנצן טעלער לאַקס :
— אויף דעם האָב איך אײַך געגעבן געלט ?
— נו וואָס זשע ? ווען איך האָב נישט קיין געלט, קען איך זיך נישט פֿאַרגינען צו עסן לאַקס. ווען איך האָב שוין גענוג געלט, טאָר איך אויך נישט עסן קיין לאַקס ! טאָ, ווען מעג איך יאָ עסן לאַקס ?

Un homme riche donne à titre d'aumône à un mendiant, une belle somme d'argent. Le soir même, il se rend dans un restaurant renommé et il voit son shnorer* attablé devant une assiettée de saumon fumé.
– C'est à ça que vous utilisez l'argent que je vous ai donné ?
– Et alors ? Quand je n'ai pas d'argent, je ne peux pas me permettre de manger du saumon. Et quand j'ai suffisamment d'argent, je ne dois pas non plus manger du saumon ! Alors, quand ai-je le droit de manger du saumon ?

208

A shnorer hot zikh arayngevortslt bay a porfolk, un zey veysn nisht vi azoy poter vern fun im. Zogt der man :
– Ikh vel zogn az di yoykh iz tsu fil gezaltsn, vestu entfern az zi iz in gantsn nisht gezaltsn. Vel ikh vern in kas un du vest onheybn veynen.
   Veln mir fregn dem shnorer ver iz gerekht. Oyb er zogt az di yoykh iz tsu

אַ שנאָרער האָט זיך אַרײַנגעוואָרצלט בײַ אַ פּאָרפֿאָלק, און זיי ווייסן נישט ווי אַזוי פּטור ווערן פֿון אים. זאָגט דער מאַן :
— איך וועל זאָגן אַז די יויך איז צו פֿיל געזאַלצן, וועסטו ענטפֿערן אַז זי איז אין גאַנצן נישט געזאַלצן. וועל איך ווערן אין כּעס און דו וועסט אָנהייבן וויינען.
   וועלן מיר פֿרעגן דעם שנאָרער ווער איז גערעכט. אויב ער זאָגט אַז די יויך איז צו

| *Chapitre 7* | Kapitl 7 | קאַפּיטל 7 |
| *Mendiants* | Shnorers | שנאָרערס |

פֿיל געזאַלצן, וועסטו אים אַרויסיאָגן.
אויב ער זאָגט אַז זי איז נישט געזאַלצן, וועל איך אים אַרויסיאָגן ! סײַ ווי סײַ, וועלן מיר פּטור ווערן פֿון אים !
נאָר – מענטש טראַכט און גאָט לאַכט –
דער שנאָרער טוט אַן ענטפֿער :
– סע גלוסט זיך מיר צו בלײַבן נאָך אַ פּאָר טעג בײַ אײַך, טאָ וויל איך זיך נישט אַרײַנמישן !

fil gezaltsn, vestu im aroysyogn.
    Oyb er zogt az zi iz nisht gezaltsn, vel ikh im aroysyogn ! Say vi say, veln mir poter vern fun im !
Nor – mentsh trakht un Got lakht –
der shnorer tut an entfer :
– Se glust zikh mir tsu blaybn nokh a por teg bay aykh, to vil ikh zikh nisht araynmishn !

Un shnorer* s'incruste chez un couple et ils ne savent pas comment s'en débarrasser. Le mari dit :
– Je vais dire que le bouillon est trop salé, tu répondras qu'il n'est pas salé du tout. Alors je vais me mettre en colère et tu vas te mettre à pleurer. On demandera au shnorer lequel de nous deux a raison et s'il dit que le bouillon est trop salé, tu le mettras dehors. S'il dit qu'il n'est pas salé, c'est moi qui le mettrai dehors ! Dans un cas comme dans l'autre, nous en serons débarrassés !
    Mais – l'homme propose et Dieu dispose – le shnorer réplique :
– J'ai envie de rester encore quelques jours chez vous, alors je ne veux pas m'en mêler !

ווען עס גייט וועגן געלט, פֿעלט נישט בײַם שנאָרער קיין חוצפּה און אויך נישט קיין שאַרפֿע און שפּיציקע ווערטער.

Ven es geyt vegn gelt, felt nisht baym shnorer keyn khutspe un oykh nisht keyn sharfe un shpitsike verter.

Lorsqu'il s'agit d'argent, le shnorer* ne manque ni de culot ni de réparties cinglantes et subtiles.

209

אַ שנאָרער גרייט זיך אַרײַנצוגיין צו אַ גבֿיר. קומט אַרויס אַ צווייטער וואָס גיט אים אַן עצה :
– הײַנט איז דער גבֿיר שלעכט געשטימט. ער גיט נישט מער ווי איין רובל. גלייב מיר, קום בעסער אַן אַנדערן טאָג !

A shnorer greyt zikh arayntsugeyen tsu a gevir. Kumt aroys a tsveyter vos git im an eytse :
– Haynt iz der gevir shlekht geshtimt. Er git nisht mer vi eyn rubl. Gleyb mir, kum beser an andern tog !

Chapitre 7	Kapitl 7	קאַפּיטל 7
Mendiants	Shnorers	שנאָרערס

— Vos heyst ? Far vos zol ikh im shenken a rubl ?

— וואָס הייסט ? פֿאַר וואָס זאָל איך אים שענקען אַ רובל ?

Un shnorer* s'apprête à entrer chez un homme riche. Un autre en sort et lui conseille :
— Aujourd'hui, il est de mauvaise humeur. Il ne donne pas plus d'un rouble. Crois-moi, viens plutôt un autre jour !
— Comment ça ? Pourquoi lui ferais-je cadeau d'un rouble ?

210

Tsvey brider flegn krign fun a gevir fir rubl yedn khoydesh. Eyner fun zey shtarbt avek.
Der tsveyter kumt vi geveyntlekh un der gevir git im nisht mer vi tsvey rubl.
— Un mayn bruders tsvey rubl ?
— Ayer bruder iz dokh geshtorbn, neyn?
— Nu, ver yarshnt ?

צוויי ברידער פֿלעגן קריגן פֿון אַ גבֿיר פֿיר רובל יעדן חודש. איינער פֿון זיי שטאַרבט אַוועק. דער צווייטער קומט ווי געוויינטלעך און דער גבֿיר גיט אים נישט מער ווי צוויי רובל.
— און מײַן ברודערס צוויי רובל ?
— אײַער ברודער איז דאָך געשטאָרבן, ניין ?
— נו, ווער ירשנט ?

Deux frères reçoivent d'un nanti quatre roubles chaque mois. L'un deux vient à mourir. Son frère se présente comme d'habitude et on ne lui donne que deux roubles.
— Et les deux roubles de mon frère ?
— Votre frère est mort, non ?
— Et alors, qui hérite ?

211

A shnorer kumt tsu Rotshildn :
— Bay mir kent ir fardinen tsvey milyon rubl !
— Vos epes ?
— Ikh hob zikh dervust az ayer tokhter vet krign a nadn fun fir milyon rubl, un ikh bin greyt zi tsu nemen far tsvey milyon !

אַ שנאָרער קומט צו ראָטשילדן :
— בײַ מיר קענט איר פֿאַרדינען צוויי מיליאָן רובל !
— וואָס עפּעס ?
— איך האָב זיך דערוווּסט אַז אײַער טאָכטער וועט קריגן אַ נדן פֿון פֿיר מיליאָן רובל, און איך בין גרייט זי צו נעמען פֿאַר צוויי מיליאָן !

Chapitre 7 | Kapitl 7 | 7 קאַפּיטל
Mendiants | Shnorers | שנאָרערס

Un shnorer vient voir monsieur Rothschild :*
– Je peux vous faire gagner deux millions de roubles !
– Qu'est-ce que ça veut dire ?
– Je me suis laissé dire que votre fille aura une dot de quatre millions de roubles ; eh bien moi, je suis prêt à l'épouser pour deux millions !

212

A shnorer flegt krign gelt yedn khoydesh fun a gevir.
– Haynt vel ikh aykh gebn veyniker, vayl ikh hob ersht gekoyft a tayern mantl far mayn vayb.
Beyzert zikh der shnorer :
– Ir hot gekoyft a mantl. Nu ? Oyf mayn kheshbm hot ir im gekoyft ?
Un az ir hot gekoyft a mantl, muz ikh laydn ?

אַ שנאָרער פֿלעגט קריגן געלט יעדן חודש פֿון אַ גבֿיר.
– היינט וועל איך אײַך געבן ווייניקער, ווײַל איך האָב ערשט געקויפֿט אַ טײַערן מאַנטל פֿאַר מײַן ווײַב.
בייזערט זיך דער שנאָרער :
– איר האָט געקויפֿט אַ מאַנטל. נו ? אויף מײַן חשבון האָט איר אים געקויפֿט ?
און אַז איר האָט געקויפֿט אַ מאַנטל, מוז איך לײַדן ?

Chaque mois, un shnorer reçoit de la part d'un homme riche une certaine somme d'argent.
– Aujourd'hui, je vous donnerai moins. Je viens d'acheter à ma femme un manteau qui m'a coûté cher.
Le shnorer se met en colère :
– Vous avez acheté un manteau. Et alors ? Avec mon argent ? Et si vous avez acheté un manteau, est-ce à moi d'en pâtir ?

213

A gevir git a shnorer an eyntsikn rubl.
Vert der shnorer beyz :
– Mit tsvey yor tsurik, hot ir mir gegebn dray rubl un far a yorn, tsvey rubl ! Vos iz mit aykh ?
– Mit tsvey yor tsurik, bin ikh nokh geven a bokher. Far a yorn, hob ikh khasene gehat, un hayntiks yor, iz bay mir geboyrn gevorn a yingele, keyneynore.

אַ גבֿיר גיט אַ שנאָרער אַן איינציקן רובל.
ווערט דער שנאָרער בייז :
– מיט צוויי יאָר צוריק, האָט איר מיר געגעבן דרײַ רובל און פֿאַר אַ יאָרן צוויי רובל ! וואָס איז מיט אײַך ?
– מיט צוויי יאָר צוריק, בין איך נאָך געווען אַ בחור. פֿאַר אַ יאָרן, האָב איך חתונה געהאַט, און הײַנטיקס יאָר, איז בײַ מיר געבוירן געוואָרן אַ ייִנגעלע, קיין עין-הרע.

| *Chapitre 7* | Kapitl 7 | קאַפּיטל 7 |
| *Mendiants* | Shnorers | שנאָרערס |

– Nu ? Mit mayn gelt bazorgt ir ayer mishpokhe ?

— נו ? מיט מײַן געלט באַזאָרגט איר אײַער משפּחה ?

Un homme riche donne un seul rouble à un shnorer. Celui-ci se fâche :
– Il y a deux ans, vous m'avez donné trois roubles et l'année dernière, deux roubles ! Qu'est-ce qui vous arrive ?
– Il y a deux ans, j'étais encore célibataire. L'an dernier, je me suis marié et cette année, j'ai un petit garçon, que Dieu le protège.
– Et alors ? C'est avec mon argent que vous entretenez votre famille ?

<u>*214*</u>

A shnorer kumt tsu Rotschildn :
– Ikh bet aykh, git mir dos gelt tsu forn keyn Ostend oyf kuratsye. Ale doktoyrim zenen maskem : far mir iz Ostend dos beste kurort.
– Punkt Ostend ? Tsi veyst ir nisht az Ostend iz dos tayerste kurort ?
– Zolt ir visn, her Rotshild, az far mayn gezunt iz gornisht tsu tayer !

אַ שנאָרער קומט צו ראָטשילדן :
— איך בעט אײַך, גיט מיר דאָס געלט צו פֿאָרן קיין אָסטענד אויף קוראַציע. אַלע דאָקטוירים זענען מסכּים : פֿאַר מיר איז אָסטענד דאָס בעסטע קוראָרט.
— פונקט אָסטענד ? צי ווייסט איר נישט אַז אָסטענד איז דאָס טײַערסטע קוראָרט ?
— זאָלט איר וויסן, הער ראָטשילד, אַז פֿאַר מײַן געזונט איז גאָרנישט צו טײַער !

Un shnorer vient voir Rothschild :*
– Je vous en prie, donnez-moi l'argent pour une cure à Ostende. Tous les médecins sont d'accord : Ostende est la station qu'il me faut.
– Précisément Ostende ? Vous ne savez donc pas qu'Ostende est la station thermale la plus chère ?
– Sachez, monsieur Rothschild, que pour ma santé rien n'est trop cher !

<u>*215*</u>

A shnorer shteyt oyf der gas. Geyt farbay an alter Yid, a kleyner, a darer mit a hoyker, vos zogt im muser :
– Aza fester Yid vi du bist, gezunt vi a ferd, zol shnorn un nisht arbetn ? Shemst zikh gornisht ?
Der shnorer kukt im glaykh in di oygn arayn :

אַ שנאָרער שטייט אויף דער גאַס. גייט פֿאַרבײַ אַן אַלטער ייִד, אַ קליינער, אַ דאַרער מיט אַ הויקער, וואָס זאָגט אים מוסר :
— אַזאַ פֿעסטער ייִד ווי דו ביסט, געזונט ווי אַ פֿערד, זאָל שנאָרן און נישט אַרבעטן ? שעמסט זיך גאָרנישט ?
דער שנאָרער קוקט אים גלײַך אין די אויגן אַרײַן :

Chapitre 7 | Kapitl 7 | קאַפּיטל 7
Mendiants | Shnorers | שנאָרערס

– Reb Yid, vos volt ir gevolt ?
Me zol mir ophakn a fus ? Far di por groshn vos ir volt mir say vi say nisht gegebn !

– רעב ייִד, וואָס וואָלט איר געוואָלט ?
מע זאָל מיר אָפּהאַקן אַ פֿוס ? פֿאַר די פּאָר גראָשן וואָס איר וואָלט מיר סײַ ווי סײַ נישט געגעבן !

Un mendiant se tient dans la rue. Passe devant lui un vieil homme rabougri, maigre et bossu, qui le sermonne :
– Un gars costaud comme toi, en pleine santé, qui fait la manche au lieu de travailler ? Tu n'as pas honte ?
Le shnorer le regarde droit dans les yeux :
– Qu'est-ce que vous auriez voulu ? Qu'on m'ampute d'une jambe ? Pour les quelques sous que de toute façon vous ne m'auriez pas donnés !

216

A shnorer bet :
– Tut a mitsve, git mir a nedove !
– Haynt ken ikh nisht.
Kumt tsurik morgn.
– Neyn, haynt muzt ir mir gebn : ikh gib nisht oyf kredit !

אַ שנאָרער בעט :
– טוט אַ מיצווה, גיט מיר אַ נדבֿה !
– הײַנט קען איך נישט.
קומט צוריק מאָרגן.
– ניין, הײַנט מוזט איר מיר געבן : איך גיב נישט אויף קרעדיט !

Un mendiant quémande :
– Faites une bonne action, donnez-moi un peu d'argent !
– Aujourd'hui, je ne peux pas. Revenez demain.
– Non, c'est aujourd'hui que vous devez me donner : je ne fais pas crédit !

217

Bay dem aroysgang fun a kloyster in Varshe, shteyen tsvey shnorers. Eyner trogt a tseylem oyf der brust, un der tsveyter trogt a kapl oyfn kop. Der mit dem tseylem krigt a sakh nedoves un der tsveyter kemat gornisht.
Kumt aroys der galekh un zogt tsu dem mitn kapl :
– Tut oys dos kapl, vet ir oykh krign parnose !

בײַ דעם ארויסגאַנג פֿון אַ קלויסטער אין וואַרשע, שטייען צוויי שנאָרערס. איינער טראָגט אַ צלם אויף דער ברוסט, און דער צווייטער טראָגט אַ קאַפּל אויפֿן קאָפּ. דער מיט דעם צלם קריגט אַ סך נדבֿות און דער צווייטער כּמעט גאָרנישט.
קומט אַרויס דער גלח און זאָגט צו דעם מיטן קאַפּל.
– טוט אויס דאָס קאַפּל, וועט איר אויך קריגן פּרנסה !

Chapitre 7 Kapitl 7 קאַפּיטל 7
Mendiants Shnorers שנאָרערס

– Herst Moyshe ? Der galekh vil undz oyslernen dem fakh !

– הערסט משה ? דער גלח וויל אונדז אויסלערנען דעם פֿאַך !

À Varsovie, deux shnorers se tiennent à la sortie d'une église. L'un porte une croix autour du cou et l'autre a une calotte sur la tête. Celui qui porte la croix recueille plein d'aumônes et l'autre presque rien.*
Le curé sort et dit à celui qui porte la kippa :*
– Enlevez votre calotte et vous aussi vous recevrez de quoi vivre !
– Tu entends Moyshe ? Le curé veut nous apprendre notre métier !*

218

Der shames fun shul zogt a shnorer vos shteyt bay der tir :
– Ir shemt zikh gornisht ? Nekhtn hob ikh aykh gezen shnorn bay dem kloyster un haynt shteyt ir do ! Vos zent ir ? A Yid tsi a krist ?
– Ikh bin take a Yid. Nor zogt aleyn, vi ken men hobn parnose fun eyn eyntsiker religye ?

דער שמש פֿון שול זאָגט אַ שנאָרער וואָס שטייט בײַ דער טיר :
– איר שעמט זיך גאָרנישט ? נעכטן האָב איך אײַך געזען שנאָרן בײַ דעם קלויסטער און הײַנט שטייט איר דאָ ! וואָס זענט איר ? אַ ייִד צי אַ קריסט ?
– איך בין טאַקע אַ ייִד. נאָר זאָגט אַליין, ווי קען מען האָבן פּרנסה פֿון איין איינציקער רעליגיע ?

Le bedeau de la synagogue dit à un mendiant qui se tient près de la porte :
– Tu n'as pas honte ? Hier je t'ai vu mendier devant l'église et aujourd'hui tu es là ! Tu es juif ou tu es chrétien ?
– Bien sûr que je suis juif. Mais dites-moi, comment gagner son pain avec une seule religion ?

219

In a tsenter fun post-tsetaylung, gefint a baamter a briv mit a modnem adres : "Reboyne-sheloylem".
In convert ligt geshribn a bakoshe fun Moyshen, an oremen shnayder :
"Gotenyu, ikh hob nisht mit vos tsu lebn. Di kinder zenen hungerik un zey geyen arum naket un borves. Ikh bet dikh, shik mir tsvey hundert zlotes".

אין אַ צענטער פֿון פּאָסט-צעטיילונג, געפֿינט אַ באַאַמטער אַ בריוו מיט אַ מאָדנעם אַדרעס : „רבונו-של-עולם“.
אין קאָנווערט ליגט געשריבן אַ בקשה פֿון משהן, אַן אָרעמען שנײַדער :
„גאָטעניו, איך האָב נישט מיט וואָס צו לעבן. די קינדער זענען הונגעריק און זיי גייען אַרום נאַקעט און באָרוועס. איך בעט דיך, שיק מיר צוויי הונדערט זלאָטעס“.

Chapitre 7 Kapitl 7 קאַפּיטל 7
Mendiants Shnorers שנאָרערס

Der baamter ken Moyshen un er krigt rakhmones. Koym mit tsores, klaybt er tsunoyf bay di koleges hundert zlotes un er shikt zey tsu :

"Moyshen dem shnayder".

Dray teg shpeter, kumt vider a mol a briv far dem "Reboyne-sheloylem". Ineveynik shteyt azoy geshribn :

"Gotenyu, a sheynem dank farn gelt. Nor shtel zikh for : kh'hob bakumen nisht mer vi hundert zlotes. Di andere hundert hobn tsugenumen di ganovim fun post !"

דער באַאַמטער קען משהן און ער קריגט רחמנות. קוים מיט צרות, קלײַבט ער צונויף בײַ די קאָלעגעס הונדערט זלאָטעס און ער שיקט זיי צו :

„משהן דעם שנײַדער“ .

דרײַ טעג שפּעטער, קומט ווידער אַ מאָל אַ בריוו פֿאַר דעם „רבונו־של־עולם“. אינע-וויייניק שטייט אַזוי געשריבן :

„גאָטעניו, אַ שיינעם דאַנק פֿאַרן געלט. נאָר שטעל זיך פֿאָר : איך האָב באַקומען נישט מער ווי הונדערט זלאָטעס. די אַנדערע הונדערט האָבן צוגענומען די גנבֿים פֿון פּאָסט !“

Dans un centre de tri postal, un employé trouve une lettre avec cette adresse étrange : « au Maître du Monde ».

Dans l'enveloppe, une supplique de Moyshe, un pauvre tailleur :

« Dieu du ciel, je n'ai pas de quoi vivre. Les enfants ont faim et n'ont ni vêtements ni chaussures. Je t'en prie, envoie-moi deux cents zlotys »*

L'employé, qui connait bien Moyshe, est ému. Avec grande difficulté, il recueille auprès de ses collègues cent zlotys et les envoie à : « Moyshe le tailleur ». Trois jours plus tard arrive une nouvelle lettre adressée au « Maître du Monde », sur laquelle on peut lire :

« Dieu du ciel, un grand merci pour l'argent. Mais figure-toi que je n'ai reçu que cent zlotys, ces voleurs de postiers en ont fauché cent ! »

220

A shnorer kumt esn yedn shabes tsu a gevir. Eyn mol kumt er mit a bokher.

– Ver iz der Yid ? Fregt der gevir.

– S'iz mayn eydem. Ikh hob im tsugezogt az ikh vel im gebn kest...

אַ שנאָרער קומט עסן יעדן שבת צו אַ גבֿיר. איין מאָל קומט ער מיט אַ בחור.

— ווער איז דער ייִד ? פֿרעגט דער גבֿיר.

— ס׳איז מײַן איידעם. איך האָב אים צוגע-זאָגט אַז איך וועל אים געבן קעסט...

Un shnorer vient manger chaque samedi chez un notable. Un jour il arrive avec un jeune homme.

– Qui est cet homme ? Demande le notable.

– C'est mon gendre. Je lui ai promis de lui fournir le gîte et le couvert... (voir kest)*

Chapitre 8 — Kapitl 8 — קאַפּיטל 8
Riches et Pauvres — Gvirim un Oreme-Layt — גבֿירים און אָרעמע־לײַט

גבֿירים און אָרעמע־לײַט

GVIRIM UN OREME-LAYT

RICHES ET PAUVRES

אין מיזרח-אייראָפּעיִשן ייִדישלאַנד האָבן געלעבט אי גבֿירים אי אָרעמע-לײַט, אַזוי ווי אומעטום אויף דער וועלט. זײַט בײַ זײַט מיט באַנקירן, סוחרים, קרעטשמערס אאַז״וו, האָבן קבצנים אָן אַ צאָל געליטן הונגער און נויט. פֿאַר זיי איז דאָס לעבן אין די שטעט און שטעטלעך געווען שווער און ביטער. דאָס פּראָסטע פֿאָלק[1] און די אָרעמע בעל-מלאָכות[2] פֿלעגן פֿאַרדינען קוים מיט צרות אַ פּאָר גראָשן און פֿלעגן קריגן הילף פֿון דער קהילה און פֿון גבֿירים : צדקה איז פֿון תּמיד אָן געווען אַ מיצווה.

[1] וואַסער-פֿירערס, בעל-עגלות, טרעגערס, דאָרפֿסגייער אאַז״וו.
[2] שנײַדערס, שוסטערס, קירזשנערס, שמידערס, סטאָליערס אאַז״וו.

In mizrekh-eyropeishn Yidishland hobn gelebt i gvirim i oreme-layt, azoy vi umetum oyf der velt. Zayt bay zayt mit bankirn, sokhrim, kretshmers u.az.v, hobn kaptsonim on a tsol gelitn hunger un noyt. Far zey iz dos lebn in di shtet un shtetlekh geven shver un biter. Dos proste folk[1] un di oreme bal-melokhes[2] flegn fardinen koym mit tsores a por groshn un flegn krign hilf fun der kehile un fun gvirim : tsdoke iz fun tomid on geven a mitsve.

[1] vaser-firers, balegoles, tregers, dorfsgeyers u.az.v.
[2] shnayders, shusters, kirzhners, shmiders, stolyers u.az.v.

Dans le Yiddishand d'Europe de l'est vivaient des riches et des pauvres, comme partout dans le monde. A côté des banquiers, des commerçants, des aubergistes etc. un nombre considérable d'indigents souffraient de la misère et mouraient de faim. Pour eux, la vie dans les villes et les bourgades était très difficile. Les petites gens[1] et les artisans[2] gagnaient péniblement quelques sous et faisaient appel à la communauté et aux plus fortunés : l'aide aux indigents, dans la tradition juive, est depuis toujours une mitsva, un « commandement ».*

[1] *porteurs d'eau, cochers, colporteurs etc.*
[2] *tailleurs, cordonniers, fourreurs, forgerons, menuisiers etc.*

Chapitre 8 Kapitl 8 קאַפּיטל 8
Riches et Pauvres Gvirim un Oreme-Layt גבֿירים און אָרעמע־לײַט

221

די ערשטע מעשׂה איז אַן אויסגעקלערטע.
אַן אָרעמער דאָרפֿסגייער קומט אָן אין אַ שטעטל און בעט בײַ אַ גבֿיר ער זאָל אים לאָזן איבערשלאָפֿן בײַ אים אַ נאַכט. דער גבֿיר זייער אַ קאַרגער, זאָגט אים :
– איך האָב נישט קיין אָרט פֿאַר אײַך !
גייט דער דאָרפֿסגייער צום גבֿירס ברודער. דער איז אַן אָרעמאַן, אָבער נישט בלויז ער גיט אים ווּ צו שלאָפֿן, נאָר ער טיילט זיך מיט אים מיטן שטיקל ברויט.
צו מאָרגנס אין דער פֿרי, זאָגט דער דאָרפֿס־גייער :
– השם־יתברך זאָל אײַך געבן בשפֿע די ערשטע זאַך וואָס איר וועט אונטערנעמען !
דער אָרעמער ברודער טוט אָן דעם טלית און הייבט אָן דאַוונען. באַלד ווערט די שטוב פֿול מיט זײַדענע טליתים :
ווען דער רײַכער ברודער דערהערט דאָס, פֿאַרבעט ער דעם דאָרפֿסגייער צו זיך אין שטוב. צו מאָרגנס, פֿאַרן אַוועקגיין, זאָגט דער דאָרפֿסגייער :
– השם־יתברך זאָל אײַך געבן בשפֿע די ערשטע זאַך וואָס איר וועט אונטערנעמען !
באַלד וויל דער קאַרגער גבֿיר ציילן די ממתּקים זײַנע. אָבער עס פֿאַרווילט זיך אים שטאַרק צו פּישן, לויפֿט ער אַרויס...

ביז הײַנט צו טאָג איז נאָך די וואַנט נאַס, דערציילט מען...

Di ershte mayse iz an oysgeklerte.
An oremer dorfsgeyer kumt on in a shtetl un bet bay a gevir er zol im lozn ibershlofn bay im a nakht. Der gevir, zeyer a karger, zogt im :
– Ikh hob nisht keyn ort far aykh !
Geyt der dorfsgeyer tsum gevirs bruder. Der iz an oreman, ober nisht bloyz er git im vu tsu shlofn, nor er teylt zikh mit im mitn shtikl broyt.
Tsu morgens in der fri, zogt der dorfsgeyer :
– Hashem-yisborekh zol aykh gebn beshefe di ershte zakh vos ir vet unternemen !
Der oremer bruder tut on dem tales un heybt on davenen. Bald vert di shtub ful mit zaydene taleysim ! Ven der raykher bruder derhert dos, farbet er dem dorfsgeyer tsu zikh in shtub. Tsu morgens, farn avekgeyn, zogt der dorfsgeyer :
– Hashem-yisborekh zol aykh gebn beshefe di ershte zakh vos ir vet unternemen ! Bald vil der karger gevir tseyln di mamtakim zayne. Ober es farvilt zikh im shtark tsu pishn, loyft er aroys...

Biz haynt tsu tog iz nokh di vant nas, dertseylt men...

Cette première histoire est une fiction.
Un pauvre colporteur arrive dans un shtetl, et demande à un homme riche de l'héberger pour la nuit. L'homme, qui est riche mais très avare, lui lance :*
– Je n'ai pas de place pour vous !
Il se rend alors chez le frère de ce nanti, un homme pauvre, qui non seulement l'invite à dormir, mais partage avec lui son quignon de pain.

| Chapitre 8 | Kapitl 8 | קאַפּיטל 8 |
| Riches et Pauvres | Gvirim un Oreme-Layt | גבֿירים און אָרעמע־לײַט |

Le lendemain matin, le colporteur le remercie :
— Que le Tout-Puissant vous accorde à profusion ce que vous entreprendrez en premier !
Son hôte met son châle de prière et commence à prier. Aussitôt la pièce se remplit de châles de prière en soie !
Dès que le riche apprend cela, il invite le colporteur chez lui.
Le lendemain matin, avant de partir, le colporteur dit :
— Que le Tout-Puissant vous accorde à profusion ce que vous entreprendrez en premier !
Aussitôt le riche avare veut compter son magot. Mais il est pris d'une envie pressante et il se précipite dehors…
On raconte qu'aujourd'hui encore, le mur est humide…

222

Rotshild iz a mol geforn in Rusland. Er hot zikh opgeshtelt in a kretshme in a kleyn shtetl, un er hot zikh geheysn derlangen tsvey eyer, mit broyt un kave. Nokhn esn, brengt der kretshmer di rekhenung.
— Vos ? Hundert rubl far tsvey eyer ! Azoy zeltn zaynen eyer in der gegnt ?
— Eyer nisht, ober Rotshilds, yo !

ראָטשילד איז אַ מאָל געפֿאָרן אין רוסלאַנד. ער האָט זיך אָפּגעשטעלט אין אַ קרעטשמע אין אַ קליין שטעטל, און ער האָט זיך געהייסן דערלאַנגען צוויי אייער, מיט ברויט און קאַווע. נאָכן עסן, ברענגט דער קרעט־שמער די רעכענונג.
— וואָס ? הונדערט רובל פֿאַר צוויי אייער ! אַזוי זעלטן זײַנען אייער אין דער געגנט ?
— אייער נישט, אָבער ראָטשילדס, יאָ !

Au cours d'un voyage en Russie, un Rothschild s'arrête dans une petite bourgade et il commande à l'auberge deux œufs avec du pain et du café. Après le repas, l'aubergiste lui apporte la note.
— Comment ? Cent roubles pour deux œufs ! Les œufs sont-ils si rares dans cette région ?
— Les œufs, non ! Mais les Rothschild, oui !

223

A shnorer kumt un bet a nedove bay dem grestn gevir fun shtot.
— Se vayzt oys az ir zent nisht fun hi. Anit volt ir gevust az ikh gib keyn mol

אַ שנאָרער קומט און בעט אַ נדבֿה בײַ דעם גרעסטן גבֿיר פֿון שטאָט.
— סע ווײַזט אויס אַז איר זענט נישט פֿון הי. אַניט וואָלט איר געוווּסט אַז איך גיב קיין

| Chapitre 8 | Kapitl 8 | קאַפּיטל 8 |
| Riches et Pauvres | Gvirim un Oreme-Layt | גבֿירים און אָרעמע־לײַט |

nisht keyn nedove !   מאָל נישט קיין נדבֿה !

Un mendiant vient quémander une aumône chez l'homme le plus riche de la ville.
— On voit que vous n'êtes pas d'ici. Sinon vous sauriez que je ne fais jamais la charité !

224

An oreman kumt tsu a gevir un bet a nedove. Entfert der gevir :
— Ikh hob a bruder mit finef kinder un ikh gib keyn mol nisht keyn nedove !
Geyt der shnorer tsum bruder :
— Git mir a nedove. Ayer bruder der gevir hot mir gezogt az er git aykh gelt.
— Ver ? Mayn bruder der karger ? Er git mir keyn groshn nisht !
Kumt der oreman tsurik tsum gevir :
— Ikh kum ersht fun ayer bruder, un er hot getaynet az er krigt gornisht fun aykh !
— Nu, az ikh gib gornisht mayn eygenem bruder, zol ikh aykh gebn ?

אַן אָרעמאַן קומט צו אַ גבֿיר און בעט אַ נדבֿה. ענפֿערט דער גבֿיר :
— איך האָב אַ ברודער מיט פֿינעף קינדער און איך גיב קיין מאָל נישט קיין נדבֿה !
גייט דער שנאָרער צום ברודער :
— גיט מיר אַ נדבֿה. אײַער ברודער דער גבֿיר האָט מיר געזאָגט אַז ער גיט אײַך געלט.
— ווער ? מײַן ברודער דער קאַרגער ? ער גיט מיר קיין גראָשן נישט !
קומט דער אָרעמאַן צוריק צום גבֿיר :
— איך קום ערשט פֿון אײַער ברודער, און ער האָט געטענהט אַז ער קריגט גאָרנישט פֿון אײַך !
— נו, אַז איך גיב גאָרנישט מײַן אייגענעם ברודער, זאָל איך אײַך געבן ?

Un pauvre vient quémander une aumône chez un homme riche. Celui-ci lui rétorque :
— J'ai un frère qui a cinq enfants et je ne donne jamais d'aumône !
Le shnorer* court chez le frère :
— Donnez-moi une aumône. Votre frère est riche et il m'a dit qu'il vous donne de l'argent.
— Qui ? Mon frère le radin ? Il ne me donne pas un seul groshn* !
Alors le shnorer retourne chez le riche :
— Je reviens tout juste de chez votre frère et il m'a dit qu'il ne recevait rien de vous !
— Et alors, si à mon propre frère je ne donne rien, à vous je devrais donner ?

| Chapitre 8 | Kapitl 8 | קאַפּיטל 8 |
| *Riches et Pauvres* | Gvirim un Oreme-Layt | גבֿירים און אָרעמע-לײַט |

225

Far Peysekh, kumt der rov tsu a gevir betn er zol gebn gelt oyf matses far di oreme-layt fun der kehile.
Der gevir, zeyer a karger, nemt aroys koym mit tsores, a por groshn fun keshene.
– Ayer zun hot gegebn a sakh mer vi ir !
– Vos glaykht ir mayn zun tsu mir ? Er hot a tatn a gevir !

פֿאַר פּסח, קומט דער רבֿ צו אַ גבֿיר בעטן ער זאָל געבן געלט אויף מצות פֿאַר די אָרעמע-לײַט פֿון דער קהילה.
דער גבֿיר, זייער אַ קאַרגער, נעמט אַרויס קוים מיט צרות, אַ פּאָר גראָשן פֿון קעשענע.
– אײַער זון האָט געגעבן אַ סך מער ווי איר !
– וואָס גלײַכט איר מײַן זון צו מיר ? ער האָט אַ טאַטן אַ גבֿיר !

Avant Pessah, le rabbin va chez un riche notable demander de l’argent pour fournir des matsot*, du pain azyme, aux nécessiteux.*
Le notable, qui est très avare, sort péniblement quelques sous de sa poche.
– Votre fils a été bien plus généreux que vous !
– Ne me comparez pas à mon fils : lui, il a un père qui est riche !

226

A gevir iz arayngefaln in taykh un an oreman hot im geratevet.
Zogt der gevir :
– A dank aykh bin ikh geblibn lebn ! Iz vos ir vet nor betn, vet ir krign.
Der oreman veyst az der gevir iz zeyer a karger, trakht er :
“A poshete zakh vel ikh efsher be-emes bakumen !”
Entfert er :
– Se glust zikh mir esn a hering... A hering a gantsn...

אַ גבֿיר איז אַרײַנגעפֿאַלן אין טײַך און אַן אָרעמאַן האָט אים געראַטעוועט.
זאָגט דער גבֿיר :
– אַ דאַנק אײַך בין איך געבליבן לעבן ! איז וואָס איר וועט נאָר בעטן, וועט איר קריגן.
דער אָרעמאַן ווייסט אַז דער גבֿיר איז זייער אַ קאַרגער, טראַכט ער :
„אַ פּשוטע זאַך וועל איך אפֿשר באמת באַקומען !“
ענטפֿערט ער :
סע גלוסט זיך מיר עסן אַ הערינג... אַ הערינג אַ גאַנצן...

Un riche notable est tombé dans la rivière et un pauvre hère lui sauve la vie.
Le riche lui dit :
– Je suis en vie grâce à vous ! Alors, quoique vous me demandiez, vous l’aurez.
L’homme sait que ce riche est très avare et il se dit :
« Quelque chose de modeste, j’ai peut-être une chance de l’obtenir réel-

Chapitre 8 Kapitl 8 קאַפּיטל 8
Riches et Pauvres Gvirim un Oreme-Layt גבֿירים און אָרעמע־לײַט

lement ! » Il répond donc :
– J'ai envie d'un hareng... Un hareng entier...

227

אַ ייִד קומט צו אַ גבֿיר :
– איך בעט אײַך, האָט רחמנות אויף אַן אָרעמער משפּחה : דער טאַטע האָט נישט קיין אַרבעט, די מאַמע ליגט חרובֿ קראַנק אין שפּיטאָל, די דרײַ קינדער זענען נעבעך אויסגעהונגערט. זיי קענען אפֿילו נישט באַצאָלן קיין דירה-געלט... חעלפֿט זיי צו, איך בעט אײַך !
– נאָר ווער זענט איר ?
– איך ? איך בין דער בעל-הבית...

A Yid kumt tsu a gevir
– Ikh bet aykh, hot rakhmones oyf an oremer mishpokhe : der tate hot nisht keyn arbet, di mame ligt khorev krank in shpitol, di dray kinder zenen nebekh oysgehungert. Zey kenen afile nisht batsoln keyn dire-gelt... Helft zey tsu, ikh bet aykh !
– Nor ver zent ir ?
– Ikh ? Ikh bin der balebos...

Un homme se présente chez un riche :
– Je vous en prie, ayez pitié d'une pauvre famille : le père est sans travail, la mère est mourante à l'hôpital, les trois enfants meurent de faim. Ils ne peuvent même pas payer leur loyer... Venez-leur en aide, je vous en supplie !
– Mais vous, qui êtes-vous ?
– Moi ? Je suis le propriétaire...

מחמת זייער עגאָיזם, זײַנען די גבֿירים טייל מאָל אומבאַוווּסטזיניק.

Makhmes zeyer egoizm, zaynen di gvirim teyl mol umbavustzinik.

L'égoïsme des riches les rend quelquefois inconscients.

228

– אוי, שמואל פֿייגלבוים ! דו דערקענסט מיך ? מיר זענען געווען צוזאַמען אין גימנאַזיע, מיט פֿערציק יאָר צוריק !
– אַוודאי דערקען איך דיך ! דו ביסט יאָסעלע גאָלדפֿינגער. ווי שיין אָפּגעברוינט דו ביסט ! און דו טראָגסט אַ שיינעם אַנצוג, פֿון ענגלישן שטאָף ! ... דאָס איז דײַן מער-

– Oy, Shmuel Feyglboym ! Du derkenst mikh ? Mir zenen geven tsuzamen in gimnazye, mit fertsik yor tsurik !
– Avade derken ikh dikh ! Du bist Yosele Goldfinger. Vi sheyn opgebroynt du bist ! Un du trogst a sheynem antsug, fun englishn shtof ! ... Dos iz

Chapitre 8 | Kapitl 8 | קאַפּיטל 8
Riches et Pauvres | Gvirim un Oreme-Layt | גבֿירים און אָרעמע־לײַט

dayn Mertsedes ? ... Sheyn aroyfgearbet zikh, keyneynore !
– Yo...
Un bay dir, Shmuel, vos hert zikh ?
– Oy ! Freg shoyn nisht ! Ikh mordeve zikh bay shnayderay...
– Veyst vos Shmuel ? Haynt in ovnt veln mir zikh trefn mit tsvey khaveyrim fun der gimnazye, in a tayern restoran. Du kenst zey ! Eyner iz Moyshe Heyler, itst iz er a barimter kardyolog. Un der tsveyter iz gevorn a groyser advokat, her Khayim Reder. Kum mit ! Mir veln ale zayn azoy tsufridn !
– Oy, a tayern restoran, dos ken ikh zikh nisht derloybn.
– Zorg zikh nisht, kum !
... Vestu nisht esn !

צעדעס ? ... שיין אַרויפֿגעאַרבעט זיך, קיין עין-הרע !
– יאָ...
און בײַ דיר, שמואל, וואָס הערט זיך ?
– אוי ! פֿרעג שוין נישט ! איך מאָרדעווע זיך בײַ שנײַדערײַ...
– ווייסט וואָס שמואל ? הײַנט אין אָוונט וועלן מיר זיך טרעפֿן מיט צוויי חבֿרים פֿון דער גימנאַזיע, אין אַ טײַערן רעסטאָראַן. דו קענסט זיי ! איינער איז משה היילער, איצט איז ער אַ באַרימטער קאַרדיאָלאָג. און דער צווייטער איז געוואָרן אַ גרויסער אַדוואָקאַט, הער חיים רעדער. קום מיט ! מיר וועלן אַלע זײַן אַזוי צופֿרידן !
– אוי, אַ טײַערן רעסטאָראַן, דאָס קען איך זיך נישט דערלויבן.
– זאָרג זיך נישט, קום !
... וועסטו נישט עסן !

– Tiens, Samuel Feygelboym ! Tu me reconnais ? Nous étions ensemble au lycée il y a quarante ans !
– Bien sûr que je te reconnais, tu es Yossele Goldfinger. Qu'est-ce que tu es bronzé ! Et ton costume, dis-donc, dans du beau tissu anglais ! ...C'est à toi cette Mercedes ? ... Tu as bien réussi dans la vie !*
– Oui... Et toi, Samuel, qu'est-ce tu deviens ?
– Oy, n'en parlons pas ! Je m'échine dans la confection...
– Tu sais quoi, Samuel ? Ce soir on se retrouve dans un grand restaurant, avec deux copains du lycée. Tu les connais ! L'un est Moyshe Heyler, c'est maintenant un cardiologue réputé. Et l'autre est devenu un grand avocat, Maître Haïm Reder*. Viens avec nous ! Ça fera plaisir à tout le monde !*
– Oh moi, tu sais, un grand restaurant, je ne peux pas me le permettre.
– Ne t'en fais pas, viens ! ... Tu ne mangeras pas !

229

Moyshe iz an oyfgekumener gevir, a fardiner. In dem groysn hotel vu er iz a geveyntlekher gast, fodert er a tsimer mit dem grestn luxus.

משה איז אַן אויפֿגעקומענער גבֿיר, אַ פֿאַרדינער. אין דעם גרויסן האָטעל ווּ ער איז אַ געוויינטלעכער גאַסט, פֿאָדערט ער אַ צימער מיט דעם גרעסטן לוקסוס.

| *Chapitre 8* | Kapitl 8 | קאַפּיטל 8 |
| *Riches et Pauvres* | Gvirim un Oreme-Layt | גבֿירים און אָרעמע־לײַט |

— Es tut mir bang, nor ale tsimern zenen shoyn rezervirt.
Geyt Moyshe tsum director. Un far sheyne etlekhe banknotn krigt er oyfn ort dos shenste tsimer fun hotel !
Dernokh vil er zikh opruen oyfn breg yam, nor ale ligshtuln zenen bazetst.
Far etlekhe banknotn gefint men al-pi nes an eytse !
Er leygt zikh, nemt zikh a tsigar, git zikh a glet dos baykhl un mit a tsufridn shmeykhele :
— Ver darf hobn gelt, ver ?

— עס טוט מיר באַנג, נאָר אַלע צימערן זענען שוין רעזערווירט.
גייט משה צום דירעקטאָר. און פֿאַר שײנע עטלעכע באַנקנאָטן קריגט ער אויפֿן אָרט דאָס שענסטע צימער פֿון האָטעל !
דערנאָך וויל ער זיך אָפּרוען אויפֿן ברעג ים, נאָר אַלע ליגשטולן זענען באַזעצט.
פֿאַר עטלעכע באַנקנאָטן געפֿינט מען על־פּי נס אַן עצה !
ער לייגט זיך, נעמט זיך אַ ציגאַר, גיט זיך אַ גלעט דאָס בײַכל און מיט אַ צופֿרידן שמייכעלע :
— ווער דאַרף האָבן געלט, ווער ?

Moyshe est un riche parvenu qui gagne beaucoup d'argent. Dans le grand hôtel où il descend habituellement, il réclame la chambre la plus luxueuse.
— Je suis désolé, mais toutes les chambres sont déjà réservées.
Alors Moyshe va voir le directeur et avec une poignée de billets, il obtient sur le champ la plus belle suite de l'hôtel ! Puis il veut se reposer sur la plage, mais toutes les chaises longues sont occupées.
Avec quelques billets, la solution est trouvée comme par miracle !
Il s'allonge, prend un cigare, se caresse la bedaine et avec un sourire de satisfaction :
— Qui a besoin d'argent, qui ?

230

Bay dem Koysl-Marovi in Yerusholaim, shteyt un shoklt zikh a raykher finantsist :
— Oy Gotenyu, ikh hob gekoyft a hipsh bisl berze-aktsyes... Makh ikh zol sheyn fardinen dermit !
Nisht vayt fun im taynet an oreman :
— Oy Gotenyu, helf mir gefinen arbet, di kinder zoln hobn tsu esn !
Dreyt zikh der finantsist oys tsu im :
— Nat aykh finef hundert dolar far ayere kinder. Un tut mir a toyve :

בײַ דעם כּותל־מערבֿי אין ירושלים, שטייט און שאָקלט זיך אַ רײַכער פֿינאַנציסט :
— אוי גאָטעניו, איך האָב געקויפֿט אַ היפּש ביסל בערזע־אַקציעס... מאַך איך זאָל שיין פֿאַרדינען דערמיט !
נישט ווײַט פֿון אים טענהט אַן אָרעמאַן :
— אוי גאָטעניו, העלף מיר געפֿינען אַרבעט, די קינדער זאָלן האָבן צו עסן !
דרייט זיך דער פֿינאַנציסט אויס צו אים :
— נאָט אײַך פֿינעף הונדערט דאָלאַר פֿאַר אײַערע קינדער. און טוט מיר אַ טובֿה :

Chapitre 8 | Kapitl 8 | קאַפּיטל 8
Riches et Pauvres | Gvirim un Oreme-Layt | גבֿירים און אָרעמע־לײַט

לאָזט אונדזער גאָטעניו זיך פֿאַרנעמען מיט מײַן ענין !

lozt undzer Gotenyu zikh farnemen mit mayn inyen !

Devant le mur des Lamentations, à Jérusalem, un riche financier prie en se balançant :
– Oy, Gotenyu, j'ai acheté pas mal d'actions en bourse… Fais en sorte que j'aie une belle plus-value !*
Près de lui, un indigent s'adresse à Dieu :
– Oy, Gotenyu, aide-moi à trouver du travail, que je puisse nourrir mes enfants !
Alors le financier se tourne vers lui :
– Tenez, voilà cinq cents dollars pour vos enfants. Et soyez gentil, laissez notre Gotenyu se concentrer sur mon problème !

די אָרעמע-לײַט אָבער זענען טייל מאָל רירנדיק און כאַפּן אײַך אָן בײַם האַרצן.

Di oreme-layt ober zenen teyl mol rirndik un khapn aykh on baym hartsn.

A l'opposé, les indigents sont parfois très émouvants.

<u>*231*</u>

צוויי ייִנגלעך האָבן געפּראַוועט בר-מיצווה.
– איך האָב באַקומען אַ זילבערנעם בעכער, אויף וועלכן ס'איז אויסגעקריצט מײַן נאָמען : „חיים“ !
זאָגט דער זון פֿון אַ רײַכן סוחר.
– איך, ענטפֿערט יאַנקל, דער זון פֿון אַן אָרעמען שנײַדער, איך האָב באַקומען אַ פֿינגערהוט, נאָר ס'איז…
מײַן טאַטנס פֿינגערהוט !

Tsvey yinglekh hobn gepravet bar-mitsve.
– Ikh hob bakumen a zilbernem bekher, oyf velkhn s'iz oysgekritst mayn nomen : "Khayim" !
Zogt der zun fun a raykhn soykher.
– Ikh, entfert Yankl, der zun fun an oremen shnayder, ikh hob bakumen a fingerhut, nor s'iz…
mayn tatns fingerhut !

Deux garçons ont célébré leur bar-mitsva.*
– Moi j'ai reçu un gobelet en argent, avec mon nom « Haïm » gravé dessus, dit le fils d'un riche commerçant.*
– Moi, répond Yankl, le fils d'un tailleur très pauvre, moi j'ai reçu un dé à coudre, mais c'est… le dé à coudre de mon père !

232

– זאָג מיר משהלע, וואָס ווילסטו ווערן ווען דו וועסט ווערן גרויס ?
– איך וויל ווערן אַ שמענדריק !
– אַ שמענדריק ? וואָס עפּעס ?
– יאָ, אַ שמענדריק. ווייַל יעדעס מאָל ווען דער טאַטע זעט אונדזער שכן, זאָגט ער :
„זע נאָר דעם שמענדריק ! שטענדיק אויסגעפּוצט און יעדעס יאָר אַ נייַע מערצעדעס !“

– Zog mir Moyshele, vos vilstu vern ven du vest vern groys ?
– Ikh vil vern a shmendrik !
– A shmendrik ? Vos epes ?
– Yo, a shmendrik. Vayl yedes mol ven der tate zet undzer shokhn, zogt er :
"Ze nor dem shmendrik ! Shtendik oysgeputst un yedes yor a naye Mertsedes !"

– Qu'est-ce-que tu veux être quand tu seras grand, Moyshele ?
– Moi, je veux être un shmendrik, un parvenu !*
– Un parvenu ? Comment ça ?
– Oui, un shmendrik. Parce que chaque fois que mon père voit notre voisin, il dit comme ça :
« Regarde-moi ce shmendrik ! Toujours habillé comme un prince et tous les ans une nouvelle Mercédès ! »

233

משה, אַן אָרעמער שוסטער, ברענגט זייַן טשאָלנט צום בעקער ערבֿ-שבת, אַזוי ווי אַלע ייִדן אין שטעטל.
איין מאָל האָט ער אַ טעות. ער ברענגט אַהיים דעם טאָפּ פֿון יאָסל גרויסערפּיסק, אַ רייַכן ייִד, אַ קאַרגן און אַ שלעכטן. קוים הייבט ער אויף דאָס דעקל, שפּירט ער דעם ריח פֿון אַ ריכטיקן טשאָלנט. סע שמעקט מיט פֿלייש און מיט קישקעס, און צוזאַמען האָבן אין טאָפּ זיך אייַנגעשמאָרט קאַרטאָפֿל, פּערלגרויפּן און צוקער-באָבעס ! צו שפּעט צוריקצוגיין צום בעקער !
מילא ! איין מאָל אין לעבן וועט ער געניסן אַ געשמאַק מאכל.
אָבער ער איז נישט רויִק :
– איך קען אים, דעם יאָסל גרויסערפּיסק ! קוים וועט ער באַמערקן אַז ס׳איז נישט זייַן

Moyshe, an oremer shuster, brengt zayn tsholnt tsum beker erev-shabes, azoy vi ale Yidn in shtetl.
Eyn mol hot er a toes. Er brengt aheym dem top fun Yosl Groyserpisk, a raykhn Yid, a kargn un a shlekhtn. Koym heybt er oyf dos dekl, shpirt er dem reyekh fun a rikhtikn tsholnt. Se shmekt mit fleysh un mit kishkes, un tsuzamen hobn in top zikh ayngeshmort kartofl, perlgroypn un tsuker-bobes ! Tsu shpet tsuriktsugeyn tsum beker !
Meyle ! Eyn mol in lebn vet er genisn a geshmak maykhl.
Ober er iz nisht ruik :
– Ikh ken im, dem Yosl Groyserpisk ! Koym vet er bamerkn az s'iz nisht zayn

Chapitre 8 Kapitl 8 קאַפּיטל 8
Riches et Pauvres Gvirim un Oreme-Layt גבֿירים און אָרעמע־לײַט

tsholnt, ken er bald shiltn mit toyte kloles :
"Der vos est mayn tsholnt, zol dershtikt vern baym ershtn bisn !"

טשאָלנט, קען ער באַלד שילטן מיט טויטע קללות :
"דער וואָס עסט מײַן טשאָלנט, זאָל דער־שטיקט ווערן בײַם ערשטן ביסן !"

Comme tous ceux du shtetl la veille du shabbat*, Moyshe, un pauvre cordonnier, apporte son tsholent* chez le boulanger. Un jour, il se trompe et rapporte à la maison la marmite de Yosl Groyserpisk*, riche, avare et mauvais comme une teigne.*
A peine soulève-t-il le couvercle qu'il perçoit la bonne odeur d'un vrai tsholent, avec de la viande et des saucisses, et en même temps ont mijoté des pommes de terre, de l'orge perlé et des gros haricots blancs.
Il est trop tard pour rapporter le plat chez le boulanger ! Tant pis, ou tant mieux… Une fois dans sa vie, il appréciera un plat savoureux. Mais il n'est pas tranquille :
– Je le connais, le Yosl Groyserpisk ! Dès qu'il va s'apercevoir que ce n'est pas son tsholent, il est capable de m'envoyer au diable avec une terrible malédiction :
« Que celui qui mange mon tsholent s'étouffe dès la première bouchée ! »

234

Moyshe, an oremer dorfsgeyer, iz geblibn shtekn oyf shabes in a fremd shtetl. Der roshakool, a zeyer raykher soykher, hot im ayngeladn. Ven er kumt tsurik aheym, dertseylt er zayn vayb :
– Du kenst zikh nisht forshteln vos far a vetshere kh'hob dortn gegesn ! Un aza kukhn hob ikh nokh keyn mol nisht genumen in moyl ! Kh'hob do farshribn dem retsept, lomir im bakn, vestu shoyn visn vos heyst a kukhn bay di gvirim ! Nu :
– Finef hundert gram mel.
– Yo, finef hundert gram…
– A bisele heyvn.
– Yo, heyvn…

משה, אַן אָרעמער דאָרפֿסגייער איז געבליבן שטעקן אויף שבת אין אַ פֿרעמד שטעטל. דער ראָש־הקהל, אַ זייער רײַכער סוחר, האָט אים אײַנגעלאַדן.
ווען ער קומט צוריק אַהיים, דערציילט ער זײַן ווײַב :
– דו קענסט זיך נישט פֿאָרשטעלן וואָס פֿאַר אַ וועטשערע כ׳האָב דאָרטן געגעסן ! און אַזאַ קוכן האָב איך נאָך קיין מאָל נישט גענומען אין מויל !
כ׳האָב דאָ פֿאַרשריבן דעם רעצעפּט, לאָמיר אים באַקן, וועסטו שוין וויסן וואָס הייסט אַ קוכן בײַ די גבֿירים ! נו :
– פֿינעף הונדערט גראַם מעל.
– יאָ, פֿינעף הונדערט גראַם...
– אַ ביסעלע הייוון.
– יאָ, הייוון...

– פֿיר אייער.
– בלויז צוויי האָב איך.
– נו, טו אַרייַן צוויי אייער ! אַ גלאָז בוימל.
– עס בלייַבט מיר נישט מער ווי אַ האַלב גלאָז.
– זאָל זייַן אַ האַלב גלאָז ! צוויי הונדערט גראַם צוקער.
– כ׳האָב נישט אַזוי פֿיל.
– טו אַרייַן דאָס וואָס דו האָסט ! אַ האַלב גלאָז האָניק, אַ זשמעניע ראָזשינקעס און אַ ביסעלע וואַניל.
– דאָס אַלץ האָב איך אין גאַנצן נישט.
– איז נישט !
אַ האַלבע שעה שפּעטער, נעמט זי אַרויס דעם קוכן פֿון אויוון. זי פֿאַרזוכט אַ שטי־קעלע און פֿאַרקרימט זיך :
– איך פֿאַרשטיי נישט וואָס פֿאַר אַ טעם די גבֿירים געפֿינען, אין דעם קוכן !

– Fir eyer.
– Bloyz tsvey hob ikh.
– Nu, tu arayn tsvey eyer ! A gloz boyml.
– Es blaybt mir nisht mer vi a halb gloz.
– Zol zayn a halb gloz ! Tsvey hundert gram tsuker.
– Kh'hob nisht azoy fil.
– Tu arayn dos vos du host ! A halb gloz honik, a zhmenye rozhinkes un a bisele vanil.
– Dos alts hob ikh in gantsn nisht.
– Iz nisht !
A halbe sho shpeter, nemt zi aroys dem kukhn fun oyvn. Zi farzukht a shtikele un farkrimt zikh :
– Ikh farshtey nisht vos far a tam di gvirim gefinen, in dem kukhn !

Moyshe, un pauvre colporteur, se trouve bloqué dans une bourgade voisine un shabbat (1). Il est invité chez le président de la communauté, un riche marchand. A son retour, il raconte à sa femme :
– Tu ne peux même pas imaginer quel dîner j'ai eu ! Et le gâteau... Je n'en ai jamais mangé un comme ça ! J'ai noté la recette, préparons-le et tu verras ce que c'est qu'un gâteau chez les riches ! Alors :
– Cinq cents grammes de farine.
– Oui, cinq cents grammes de farine...
– Un peu de levure.
– Oui, de la levure...
– Quatre œufs.
– Je n'en ai que deux.
– Bon, mets deux œufs. Un verre d'huile.
– Il ne m'en reste qu'un demi-verre.
– Soit, un demi-verre. Deux cents grammes de sucre.
– Je n'en ai pas tant !
– Mets ce que tu as ! Un demi-verre de miel, une poignée de raisins secs et un peu de vanille.

Chapitre 8	Kapitl 8	קאַפּיטל 8
Riches et Pauvres	Gvirim un Oreme-Layt	גבֿירים און אָרעמע־לײַט

– *Je n'ai rien de tout ça.*
– *Tant pis !*
Une demi-heure plus tard, elle sort le gâteau du four.
Elle goûte et fait la grimace :
– *Je ne vois pas ce que les riches trouvent de bon, dans ce gâteau !*

[1] Shabbat, le samedi, il est interdit de voyager et un membre de la communauté reçoit le voyageur chez lui : c'est une mitsve*, un « commandement ».

צום לעצטן, דרײַ מעשׂיות וואָס ווײַזן ווי דער דלות איז געווען אַ געוויינטלעכע זאַך אין די שטעטלעך.

Tsum letstn, dray mayses vos vayzn vi der dales iz geven a geveyntlekhe zakh in di shtetlekh.

Pour terminer, ces trois histoires qui soulignent combien la misère était habituelle dans les bourgades.

235

In shul shoklt zikh a Yid un yomert :	אין שול שאָקלט זיך אַ ייִד און יאָמערט :
– Oy oy oy ! Vey iz mir nebekh…	— אוי אוי אוי ! ווי איז מיר נעבעך...
Lebn im, yomert oykh a tsveyter Yid.	לעבן אים, יאָמערט אויך אַ צווייטער ייִד.
Fregt der ershter :	פֿרעגט דער ערשטער :
– Ir zent oykh an oremer melamed ?	— איר זענט אויך אַן אָרעמער מלמד ?

Dans une synagogue, un Juif se lamente :
– *Oy oy oy* ! Pauvre de moi…*
Près de lui, se plaint aussi un autre Juif. Alors le premier demande :
– *Vous aussi, vous êtes un pauvre melamed* comme moi* [1] *?*

[1] Le melamed*, qui enseignait les jeunes garçons, était peu considéré et sous-payé ; il représentait le pauvre par excellence…

236

Eyner an oreman iz geven a rikhtiker shlimazl. Vos er flegt unternemen iz im nisht gelungen ! Farkoyfn takhrikhim ? Keyner iz mer nisht geshtorbn ! Vern a moyel ? Bloyz meydlekh zenen geboyrn	איינער אַן אָרעמאַן איז געווען אַ ריכטיקער שלימזל. וואָס ער פֿלעגט אונטערנעמען איז אים נישט געלונגען ! פֿאַרקויפֿן תּכריכים ? קיינער איז מער נישט געשטאָרבן ! ווערן אַ מוהל ? בלויז מיידלעך זענען געבוירן

געוואָרן ! באָרגן געלט צו קויפֿן אַ קרעמל ? באַלד האָט ער פּליטה געמאַכט !
איינער האָט אים אַ מאָל געוואָלט העלפֿן. האָט ער אַנידערגעלייגט אַ זעקל מיט געלט אויף דעם שטעג ווו דער אָרעמאַן פֿלעגט יעדן טאָג אַדורכגיין. אָבער פּונקט דעם טאָג, האָט אונדזער שלימזל געטראַכט :
– „איך גיי שוין אַזוי לאַנג אויף דעם שטעג, איך קען יעדן גרודע ערד, יעדן שטיין ! הײַנט וועל איך פּרוּוון גיין מיט פֿאַרמאַכטע אויגן !“
אַזוי איז דאָס זעקל געלט געבליבן אויפֿן וועג, און אַזוי איז דער שלימזל געבליבן אַן אָרעמער שלימזל !

gevorn ! Borgn gelt tsu koyfn a kreml ? Bald hot er pleyte gemakht !
Eyner hot im a mol gevolt helfn. Hot er anidergeleygt a zekl mit gelt oyf dem shteg vu der oreman flegt yedn tog adurkhgeyn. Ober punkt dem tog, hot undzer shlimazl getrakht :
– "Ikh gey shoyn azoy lang oyf dem shteg, ikh ken yedn grude erd, yedn shteyn ! Haynt vel ikh pruvn geyn mit farmakhte oygn !"
Azoy iz dos zekl gelt geblibn oyfn veg, un azoy iz der shlimazl geblibn an oremer shlimazl !

Un malchanceux, un vrai shlimazl comme on dit, était très pauvre. Rien de ce qu'il entreprenait ne lui réussissait ! Vendre des linceuls ? Plus personne ne mourait ! Devenir circonciseur ? Il ne venait au monde que des filles ! Emprunter de l'argent pour acheter une échoppe ? Aussitôt il faisait faillite ! Un jour quelqu'un a voulu l'aider. Il a déposé un petit sac avec de l'argent sur le sentier que le pauvre homme empruntait chaque jour. Mais justement ce jour-là, notre shlimazl a pensé :*
– « Je prends ce sentier depuis si longtemps, j'en connais chaque bosse, chaque pierre ! Aujourd'hui je vais essayer d'aller les yeux fermés ! ».
C'est ainsi que le sac est resté sur le chemin et c'est ainsi que le shlimazl est resté un shlimazl pauvre !

237

אַ שנאָרער קומט, ווי יעדע וואָך, צו ראָטשילדן.
מע לאָזט אים נישט אַרײַן :
– אוממעגלעך הײַנט ! הער ראָטשילד איז זייער קראַנק, קוים וואָס ער לעבט נאָך !
– איך קען אים ראַטעווען !
– איר קענט אים ראַטעווען ?
טאָ קומט אַרײַן ! און ווי אַזוי וועט איר אים ראַטעווען ?
– איך וועל אים מיטנעמען אין מײַן

A shnorer kumt, vi yede vokh, tsu Rotshildn.
Me lozt im nisht arayn :
– Ummeglekh haynt ! Her Rotshild iz zeyer krank, koym vos er lebt nokh !
– Ikh ken im rateven !
– Ir kent im rateven ?
To kumt arayn ! Un vi azoy vet ir im rateven ?
– Ikh vel im mitnemen in mayn shtetl,

Chapitre 8	Kapitl 8	קאַפּיטל 8
Riches et Pauvres	Gvirim un Oreme-Layt	גבֿירים און אָרעמע־לײַט

dortn iz keyn gevir nokh keyn mol nisht geshtorbn !

שטעטל, דאָרטן איז קיין גבֿיר נאָך קיין מאָל נישט געשטאָרבן !

In Sholem Aleykhems anekdot, iz dos shtetl geven Kasrilevke, se farshteyt zikh !

אין שלום עליכמס אַנעקדאָט, איז דאָס שטעטל געווען כתרילעווקע, סע פֿאַרשטייט זיך !

Un mendiant arrive chez monsieur Rothschild, comme chaque semaine. On ne le laisse pas entrer :
– Impossible aujourd'hui ! Monsieur Rothschild est très malade. A peine s'il respire encore !
– Moi, je peux le sauver !
– Vous pouvez le sauver ? Alors, entrez ! Et comment allez-vous le sauver ?
– Je vais l'emmener dans mon shtetl*, mon village : là-bas on n'a jamais vu mourir un homme riche !

Dans l'anecdote narrée par Sholem Aleichem, le shtetl en question n'est autre que Kasrilevke, bien entendu !

Chapitre 9 Kapitl 9 קאַפּיטל 9
Métiers. Loisirs Melokhes. Fraytsayt מלאכות. פֿרײַצײַט

מלאכות

MELOKHES

MÉTIERS

די פּרנסה איז אַן אייביק שלאָגנדיקער קוואַל פֿון אַנעקדאָטן,
סײַ וועגן מלאָכות פֿון אַלטן ייִדישלאַנד, סײַ וועגן מאָדערנע פּראָפֿעסיעס.
דאָקטוירים זײַנען אין אַ באַזונדערן קאַפּיטל.

Di parnose iz an eybik shlogndiker kval fun anekdotn,
say vegn melokhes fun altn Yidishland, say vegn moderne profesyes.
Doktoyrim zaynen in a bazundern kapitl.

Le gagne-pain est une source inépuisable d'anecdotes, qu'il s'agisse des métiers dans le Yiddishland ou des activités plus modernes.
Les médecins font l'objet d'un chapitre à part.

אין שטעטל.

In shtetl.

Ainsi dans le shtetl.

<u>*238*</u>

Tsvey shnayders shmuesn :
– Shver tsu zayn a shnayder in a shtetl mit nor kaptsonim ! Bloyz Meshiekh ken undz helfn.
– Vi azoy ?
– Ven Meshiekh vet kumen, veln ale meysim oyfshteyn.
– Nu ?

צוויי שנײַדערס שמועסן :
— שווער צו זײַן אַ שנײַדער אין אַ שטעטל מיט נאָר קבצנים ! בלויז משיח קען אונדז העלפֿן.
— ווי אַזוי ?
— ווען משיח וועט קומען, וועלן אַלע מתים אויפֿשטיין.
— נו ?

Chapitre 9 | Kapitl 9 | קאַפּיטל 9
Métiers. Loisirs | Melokhes. Fraytsayt | מלאכות. פֿרײַצײַט

– Veln zey neytik darfn malbushim.
– Ober s'vet oykh zayn a sakh shnayders tsvishn zey !
– Emes, ober zey veln gornisht visn fun der mode !

– װעלן זײ נײטיק דאַרפֿן מלבושים.
– אָבער ס׳װעט אױך זײַן אַ סך שנײַדערס צװישן זײ !
– אמת, אָבער זײ װעלן גאָרנישט װיסן פֿון דער מאָדע !

Deux tailleurs discutent :
– Pas facile d'être un tailleur dans un shtetl où il n'y a que des miséreux ! Seul le Messie peut nous venir en aide.*
– Comment ça ?
– Quand le Messie viendra, tous les morts ressusciteront.
– Et alors ?
– Ils auront besoin de vêtements.
– Mais il y aura aussi beaucoup de tailleurs parmi eux !
– C'est vrai, mais ils ne seront pas au courant de la dernière mode !

239

Es iz fraytik tsu nakht. Di rebetsn iz farshpetikt. Oy gevald ! Zi khapt a hantekh un zi loyft in mikve. Nor dortn shteyt a lange rey. Zi geyt tsu der letser froy un taynet :
– Antshuldikt, ikh bin di rebetsn, der rebe vart oyf mir, zayt azoy gut : lozt mikh adurkh.
– Nu, geyt adurkh !
Di zelbe mayse mit der tsveyter froy :
– Antshuldikt, ikh bin di rebetsn, der rebe vart oyf mir, zayt azoy gut : lozt mikh adurkh.
– Nu, geyt adurkh !
Un zi kumt on tsu der driter froy :
– Antshuldikt, ikh bin di rebetsn, der rebe vart oyf mir, zayt azoy...
Un yene heybt on tsu shrayen :
– Gehert a mayse, "Der rebe vart oyf mir" ? Ikh bin Rivke di kurve, un di gantse shtot oyf mir vart !

עס איז פֿרײַטיק צונאַכט. די רביצין איז פֿאַרשפּעטיקט. אוי גוואַלד ! זי כאַפּט אַ האַנטעך און זי לויפֿט אין מיקווה. נאָר דאָרטן שטייט אַ לאַנגע ריי. זי גייט צו דער לעצטער פֿרוי און טענהט :
– אַנטשולדיקט, איך בין די רביצין, דער רבי וואַרט אויף מיר, זײַט אַזוי גוט : לאָזט מיך אַדורך.
– נו, גייט אַדורך !
די זעלבע מעשה מיט דער צווייטער פֿרוי :
– אַנטשולדיקט, איך בין די רביצין, דער רבי וואַרט אויף מיר, זײַט אַזוי גוט : לאָזט מיך אַדורך.
– נו, גייט אַדורך !
און זי קומט אָן צו דער דריטער פֿרוי :
– אַנטשולדיקט, איך בין די רביצין, דער רבי וואַרט אויף מיר, זײַט אַזוי...
און יענע הייבט אָן צו שרײַען :
– געהערט אַ מעשה, „דער רבי וואַרט אויף מיר“ ? איך בין רבֿקה די קורווע, און די גאַנצע שטאָט אויף מיר וואַרט !

Chapitre 9	Kapitl 9	קאַפּיטל 9
Métiers. Loisirs	Melokhes. Fraytsayt	מלאכות. פֿרײַצײַט

C'est vendredi soir. La femme du rabbin a pris du retard. Catastrophe !
Elle attrape une serviette et court aux bains rituels. Mais il y a une longue file d'attente. Elle s'adresse à la dernière femme de la queue :
– Excusez-moi, je suis la femme du rabbin. Le rabbin m'attend ; je vous en prie, laissez-moi passer.
– Bon, passez !
Même scénario avec la suivante :
– Excusez-moi, je suis la femme du rabbin. Le rabbin m'attend ; je vous en prie, laissez-moi passer.
– Bon, passez !
Puis elle s'adresse à la troisième :
– Excusez-moi, je suis la femme du rabbin. Le rabbin m'attend ; je vous...
Alors l'autre se met à crier :
– Comment ça, « le rabbin m'attend » ? Moi, je suis Rivke*, la fille de joie, et moi, c'est toute la ville qui m'attend !

240

In gegnt iz der alter Khayim zeyer bavust : yeder veyst az er ken bazorgn vos es zol nisht zayn, un amshnelstn.
A mol fodert bay im der porets, er zol im krign tsvey dobermans, ober "zeyer sheyne dobermans".
– Yo, zeyer sheyne.
– Un beyde akurat di zelbe.
– Yo, di zelbe.
– Ikh vil zey hobn bay mir morgn bald in der fri.
– Yo, morgn in der fri, vet ir hobn tsvey sheyne dobermans, akurat di zelbe.
Un Khayim loyft glaykh tsum rebn :
– Rebe, vos iz a doberman ?

אין געגנט איז דער אַלטער חיים זייער באַוווּסט: יעדער ווייסט אַז ער קען באַ־זאָרגן וואָס עס זאָל נישט זײַן, און אַמשנעלסטן. אַ מאָל פֿאָדערט בײַ אים דער פּריץ, ער זאָל אים קריגן צוויי דאָבערמאַנס, אָבער ״זייער שיינע דאָבערמאַנס״.
— יאָ, זייער שיינע.
— און ביידע אַקוראַט די זעלבע.
— יאָ, די זעלבע.
— איך וויל זיי האָבן בײַ מיר מאָרגן באַלד אין דער פֿרי.
— יאָ, מאָרגן אין דער פֿרי, וועט איר האָבן צוויי שיינע דאָבערמאַנס, אַקוראַט די זעלבע.
און חיים לויפֿט גלײַך צום רבין:
— רבי, וואָס איז אַ דאָבערמאַן?

Le vieux Haïm* est réputé dans toute la région : tout le monde sait qu'il peut procurer n'importe quoi, dans les meilleurs délais.
Un jour le seigneur le somme de lui trouver deux doberman et « qu'ils soient très beaux ».

Chapitre 9 | Kapitl 9 | קאַפּיטל 9
Métiers. Loisirs | Melokhes. Fraytsayt | מלאכות. פֿרײַצײַט

– Oui, très beaux.
– Et tous deux, parfaitement identiques.
– Oui, identiques.
– Je les veux chez moi demain matin à la première heure.
– Oui, demain matin, vous aurez deux beaux doberman, parfaitement identiques.
Et Haïm court aussitôt chez le rabbin :
– Rabbi, c'est quoi, un doberman ?

241

Adaptirt fun Sholem Aleykhems "Dos naye Kasrilevke".

A Yid zetst zikh in dem "Hindik" restoran, un er bashtelt a teler yoykh mit kreplekh.
– Ikh hob nisht keyn kreplekh, zogt di baleboste.
– To, git mir lokshn mit yoykh.
– Ikh hob nisht keyn lokshn, un afile keyn yoykh oykh nisht !
– Gefilte fish, hot ir ?
– Nisht haynt.
– Efsher gehakte tsibeles mit eyer ?
– Se blaybt mir nisht mer.
Heybt zikh oyf der Yid un geyt avek. Di baleboste loyft im nokh :
– Ir zolt visn az keyn shmaltshering, hob ikh oykh nisht !

אַדאַפּטירט פֿון שלום אליכמס „דאָס נײַע כתרילעווקע“.

אַ ייִד זעצט זיך אין דעם „אינדיק“ רעסטאָראַן, און ער באַשטעלט אַ טעלער יויך מיט קרעפּלעך.
– איך האָב נישט קיין קרעפּלעך, זאָגט די בעל-הביתטע.
– טאָ, גיט מיר לאָקשן מיט יויך.
– איך האָב נישט קיין לאָקשן, און אפֿילו קיין יויך אויך נישט !
– געפֿילטע פֿיש, האָט איר ?
– נישט הײַנט.
– אפֿשר געהאַקטע ציבעלעס מיט אייער ?
– סע בלײַבט מיר נישט מער.
הייבט זיך אויף דער ייִד און גייט אַוועק. די בעל-הביתטע לויפֿט אים נאָך :
– איר זאָלט וויסן אַז קיין שמאַלצהערינג, האָב איך אויך נישט !

Adapté d'une saynète de Sholem Aleichem, tirée de son livre « Les gens de Kasrilevke ».

Un homme s'installe au restaurant « Le Dindon », et commande un bouillon avec des kreplekh(1).
– Je n'ai pas de kreplekh, dit la patronne.
– Alors, donnez-moi un bouillon avec des lokshn(2).
– Je n'ai pas de lokshn, et pas même de bouillon !
– Du gefilte fish(3), vous avez ?
– Pas aujourd'hui.

Chapitre 9 Kapitl 9 קאַפּיטל 9
Métiers. Loisirs Melokhes. Fraytsayt מלאכות. פֿרײַצײַט

– Des oignons hachés avec des œufs, peut-être ?
– Il ne m'en reste plus.
L'homme se lève et s'en va. L'aubergiste lui court après :
– Il faut que vous sachiez que du shmaltshering(4), je n'en ai pas non plus !

(1) kreplekh : raviolis à la juive.
(2) lokshn : nouilles.
(3) gefilte fish : carpe farcie.
(4) shmaltshering : hareng gras.

צווישן די מאָדערנע פֿאַכלײַט געפֿינט מען נאָך אַלץ דעם שנײַדער, גלײַך מיט אַנדערע בעל־מלאָכות און סוחרים.

Tsvishn di moderne fakhlayt gefint men nokh alts dem shnayder, glaykh mit andere bal-melokhes un sokhrim.

Parmi les activités plus récentes, le tailleur a toujours sa place, à côté d'autres artisans ou commerçants.

242

Albert Aynsteyn zitst in a restoran. Der kelner brengt im dem menyu, nor Aynsteyn hot fargesn di briln in der heym. Bet er dem kelner :
– Zayt azoy gut, leyent mir dem menyu, vel ikh kenen oysklaybn epes.
– Layder ! Ikh ken oykh nisht dem alef-beys !

אַלבערט אײַנשטיין זיצט אין אַ רעסטאָראַן. דער קעלנער ברענגט אים דעם מעניו, נאָר אײַנסטיין האָט פֿאַרגעסן די ברילן אין דער היים. בעט ער דעם קעלנער :
– זײַט אַזוי גוט, לייענט מיר דעם מעניו, וועל איך קענען אויסקלײַבן עפּעס.
– לײַדער ! איך קען אויך נישט דעם אַלף־בית !

Albert Einstein est attablé dans un restaurant. Le serveur lui apporte la carte mais Einstein a oublié ses lunettes. Alors il demande au serveur :
– S'il vous plaît, lisez-moi le menu, ainsi je pourrai choisir.
– Hélas ! Moi non plus je ne sais pas lire !

243

Sure kumt arayn tsum shnayder mit a gevald :
– Kukt on dem arbl, er iz tsu lang !

שׂרה קומט אַרײַן צום שנײַדער מיט אַ גוואַלד :
– קוקט אָן דעם אַרבל, ער איז צו לאַנג !

Chapitre 9 Kapitl 9 קאַפּיטל 9
Métiers. Loisirs Melokhes. Fraytsayt מלאכות. פֿרײַצײַט

– Heybt oyf di hant... Vu tsu lang ?
– Un der kolner, er krikht aroyf oyfn kop !
– Heybt oyf dem kop... Ot ot ot !
– Un oyfn linkn aksl, zet nor dem shpits !
– Lozt arop di hant... O ! Herlekh !
Un Sure geyt azoy aroys oyf der gas, in gantsn krum.
Kumt tsu a Yid :
– Zayt azoy gut, ver iz ayer shnayder ?
– Far vos vilt ir geyn tsu mayn shnayder ? Aza goylem !
– Vayl der vos ken onton aza kalike, der muz zayn a guter balmelokhe !

– הייבט אויף די האַנט... ווּ צו לאַנג ?
– און דער קאָלנער, ער קריכט אַרויף אויפֿן קאָפּ !
– הייבט אויף דעם קאָפּ... אָט אָט אָט !
– און אויפֿן לינקן אַקסל, זעט נאָר דעם שפּיץ !
– לאָזט אַראָפּ די האַנט... האָ ! הערלעך !
און שׂרה גייט אַזוי אַרויס אויף דער גאַס, אין גאַנצן קרום.
קומט צו אַ ייִד :
– זייַט אַזוי גוט, ווער איז אייַער שנייַדער ?
– פֿאַר וואָס ווילט איר גיין צו מייַן שנייַדער ? אַזאַ גולם !
– ווייַל דער וואָס קען אָנטאָן אַזאַ קאַליקע, דער מוז זייַן אַ גוטער בעל-מלאָכה !

Sarah arrive chez son tailleur, furibarde :
– Regardez-moi cette manche, trois fois trop longue !
– Levez le bras... Où trop longue ?
– Et le col, il remonte sur la tête !
– Levez la tête... Eh bien, voilà !
– Et sur l'épaule gauche, regardez-moi cette pointe !
– Laissez tomber le bras... Oh ! Magnifique !
Et Sarah sort ainsi dans la rue, complètement tordue. Un homme l'aborde :
– S'il vous plaît, donnez-moi l'adresse de votre tailleur.
– Pourquoi voulez-vous aller chez mon tailleur, cet incapable ?
– Parce que celui qui peut habiller quelqu'un d'aussi mal bâti, ce doit être un as du métier !

244

Sure hot farmakht dos gevelb un zi trakht bay zikh in hartsn :
"Haynt hob ikh gut geleyzt, grod sheyn geleyzt".
Plutsem, shtelt zikh op antkegn ir a hoykher man, in a regn-mantl. Raptem efnt er dem regn-mantl : er iz in gantsn naket !

שׂרה האָט פֿאַרמאַכט דאָס געוועלב, און זי טראַכט בייַ זיך אין האַרצן :
„הייַנט האָב איך גוט געלייזט, גראָד שיין געלייזט“.
פּלוצעם, שטעלט זיך אָפּ אַנטקעגן איר אַ הויכער מאַן, אין אַ רעגן-מאַנטל. ראַפּטעם עפֿנט ער דעם רעגן-מאַנטל : ער איז אין גאַנצן נאַקעט !

Chapitre 9 Kapitl 9 קאַפּיטל 9
Métiers. Loisirs Melokhes. Fraytsayt מלאכות. פֿרײַצײַט

– Oy oy oy ! Git a kuk ! ... Di duble iz tsetrent !

– אוי אוי אוי ! גיט אַ קוק ! ... די דובלע איז צעטרענט !

Sarah a fermé le magasin et elle se dit :
« Aujourd'hui, j'ai fait une bonne recette, vraiment une belle recette ». Soudain, un grand gaillard se dresse devant elle, vêtu d'un imperméable. Brusquement, il ouvre les pans de son imper : il est complètement nu.
– Oh la la ! Regardez ! ... La doublure est décousue !

245

A retenish : vos iz der untersheyd tsvishn a dokter un a shnayder ?
Entfer : eyn dor !

אַ רעטעניש : וואָס איז דער אונטערשייד צווישן אַ דאָקטער און אַ שנײַדער ?
ענטפֿער : איין דור !

Moyshe Feyglboym laydt oyf a shreklekhn kopveytik. Shoyn tsen yor, laydt er a gantsn tog, yedn tog un afile shabes... Mer vi eyn mol hot er zikh gevolt nemen dos lebn !
Er hot shoyn gezen doktoyrim on a tsol. Umzist ! Biz der dokter Kligkepl shikt im tsu dem grestn spetsyalist, dem profesor Malkop, vos batrakht im un zogt bald :
– Her Feyglboym, dos kumt fun di testiklen.
In kurtsn : di testiklen drikn tsu dem ruknbeyn, dos komprimirt dem spinaln nerv vos geyt aroyf bizn moyekh. Fun dem kumt ayer kopveytik !
– Beemes ? ... Nu, Profesor, vos ken men ton ?
– Me muz oysshnaydn di testiklen. Ikh vel aykh shikn tsu mayn kolege urolog, dem profesor Seksman. Ayer krankeyt iz zeyer a zeltene, un mit anives, muz ikh aykh zogn az me ruft zi...
"Malkop-un-Seksman krankeyt".

משה פֿייגלבוים לײַדט אויף אַ שרעקלעכן קאָפּווייטיק. שוין צען יאָר, לײַדט ער אַ גאַנצן טאָג, יעדן טאָג און אפֿילו שבת... מער ווי איין מאָל האָט ער זיך געוואָלט נעמען דאָס לעבן !
ער האָט שוין געזען דאָקטוירים אָן אַ צאָל. אומזיסט ! ביז דער דאָקטער קליגקעפּל שיקט אים צו דעם גרעסטן ספּעציאַליסט, דעם פּראָפֿעסאָר מאַלקאָפּ, וואָס באַטראַכט אים און זאָגט באַלד :
– הער פֿייגלבוים, דאָס קומט פֿון די טעסטיקלען.
אין קורצן : די טעסטיקלען דריקן צו דעם רוקנביין, דאָס קאָמפּרימירט דעם ספּינאַלן נערוו, וואָס גייט אַרויף ביזן מוח. פֿון דעם קומט אײַער קאָפּווייטיק !
– באמת ? ... נו פּראָפֿעסאָר, וואָס קען מען טאָן ?
– מע מוז אויסשנײַדן די טעסטיקלען. איך וועל אײַך שיקן צו מײַן קאָלעגע אוראָלאָג, דעם פּראָפֿעסאָר סעקסמאַן. אײַער קראַנקייט איז זייער אַ זעלטענע, און מיט עניוות, מוז איך אײַך זאָגן אַז מע רופֿט זי...
„מאַלקאָפּ-און-סעקסמאַן קראַנקייט".

Chapitre 9 — Kapitl 9 — קאַפּיטל 9
Métiers. Loisirs — Melokhes. Fraytsayt — מלאכות. פֿרײַצײַט

Dray teg nokh der operatsye, kumt for beemes a nes : der kopveytik iz farshvundn. Moyshe gedenkt afile nisht az der kop hot im a mol vey geton !

Er lebt oyf, un er krigt kheyshek tsu bashteln an antsuk tsu der mos ! Geyt er tsum barimtn shnayder Yosele Neyerman. Bald ven er kumt arayn, varft zikh im in di oygn a menarke.

– Makht mir tsu der mos an antsug mitn zelbn shtof !

– Hert oys, her Feyglboym, ir badarft a zhaket 54 un hoyzn 48. Far vos tsu der mos ? Do hob ikh ershtklasike fartike malbushim fun eygenem shtof. Mest on ot dem zhaket un di por hoyzn !

Nokh a vayle :

– Oy, beser ken nisht zayn ! Ir zent a rikhtiker fakhman ! ... Efsher farkoyft ir oykh fayne gatkes ?

– Avade ! Gatkes, badarft ir 42.

– Zayt mir moykhl, itst hot ir a toes :

40 badarf ikh ! Shoyn tsen yor trog ikh gatkes numer 40 !

– Her Feyglboym, aykh farkoyfn gatkes numer 42 tsi 40 iz far mir alts eyns, nor ikh muz aykh gebn tsu visn : tomer veln di gatkes kvetshn, kenen di testiklen tsudrikn dem ruknbeyn, un dan kent ir laydn oyf kopveytik a gantsn tog, yedn tog un afile shabes !

Nu ! Der untersheyd tsvishn a dokter un a shnayder iz take nisht azoy groys !

דרײַ טעג נאָך דער אָפּעראַציע, קומט פֿאָר באמת אַ נס : דער קאָפּווייטיק איז פֿאַר-שווּנדן. משה געדענקט אפֿילו נישט אַז דער קאָפּ האָט אים אַ מאָל וויי געטאָן !

ער לעבט אויף, און ער קריגט חשק צו באַשטעלן אַן אַנצוג צו דער מאָס ! גייט ער צום באַרימטן שנײַדער יאָסעלע נייערמאַן. באַלד ווען ער קומט אַרײַן, וואַרפֿט זיך אים אין די אויגן אַ מענאַרקע.

– מאַכט מיר צו דער מאָס אַן אַנצוג מיטן זעלבן שטאָף !

– הערט אויס, הער פֿייגלבוים, איר באַ-דאַרפֿט אַ זשאַקעט 54 און הויזן 48. פֿאַר וואָס צו דער מאָס ? דאָ האָב איך ערשט-קלאַסיקע פֿאַרטיקע מלבושים פֿון אייגענעם שטאָף. מעסט אָן אָט דעם זשאַקעט און די פּאָר הויזן !

נאָך אַ ווײַלע :

– אוי, בעסער קען נישט זײַן ! איר זענט אַ ריכטיקער פֿאַכמאַן ! ... אפֿשר פֿאַרקויפֿט איר אויך פֿײַנע גאַטקעס ?

– אוודאי ! גאַטקעס, באַדאַרפֿט איר 42.

– זײַט מיר מוחל, איצט האָט איר אַ טעות :

40 באַדאַרף איך ! שוין צען יאָר טראָג איך גאַטקעס נומער 40 !

– חער פֿייגלבוים, אײַך פֿאַרקויפֿן גאַטקעס נומער 42 צי 40, איז פֿאַר מיר אַלץ איינס, נאָר איך מוז אײַך געבן צו וויסן : טאָמער וועלן די גאַטקעס קוועטשן, קענען די טעס-טיקלען צודריקן דעם רוקנביין, און דאַן קענט איר לײַדן אויף קאָפּווייטיק אַ גאַנצן טאָג, יעדן טאָג און אפֿילו שבת !

נו ! דער אונטערשייד צווישן אַ דאָקטער און אַ שנײַדער איז טאַקע נישט אַזוי גרויס !

Une devinette : quelle est la différence entre un docteur et un tailleur ?
Réponse : une génération !

Moyshe Feygelboym endure des maux de tête terribles ! Depuis dix ans, il souffre du matin au soir, tous les jours et même le shabbat...
Plus d'une fois, il a pensé à se suicider.

Chapitre 9	Kapitl 9	קאַפּיטל 9
Métiers. Loisirs	Melokhes. Fraytsayt	מלאכות. פֿרײַצײַט

Il a consulté de nombreux médecins. En vain ! Jusqu'au jour où le Dr Kligkepl* l'adresse au meilleur spécialiste, le professeur Malkop*, qui l'examine soigneusement et lui dit aussitôt :
– Mr Feygelboym, cela vient de vos testicules !
  En deux mots : vos testicules appuient sur le bas de la colonne vertébrale, ce qui comprime le nerf spinal, lequel monte jusqu'au cerveau. Voilà l'origine de vos maux de tête !
– Vraiment ?... Alors Professeur, qu'est-ce qu'on peut faire ?
– Eh bien... Il faut procéder à l'ablation de vos testicules. Je vais vous adresser à mon collègue urologue, le professeur Seksman*. Votre maladie est très rare et je dois vous dire, en toute modestie, qu'on l'appelle...
  « Maladie de Malkop et Seksman ».
Trois jours après l'opération, c'est un vrai miracle. Les maux de tête se sont envolés, Moyshe ne se souvient même plus d'avoir eu mal à la tête !
Il se sent revivre et l'envie lui prend de commander un costume sur mesure. Il se rend chez le fameux tailleur, Yosele Neyerman*. Dès qu'il entre dans l'atelier, il a le coup de foudre pour une veste.
– Faites-moi un costume sur mesure, dans le même tissu !
– Ecoutez monsieur Feygelboym, en veston il vous faut du 54 et en pantalon, du 48. Pourquoi sur mesure ? J'ai là, en prêt-à-porter haut de gamme, des costumes dans ce tissu. Essayez donc ce veston et ce pantalon !
Peu après :
– Oy, c'est impeccable, ça ne pourrait pas tomber mieux ! Vous avez le coup d'œil du professionnel, vous ! ... Vous vendez peut-être aussi des caleçons de grande marque ?
– Bien sûr ! En caleçon, il vous faut la taille 42 !
– Excusez-moi, mais cette fois-ci, vous faites erreur. C'est du 40 qu'il me faut ! Ça fait dix ans que je porte des caleçons de taille 40 !
– Monsieur Feygelboym, vous vendre du 42 ou du 40, pour moi c'est la même chose. Mais je dois vous prévenir : si votre caleçon vous comprime, vos testicules peuvent appuyer sur la colonne vertébrale, et vous risquez alors d'avoir mal à la tête du matin au soir, tous les jours, et même le shabbat !

  Comme quoi la différence n'est pas si grande, entre un docteur et un tailleur !

Chapitre 9 Kapitl 9 קאַפּיטל 9
Métiers. Loisirs Melokhes. Fraytsayt מלאכות. פֿרײַצײַט

246

In a fisheray hengt a plakat :

DO FARKOYFT MEN FRISHE FISH YEDN TOG

Eyner shtelt zikh op un taynet :
– Far vos hot ir geshribn "DO" ? Avade farkoyft men fish do, nisht in a bekeray ! Un vos heyst "FARKOYFT MEN" ? Vos den ? Me vet gebn fish bekhinem ? "FRISHE FISH" ? Ir vet dokh nisht farkoyfn keyn farfoylte fish ! Un vos epes "YEDN TOG" ? Vos den ? Eyn mol a khoydesh ? Eyn mol in a Pirem ?

אין אַ פֿישערײַ הענגט אַ פּלאַקאַט :

דאָ פֿאַרקויפֿט מען פֿרישע פֿיש יעדן טאָג

איינער שטעלט זיך אָפּ און טענהט :
– פֿאַר וואָס האָט איר געשריבן „דאָ“ ? אוודאי פֿאַרקויפֿט מען פֿיש דאָ, נישט אין אַ בעקערײַ ! און וואָס הייסט „פֿאַרקויפֿט מען“ ? וואָס דען ? מע וועט געבן פֿיש בחינם ? „פֿרישע פֿיש“ : איר וועט דאָך נישט פֿאַרקויפֿן קיין פֿאַרפֿוילטע פֿיש ! און וואָס עפּעס „יעדן טאָג“ ? וואָס דען ? איין מאָל אַ חדוש ? איין מאָל אין אַ פּורים ?

Dans une poissonnerie une pancarte indique :

ICI, ON VEND DU POISSON FRAIS TOUS LES JOURS

Un quidam s'arrête et argumente :
– Pourquoi avez-vous écrit « ICI » ? Evidemment, c'est ici qu'on vend du poisson, pas chez le boulanger ! Et pourquoi « ON VEND » ? Qui penserait qu'on le donne gratis ? Quant à « POISSON FRAIS », vous ne vendriez tout de même pas du poisson avarié ! Et à quoi bon « TOUS LES JOURS » ? Bien sûr que ce n'est pas une fois par mois ou une fois par an !

247

Tsum dokter Goldberg in der heym, kumt Yosl Geltfreser farrikhtn di televizye. Nokh finef minut arbet, heyst er zikh batsoln hundert un fuftsik eyros.
– Hundert un fuftsik eyros ? Dos tsu fardinen, muz mayn man bazukhn dray patsyentn !
– Take tsulib dem, hob ikh oyfgehert shtudirn meditsin !

צום דאָקטער גאָלדבערג אין דער היים, קומט יאָסל געלטפֿרעסער פֿאַרריכטן די טעלעוויזיע. נאָך פֿינעף מינוט אַרבעט, הייסט ער זיך באַצאָלן הונדערט און פֿופֿציק אייראָס.
– הונדערט און פֿופֿציק אייראָס ? דאָס צו פֿאַרדינען, מוז מײַן מאַן באַזוכן דרײַ פּאַציענטן !
– טאַקע צוליב דעם, האָב איך אויפֿגעהערט שטודירן מעדיצין !

Yosl Geltfresser vient réparer un téléviseur au domicile du docteur Goldberg. La réparation dure cinq minutes, sans même nécessiter de pièce*

Chapitre 9	Kapitl 9	קאַפּיטל 9
Métiers. Loisirs	Melokhes. Fraytsayt	מלאכות. פֿרײַצײַט

de rechange, et il demande cent cinquante euros.
— Cent cinquante euros ? Mais pour cette somme, mon mari doit faire trois visites !
— C'est précisément pour ça que j'ai abandonné mes études de médecine !

248

Rivke Khutspan fregt dem apteyker :
— Zogt mir, ir hot refues kegn kop-veytik ?
— Yo.
— Un kegn kholesterol ?
— Avade !
— Un kegn revmatizm ?
— Zikher !
— Un kegn meridn ?
— Hert oys, do iz a groyse apteyk, do kent ir alts krign !
— Ikh ze… Oyb azoy, vel ikh aykh zogn a sod. In tsvey khadoshim arum, vel ikh nokh a mol khasene hobn.
Nu, zogt mir : meg ikh lozn bay aykh a liste oyf khasene-matones ?

רבֿקה חוצפּאַן פֿרעגט דעם אַפּטייקער :
— זאָגט מיר, איר האָט רפֿואות קעגן קאָפּ־ווייטיק ?
— יאָ.
— און קעגן כאָלעסטעראָל ?
— אוודאי !
— און קעגן רעוומאַטיזם ?
— זיכער !
— און קעגן מערידן ?
— הערט אויס, דאָ איז אַ גרויסע אַפּטייק, דאָ קענט איר אַלץ קריגן !
— איך זע… אויב אַזוי, וועל איך אײַך זאָגן אַ סוד. אין צוויי חדשים אַרום, וועל איך נאָך אַ מאָל חתונה האָבן. נו, זאָגט מיר :
מעג איך לאָזן בײַ אײַך אַ ליסטע אויף חתונה־מתּנות ?

Renée Khutspan* demande au pharmacien :
— Dites-moi, vous avez des médicaments pour le mal de tête ?
— Oui.
— Et pour le cholestérol ?
— Evidemment.
— Et pour les rhumatismes ?
— Bien sûr !
— Et pour les hémorroïdes ?
— Ecoutez, ici c'est une grande pharmacie, vous pouvez tout vous procurer ici !
— Je vois… Dans ces conditions, je vais vous faire une confidence. Dans deux mois, je vais me remarier. Alors, dites-moi : est-ce que je peux déposer chez vous une liste de mariage ?

Chapitre 9 Kapitl 9 קאַפּיטל 9
Métiers. Loisirs Melokhes. Fraytsayt מלאכות. פֿרײַצײַט

249

Moyshe vayzt dem apteyker a retsept. Der apteyker git im dray fleshelekh piln un derklert im :
– Di royte piln zenen tsu di nervn, di grine tsu dem hartsn un di gele, tsu dem mogn. Farvundert zikh Moyshe, un er trakht bay zikh in hartsn :
"Ze nor ! Azelkhe kleyntshike piln, un yede pil veyst punktlekh vu zi hot tsu geyn un vos zi hot tsu ton" !

משה ווײַזט דעם אַפּטייקער אַ רעצעפּט. דער אַפּטייקער גיט אים דרײַ פֿלעשעלעך פּילן און דערקלערט אים :
– די רויטע פּילן זענען צו די נערוון, די גרינע צו דעם האַרצן און די געלע, צו דעם מאָגן. פֿאַרוווּנדערט זיך משה, און ער טראַכט בײַ זיך אין האַרצן :
„זע נאָר ! אַזעלכע קליינטשיקע פּילן און יעדע פּיל ווייסט פּונקטלעך וווּ זי האָט צו גיין און וואָס זי האָט צו טאָן" !

Moyshe présente son ordonnance et le pharmacien lui délivre trois flacons de pilules, en précisant :
– Les pilules rouges, c'est pour les nerfs, les vertes pour le cœur et les jaunes, pour l'estomac.
Alors Moyshe s'étonne en lui-même :
« Ça alors ! Des pilules aussi minuscules et chacune sait exactement où elle doit aller et ce qu'elle a à faire ! »

250

Oyfn fleymark loyft Moyshe tsu Yitskhokn, a tsveytn soykher :
– Shtel zikh for : ikh hob gefunen dos shnirl bay a soykher fun altvarg. Er hot es gehaltn far a prost shnirl mit glezerne shteyner. Beemes, iz es fun gold mit brilyantn ! Ikh hob es bakumen kemat bekhinem : fuftsik dolar !
– Take a herlekhe metsie ! Ikh gib dir hundert dolar far im ! Tsu morgns, kumt Moyshe vider tsu Yitskhokn.
– Na dir hundert un fuftsik dolar un gib mir tsurik dos shnirl !
Eyn tog shpeter,
– Moyshe, na dir tsvey hundert dolar far dem shnirl.

אויפֿן פֿליימאַרק לויפֿט משה צו יצחקן, אַ צווייטן סוחר :
– שטעל זיך פֿאָר : איך האָב געפֿונען דאָס שנירל בײַ אַ סוחר פֿון אַלטוואַרג. ער האָט עס געהאַלטן פֿאַר אַ פּראָסט שנירל מיט גלעזערנע שטיינער. באמת, איז עס פֿון גאָלד מיט בריליאַנטן ! איך האָב עס באַקומען כּמעט בחינם : פֿופֿציק דאָלאַר !
– טאַקע אַ הערלעכע מציאה ! איך גיב דיר הונדערט דאָלאַר פֿאַר אים !
צו מאָרגנס קומט משה ווידער צו יצחקן :
– נאַ דיר הונדערט און פֿופֿציק דאָלאַר און גיב מיר צוריק דאָס שנירל !
איין טאָג שפּעטער,
– משה, נאַ דיר צוויי הונדערט דאָלאַר פֿאַר דעם שנירל.

Chapitre 9 Kapitl 9 קאַפּיטל 9
Métiers. Loisirs Melokhes. Fraytsayt מלאכות. פֿרײַצײַט

Un azoy vayter, tog nokh tog, biz finef hundert dolar. Dem tsentn tog, kumt Moyshe tsu Yitskhokn mit finef hundert un fuftsik dolar.
– Oy, es tut mir bang vos ikh hob nisht mer dos shnirl ! A raykher Amerikaner hot es bay mir gekoyft : er hot gornisht gevolt hern un hot mir glaykh batsolt tsvey toyznt finef hundert dolar !
– Du bist meshuge gevorn ?
Du host kalye gemakht dos gantse gesheft : mir hobn beyde gehat aza sheyne parnose !

און אַזוי ווײַטער, טאָג נאָך טאָג, ביז פֿינעף הונדערט דאָלאַר. דעם צענטן טאָג, קומט משה צו יצחקן מיט פֿינעף הונדערט און פֿופֿציק דאָלאַר.
— אוי, עס טוט מיר באַנג וואָס איך האָב נישט מער דאָס שנירל ! אַ רײַכער אַמערי-קאַנער האָט עס בײַ מיר געקויפֿט : ער האָט גאָרנישט געוואָלט הערן און האָט מיר גלײַך באַצאָלט צוויי טויזנט פֿינעף הונדערט דאָלאַר !
— דו ביסט משוגע געוואָרן ?
דו האָסט קאַליע געמאַכט דאָס גאַנצע געשעפֿט : מיר האָבן ביידע געהאַט אַזאַ שיינע פּרנסה !

Moyshe et Itskhok ont deux stands voisins au Marché aux Puces.
Moyshe accourt un jour chez Itskhok :
– Tu te rends compte : j'ai trouvé ce collier chez un brocanteur. Il le prenait pour un simple collier avec des pierres en verre taillé. En réalité, c'est de l'or pur avec des diamants ! Il me l'a vendu quasiment pour rien : cinquante dollars !
– C'est effectivement une splendide affaire ! Je t'en donne cent dollars !
Le lendemain, Moyshe retourne chez Itskhok :
– Voilà cent-cinquante dollars et redonne-moi le collier !
Un jour plus tard :
– Moyshe, tiens voilà deux cents dollars pour le collier.
Et ainsi de suite, jour après jour, jusqu'à cinq cents dollars. Le dixième jour, Moyshe arrive chez Itskhok avec cinq cent-cinquante dollars.
– Oy, je suis désolé, je n'ai plus le collier ! Un riche Américain me l'a acheté : il n'a rien voulu savoir et m'a payé cash deux mille-cinq-cents dollars !
– T'es fou ? Tu nous as complètement cassé la baraque : nous avions l'un et l'autre un si bon revenu !

וועגן געשעפֿטן.

Vegn gesheftn.

Au sein des entreprises.

Chapitre 9 Kapitl 9 קאַפּיטל 9
Métiers. Loisirs Melokhes. Fraytsayt מלאכות. פֿרײַצײַט

251

Der balebos leygt avek di tsaytung un ruft arayn di secretarshe :
– Rokhl, ven ikh hob aykh diktirt dem anons far der tsaytung, hob ikh gezogt bloyz : “Zukh a feikn shutef”.
Ikh hob nisht tsugegebn
“a bokher, a Yid, sheyn un raykh” !

דער בעל-הבית לייגט אַוועק די צײַטונג און רופֿט אַרײַן די סעקרעטאַרשע :
– רחל, ווען איך האָב אײַך דיקטירט דעם אַנאָנס פֿאַר דער צײַטונג, האָב איך געזאָגט בלויז : „זוך אַ פֿעיִקן שותּף“.
איך האָב נישט צוגעגעבן
„אַ בחור, אַ ייִד, שיין און רײַך“ !

Le patron pose le journal et appelle sa secrétaire :
– Rachel, quand je vous ai dicté l’annonce pour le journal, je vous ai seulement dit : « Cherche associé compétent ». Je n’ai pas ajouté « jeune homme, juif, beau et riche » !

252

A direktor dingt on a bukhhalter :
– Vi heyst ir ?
– Ikh heys Albert Aynsteyn.
– Ayer nomen iz a barimter !
Der bukhhalter farreytlt zikh un entfert :
– Shoyn tsvantsik yor, bin ikh in dem fakh !

אַ דירעקטאָר דינגט אָן אַ בוכהאַלטער :
– ווי הייסט איר ?
– איך הייס אַלבערט אײַנסטיין.
– אײַער נאָמען איז אַ באַרימטער !
דער בוכהאַלטער פֿאַררייטלט זיך און ענטפֿערט :
– שוין צוואַנציק יאָר, בין איך אין דעם פֿאַך !

Un chef d’entreprise recrute un comptable :
– Votre nom ?
– Je m’appelle Albert Einstein.
– C’est un nom célèbre, ça !
Le comptable rougit et rétorque :
– Ça fait déjà vingt ans que je suis dans le métier !

253

Bil Geyts rekrutirt a nayem direktor far Mikrosoft-Eyrope. Er farzamlt ale kandidatn, arum zeks hundert mentshn, in a groysn zal.

ביל גייטס רעקרוטירט אַ נײַעם דירעקטאָר פֿאַר מיקראָסאָפֿט-אייראָפּע. ער פֿאַרזאַמלט אַלע קאַנדידאַטן, אַרום זעקס הונדערט מענטשן, אין אַ גרויסן זאַל.

Chapitre 9 Kapitl 9 קאַפּיטל 9
Métiers. Loisirs Melokhes. Fraytsayt מלאכות. פֿרײַצײַט

Er zitst oyf der tribune un zogt :
– Di fun aykh vos kenen nisht perfekt di zhava-shprakh zoln bald avekgeyn.
Kemat tsvey hundert mentshn geyen aroys.
– Di vos zenen nisht genit ontsufirn mit finef hundert mentshn, megn oykh avekgeyn.
Nokh a por hundert mentshn geyen aroys.
– Bloyz di vos redn letish zoln blaybn.
Blaybn nor tsvey mener.
– A bravo aykh ! Lomir hern a por verter oyf letish.
– "Borekh ato Adoyshem",
heybt on Moyshe Feyglboym.
Entfert Viktor Bensousan :
– "Eloykeynu melekh hooylem".

ער זיצט אויף דער טריבונע און זאָגט :
— די פֿון אײַך וואָס קענען נישט פּערפֿעקט די זשאַוואַ-שפּראַך זאָלן באַלד אַוועקגיין.
כּמעט צוויי הונדערט מענטשן גייען אַרויס.
— די וואָס זענען נישט געניט אָנצופֿירן מיט פֿינעף הונדערט מענטשן, מעגן אויך אַוועק-גיין.
נאָך אַ פּאָר הונדערט מענטשן גייען אַרויס.
— בלויז די וואָס רעדן לעטיש זאָלן בלײַבן.
בלײַבן נאָר צוויי מענער.
— אַ בראַוואָ אײַך ! לאָמיר הערן אַ פּאָר ווערטער אויף לעטיש.
— „ברוך אתּא אַדושם“,
הייבט אָן משה פֿייגלבוים.
ענטפֿערט וויקטאָר בענסוסאַן :
— „אלקנו מלך העלום“.

Bill Gates recrute un nouveau directeur pour Microsoft-Europe. Il réunit tous les candidats, environ six cents personnes, dans une grande salle.
Assis sur l'estrade, il annonce :
– Ceux d'entre vous qui ne possèdent pas parfaitement le langage Java-script peuvent s'en aller tout de suite.
Quelque deux cents personnes sortent.
– Ceux qui n'ont pas l'expérience nécessaire pour diriger cinq cents personnes, peuvent également sortir.
Encore deux ou trois centaines de personnes s'en vont.
– Que seuls ceux qui connaissent le letton restent.
Il ne reste plus que deux hommes.
– Bravo ! Echangez donc quelques mots en letton, je vous écoute.
*– « Borukh ata Adoshem * », commence Moyshe Feygelboym.*
Et Victor Bensoussan répond :
– « Elokeynou melekh ha olam ».*

Chapitre 9 | Kapitl 9 | קאַפּיטל 9
Métiers. Loisirs | Melokhes. Fraytsayt | מלאכות. פֿרײַצײַט

254

משה פֿייגלבוים איז דער בעל-הבית פֿון אַ גרויס מלבושים-געשעפֿט, אין אַ גאַנצן בנין פֿון פֿינעף שטאָק.
דער יונגער ראַפֿאַעל איז דאָרטן אָנגעשטעלט אַלס אַ פּשוטער פֿאַרקויפֿער. קורץ נאָך דעם, איז ער שוין געוואָרן הויפּט-פֿאַרקויפֿער.
ראַפֿאַעל איז גאָר אַ פֿעיִק ייִנגל : ער האָט געענדיקט פּאָליטעכניקום און האַרוואַרד אוניווערסיטעט, אין ביידע דער ערשטער !
נאָר ער האָט זיך איבערגעקלערט :
„די אַלע דיפּלאָמען, דאָס איז אַ גאַנץ שיינע זאַך, אָבער שמאַטאָלאָג איז אויך נישט קיין שלעכטער פֿאַך" !
און אַזוי איז ער געוואָרן אַ פֿאַרקויפֿער אין דעם געשעפֿט.
קומט דער טאָג ווען משה פֿייגלבוים רופֿט ראַפֿאַעלן צו זיך אין ביוראָ :
– ס'וועט באַלד זײַן פֿאַר מיר די צײַט אַרויסצוגיין אויף פּענסיע. און דאָ שטייט מײַן פֿעיִקסטער פֿאַרטרעטער...
ראַפֿאַעל איז אַן איידל ייִנגל. ער מורמלט :
– אַ דאַנק.
– אַ דאַנק, דאָס איז אַלץ ?
– זײַ מיר מוחל טאַטע : אַ שיינעם דאַנק !

Moyshe Feyglboym iz der balebos fun a groys malbushim-gesheft in a gantsn binyen fun finef shtok.
Der yunger Rafael iz dortn ongeshtelt als a posheter farkoyfer. Kurts nokh dem, iz er shoyn gevorn hoypt-farkoyfer.
Rafael iz gor a feik yingl. Er hot geendikt Politekhnikum un Harvard universitet, in beyde der ershter !
Nor er hot zikh ibergeklert :
"Di ale diplomen, dos iz a gants sheyne zakh, ober shmatolog iz oykh nisht keyn shlekhter fakh" !
Un azoy iz er gevorn a farkoyfer in dem gesheft.
Kumt der tog ven Moyshe Feyglboym ruft Rafaeln tsu zikh in byuro :
– S'vet bald zayn far mir di tsayt aroys-tsugeyn oyf pensye. Un do shteyt mayn feikster fartreter...
Rafael iz an eydl yingl. Er murmlt :
– A dank.
– A dank, dos iz alts ?
– Zay mir moykhl tate : a sheynem dank !

Moyshe Feygelboym est le patron d'un grand magasin de vêtements qui occupe tout un immeuble de cinq étages.
Le jeune Raphaël y est embauché comme simple vendeur. Après un court laps de temps, le voilà chef des ventes. Il faut dire que Raphaël est un garçon exceptionnellement doué. Il est sorti major de Polytechnique et major de l'université de Harvard. Mais il a réfléchi :
« Tous ces diplômes, c'est bien beau, mais shmatologue, ce n'est pas un mauvais métier non plus ! »*
Et c'est ainsi qu'il est entré comme vendeur dans le grand magasin.
Arrive le jour où il est convoqué dans le bureau du patron :

Chapitre 9	Kapitl 9	קאַפּיטל 9
Métiers. Loisirs	Melokhes. Fraytsayt	מלאכות. פֿרײַצײַט

– *Cela va bientôt être le moment de ma retraite. Et j'ai là devant moi le plus valable des successeurs...*
Raphaël est un garçon délicat. Il murmure :
– *Merci.*
– *Merci, c'est tout ?*
– *Excuse-moi, papa : un grand merci !*

255

Tsvey baamte arbetn in zelbn byuro. Zogt eyner :
– Shoyn draysik yor arbet ikh in dem dozikn byuro, un undzer direktor iz mir shoyn nimes gevorn. Ikh hob im geshribn alts vos ligt bay mir oyfn hartsn !
– Bist meshuge gevorn ? Er vet dikh bald opzogn !
– Opzogn ? Far vos ? Du host epes gehert ?
– Vos meynstu ? Az er vet dikh gratulirn, nokh aza briv ?
– Vi azoy ken er leyenen dem briv ?
– Host mir ersht gezogt az du host im geshribn a briv !
– Yo, kh'hob take geshribn a briv, ober ikh hob nisht gezogt az ikh hob dem briv geshikt !

צוויי באַאַמטע אַרבעטן אין זעלבן ביוראָ.
זאָגט איינער :
— שוין דרײַסיק יאָר אַרבעט איך אין דעם דאָזיקן ביוראָ, און אונדזער דירעקטאָר איז מיר שוין נימאס געוואָרן. איך האָב אים געשריבן אַלץ וואָס ליגט בײַ מיר אויפֿן האַרצן !
— ביסט משוגע געוואָרן ? ער וועט דיך באַלד אָפּזאָגן !
— אָפּזאָגן ? פֿאַר וואָס ? דו האָסט עפּעס געהערט ?
— וואָס מיינסטו ? אַז ער וועט דיך גראַטולירן, נאָך אַזאַ בריוו ?
— ווי אַזוי קען ער לייענען דעם בריוו ?
— האָסט מיר ערשט געזאָגט אַז דו האָסט אים געשריבן אַ בריוו !
— יאָ, כ'האָב טאַקע געשריבן אַ בריוו, אָבער איך האָב נישט געזאָגט אַז איך האָב דעם בריוו געשיקט !

Deux employés travaillent dans la même boîte. L'un dit :
– *Ça fait trente ans que je travaille ici, et je ne supporte plus notre directeur. Je lui ai écrit tout ce que j'ai sur le cœur.*
– *Tu es fou ! Il va tout de suite te mettre à la porte !*
– *Me mettre à la porte ? Pourquoi ? Tu as entendu parler de quelque chose ?*
– *Qu'est-ce que tu crois ? Qu'il va te féliciter pour ta lettre ?*
– *Comment peut-il la lire, cette lettre ?*
– *Mais tu viens de me dire que tu lui as écrit, non ?*
– *Oui c'est vrai, j'ai écrit une lettre, mais je n'ai pas dit que je l'ai envoyée !*

256

Moyshe iz a finantsist un er hot a goyishn baamtn.
Erev-Yomkiper, zogt er im :
– Morgn, vel ikh zayn a gantsn tog in shul. Un ikh vil gornisht hern, nisht fun der arbet, un nisht fun aykh.
Yomkiper kumt der baamter fort in shul un er zogt im in oyer :
– Zayt mikh moykhl, nor der dolar iz shreklekh arop. Vos tut men ?
– Ikh zog aykh op ! Ikh hob aykh gebetn az haynt, zolt ir mikh nisht matriekh zayn. Dertsu, veysn mir shoyn ale do az der dolar ligt in dr'erd !

משה איז אַ פֿינאַנציסט און ער האָט אַ גויישן באַאַמטן.
ערבֿ-ים-כּיפּור, זאָגט ער אים :
– מאָרגן, וועל איך זײַן אַ גאַנצן טאָג אין שול. און איך וויל גאָרנישט הערן, נישט פֿון דער אַרבעט, און נישט פֿון אײַך.
ים-כּיפּור קומט דער באַאַמטער פֿאָרט אין שול און ער זאָגט אים אין אויער :
– זײַט מיר מוחל, נאָר דער דאָלאַר איז שרעקלעך אַראָפּ. וואָס טוט מען ?
– איך זאָג אײַך אָפּ ! איך האָב אײַך גע-בעטן אַז הײַנט, זאָלט איר מיך נישט מטריח זײַן. דערצו, ווייסן מיר שוין אַלע דאָ אַז דער דאָלאַר ליגט אין דר'ערד !

Moyshe est financier et il a un employé non-juif.
La veille de Kippour, il lui dit :
– Demain, je serai à la synagogue toute la journée. Je ne veux ni vous voir, ni entendre parler de travail.
Pourtant, le jour de Kippour, l'employé arrive à la synagogue et il lui glisse à l'oreille :
– Excusez-moi, mais le dollar a dangereusement chuté. Que faut-il faire ?
– Vous êtes renvoyé ! Je vous avais demandé de ne pas me déranger. De plus ici, tout le monde sait déjà que le dollar ne vaut plus rien !

257

Der direktor fun der barimter bank Geltmakher nemt oyf an altitshke bobe vos vil efenen a konte oyf a milyon dolar.
– Ayer nomen ?
– Sure Feyglboym.
– Zayt mir moykhl, ikh muz aykh fregn fun vanet kumt azoy fil gelt.
– Fun gevunene gevetn, prost-poshet.
– S'iz a shpas !

דער דירעקטאָר פֿון דער באַרימטער באַנק געלטמאַכער נעמט אויף אַן אַלטיטשקע באָבע וואָס וויל עפֿענען אַ קאָנטע אויף אַ מיליאָן דאָלאַר.
– אײַער נאָמען ?
– שׂרה פֿייגלבוים.
– זײַט מיר מוחל, איך מוז אײַך פֿרעגן פֿון וואַנעט קומט אַזוי פֿיל געלט.
– פֿון געוווּנענע געוועטן, פּראָסט-פּשוט.
– ס'איז אַ שפּאַס !

Chapitre 9 | Kapitl 9 | קאַפּיטל 9
Métiers. Loisirs | Melokhes. Fraytsayt | מלאכות. פֿרײַצײַט

– Neyn, ikh meyn nisht keyn shpas. A bayshpil : tsi zent ir greyt zikh tsu vetn mit mir oyf hundert toyznt dolar, az ayere testiklen zenen firkantik ?

"Zi iz in gantsn meshuge" trakht der direktor, "nor hundert toyznt dolar..."

– Ikh bin maskem !

Sure Feyglboym heybt zikh oyf :

– Morgn tsen a zeyger in der fri, vel ikh do zayn mit mayn advokat.

Tsum morgns tsen a zeyger, kumt arayn Sure Feyglboym mit dem advokat. Zi bet dem direktor er zol ir derloybn im tsu batapn perzenlekh di testiklen. Der direktor lozt arop di hoyzn un zi shtekt tsu di hant.

Der advokat vert grin un gel un git a geshrey :

– Oy, bin ikh a beheyme ! ... Bin ikh a beheyme !

– Vos tut zikh mit ayer advokat ?

– Mit im hob ikh zikh gevet oyf tsvey hundert toyznt dolar, az haynt in der fri, a fertl nokh tsen, vel ikh haltn in der hant di testiklen fun direktor fun der bank Geltmakher !

– ניין, איך מיין נישט קיין שפּאַס. אַ בײַשפּיל : צי זענט איר גרייט זיך צו וועטן מיט מיר אויף הונדערט טויזנט דאָלאַר, אַז אײַערע טעסטיקלען זענען פֿירקאַנטיק ?

„זי איז אין גאַנצן משוגע“ טראַכט דער דירעקטאָר, „נאָר הונדערט טויזנט דאָלאַר...“

– איך בין מסכּים !

שׂרה פֿייגלבוים הייבט זיך אויף :

– מאָרגן צען אַ זייגער אין דער פֿרי, וועל איך דאָ זײַן מיט מײַן אַדוואָקאַט.

צום מאָרגנס צען אַ זייגער, קומט אַרײַן שׂרה פֿייגלבוים מיט דעם אַדוואָקאַט. זי בעט דעם דירעקטאָר ער זאָל איר דערלויבן אים צו באַטאַפּן פּערזענלעך די טעסטיקלען. דער דירעקטאָר לאָזט אַראָפּ די הויזן און זי שטעקט צו די האַנט.

דער אַדוואָקאַט ווערט גרין און געל און גיט אַ געשריי :

– אוי, בין איך אַ בהמה ! ... בין איך אַ בהמה !

– וואָס טוט זיך מיט אײַער אַדוואָקאַט ?

– מיט אים האָב איך זיך געוועט אויף צוויי הונדערט טויזנט דאָלאַר אַז הײַנט אין דער פֿרי, אַ פֿערטל נאָך צען, וועל איך האַלטן אין דער האַנט די טעסטיקלען פֿון דירעקטאָר פֿון דער באַנק געלטמאַכער !

Le directeur de la fameuse banque Geltmakher reçoit une petite grand-mère qui veut ouvrir un compte avec un million de dollars.*

– Votre nom ?

– Sarah Feygelboym.

– Excusez-moi, mais je dois vous demander d'où provient une telle somme.

– De paris que j'ai gagnés, tout simplement !

– Vous plaisantez !

– Pas du tout. Tenez, êtes-vous prêt à parier cent mille dollars que vos testicules sont carrés ?

« Elle est complètement folle », se dit le directeur, « mais cent mille dollars... »

– Je suis d'accord !

Chapitre 9 Kapitl 9 קאַפּיטל 9
Métiers. Loisirs Melokhes. Fraytsayt מלאכות. פֿרײַצײַט

Sarah Feygelboym se lève et dit :
– Demain matin à dix heures, je serai là avec mon avocat.
Et le lendemain matin, à dix heures précises, elle est là avec son avocat.
Elle prie le directeur de lui permettre de vérifier personnellement l'objet du pari. Le directeur baisse son pantalon et elle avance la main.
A ce moment précis, l'avocat devient blême et s'écrie :
– Quel imbécile je suis ! ... Mais quel imbécile !
– Que lui arrive-t'il, à votre avocat ?
– J'ai parié avec lui deux cent mille dollars que ce matin à dix heures un quart, j'aurai dans la main les testicules du directeur de la banque Geltmakher !

<u>*258*</u>

Moyshe Feyglboym klingt tsu der bank.
– Do redt Moyshe Feyglboym. Ikh vil redn mitn direktor, her Geltmakher. Er hot mir opgezogt a kredit.
– Es tut mir leyd, an umglik iz geshen, her Geltmakher iz nekhtn geshtorbn.
– Geshtorbn ?
Un er leygt avek dem telefon. Tsen minut shpeter, klingt er vider a mol :
– Ikh vil redn mit her Geltmakher.
– Ir hot ersht geklungen, neyn ? Her Geltmakher iz nekhtn geshtorbn, hob ikh aykh shoyn gezogt.
Ober er klingt vider a mol, un vider a mol...
– Ir farshteyt nisht, ven ikh zog aykh az der direktor iz geshtorbn. Ir hert ? Ge-shtor-bn.
Tsum sof, entfert im a man mit an oyfgeregter shtime :
– Ikh bin her Geltmakhers asistent. Vos vilt ir, her Feyglboym ? Me zogt mir az ir hot shoyn a sakh mol geklungen. Ir kent nisht farshteyn vos heyst, ven me zogt aykh az er iz geshtorbn ?

משה פֿייגלבוים קלינגט צו דער באַנק.
– דאָ רעדט משה פֿייגלבוים. איך וויל רעדן מיט דעם דירעקטאָר, הער געלטמאַכער. ער האָט מיר אָפּגעזאָגט אַ קרעדיט.
– עס טוט מיר לייד, אַן אומגליק איז געשען, הער געלטמאַכער איז נעכטן געשטאָרבן.
– געשטאָרבן ?
און ער לייגט אַוועק דעם טעלעפֿאָן. צען מינוט שפּעטער, קלינגט ער ווידער אַ מאָל :
– איך וויל רעדן מיט הער געלטמאַכער.
– איר האָט ערשט געקלונגען, ניין ? הער געלטמאַכער איז נעכטן געשטאָרבן, האָב איך אייַך שוין געזאָגט.
אָבער ער קלינגט ווידער אַ מאָל, און ווידער אַ מאָל...
– איר פֿאַרשטייט נישט, ווען איך זאָג אייַך אַז דער דירעקטאָר איז געשטאָרבן. איר הערט ? גע-שטאָר-בן.
צום סוף, ענטפֿערט אים אַ מאַן מיט אַן אויפֿגערעגטער שטימע :
– איך בין הער געלטמאַכערס אַסיסטענט. וואָס ווילט איר, הער פֿייגלבוים ? מע זאָגט מיר אַז איר האָט שוין אַ סך מאָל געקלונגען. איר קענט נישט פֿאַרשטיין וואָס הייסט, ווען מע זאָגט אייַך אַז ער איז

Chapitre 9	Kapitl 9	קאַפּיטל 9
Métiers. Loisirs	Melokhes. Fraytsayt	מלאכות. פֿרײַצײַט

– Yo, ikh hob gants gut farshtanen, fun ershtn mol on.
– Oyb azoy, far vos halt ir in eyn klingen ?
– Vayl s'iz mir aza fargenign dos tsu hern !

געשטאָרבן ?
— יאָ, איך האָב גאַנץ גוט פֿאַרשטאַנען, פֿון ערשטן מאָל אָן.
— אויב אַזוי, פֿאַר וואָס האַלט איר אין איין קלינגען ?
— ווײַל ס׳איז מיר אַזאַ פֿאַרגעניגן דאָס צו הערן !

Moyshe Feygelboym téléphone à sa banque :
– Ici, monsieur Feygelboym. Je veux parler au directeur, monsieur Geltmakher*. Il m'a refusé un crédit.
– Je suis désolé mais un malheur est arrivé, Monsieur Geltmakher est décédé hier.
– Décédé ?
Et il raccroche. Dix minutes plus tard, il rappelle :
– Je veux parler à monsieur Geltmakher.
– Vous venez d'appeler, n'est-ce pas ? Monsieur Geltmakher est décédé hier, je vous l'ai déjà dit !
Cependant Moyshe rappelle, rappelle encore et encore...
– Vous ne comprenez donc pas quand je vous dis que monsieur le directeur est décédé ! Vous entendez ? Dé-cé-dé.
A la fin, un homme lui répond d'une voix excédée :
– Je suis le fondé de pouvoir de monsieur Geltmakher. Que désirez-vous monsieur Feygelboym ? On me dit que vous avez déjà téléphoné de nombreuses fois. Vous ne comprenez donc pas ce que cela signifie quand on vous dit qu'il est décédé ?
– Si, j'ai très bien compris, dès la première fois.
– Alors pourquoi téléphonez-vous sans arrêt ?
– Parce que ça me fait un tel plaisir d'entendre ça !

Chapitre 9 Kapitl 9 קאַפּיטל 9
Métiers. Loisirs Melokhes. Fraytsayt מלאכות. פֿרײַצײַט

פֿרײַצײַט

FRAYTSAYT

LOISIRS

אַחוץ אַרבעט איז אויך פֿאַראַן די פֿרײַע צײַט.

Akhuts arbet iz oykh faran di fraye tsayt.

A côté du travail, la détente.

259

אין אַן אַוויאָן פֿון אל-על, זאָגט דער פּילאָט צום מיטפּילאָט :
– איך טרינק אויס אַ קאַווע, און דערנאָך ווער איך זיך פּאָרען מיט דער שיינער סטואַרדקע !
ווי נאָר זי הערט דאָס, קומט די סטואַרדקע צו לויפֿן פֿון עק אַוויאָן, אויסצולעשן דעם הויכרעדער !
משה זיצט בײַם דורכגאַנג. ער שטעקט אַרויס די האַנט און שטעלט זי אָפּ :
– ס'איז נישט כּדאַי צו לויפֿן, ער האָט געזאָגט אַז פֿריִער טרינקט ער אויס אַ קאַווע !

In an avyon fun El-Al, zogt der pilot tsum mitpilot :
– Ikh trink oys a kave, un dernokh vel ikh zikh poren mit der sheyner stuardke !
Vi nor zi hert dos, kumt di stuardke tsu loyfn fun ek avyon, oystsuleshn dem hoykhreder !
Moyshe zitst baym durkhgang. Er shtekt aroys di hant un shtelt zi op :
– S'iz nisht keday tsu loyfn, er hot gezogt az frier trinkt er oys a kave !

Dans un avion d'El-Al, le pilote dit au copilote :
– Je bois un café et je m'occupe de la jolie petite hôtesse !
Dès qu'elle entend cela, l'hôtesse s'élance du fond de l'appareil pour éteindre le haut-parleur !
Moyshe est assis côté couloir. Il tend le bras et l'arrête :
– Inutile de courir, il a dit qu'il buvait son café d'abord !

Chapitre 9 Kapitl 9 קאַפּיטל 9
Métiers. Loisirs Melokhes. Fraytsayt מלאכות. פֿרײַצײַט

260

Moyshe lebt aleyn. Ven er kumt aheym fun der arbet, iz keyner nishto mit vemen tsu redn.

"Volt ikh gehat a popugay, volt ikh nisht geblibn aleyn un ikh volt gekent gut farbrengen mit im".

Gezogt un geton ! In gevelb :

– Oy, der doziker vos iz grin, royt un gel gefelt mir zeyer ! Vifl kost er ?

– Zeks hundert eyros.

– Tsu tayer far mir ! Un der vos iz bloyz grin un royt ?

– Der kost toyznt eyros.

– Toyznt eyros ? Far vos ?

– Vayl er redt dray shprakhn.

– Nu, un der vos iz nor grin, iz mistome biliker !

– Neyn, ir hot a toes ! Er kost toyznt un finef hundert eyros, vayl nisht bloys di dray shprakhn redt er, nor mame-loshn dertsu.

– Oy oy oy, azoy tayer ! To, zol shoyn zayn der alter dortn, groy un oys-gekrokhn, abi ikh zol kenen redn a vort mit im... Mistome kost er a gornisht mit a gornisht !

– Nokh a mol a toes ! Er kost nokh a sakh mer... Er iz der lerer !

משה לעבט אַליין. ווען ער קומט אַהיים פֿון דער אַרבעט, איז קיינער נישטאָ מיט וועמען צו רעדן.

„וואָלט איך געהאַט אַ פּאָפּוגײַ, וואָלט איך נישט געבליבן אַליין און איך וואָלט געקענט גוט פֿאַרברענגען מיט אים“.

געזאָגט און געטאָן ! אין געוועלב :

— אוי, דער דאָזיקער וואָס איז גרין, רויט און געל געפֿעלט מיר זייער ! וויפֿל קאָסט ער ?

— זעקס הונדערט אייראָס.

— צו טײַער פֿאַר מיר ! און דער וואָס איז בלויז גרין און רויט ?

— דער קאָסט טויזנט אייראָס.

— טויזנט אייראָס ? פֿאַר וואָס ?

— ווײַל ער רעדט דרײַ שפּראַכן.

— נו, און דער וואָס איז נאָר גרין, איז מסתּמא ביליקער !

— ניין, איר האָט אַ טעות ! ער קאָסט טויזנט און פֿינעף הונדערט אייראָס, ווײַל נישט בלויז די דרײַ שפּראַכן רעדט ער, נאָר מאַמע-לשון דערצו.

— אוי אוי אוי, אַזוי טײַער ! טאָ, זאָל שוין זײַן דער אַלטער דאָרטן, גרוי און אויס-געקראָכן, אַבי איך זאָל קענען רעדן אַ וואָרט מיט אים... מסתּמא קאָסט ער אַ גאָרנישט מיט אַ גאָרנישט !

— נאָך אַ מאָל אַ טעות ! ער קאָסט נאָך אַ סך מער... ער איז דער לערער !

Moyshe vit seul. Après le travail, il n'a personne avec qui parler.*

« Si j'avais un perroquet, j'aurais de la compagnie et je passerais de bons moments avec lui ! » Sitôt dit, sitôt fait ! Dans la boutique :

– Oh, celui-là qui est vert, rouge et jaune me plaît beaucoup !

Combien coûte-t-il ?

– Six cents euros.

– Trop cher pour moi ! Et celui qui est seulement vert et rouge ?

– Celui-là coûte mille euros.

Chapitre 9 Kapitl 9 קאַפּיטל 9
Métiers. Loisirs Melokhes. Fraytsayt מלאכות. פֿרײַצײַט

– Mille euros ? Pourquoi donc ?
– C'est qu'il parle trois langues.
– Ah bon ! Et celui qui est seulement vert, il est sans doute moins cher !
– Non, vous faites erreur ! Il coûte quinze cents euros, parce que non seulement il parle les trois langues, mais en plus, il parle yiddish.
– Oh la la, si cher ! Alors le vieux gris tout déplumé là-bas, du moment que je pourrai échanger un mot avec lui… Il vaut sûrement trois fois rien !
– Encore une fois une erreur ! Il coûte encore beaucoup plus cher… C'est lui qui enseigne les langues !

261

In elter fun finef un akhtsik yor, git Artur Rubinshteyn a kontsert. Nokhn kontsert, kumt tsu im a zhurnalist :
– Mayster, haynt hot ir vider a mol bavizn ayer groysn talant. Dertseylt undz epes an anekdot vegn ayer langer karyere. Entfert Rubinshteyn :
– Mayn ershtn kontsert hob ikh gegebn ven ikh bin geven akht yor alt. Demolt hobn di zhurnalistn komentirt :
"Er shpilt gor sheyn far zayn elter".
Un haynt zogn zey punkt dos zelbike !

אין עלטער פֿון פֿינעף און אַכציק יאָר, גיט אַרטור רובינשטיין אַ קאָנצערט. נאָכן קאָנצערט, קומט צו אים אַ זשורנאַליסט :
– מײַסטער, הײַנט האָט איר ווידער אַ מאָל באַװיזן אײַער גרויסן טאַלאַנט. דערציילט אונדז עפּעס אַן אַנעקדאָט וועגן אײַער לאַנגער קאַריערע. ענטפֿערט רובינשטיין :
– מײַן ערשטן קאָנצערט, האָב איך געגעבן ווען איך בין געווען אַכט יאָר אַלט. דע-מאָלט האָבן די זשורנאַליסטן קאָמענטירט :
„ער שפּילט גאָר שיין פֿאַר זײַן עלטער“.
און הײַנט, זאָגן זיי פּונקט דאָס זעלביקע !

Arthur Rubinstein donne un concert à l'âge de quatre-vingt-cinq ans. Après le concert, un journaliste s'adresse à lui :
– Maître, une fois de plus vous venez de faire preuve de votre grand talent. Racontez-nous une anecdote tirée de votre longue carrière.
Arthur Rubinstein répond :
– J'ai donné mon premier concert à l'âge de huit ans. A l'époque les journalistes ont dit : « Il joue très bien pour son âge ». Et actuellement, ils disent exactement la même chose !

262

A Yid kumt in kultur-ministeryum betn a subsidye. Er vil shafn a yidishn teater.

אַ ייִד קומט אין קולטור-מיניסטעריום בעטן אַ סובסידיע. ער וויל שאַפֿן אַ ייִדישן טעאַטער.

Chapitre 9 Kapitl 9 קאַפּיטל 9
Métiers. Loisirs Melokhes. Fraytsayt מלאכות. פֿרײַצײַט

– Mir hobn groyse dramaturgn : Sholem Aleykhem, Goldfaden, un nokh fil andere…
– Tsu shpet ! Far dem yor iz dos gelt shoyn farteylt, zogt der baamter.
Der Yid shpart zikh ayn :
– Mir badarfn nor a kleynem teater, mit dray reyen bloyz.
– Dray reyen bloyz ? Far vos dray ?
– Ir hot shoyn gezen a Yid vos vil zitsn hinter der driter rey ?

– מיר האָבן גרויסע דראַמאַטורגן : שלום עליכם, גאָלדפֿאַדען, און נאָך פֿיל אַנדערע...
– צו שפּעט ! פֿאַר דעם יאָר איז דאָס געלט שוין פֿאַרטיילט, זאָגט דער באַאַמטער.
דער ייִד שפּאַרט זיך אײַן :
– מיר באַדאַרפֿן נאָר אַ קליינעם טעאַטער, מיט דרײַ רייען בלויז.
– דרײַ רייען בלויז ? פֿאַר וואָס דרײַ ?
– איר האָט שוין געזען אַ ייִד וואָס וויל זיצן הינטער דער דריטער ריי ?

Un homme de théâtre vient demander une subvention au ministère de la culture. Il veut fonder un théâtre yiddish.
– Nous avons de grands dramaturges, comme Sholem Aleichem, Goldfaden et tant d'autres…
– Trop tard ! L'argent du budget pour cette année est déjà réparti, dit l'employé.
Notre homme insiste :
– Nous n'avons besoin que d'un petit théâtre, avec seulement trois rangées !
– Pourquoi seulement trois rangées ?
– Vous avez déjà vu un public juif qui accepte de s'asseoir après le troisième rang ?

263

Moyshe shpatsirt baym breg fun an ozere. S'klingt tsvey a zeyger in der vaytn, ven er shtelt zikh op hinter a fisher. Der fisher zitst un nemt nisht arop di oygn fun dem shvimerl fun zayn ventke. Un Moyshe halt oykh an oyg oyfn shvimerl.
S'klingt fir a zeyger, un beydns oygn zenen nokh alts tsugeshmidt tsum shvimerl, un beyde shvaygn.
Arum halb zeks, farshvindt dos shvimerl in vaser arayn un s'heybt zikh

משה שפּאַצירט בײַם ברעג פֿון אַן אָזערע. ס׳קלינגט צוויי אַ זייגער אין דער ווײַטן, ווען ער שטעלט זיך אָפּ הינטער אַ פֿישער. דער פֿישער זיצט און נעמט נישט אַראָפּ די אויגן פֿון דעם שווימערל פֿון זײַן ווענטקע. און משה האַלט אויך אַן אויג אויפֿן שווימערל.
ס׳קלינגט פֿיר אַ זייגער און ביידנס אויגן זענען נאָך אַלץ צוגעשמידט צום שווימערל, און ביידע שווײַגן.
אַרום האַלב זעקס, פֿאַרשווינדט דאָס שווי-מערל אין וואַסער אַרײַן און ס׳הייבט זיך אָן

Chapitre 9	Kapitl 9	קאַפּיטל 9
Métiers. Loisirs	Melokhes. Fraytsayt	מלאכות. פֿרײַצײַט

on a shlakht tsvishn dem fisher un a rizndikn fish. Vi s'vayzt zikh aroys, iz dos a hipsher karp fun zibn funt.
Ven er zet im inem netszak, dermont zikh Moyshe vi di mame flegt koyfn a lebedikn karp, vi zi flegt im aroysnemen fun shisl, vi der karp flegt zikh ir aroysglitshn un shpringen oyf der erd, un vi di mame flegt im leygn oyfn bretl, im tsuhaltn fest un im tsehakn mit dem hakmeser...
Punkt dan, rayst im der fisher aroys fun di gedenken mit a frage :
— Ir zent oykh a fisher ?
Entfert Moyshe, vos iz geblibn shteyn mer vi dray sho :
— Ikh ? Kholile ! Ikh volt nisht gehat keyn geduld !

אַ שלאַכט צווישן דעם פֿישער און אַ ריזנדיקן פֿיש. ווי ס׳ווײַזט זיך אַרויס, איז דאָס אַ היפּשער קאַרפּ פֿון זיבן פֿונט.
ווען ער זעט אים אינעם נעצזאַק, דערמאָנט זיך משה ווי די מאַמע פֿלעגט קויפֿן אַ לעבעדיקן קאַרפּ, ווי זי פֿלעגט אים אַרויסנעמען פֿון שיסל, ווי דער קאַרפּ פֿלעגט זיך איר אַרויסגליטשן און שפּרינגען אויף דער ערד, און ווי די מאַמע פֿלעגט אים לייגן אויפֿן ברעטל, אים צוהאַלטן פֿעסט און אים צעהאַקן מיט דעם האַקמעסער...
פּונקט דאַן, רײַסט אים דער פֿישער אַרויס פֿון די געדענקען מיט אַ פֿראַגע :
— איר זענט אויך אַ פֿישער ?
ענטפֿערט משה, וואָס איז געבליבן שטיין מער ווי דרײַ שעה :
— איך ? חלילה ! איך וואָלט נישט געהאַט קיין געדולד !

Moyshe* se promène au bord d'un étang.
Deux heures sonnent au loin quand il s'arrête derrière un pêcheur qui ne quitte pas des yeux le bouchon de sa ligne. Et Moyshe se met aussi à fixer le bouchon.
Quatre heures sonnent et tous deux ont toujours les yeux fixés sur le bouchon, sans dire un mot.
Vers cinq heures et demie, le bouchon disparait dans l'eau et là commence une lutte acharnée entre le pêcheur et un poisson vigoureux, qui s'avère être une belle carpe de sept livres.
Lorsqu'il la voit dans l'épuisette, Moyshe se souvient que sa mère achetait une carpe vivante. Il revoit comment elle sortait le poisson de la bassine, comment la carpe lui glissait des mains et rebondissait sur le sol, comment elle la posait sur la planche, la maintenait fermement et la tronçonnait avec le hachoir...
A ce moment précis, le pêcheur le tire de sa rêverie en lui demandant :
— Vous êtes pêcheur, vous aussi ?
Et Moyshe, qui est resté immobile pendant plus de trois heures, répond :
— Moi ? Sûrement pas ! Je n'aurais pas la patience !

Chapitre 10 Kapitl 10 קאַפּיטל 10
Médecins Doktoyrim דאָקטוירים

דאָקטוירים

DOKTOYRIM

MÉDECINS

הײַנטיקע צײַטן זײַנען ייִדן פֿאַרטראָטן אין דאָקטערײַ מיט אַ היפשן פראָצענט.
אין אַכצעטן און אַפֿילו אין נײַנצעטן יאָרהונדערט איז געווען פֿאַרקערט : קיין ייִדישער
דאָקטער, צי אַ דאָקטער בכלל, איז מערסטנס נישט געווען אין די שטעטלעך.
„גאָט גיט דאָס לעבן און גאָט נעמט עס צוריק“, „גאָט שיקט די רפֿואה פֿאַר דער מכּה“.
קעגן קרענק און טויט זײַנען ייִדן געווען פֿילאָזאָפֿן ! מע פֿלעגט בעטן גאָט
און פֿאָרן צום רבין נאָך אַ סגולה, מע פֿלעגט היילן מיט קרײַטעכצער-טיי, באַנקעס אאַז״וו.
יונגע-לײַט משׂכּילים האָבן דווקא געוואָלט לערנען מעדיצין, אָבער דער „נומערוס קלאַוזוס“
פֿאַר ייִדן האָט זיי געשטערט אַרײַנצוגיין אין אוניווערסיטעט.
דערפֿאַר איז שפעטער אין די פֿרײַע לענדער מקוים געוואָרן דער חלום פֿון אַלע ייִדישע
מאַמעס וואָס זײַנען געקומען פֿון פוילן און רוסלאַנד :
האָבן אַ זון אָדער אַן איידעם אַ דאָקטער !
דעריבער זײַנען אונדזערע אַנעקדאָטן שוין נענטער צו אונדזער צײַט !

זײַן אַ דאָקטער איז אַ מאָל שווער און עס שפּילט אויף די נערוון,
און אַ מאָל איז עס חידושדיק און פֿאַרווײַלנדיק...

Hayntike tsaytn zaynen Yidn fartrotn in dokteray mit a hipshn protsent.
In akhtsetn un afile in nayntsetn yorhundert iz geven farkert : keyn yidisher dokter, tsi a dokter biklal, iz merstns nisht geven in di shtelekh.
"Got git dos lebn un Got nemt es tsurik", "Got shikt di refue far der make".
Kegn krenk un toyt, zaynen Yidn geven filosofn ! Me flegt betn Got un forn tsum rebn nokh a sgule, me flegt heyln mit kraytekhtser-tey, bankes u.az.v.
Yunge-layt maskilim hobn davke gevolt lernen meditsin, ober der "numerus klausus" far Yidn hot zey geshtert arayntsugeyn in universitet.
Derfar iz shpeter in di fraye lender mekuyem gevorn der kholem fun ale yidishe mames vos zaynen gekumen fun Poyln un Rusland :
hobn a zun oder an eydem a dokter !
Deriber zaynen undzere anekdotn shoyn nenter tsu undzer tsayt !

Chapitre 10 Kapitl 10 קאַפּיטל 10
Médecins Doktoyrim דאָקטוירים

Zayn a dokter iz a mol shver un es shpilt oyf di nervn,
un a mol iz es khideshdik un farvaylndik…

De nos jours, le pourcentage de Juifs parmi les médecins est élevé.
A l'inverse, au dix-huitième et même au dix-neuvième siècle,
il n'y avait pas de médecins juifs dans les shtetlekh et*
le plus souvent pas de médecins du tout.
« Dieu donne la vie et Dieu la reprend », « Dieu fournit le remède avant l'abcès ». Face à la maladie et à la mort, les Juifs étaient philosophes !
On priait, on sollicitait les conseils du rabbin, on soignait avec
les moyens du bord : tisanes, ventouses etc.
Les jeunes de la Haskala qui auraient souhaité étudier la médecine se voyaient exclus, du fait du numérus clausus appliqué aux Juifs.*
C'est donc dans les pays d'accueil qu'a pu se réaliser le rêve des mères juives venues des pays de l'Est : avoir un fils ou un gendre médecin.
Nos anecdotes sont donc relativement récentes.

Être médecin, c'est parfois pénible et agaçant,
et c'est parfois surprenant et amusant…

264

Froy Irma, a treferke, zogt emetsn on :
– Sara herlekhe tsukunft ! Ikh ze foroys veynik, zeyer veynik kran-keytn !
– Oy a brokh ! Ikh hob dokh ersht ge-efnt mayn dokter-kabinet !

פֿרוי אירמאַ, אַ טרעפֿערקע, זאָגט עמעצן אָן :
– סאַראַ הערלעכע צוקונפֿט ! איך זע פֿאָר-ויס ווייניק, זייער ווייניק קראַנקייטן !
– אוי אַ בראָך ! איך האָב דאָך ערשט גע-עפֿנט מײַן דאָקטער-קאַבינעט !

Madame Irma, voyante, annonce à un client :
– Quel bel avenir, je ne vois que peu, très peu de maladies, dans votre vie !
– Aïe ! Catastrophe ! Moi qui viens de visser ma plaque de médecin !

וועגן אַלגעמיינע דאָקטוירים.

Vegn algemeyne doktoyrim.

Chez le généraliste.

Chapitre 10 | Kapitl 10 | 10 קאַפּיטל
Médecins | Doktoyrim | דאָקטוירים

265

Der ershter anekdot iz an oysgeklerter :

Der dokter Stakhanovitsh iz farmatert, oysgeshept. A gants yor hot er shver gehorevet un itst in yuli, gefint er nisht keyn fartreter. Der reboyne-sheloylem hot rakhmones un shikt tsu dem malekh Refoel im tsu fartretn oyf eyn vokh.
Dem ershtn tog, akht a zeyger in der fri, iz shoyn der vartzal fil mit mentshn.
Der ershter patsyent iz a yunger-man oyf a redershtul.
Malekh Refoel kukt im glaykh in di oygn arayn un heyst :
– Shtel zikh oyf !
Der patsyent shtelt zikh oyf, un... er geyt oyf di fis ! Ven er geyt adurkh dem vartzal, fregt men im :
– Nu, vi zet er oys, der-o dokter ?
– Akh, vi ale doktoyrim ! Er hot mikh afile nisht batrakht !

דער ערשטער אַנעקדאָט איז אַן אויס-געקלערטער :

דער דאָקטער סטאַכאַנאָוויטש איז פֿאַר-מאַטערט, אויסגעשעפּט. אַ גאַנץ יאָר האָט ער שווער געהאָרעוועט, און איצט אין יולי, געפֿינט ער נישט קיין פֿאַרטרעטער. דער רבונו-של-עולם האָט רחמנות און שיקט צו דעם מלאך רפֿאל אים צו פֿאַרטרעטן אויף איין וואָך.
דעם ערשטן טאָג, אַכט אַ זייגער אין דער פֿרי, איז שוין דער וואַרטזאַל פֿיל מיט מענטשן. דער ערשטער פּאַציענט איז אַ יונגער-מאַן אויף אַ רעדערשטול.
מלאך רפֿאל קוקט אים גלײַך אין די אויגן אַרײַן און הייסט :
– שטעל זיך אויף !
דער פּאַציענט שטעלט זיך אויף, און... ער גייט אויף די פֿיס ! ווען ער גייט אַדורך דעם וואַרטזאַל, פֿרעגט מען אים :
– נו, ווי זעט ער אויס, דער-אָ דאָקטער ?
– אַך, ווי אַלע דאָקטוירים ! ער האָט מיך אפֿילו נישט באַטראַכט !

Cette première anecdote est une fiction :

Le docteur Stakhanovitch est surmené, épuisé. Toute l'année, il a travaillé très dur et maintenant en juillet, il ne trouve pas de remplaçant.*
Le Seigneur du monde a pitié de lui et lui envoie l'ange Raphaël pour le remplacer pendant une semaine.
Le premier jour, dès huit heures du matin, la salle d'attente est pleine.
Le premier patient est un jeune homme en fauteuil roulant.
L'ange Raphaël le regarde fixement, et lui dit :
– Lève-toi !
Le patient se lève et... il marche ! Lorsqu'il traverse la salle d'attente, on lui demande :
– Alors, comment est-il, ce docteur-là ?
– Bah, comme tous les médecins ! Il ne m'a même pas examiné !

Chapitre 10 Kapitl 10 קאַפּיטל 10
Médecins Doktoyrim דאָקטוירים

266

A zeyer naiv un shemevdik meydl, ersht gekumen fun Poyln, kumt tsu a dokter.
Er farhert zi un heyst :
– Tut zikh oys !
Zi blaybt shteyn.
– Nu, oyf vos vart ir ?
Zikh oyston far a dokter, dos iz a gants normale zakh.
Zi farreytlt zikh, kukt arop, un murmlt :
– Tsu ersht ir...

אַ זייער נאַיִוו און שעמעוודיק מיידל, ערשט געקומען פֿון פּוילן, קומט צו אַ דאָקטער.
ער פֿאַרהערט זי און הייסט :
– טוט זיך אויס !
זי בלײַבט שטיין.
– נו, אויף וואָס וואַרט איר ?
זיך אויסטאָן פֿאַר אַ דאָקטער, דאָס איז אַ גאַנץ נאָרמאַלע זאַך.
זי פֿאַררייטלט זיך, קוקט אַראָפּ, און מורמלט :
– צו ערשט איר...

Une jeune fille très naïve et timide, récemment immigrée de Pologne, consulte un médecin.
Après l'avoir interrogée, il dit :
– Déshabillez-vous !
Elle ne bouge pas.
– Alors, qu'attendez-vous ? Se déshabiller devant un médecin est tout-à-fait normal.
Elle rougit, baisse les yeux et murmure :
– Vous, d'abord...

267

– Dokter, shoyn mer vi finef minut hot ir mir geheysn aroysshtekn di tsung, un ir hot zi afile nisht ongekukt !
– Hert oys froy Feyglboym, ikh hob gevolt zayn ruik, ontsushraybn dem retsept !

– דאָקטער, שוין מער ווי פֿינעף מינוט האָט איר מיר געהייסן אַרויסשטעקן די צונג, און איר האָט זי אַפֿילו נישט אָנגעקוקט !
– הערט אויס פֿרוי פֿייגלבוים, איך האָב געוואָלט זײַן רויִק, אָנצושרײַבן דעם רעצעפּט !

– Docteur, vous m'avez demandé de tirer la langue, il y a déjà plus de cinq minutes, et vous ne l'avez même pas regardée !
– Comprenez-moi madame Feygelboym, je voulais être au calme, pour écrire votre ordonnance !

Chapitre 10 Kapitl 10 קאַפּיטל 10
Médecins Doktoyrim דאָקטוירים

268

– Oy Dokter, a gantse nakht ken ikh nisht shlofn : mayn man ligt lebn mir un er redt, er redt, er redt. On an ek, redt er...
– Ikh vel aykh gebn an eytse, froy Feyglboym : lozt im redn a bisele... bay tog !

– אוי דאָקטער, אַ גאַנצע נאַכט קען איך נישט שלאָפֿן : מײַן מאַן ליגט לעבן מיר און ער רעדט, ער רעדט, ער רעדט. אָן אַן עק, רעדט ער...
– איך וועל אײַך געבן אַן עצה, פֿרוי פֿייגלבוים : לאָזט אים רעדן אַ ביסעלע... בײַ טאָג !

– Docteur, je ne peux pas dormir : toute la nuit, mon mari est couché à coté de moi, et il parle, il parle, il parle. Sans arrêt, il parle...
– Je vais vous donner un conseil, madame Feygelboym : laissez-le parler un petit peu... dans la journée !

269

Bay dem dokter zitsn Sure un Moyshe Feyglboym. Zi lozt nisht ir man kumen tsum vort !
– Dokter, geyn geyt er nisht. Pishn pisht er ale sho. In di kni hot er artroz un yedes mol ven ikh red tsu im, zogt er az se dreyt zikh im der kop !
– Oy, froy Feyglboym, mir dreyt zikh shoyn oykh der kop ! Nu, hert oyf tsu redn, un geyt zitsn in vartzal, beys ikh batrakht ayer man !
A bisl shpeter :
– Froy Feyglboym, ayer man badarf nor a bisele ru. Dos heyst az ikh vel aykh farshraybn a refue far di nervn. Far ayert vegn, ir hert ? Nisht far ayer man. In a monat arum, zol er kumen tsurik, nor... aleyn !

בײַ דעם דאָקטער זיצן שׂרה און משה פֿייגלבוים. זי לאָזט נישט איר מאַן קומען צום וואָרט !
– דאָקטער, גיין גייט ער נישט. פּישן פּישט ער אַלע שעה. אין די קני האָט ער אַרטראָז און יעדעס מאָל ווען איך רעד צו אים, זאָגט ער אַז סע דרייט זיך אים דער קאָפּ !
– אוי, פֿרוי פֿייגלבוים, מיר דרייט זיך שוין אויך דער קאָפּ ! נו, הערט אויף צו רעדן, און גייט זיצן אין וואַרטזאַל, בעת איך באַטראַכט אײַער מאַן !
אַ ביסל שפּעטער :
– פֿרוי פֿייגלבוים, אײַער מאַן באַדאַרף נאָר אַ ביסעלע רו. דאָס הייסט אַז איך וועל אײַך פֿאַרשרײַבן אַ רפֿואה פֿאַר די נערוון. פֿאַר אײַערט וועגן, איר הערט ? נישט פֿאַר אײַער מאַן. אין אַ מאָנאַט אַרום, זאָל ער קומען צוריק, נאָר... אַליין !

Sarah et Moyshe Feygelboym sont assis en face du docteur. Elle ne laisse pas son mari placer un seul mot !
– Docteur, à la selle, il ne va pas. Mais pipi, c'est toutes les heures. Il a de

Chapitre 10 | Kapitl 10 | קאַפּיטל 10
Médecins | Doktoyrim | דאָקטוירים

l'arthrose dans les genoux et chaque fois que je lui parle, il dit que la tête lui tourne !
– Oy, madame Feygelboym, à moi aussi, la tête me tourne déjà ! Alors, arrêtez de parler, et allez vous asseoir dans la salle d'attente, pendant que j'examine votre mari !
Un peu plus tard :
– Madame Feygelboym, votre mari a seulement besoin d'un peu de calme. Alors je vais vous prescrire un tranquillisant. A vous, vous m'entendez ? Pas à votre mari. Et je le reverrai dans un mois, mais... tout seul !

270

יוסף קאַרדיאַק איז זיבעציק יאָר אַלט. מיט צוויי יאָר צוריק, האָט ער געהאַט אַן ערנסטן האַרצשלאַק. פּלוצעם, קלאָגט ער זיך :
– אוי גוואַלד ! סע קלעמט מיר אין ברוסט...
דאָס ווײַב כאַפּט דעם טעלעפֿאָן :
– דאָקטער, איך בעט אײַך, קומט באַלד אַ-הער ! מײַן מאַן...
אַ ווײַלע שפּעטער, קומט אַרײַן דער דאָקטער. ער זעט ווי יוסף ליגט בלאַס, פֿאַרשוויצט, מיט בלויע ליפּן און אַ קאַל-טער נאָז. און ער געפֿינט נישט דעם פּולס.
– פֿרוי קאַרדיאַק, איר מוזט האָבן מוט... איך האָב אײַך שוין געזאָגט, מיט צוויי יאָר צוריק, אַז אַלץ קען געשען... לײַדער... איך קען שוין גאָרנישט טאָן, נאָר אָנשרײַבן דעם פּטירע-אַקט !
וואָס פֿאַר אַ טעות ! יוסף גיט אַ געשריי :
– איך לעב נאָך, איך בין נישט געשטאָרבן !
ענטפֿערט אָפּ דאָס ווײַב :
– שאַ יוסף, שווײַג ! דער דאָקטער ווייסט בעסער פֿאַר דיר !

Yosef Kardiak iz zibetsik yor alt. Mit tsvey yor tsurik, hot er gehat an ernstn hartsshlak. Plutsem, klogt er zikh :
– Oy gevald ! Se klemt mir in brust...
Dos vayb khapt dem telefon :
– Dokter, ikh bet aykh, kumt bald aher ! Mayn man...
A vayle shpeter, kumt arayn der dokter. Er zet vi Yosef ligt blas, farshvitst, mit bloye lipn un a kalter noz. Un er gefint nisht dem puls.
– Froy Kardiak, ir muzt hobn mut... Ikh hob aykh shoyn gezogt, mit tsvey yor tsurik, az alts ken geshen... Layder... Ikh ken shoyn gornisht ton, nor onshraybn dem ptire-akt !
Vos far a toes ! Yosef git a geshrey :
– Ikh leb nokh, ikh bin nisht geshtorbn !
Entfert op dos vayb :
– Sha Yosef, shvayg ! Der dokter veyst beser far dir !

Joseph Kardiak a 70 ans. Il y a deux ans, il a eu un infarctus du myocarde très sévère. Soudain, il se plaint :*
– Oy, au secours, ça me serre dans la poitrine...
Sa femme se rue sur le téléphone :
– Docteur, je vous en prie, venez tout de suite ! Mon mari...

Chapitre 10 Kapitl 10 10 קאַפּיטל
Médecins Doktoyrim דאָקטוירים

Peu après, le docteur arrive. Il voit son patient allongé sur le canapé, pâle, en sueur, les lèvres sont bleues, le nez est froid. Et il ne perçoit pas le pouls.
– Madame Kardiak, il faut être courageuse... Je vous avais bien dit, il y a deux ans, que tout peut arriver... Hélas... Je ne peux rien faire de plus que le certificat de décès !
Grossière erreur ! Joseph se met à crier :
– Mais je suis encore en vie, je ne suis pas mort !
Et sa femme rétorque :
– Sha Joseph, tais-toi ! Le docteur, il sait mieux que toi !*

271

– Dokter, der blutdruk iz bay mir tsu hoykh, un dos iz a mishpokhe-feler.
– Fun tatns tsad tsi fun mames tsad ?
– Neyn ! Dos kumt fun mayn vayb.
– Her Feyglboym, dos iz nisht meglekh!
– Nisht meglekh ? S'vayzt zikh oys, Dokter, az ir kent nisht mayn vayb !

– דאָקטער, דער בלוטדרוק איז ביַי מיר צו הויך, און דאָס איז אַ משפּחה-פֿעלער.
– פֿון טאַטנס צד צי פֿון מאַמעס צד ?
– ניין ! דאָס קומט פֿון מיַין וויַב.
– הער פֿייגלבוים, דאָס איז נישט מעגלעך !
– נישט מעגלעך ? ס'וויַיזט זיך אויס, דאָקטער, אַז איר קענט נישט מיַין וויַב !

– Docteur, j'ai de l'hypertension, c'est de famille chez nous.
– Côté père ou côté mère ?
– Ni l'un ni l'autre, ça vient de ma femme.
– Monsieur Feygelboym, ça, ce n'est pas possible !
– Pas possible ? On voit bien, Docteur, que vous ne connaissez pas ma femme !

272

An hipokondryak filt zikh avade tomid krank, un nokh mer zint er kukt oyf der Internets. Er kumt tsu a yungn dokter, velkher kukt durkh dem shvern dosye un batrakht im vi s'geher tsu zayn. Tsum sof bashlist er :
– Ir zent gezunt !
– Vos ? Ikh ? Gezunt ? Dos ershte mol her ikh azelkhes ! Un mayn kop ?
– Zeyer gut, der kop.

אַן היפּאָקאָנדריאַק פֿילט זיך אוודאי תּמיד קראַנק, און נאָך מער זינט ער קוקט אויף דער אינטערנעץ. ער קומט צו אַ יונגן דאָקטער, וועלכער קוקט דורך דעם שווערן דאָסיע און באַטראַכט אים ווי ס'געהער צו זיַין. צום סוף באַשליסט ער :
– איר זענט געזונט !
– וואָס ? איך ? געזונט ? דאָס ערשטע מאָל הער איך אַזעלכעס ! און מיַין קאָפּ ?
– זייער גוט, דער קאָפּ.

Chapitre 10 Kapitl 10 קאַפּיטל 10
Médecins Doktoyrim דאָקטוירים

– Un dos harts ?
– Keyn problem nisht.
– Un mayn artroz ? Mit tsvey yor tsurik hot a groyser revmatolog gezogt az ikh hob vaser in a kni. Un az haynt oyf di radyos, zet men nokh di kanalizatsyes !
– Nisht “kanalizatsyes”, nor “kaltsifikatsyes” hot er mistome gezogt !
– Dokter, ir meynt az ir kent di krankeytn beser far mir ?
– Avade ! Ikh bin dokh a dokter !
– Vi lang iz az ir zent a dokter ?
– Shoyn finef yor !
– Nu, ir zent a dokter zint finef yor. Un ikh, shoyn fertsik yor vos ikh bin a kranker mentsh. Nu, zogt aleyn, ver veyst beser ?

– און דאָס האַרץ ?
– קיין פּראָבלעם נישט.
– און מײַן אַרטראָז ? מיט צוויי יאָר צוריק האָט אַ גרויסער רעוומאַטאָלאָג געזאָגט אַז איך האָב וואַסער אין אַ קני. און אַז הײַנט אויף די ראַדיאָס, זעט מען נאָך די קאַנאַליזאַציעס !
– נישט „קאַנאַליזאַציעס“, נאָר „קאַלצי־פֿיקאַציעס“ האָט ער מסתּמא געזאָגט !
– דאָקטער, איר מיינט אַז איר קענט די קראַנקייטן בעסער פֿאַר מיר ?
– אוודאי ! איך בין דאָך אַ דאָקטער !
– ווי לאַנג איז אַז איר זענט אַ דאָקטער ?
– שוין פֿינעף יאָר !
– נו, איר זענט אַ דאָקטער זינט פֿינעף יאָר. און איך, שוין פֿערציק יאָר וואָס איך בין אַ קראַנקער מענטש. נו, זאָגט אַליין, ווער ווייסט בעסער ?

Il s’agit d’un hypocondriaque qui, bien entendu, se sent toujours malade, plus encore depuis qu’il s’informe sur l’Internet. Il consulte un jeune médecin, qui épluche son énorme dossier et l’examine très soigneusement. Enfin, le médecin conclut :
– Vous êtes en bonne santé !
– Qui ? Moi ? En bonne santé ? C’est bien la première fois que j’entends une chose pareille ! Et ma tête ?
– Très bien, la tête.
– Et mon cœur ?
– Pas de problème.
– Et mon arthrose ? Il y a deux ans, un grand rhumatologue m’a dit qu’il y avait de l’eau dans mon genou et que sur les radios, on voit encore les canalisations !
– Mais non ! Pas « canalisations », mais « calcifications », vous a-t’il sûrement dit !
– Docteur, vous croyez que vous connaissez les maladies mieux que moi ?
– Evidemment ! Je suis médecin, non ?
– Depuis combien de temps êtes-vous docteur ?
– Cela fait déjà cinq ans !

Chapitre 10 Kapitl 10 10 קאַפּיטל
Médecins Doktoyrim דאָקטוירים

– Ah ! Vous voyez ? Vous, vous êtes docteur depuis cinq ans. Et moi, ça fait quarante ans que je suis un malade. Alors, dites vous-même, lequel de nous deux sait le mieux ?

273

– Oy Profesor, ale doktoyrim taynen az ikh bin gezunt. Vos veysn zey ? Zey veysn fun a krenk ! Deriber kum ikh tsu a groysn profesor.
Der profesor batrakht zi, un zogt :
– Nu, ikh bin maskem mit mayne koleges : ir zent take gezunt.
– Vos ? Oy, Reboyne-sheloylem ! Un mayn kopveytik ?
– Vegn ayer kopveytik, zorg ikh nisht.
– Ir veyst vos, Profesor, ven aykh volt vey geton der kop, volt ikh oykh nisht gezorgt !

— אוי פּראָפֿעסאָר, אַלע דאָקטוירים טענהן
אַז איך בין געזונט. וואָס ווייסן זיי ? זיי
ווייסן פֿון אַ קרענק ! דעריבער קום איך צו
אַ גרויסן פּראָפֿעסאָר.
דער פּראָפֿעסאָר באַטראַכט זי, און זאָגט :
— נו, איך בין מסכּים מיט מײַנע קאָלעגעס :
איר זענט טאַקע געזונט.
— וואָס ? אוי, רבונו-של-עולם ! און מײַן
קאָפּווייטיק ?
— וועגן אײַער קאָפּווייטיק, זאָרג איך נישט.
— איר ווייסט וואָס, פּראָפֿעסאָר, ווען אײַך
וואָלט וויי געטאָן דער קאָפּ, וואָלט איך
אויך נישט געזאָרגט !

– Oy Professeur, tous les docteurs prétendent que je suis en bonne santé, mais qu'est-ce qu'ils en savent ? Ils n'y connaissent rien ! C'est pour ça que je viens voir un grand professeur.
Le professeur l'examine et dit :
– Eh bien madame, je me range à l'avis de mes confrères : je vous trouve effectivement en bonne santé.
– Comment ! Oy, mon Dieu ! Et mon mal de tête ?
– Je ne suis pas inquiet pour votre mal de tête !
– Vous savez, Professeur, si c'était vous qui aviez mal à la tête, moi non plus, je ne serais pas inquiète !

274

Sure redt zikh oys far dem dokter mer vi a sho, vayl zi shlept a sheyn pekl tsores. Tsum sof heybt zi zikh oyf :
– Oy Dokter, sara nes ! Ikh bin arayngekumen mit a shreklekhn kopveytik, un er iz in gantsn farshvundn gevorn !

שׂרה רעדט זיך אויס פֿאַר דעם דאָקטער
מער ווי אַ שעה, ווײַל זי שלעפּט אַ שיין
פּעקל צרות. צום סוף הייבט זי זיך אויף :
— אוי דאָקטער, סאַראַ נס ! איך בין אַרײַנ-
געקומען מיט אַ שרעקלעכן קאָפּווייטיק,
און ער איז אין גאַנצן פֿאַרשוווּנדן געוואָרן !

Chapitre 10 | Kapitl 10 | קאַפּיטל 10
Médecins | Doktoyrim | דאָקטוירים

– Neyn, er iz nisht farshvundn gevorn ! Itst tut mir vey der kop !

– ניין, ער איז נישט פֿאַרשוווּנדן געוואָרן ! איצט טוט מיר ווײ דער קאָפּ !

Sarah se décharge pendant plus d'une heure, auprès de son médecin, d'un gros paquet de soucis. Puis elle finit par se lever :
– Oy ! C'est un miracle, Docteur : je suis arrivée chez vous avec un mal de tête terrible, et il s'est complètement envolé !
– Non, il ne s'est pas envolé ! Maintenant c'est moi qui ai mal à la tête !

275

– Halo, froy Feyglboym ? Ayer tshek iz mir tsurikgekumen.
– Oy Dokter, bay mir iz der revmatizm oykh tsurikgekumen !

– האַלאָ, פֿרוי פֿייגלבוים ? אײַער טשעק איז מיר צוריקגעקומען.
– אוי דאָקטער, בײַ מיר איז דער רעוומאַטיזם אויך צוריקגעקומען !

– Allo, madame Feygelboym ? Votre chèque m'est revenu.
– Oy Docteur, mon rhumatisme aussi, il est revenu !

צום גינעקאָלאָג.

Tsum ginekolog.

Chez le gynécologue.

276

Froy Altblum, akht un zibetsik yor alt, kumt tsum ershtn mol in ir lebn, tsu a ginekolog.
– Vi alt zent ir ?
– Dokter, me git mir zekhtsik yor.
– Khapt, s'iz a metsie !
– Un ir, Dokter, vi fil git ir mir ?
– Ikh darf aykh nisht gebn, ir hot shoyn genug !
Er shtelt etlekhe frages, er bakukt di farsheydene rezultatn un er heyst :
– Nu, tut zikh oys.

פֿרוי אַלטבלום, אַכט און זיבעציק יאָר אַלט, קומט צום ערשטן מאָל אין איר לעבן, צו אַ גינעקאָלאָג.
– ווי אַלט זענט איר ?
– דאָקטער, מע גיט מיר זעכציק יאָר.
– כאַפּט, ס'איז אַ מציאה !
– און איר, דאָקטער, ווי פֿיל גיט איר מיר ?
– איך דאַרף אײַך נישט געבן, איר האָט שוין גענוג !
ער שטעלט עטלעכע פֿראַגעס, ער באַקוקט די פֿאַרשיידענע רעזולטאַטן און ער הייסט :
– נו, טוט זיך אויס.

Chapitre 10	Kapitl 10	קאַפּיטל 10
Médecins	Doktoyrim	דאָקטוירים

– Ver ? Ikh ? Zikh oyston ?		?װער ? איך ? זיך אויסטאָן –
– Avade, ir.		.אװדאי, איר –
Koym mit tsores, tut zi oys dos kleyd.		.קוים מיט צרות, טוט זי אויס דאָס קלייד
– Dos unterkleyd, oykh ?		? דאָס אונטערקלייד, אויך –
– Yo.		.יאָ –
– Un dem stanik, oykh ?		? און דעם סטאַניק, אויך –
– Yo.		.יאָ –
– Di maytkes, tu ikh nisht oys !		! די מײַטקעס, טו איך נישט אויס –
– Yo ! Di maytkes oykh.		.יאָ ! די מײַטקעס אויך –
– Dokter, meg ikh shteln a frage ?		? דאָקטער מעג איך שטעלן אַ פֿראַגע –
– Yo.		.יאָ –
– Dokter, ayer mame veyst vos iz ayer parnose ?		דאָקטער, אײַער מאַמע װײסט װאָס איז – ?אײַער פּרנסה

Madame Altblum*, soixante-dix-huit ans, consulte pour la première fois de sa vie un gynécologue.
– Quel âge avez-vous ?
– Docteur, on me donne soixante ans.
– Saisissez, c'est une bonne affaire !
– Et vous Docteur, combien me donnez-vous ?
– Je n'ai pas besoin de vous donner, vous avez bien assez !
Il l'interroge, regarde les résultats des examens, et puis il dit :
– Bien, déshabillez-vous !
– Qui ? Moi ? Me déshabiller ?
– Bien sûr, vous !
Elle hésite, puis elle enlève sa robe.
– La combinaison, aussi ?
– Oui.
– Et le soutien-gorge, aussi ?
– Oui !
– Docteur, la culotte, je la garde !
– Non, la culotte aussi !
– Docteur, est-ce que je peux vous poser une question ?
– Oui.
– Docteur, est-ce que votre mère, elle sait de quoi vous vivez ?

Chapitre 10 Kapitl 10 10 קאַפּיטל
Médecins Doktoyrim דאָקטוירים

וועגן כירורגן דערציילט מען אויך אַזוינס און אַזעלכעס.

Vegn khirurgn dertseylt men oykh azoyns un azelkhes.

A propos des chirurgiens, on en raconte aussi des vertes et des pas mûres.

277

– Oy neyn ! Neyn Dokter, beser shtarbn eyder oystsushteyn an operatsye !
– Ober, tayere froy, eyns shlist nisht oys dos tsveyte !

– אוי ניין ! ניין דאָקטער, בעסער שטאַרבן איידער אויסצושטיין אַן אָפּעראַציע !
– אָבער, טײַערע פֿרוי, איינס שליסט נישט אויס דאָס צווייטע !

– Ah non ! Non Docteur, plutôt mourir que subir une opération !
– Mais chère madame, l'un n'empêche pas l'autre !

278

– Zogt mir, Dokter Tsinikman, iz es emes az aza operatsye gelingt bloyz bay eyn patsyent fun hundert ?
– Yo, s'iz emes. Nor ir hot mazl ! Nayn un nayntsik patsyentn zenen shoyn geshtorbn !

– זאָגט מיר, דאָקטער ציניקמאַן, איז עס אמת אַז אַזאַ אָפּעראַציע געלינגט בלויז בײַ איין פּאַציענט פֿון הונדערט ?
– יאָ, ס'איז אמת. נאָר איר האָט מזל ! נײַן און נײַנציק פּאַציענטן זענען שוין געשטאָרבן !

– Dites-moi, Docteur Tsynikman, c'est vrai qu'une telle opération ne réussit qu'une fois sur cent ?*
– Oui, c'est vrai. Mais vous, vous avez de la chance ! Quatre-vingt dix-neuf patients sont déjà morts !

279

Hershele Moyrevdik ligt in operatsye-zal. Der khirurg vasht zikh zorgevdik di hent un ven er dreyt zikh oys, vundert er zikh :
– Her Moyrevdik, vos tsitert ir azoy ?
– Oy Dokter, kh'hob moyre, s'iz mayn ershste operatsye !

הערשעלע מוראוודיק ליגט אין אָפּעראַציע-זאַל. דער כירורג וואַשט זיך זאָרגעוודיק די הענט און ווען ער דרייט זיך אויס, וווּנדערט ער זיך :
– הער מוראוודיק, וואָס ציטערט איר אַזוי ?
– אוי דאָקטער, כ'האָב מורא, ס'איז מײַן ערשטע אָפּעראַציע !

Chapitre 10 Kapitl 10 קאַפּיטל 10
Médecins Doktoyrim דאָקטוירים

– Nu vos iz ? Kukt oyf mir, ir zet mikh tsitern ? Un dokh – far mir iz es oykh di ershte operatsye !

– נו וואָס איז ? קוקט אויף מיר, איר זעט מיך ציטערן ? און דאָך – פֿאַר מיר איז עס אויך די ערשטע אָפּעראַציע !

Hershele Moyrevdik est en salle d'opération. Le chirurgien se lave méticuleusement les mains et lorsqu'il se retourne, il s'étonne :*
– Monsieur Moyrevdik, qu'avez-vous à trembler comme une feuille ?
– Oy Docteur, j'ai peur, c'est ma première opération !
– Et alors ? Regardez-moi, est-ce que vous me voyez trembler ? Et pourtant moi aussi, c'est ma première opération !

280

Moyshe Nar ligt in operatsye-zal, un er hert vi der khirurg farlangt :
– Alkohol !
Ruft zikh on Moyshe :
– Dokter, efsher vet ir trinken... nokh der operatsye ?

משה נאַר ליגט אין אָפּעראַציע-זאַל, און ער הערט ווי דער כירורג פֿאַרלאַנגט :
– אַלקאָהאָל !
רופֿט זיך אָן משה :
– דאָקטער, אפֿשר וועט איר טרינקען... נאָך דער אָפּעראַציע ?

Moyshe Nar est en salle d'opération. Il entend le chirurgien qui réclame :*
– Alcool !
Alors il intervient :
– Docteur, peut-être que vous boirez... après l'opération ?

281

Moyshe hot zikh ibergebrokhn di rekhte hant.
– Dokter, nokh di zeks vokhn in gips, vel ikh take kenen shraybn azoy vi frier ?
– Avade ! Ir vet alts kenen ton vi frier... Afile shpiln fidl.
– Emes ? Dos vet zayn a nes, vayl fidl hob ikh keyn mol nisht gekent shpiln !

משה האָט זיך איבערגעבראָכן די רעכטע האַנט.
– דאָקטער, נאָך די זעקס וואָכן אין גיפּס, וועל איך טאַקע קענען שרײַבן אַזוי ווי פֿריִער ?
– אוודאי ! איר וועט אַלץ קענען טאָן ווי פֿריִער... אפֿילו שפּילן פֿידל.
– אמת ? דאָס וועט זײַן אַ נס, ווײַל פֿידל האָב איך קיין מאָל נישט געקענט שפּילן !

Moyshe s'est fracturé le bras droit.*
– Docteur, après les six semaines de plâtre, je pourrai vraiment écrire

Chapitre 10
Médecins

Kapitl 10
Doktoyrim

קאַפּיטל 10
דאָקטוירים

comme avant ?
— Absolument ! Vous pourrez tout faire comme avant... Et même jouer du violon.
— Vraiment ? Alors ça, ce sera un miracle, car moi, je n'ai jamais su jouer du violon !

282

Froy Klugtsing ligt in shpitol aleyn in a tsimer, nokh a shverer operatsye. Kumt arayn a yunger dokter, a shtoltser, a nar ! Er geyt tsu glaykh tsum plakat. Nisht keyn vort nisht, nisht afile keyn kuk oyf der patsyentke.
Er leyent adurkh dem plakat, un er dreyt zikh oys aroystsugeyn, vayter on a vort.
Ruft zi zikh on :
— Zayt mir moykhl Dokter, meg ikh aykh shteln a frage ? Iz mayn plakat gezunt ?

פֿרוי קלוגצינג ליגט אין שפּיטאָל אַלײן אין אַ צימער, נאָך אַ שווערער אָפּעראַציע. קומט אַרײַן אַ יונגער דאָקטער, אַ שטאָלצער, אַ נאַר ! ער גייט צו גלײַך צום פּלאַקאַט. נישט קיין וואָרט נישט, נישט אפֿילו קיין קוק אויף דער פּאַציענטקע.
ער לייענט אַדורך דעם פּלאַקאַט, און ער דרייט זיך אויס אַרויסצוגיין, ווײַטער אָן אַ וואָרט.
רופֿט זי זיך אָן :
— זײַט מיר מוחל דאָקטער, מעג איך אײַך שטעלן אַ פֿראַגע ? איז מײַן פּלאַקאַט געזונט ?

Madame Klugtsing* occupe seule une chambre à l'hôpital, après une lourde opération. Un jeune médecin, aussi stupide que prétentieux, entre et se dirige directement vers la pancarte. Pas un seul mot, pas même un regard à la patiente ! Il jette un œil sur la pancarte, puis se dirige vers la porte, toujours sans dire un mot.
Alors elle l'arrête :
— Excusez-moi Docteur, puis-je vous poser une question ?
Est-ce que ma pancarte est en bonne santé ?

283

In a klinik far ortopedisher khirurgye, lign in a tsimer tsvey patsyentn. Beyde zenen oysgeshtanen an operatsye oyf der hift. Kumt arayn der masazhist, un er heybt on masirn dem ershtn patsyent, vos shrayt :

אין אַ קליניק פֿאַר אָרטאָפּעדישער כירורגיע, ליגן אין אַ צימער צוויי פּאַציענטן. ביידע זענען אויסגעשטאַנען אַן אָפּעראַציע אויף דער היפֿט. קומט אַרײַן דער מאַסאַזשיסט, און ער הייבט אָן מאַסירן דעם ערשטן פּאַציענט, וואָס שרײַט :

Chapitre 10 Kapitl 10 קאַפּיטל 10
Médecins Doktoyrim דאָקטוירים

– Hert oyf, geva-ald ! Se tut mir vey !
Hert oyf, zog ikh aykh !
Tsen minut shpeter, nemt zikh der masazhist tsu Moyshen, vos lozt aroys mit a shmeykhl :
– Oy, a fargenign !
Der masazhist geyt aroys tsen minut shpeter, un der patsyent vundert zikh :
– Vos, s'hot aykh gornisht vey geton ?
Entfert Moyshe :
– Ir meynt az ikh hob im getroyt dem operirtn fus ?

– הערט אויף, געוואַ-אַלד ! סע טוט מיר וויי ! הערט אויף, זאָג איך אײַך !
צען מינוט שפּעטער, נעמט זיך דער מאַסאַזשיסט צו משהן, וואָס לאָזט אַרויס מיט אַ שמייכל :
– אוי, אַ פֿאַרגעניגן !
דער מאַסאַזשיסט גייט אַרויס צען מינוט שפּעטער, און דער פּאַציענט וווּנדערט זיך :
– וואָס, ס'האָט אײַך גאָרנישט וויי געטאָן ?
ענטפֿערט משה :
– איר מיינט אַז איך האָב אים געטרויט דעם אָפּערירטן פֿוס ?

Dans une clinique de chirurgie orthopédique, deux patients qui ont été l'un et l'autre opérés de la hanche, partagent la même chambre. Arrive le kiné, qui commence à masser le premier patient, lequel se met à hurler :
– Arrêtez, geva-ald, au secours ! Vous me faites mal ! Arrêtez, je vous dis !*
Dix minutes plus tard, le kiné s'occupe de Moyshe, qui laisse échapper en souriant :
– Ah, quel plaisir !
Le kiné sort de la chambre dix minutes plus tard, et le premier patient s'étonne :
– Comment ? Vous êtes insensible à la douleur, vous ?
Et Moyshe répond :
– Parce que vous croyez que je lui ai confié ma jambe opérée ?

וועגן פּסיכיאַטריע.

Vegn psikhyatrye.

A propos de psychiatrie.

284

Punkt ven Moyshe kumt on antkegn dem psikhyatrishn shpitol, platst im a rod fun oyto. Nemt er aroys di shroyfn, zetst arayn di hilfs-rod un... er gefint nisht mer di shroyfn. Er zukht un er

פּונקט ווען משה קומט אָן אַנטקעגן דעם פּסיכיאַטרישן שפּיטאָל, פּלאַצט אים אַ ראָד פֿון אויטאָ. נעמט ער אַרויס די שרויפֿן, זעצט אַרײַן די הילפֿס-ראָד און... ער געפֿינט נישט מער די שרויפֿן. ער זוכט און ער זוכט,

Chapitre 10 — Médecins / Kapitl 10 — Doktoyrim / קאַפּיטל 10 — דאָקטוירים

zukht, umzist...
Kumt tsu a patsyent fun shpitol, vos git im di eytse :
— Oyb ir nemt arop fun yeder rod a shroyf, vet ir hobn fir reder mit dray shroyfn in yeder eyner, un azoy vet ir kenen derforn tsum garazh !
— Nu, ir hot seykhl ! Vi kumt az ir zent in aza shpitol ?
— Ikh bin take meshuge, nor keyn nar bin ikh nisht !

אומזיסט...
קומט צו אַ פּאַציענט פֿון שפּיטאָל, וואָס גיט אים די עצה :
— אויב איר נעמט אַראָפּ פֿון יעדער ראָד אַ שרויף, וועט איר האָבן פֿיר רעדער מיט דרײַ שרויפֿן אין יעדער איינער, און אַזוי וועט איר קענען דערפֿאָרן צום גאַראַזש !
— נו, איר האָט שׂכל ! ווי קומט אַז איר זענט אין אַזאַ שפּיטאָל ?
— איך בין טאַקע משוגע, נאָר קיין נאַר בין איך נישט !

Moyshe crève un pneu, juste en face d'un hôpital psychiatrique. Il dévisse les écrous, met en place la roue de secours, et... il ne retrouve plus les écrous. Il cherche et cherche, en vain...
Arrive un malade de l'asile qui lui conseille :
— Si vous prenez un écrou de chaque roue, vous aurez trois écrous sur chacune des quatre roues et vous pourrez rouler jusqu'au garage !
— Mais vous êtes génial ! Comment se fait-il que vous soyez à l'asile ?
— Je suis fou certes, mais pas idiot !

285

Sure derklert dem psikhyater :
— Dokter, di gantse mishpokhe hot mikh getsvungen tsu kumen tsu aykh, ikh veys nisht far vos. Emes, ikh hob lib shmaltshering. Nu, iz dos a krenk ?
— Avade nisht. Ikh aleyn hob zeyer lib shmaltshering.
— Beemes Dokter, ir hot lib shmaltshering ? To, kumt tsu mir in shtub : hering hob ikh in di hunderter. Mayne shenk zaynen ful mit shmaltshering !

שׂרה דערקלערט דעם פּסיכיאַטער :
— דאָקטער, די גאַנצע משפּחה האָט מיך געצוווּנגען צו קומען צו אײַך, איך ווייס נישט פֿאַר וואָס. אמת, איך האָב ליב שמאַלצהערינג. נו, איז דאָס אַ קרענק ?
— אוודאי נישט. איך אַליין האָב זייער ליב שמאַלצהערינג.
— באמת דאָקטער, איר האָט ליב שמאַלצ-הערינג ? טאָ, קומט צו מיר אין שטוב : הערינג האָב איך אין די הונדערטער. מײַנע שענק זײַנען פֿול מיט שמאַלצהערינג !

Sarah explique au psychiatre :
— Docteur, toute ma famille m'a obligée à venir vous voir, je ne sais pas pourquoi ! C'est vrai que j'aime beaucoup le hareng gras, il n'y a pas de mal à ça ?

Chapitre 10 | Kapitl 10 | קאַפּיטל 10
Médecins | Doktoyrim | דאָקטוירים

– Bien sûr que non. Moi aussi, j'aime beaucoup les harengs gras.
– C'est vrai Docteur, vous aimez les harengs gras ? Alors venez chez moi : des harengs, j'en ai des centaines. Mes armoires, elles sont pleines de harengs gras !

286

– Dokter, ir zent a barimter psikhyater. To zogt mir, vos kent ir ton far mayn man ?
– Hert oys, froy Feyglboym, keyn shum refue, keyn shum psikhoterapye, keyn shum psikhoanaliz, gornisht ken im shoyn helfn.
Dokh, vel ikh aykh gebn a por eytses :
Redt mit im mit a tsarter shtime,
Leyent im a bukh,
Zingt im zise lidelekh,
Greyt im tsu di beste maykholim,
Geyt mit im koyfn di shenste malbushim,
Nemt im mit in luxus hoteln.
Zol er zikh filn azoy vi in ganeydn.
Oyb ir vet dos alts ton a gants yor, vet im efsher beser vern !
Ven froy Feyglboym kumt tsurik arayn in vartzal, fregt der man :
– Nu, vos hot er gezogt, der dokter ?
– Er hot gezogt... az gornisht ken dir helfn !

– דאָקטער, איר זענט אַ באַרימטער פּסיכיאַטער. טאָ זאָגט מיר, וואָס קענט איר טאָן פֿאַר מײַן מאַן ?
– הערט אויס, פֿרוי פֿייגלבוים, קיין שום רפֿואה, קיין שום פּסיכאָטעראַפּיע, קיין שום פּסיכאָאַנאַליז, גאָרנישט קען אים שוין העלפֿן.
דאָך, וועל איך אײַך געבן אַ פּאָר עצות :
רעדט מיט אים מיט אַ צאַרטער שטימע,
לייענט אים אַ בוך,
זינגט אים זיסע לידעלעך,
גרייט אים צו די בעסטע מאכלים,
גייט מיט אים קויפֿן די שענסטע מלבושים,
נעמט אים מיט אין לוקסוס האָטעלן.
זאָל ער זיך פֿילן אַזוי ווי אין גן-עדן.
אויב איר וועט דאָס אַלץ טאָן אַ גאַנץ יאָר, וועט אים אפֿשר בעסער ווערן !
ווען פֿרוי פֿייגלבוים קומט צוריק אַרײַן אין וואַרטזאַל, פֿרעגט דער מאַן :
– נו, וואָס האָט ער געזאָגט, דער דאָקטער ?
– ער האָט געזאָגט... אַז גאָרנישט קען דיר העלפֿן !

– Docteur, vous êtes un psychiatre réputé . Dites-moi, que pouvez-vous faire pour mon mari ?
– Écoutez madame Feygelboym, rien ne plus peut l'aider, ni les médicaments, ni la psychothérapie, ni la psychanalyse. Je vais toutefois vous donner quelques conseils :
Parlez-lui d'une voix tendre,
Faites-lui la lecture, chantez-lui des chansons douces,
Préparez-lui des bons petits plats,

Chapitre 10 Kapitl 10 10 קאַפּיטל
Médecins Doktoyrim דאָקטוירים

Emmenez-le choisir les plus beaux vêtements,
Descendez avec lui dans des hôtels de luxe.
Qu'il se sente, en somme, comme au paradis.
Si vous faites cela pendant une année entière, peut-être ira-il mieux !
Lorsque madame Feygelboym retourne dans la salle d'attente, son mari lui demande :
– Alors, qu'est-ce qu'il a dit le docteur ?
– Il a dit qu'on ne peut rien faire pour toi !

287

– Oy Dokter, ikh bin oyf gehakte tsores : a gantsn tog red ikh tsu zikh aleyn !
– S'iz nisht geferlekh, a sakh mentshn redn tsu zikh aleyn !
– Ober Dokter, ir veyst nisht vos far a nudnik ikh bin !

– אוי דאָקטער, איך בין אויף געהאַקטע צרות : אַ גאַנצן טאָג רעד איך צו זיך אַליין !
– ס'איז נישט געפֿערלעך, אַ סך מענטשן רעדן צו זיך אַליין !
– אָבער דאָקטער, איר ווייסט נישט וואָס פֿאַר אַ נודניק איך בין !

– Docteur, j'ai un gros problème : à longueur de journée, je me parle à moi-même !
– Ce n'est pas terrible, beaucoup de gens se parlent à eux-mêmes !
– Mais Docteur, vous ne savez pas quel nudnik, quel enquiquineur je suis !*

288

– Oy Dokter, ikh shlof nisht, ikh es nisht, vayl ikh hob gelt-tsores !
– Baruikt zikh, her Shnayderman ! Mit tsvey vokhn tsurik, hob ikh gehat a patsyent vos hot oykh gehat gelt-tsores, er hot nisht gekent batsoln zayn shnayder. Ikh hob im geheysn er zol dervayl fargesn dem khoyv. Un itst filt er zikh gants gut !
– Yo Dokter, ober... der shnayder, dos bin ikh take !

– אוי דאָקטער, איך שלאָף נישט, איך עס נישט ווײַל איך האָב געלט-צרות !
– באַרויִקט זיך, הער שנײַדערמאַן ! מיט צוויי וואָכן צוריק, האָב איך געהאַט אַ פּאַציענט וואָס האָט אויך געהאַט געלט-צרות : ער האָט נישט געקענט באַצאָלן זײַן שנײַדער. איך האָב אים געהייסן ער זאָל דערווײַל פֿאַרגעסן דעם חובֿ. און איצט פֿילט ער זיך גאַנץ גוט !
– יאָ דאָקטער, אָבער... דער שנײַדער, דאָס בין איך טאַקע !

Chapitre 10 Kapitl 10 קאַפּיטל 10
Médecins Doktoyrim דאָקטוירים

– Oy docteur, je ne dors plus, je ne mange plus, parce que j'ai des soucis d'argent !
– Détendez-vous, monsieur Schnayderman ! Tenez, il y a quinze jours, j'ai vu un patient qui lui aussi avait des soucis d'argent : il ne pouvait pas payer son tailleur ! Je lui ai conseillé d'oublier ses dettes pour l'instant. Et maintenant, il va très bien !*
– Oui docteur, mais justement… le tailleur, c'est moi !

289

A yunge froy, Ester Seksberg, geyt tsu a barimtn psikhyater. Er vayzt ir a blat fun dem "Rorshakh-test"[1] :
– Zogt mir, vos zet ir do ?
– Vos ikh ze ? A yunger man ligt mit a yunger froy.
– Un do, oyfn tsveytn blat ?
– An alter man ligt mit a yunger froy.
– Un do ?
– Oy... Do ? Do ligt a yunge froy tsvishn tsvey mener !
– Froy Seksberg, der dyagnoz iz klor, « sexuele banemenish ».
– Vos ? Ikh ? Sexuele banemenish ?
Ober Dokter, ver oyb nisht ir, vayzt mir den azelkhe gemeyne bilder ?

[1] Bleter opgedrukte mit flekn vos der patsyent taytsht oys.

אַ יונגע פֿרוי, אסתּר סעקסבערג, גייט צו אַ באַרימטן פּסיכיאַטער. ער ווײַזט איר אַ בלאַט פֿון דעם „ראָרשאַך-טעסט“[1] :
– זאָגט מיר, וואָס זעט איר דאָ ?
– וואָס איך זע ? אַ יונגער מאַן ליגט מיט אַ יונגער פֿרוי.
– און דאָ, אויפֿן צווייטן בלאַט ?
– אַן אַלטער מאַן ליגט מיט אַ יונגער פֿרוי.
– און דאָ ?
– אוי... דאָ ? דאָ ליגט אַ יונגע פֿרוי צווישן צוויי מענער !
– פֿרוי סעקסבערג, דער דיאַגנאָז איז קלאָר, „סעקסועלע באַנעמעניש“.
– וואָס ? איך ? סעקסועלע באַנעמעניש ?
אָבער דאָקטער, ווער אויב נישט איר, ווײַזט מיר דען אַזעלכע געמיינע בילדער ?

[1] בלעטער אָפּגעדרוקטע מיט פֿלעקן וואָס דער פּאַציענט טײַטשט אויס.

Une jeune femme, Esther Sexberg, consulte un célèbre psychiatre. Il lui montre une planche du « test de Rorschach »* [1] *:*
– Dites-moi, que voyez-vous là ?
– Ce que je vois ? Un jeune homme allongé avec une jeune femme.
– Et là, sur cette deuxième planche ?
– Un homme âgé avec une jeune femme.
– Et là ?
– Oh… Là ? Là, une jeune femme est couchée entre deux hommes !
– Madame Sexberg, le diagnostic est évident : « Obsession sexuelle ».

Chapitre 10 Kapitl 10 קאַפּיטל 10
Médecins Doktoyrim דאָקטוירים

– Quoi ? Moi ? Obsession sexuelle ? Mais Docteur, c'est quand même vous qui me montrez de telles horreurs !

(1) Série de planches imprimées de taches d'encre bien définies, que le patient doit interprèter.

290

Moyshe Feyglboym iz a Yid fun akhtsik yor. Shoyn lange yorn ken er nisht shlofn. Zayn zun hot im shoyn mitgenumen tsu di greste spetsyalistn, ober s'hot gornisht geholfn. Tsum sof, shlept er dem tatn tsu an hipnotizirer.

– Kukt nokh mayn feder, kukt, kukt, kukt, kukt… Ir filt vi di hent vern shver… Di fis vern shver… Di oygn-ledlekh vern shver…

Itzt shloft ir shoyn !

Geyt der hipnotizirer tsum zun in vartzal un zogt :

– Ayer tate shloft vi a kind !

Der zun kumt tsu tsum tatn un er murmlt im :

– Emes tate, du shlofst ?

Der alter efnt oyf koym an oyg, kukt zikh pamelekhn arum un fregt :

– Shoyn, er iz avek der meshugener ?

משה פֿייגלבוים איז אַ ייִד פֿון אַכציק יאָר. שוין לאַנגע יאָרן קען ער נישט שלאָפֿן. זײַן זון האָט אים שוין מיטגענומען צו די גרעסטע ספּעציאַליסטן, אָבער ס'האָט גאָר־נישט געהאָלפֿן. צום סוף, שלעפּט ער דעם טאַטן צו אַן היפּנאָטיזירער.

– קוקט נאָך מײַן פֿעדער, קוקט, קוקט, קוקט, קוקט... איר פֿילט ווי די הענט ווערן שווער... די פֿיס ווערן שווער... די אויגן־לעדלעך ווערן שווער...

איצט שלאָפֿט איר שוין !

גייט דער היפּנאָטיזירער צום זון אין וואַרט־זאַל און זאָגט :

– אײַער טאַטע שלאָפֿט ווי אַ קינד !

דער זון קומט צו צום טאַטן און ער מורמלט אים :

– אמת טאַטע, דו שלאָפֿסט ?

דער אַלטער עפֿנט אויף קוים אַן אויג, קוקט זיך פּאַמעלעכן אַרום און פֿרעגט :

– שוין, ער איז אַוועק דער משוגענער ?

Moyshe Feygelboym, quatre-vingts ans, souffre d'insomnie depuis de longues années. Son fils l'a déjà conduit chez les plus grands spécialistes, mais sans résultat. Finalement, il amène son père chez un hypnotiseur :

– Suivez des yeux mon stylo, suivez-le, suivez-le, suivez-le, suivez-le…

Vous sentez que vos bras deviennent lourds… Vos jambes deviennent lourdes… Vos paupières deviennent lourdes… … Ça y est, vous dormez !

L'hypnotiseur va dans la salle d'attente et s'adresse au fils :

– Votre père dort comme un enfant !

Le fils s'approche de son père et murmure :

– C'est vrai papa, tu dors ?

Alors le vieux entr'ouvre un œil, son regard fait lentement le tour de la pièce et il demande :

Chapitre 10 Kapitl 10 קאַפּיטל 10
Médecins Doktoyrim דאָקטוירים

– Ça y est, il est parti, ce cinglé ?

291

Tsvey psikhoanalitikers trefn zikh nokh a tog arbet. Der yingster vundert zikh :
– Ir zeyt oys azoy frish... keyneynore !
Derkegn... ven ikh hob oysgehert ale patsyentn mayne, bin ikh oysgematert !
– Ver heyst aykh alts oyshern ?

צוויי פּסיכאָאַנאַליטיקערס טרעפֿן זיך נאָך אַ טאָג אַרבעט. דער ייִנגסטער וווּנדערט זיך :
– איר זעט אויס אַזוי פֿריש, קיין עין-הרע !
דערקעגן... ווען איך האָב אויסגעהערט אַלע פּאַציענטן מײַנע, בין איך אויסגעמאַטערט !
– ווער הייסט אײַך אַלץ אויסהערן ?

Deux psychanalystes se rencontrent après leur journée de travail. Le plus jeune s'étonne :
– Vous avez l'air frais comme un gardon, vous ! Alors que moi... lorsque j'ai fini d'écouter tous mes patients, je suis épuisé !
– Qui vous demande de tout écouter ?

עלטערע מענטשן האָבן אַ באַזונדערע באַציִונג צו געזונט, צי דאָס איז בײַם דאָקטער, צי ערגעץ אַנדערש.

Eltere mentshn hobn a bazundere batsiung tsu gezunt, tsi dos iz baym dokter, tsi ergets andersh.

Les personnes agées ont un rapport particulier avec la santé, que ce soit ou non chez le médecin.

292

Froy Feyglboym, akht un zibetsik yor alt, baklogt zikh :
– Oy Dokter, der linker fus tut mir shreklekh vey !
Er batrakht zi vi s'geher tsu zayn :
– Ikh gefin gornisht keyn shlekhts. Der fus iz elter gevorn, nisht mer !
– Vos redt ir, Dokter ? Mayn rekhter fus iz genoy inem zelbn elter, un er tut mir gornisht vey !

– פֿרוי פֿייגלבוים, אַכט און זיבעציק יאָר אַלט, באַקלאָגט זיך :
– אוי דאָקטער, דער לינקער פֿוס טוט מיר שרעקלעך וויי !
ער באַטראַכט זי ווי ס׳געהער צו זײַן :
– איך געפֿין גאָרנישט קיין שלעכטס. דער פֿוס איז עלטער געוואָרן, נישט מער !
– וואָס רעדט איר, דאָקטער ? מײַן רעכטער פֿוס איז גענוי אינעם זעלבן עלטער, און ער טוט מיר גאָרנישט וויי !

Chapitre 10 Kapitl 10 קאַפּיטל 10
Médecins Doktoyrim דאָקטוירים

Madame Feygelboym, soixante-dix-huit ans se plaint :
– Oy Docteur, ma jambe gauche me fait terriblement souffrir !
Il l'examine avec soin :
– Je ne vois rien d'inquiétant. Votre jambe, elle a vieilli, c'est tout !
– Qu'est-ce que vous me racontez, Docteur ? Ma jambe droite a exactement le même âge, et elle ne me fait pas mal du tout !

293

Tsvey alte Yidn shmuesn :
– Oy, ven ikh vek zikh oyf in der fri, tut mir azoy vey der kop !
– S'volt gekent zayn erger !
– Un zol ikh geyn a bisl, ken ikh bald nisht khapn dem otem !
– S'volt gekent zayn erger !
– Un zol ikh esn a shtikele broyt, krig ikh bald aza boykh !
– S'volt gekent zayn erger !
– Gey ikh oyf di shtign, brenen mir di kni vi a fayer !
– S'volt gekent zayn erger !
– Vos heyst ? S'volt gekent zayn erger, s'volt gekent zayn erger ! Vos volt shoyn gekent zayn erger ?
– S'volt gekent zayn erger… ven ikh volt dos alts gehat !

צוויי אַלטע ייִדן שמועסן :
– אוי, ווען איך וועק זיך אויף אין דער פֿרי, טוט מיר אַזוי ווײ דער קאָפּ !
– ס'וואָלט געקענט זײַן ערגער !
– און זאָל איך גײן אַ ביסל, קען איך באַלד נישט כאַפּן דעם אָטעם !
– ס'וואָלט געקענט זײַן ערגער !
– און זאָל איך עסן אַ שטיקעלע ברויט, קריג איך באַלד אַזאַ בויך !
– ס'וואָלט געקענט זײַן ערגער !
– גיי איך אויף די שטיגן, ברענען מיר די קני ווי אַ פֿײַער !
– ס'וואָלט געקענט זײַן ערגער !
– וואָס הייסט ? ס'וואָלט געקענט זײַן ערגער, ס'וואָלט געקענט זײַן ערגער ! וואָס וואָלט שוין געקענט זײַן ערגער ?
– ס'וואָלט געקענט זײַן ערגער… ווען איך וואָלט דאָס אַלץ געהאַט !

Deux vieux Juifs discutent :
– Oy ! Quand je me réveille le matin, j'ai un mal de tête terrible !*
– Ça pourrait être pire !
– Et dès que je marche un peu, j'ai le souffle coupé !
– Ça pourrait être pire !
– Et il suffit que je mange un petit morceau de pain, j'ai aussitôt un ventre énorme !
– Ça pourrait être pire !
– Si je monte un escalier, mes genoux sont en feu !
– Ça pourrait être pire !
– Comment ça ? Ça pourrait être pire ! Ça pourrait être pire ! Qu'est-ce qui

Chapitre 10	Kapitl 10	קאַפּיטל 10
Médecins	Doktoyrim	דאָקטוירים

pourrait déjà être pire ?
— Ça pourrait être pire... si c'était moi qui avais tout ça !

294

An alter Yid, mit a vayser bord, klapt in der tir fun a shandhayzl. Di baleboste efnt oyf.
— Oy, reb Moyshe, vos hert zikh ?
Zi dreyt zikh oys un ruft :
— Rivke, s'iz far dir. Reb Moyshe iz do !
Zey geyen beyde aroyf... Un nokh a vayle, geyt er avek. A sho shpeter, klapt er vider a mol in tir.
— Reb Moyshe ? ... Ir zent do geven mit koym a sho tsurik !
— Oy, mayn kop !

אַן אַלטער ייִד, מיט אַ װײַסער באָרד, קלאַפּט אין דער טיר פֿון אַ שאַנדהײַזל. די בעל-הביתטע עפֿנט אױף.
— אױ, ר׳משה, װאָס הערט זיך ?
זי דרײט זיך אױס און רופֿט :
— רבֿקה, ס׳איז פֿאַר דיר. ר׳משה איז דאָ !
זײ גײען בײדע אַרױף... און נאָך אַ װײַלע, גײט ער אַװעק. אַ שעה שפּעטער, קלאַפּט ער װידער אַ מאָל אין טיר.
— ר׳משה ? ... איר זענט דאָ געװען מיט קױם אַ שעה צוריק !
— אױ, מײַן קאָפּ !

Un vieux Juif, à la barbe blanche, frappe à la porte d'une maison close. La gérante ouvre :
— Ah, monsieur Moyshe*! Comment va ?
Elle se retourne et appelle :
— Rivke, c'est pour toi, c'est monsieur Moyshe !
Ils montent tous les deux... Puis au bout d'un moment, il s'en va.
Une heure plus tard, il frappe à nouveau à la porte :
— Monsieur Moyshe ? Mais... vous étiez là il n'y a pas une heure !
— Oy, ma pauvre tête !

295

A zhurnalist bazukht a moyshev-zkeynim. Er fregt bay dray eltere Yidn :
— Vos iz ayer sod ?
Entfert der ershter Yid :
— Yedn tog, trink ikh oys a gloz vaser in der fri, a gloz vaser oyf mitog un a gloz vaser oyf der nakht.
— Zeyer gut ! Un vi alt zent ir, keyn eynore ?

אַ זשורנאַליסט באַזוכט אַ מושבֿ-זקנים. ער פֿרעגט בײַ דרײַ עלטערע ייִדן :
— װאָס איז אײַער סוד ?
ענטפֿערט דער ערשטער ייִד :
— יעדן טאָג, טרינק איך אױס אַ גלאָז װאַסער אין דער פֿרי, אַ גלאָז װאַסער אױף מיטאָג און אַ גלאָז װאַסער אױף דער נאַכט.
— זײער גוט ! און װי אַלט זענט איר, קײן עין-הרע ?

– Zeks un nayntsik yor.
Un der tsveyter :
– Ikh trink oys yedn tog a gloz milekh in der fri, a gloz milekh oyf mitog un a gloz milekh oyf der nakht.
– Sheyn ! Un vi alt zent ir ?
– Hundert un dray yor, keyneynore.
Der zhurnalist dreyt zikh oys tsum dritn, vos zet oys nokh elter, ayngeboygn, oysgedart :
– Un vos iz ayer sod ?
– Yedn tog, a vaybl in der fri, a vaybl nokhmitog un a vaybl bay nakht !
– A bravo aykh ! Un vi alt zent ir, keyn eynore ?
– Eyn un fuftsik yor !

– זעקס און נײַנציק יאָר.
און דער צווייטער :
– איך טרינק אויס יעדן טאָג אַ גלאָז מילך אין דער פֿרי, אַ גלאָז מילך אויף מיטאָג און אַ גלאָז מילך אויף דער נאַכט.
– שיין ! און ווי אַלט זענט איר ?
– הונדערט און דרײַ יאָר, קיין עין-הרע.
דער זשורנאַליסט דרייט זיך אויס צום דריטן, וואָס זעט אויס נאָך עלטער, אײַנגעבויגן, אויסגעדאַרט :
– און וואָס איז אײַער סוד ?
– יעדן טאָג, אַ ווײַבל אין דער פֿרי, אַ ווײַבל נאָכמיטאָג און אַ ווײַבל בײַ נאַכט !
– אַ בראַוואָ אײַך ! און ווי אַלט זענט איר, קיין עין-הרע ?
– איין און פֿופֿציק יאָר !

Un journaliste enquête dans une maison de retraite. Il interroge trois vénérables vieillards :
– Quel est votre secret ?
Le premier explique :
– Chaque jour, je bois un verre d'eau le matin, un verre d'eau à midi et un verre d'eau le soir.
– Très bien ! Et quel âge avez-vous, sans le mauvais œil ?
– Quatre-vingt-seize ans.
Et le deuxième :
– Moi, je bois chaque jour un verre de lait le matin, un verre de lait à midi et un verre de lait le soir.
– Bon ! Et quel âge avez-vous ?
– Cent trois ans, sans le mauvais œil.
Le journaliste se tourne vers le troisième qui semble encore plus vieux, tout ratatiné, décharné :
– Et vous, quel est votre secret ?
– Une petite femme le matin, une petite femme l'après-midi et une petite femme le soir !
– Bravo ! Et quel âge avez-vous, sans le mauvais œil ?
– Cinquante et un ans !

Chapitre 11 Kapitl 11 קאַפּיטל 11
Sans éthique On shum etik אָן שום עטיק

אָן שום עטיק

ON SHUM ETIK

SANS ÉTHIQUE

געוויסע אַנעקדאָטן ווײַזן אָן אויף כאַראַקטער-שטריכן און אויפֿפֿירונגען וואָס זײַנען נישט אַזוי איידל.
ס'קען טרעפֿן בײַ דאָקטוירים און אַפֿילו בײַ געוויסע רבנים.

Gevise anekdotn vayzn on oyf kharakter-shtrikhn un oyffirungen vos zaynen nisht azoy eydl.
S'ken trefn bay doktoyrim un afile bay gevise rabonim.

Certaines anecdotes soulignent des traits de caractère et des comportements pas très élégants. C'est le cas de certains médecins ou même de certains rabbins.

296

Rokhl, a sheyn meydl fun akhtsn yor, zitst mit der bobe baym dokter.
– Tut zikh oys, un leygt zikh oyfn tish, heyst er.
Ruft zikh on di bobe :
– Dokter, nisht tsulib ir zenen mir gekumen, nor tsulib mir.
– Azoy gor ? To shtekt aroys di tsung !

רחל, אַ שיין מיידל פֿון אַכצן יאָר, זיצט מיט דער באָבע בײַם דאָקטער.
– טוט זיך אויס, און לייגט זיך אויפֿן טיש, הייסט ער.
רופֿט זיך אָן די באָבע :
– דאָקטער, נישט צוליב איר זענען מיר געקומען, נאָר צוליב מיר.
– אַזוי גאָר ? טאָ שטעקט אַרויס די צונג !

Rachel, une superbe fille de dix-huit ans, est chez le médecin avec sa grand'mère.
– Déshabillez-vous, mademoiselle, et allongez-vous sur la table.
La grand'mère intervient :
– Ce n'est pas pour elle, Docteur, c'est pour moi !
– Ah bon ! … Alors, tirez la langue, madame !

Chapitre 11 Kapitl 11 קאַפּיטל 11
Sans éthique On shum etik אָן שום עטיק

297

– Nu Sure, dayn zun der khirurg, itst hot er shoyn parnose ?
– Yo, er darf shoyn nisht operirn ale patsyentn !

– נו שׂרה, דײַן זון דער כירורג, איצט האָט ער שוין פּרנסה ?
– יאָ, ער דאַרף שוין נישט אָפּערירן אַלע פּאַציענטן !

– Alors Sarah, ton fils le chirurgien, il gagne sa vie maintenant ?
– Oui, il n'a même plus besoin d'opérer tous les malades !

298

An alter Yid kumt tsu a groysn profesor. Er geyt gor-gor pamelekh. Der profesor vert umgeduldik :
– Kumt arayn, kumt arayn ! Tut zikh oys gikh ! Gikher, ikh hob nisht keyn tsayt !
– Ober, Profesor…
– Hert oys : ikh hob nokh fil patsyentn un finef a zeyger, muz ikh prezidirn dem internatsyonaln kongres oyf meditsin. To balemutshet nisht !
Er batrakht dem Yid… un :
– Nu, ir zent gezunt ! Far vos zent ir gekumen ?
– Take dos pruv ikh aykh tsu zogn fun onheyb on…
Ikh bin Moyshe Langzam, ayer asekuratsye-agent, ikh bin gekumen vegn ayer profesyonaler asekuratsye !

אַן אַלטער ייִד קומט צו אַ גרויסן פּראָפֿעסאָר. ער גייט גאָר-גאָר פּאַמעלעך. דער פּראָפֿעסאָר ווערט אומגעדולדיק :
– קומט אַרײַן, קומט אַרײַן ! טוט זיך אויס גיך ! גיכער, איך האָב נישט קיין צײַט !
– אָבער, פּראָפֿעסאָר...
– הערט אויס : איך האָב נאָך פֿיל פּאַציענטן און פֿינעף אַ זייגער, מוז איך פּרעזידירן דעם אינטערנאַציאָנאַלן קאָנגרעס אויף מעדיצין. טאָ באַלעמוטשעט נישט !
ער באַטראַכט דעם ייִד... און :
– נו, איר זענט געזונט ! פֿאַר וואָס זענט איר געקומען ?
– טאַקע דאָס פּרוּוו איך אײַך צו זאָגן פֿון אָנהייב אָן...
איך בין משה לאַנגזאַם, אײַער אַסעקוראַציע-אַגענט, איך בין געקומען וועגן אײַער פּראָפֿעסיאָנאַלער אַסעקוראַציע !

Un vieux monsieur vient chez un grand professeur. Il marche très très lentement. Le médecin s'impatiente :
– Entrez, entrez ! Déshabillez-vous vite ! Plus vite, je n'ai pas le temps !
– Mais, Professeur…
– Ecoutez-moi : j'ai encore de nombreux patients et à cinq heures je dois présider le congrès international de médecine. Alors ne perdons pas de temps !

Chapitre 11 | Kapitl 11 | קאַפּיטל 11
Sans éthique | On shum etik | אָן שום עטיק

Après l'avoir examiné :
– Mais, vous n'êtes pas malade ! Pourquoi êtes-vous venu me voir ?
– C'est justement ce que j'essaie de vous dire depuis le début…
Je suis monsieur Maurice Langzam, votre assureur, et je suis venu au sujet de votre assurance professionnelle !*

299

A dorfsgeyer blaybt shtekn oyf shabes in a fremdn shtetl. Der roshhakool, a raykher soykher, ladt im ayn tsu zikh. Me bahandlt im vi a meylekh mit batamte maykholim, oysgeneyte laylekher... Nokh havdole, mont der roshhakool bay im tsvantsik rubl. Der dorfsgeyer vert nishtoymem. Er farshteyt nisht vos tut zikh do...
– Ikh ze az ir zent nisht maskem mit dem khoyv. To lomir geyn tsum rov !
Der rov hert zey oys un pasknt :
– Der roshhakool iz gerekht, ir muzt tsoln !
Az zey zenen aroys :
– Ir zet vos far a rov mir hobn do ? Ir zent mir avade gornisht shuldik ! Far mir iz es geven a mitsve un a groys fargenign !

אַ דאָרפֿסגייער בלײַבט שטעקן אויף שבת אין אַ פֿרעמדן שטעטל. דער ראָש-הקהל, אַ רײַכער סוחר, לאַדט אים אײַן צו זיך. מע באַהאַנדלט אים ווי אַ מלך מיט באַטעמטע מאכלים, אויסגענייטע לײַלעכער...
נאָך הבֿדלה, מאָנט דער ראָש-הקהל בײַ אים צוואַנציק רובל. דער דאָרפֿסגייער ווערט נשתּומם. ער פֿאַרשטייט נישט וואָס טוט זיך דאָ...
– איך זע אַז איר זענט נישט מסכּים מיט דעם חובֿ. טאָ לאָמיר גיין צום רבֿ !
דער רבֿ הערט זיי אויס און פּסקנט :
– דער ראָש-הקהל איז גערעכט, איר מוזט צאָלן !
אַז זיי זענען אַרויס :
– איר זעט וואָס פֿאַר אַ רבֿ מיר האָבן דאָ ? איר זענט מיר אוודאי גאָרנישט שולדיק ! פֿאַר מיר איז עס געווען אַ מיצווה און אַ גרויס פֿאַרגעניגן !

Un colporteur se trouve bloqué un shabbat dans une bourgade voisine. Le président de la communauté, un riche commerçant, l'invite chez lui. Il est reçu comme un roi : des plats délicieux, des draps brodés… A la fin du shabbat, le président lui réclame vingt roubles. Le colporteur est stupéfait. Il n'y comprend rien(1)…
– Je vois que vous n'êtes pas d'accord. Alors, allons chez le rabbin !
Le rabbin écoute attentivement et tranche :
– Le président est dans son droit, vous devez payer !
Une fois sortis :
– Vous voyez quel rabbin nous avons chez nous ? Bien sûr, vous ne me devez rien du tout ! Pour moi, ce fut un devoir et un grand plaisir !

Chapitre 11 Kapitl 11 קאַפּיטל 11
Sans éthique On shum etik אָן שום עטיק

[1] Recevoir un étranger dans ces conditions est une mitsve et c'est un acte évidemment gratuit dans la tradition juive.*

300

A rov kumt tsu zayn tatn, vos er iz aleyn a rov :
– Tate, tsu mir kumen tsu fil mentshn. Un yeder farlangt epes fun mir. Ikh hob shoyn nisht mer keyn koyekh ! Vos zol ikh ton ?
– Ikh vel dir gebn an eytse : an oreman, zolstu im borgn gelt ; un a gevir, bet im az er zol dir borgn gelt. Veln zey beyde tsu dir nisht tsurikkumen !

אַ רבֿ קומט צו זייַן טאַטן, וואָס ער איז אַליין אַ רבֿ :
– טאַטע, צו מיר קומען צו פֿיל מענטשן. און יעדער פֿאַרלאַנגט עפּעס פֿון מיר. איך האָב שוין נישט מער קיין כּוח ! וואָס זאָל איך טאָן ?
– איך וועל דיר געבן אַן עצה : אַן אָרעמאַן, זאָלסטו אים באָרגן געלט ; און אַ גבֿיר, בעט אים אַז ער זאָל דיר באָרגן געלט. וועלן זיי ביידע צו דיר נישט צוריקקומען !

Un rabbin arrive chez son père, lui-même rabbin :
– Papa, bien trop de gens viennent à moi. Et chacun attend quelque chose de moi. Je n'en peux plus ! Que puis-je faire ?
– Je vais te donner un conseil : si c'est un pauvre, prête-lui de l'argent ; si c'est un riche, demande-lui de te prêter de l'argent. Ils ne reviendront ni l'un ni l'autre !

301

In a shandhayzl treft Moyshe dem rov fun zayn shtetl.
– Aza mentsh vi ir, Rebe, in aza ort ! Letstens hot ir mir gezogt muser vayl ir hot mir gezen aroysgeyn fun a nisht koshern restoran, un haynt zent ir do !
– Emes, nor do bin ikh nisht gekumen esn !

אין אַ שאַנדהייַזל טרעפֿט משה דעם רבֿ פֿון זייַן שטעטל :
– אַזאַ מענטש ווי איר, רבי, אין אַזאַ אָרט ! לעצטנס האָט איר מיר געזאָגט מוסר ווייַל איר האָט מיך געזען אַרויסגיין פֿון אַ נישט כּשרן רעסטאָראַן, און הייַנט זענט איר דאָ !
– אמת, נאָר דאָ בין איך נישט געקומען עסן !

Dans une maison close, Moyshe rencontre le rabbin de son shtetl :
– Un homme comme vous, Rabbi, dans un endroit pareil ! Dernièrement vous m'avez fait la morale, parce que vous m'aviez vu sortir d'un restaurant non casher, et aujourd'hui vous êtes ici !
– C'est vrai, mais ici je ne suis pas venu pour manger !

Chapitre 11 Kapitl 11 קאַפּיטל 11
Sans éthique On shum etik אָן שום עטיק

302

In a shtetl iz a Yid oyf tsores :
– Oy Rebe, gevald ! Mayne gendzlekh peygern !
– Vos git ir zey tsu esn ?
– Alt broyt geveykt in vaser.
– Neyn, bloyz kukuruze darfn zey esn !
A vokh shpeter, iz der Yid vider do baym rov :
– Vey iz mir ! Di gendzlekh haltn in eyn peygern !
– Ir hot geleygt akht oyf di keylim, zey zoln zayn reyn ?
– Avade.
– Nu, efsher esn zey tsu fil ? Git zey bloyz eyn mol a tog.
A por teg shpeter, klogt zikh vider der Yid :
– Oy Rebe, vos zol ikh nokh ton ? Es blaybt mir shoyn nisht mer vi a helft fun di gendzlekh !
– Makht zikh nisht keyn tsores, zogt ruik der rov, nemt a bisl zamd un farshpreyt es vu di gendzlekh geyen arum.
A vokh shpeter :
– Rebe ! An umglik ! Es blaybt mir shoyn keyn eyn gandz nisht !
– Oy a shod ! Ikh hob nokh azoy fil gute eytses !

אין אַ שטעטל איז אַ ייִד אויף צרות :
– אוי רבי, גוואַלד ! מײַנע גענדזלעך פּגרן !
– וואָס גיט איר זיי צו עסן ?
– אַלט ברויט געווייקט אין וואַסער.
– ניין, בלויז קוקורוזע דאַרפֿן זיי עסן !
אַ וואָך שפּעטער איז דער ייִד ווידער דאָ בײַם רבֿ :
– ווי איז מיר ! די גענדזלעך האַלטן אין איין פּגרן !
– איר האָט געלייגט אַכט אויף די כּלים, זיי זאָלן זײַן ריין ?
– אוודאי.
– נו, אפֿשר עסן זיי צו פֿיל ? גיט זיי בלויז איין מאָל אַ טאָג.
אַ פּאָר טעג שפּעטער, קלאָגט זיך ווידער דער ייִד :
– אוי רבי, וואָס זאָל איך נאָך טאָן ? עס בלײַבט מיר שוין נישט מער ווי אַ העלפֿט פֿון די גענדזלעך !
– מאַכט זיך נישט קיין צרות, זאָגט רויִק דער רבֿ, נעמט אַ ביסל זאַמד און פֿאַר-שפּרייט עס ווו די גענדזלעך גייען אַרום.
אַ וואָך שפּעטער :
– רבי ! אַן אומגליק ! עס בלײַבט מיר שוין קיין איין גאַנדז נישט !
– אוי אַ שאָד ! איך האָב נאָך אַזוי פֿיל גוטע עצות !

Dans un shtetl :
– Oy Rabbi, au secours ! Mes oies meurent l'une après l'autre !
– Que leur donnez-vous à manger ?
– Du pain rassis trempé dans de l'eau.
– Non, que du maïs il faut leur donner !
Une semaine plus tard, l'homme revient :
– Pauvre de moi ! Mes oies continuent de mourir !
– Avez-vous contrôlé la propreté des mangeoires ?

Chapitre 11 Kapitl 11 קאַפּיטל 11
Sans éthique On shum etik אָן שום עטיק

– Bien sûr.
– Alors peut-être sont-elles trop nourries ? Donnez-leur à manger seulement une fois par jour.
Quelques jours plus tard, l'homme se lamente encore :
– Oy Rabbi, qu'est ce que je peux faire ? Il ne me reste pas plus de la moitié de mes oies !
– Ne vous faites pas de souci, dit tranquillement le rabbin, répandez un peu de sable là où elles déambulent.
La semaine d'après :
– Rabbi, c'est un vrai malheur ! Il ne me reste plus une seule oie !
– Ah quel dommage ! J'avais encore tant de bons conseils !

303

A galekh, a pastor un a rov shmuesn vegn a shvere kashe :
"Ven heybt zikh on dos lebn ? "
– Dos lebn heybt zikh on ven di sperme treft dos ey, zogt der galekh.
– Beshum-oyfn nisht, ruft zikh on der pastor : es heybt zikh on ven der vlad krigt zayn geshtalt.
– Loyt mir, zogt der rov, heybt zikh on dos lebn ven dos leste kind geyt avek fun der heym !

אַ גלח, אַ פּאַסטאָר און אַ רבֿ שמועסן וועגן אַ שווערער קשיא :
„ווען הייבט זיך אָן דאָס לעבן ?"
– דאָס לעבן הייבט זיך אָן ווען די ספּערמע טרעפֿט דאָס איי, זאָגט דער גלח.
– בשום-אופֿן נישט, רופֿט זיך אָן דער פּאַסטאָר : עס הייבט זיך אָן ווען דער וולד קריגט זײַן געשטאַלט.
– לויט מיר, זאָגט דער רבֿ, הייבט זיך אָן דאָס לעבן ווען דאָס לעצטע קינד גייט אַוועק פֿון דער היים !

Un curé, un pasteur et un rabbin débattent d'une question épineuse :
« Quand commence la vie ? »
– La vie commence quand le sperme féconde un ovule, dit le curé.
– Sûrement pas, intervient le pasteur : la vie commence lorsque l'embryon se forme.
– Pour moi, dit le rabbin, la vie commence lorsque le dernier enfant quitte la maison !

Chapitre 11 Kapitl 11 קאַפּיטל 11
Sans éthique On shum etik אָן שום עטיק

304

A rov zogt oys dem galekh :
– Ikh gefin nisht mayn rover un ikh meyn az m'hot im tsugeganvet beshas ikh hob gehaltn a droshe in shul...
Tut der galekh a zog :
– Ikh vel aykh gebn an eytse : di kumendike droshe zolt ir haltn vegn di aseres-hadibres. Ven ir vet tsukumen tsu :
"Du zolst nisht ganvenen",
vet mistome der ganev zikh oysgebn...
A vokh shpeter, zogt der rov tsu zayn fraynd dem galekh :
– Ikh hob aykh gehorkht, un ven ikh bin tsugekumen tsu :
"Du zolst nisht noyef zayn",
hob ikh zikh dermont vu ikh hob ibergelozt dem rover !

אַ רבֿ זאָגט אויס דעם גלח :
– איך געפֿין נישט מײַן ראָווער און איך מיין אַז מ׳האָט אים צוגעגנבֿעט בשעת איך האָב געהאַלטן אַ דרשה אין שול...
טוט דער גלח אַ זאָג :
– איך וועל אײַך געבן אַן עצה : די קומענדיקע דרשה זאָלט איר האַלטן וועגן די עשׂרת-הדיברות. ווען איר וועט צוקומען צו :
„דו זאָלסט נישט גנבֿענען“,
וועט מסתּמא דער גנבֿ זיך אויסגעבן...
אַ וואָך שפּעטער, זאָגט דער רבֿ צו זײַן פֿרײַנד דעם גלח :
– איך האָב אײַך געהאָרכט, און ווען איך בין צוגעקומען צו :
„דו זאָלסט נישט נואף זײַן“,
האָב איך זיך דערמאָנט ווּ איך האָב איבערגעלאָזט דעם ראָווער !

Un rabbin confie à son ami le curé :
– Mon vélo a disparu et je pense qu'on me l'a volé pendant que je faisais mon sermon à la synagogue...
Le curé rétorque :
– Je vais vous donner un conseil : faites votre prochain sermon à propos des Dix Commandements. Lorsque vous en serez à :
« Tu ne voleras point »,
très certainement le voleur se trahira...
Une semaine plus tard, le rabbin dit au curé :
– J'ai suivi votre conseil, et quand je suis arrivé à :
« Tu ne commettras pas l'adultère »,
je me suis rappelé où j'avais laissé mon vélo !

Chapitre 11 | Kapitl 11 | קאַפּיטל 11
Sans éthique | On shum etik | אָן שום עטיק

305

In Nyu-York kumt for der internatsyonaler kongres fun di rabonim.
A barimter rov kumt arayn in an ershtklasikn hotel. Me nemt im oyf mit dem grestn koved. In tsimer shteyen oyfn tish a kerbl mit frukhtn un a vaze mit blumen. Er filt zikh heymish. Er heybt on aynordenen di zakhn un zingt zikh tsu a nigndl.
In mitn derinen, hert er epes a shorkh. Er kert zikh oys un derblikt a halbnakete yunge froy in bet !
Khapt er dem telefon :
– Vos heyst ? Ikh bin a frumer Yid un...
Di yunge froy farshteyt, un bald heybt zi on zikh onton. Der rov kukt zi on mit a shmeykhl un leygt tsurik dem telefon :
– Ir megt blaybn ...

אין ניו-יאָרק קומט פֿאָר דער אינטערנאַציאָנאַלער קאָנגרעס פֿון די רבנים.
אַ באַרימטער רבֿ קומט אַרײַן אין אַן ערשטקלאַסיקן האָטעל. מע נעמט אים אויף מיט דעם גרעסטן כּבֿוד. אין צימער שטייען אויפֿן טיש אַ קערבל מיט פֿרוכטן און אַ וואַזע מיט בלומען. ער פֿילט זיך היימיש. ער הייבט אָן אײַנאָרדענען די זאַכן און זינגט זיך צו אַ ניגונדל.
אין מיטן דערינען, הערט ער עפּעס אַ שאָרך. ער קערט זיך אויס און דערבליקט אַ האַלב-נאַקעטע יונגע פֿרוי אין בעט !
כאַפּט ער דעם טעלעפֿאָן :
– וואָס הייסט ? איך בין אַ פֿרומער ייִד און...
די יונגע פֿרוי פֿאַרשטייט, און באַלד הייבט זי אָן זיך אָנטאָן. דער רבֿ קוקט זי אָן מיט אַ שמייכל און לייגט צוריק דעם טעלעפֿאָן :
– איר מעגט בלײַבן...

A New-York se tient le congrès international du rabbinat.
Un grand rabbin descend dans un hôtel de luxe. On le reçoit avec les plus grands honneurs. Dans sa chambre, il y a sur la table une corbeille de fruits et un vase de fleurs. Il se sent très à l'aise et commence à ranger ses affaires, tout en fredonnant une mélopée.
Soudain, il entend comme un bruissement. Il se retourne et aperçoit dans le lit une jeune femme à moitié dénudée ! Il se saisit du téléphone :
– Qu'est-ce que ça veut dire ? Je suis un homme pieux, moi et...
La jeune femme comprend et commence aussitôt à se rhabiller. Le rabbin la regarde en souriant et il repose le téléphone :
– Vous pouvez rester, vous savez...

| Chapitre 11 | Kapitl 11 | קאַפּיטל 11 |
| Sans éthique | On shum etik | אָן שום עטיק |

אין פֿאַרשיידענע אַנדערע סיטואַציעס, געפֿינט מען אויך אַזעלכע מיאוסע אויפֿפֿירונגען.

In farsheydene andere situatsyes, gefint men oykh azelkhe miese oyffirungen.

De tels comportements sans éthique se retrouvent aussi dans diverses situations.

306

A shnorer tsu a baleboste :
– Ikh bin toyt-hungerik, ikh bet aykh, git mir epes esn !
– Oy ! Ir hot nisht keyn mazl ! Layder, hob ikh haynt gornisht far aykh !
... Efsher volt aykh geshmekt a nekhtike polke ?
– Vos far a frage ! Avade !
– To, kumt tsurik morgn, vel ikh aykh gebn !

אַ שנאָרער צו אַ בעל-הביתטע :
– איך בין טויט-הונגעריק, איך בעט אייך, גיט מיר עפּעס עסן !
– אוי ! איר האָט נישט קיין מזל ! לײַדער, האָב איך היינט גאָרנישט פֿאַר אײַך !
... אפֿשר וואָלט אײַך געשמעקט אַ נעכטיקע פּאָלקע ?
– וואָס פֿאַר אַ פֿראַגע ! אוודאי !
– טאָ, קומט צוריק מאָרגן, וועל איך אײַך געבן !

Un mendiant frappe à une porte :
– Je meurs de faim, je vous en prie, donnez-moi quelque chose à manger !
– Oh ! Vous n'avez pas de chance ! Aujourd'hui je n'ai malheureusement rien pour vous !
... Une cuisse de poulet de la veille, ça vous tenterait peut-être ?
– Quelle question ! Bien sûr !
– Alors, revenez demain !

307

Moyshe koyft a popugay, an oysergeveyntlekhn : nisht bloyz redt er an oysgetseykhntn yidish, nor s'iz do mit vemen tsu redn ! Oyf yedn inyen hot er a deye. Zey farbrengen tsuzamen mit shmues, vitsn...

משה קויפֿט אַ פּאָפּוגײַ, אַן אויסער-געוויינטלעכן : נישט בלויז רעדט ער אַן אויגעצייכנטן ייִדיש, נאָר ס׳איז דאָ מיט וועמען צו רעדן ! אויף יעדן ענין האָט ער אַ דעה. זיי פֿאַרברענגען צוזאַמען מיט שמועס, וויצן...

Chapitre 11 | Kapitl 11 | קאַפּיטל 11
Sans éthique | On shum etik | אָן שום עטיק

Alts vil der popugay ton vi zayn fraynd, afile davenen un lernen toyre ! Moyshe hot gehat shverikeytn tsu gefinen a tales un tfiln far im ! Bemeshekh lange khadoshim, lernt zikh der foygl mit hasmode, biz er vert a rikhtiker lamdn.
Dem tog fun Rosheshone, vil er beshum-oyfn nisht blaybn in shtub : er vil mitgeyn in shul !
Der rov vil im nisht araynlozn :
– Di shul iz nisht keyn ort far a foygl !
– Ikh veys Rebe, nor der doziker foygl iz a yidisher popugay ! Er redt yidish, er ken ale tfiles un er vil davenen mit undz !
– Vos redt ir ? Ummeglekh !
Es vert a rash in shul. Ale Yidn khikhen un vetn zikh mit Moyshen. Moyshe geyt tsu tsu zayn plats, mit dem popugay oyfn aksl. Er shmeykhlt, zikher az er vet bakumen a sakh gelt. Ober der foygl makht zikh nisht visndik : er blaybt in gantsn shtum, nisht keyn tfile, nisht dem mindstn shokl. Moyshe iz in gantsn dershlogn : er vert khorev-venekhrev, bedales ! Ven zey zenen aroys, tseshrayt zikh Moyshe mit has :
– Du host khoyzek gemakht fun mir, un itst bin ikh oyf gehakte tsores ! Vi vel ikh kenen batsoln ?
Entfert ruik der popugay :
– In tsen teg arum iz Yomkiper. Shtel zikh for vos far a mayontik mit gelt mir veln tsunoyfklaybn !

אַלץ וויל דער פּאָפּוגײַ טאָן ווי זײַן פֿרײַנד, אַפֿילו דאַווענען און לערנען תּורה ! משה האָט געהאַט שוועריקייטן צו געפֿינען אַ טלית און תּפֿילין פֿאַר אים ! במשך לאַנגע חדשים, לערנט זיך דער פֿויגל מיט התמדה, ביז ער ווערט אַ ריכטיקער למדן.
דעם טאָג פֿון ראָש-השנה, וויל ער בשום-אופֿן נישט בלײַבן אין שטוב : ער וויל מיט-גיין אין שול !
דער רבֿ וויל אים נישט אַרײַנלאָזן :
– די שול איז נישט קיין אָרט פֿאַר אַ פֿויגל !
– איך ווייס רבי, נאָר דער דאָזיקער פֿויגל איז אַ ייִדישער פּאָפּוגײַ ! ער רעדט ייִדיש, ער קען אַלע תּפֿילות און ער וויל דאַווענען מיט אונדז !
– וואָס רעדט איר ? אוממעגלעך !
עס ווערט אַ רעש אין שול. אַלע ייִדן כיכען און וועטן זיך מיט משהן. משה גייט צו צו זײַן פּלאַץ, מיט דעם פּאָפּוגײַ אויפֿן אַקסל. ער שמייכלט, זיכער אַז ער וועט באַקומען אַ סך געלט. אָבער דער פֿויגל מאַכט זיך נישט וויסנדיק : ער בלײַבט אין גאַנצן שטום, נישט קיין תּפֿילה, נישט דעם מינדסטן שאָקל. משה איז אין גאַנצן דערשלאָגן : ער ווערט חרובֿ-ונחרבֿ, בדלות ! ווען זיי זענען אַרויס, צעשרײַט זיך משה מיט האַס :
– דו האָסט חוזק געמאַכט פֿון מיר, און איצט בין איך אויף געהאַקטע צרות ! ווי וועל איך קענען באַצאָלן ?
ענטפֿערט רויִק דער פּאָפּוגײַ :
– אין צען טעג אַרום איז יום-כּיפּור. שטעל זיך פֿאָר וואָס פֿאַר אַ מאַיאָנטיק מיט געלט מיר וועלן צונויפֿקלײַבן !

Moyshe achète un perroquet hors normes : non seulement il parle un excellent yiddish, mais c'est un interlocuteur de qualité. Sur chaque sujet il a son opinion. Ils passent leur temps agréablement à discuter, se raconter des histoires…*

Chapitre 11	Kapitl 11	קאַפּיטל 11
Sans éthique	On shum etik	אָן שום עטיק

Le perroquet veut imiter en tout point son ami, y compris prier et étudier la Torah* ! Moyshe a eu du mal à se procurer un châle de prières et des tefilim* pour lui ! Pendant de longs mois, le volatile étudie assidûment jusqu'à devenir un véritable érudit.

Le jour de Rosh Hashana*, il refuse catégoriquement de rester à la maison : il veut aller à la synagogue ! Le rabbin ne veut pas le laisser entrer :
– La shul* n'est pas un endroit pour un oiseau !
– Je sais Rabbi, mais cet oiseau-là est un perroquet juif : il parle yiddish, il connaît toutes les prières, et il veut prier avec nous !
– Qu'est-ce que vous racontez ? C'est impossible !

Un brouhaha envahit la synagogue. Tous ricanent et parient avec Moyshe. Moyshe se dirige vers sa place, le perroquet sur l'épaule, un petit sourire aux lèvres, sûr qu'il est de récolter beaucoup d'argent.

Mais l'oiseau fait mine de rien : il reste impassible, pas la moindre prière et pas le moindre balancement. Moyshe est anéanti : il est complètement ruiné, sur la paille !

Une fois sortis, Moyshe s'écrie haineusement :
– Tu m'as ridiculisé ! Et maintenant, je suis dans la mouise ! Comment vais-je pouvoir payer ?

Alors le perroquet répond tranquillement :
– Dans dix jours, c'est Yom Kippour*. Imagine un peu la fortune que nous allons récolter !

308

A katsev hot oyfgehongen a shpigl punkt iber der vog.
Vundert zikh a koyne :
– Tsu vos darft ir do a shpigl ?
– Ir hot shoyn gezen a froy vos kukt oyf der vog, ven zi shpiglt zikh ?

אַ קצבֿ האָט אויפֿגעהאָנגען אַ שפּיגל פּונקט איבער דער וואָג.
ווּנדערט זיך אַ קונה :
— צו וואָס דאַרפֿט איר דאָ אַ שפּיגל ?
— איר האָט שוין געזען אַ פֿרוי וואָס קוקט אויף דער וואָג, ווען זי שפּיגלט זיך ?

Un boucher a accroché un miroir juste au-dessus de la balance.
Un client s'étonne :
– Pourquoi un miroir ici ?
– Vous avez déjà vu une cliente qui contrôle la balance, quand elle se regarde dans la glace ?

Chapitre 11 | Kapitl 11 | 11 קאַפּיטל
Sans éthique | On shum etik | אָן שום עטיק

309

A yunger bokher heybt on arbetn bay an optiker. Der balebos derklert im vi er darf zikh firn mit di koynim :
– Ven a koyne kumt arayn bashteln a por briln, kloybt er koydem oys dos reml. Ven er fregt dem prayz, zolt ir zogn dray hundert eyros, tsum bayshpil. Un far di shayblekh, fir hundert eyros. Un oyb er zogt gornisht, zolt ir tsugebn : fir hundert eyros, yedes shaybl !

אַ יוגער בחור הייבט אָן אַרבעטן ביַי אַן אָפּטיקער. דער בעל-הבית דערקלערט אים ווי ער דאַרף זיך פֿירן מיט די קונים :
– ווען אַ קונה קומט אַריַין באַשטעלן אַ פּאָר ברילן, קלויבט ער קודם אויס דאָס רעמל. ווען ער פֿרעגט דעם פּריַיז, זאָלט איר זאָגן דריַי הונדערט אייראָס, צום ביַישפּיל. און פֿאַר די שיַיבלעך, פֿיר הונדערט אייראָס. און אויב ער זאָגט גאָרנישט, זאָלט איר צוגעבן : פֿיר הונדערט אייראָס, יעדעס שיַיבל !

Un jeune vendeur débute chez un opticien et le patron l'initie à la vente :
– Quand un client se présente pour commander une paire de lunettes, il commence par choisir une monture. Lorsqu'il s'enquiert du prix, vous lui dites par exemple : trois cents euros pour la monture, et pour les verres, quatre cents euros. Et s'il ne réagit pas, vous ajoutez : quatre cents euros, par verre !

310

– Halo, di redaktsye ? Ikh vil gebn a meldung :
“Avrom Blum geshtorbn. Trefpunkt : baym besoylem, montik dem ershtn oktober, dray a zeyger nokhmitog.”
– Far dem zelbn prayz, megt ir tsugebn nokh dray verter.
– Dray verter ? To zol zayn :
“Mertsedes tsu farkoyfn !”

– האַלאָ, די רעדאַקציע ? איך וויל געבן אַ מעלדונג :
„אַבֿרהם בלום געשטאָרבן. טרעפֿפּונקט : ביַים בית-עולם, מאָנטיק דעם ערשטן אָקטאָבער, דריַי אַ זייגער נאָכמיטאָג.“
– פֿאַר דעם זעלבן פּריַיז, מעגט איר צוגעבן נאָך דריַי ווערטער.
– דריַי ווערטער ? טאָ זאָל זיַין :
„מערצעדעס צו פֿאַרקויפֿן !“

– Allo, la rédaction ? Je voudrais passer une annonce :
« Monsieur Avrom Blum décédé. Rendez-vous au cimetière, lundi 1er octobre, quinze heures ».
– Pour le même prix, vous avez droit à trois mots supplémentaires.
– Trois mots ? Alors ajoutez :
« Mercedes à vendre ! »

Chapitre 11 | Kapitl 11 | קאַפּיטל 11
Sans éthique | On shum etik | אָן שום עטיק

311

– Vos iz mit dir, Rokhele ?
– Tate, ikh shvanger.
– Oy a brokh ! Ver iz der foter ?
– Moyshe Gevir, tate. Er voynt oyf der fifter avenyu.
– Nu, kum bald mit mir. Ikh vel im vayzn ver ikh bin !
Zey kumen on far a groysn binyen fun zekhtsik shtok. Iber dem toyer glantsen goldene oysyes : **GEVIRS INSTITUT**.
Der portye lozt zey nisht arayn :
– Ir vilt zen her Gevir ? To shraybt ayer nomen, ayer adres un dem motiv, un ir vet krign a randevu.
– Neyn, ikh bet aykh, klingt im az Rokhl Feyglboym iz do mitn tatn.
Er klingt un zogt :
– Her Gevir vart oyf aykh. Letstn shtok, rekhts. Ir vet gring gefinen, se shteyt geshribn oyf der tir :

M. GEVIR, PREZIDENT-DIREKTOR

Her Gevir nemt zey oyf mit a shmeykhl:
– Ikh veys far vos ir zent do.
Nu, shoyn : yedn khoydesh vet Rokhl krign tsvelf toyznt dolar ; un far aykh mit froy Feyglboym, vel ikh shikn dray toyznt dolar yedn khoydesh. Fayn fun mayn zayt ?
– Yo, ir zent take an orntlekher Yid !
Un zey geyen aroys. Ober der tate klert iber. Er geyt tsurik, klapt in der tir un shtekt arayn dem kop in byuro :
– Antshuldikt, her Gevir... Tomer vet zi mapl zayn, vet ir ir gebn a tsveyte gelegnheyt ?

– וואָס איז מיט דיר, רחלע ?
– טאַטע, איך שוואַנגער.
– אוי אַ בראָך ! ווער איז דער פֿאָטער ?
– משה געוויר, טאַטע. ער וווינט אויף דער פֿיפֿטער אַוועניו.
– נו, קום באַלד מיט מיר. איך וועל אים ווײַזן ווער איך בין !
זיי קומען אָן פֿאַר אַ גרויסן בנין פֿון זעכציק שטאָק. איבער דעם טויער גלאַנצן גאָלדענע אותיות : **געווירס אינסטיטוט**.
דער פּאָרטיע לאָזט זיי נישט אַרײַן :
– איר ווילט זען הער געוויר ? טאָ שרײַבט אײַער נאָמען, אײַער אַדרעס און דעם מאָטיוו, און איר וועט קריגן אַ ראַנדעוווּ.
– ניין, איך בעט אײַך, קלינגט אים אַז רחל פֿייגלבוים איז דאָ מיטן טאַטן.
ער קלינגט און זאָגט :
– הער געוויר וואַרט אויף אײַך. לעצטן שטאָק, רעכטס. איר וועט גרינג געפֿינען, סע שטייט געשריבן אויף דער טיר :

מ. געוויר, פּרעזידענט-דירעקטאָר

הער געוויר נעמט זיי אויף מיט אַ שמייכל :
– איך ווייס פֿאַר וואָס איר זענט דאָ.
נו, שוין : יעדן חודש וועט רחל קריגן צוועלף טויזנט דאָלאַר ; און פֿאַר אײַך מיט פֿרוי פֿייגלבוים, וועל איך שיקן דרײַ טויזנט דאָלאַר יעדן חודש. פֿײַן פֿון מײַן זײַט ?
– יאָ, איר זענט טאַקע אַן אָרנטלעכער ייִד !
און זיי גייען אַרויס. אָבער דער טאַטע קלערט איבער. ער גייט צוריק, קלאַפּט אין דער טיר און שטעקט אַרײַן דעם קאָפּ אין ביוראָ :
– אַנטשולדיקט, הער געוויר... טאָמער וועט זי מפּיל זײַן, וועט איר איר געבן אַ צווייטע געלעגנהייט ?

Chapitre 11	Kapitl 11	11 קאַפּיטל
Sans éthique	On shum etik	אָן שום עטיק

— *Qu'est ce qui t'arrive, ma petite Rachel ?*
— *Papa, je suis enceinte.*
— *Catastrophe ! Qui est le père ?*
— *C'est Moyshe Gevir*, il habite dans la 5è avenue.*
— *Viens tout de suite avec moi ! Je vais lui montrer de quel bois je me chauffe !*
Ils arrivent devant un superbe immeuble de soixante étages. Au-dessus de l'entrée brille en lettres d'or : **INSTITUT GEVIR**
Le gardien ne les laisse pas entrer :
— Vous voulez voir monsieur Gevir ? Inscrivez-vous : nom, adresse, motif, et l'on vous enverra un rendez-vous.
— Non, je vous en prie, appelez monsieur Gevir et dites-lui que Rachel Feygelboym est là, avec son père !
Le gardien appelle puis leur dit :
— Monsieur Gevir vous attend : dernier étage à droite. Vous verrez sur la porte : **M. GEVIR, PRESIDENT-DIRECTEUR**
Monsieur Gevir les reçoit avec le sourire :
— Je sais pourquoi vous êtes là. Alors, voilà : Rachel recevra chaque mois douze mille dollars, et pour vous et madame Feygelboym, j'enverrai trois mille dollars par mois ! C'est correct ?
— Oui, vous êtes vraiment un honnête homme.
Une fois sortis, le père hésite, revient sur ses pas, frappe et demande, par la porte entrouverte :
— Excusez-moi, monsieur Gevir ! Si elle fait une fausse-couche, vous lui donnerez une deuxième chance ?

Chapitre 11 Kapitl 11 קאַפּיטל 11
Sans éthique On shum etik אָן שום עטיק

312

A fiktsye, mit a stereotip...

A kholel-shif landt in a feld, un an oysererdisher shpringt aroys.
Di vos shteyen derbay zenen farkhidesht, un eyner fregt :
– Fun vanet kumt ir ?
– Ikh kum glaykh fun Maydem.
– Fun Maydem ! Oy oy oy !
Zogt zhe mir : ale mentshn dortn zenen azelkhe groyse vi ir ?
– Yo, mir zenen a sakh greser far aykh.
– Ale hobn tsvey nezer un fir oyern ?
– Avade.
– Un ale hobn tsen finger oyf yeder hant ?
– Zikher !
– Un ale trogn a diment oyf yedn finger ?
– Dos nisht ! Bloyz di Yidn !

אַ פֿיקציע, מיט אַ סטערעאָטיפּ...

אַ חלל־שיף לאַנדט אין אַ פֿעלד, און אַן אויסערערדישער שפּרינגט אַרויס.
די וואָס שטייען דערבײַ זענען פֿאַרחידושט, און איינער פֿרעגט :
– פֿון וואַנעט קומט איר ?
– איך קום גלײַך פֿון מאדים.
– פֿון מאדים ! אוי אוי אוי !
זאָגט זשע מיר : אַלע מענטשן דאָרטן זענען אַזעלכע גרויסע ווי איר ?
– יאָ, מיר זענען אַ סך גרעסער פֿאַר אײַך.
– אַלע האָבן צוויי נעזער און פֿיר אויערן ?
– אַוודאי.
– און אַלע האָבן צען פֿינגער אויף יעדער האַנט ?
– זיכער !
– און אַלע טראָגן אַ דימענט אויף יעדן פֿינגער ?
– דאָס נישט ! בלויז די ייִדן !

Une fiction, avec un stéréotype…

Une soucoupe volante atterrit dans un champ et il en sort un extra-terrestre. Des gens qui se trouvent là sont sidérés, et l'un d'eux demande :
– D'où venez-vous ?
– Je viens directement de la planète Mars.
– Mars ? Oy oy oy ! Dites-moi : tous les gens de Mars sont grands comme vous ?*
– Oui, nous sommes beaucoup plus grands que vous.
– Ils ont tous deux nez et quatre oreilles ?
– Évidemment.
– Et ils ont tous dix doigts à chaque main ?
– Bien sûr !
– Et ils portent tous un diamant à chaque doigt ?
– Ça non ! Seulement les Juifs !

צווייטע טייל

ייִדישע שטריכן

TSVEYTE TEYL

YIDISHE SHTRIKHN

DEUXIÈME PARTIE

STYLES DE LA VIE JUIVE

בעסער אַ ייִד אָן אַ באָרד, ווי אַ באָרד אָן אַ ייִד.

ייִדיש שפּריכוואָרט

Mieux vaut un Juif sans barbe, qu'une barbe sans Juif.

Proverbe yiddish

Beser a Yid on a bord, vi a bord on a Yid.

Yidish shprikhvort

Chapitre 12 | Kapitl 12 | קאַפּיטל 12
Vie quotidienne | Tog-teglekhe mayses | טאָג-טעגלעכע מעשׂיות

טאָג-טעגלעכע מעשׂיות

TOG-TEGLEKHE MAYSES

SCÈNES DE LA VIE QUOTIDIENNE

אַ טאָג מיט שׂרה פֿייגלבוים.

A tog mit Sure Feyglboym.

Une journée avec Sarah Feygelboym.

313

Sure geyt aroys aynkoyfn. Es geyt a regn in droysn, nemt zi dem shirem. Ven zi kumt tsurik aheym, shaynt di zun un zi dermont zikh :

"Oy, mayn shirem ! Vu hob ikh im fargesn" ?

Geyt zi tsurik iberal vu zi iz geven. Koydem tsum beker :

– Kh'hob nisht ibergelozt bay aykh mayn shirem ?

– Neyn.

Nakher tsu dem katsev :

– Do hob ikh nisht ibergelozt mayn shirem ?

– Neyn, ikh hob im nisht gezen.

Far der fisheray shteyt der kremer bay der tir, un er git a zog :

– Froy Feyglboym, nat aykh ayer shirem !

A shmeykhl balaykht Sures ponem :

– Oy, ir khotsh zent orntlekh !

שׂרה גייט אַרויס אײַנקויפֿן. עס גייט אַ רעגן אין דרויסן, נעמט זי דעם שירעם. ווען זי קומט צוריק אַהיים, שײַנט די זון און זי דערמאָנט זיך :

„אוי, מײַן שירעם ! ווו האָב איך אים פֿאַרגעסן“ ?

גייט זי צוריק איבעראַל ווו זי איז געווען. קודם צום בעקער :

– כ׳האָב נישט איבערגעלאָזט בײַ אײַך מײַן שירעם ?

– ניין.

נאָכער צו דעם קצבֿ :

– דאָ האָב איך נישט איבערגעלאָזט מײַן שירעם ?

– ניין, איך האָב אים נישט געזען.

פֿאַר דער פֿישערײַ שטייט דער קרעמער בײַ דער טיר, און ער גיט אַ זאָג :

– פֿרוי פֿייגלבוים, נאָט אײַך אײַער שירעם.

אַ שמייכל באַלײַכט שׂרהס פּנים :

– אוי, איר כאָטש זענט אָרנטלעך !

Chapitre 12	Kapitl 12	קאַפּיטל 12
Vie quotidienne	Tog-teglekhe mayses	טאָג-טעגלעכע מעשׂיות

Il pleut, Sarah sort faire des courses avec son parapluie. Quand elle rentre, le soleil brille et elle se rappelle :
  « Oy, mon parapluie ! Où l'ai-je donc laissé ? »
Elle retourne partout où elle est allée. D'abord, chez le boulanger :
– Je n'ai pas oublié mon parapluie chez vous ?
– Non.
Puis chez le boucher :
– Je n'ai pas laissé mon parapluie ici ?
– Non, je ne l'ai pas vu.
Le poissonnier se tient sur le pas de sa porte et lance :
– Tenez madame Feygelboym, voilà votre parapluie !
Alors un sourire illumine le visage de Sarah :
– Ah vous, au moins, vous êtes honnête !

<u>*314*</u>

Nokhmitog, fort Sure tsum dentist. In der unterban zitst a bokher antkegn ir. Zi kukt im on, un kukt im on, biz zi fregt mit a shmeykhl :
– Antshuldikt, ir zent a Yid ?
– Neyn, ikh bin nisht keyn Yid.
– Ir zent zikher ?
– Yo, zikher.
– Efsher zenen in ayer mishpokhe do Yidn ? Ikh veys, a kuzin, a mume ?
– Neyn, ikh bin zikher az nisht !
– Hert oys, ikh bin an alte froy, ir kent mir zogn dem emes, ikh vel es nisht oyszogn !
Der bokher vert shoyn oyfgeregt un vil poter vern fun ir :
– Nu shoyn, ikh bin yo a Yid ! Nu, vos zhe iz ?
– Oy, ikh hob bald gezen az ir zent a Yid... Un dokh, ... zet ir nisht oys vi a Yid !

נאָך מיטאָג פֿאָרט שרה צום דענטיסט. אין דער אונטערבאַן, זיצט אַ בחור אַנטקעגן איר. זי קוקט אים אָן, און קוקט אים אָן, ביז זי פֿרעגט מיט אַ שמייכל :
– אַנטשולדיקט, איר זענט אַ ייִד ?
– נײן, איך בין נישט קיין ייִד.
– איר זענט זיכער ?
– יאָ, זיכער.
– אפֿשר זענען אין אײַער משפּחה דאָ ייִדן ? איך ווייס, אַ קוזין, אַ מומע ?
– נײן, איך בין זיכער אַז נישט !
– הערט אויס, איך בין אַן אַלטע פֿרוי, איר קענט מיר זאָגן דעם אמת, איך וועל עס נישט אויסזאָגן !
דער בחור ווערט שוין אויפֿגערעגט און וויל פּטור ווערן פֿון איר :
– נו שוין, איך בין יאָ אַ ייִד ! נו, וואָס זשע איז ?
– אוי, איך האָב באַלד געזען אַז איר זענט אַ ייִד... און דאָך, ... זעט איר נישט אויס ווי אַ ייִד !

Chapitre 12 | Kapitl 12 | קאַפּיטל 12
Vie quotidienne | Tog-teglekhe mayses | טאָג-טעגלעכע מעשׂיות

L'après-midi, Sarah se rend chez le dentiste. Dans le métro, un jeune homme est assis en face d'elle. Elle n'arrête pas de le dévisager et elle finit par demander :
– Excusez-moi, est-ce que vous êtes juif ?
– Non, je ne suis pas juif.
– Vous êtes sûr ?
– Oui, je suis sûr.
– Peut-être que dans votre famille il y a des Juifs ? Est-ce que je sais moi, un cousin, une tante ?
– Non, sûrement pas.
– Ecoutez, je suis une vieille dame, vous pouvez me dire la vérité, je ne le répèterai pas !
Le jeune homme commence à s'énerver et veut se débarrasser d'elle :
– Bon d'accord, je suis juif. Et alors ?
– Ah, j'ai tout de suite repéré que vous étes juif... Et pourtant, ... vous n'en avez pas l'air !

315

Baym dentist efnt Sure oyf dos moyl : er bakukt umetum, oybn, untn, ale tseyn zenen bagildt !	בײַם דענטיסט עפֿנט שׂרה אויף דאָס מויל : ער באַקוקט אומעטום, אויבן, אונטן, אַלע ציין זענען באַגילדט !
– Alts iz in ordenung. Nu, vos ken ikh ton far aykh ?	– אַלץ איז אין אָרדענונג. נו, וואָס קען איך טאָן פֿאַר אײַך ?
– Dokter, zayt azoy gut, shtelt mir arayn an alarm !	– דאָקטער, זײַט אַזוי גוט, שטעלט מיר אַרײַן אַן אַלאַרם !

Chez le dentiste, Sarah ouvre grand la bouche. Il regarde attentivement en haut, en bas : toutes les dents ont une couronne en or !
– Tout est parfait. Que puis-je faire pour vous ?
– Docteur, soyez gentil, posez-moi une alarme !

316

Eyder zi geyt aheym, geyt Sure koyfn laks. Der kremer nemt di shnaydbret mitn laks un fregt :	איידער זי גייט אַהיים, גייט שׂרה קויפֿן לאַקס. דער קרעמער נעמט די שנײַדברעט מיטן לאַקס און פֿרעגט :
– Vifl plitshn ?	– וויפֿל פּליטשן ?

| Chapitre 12 *Vie quotidienne* | Kapitl 12 Tog-teglekhe mayses | קאַפּיטל 12 טאָג-טעגלעכע מעשׂיות |

– Shnaydt, ikh vel aykh shoyn zogn !	– שנײַדט, איך וועל אײַך שוין זאָגן !
Er shnaydt op tsvey plitshn, un fregt mit di oygn.	ער שנײַדט אָפּ צוויי פּליטשן, און פֿרעגט מיט די אויגן.
– Shnaydt !	– שנײַדט !
Dray, fir, finef plitshn ...	דרײַ, פֿיר, פֿינעף פּליטשן...
– Shnaydt, shnaydt !	– שנײַדט, שנײַדט !
Zeks, zibn, akht plitshn...	זעקס, זיבן, אַכט פּליטשן...
– Shnaydt, zog ikh aykh !	– שנײַדט, זאָג איך אײַך !
Nayn plitshn, tsen plitshn...	נײַן פּליטשן, צען פּליטשן...
– Ot ot ot, ot-o-dem plitsh git mir !	– אָט אָט אָט, אָט־אָ־דעם פּליטש גיט מיר !

Avant de rentrer chez elle, Sarah va acheter du saumon fumé. Le commerçant prend la planche à découper et lui demande :
– Combien de tranches ?
– Coupez, je vous dirai !
Il coupe deux tranches et l'interroge du regard.
– Coupez !
Trois tranches, quatre tranches, cinq tranches...
– Coupez, coupez !
Six, sept, huit tranches...
– Coupez, je vous dis !
Neuf tranches, dix tranches.
– Ah voilà, voilà ! C'est cette tranche-là que vous me donnez !

געזעלשאַפֿטלעכע באַציִונגען.

Gezelshaftlekhe batsiungen.

Relations sociales.

317

Tsvey Yidn trefn zikh oyf der gas :	צוויי ייִדן טרעפֿן זיך אויף דער גאַס :
– Oy, Moyshe Feyglboym ! Koym vos ikh hob dikh derkent ! Host zikh azoy geendert ! Du bist geven azoy groys, un itst bistu kemat kleyn ! Du bist geven dik, mit a kaylerik ponem, un itst bistu azoy dar, host zikh oysgepashet a por	– אוי, משה פֿייגלבוים ! קוים וואָס איך האָב דיך דערקענט ! האָסט זיך אַזוי גע-ענדערט ! דו ביסט געווען אַזוי גרויס, און איצט ביסטו כּמעט קליין ! דו ביסט געווען דיק, מיט אַ קײַלעכיק פּנים, און איצט ביסטו אַזוי דאַר, האָסט זיך אויסגעפּאַשעט

oyern ! Un du host gehat a kop shvartse hor, un s'iz kemat gornisht geblibn !
Zogt yener :
– Ikh heys nisht Moyshe Feyglboym !
– Vos ? Dayn nomen hostu oykh geendert !

אַ פּאָר אויערן ! און דו האָסט געהאַט אַ קאָפּ שוואַרצע האָר, און ס'איז כּמעט גאָרנישט געבליבן !
זאָגט יענער :
– איך הייס נישט משה פֿייגלבוים !
– וואָס ? דײַן נאָמען האָסטו אויך געענדערט !

Deux Juifs se rencontrent dans la rue :
– Tiens, mais c'est Moyshe Feygelboym ! Je t'ai à peine reconnu ! Qu'est-ce que tu as changé ! Tu étais tellement grand, et te voilà plutôt petit ! Tu étais bien en chair avec un visage tout rond, et maintenant, comme tu as maigri, on ne voit plus que tes oreilles ! Et puis, tu avais une épaisse chevelure brune et il n'en reste presque rien !
L'autre rétorque :
– Mais je ne m'appelle pas Moyshe Feygelboym !
– Quoi ? Ton nom aussi tu as changé !

318

Moyshe un Yankl trefn zikh. Moyshe iz bakant als pesimist. Er zogt tsu zayn fraynd :
– Ikh hob bashlosn az fun haynt on, vel ikh hobn a ruike shtimung...
A gevise tsayt shpeter, trefn zey zikh vider a mol, un Yankl bamerkt :
– Du zest oys nokh alts farzorgt !
– Du meynst az far a Yid iz azoy gring tsu vern an optimist ?

משה און יאַנקל טרעפֿן זיך. משה איז באַקאַנט אַלס פּעסימיסט. ער זאָגט צו זײַן פֿרײַנד :
– איך האָב באַשלאָסן אַז פֿון הײַנט אָן, וועל איך האָבן אַ רויִקע שטימונג...
אַ געוויסע צײַט שפּעטער, טרעפֿן זיי זיך ווידער אַ מאָל, און יאַנקל באַמערקט :
– דו זעסט אויס נאָך אַלץ פֿאַרזאָרגט !
– דו מיינסט אַז פֿאַר אַ ייִד איז אַזוי גרינג צו ווערן אַן אָפּטימיסט ?

Moyshe et Yankl* se rencontrent. Moyshe, qui est un pessimiste notoire, confie à son ami :*
– J'ai décidé qu'à partir d'aujourd'hui, je serai d'une humeur sereine...
Quelques mois plus tard, Yankl remarque :
– Je vois que tu as toujours l'air aussi soucieux !
– Tu crois que c'est facile pour un Juif de devenir optimiste ?

319

Der alter Yankl iz mekane Hershlen, fun eyn elter.
– Ir hot nokh azelkhe shvartse hor ! Vos iz ayer sod ?
– Zeyer poshet : ikh loyf yedn tog, ikh trink nisht, ikh reykher nisht... Un oyser dem, farb ikh zikh di hor !

דער אַלטער יאַנקל איז מקנא הערשלען, פֿון איין עלטער :
– איר האָט נאָך אַזעלכע שוואַרצע האָר ! וואָס איז אײַער סוד ?
– זייער פּשוט : איך לויף יעדן טאָג, איך טרינק נישט, איך רייכער נישט... און אויסער דעם, פֿאַרב איך זיך די האָר !

Le vieux Yankl est jaloux de Hershl*, qui a le même âge que lui :*
– Vous avez encore une chevelure tellement brune ! Quel est votre secret ?
– C'est très simple : je cours chaque jour, je ne bois pas, je ne fume pas... Et à part ça, je me teins les cheveux !

320

– Moyshe, se fardrist mikh zeyer. S'iz azoy lang vi m'hot zikh nisht gezen, un du fregst afile nisht vos hert zikh bay mir ! Ikh veys... Vegn dem gezunt, der arbet, der mishpokhe...
– Vos hert zikh take ?
– Oy, freg shoyn gornisht !

– משה, סע פֿאַרדריסט מיך זייער. ס'איז אַזוי לאַנג ווי מ'האָט זיך נישט געזען, און דו פֿרעגסט אפילו נישט וואָס הערט זיך בײַ מיר ! איך ווייס... וועגן דעם געזונט, דער אַרבעט, דער משפּחה...
– וואָס הערט זיך טאַקע ?
– אוי, פֿרעג שוין גאָרנישט !

– Moyshe, je suis vraiment peiné. Il y a si longtemps qu'on ne s'est pas vus, et tu ne demandes même pas de mes nouvelles ! Est-ce que je sais moi... De ma santé, du boulot, de la famille...
– Oui justement ! Comment ça va ?
– Ah, me demande pas !

321

Tsvey shnayder trefn zikh oyf der gas :
– Vos hert zikh, Moyshe ?
– Bo...
– Di gesheftn ?
– Azoy...
– Sheyn far a mort-sezon ! Un dayn

צוויי שנײַדער טרעפֿן זיך אויף דער גאַס :
– וואָס הערט זיך, משה ?
– באָ...
– די געשעפֿטן ?
– אַזוי...
– שיין פֿאַר אַ מאָרט-סעזאָן ! און דײַן

Chapitre 12 | Kapitl 12 | קאַפּיטל 12
Vie quotidienne | Tog-teglekhe mayses | טאָג-טעגלעכע מעשׂיות

vayb ?
– Akh…
– Di kinder ?
– Freg shoyn nisht !
– Nu, zay mir gezunt !
Moyshe blaybt aleyn un trakht :
"Oy, s'iz aza mekhaye, az me ken oysredn a vort" !

ווײַב ?
— אַך...
— די קינדער ?
— פֿרעג שוין נישט !
— נו, זײַ מיר געזונט !
משה בלײַבט אַליין און טראַכט :
„אוי, ס'איז אַזאַ מחיה, אַז מע קען אויסרעדן אַ וואָרט" !

Deux tailleurs se rencontrent dans la rue :
– Comment ça va, Moyshe ?
– Bof…
– Les affaires ?
– Couçi-couça…
– Pas mal pour une morte-saison[1] *! Et ta femme ?*
– Oh la la…
– Et tes enfants ?
– N'en parlons pas !
– Bon, porte-toi bien !
Moyshe se retrouve seul et se dit :
« Oy, ça fait vraiment du bien de dire tout ce qu'on a sur le cœur » !

[1] *Morte-saison : période de l'année pendant laquelle le travail manque aux artisans du textile : tailleurs, fourreurs…*

322

Dray yakhnes zitsn in a kafe un shmuesn.
– Vos iz ayer mans fakh ?
– Oy mayn man ? Dos heyst a mentsh ! In ale mode-tsaytungen, in ale shmatologishe tsaytshriftn redt men fun im : yedn sezon shaft er di naye shnitmusters. Er iz zeyer bakant, avade nisht mit zayn eygenem nomen, nor mitn nomen Zhan-Iv Kardiv.
Un ayer man ?
– Mayn man ? Oy ! On mayn man, volt ayer man gornisht gekent shafn !

דרײַ יאַכנעס זיצן אין אַ קאַפֿע און שמועסן.
— וואָס איז אײַער מאַנס פֿאַך ?
— אוי מײַן מאַן ? דאָס הייסט אַ מענטש ! אין אַלע מאָדע-צײַטונגען, אין אַלע שמאַטאָלאָגישע צײַטשריפֿטן רעדט מען פֿון אים : יעדן סעזאָן שאַפֿט ער די נײַע שניטמוסטערס. ער איז זייער באַקאַנט, אוודאי נישט מיט זײַן אייגענעם נאָמען, נאָר מיטן נאָמען זשאַן-איוו קאַרדיוו.
און אײַער מאַן ?
— מײַן מאַן ? אוי ! אָן מײַן מאַן, וואָלט אײַער מאַן גאָרנישט געקענט שאַפֿן !

Chapitre 12 Kapitl 12 קאַפּיטל 12
Vie quotidienne Tog-teglekhe mayses טאָג-טעגלעכע מעשׂיות

Mayn man bashaft di kolirn fun shtof, un er farkoyft alts vos di shnayders broykhn : kneplekh, untershlek u.az.v.

Un ir, froy Feyglboym, ir zogt gornisht ?

– Mayn man handlt in gantsn nisht mit keyn shmates ! Ober keyner ken zikh nisht farglaykhn mit im. Shtelt zikh for : oyf zayn "does" kenen zitsn... seks popugayen !

Se vert shtil... Zey trinken a gloz tey mit kikhelekh.

– Beemes iz ayer man aza bakanter modelist ?

– Neyn... Ikh hob a bisl ibergetribn. Beemes redt men nisht fun im in di tsaytungen, beemes heyst er nisht Zhan-Iv Kardiv. Er farkoyft prost poshet shtof in a gevelb.

– Vegn mayn man, hob ikh oykh a bisele ibergetribn... Er hot bloyz a gevelbl un dortn farkoyft er yo kneplekh un untershlek...

Un ir, froy Feyglboym, beemes, zeks popugayen ?

– Nisht in gantsn : der zekster popugay... muz nebekh haltn eyn fisl in der luftn !

מײַן מאַן באַשאַפֿט די קאָלירן פֿון שטאָף, און ער פֿאַרקויפֿט אַלץ וואָס די שנײַדערס ברויכן : קנעפּלעך, אונטערשלעק אאַז"וו.

און איר, פֿרוי פֿייגלבוים, איר זאָגט גאָרנישט ?

– מײַן מאַן האַנדלט אין גאַנצן נישט מיט קיין שמאַטעס ! אָבער קיינער קען זיך נישט פֿאַרגלײַכן מיט אים. שטעלט זיך פֿאָר : אויף זײַן „דאָס" קענען זיצן... זעקס פּאָפּוגײַען !

סע ווערט שטיל... זיי טרינקען אַ גלאָז טיי מיט קיכעלעך.

– באמת איז אײַער מאַן אַזאַ באַקאַנטער מאָדעליסט ?

– ניין... איך האָב אַ ביסל איבערגעטריבן. באמת, רעדט מען נישט פֿון אים אין די צײַטונגען, באמת הייסט ער נישט זשאַן-איוו קאַרדיוו. ער פֿאַרקויפֿט פּראָס-פּשוט שטאָף אין אַ געוועלב.

– וועגן מײַן מאַן, האָב איך אויך אַ ביסעלע איבערגעטריבן. ער האָט בלויז אַ געוועלבל און דאָרטן פֿאַרקויפֿט ער יאָ קנעפּלעך און אונטערשלעק...

און איר, פֿרוי פֿייגלבוים, באמת, זעקס פּאָפּוגײַען ?

– נישט אין גאַנצן : דער זעקסטער פּאָפּוגײַ... מוז נעבעך האַלטן איין פֿיסל אין דער לופֿטן !

Trois commères bavardent dans un salon de thé :

– Que fait votre mari ?

– Oh, mon mari ? Ça, c'est quelqu'un ! Dans tous les journaux de mode, dans toutes les revues de shmatologie, on parle de lui : chaque saison, c'est lui qui dessine les modèles. Il est très connu. Evidemment pas sous son vrai nom, mais sous celui de Jean-Yves Cardiv... Et votre mari ?*

– Mon mari ? Oh là là ! Sans lui, votre mari ne pourrait rien faire ! Mon mari lance les couleurs des tissus, et il vend tout ce qui est indispensable aux tailleurs : les boutons, les doublures etc.

Et vous, Madame Feygelboym ? Vous ne dites rien !

Chapitre 12 Kapitl 12 קאַפּיטל 12
Vie quotidienne Tog-teglekhe mayses טאָג-טעגלעכע מעשׂיות

– Oh, mon mari ne travaille pas du tout dans les shmates ! Mais personne ne peut l'égaler. Vous vous rendez compte… sur son sexe peuvent se tenir six perroquets !*
Silence… Elles boivent leur thé avec des petits gâteaux.
– Vraiment, votre mari est un modéliste célèbre ?
– Non… J'ai un peu exagéré. En vérité on ne parle pas de lui dans les journaux, en vérité il n'est pas Jean-Yves Cardiv. Il vend simplement du tissu dans un magasin !
– A propos de mon mari, moi aussi j'ai un peu exagéré… Il a seulement une petite boutique où il vend effectivement des boutons et des doublures…
Et vous, Mme Feygelboym ? Vraiment, six perroquets ?
– Pas tout-à-fait : le sixième perroquet, hélas… il a une patte dans le vide !

<u>*323*</u>

Bay undz Yidn, flegt men vintshn tsu lebn biz hundert un tsvantsik yor.
Ven Moyshe iz gevorn hundert yor alt, hot men im gevuntshn :
– Biz hundert un tsvantsik yor, keyn-eynore.
Tsum hundert-un-tsentn geboyrn-tog, hot men im gevuntshn :
– Biz hundert un tsvantsik yor, keyn-eynore. U.az.v...
Biz er hot dergreykht hundert un tsvantsik yor. Vos hot men im dan gevuntshn ? M'hot im gevuntshn...
– A gutn tog, keyneynore !

בײַ אונדז ייִדן, פֿלעגט מען ווינטשן צו לעבן ביז הונדערט און צוואַנציק יאָר.
ווען משה איז געוואָרן הונדערט יאָר אַלט, האָט מען אים געווּנטשן :
– ביז הונדערט און צוואַנציק יאָר, קיין עין-הרע.
צום הונדערט-און-צענטן געבוירן-טאָג, האָט מען אים געווּנטשן :
– ביז הונדערט און צוואַנציק יאָר, קיין עין-הרע. אאַז"וו...
ביז ער האָט דערגרייכט הונדערט און צוואַנציק יאָר. וואָס האָט מען אים דאַן געווּנטשן ? מ'האָט אים געווּנטשן...
– אַ גוטן טאָג, קיין עין-הרע !

Dans la tradition juive, on a l'habitude de souhaiter aux gens de vivre jusqu'à 120 ans. Quand Moyshe a eu 100 ans, on lui a souhaité :*
– Jusqu'à 120 ans, sans le mauvais œil.
Le jour de ses 110 ans, on lui a souhaité :
– Jusqu'à 120 ans, sans le mauvais œil. Et ainsi de suite…
Jusqu'au jour où il a atteint 120 ans. Que lui a-t-on alors souhaité ? On lui a souhaité…
– Bonne journée, sans le mauvais œil !

Chapitre 12 | Kapitl 12 | 12 קאַפּיטל
Vie quotidienne | Tog-teglekhe mayses | טאָג-טעגלעכע מעשׂיות

כּבֿוד-זוכערײַ. בעסער אַרויסצורופֿן דרך-ארץ, איידער נאָכצולויפֿן נאָך כּבֿוד. ווער עס יאָגט זיך נאָך כּבֿוד, קריגט גאָר חוזק.

Koved-zukheray. Beser aroystsurufn derekh-erets, eyder nokhtsuloyfn nokh koved. Ver es yogt zikh nokh koved krigt gor khoyzek.

Course aux honneurs. Mieux vaut susciter le respect, plutôt que courir après les honneurs. A rechercher trop d'honneurs, on récolte le ridicule.

324

אַ ייִד קומט אין אַ שטעטל. ער גייט גלײַך צום רבין און פֿרעגט אים ווו וווינט משה בלום.
– אין אונדזער שטעטל האָבן מיר עטלעכע משה בלום.
– מײַן משה בלום שיקלט.
– מיר האָבן עטלעכע משה בלום וואָס שיקלען !
– דער בלום וואָס איך זוך האָט אויך אַ הויקער.
– דאָ אין שטעטל, וווינען אַ פּאָר משה בלום וואָס שיקלען און וואָס האָבן אַ הויקער. זאָגט מיר נאָך עפּעס, איך זאָל וויסן גענוי וועלכן משה בלום איר מיינט.
– נאָך עפּעס זאָגן ? וואָס קען איך אײַך זאָגן... ? יאָ, מײַן משה בלום איז אַ למדן.
– אַאַ ! דעם שיינעם ייִד, מיינט איר !

A Yid kumt in a shtetl. Er geyt glaykh tsum rebn un fregt im vu voynt Moyshe Blum.
– In undzer shtetl hobn mir etlekhe Moyshe Blum.
– Mayn Moyshe Blum shiklt.
– Mir hobn etlekhe Moyshe Blum vos shiklen !
– Der Blum vos ikh zukh hot oykh a hoyker.
– Do in shtetl, voynen a por Moyshe Blum vos shiklen un vos hobn a hoyker. Zogt mir nokh epes, ikh zol visn genoy velkhn Moyshe Blum ir meynt.
– Nokh epes zogn ? Vos ken ikh aykh zogn...? Yo, mayn Moyshe Blum iz a lamdn.
– Aa ! Dem sheynem Yid, meynt ir !

Un Juif arrive dans un shtetl et se renseigne auprès du rabbin :*
– Où habite Moyshe Blum ?
– Nous avons ici plusieurs Moyshe Blum.
– Mon Moyshe Blum, il louche.
– Nous avons ici plusieurs Moyshe Blum qui louchent !
– Celui que je cherche est bossu, en plus.
– Ici au shtetl, nous avons quelques Moyshe Blum qui louchent et qui ont une bosse. Donnez-moi un élément de plus, que je sache exactement lequel vous cherchez.

Chapitre 12 | Kapitl 12 | קאַפּיטל 12
Vie quotidienne | Tog-teglekhe mayses | טאָג-טעגלעכע מעשׂיות

– Un élément de plus ? Que vous dire de plus ... ? Ah oui, mon Moyshe Blum est un homme érudit.
– Ah, le « beau Juif[1] », vous voulez dire !*

[1] L'astuce réside dans le double sens de « sheyner Yid ». L'adjectif « sheyn » signifie « beau », mais l'expression « sheyner Yid » signifie « homme digne de respect ».

325

A Yid kumt in a shtetl un fregt vu voynt Moyshe der shtoltser, der roshakool.
– Ver ? Der meshugener ? Ot dort voynt er, in dem letstn hoyz, links.
– "Meshugener ? Mistome hob ikh shlekht gehert !"
Er geyt un fregt a tsveytn :
– Tsi veyst ir vu voynt Moyshe der shtoltser, der roshakool ?
– Moyshe der shtoltser, der ligner, der ganev ? Dort voynt er. Ir zet ? In dem letstn hoyz, links.
– " Ligner, ganev ? Ot geyt an alter man, ikh vel im fregn"...
– Reb Yid, ir veyst vu voynt Moyshe der shtoltser, der roshakool ?
– Moyshe der shtoltser, der oysvurf ? Avade veys ikh ! Ot do voynt er, in dem letstn hoyz, links.
Tsum sof kumt er tsu Moyshe dem shtoltsn, a mentshele mit a baykhele, un er fregt im :
– Zogt mir, reb Moyshe, vos hot ir derfun vos ir zent der roshakool ?
– Ikh hob azoy lib koved !

אַ ייִד קומט אין אַ שטעטל און פֿרעגט ווּ וווינט משה דער שטאָלצער, דער ראָש-הקהל.
– ווער ? דער משוגענער ? אָט דאָרט וווינט ער, אין דעם לעצטן הויז, לינקס.
– ,,משוגענער ? מסתּמא האָב איך שלעכט געהערט !"
ער גייט און פֿרעגט אַ צווייטן :
– צי ווייסט איר ווּ וווינט משה דער שטאָלצער, דער ראָש-הקהל ?
– משה דער שטאָלצער, דער ליגנער, דער גנבֿ ? דאָרט וווינט ער. איר זעט ? אין דעם לעצטן הויז, לינקס.
– ,,ליגנער, גנבֿ ? אָט גייט אַן אַלטער מאַן, איך וועל אים פֿרעגן"...
– ר'ייִד, איר ווייסט ווּ וווינט משה דער שטאָלצער, דער ראָש-הקהל ?
– משה דער שטאָלצער, דער אויסוווּרף ? אוודאי ווייס איך ! אָט דאָ וווינט ער, אין דעם לעצטן הויז, לינקס.
צום סוף קומט דער ייִד צו משה דעם שטאָלצן, אַ מענטשעלע מיט אַ בײַכעלע, און ער פֿרעגט אים :
– זאָגט מיר, ר'משה, וואָס האָט איר דערפֿון וואָס איר זענט דער ראָש-הקהל ?
– איך האָב אַזוי ליב כּבֿוד !

Un Juif arrive dans un shtetl et demande où habite Moyshe Shtoltser*, le président de la communauté.*
– Qui ? Le fou ? Il habite là-bas, la dernière maison, sur la gauche.
– « Fou ? J'ai probablement mal entendu ! »

Chapitre 12 Kapitl 12 קאַפּיטל 12
Vie quotidienne Tog-teglekhe mayses טאָג-טעגלעכע מעשׂיות

Il se renseigne une seconde fois :
– Savez-vous où habite Moyshe Shtoltser, le président de la communauté ?*
– Moyshe Shtoltser, le menteur, le voleur ? Il habite là-bas, la dernière maison, sur la gauche.
– « Menteur, voleur ? Mais voilà un vieil homme, je vais lui demander »...
– Monsieur, savez-vous où habite Moyshe Shtoltser, le président de la communauté?
– Cette ordure ? Bien sûr que je sais ! C'est là qu'il habite, la dernière maison, sur la gauche.
Il finit par arriver chez Moyshe Shtoltser, un petit bonhomme au ventre rebondi. Il lui demande :
– Dites-moi, quelle est votre motivation, pour être président de la communauté ?
– Ah moi, j'adore les honneurs !

326

Dray yakhnes shmuesn vegn vuntshn.
Di ershte zogt :
– Ikh volt gevolt zayn di shenste. Baym breg yam, gey ikh in a mini-bodkostyum, un ale mener dreyen zikh oys un ale froyen zenen mikh mekane !
– Ikh, zogt di tsveyte, ikh volt gevolt zayn di kligste. Ikh halt a rede in a groysn zal ful mit visnshaftlers. Un ale shvaygn un hern zikh ayn !
Ruft zikh on di drite :
– Neyn, nisht di shenste, nisht di kligste, bloyz a proste froy !
Vundern zikh di tsvey andere:
– Rokhl, vos redstu ?
– Du bist meshuge gevorn ?
– Yo, a proste froy ! Hert zikh ayn : letstns bin ikh geven in Opere. Sure Feyglboym iz aroyfgegangen oyf der breyter trep, vi a keyserine.
Zi hot getrogn a vizon-mantl, oyerringlekh fun gold un diment un oyf

דרײַ יאַכנעס שמועסן וועגן וווּנטשן.
די ערשטע זאָגט :
— איך וואָלט געוואָלט זײַן די שענסטע. בײַם ברעג ים, גיי איך אין אַ מיני-באָד-קאָסטיום, און אַלע מענער דרייען זיך אויס און אַלע פֿרויען זענען מיך מקנא !
— איך, זאָגט די צווייטע, איך וואָלט גע-וואָלט זײַן די קליגסטע. איך האַלט אַ רעדע אין אַ גרויסן זאַל פֿול מיט וויסנשאַפֿט-לערס. און אַלע שווײַגן און הערן זיך אײַן !
רופֿט זיך אָן די דריטע :
— ניין, נישט די שענסטע, נישט די קליג-סטע, בלויז אַ פּראָסטע פֿרוי !
וווּנדערן זיך די צוויי אַנדערע :
— רחל, וואָס רעדסטו ?
— דו ביסט משוגע געוואָרן ?
— יאָ, אַ פּראָסטע פֿרוי ! הערט זיך אײַן : לעצטנס בין איך געווען אין אָפּערע. שׂרה פֿייגלבוים איז אַרויפֿגעגאַנגען אויף דער ברייטער טרעפּ, ווי אַ קייסערינע.
זי האָט געטראָגן אַ וויזאָן-מאַנטל, אויער-רינגלעך פֿון גאָלד און דימענט און אויף יעדער האַנט, אַ בריליאַנט פֿון צוויי קאַראַט.

Chapitre 12 Kapitl 12 קאַפּיטל 12
Vie quotidienne Tog-teglekhe mayses טאָג-טעגלעכע מעשׂיות

yeder hant a brilyant fun tsvey karat.
Un ale hobn geshushket :
"Zet nor vos far a proste froy zi iz !"

און אַלע האָבן געשושקעט :
„זעט נאָר וואָס פֿאַר אַ פּראָסטע פֿרוי זי
איז !"

Trois commères expriment des souhaits.
La première dit :
– Je voudrais être la plus belle ! Je me promène sur la plage en bikini, tous les hommes se retournent et toutes les femmes sont jalouses de moi !
– Moi, dit la seconde, je voudrais être la plus intelligente ! Je fais une conférence dans une grande salle remplie de savants, et tous m'écoutent dans le plus grand silence !
La troisième intervient :
– Non, ni la plus belle, ni la plus intelligente, moi je voudrais seulement être une femme vulgaire !
Les deux autres s'étonnent :
– Rachel, qu'est-ce que tu dis ?
– Tu es devenue folle ?
– Oui, parfaitement, une femme vulgaire ! Ecoutez : dernièrement j'étais à l'Opéra. Sarah Feygelboym montait les grandes marches comme une impératrice. Elle portait un manteau de vison, des boucles d'oreille en or et diamants et sur chaque main, un brillant de deux carats. Et tous les gens chuchotaient : « Regardez-moi ça, quelle femme vulgaire ! »

327

Froy Bensusan vil far ir zun an oysergeveyntlekhe barmitsve. Zi zukht un zukht biz zi hot an aynfal : s'vet zayn a safari-barmitsve in Kenye !
A defilad fun dray hundert gest forn hinter dem lokaln firer. Plutsem shtelt men zikh op... Un me vart... un me vart...
– Vos iz ? Fregt froy Bensusan.
Entfert der firer :
– Di barmitsve fun froy Benshetrit shtert undz dem veg !

פֿרוי בענסוסאַן וויל פֿאַר איר זון אַן אויסערגעוויינטלעכע בר-מיצווה. זי זוכט און זוכט ביז זי האָט אַן אײַנפֿאַל : ס'וועט זײַן אַ סאַפֿאַרי-בר-מיצווה אין קעניע !
אַ דעפֿילאַד פֿון דרײַ הונדערט געסט פֿאָרן הינטער דעם לאָקאַלן פֿירער. פּלוצעם שטעלט מען זיך אָפּ... און מע וואַרט... און מע וואַרט...
– וואָס איז ? פֿרעגט פֿרוי בענסוסאַן.
ענטפֿערט דער פֿירער :
– די בר-מיצווה פֿון פֿרוי בענשעטריט שטערט אונדז דעם וועג !

Chapitre 12 Kapitl 12 קאַפּיטל 12
Vie quotidienne Tog-teglekhe mayses טאָג-טעגלעכע מעשׂיות

Madame Bensoussan ambitionne pour son fils une bar-mitsva hors du commun ! Elle cherche, elle cherche et elle finit par trouver une idée originale : ce sera un safari au Kenya !*
Un défilé de trois cents invités suit le guide local. Soudain on s'arrête... Et on attend... on attend...
– Qu'est ce qui se passe ? Demande madame Bensoussan.
Le guide lui répond :
– C'est la bar-mitsva de madame Benshetrit, qui nous barre la route !

<u>*328*</u>

Tsvey Yidn vetn zikh :
Moyshe Feyglboym barimt zikh az der Poyps iz eyner fun zayne gute fraynd. Yankl iz zikher az s'heybt zikh nisht on un s'lozt zikh nisht oys.
Forn zey beyde keyn Roym.
Dem tog ven der Poyps bentsht dem oylem "Urbi et Orbi", shteyt Yankl oyfn Plats San Pyer tsvishn toyznter mentshn. Un er zet vi Moyshe shteyt take oyfn ganik mit dem Poyps !
Hinter Yankl shmuesn fremde layt fun der gantser velt, un er hert vi a Khinezer fregt a shvartsn Afrikaner :
– Ver iz dos mentshele, mit a vays kleyd un a vays kapele, vos shteyt lebn Moyshe Feyglboym ?

צוויי ייִדן וועטן זיך :
משה פֿייגלבוים באַרימט זיך אַז דער פּויפּס איז איינער פֿון זײַנע גוטע פֿרײַנד.
יאַנקל איז זיכער אַז ס׳הייבט זיך נישט אָן און ס׳לאָזט זיך נישט אויס.
פֿאָרן זיי ביידע קיין רוים.
דעם טאָג ווען דער פּויפּס בענטשט דעם עלום „אורבי עט אָרבי“, שטייט יאַנקל אויפֿן פּלאַץ סאַן פּיער צווישן טויזנטער מענטשן. און ער זעט ווי משה שטייט טאַקע אויפֿן גאַניק מיט דעם פּויפּס !
הינטער יאַנקל שמועסן פֿרעמדע לײַט פֿון דער גאַנצער וועלט, און ער הערט ווי אַ כינעזער פֿרעגט אַ שוואַרצן אַפֿריקאַנער :
— ווער איז דאָס מענטשעלע, מיט אַ ווײַס קלייד און אַ ווײַס קאַפּעלע, וואָס שטייט לעבן משה פֿייגלבוים ?

Deux Juifs tiennent un pari : Moyshe Feygelboym se vante de compter le Pape parmi ses bons amis. Yankl* est sûr qu'il bluffe. Alors ils partent tous les deux à Rome.*
Le jour où le Pape prononce sa bénédiction « Urbi et Orbi », Yankl se trouve sur la place Saint Pierre au milieu de milliers de personnes. Et il voit Moyshe qui se tient effectivement sur le perron avec le Pape !
Derrière Yankl, des étrangers discutent et il entend un Chinois demander à un Africain :
– Qui est le petit bonhomme, en robe blanche et calotte blanche, à côté de Moyshe Feygelboym ?

Chapitre 13 Kapitl 13 13 קאַפּיטל
Finesse d'esprit Khokhme חכמה

חכמה

KHOKHME

FINESSE D'ESPRIT

אַ פּשוטע דעפֿיניציע פֿון „חכמה“ איז אַ שווערע מעשׂה :
וויסנשאַפֿט, קלוגשאַפֿט, הומאָר, שאַרפֿער און שפּיציקער שׂכל...
אַזאַ מעלה קומט צו נוץ ווען מע וויל דערקלערן, חוזק מאַכן
אָדער כאַפּן די געלעגנהייט פֿאַר אַ וויץ.

A poshete definitsye fun "khokhme" iz a shvere mayse : visnshaft, klugshaft, humor, sharfer un shpitsiker seykhl... Aza mayle kumt tsu nuts ven me vil derklern, khoysek makhn oder khapn di gelegnheyt far a vits.

Donner une définition simple de « khokhme » n'est guère aisé : savoir, intelligence, sens de l'humour, esprit vif et subtil... Une telle capacité rend service lorsqu'il veut expliquer, se moquer ou saisir l'opportunité d'un bon mot.*

געבן צו פֿאַרשטיין בפֿירוש אָדער מיט אַן אָנצוהערעניש.

Gebn tsu farshteyn befeyresh oder mit an ontsuherenish.

Exposer clairement ou de façon détournée.

329

Shver tsu shafn a fareynikte Eyrope ! – In an eyropeishn ganeydn, voltn di Daytshn fabritsirt luksus oytos, di Englender voltn gefirt di politsey, di Frantsoyzn voltn gekokht, di Italyener

שווער צו שאַפֿן אַ פֿאַראייניקטע אייראָפּע !
– אין אַן אייראָפּעיִשן גן-עדן, וואָלטן די דײַטשן פֿאַבריצירט לוקסוס אויטאָס, די ענגלענדער וואָלטן געפֿירט די פּאָליציי, די פֿראַנצויזן וואָלטן געקאָכט, די איטאַליענער

Chapitre 13 | Kapitl 13 | קאַפּיטל 13
Finesse d'esprit | Khokhme | חכמה

voltn geven libhobers un di Shveytser voltn zikh farnumen mit organizatsye.
– Ober, s'volt geven an eyropeish gehenem, ven di Daytshn voltn gefirt di politsey, di Englender voltn gekokht, di Frantsoyzn voltn fabritsirt luksus oytos, di Italyener voltn zikh farnumen mit organizatsye un di Shveytser voltn geven libhobers !

וואָלטן געווען ליבהאָבערס און די שווייצער וואָלטן זיך פֿאַרנומען מיט אָרגאַניזאַציע.
– אָבער, ס'וואָלט געווען אַן אייראָפּעיִש גיהנום, ווען די דײַטשן וואָלטן געפֿירט די פּאָליציי, די ענגלענדער וואָלטן געקאָכט, די פֿראַנצויזן וואָלטן פֿאַבריצירט לוקסוס אויטאָס, די איטאַליענער וואָלטן זיך פֿאַרנומען מיט אָרגאַניזאַציע און די שווייצער וואָלטן געווען ליבהאָבערס !

Pas une mince affaire de réussir à créer des États-Unis en Europe !
– Les États-Unis d'Europe seraient un paradis avec les Allemands qui fabriqueraient les voitures de luxe, les policiers qui seraient anglais, les cuisiniers qui seraient français, les Italiens qui seraient des amants et les Suisses qui assureraient l'administration.
– Mais ce serait un enfer européen si les policiers étaient allemands, si les Anglais faisaient la cuisine, si les Français fabriquaient les voitures de luxe, si les Italiens géraient l'administration et si les Suisses étaient des amants !

330

– Ven ikh zog :
"Ikh koyf", koyf ikh. Ven ikh zog :
"Ikh farkoyf", farkoyf ikh.
Nor ven ikh zog :
"Ikh gib", ... zog ikh !

– ווען איך זאָג :
„איך קויף“, קויף איך. ווען איך זאָג :
„איך פֿאַרקויף“, פֿאַרקויף איך.
נאָר ווען איך זאָג :
„איך גיב“, ... זאָג איך !

– Quand je dis : « J'achète », j'achète.
Quand je dis : « Je vends », je vends.
Mais quand je dis : « Je donne », ... je dis !

331

– Dokter, ikh ken nisht shlofn, vayl se bahalt zikh emetser untern bet.
– Ir hot im shoyn gezen ?
– Neyn ! Vayl ven ikh kuk arop, iz er shoyn avek !

– דאָקטער, איך קען נישט שלאָפֿן, ווײַל סע באַהאַלט זיך עמעצער אונטערן בעט.
– איר האָט אים שוין געזען ?
– ניין ! ווײַל ווען איך קוק אַראָפּ, איז ער שוין אַוועק !

| Chapitre 13 | Kapitl 13 | קאַפּיטל 13 |
| *Finesse d'esprit* | Khokhme | חכמה |

— Her Feyglboym, ir darft neytik hobn a psikhoterapye.
Nokh a por vokhn hert oyf der patsyent tsu kumen. Dray monatn shpeter, trefn zey zikh oyf der gas :
— Vos hert zikh mit aykh, her Feyglboym ? Ikh ze aykh nisht mer !
— Oy Dokter, ir veyst vos ? Mayn shokhnte hot mir gezogt :
"Far vos geystu nisht tsum rebn, er zol dir gebn an eytse ?"
Bin ikh gegangen, un itst shlof ikh vi a kind !
— Vos far an eytse hot aykh der rebe gegebn ?
— Er hot mir geheysn opzegn di fis fun bet !

— הער פֿייגלבוים, איר דאַרפֿט נייטיק האָבן אַ פּסיכאָטעראַפּיע.
נאָך אַ פּאָר װאָכן, הערט אױף דער פּאַציענט צו קומען. דרײַ מאָנאַטן שפּעטער, טרעפֿן זײ זיך אױף דער גאַס :
— װאָס הערט זיך מיט אײַך, הער פֿײגלבױם ? איך זע אײַך נישט מער !
— אױ דאָקטער, איר װײסט װאָס ? מײַן שכנטע האָט מיר געזאָגט :
„פֿאַר װאָס גײסטו נישט צום רבין, ער זאָל דיר געבן אַן עצה ?"
בין איך געגאַנגען, און איצט שלאָף איך װי אַ קינד !
— װאָס פֿאַר אַן עצה האָט אײַך רער רבי געגעבן ?
— ער האָט מיר געהײסן אָפּזעגן די פֿיס פֿון בעט !

— Docteur, je ne peux pas dormir, car quelqu'un se cache sous mon lit.
— Vous l'avez vu ce quelqu'un ?
— Non Docteur ! Quand je regarde sous le lit, il est déjà parti !
— Monsieur Feygelboym, une psychothérapie s'impose.
Après quelques semaines, le patient ne vient plus. Trois mois plus tard, ils se rencontrent dans la rue.
— Que se passe-t-il, monsieur Feygelboym ? Je ne vous vois plus !
— Je vais vous dire Docteur, ma voisine m'a suggéré :
« Pourquoi ne vas-tu pas chez le rabbin pour qu'il te donne un conseil ? »
J'y suis allé, et maintenant je dors comme un enfant !
— Qu'est-ce qu'il vous a donné comme conseil, le rabbin ?
— Il m'a conseillé de scier les pieds du lit !

332

A mol hot a meylekh gevolt visn vi azoy lebt zayn folk. Er tut zikh on vi a posheter mentsh, un geyt oyfn yarid. Er nemt redn mit a yidishn soykher un er fregt im :
— Vos makht ir mitn gelt vos ir fardint ?

אַ מאָל האָט אַ מלך געװאָלט װיסן װי אַזױ לעבט זײַן פֿאָלק. ער טוט זיך אָן װי אַ פּשוטער מענטש, און גײט אױפֿן יריד. ער נעמט רעדן מיט אַ ייִדישן סוחר און ער פֿרעגט אים :
— װאָס מאַכט איר מיטן געלט װאָס איר

Chapitre 13
Finesse d'esprit

Kapitl 13
Khokhme

קאַפּיטל 13
חכמה

— Ikh tseteyl es oyf dray. Eyn dritl borg ikh ; mitn tsveytn dritl gib ikh op mayn khoyv un dos letste dritl, varf ikh aroys durkhn fenster.
Der meylekh shteyt fartrakht. Vos batayt der doziker entfer ?
Er ruft tsunoyf ale ministorn, nor keyner farshteyt nisht ! Ruft er tsu dem soykher, er zol im gebn tsu farshteyn.
— Ikh vel aykh derklern :
Eyn teyl borg ikh : dos heyst az ikh gib mayn zun tsu esn, shpeter vet er mir opgebn. Mitn tsveytn teyl, tsol ikh op mayn tatn, vos hot mikh dertsoygn. Dem dritn teyl varf ikh aroys : ikh hodeve mayn tokhter, vos vet bekorev khasene hobn un vet avekgeyn fun der heym !

Me dertseylt az der meylekh hot gemakht fun im zayn premyer-minister…

? פֿאַרדינט
— איך צעטייל עס אויף דרײַ. איין דריטל באָרג איך ; מיטן צווייטן דריטל גיב איך אָפּ מײַן חובֿ און דאָס לעצטע דריטל, וואַרף איך אַרויס דורכן פֿענסטער.
דער מלך שטייט פֿאַרטראַכט. וואָס באַטײַט דער דאָזיקער ענטפֿער ?
ער רופֿט צונויף אַלע מיניסטאָרן, נאָר קיינער פֿאַרשטייט נישט ! רופֿט ער צו דעם סוחר, ער זאָל אים געבן צו פֿאַרשטיין.
— איך וועל אײַך דערקלערן :
איין טייל באָרג איך : דאָס הייסט אַז איך גיב מײַן זון צו עסן, שפּעטער וועט ער מיר אָפּגעבן. מיטן צווייטן טייל, צאָל איך אָפּ מײַן טאַטן, וואָס האָט מיך דערצויגן. דעם דריטן טייל וואַרף איך אַרויס : איך האָדעווע מײַן טאָכטער, וואָס וועט בקרובֿ חתונה האָבן און וועט אַוועקגיין פֿון דער היים !
מע דערציילט אַז דער מלך האָט געמאַכט פֿון אים זײַן פּרעמיער־מיניסטער…

Il était une fois un roi qui voulait savoir comment vivaient ses sujets.
Un jour, il s'habille comme un simple quidam et se rend à la foire. Il se met à discuter avec un marchand juif et il lui demande :
– Que faites-vous avec l'argent que vous gagnez ?
– Je le partage en trois : le premier tiers, je le prête ; avec le second tiers je règle ma dette et le dernier tiers, je le jette par la fenêtre.
Le roi est perplexe. Que signifie cette réponse ? Il convoque tous ses ministres mais personne ne comprend.
Il fait venir le marchand pour avoir l'explication.
– Je vais vous donner la clef :
Une partie, je la prête : c'est-à-dire que je nourris mon fils et plus tard il me le rendra. Avec la deuxième partie, je rembourse ma dette envers mon père, qui m'a élevé. Quant à la troisième, elle est à fonds perdu : j'entretiens ma fille qui va bientôt se marier et quitter la maison !
On raconte que le roi l'a choisi comme premier ministre…

Chapitre 13 Kapitl 13 קאַפּיטל 13
Finesse d'esprit Khokhme חכמה

333

Der alter Moyshe fregt zayn eynikl :
– Zog mir Dovidl, ikh hob gehert az a geviser Aynshteyn hot geshafn epes a teorye vegn relativitet.
Vos heyst dos ?
– Ikh vel dir gebn tsu farshteyn, zeydenyu : az me farbrengt a sho mit a sheyn meydl, gedoyert es vi a rege. Ober, zitsn a rege oyf a heysn oyvn, kumt oys vi a lange sho !
– Nu, un fun dem hot er parnose, der... Aynshteyn ?

An ander bayshpil :
– Vos iz relativitet ?
– Ikh vel aykh gebn tsu farshteyn, s'iz poshet :
A meydl geyt tsu a rebn.
Nu, iz dos meydl, a meydl, un der rebe iz a rebe, yo ? Itst lomir zogn az a rebe geyt tsu a meydl. Oyf dem oyfn, iz dos meydl keyn meydl nisht, un der rebe keyn rebe nisht !

Nokh a bayshpil :
Fun Varshe biz Lodzh fort men tsvey sho, un fun Lodzh biz Varshe, fort men oykh tsvey sho.
Ober, fun Peysekh biz Pirem, tseylt men elef khadoshim, un fun Pirem biz Peysekh, iz nor eyn khoydesh !

דער אַלטער משה פֿרעגט זײַן אייניקל :
– זאָג מיר דודל, איך האָב געהערט אַז אַ געוויסער אײַנשטיין האָט געשאַפֿן עפּעס אַ טעאָריע וועגן רעלאַטיוויטעט.
וואָס הייסט דאָס ?
– איך וועל דיר געבן צו פֿאַרשטיין, זיידע-ניו : אַז מע פֿאַרברענגט אַ שעה מיט אַ שיין מיידל, געדויערט עס ווי אַ רגע. אָבער, זיצן אַ רגע אויף אַ הייסן אויוון, קומט אויס ווי אַ לאַנגע שעה !
– נו, און פֿון דעם האָט ער פּרנסה, דער... אײַנשטיין ?

אַן אַנדער בײַשפּיל :
– וואָס איז רעלאַטיוויטעט ?
– איך וועל אײַך געבן צו פֿאַרשטיין, ס'איז פּשוט :
אַ מיידל גייט צו אַ רבין.
נו, איז דאָס מיידל, אַ מיידל, און דער רבי איז אַ רבי, יאָ ? איצט לאָמיר זאָגן אַז אַ רבי גייט צו אַ מיידל. אויף דעם אויפֿן, איז דאָס מיידל קיין מיידל נישט, און דער רבי קיין רבי נישט !

נאָך אַ בײַשפּיל :
פֿון וואַרשע ביז לאָדזש פֿאָרט מען צוויי שעה, און פֿון לאָדזש ביז וואַרשע, פֿאָרט מען אויך צוויי שעה.
אָבער, פֿון פּסח ביז פּורים ציילט מען עלעף חדשים, און פֿון פּורים ביז פּסח, איז נאָר איין חודש !

Le vieux Moyshe demande à son petit-fils :
– Dis-moi, mon petit David, j'ai entendu dire qu'un certain Einstein a échafaudé une espèce de théorie de la relativité. Qu'est-ce que ça signifie ?
– Je vais t'expliquer, grand-père : si on reste près d'une jolie fille pendant une heure, cela semble durer une minute. Mais rester assis une minute sur un poêle allumé, c'est comme une heure qui n'en finit plus !
– Et c'est avec ça qu'il gagne sa vie, ce... Einstein ?

| *Chapitre 13* | Kapitl 13 | 13 קאַפּיטל |
| *Finesse d'esprit* | Khokhme | חכמה |

Autre exemple :
– Qu'est-ce que la relativité ?
– Je vais vous expliquer, c'est simple :
Une jeune fille va voir un rabbin.

Bon, la jeune fille est une jeune fille, et le rabbin est un rabbin, n'est-ce pas ? Maintenant supposons que c'est un rabbin qui va voir une jeune fille. Dans ce cas, la jeune fille n'est pas une jeune fille et le rabbin n'est pas un rabbin !

Encore un exemple :
Avec le train, le voyage de Varsovie à Lodz dure deux heures. Et de Lodz à Varsovie il faut les mêmes deux heures. En revanche, onze mois séparent Pessakh de Pourim*, alors qu'entre Pourim et Pessakh, il n'y a qu'un mois !*

334

Tsvey sokhrim, groyse konkurentn, trefn zikh oyf a banstantsye.	צוויי סוחרים, גרויסע קאָנקורענטן, טרעפֿן זיך אויף אַ באַנסטאַנציע.
Eyner fregt :	איינער פֿרעגט :
– Vu fort a Yid ? [1]	– ווּ פֿאָרט אַ ייִד ?
– Ikh ? Ikh for keyn Varshe.	– איך ? איך פֿאָר קיין וואַרשע.
– Forn, forstu take keyn Varshe. Nor du zogst mir az du forst keyn Varshe, ikh zol meynen az du forst keyn Lodzh !	– פֿאָרן, פֿאָרסטו טאַקע קיין וואַרשע. נאָר דו זאָגסט מיר אַז דו פֿאָרסט קיין וואַרשע, איך זאָל מיינען אַז דו פֿאָרסט קיין לאָדזש !

Deux commerçants, concurrents acharnés, se rencontrent à la gare :
– Où vas-tu ? [1]
– Moi ? Je vais à Varsovie.
– Ta destination, c'est vraiment Varsovie. Mais tu me dis que tu vas à Varsovie, pour que je croie que tu vas à Lodz !

(1) Littéralement : où se rend un Juif ? Expression typiquement yiddish.

Chapitre 13 *Finesse d'esprit*	Kapitl 13 Khokhme	קאַפּיטל 13 חכמה

335

In a kretshme, hot Moyshe bashtelt fish, un er zitst di noz in teler.
- Reb Yid, vos shmekt ir azoy arum dem fish ? Fregt der kretshmer.
- Ikh shmek nisht, ikh red mit im.
- Vos heyst, ir redt mit im ?
- Yo, er kumt fun a taykh lebn Lentshne, vu voynt mayn mishpokhe. Hob ikh gevolt hern frishe nayes fun dortn.
- Nu ?
- Zogt er, az a khoydesh tsayt iz er shoyn in veg !

אין אַ קרעטשמע האָט משה באַשטעלט פֿיש, און ער זיצט די נאָז אין טעלער.
— ר׳ייד, וואָס שמעקט איר אַזוי אַרום דעם פֿיש ? פֿרעגט דער קרעטשמער.
— איך שמעק נישט, איך רעד מיט אים.
— וואָס הייסט, איר רעדט מיט אים ?
— יאָ, ער קומט פֿון אַ טײַך לעבן לענטשנע, וווּ וווינט מײַן משפּחה. האָב איך געוואָלט הערן פֿרישע נײַעס פֿון דאָרטן.
— נו ?
— זאָגט ער, אַז אַ חודש צײַט איז ער שוין אין וועג !

Moyshe commande du poisson dans une auberge, et il est le nez dans l'assiette.
- Pourquoi humez-vous ce poisson comme ça ? Demande l'aubergiste.
- Je ne le hume pas, je lui parle.
- Comment ça, vous lui parlez ?
- Oui, il vient d'un étang près de Lentshne, où vit ma famille. Je voulais avoir des nouvelles fraîches de là-bas.
- Et alors ?
- Il me dit qu'il en est parti il y a déjà un mois !

336

Der Malekh-hamoves klogt zikh far Got az a sakh mener oyf der velt zogn az zeyere vayber zenen nokh erger vi er aleyn iz.
- Nu, gey arop un hob khasene, vestu shoyn aleyn zen.
Er klaybt oys far a vayb a voyl meydl, un nokh a tsayt vert geboyrn a yingele. Ober tsum badoyern, kumt di tsayt ven er ken zi shoyn nisht mer fartrogn... Bet er Got er zol im tsuriknemen tsu zikh.

דער מלאך-המוות קלאָגט זיך פֿאַר גאָט אַז אַ סך מענער אויף דער וועלט זאָגן אַז זייערע ווײַבער זענען נאָך ערגער ווי ער אַליין איז.
— נו, גיי אַראָפּ און האָב חתונה, וועסטו שוין אַליין זען.
ער קלײַבט אויס פֿאַר אַ ווײַב אַ וווּיל מיידל, און נאָך אַ צײַט, ווערט געבוירן אַ ייִנגעלע.
אָבער צום באַדויערן, קומט די צײַט ווען ער קען זי שוין נישט מער פֿאַרטראָגן... בעט ער גאָט ער זאָל אים צוריקנעמען צו זיך.

Chapitre 13 Kapitl 13 קאַפּיטל 13
Finesse d'esprit Khokhme חכמה

Nor eyder er vert farshvundn, derklert er zayn zun :
– Zolstu visn az ikh bin nisht keyn tate vi ale andere tates : ikh bin der Malekh-hamoves.

Ikh farloz dem oylem-haze, nor ikh vil dir bashenken mit a feikeyt, an eyntsiker oyf der velt : du vest vern a barimter dokter, un ven du vest mikh zen lebn a krankn, zolstu visn az du vest im nisht kenen rateven, ikh vel im mitnemen mit mir !
A mol halt a sheyne printsesn shlekht. Di greste doktoyrim veysn shoyn nisht vos tsu ton.
Der meylekh derveyst zikh fun a yungn yidishn dokter mit a gutn shem.
– Oyb ir vet rateven mayn eyntsike tokhter, vel ikh zi aykh gebn far a vayb, mit mayn gants farmegn !
Ven der dokter kumt tsu tsum bet, derzet er dem tatn. Se vert im nisht gut ! Er dernentert zikh tsum tatn un roymt im ayn in oyer :
– Tate, antloyf ! Di mame geyt !

נאָר איידער ער ווערט פֿאַרשווּונדן, דערקלערט ער זײַן זון :
– זאָלסטו וויסן אַז איך בין נישט קיין טאַטע ווי אַלע אַנדערע טאַטעס : איך בין דער מלאך-המוות.

איך פֿאַרלאָז דעם עולם-הזה נאָר איך וויל דיר באַשענקען מיט אַ פֿעיִקייט, אַן איינציקער אויף דער וועלט : דו וועסט ווערן אַ באַרימטער דאָקטער, און ווען דו וועסט מיך זען לעבן אַ קראַנקן, זאָלסטו וויסן אַז דו וועסט אים נישט קענען ראַטעווען, איך וועל אים מיטנעמען מיט מיר !
אַ מאָל האַלט אַ שיינע פּרינצעסין שלעכט. די גרעסטע דאָקטוירים ווייסן שוין נישט וואָס צו טאָן.
דער מלך דערווייסט זיך פֿון אַ יונגן ייִדישן דאָקטער מיט אַ גוטן שם.
– אויב איר וועט ראַטעווען מײַן איינציקע טאָכטער, וועל איך זי אײַך געבן פֿאַר אַ ווײַב, מיט מײַן גאַנץ פֿאַרמעגן !
ווען דער דאָקטער קומט צו צום בעט, דערזעט ער דעם טאַטן. סע ווערט אים נישט גוט ! ער דערנענטערט זיך צום טאַטן און רוימט אים אײַן אין אויער :
– טאַטע, אַנטלויף ! די מאַמע גייט !

L'Ange de la mort se plaint auprès de Dieu que de nombreux hommes sur Terre disent que leurs femmes sont pires qu'il n'est lui-même.
– Descends et marie-toi, tu verras bien par toi-même.
Il se choisit pour femme une gentille jeune fille. Après quelque temps, leur naît un petit garçon. Mais hélas, arrive le jour où il ne peut plus la supporter... Il prie Dieu de le faire remonter.
Mais avant de disparaître, il explique à son fils :
– Sache que je ne suis pas un père comme les autres : je suis l'Ange de la mort. Avant de quitter ce monde-ci, je veux te faire don d'une aptitude unique au monde : tu deviendras un médecin réputé, et quand tu me verras auprès d'un malade, tu sauras que tu ne pourras plus rien pour lui, je l'emporterai avec moi !

Chapitre 13 Kapitl 13 קאַפּיטל 13
Finesse d'esprit Khokhme חכמה

Un jour, une belle princesse est au plus mal. Les plus grands médecins ne savent plus que faire.
Le roi entend parler d'un jeune médecin juif renommé :
– Si vous sauvez ma fille unique, je vous la donne en mariage, avec toute ma fortune !
Lorsque le jeune homme arrive près du lit, il aperçoit son père. Catastrophe ! Alors il s'approche de son père et lui murmure à l'oreille :
– Papa, sauve-toi ! Maman arrive !

חוזק מאַכן.

Khoyzek makhn.

Tourner en dérision.

337

In a gevelb :
– Vifl kost a hering ?
– Tsen groshn.
– Tsen groshn ? Tsu tayer ! Kegn iber kost es nor finef groshn !
– To, koyft kegn iber !
– Ober itst hobn zey shoyn nisht mer keyn hering.
– Azoy ? Bay mir, ven ikh hob shoyn nisht, kost es dray groshn.

אין אַ געוועלב :
– וויפֿל קאָסט אַ הערינג ?
– צען גראָשן.
– צען גראָשן ? צו טײַער ! קעגן איבער קאָסט עס נאָר פֿינעף גראָשן !
– טאָ, קויפֿט קעגן איבער !
– אָבער איצט האָבן זיי שוין נישט מער קיין הערינג.
– אַזוי ? בײַ מיר, ווען איך האָב שוין נישט מער, קאָסט עס דרײַ גראָשן.

Dans une boutique :
– Combien coûte un hareng ?
– Dix groshn.
– Dix groshn ? C'est trop cher ! En face, c'est cinq groshn !
– Alors, allez acheter en face !
– Mais ils n'en ont plus pour l'instant.
– Ah bon ? Chez moi, quand il n'y en a plus, ça coûte trois groshn.

Chapitre 13 | Kapitl 13 | קאַפּיטל 13
Finesse d'esprit | Khokhme | חכמה

338

Moyshe Fifik hot als shokhn eynem fun di greste gvirim fun shtetl, nor zeyer a karger. A mol borgt er baym gevir a zilbernem lefl. Tsvey teg shpeter brengt er im tsurik dem lefl un er git tsu a kleyn lefele.

Der gevir vundert zikh :

– Far vos dos lefele ?

– Vayl bay dayn lefl iz bay mir geboyrn gevorn ot dos lefele, gib ikh dir tsurik di mame mitn kind.

A vokh shpeter kumt er borgn a zilbernem bekher, un er brengt tsurik dem bekher mit a kleyn bekherl.

– Bay dayn bekher, iz geboyrn gevorn a kind.

Tsvey vokhn shpeter iz erev-Khanuke. Moyshe bet dem gevir er zol im layen eynem fun zayne zilberne khanuke-lemp.

– Mit fargenign ! Un a gut yontev !

"Fun dem lomp, trakht er, vel ikh efsher oykh bakumen a kind". Ober er zet nisht mer Moyshen. Tvsey vokhn shpeter, geyt der gevir aleyn tsu im in shtub un er mont dem khanuke-lomp.

– Layder, dayn khanuke-lomp iz nebekh geshtorbn.

– Geshtorbn ? Ganef ! Vi ken a khanuke-lomp shtarbn ?

– Zog mir, oyb a lefl un a bekher kenen hobn kinder, far vos zol a khanuke-lomp nisht kenen shtarbn ?

משה פֿיפֿיק האָט אַלס שכן איינעם פֿון די גרעסטע גבֿירים פֿון שטעטל, נאָר זייער אַ קאַרגער. אַ מאָל באָרגט ער בײַם גבֿיר אַ זילבערנעם לעפֿל. צוויי טעג שפּעטער ברענגט ער אים צוריק דעם לעפֿל און ער גיט צו אַ קליין לעפֿעלע.

דער גבֿיר וווּנדערט זיך :

– פֿאַר וואָס דאָס לעפֿעלע ?

– ווײַל בײַ דײַן לעפֿל איז בײַ מיר געבוירן געוואָרן אָט דאָס לעפֿעלע, גיב איך דיר צוריק די מאַמע מיטן קינד.

אַ וואָך שפּעטער קומט ער באָרגן אַ זילבערנעם בעכער, און ער ברענגט צוריק דעם בעכער מיט אַ קליין בעכערל.

– בײַ דײַן בעכער איז געבוירן געוואָרן אַ קינד.

צוויי וואָכן שפּעטער איז ערבֿ-חנוכּה. משה בעט דעם גבֿיר ער זאָל אים לײַען איינעם פֿון זײַנע זילבערנע חנוכּה-לעמפּ.

– מיט פֿאַרגעניגן ! און אַ גוט יום-טובֿ !

„פֿון דעם לאָמפּ, טראַכט ער, וועל איך אפֿשר אויך באַקומען אַ קינד“.

אָבער ער זעט נישט מער משהן.

צוויי וואָכן שפּעטער, גייט דער גבֿיר אַליין צו אים אין שטוב און ער מאָנט דעם חנוכּה-לאָמפּ.

– לײדער, דײַן חנוכּה-לאָמפּ איז נעבעך געשטאָרבן.

– געשטאָרבן ? גנבֿ ! ווי קען אַ חנוכּה-לאָמפּ שטאַרבן ?

– זאָג מיר, אויב אַ לעפֿל און אַ בעכער קענען האָבן קינדער, פֿאַר וואָס זאָל אַ חנוכּה-לאָמפּ נישט קענען שטאַרבן ?

Moyshe Fifik a comme voisin l'un des notables les plus riches du shtetl*, mais d'une avarice légendaire. Un jour, il vient lui emprunter une cuillère en argent. Deux jours plus tard il la lui rapporte, et il lui donne en plus une petite cuillère.*

Chapitre 13	Kapitl 13	קאַפּיטל 13
Finesse d'esprit	Khokhme	חכמה

Le notable s'étonne :
– Pourquoi cette petite cuillère ?
– Eh bien, ta cuillère a donné naissance chez moi à une petite cuillère. Je te rends la maman et l'enfant.
La semaine suivante, Moyshe emprunte un gobelet d'argent ; et il rapporte le gobelet et un bébé gobelet :
– Ton gobelet a eu un enfant !
Deux semaines plus tard, la veille de Hanouca*, Moyshe prie le notable de lui prêter l'un de ses chandeliers de Hanouca en argent.
– Avec plaisir ! Et bonne fête !
  « J'aurais peut-être aussi un bébé chandelier », se dit-il.
Mais il ne revoit plus Moyshe. Alors au bout de deux semaines il se rend chez Moyshe et il lui réclame son chandelier.
– Hélas, il est arrivé un malheur, ton chandelier est mort.
– Comment ça, mort ? Voleur ! Comment un chandelier peut-il mourir ?
– Dis-moi, si une cuillère et un gobelet peuvent avoir un bébé, pourquoi un chandelier ne pourrait-il pas mourir ?

339

A galekh dertseylt dem rebn :
– Di nakht hot zikh mir gekholemt a modner kholem : ikh bin geven in yidishn ganeydn. A groyser oylem hot dortn geshmuest, gezungen, geshrign !
  Sara tararam, sara gepilder ! A gehenem !
– Oy, vos far a tsufal ! Ruft zikh on der rebe. Mir hot zikh oykh di nakht gekholemt a modner kholem : ikh bin geven in kristlekhn ganeydn. Di zun hot geshaynt iber alerlay prekhtike blumen, feygelekh hobn gezungen ; alts iz geven mild, ruik... Keyner iz dortn nisht geven...

אַ גלח דערצײלט דעם רבין :
– די נאַכט האָט זיך מיר געחלומט אַ מאָדנער חלום : איך בין געװען אין ייִדישן גן-עדן. אַ גרױסער עולם האָט דאָרטן גע־שמועסט, געזונגען, געשריגן !
סאַראַ טאַראַראַם, סאַראַ געפּילדער ! אַ גיהנום !
– אױ, װאָס פֿאַר אַ צופֿאַל ! רופֿט זיך אָן דער רבי. מיר האָט זיך אױך די נאַכט געחולמט אַ מאָדנער חלום : איך בין געװען אין קריסטלעכן גן-עדן. די זון האָט גע־שײַנט איבער אַלערלײַ פּרעכטיקע בלומען, פֿײגעלעך האָבן געזונגען ; אַלץ איז געװען מילד, רויִק... קיינער איז דאָרטן נישט געװען...

Chapitre 13 *Finesse d'esprit*	Kapitl 13 Khokhme	קאַפּיטל 13 חכמה

Un curé raconte à son ami le rabbin :
— Cette nuit j'ai fait un rêve étrange : je me trouvais au paradis des Juifs. Il y avait un monde fou qui discutait, chantait, criait ! Quel chahut ! Quel tumulte ! L'enfer !
— Quelle coïncidence ! S'exclame le rabbin. Moi aussi cette nuit j'ai fait un rêve étrange : je me trouvais au paradis des chrétiens. Le soleil brillait sur toutes sortes de fleurs magnifiques, des oiseaux chantaient ; c'était calme, paisible... Il n'y avait personne...

די געלעגנהייט פֿאַר אַ װיץ.

Di gelegnheyt far a vits.

L'occasion d'un bon mot.

340

Me hot Moshen farmishpet tsum toyt. Farn oysfirn dem mishpet fregt men im, vi geveyntlekht, vos iz zayn letster vuntsh.
— Ikh volt gevolt me zol mikh bagrobn lebn dem prezident !
— Ober der prezident iz nokh nisht geshtorbn !
— Shat nisht ! Ikh hob tsayt, ikh ken vartn !

מע האָט משהן פֿאַרמישפּט צום טויט. פֿאַרן אויספֿירן דעם מישפּט פֿרעגט מען אים, װי געװײנטלעך, װאָס איז זײַן לעצטער װוּנטש.
— איך װאָלט געװאָלט מע זאָל מיך באַ־גראָבן לעבן דעם פּרעזידענט !
— אָבער דער פּרעזידענט איז נישט גע־שטאָרבן !
— שאַט נישט ! איך האָב צײַט, איך קען װאַרטן !

Moyshe doit être exécuté. Selon la coutume, on lui demande quel est son dernier vœu.
— Je souhaite être enterré à côté du président !
— Mais le président n'est pas mort !
— C'est pas grave ! J'ai le temps, je peux attendre !

341

Yankl iz dem meylekhs lets. A mol geyt farbay a minister, a soyne-yisroel, tut er tsu im a zog :
— Gemeyner khazir !

יאַנקל איז דעם מלכס לץ. אַ מאָל גייט פֿאַרבײַ אַ מיניסטער, אַ שׂונא-ישׂראל, טוט ער צו אים אַ זאָג :
— געמיינער חזיר !

Chapitre 13 Kapitl 13 קאַפּיטל 13
Finesse d'esprit Khokhme חכמה

– Zeyer angenem, her Khazir ! Der meylekh muz im farmishpetn tsum toyt, ober er vil im ton a toyve. – A dank dir, hob ikh azoy oft gelakht, to megstu aleyn dir oysklaybn dayn toyt : tlie, sam, a vilde khaye, tsi epes andersh… – Adoyni meylekh, ikh vil shtarbn… fun elter !	– זייער אַנגענעם, הער חזיר ! דער מלך מוז אים פֿאַרמישפּטן צום טויט, אָבער ער וויל אים טאָן אַ טובֿה. – אַ דאַנק דיר, האָב איך אַזוי אָפֿט געלאַכט, טאָ מעגסטו אַליין דיר אויסקלייבן דיין טויט : תּליה, סם, אַ ווילדע חיה, צי עפּעס אַנדערש… – אַדוני מלך, איך וויל שטאַרבן… פֿון עלטער !

Yankl est le bouffon du roi. Un jour un ministre, qui n'aime pas les Juifs, croise Yankl et lui lance :
– Sale porc !
– Enchanté, Monsieur Porc !
Le roi est obligé de le condamner à mort, mais il veut lui accorder une faveur :
– Pour toutes les fois où tu m'as fait rire, je te laisse le choix de ta mort : potence, poison, bête sauvage ou autre…
– Honoré Seigneur, je veux mourir… de vieillesse !

342

A gazlen bafalt a Yid : – S'gelt, oder s'lebn ! – Oy, hot rakhmones, ikh bet aykh ! Oyb ikh kum aheym on gelt, vet mayn vayb mir makhn a shvartsn sof ! – Es tut mir layd, nor bay mir iz di zelbe mayse !	אַ גזלן באַפֿאַלט אַ ייִד : – ס׳געלט אָדער ס׳לעבן ! – אוי, האָט רחמנות, איך בעט אייַך ! אויב איך קום אַהיים אָן געלט, וועט מייַן ווייַב מיר מאַכן אַ שוואַרצן סוף ! – עס טוט מיר לייַד, נאָר ביי מיר איז די זעלבע מעשׂה !

Un brigand agresse un Juif :
– La bourse ou la vie !
– Oy pitié, je vous en supplie ! Si je rentre à la maison sans argent, je me fais écharper par ma femme !
– Désolé, mais chez moi, c'est la même chose !

Chapitre 14 Kapitl 14 קאַפּיטל 14
Culot Khutspe חוצפּה

חוצפּה

KHUTSPE

CULOT

מיט דעם וואָרט „חוצפּה“ מיינט מען תּקיפֿות, עזות, אומפֿאַרשעמטקייט...
עס זײַנען פֿאַראַן חוצפּהדיקע שדכונים אויך,
נאָר דער עיקר געפֿינט מען חוצפּה בײַ שנאָרערס : מיר האָבן דאָס געזען אין
זייער באַזונדערן קאַפּיטל ; אָבער זיי האָבן כאָטש אַ נוץ פֿון דער דאָזיקער מעלה,
אַ שׂכלדיק און צוגעפּאַסט מיטל פֿאַר זייער „פֿאַך“, זייער פּרנסה הייסט עס.
אין קעגנטייל, ווײַזן די ווײַטערדיקע מעשׂיות אַ פּראָסט-פּשוטע
אומפֿאַרשעמטקייט, אָפֿט מאָל צוזאַמען מיט נאַרישקייט,
אַפֿילו אויב מע הערט אַ מאָל אַ געשליפֿענעם אָפּענטפֿער.

Mit dem vort « khutspe » meynt men tkifes, azes, umfarshemtkeyt…
Es zaynen faran khutspedike shadkhonim oykh,
nor der iker gefint men khutspe bay shnorers : mir hobn dos gezen
in zeyer bazundern kapitl ; ober zey hobn khotsh a nuts fun
der doziker mayle, a seykhldik un tsugepast mitl far zeyer “fakh”,
zeyer parnose, heyst es.
In kegnteyl, vayzn di vayterdike mayses a prost-poshete
umfarshemtkeyt, oft mol tsuzamen mit narishkeyt,
afile oyb me hert a mol a geshlifenem opentfer.

Le terme “khutspe” recouvre les notions de toupet, aplomb, sans-gêne...*
Ainsi, certains marieurs sont sans vergogne,
mais surtout les shnorers, nous l'avons vu dans le chapitre qui leur est*
dédié, ne manquent pas de culot ; ils tirent profit de cet avantage qu'ils
utilisent à bon escient pour leur « métier », c'est-à-dire leur gagne-pain.
A l'inverse, les histoires qui suivent illustrent le sans-gêne
pur et simple, éhonté et souvent stupide,
même si parfois certaines réparties sont assez subtiles.

עס טרעפֿט אַז צו דער חצפּה קומט נאָך צו אַ ביסל טיפּשות, אָדער אַ סך.

Es treft az tsu der khutspe kumt nokh tsu a bisl tipshes, oder a sakh.

Le culot est parfois aggravé par une dose plus ou moins grande de stupidité.

<u>*343*</u>

A Yidene borgt a shisl bay a shokhente. A por teg shpeter brengt zi tsurik di shisl. Di shokhente bamerkt az di shisl iz tseshpoltn, heybt zi on tsu shrayen :
– Host mir kalye gemakht di shisl : zi iz tseshpoltn !
Entfert di Yidene:
– Koydem-kol, iz di shisl nisht tseshpoltn ! Tsveytns, iz zi shoyn geven tseshpoltn ! Un nokh beser : ikh hob bay dir keyn mol nisht geborgt keyn shum shisl !

אַ ייִדענע באָרגט אַ שיסל בײַ אַ שכנטע. אַ פּאָר טעג שפּעטער ברענגט זי צוריק די שיסל. די שכנטע באַמערקט אַז די שיסל איז צעשפּאָלטן, הייבט זי אָן צו שרײַען :
– האָסט מיר קאַליע געמאַכט די שיסל : זי איז צעשפּאָלטן !
ענטפֿערט די ייִדענע :
– קודם-כּל, איז די שיסל נישט צעשפּאָלטן ! צווייטנס, איז זי שוין געווען צעשפּאָלטן ! און נאָך בעסער : איך האָב בײַ דיר קיין מאָל נישט געבאָרגט קיין שום שיסל !

Une femme emprunte un saladier chez sa voisine. Quelques jours plus tard, elle le lui rapporte.
La voisine remarque qu'il est fêlé et elle se met à crier :
– Tu as abîmé mon saladier : il est fêlé !
L'autre répond :
– D'abord, le saladier n'est pas fêlé !
Deuxièmement, il était déjà fêlé !
Mieux encore : je ne t'ai jamais emprunté de saladier !

<u>*344*</u>

Yankl zitst in a teater. Punkt hinter im zitstn man-un-vayb, vos haltn in eyn redn. Er vert oyfgeregt un dreyt zikh oys :
– Ikh her gornisht !
Zogt dos vayb tsum man :

יאַנקל זיצט אין אַ טעאַטער. פּונקט הינטער אים זיצן מאַן-און-ווײַב, וואָס האַלטן אין איין רעדן. ער ווערט אויפֿגערעגט און דרייט זיך אויס :
– איך הער גאָרנישט !
זאָגט דאָס ווײַב צום מאַן :

| *Chapitre 14* | Kapitl 14 | קאַפּיטל 14 |
| *Culot* | Khutspe | חוצפּה |

– Herst a khutspe fun a mentsh ? Er vil hern dos alts vos mir zogn !

– הערסט אַ חוצפּה פֿון אַ מענטש ? ער וויל הערן דאָס אַלץ וואָס מיר זאָגן !

Yankl est assis au théâtre. Juste derrière lui, un couple n'arrête pas de bavarder. Il s'énerve et finit par se retourner :*
– Je n'entends rien !
Alors la femme dit à son mari :
– Tu te rends compte, le culot de ce type ? Il veut entendre tout ce que nous disons !

345

– Yankl, du bist mir shuldik toyznt eyros. Gib zey mir tsurik !
Yener vayzt im zayn bloknot :
– Gib a kuk ! Du shteyst do, der ershter, zest ?
"Moyshe, toyznt eyros".
– Ikh lakh zikh oys fun dayn bloknot ! Gib mir tsurik mayn gelt !
– Ikh hob es nisht ! Di kumendike vokh...
A vokh shpeter :
– Nu, vu iz mayn gelt ?
– Ikh hob es alts nisht !
Di drite vokh :
– Gib a kuk oyf mayn bloknot ! Du shteyst do, der ershter ! Zest ?
"Moyshe, toyznt eyros".
– Dayn bloknot, kenst es aynmarinirn in zoyern !
– Zolst tsu mir azoy nisht redn ! Ikh ken dikh bald opmekn !

– יאַנקל, דו ביסט מיר שולדיק טויזנט אייראָס. גיב זיי מיר צוריק !
יענער ווײַזט אים זײַן בלאָקנאָט :
– גיב אַ קוק ! דו שטייסט דאָ, דער ערש-טער, זעסט ?
„משה, טויזנט אייראָס“.
– איך לאַך זיך אויס פֿון דײַן בלאָקנאָט ! גיב מיר צוריק מײַן געלט !
– איך האָב עס נישט ! די קומענדיקע וואָך...
אַ וואָך שפּעטער :
– נו, ווּ איז מײַן געלט ?
– איך האָב עס אַלץ נישט !
די דריטע וואָך :
– גיב אַ קוק אויף מײַן בלאָקנאָט ! דו שטייסט דאָ, דער ערשטער ! זעסט ?
„משה, טויזנט אייראָס“.
– דײַן בלאָקנאָט, קענסט עס אײַנמאַרינירן אין זויערן !
– זאָלסט צו מיר אַזוי נישט רעדן ! איך קען דיך באַלד אָפּמעקן !

– Yankl, tu me dois mille euros. Rends-les moi !
L'autre lui montre son carnet :
– Jette un coup d'œil ! Tu es le premier là, sur la liste ! Tu vois ?
« Moyshe, mille euros ».
– Je me moque de ton carnet ! Rends-moi mon argent !

Chapitre 14 Kapitl 14 קאַפּיטל 14
Culot Khutspe חוצפּה

– Je ne l'ai pas ! La semaine prochaine...
La semaine suivante :
– Alors, mon argent ?
– Toujours pas !
La troisième semaine :
– Jette un coup d'œil sur mon carnet ! Tu es le premier là, sur la liste ! Tu vois ?
« Moyshe, mille euros ».
– Ton carnet, tu peux te le mettre où je pense !
– Ne me parle pas comme ça ! Je peux tout de suite te supprimer d'un coup de gomme !

346

A Yid shpatsirt oyf der gas. Kumt eyner fun hintn un git im a klap in pleytse. Der Yid dreyt zikh oys :
– Vos iz ? Mir iz men oykh shuldik gelt !

אַ ייִד שפּאַצירט אויף דער גאַס. קומט איינער פֿון הינטן און גיט אים אַ קלאַפּ אין פּלייצע. דער ייִד דרייט זיך אויס :
– וואָס איז ? מיר איז מען אויך שולדיק געלט !

Un Juif marche dans la rue. Quelqu'un vient derrière lui et lui tape sur l'épaule. Il se retourne :
– Et alors ? À moi aussi, on doit de l'argent !

347

– Git mir a fleshl vodke.
– Itst iz faran a metsie : eyn fleshl kost tsvantsik eyros un far finef un draysik eyros, kent ir krign a tsveyte flash.
– Nat aykh fuftsn eyros un git mir dos tsveyte fleshl !

– גיט מיר אַ פֿלעשל וואָדקע.
– איצט איז פֿאַראַן אַ מציאה : איין פֿלעשל קאָסט צוואַנציק אייראָס און פֿאַר פֿינעף און דרײַסיק אייראָס, קענט איר קריגן אַ צווייטע פֿלאַש.
– נאַט אײַך פֿופֿצן אייראָס און גיט מיר דאָס צווייטע פֿלעשל !

– Donnez- moi une bouteille de vodka.
– Il y a en ce moment une promotion : une bouteille coûte vingt euros, et pour trente cinq euros, vous avez deux bouteilles.
– Tenez, voilà quinze euros et donnez-moi la deuxième bouteille !

| *Chapitre 14* | Kapitl 14 | קאַפּיטל 14 |
| *Culot* | Khutspe | חוצפּה |

348

– Rebe, meg a mentsh hobn a nuts fun yenems a toes ? – Beshum-oyfn nisht ! – Ir zent zikher, Rebe ? – In gantsn zikher ! – To zayt azoy gut, git mir tsurik di toyznt eyros vos ikh hob aykh batsolt ven ir hot mir gegebn khupe-vekidushn…	– רבי, מעג אַ מענטש האָבן אַ נוץ פֿון יענעמס אַ טעות ? – בשום-אופֿן נישט ! – איר זענט זיכער, רבי ? – אין גאַנצן זיכער ! – טאָ זײַט אַזוי גוט, גיט מיר צוריק די טויזנט אייראָס וואָס איך האָב אײַך באַצאָלט ווען איר האָט מיר געגעבן חופּה-וקידושין…

– Rabbi, quelqu'un peut-il tirer profit de l'erreur d'autrui ?
– En aucun cas !
– Vous êtes sûr, Rabbi ?
– Sûr et certain !
– Alors, soyez gentil, rendez-moi les mille euros que je vous ai donnés pour célébrer mon mariage !

349

An alte froy vart oyfn oytobus. Ven er shtelt zikh op, zogt zi tsum shofer : – Ir zet dokh vos ikh bin : zayt azoy gut, dernentert zikh tsum trotuar. Nokh shvere manevers, iz der oytobus bald tsu di fis ire. Zi geyt aroyf un ven s'kumt tsu batsoln dem bilet, derlangt zi a groysn banknot : – Ir zet dokh vos ikh bin : hob ikh nisht keyn mezumonim, git mir kleyngelt ! Dernokh, – Ir zet dokh vos ikh bin, zogt zi tsu a froy : ikh muz zitsn mitn ponem tsum fornt, to lozt mir ayer plats… Ven der oytobus kumt shoyn on vu zi darf aropgeyn, zogt zi vider tsum shofer :	אַן אַלטע פֿרוי וואַרט אויפֿן אויטאָבוס. ווען ער שטעלט זיך אָפּ, זאָגט זי צום שאָפֿער : – איר זעט דאָך וואָס איך בין : זײַט אַזוי גוט, דערנענטערט זיך צום טראָטואַר. נאָך שווערע מאַנעווערס, איז דער אויטאָבוס באַלד צו די פֿיס אירע. זי גייט אַרויף און ווען ס'קומט צו באַצאָלן דעם בילעט, דערלאַנגט זי אַ גרויסן באַנקנאָט : – איר זעט דאָך וואָס איך בין : האָב איך נישט קיין מזומנים, גיט מיר קלײנגעלט ! דערנאָך, – איר זעט דאָך וואָס איך בין, זאָגט זי צו אַ פֿרוי : איך מוז זיצן מיטן פּנים צום פֿאָרנט, טאָ לאָזט מיר אײַער פּלאַץ… ווען דער אויטאָבוס קומט שוין אָן ווו זי דאַרף אַראָפּגיין, זאָגט זי ווידער צום שאָפֿער :

– Ir zet dokh vos ikh bin : dernentert zikh tsum trotuar.
Er folgt oys, nor eyder zi geyt arop fregt er, neygerik :
– Vos heyst :
"Ir zet dokh vos ikh bin"?
Vos zhe zent ir ?
– Ikh ? Ikh bin a khutspenitse !

– איר זעט דאָך וואָס איך בין : דערנענ-טערט זיך צום טראָטואַר.
ער פֿאָלגט אויס, נאָר איידער זי גייט אַראָפּ פֿרעגט ער, נייגעריק :
– וואָס הייסט :
„איר זעט דאָך וואָס איך בין“ ?
וואָס זשע זענט איר ?
– איך ? איך בין אַ חוצפּהניצע !

Une vieille dame attend l'autobus. Quand il s'arrête, elle s'adresse au chauffeur :
– Vous voyez bien qui je suis, je vous en prie, approchez-vous au ras du trottoir.
Après de longues manœuvres, l'autobus se place juste devant ses pieds.
Elle monte et au moment de payer son billet, elle tend une grosse coupure :
– Vous voyez bien qui je suis, je n'ai pas l'appoint. Donnez-moi de la petite monnaie !
Ensuite,
– Vous voyez bien qui je suis, dit-elle à une passagère, il faut que je sois assise dans le sens de la marche. Cédez-moi donc votre place…
Quand l'autobus arrive là où elle doit descendre, elle s'adresse à nouveau au chauffeur :
– Vous voyez bien qui je suis, approchez-vous du trottoir !
Il s'exécute, mais avant qu'elle ne descende il lui demande, curieux :
– Que signifie :
« Vous voyez bien qui je suis » ?
Qu'êtes vous donc ?
– Moi ? Je suis la reine du culot !

Chapitre 15 Kapitl 15 קאַפּיטל 15
Religion Emune אמונה

אמונה

EMUNE

RELIGION

„מיר לעבן אייביק“ שטייט געשריבן אין אַ ייִדיש ליד[1].
צוזאַמען מיט קאַמף און ווידערשטאַנד, האָט די אמונה
געהאָלפֿן דעם פֿאָלק ישׂראל איבערצוטראָגן יאָרטויזנטער גלות,
דורכן איבערגעבן אירע געזעצן און מינהגים, פֿון דור צו דור.
אין אַכצעטן יאָרהונדערט האָט דער בעל-שם-טובֿ געגרינדעט דעם חסידיזם,
וואָס הייסט זײַן פֿרום מיט פֿרייד און מיט ברען.
דער ווילנער גאָון, און נאָך אים די מתנגדים, זײַנען געווען שטאַרק אַנטקעגן אַזאַ באַגריף :
פֿאַר זיי ליגט דער יסוד פֿון ייִדישקייט אין לערנען תּורה און אָפּהיטן די הלכה.
הײַנט צו טאָג קען מען אונטערשיידן עטלעכע שטראָמען : חרדים, אָרטאָדאָקסן
און די קאָנסערוואַטיווע און ליבעראַלע שטרעמונגען, רעפֿאָרעם-ייִדישקייט הייסט עס.
אַזוי נאָך, קומט יעדער איינער אויס מיט זײַן פֿאַרבינדונג מיט גאָט.
איינער היט שטרענג אָפּ אַלע מיצוות ; אַ צווייטער היט אָפּ כּשרות און פֿאָרט אום שבת ;
אַ דריטער האַלט זיך פֿאַר אַ וועלטלעכן ייִד נאָר ער פּראַוועט פֿאָרט
די עיקערדיקע יום-טובֿים און אַ פּאָר ריטואַלן.
אַן אַנדערן זעט מען איין מאָל אַ יאָר אין שול יום-כּפּור ;
נאָך אַן אַנדערער האַלט זיך אַנטשלאָסן פֿאַר אַ ייִד,
כאָטש ער האָט זיך אין גאַנצן דערווײַטערט פֿון דער רעליגיע...

(1) דאָס ליד האָט אָנגעשריבן לייב ראָזענטאַל אין ווילנער געטאָ, בעת דער צווייטער וועלט-מלחמה.

"Mir lebn eybik" shteyt geshribn in a yidish lid[1].
Tsuzamen mit kamf un vidershtand, hot di emune geholfn
dem folk Yisroel ibertsutrogn yortoyznter goles,
durkhn ibergebn ire gezetsn un minhogim, fun dor tsu dor.
In akhtsetn yorhundert hot der Bal-Shem-Tov gegrindet dem khsidizm,
vos heyst zayn frum mit freyd un mit bren.
Der vilner goen, un nokh im di misnagdim, zaynen geven
shtark antkegn aza bagrif : far zey ligt der yesod fun yidishkeyt
in lernen toyre un ophitn di halokhe.

Chapitre 15 Kapitl 15 15 קאַפּיטל
Religion Emune אמונה

Haynt tsu tog ken men untersheydn etlekhe shtromen : khareydim,
ortodoksn un di conservative un liberale shtremungen,
reforem-yidishkeyt, heyst es.
Azoy nokh, kumt yeder eyner oys mit zayn farbindung mit Got.
Eyner hit shtreng op ale mitsves ; a tsveyter hit op kashres un fort
um shabes ; a driter halt zikh far a veltlekhn Yid nor er pravet
fort di ikerdike yontoyvim un a por ritualn.
An andern zet men eyn mol a yor in shul Yomkiper ;
nokh an anderer halt zikh antshlosn far a Yid,
khotsh er hot zikh in gantsn dervaytert fun der religye…

(1) Dos lid hot ongeshribn Leyb Rozenthal in vilner geto, beys der tsveyter velt-milkhome.

« Nous sommes éternels » dit une chanson yiddish(1).
Aux côtés de la lutte et de la résistance, la religion a contribué à permettre
au peuple juif, dispersé dans la diaspora, de traverser des millénaires.*
Et cela grâce à la transmission des lois religieuses,
de génération en génération.
Au 18ème siècle est né le hassidisme, fondé par le Balshemtov,*
préconisant une piété joyeuse et fervente.
Le Gaon de Vilno, suivi par les misnagdim, s'est violemment opposé à*
*cette conception, l'étude de la Torah et le respect des règles de la halakha**
étant pour eux le fondement même du judaïsme.
De nos jours, on distingue plusieurs courants : les ultraorthodoxes,
les orthodoxes et les mouvements réformés - « conservative » et libéral.
Ainsi, chacun s'arrange dans sa relation avec Dieu.
L'un observe les mitsvot à la lettre ; l'autre respecte la casherout* mais*
voyage le shabbat ; le troisième se dit laïque mais observe les traditions*
des grandes fêtes juives et certains rituels.
Un autre, le « Juif de Kippour », se montre à la synagogue une fois par an ;
un autre encore aura complètement pris ses distances par rapport à la
religion, tout en se revendiquant comme juif…

(1) Ce chant, « Mir lebn eybik », a été écrit par Leyb Rozenthal dans le ghetto de Vilnius, pendant la seconde guerre mondiale.

Chapitre 15
Religion

Kapitl 15 — Emune

קאַפּיטל 15 — אמונה

ריטואַלן און עבֿירות.

Ritualn un aveyres.

Rites et transgressions.

350

A retenish, a karikatur : vos iz der untersheyd tsvishn ortodoksn, konservativn un liberaln Yidn ?
Entfer :
  Oyf a khasene, bay di ortodoksn, shvangert der kales mame. Bay di konservativn, shvangert di kale. Un bay di liberaln, shvangert di rabinerte !

אַ רעטעניש, אַ קאַריקאַטור : וואָס איז דער אונטערשייד צווישן אָרטאָדאָקסן, קאָנסערוואַטיוון און ליבעראַלן ייִדן ?
ענטפֿער :
אויף אַ חתונה, בײַ די אָרטאָדאָקסן שוואַנגערט דער כּלהס מאַמע. בײַ די קאָנסערוואַטיוון, שוואַנגערט די כּלה. און בײַ די ליבעראַלן, שוואַנגערט די ראַבינערטע !

Une devinette, caricaturale : quelle est la différence entre des Juifs orthodoxes, conservateurs et libéraux ?
Réponse : au cours d'un mariage,
  chez les Juifs orthodoxes, la mère de la mariée est enceinte. Chez les conservateurs, la mariée est enceinte. Et chez les libéraux, c'est la rabbine qui est enceinte !

351

Moyshe kumt tsu zayn fraynd Yanklen un er zet a mezuze oyf dem bayshtidl.
– Ikh hob gemeynt az du gleybst gornisht in di zakhn !
– Vos ken es shatn ?

משה קומט צו זײַן פֿרײַנד יאַנקלען און ער זעט אַ מזוזה אויף דעם בײַשטידל.
— איך האָב געמיינט אַז דו גלייבסט גאָרנישט אין די זאַכן !
— וואָס קען עס שאַטן ?

Moyshe vient chez son ami Yankl et voit une mezouza* sur le chambranle de la porte :
– Je pensais que tu ne croyais pas du tout à ces choses-là !
– Ça ne peut pas faire de mal !

Chapitre 15 Kapitl 15 קאַפּיטל 15
Religion Emune אמונה

352

Es iz erev Yomkiper. Tsvey sokhrim konkurentn, vos zaynen shoyn fun lang broygez, bashlisn sholem tsu makhn.
Zogt der ershter :
– Ikh vintsh dir dos ales vos du vintshst mir !
Un yener :
– Shoyn ! Du heybst shoyn vayter on ?

עס איז ערבֿ יום-כּיפּור. צוויי סוחרים קאָנקורענטן, וואָס זײַנען שוין פֿון לאַנג ברוגז, באַשליסן שלום צו מאַכן.
זאָגט דער ערשטער :
– איך ווינטש דיר דאָס אַלעס וואָס דו ווינטשסט מיר !
און יענער :
– שוין ! דו הייבסט שוין ווײַטער אָן ?

C'est la veille de Kippour. Deux concurrents, fâchés depuis de longues années, décident de se réconcilier.*
Le premier dit :
– Je te souhaite tout ce que tu me souhaites !
Et l'autre rétorque :
– Ça y est ! Tu recommences déjà !

353

– Rebe, ikh vil vern a koyen. Ikh bet aykh, helft mir vern a koyen. Ikh vel gebn far undzer shul vi fil ir vet nor heysn, abi ikh zol vern a koyen !
– Dos Moyshe, iz an ummeglekhe zakh.
A Yid ken nisht vern keyn koyen. Er iz a koyen ven er iz geboyrn gevorn als koyen. Nor zog mir, far vos vilstu plutsthalbn vern a koyen ?
– Rebe, ikh vel aykh derklern : ikh hob zikh esrsht dervust az mayn zeyde un oykh mayn tate zaynen koyanim, to vil ikh oykh azoy !

– רבי, איך וויל ווערן אַ כּהן. איך בעט אײַך, העלפֿט מיר ווערן אַ כּהן. איך וועל געבן פֿאַר אונדזער שול ווי פֿיל איר וועט נאָר הייסן, אַבי איך זאָל ווערן אַ כּהן !
– דאָס משה, איז אַן אוממעגלעכע זאַך.
אַ ייִד קען נישט ווערן קיין כּהן. ער איז אַ כּהן, ווען ער איז געבוירן געוואָרן אַלס כּהן. נאָר זאָג מיר, פֿאַר וואָס ווילסטו פּלוצט-האַלבן ווערן אַ כּהן ?
– רבי, איך וועל אײַך דערקלערן : איך האָב זיך ערשט דערוווּסט אַז מײַן זיידע און אויך מײַן טאַטע זײַנען כּהנים, טאָ וויל איך אויך אַזוי !

– Rabbi, je veux être un cohen. Je vous en supplie, aidez-moi à devenir un cohen. Je ferai un don pour notre shul* de la somme que vous me demanderez, pourvu que je devienne un cohen !*
– Cela Moyshe, est absolument impossible. Un Juif ne peut devenir cohen, il est cohen s'il naît cohen.

Chapitre 15	Kapitl 15	קאַפּיטל 15
Religion	Emune	אמונה

Mais dis-moi, pourquoi veux-tu soudain devenir cohen ?
— Rabbi, je vais vous expliquer : je viens d'apprendre que mon grand-père et mon père sont des cohanim*, alors moi aussi, je veux être un cohen !

354

— Rebe, ikh hob gezindikt : ikh bin geven in restoran un ikh hob gegesn umgevashn.
— Un far vos hostu gegesn umgevashn ?
— Ikh hob zikh geshemt, vayl s'iz nisht geven keyn kosherer restoran.
— Un far vos bistu gegangen in a nisht koshern restoran ?
— Vayl di koshere restoranen zenen geven farmakht.
— Un far vos zenen zey geven farmakht ?
— Vayl s'iz geven Yomkiper !

— רבי, איך האָב געזינדיקט : איך בין גע־
װען אין רעסטאָראַן און איך האָב געגעסן
אומגעװאַשן.
— און פֿאַר װאָס האָסטו געגעסן אומגע־
װאַשן ?
— איך האָב זיך געשעמט, װײַל ס'איז נישט
געװען קײן כּשרער רעסטאָראַן.
— און פֿאַר װאָס ביסטו געגאַנגען אין אַ
נישט כּשרן רעסטאָראַן ?
— װײַל די כּשרע רעסטאָראַנען זענען געװען
פֿאַרמאַכט.
— און פֿאַר װאָס זענען זײ געװען פֿאַר־
מאַכט ?
— װײַל ס'איז געװען יום־כּיפּור !

— *Rabbi, j'ai péché : j'étais au restaurant et je n'ai pas respecté le lavage rituel des mains, avant de manger.*
— *Et pourquoi ne t'es-tu pas lavé les mains comme il se doit ?*
— *J'étais gêné car ce n'était pas un restaurant casher*.*
— *Et pourquoi es-tu allé dans un restaurant non casher ?*
— *Parce que les restaurants casher étaient fermés.*
— *Et pourquoi étaient-ils fermés ?*
— *Parce que c'était Yom-Kippour*[(1)] !*

[(1)] *Jour du Grand Pardon, jour de jeûne.*

355

Es iz der yontev Sukes. Oyfn balkon fun zayn voynung hot Moyshe oyfgeshtelt a suke. Taynet der struzh, vos iz nisht keyn Yid :
— Vos shteyt oyf ayer balkon ? Loyt dem gezets fun hoyz, muzt ir dos

עס איז דער יום־טובֿ סוכּות. אױפֿן באַלקאָן
פֿון זײַן װױנונג האָט משה אױפֿגעשטעלט
אַ סוכּה. טענהט דער סטרוזש, װאָס איז
נישט קײן ייִד :
— װאָס שטײט אױף אײַער באַלקאָן ? לױט
דעם געזעץ פֿון הױז, מוזט איר דאָס

aropnemen !
– Ikh farshtey... Nor baruikt zikh... In a vokh arum, vet shoyn gornisht zayn !

אַראָפּנעמען !
– איך פֿאַרשטיי... נאָר באַרויִקט זיך... אין אַ וואָך אַרום, וועט שוין גאָרנישט זײַן !

C'est la fête de Soucot[(1)]. Sur le balcon de son appartement, Moyshe a installé la souca[(2)].*
Le concierge, qui n'est pas juif, s'adresse à lui :
– Qu'est-ce que c'est là, sur votre balcon ? D'après le règlement de copropriété, vous devez enlever ça !
– Je comprends... Mais rassurez-vous... Dans une semaine, il n'y aura plus rien !

(1) *Soucot = fête des cabanes, qui dure précisément huit jours.*
(2) *La souca est une cabane de branchages dans laquelle on prend les repas pendant Soucot.*

356

Moyshe hot zayn shtul in shul, nor er kumt nisht mer vi tsvey-dray mol a yor.
Yedes mol shoklt er zikh, un er dankt Got :
– Ikh hob a gute parnose un bloyz nakhes fun di kinder.
Kh'hob zikh itst nisht lang gekoyft a Dzhaguar, un a prekhtike vile in Kan. Un di gantse mishpokhe mayne iz keyneynore gezunt ayzn ! Oy Reboyne-sheloylem, a loyb tsu dir !
Yankl zitst lebn im un hert zikh tsu.
Hot er taynes tsu Moyshen :
– Vu iz di yoysher ? Ikh kum yedn tog. Ikh davn sakhres, minkhe un mayrev. Ikh fast ven me darf fastn un ikh hit op ale mitsves ! Un dokh, gelingt mir gornisht : ikh hob nisht keyn parnose, yedn montik un donershtik bin ikh baym dokter, mayn vayb geyt arum mit an aropgelozter noz un mayn zun hot khasene gehat mit a shikse !

משה האָט זײַן שטול אין שול, נאָר ער קומט נישט מער ווי צוויי-דרײַ מאָל אַ יאָר.
יעדעס מאָל שאָקלט ער זיך, און ער דאַנקט גאָט :
– איך האָב אַ גוטע פּרנסה און בלויז נחת פֿון די קינדער.
כ׳האָב זיך איצט נישט לאַנג געקויפֿט אַ דזשאַגואַר, און אַ פּרעכטיקע ווילע אין קאַן. און די גאַנצע משפּחה מײַנע איז קיין עין-הרע געזונט אײַזן ! אוי רבונו-של-עולם, אַ לויב צו דיר !
יאַנקל זיצט לעבן אים און הערט זיך צו.
האָט ער טענות צו משהן :
– ווּ איז די יושר ? איך קום יעדן טאָג. איך דאַוון שחרית, מינחה און מעריבֿ. איך פֿאַסט ווען מע דאַרף פֿאַסטן און איך היט אָפּ אַלע מיצוות ! און דאָך, געלינגט מיר גאָרנישט : איך האָב נישט קיין פּרנסה, יעדן מאָנטיק און דאָנערשטיק בין איך בײַם דאָקטער, מײַן ווײַב גייט אַרום מיט אַן אַראָפּ-געלאָזטער נאָז און מײַן זון האָט חתונה געהאַט מיט אַ שיקסע !

Chapitre 15 Kapitl 15 קאַפּיטל 15
Religion Emune אמונה

Un du kumst eyn mol in a Pirem, un alts gelingt dir !
– Her oys Yankl, zolstu visn az undzer Gotenyu, tor men nisht nudyen !

און דו קומסט איין מאָל אין אַ פּורים, און אַלץ געלינגט דיר !
– הער אויס יאַנקל, זאָלסטו וויסן אַז אונדזער גאָטעניו, טאָר מען נישט נודיען !

Moyshe a sa place réservée à l'année à la synagogue, mais il n'y vient pas plus de deux ou trois fois par an !
Chaque fois, en se balançant, il remercie Dieu…
– Je gagne bien ma vie et mes enfants ne me donnent que des satisfactions. Je viens de m'acheter une Jaguar et une villa splendide à Cannes. Et toute ma famille, sans le mauvais œil, est en excellente santé ! Oh Maître de l'Univers, loué sois-tu !
Yankl, assis près de lui, entend tout cela et il enrage :
– Y'a pas de justice ! Moi je viens chaque jour. Je fais les prières du matin, de l'après-midi et du soir. Je respecte tous les jeûnes prescrits et je m'acquitte de tous les commandements ! Et pourtant, rien ne me réussit : j'ai du mal à gagner de quoi vivre, tous les quatre matins je suis chez le médecin, ma femme me fait la tête et mon fils s'est marié hors de la communauté !
Alors que toi, tu viens la semaine des quatre jeudis et des trois dimanches, et tout te réussit !
– Ecoute Yankl, il faut que tu saches que notre Gotenyu, il ne faut pas l'importuner jusqu'à la nausée !*

357

Sure iz shoyn draysik yor alt un hot alts nisht khasene gehat.
Tate-mame haltn in eyn fregn :
– Nu Surele, ven brengstu shoyn a khosn ? … Biz dem tog :
– Tate, mame, ikh hob shoyn a khosn !
Me ladt im ayn. Kumt arayn a bokher mit bord un peyes, mit a shvartser kapote un vayse zokn.
Ruft zikh on di mame :
– Ikh bet iber ayer koved : vos tut a Yid ?

שׂרה איז שוין דרייַסיק יאָר אַלט און זי האָט אַלץ נישט חתונה געהאַט.
טאַטע-מאַמע האַלטן אין איין פֿרעגן :
– נו שׂרהלע, ווען ברענגסטו שוין אַ חתן ?
… ביז דעם טאָג :
– טאַטע, מאַמע, איך האָב שוין אַ חתן !
מע לאַדט אים איַין. קומט אַרייַן אַ בחור מיט באָרד און פּאות, מיט אַ שוואַרצער קאַפּאָטע און ווייַסע זאָקן.
רופֿט זיך אָן די מאַמע :
– איך בעט איבער אייַער כּבֿוד : וואָס טוט אַ ייִד ?

– Ikh bin a yeshive-bokher.
– Zeyer fayn ! Un... nokh der yeshive, vos vet zayn ?
– Ikh vel vayter lernen Toyre !
– Un vu vet ir voynen mit Surelen ?
– Hashem-yisborekh vet shoyn zorgn !
– Un parnose ?
– Hashem-yisborekh vet shoyn zorgn !
Dreyt zikh di mame tsum tatn :
– Nu, zog epes !
– Vos zol ikh zogn ? ...
Ikh bin in gantsn tsekhusht ! Dos ershte mol nemt men mikh on far undzer Gotenyu, Borekh-hu !

– איך בין אַ ישיבֿה-בחור.
– זייער פֿײַן ! און... נאָך דער ישיבֿה, וואָס וועט זײַן ?
– איך וועל ווײַטער לערנען תּורה !
– און ווּ וועט איר וווינען מיט שׂרהלען ?
– השם-יתברך וועט שוין זאָרגן !
– און פּרנסה ?
– השם-יתברך וועט שוין זאָרגן !
דרייט זיך די מאַמע צום טאַטן :
– נו, זאָג עפּעס !
– וואָס זאָל איך זאָגן ? ...
איך בין אין גאַנצן צעחושט ! דאָס ערשטע מאָל נעמט מען מיך אָן פֿאַר אונדזער גאָטעניו, ברוך-הוא !

Sarah a déjà trente ans et n'est toujours pas mariée. Ses parents ne cessent de la harceler :
– Alors Sourele, quand nous présenteras-tu enfin un fiancé ?
Jusqu'au jour où...
– Papa, Maman, ça y est, j'ai un fiancé !
On l'invite. Arrive un jeune homme barbu, avec des papillotes, une redingote noire et des bas blancs.
La mère s'informe :
– Excusez-moi, que faites-vous dans la vie ?
– J'étudie dans une yeshiva.*
– Très bien ! Et... après la yeshiva ?
– Je continuerai d'étudier la Torah !
– Et où habiterez-vous avec Sarah ?
– Dieu y pourvoira !
– Et de quoi vivrez-vous ?
– Dieu y pourvoira !
La mère se tourne alors vers le père :
– Enfin, dis quelque chose !
– Qu'est-ce je peux dire ? ...
Je suis complètement abasourdi ! C'est la première fois qu'on me prend pour notre Gotenyu, Béni soit-il !*

358

Surele un Patrik zenen shtark farlibt, nor di eltern ire viln nisht hern fun a yingl vos iz nisht keyn Yid ! Patrik iz azoy farlibt az er vil zikh megeyer zayn. Er fort keyn Yerusholaim, vert a Yid un tsum sof vert er a ben-toyre... Ven er kumt tsurik, fregt im Surele :
– Nu, ven veln mir shteln a khupe ?
– Ikh vil nisht far a vayb, a meydl vos iz geven greyt khasene tsu hobn mit a goy !

שׂרהלע און פּאַטריק זענען שטאַרק פֿאַרליבט, נאָר די עלטערן אירע ווילן נישט הערן פֿון אַ ייִנגל וואָס איז נישט קיין ייִד ! פּאַטריק איז אַזוי פֿאַרליבט אַז ער וויל זיך מגייר זייַן. ער פֿאָרט קיין ירושלים, ווערט אַ ייִד און צום סוף ווערט ער אַ בן-תּורה...
ווען ער קומט צוריק, פֿרעגט אים שׂרהלע :
– נו, ווען וועלן מיר שטעלן אַ חופּה ?
– איך וויל נישט פֿאַר אַ ווייַב, אַ מיידל וואָס איז געווען גרייט חתונה צו האָבן מיט אַ גוי !

Sourele est très amoureuse de Patrick, mais ses parents ne veulent pas entendre parler d'un garçon qui n'est pas juif ! Patrick est si amoureux qu'il veut se convertir au judaïsme. Il part étudier à Jérusalem, se passionne pour l'étude de la Torah et finalement devient un érudit orthodoxe...*
Quand il revient Sourele lui demande :
– Alors quand allons-nous célébrer notre mariage ?
– Je ne veux pas pour épouse, d'une femme qui était prête à épouser un non-Juif !

359

A Yid mit shvartse bord un peyes, mit a shvarts hitl, a shvartser kapote un vayse zokn, geyt oyf der gas.
In a vayzfenster zet er hengen a groyse un sheyne shinke. Koym vi er dernentert zikh, tut a knal a gevaldiker duner. Vendt er zikh mitn ponem tsum himl :
– Vos iz ? Afile onkukn tor men nisht ?

אַ ייִד מיט שוואַרצע באָרד און פּאות, מיט אַ שוואַרץ היטל, אַ שוואַרצער קאַפּאָטע און ווייַסע זאָקן, גייט אויף דער גאַס.
אין אַ ווייַזפֿענסטער זעט ער הענגען אַ גרויסע און שיינע שינקע. קוים ווי ער דערנענטערט זיך, טוט אַ קנאַל אַ געוואַלדיקער דונער. ווענדט ער זיך מיטן פּנים צום הימל :
– וואָס איז, אַפֿילו אָנקוקן טאָר מען נישט ?

Un Juif, à la barbe noire et papillotes noires, avec un chapeau noir, une redingote noire et des bas blancs, marche dans la rue. Dans une vitrine, il voit pendre un superbe jambon. A peine s'en approche-t-il qu'un formidable coup de tonnerre éclate.

Chapitre 15 Kapitl 15 קאַפּיטל 15
Religion Emune אמונה

Alors, il lève les yeux au ciel :
– Quoi ? Même regarder, c'est interdit ?

360

A rusisher oyle kumt on in Kheyfe mit dray ayzkastns.
Fregt der tsolamter :
– Vos epes dray ?
– Ikh bin a frumer Yid : eynem far milkhiks un eynem far fleyshiks.
– Un tsu vos dem dritn ?
– A mol shmekt mir a shtikl shinke !

אַ רוסישער עולה קומט אָן אין חיפֿה מיט דרײַ אײַזקאַסטנס.
פֿרעגט דער צאָלאַמטער :
– וואָס עפּעס דרײַ ?
– איך בין אַ פֿרומער ייִד : איינעם פֿאַר מילכיקס און איינעם פֿאַר פֿליישיקס.
– און צו וואָס דעם דריטן ?
– אַ מאָל שמעקט מיר אַ שטיקל שינקע !

Un immigrant russe arrive à Haïfa avec trois réfrigérateurs.
Le douanier demande :
– Pourquoi trois ?
– Je suis pieux : un pour les aliments lactés et un pour les aliments carnés.
– Et le troisième ?
– De temps en temps, j'ai envie d'un petit morceau de jambon !

פּאַראָדיע און אויסגעקלערטס.

Parodye un oysgeklerts.

Parodie et fiction.

361

Der yunger Yuval iz a frum yingl un oykh an ershtklasiker nartler. A farmest fun nartleray kumt for oyfn "Har-Khermon" un Yuval vet on a sofek endikn der ershter !
Ober, sara antoyshung ! Er kumt on der letster, lang shpeter nokh ale "slalomers" !
– Vos iz mit dir geshen, Yuval ?

דער יונגער יובֿל איז אַ פֿרום ייִנגל און אויך אַן ערשטקלאַסיקער נאַרטלער. אַ פֿאַרמעסט פֿון נאַרטלערײַ קומט פֿאָר אויפֿן הר-חרמון און יובֿל וועט אָן אַ ספֿק ענדיקן דער ערשטער !
אָבער, סאַראַ אַנטוישונג ! ער קומט אָן דער לעצטער, לאַנג שפּעטער נאָך אַלע „סלאַלאָמערס" !
– וואָס איז מיט דיר געשען, יובֿל ?

Chapitre 15 — Kapitl 15 — קאַפּיטל 15
Religion — Emune — אמונה

Entfert er, in gantsn tsekokht :
– Ver iz der tipesh, der goylem, vos hot ongeklapt a mezuze oyf yeder tir fun dem slalom-aroploz !

ענטפֿערט ער, אין גאַנצן צעקאָכט :
– ווער איז דער טיפּש, דער גולם, וואָס האָט אָנגעקלאַפּט אַ מזוזה אויף יעדער טיר פֿון דעם סלאַלאָם-אַראָפּלאָז !

Le jeune Youval est un garçon pieux et c'est aussi un excellent skieur.
Une épreuve de ski a lieu sur le Mont Hermon et sans aucun doute ce sera Youval le vainqueur !
Mais quelle déception ! Il arrive bon dernier, loin derrière tous les slalomeurs !
– Qu'est-ce qui t'est arrivé, Youval ?
Il répond, fou de rage :
– Quel est l'imbécile, l'abruti, qui a plaqué une mézouza(1) sur chaque porte du parcours !*

(1) Un Juif pieux doit, avant de passer une porte, porter à ses lèvres ses doigts qui ont effleuré la mézouza fixée au chambranle.

362

A Yid kumt arayn in shul oyf minkhe mit a groysn hunt, a rizikn "san-bernar" vos trogt a kapele oyfn kop.
Der rov vundert zikh :
– Moyshe, vos bistu do mit aza hunt ?
– Ober Rebe, der hunt iz a yidisher hunt. Er aleyn hot gebetn tsu kumen.
– Moyshe, du makhst khoyzek fun mir !
– Kholile ! Kelef, vayz dem rebn.
Der hunt git a shokl mit der lape un fun fesele vos er trogt unter dem haldz faln arop a tales mit a sider. Un der hunt heybt on davenen un shoklen zikh ! Der rov blaybt shteyn fargaft :
– S'iz nisht tsu gleybn ! Mit aza hunt voltstu gekent forn iber der gantser velt un krign parnose !
– Nu, zogt es im aleyn ! Fun mir vil er gornisht hern. Er iz an akshn : nor a dokter vil er vern !

אַ ייִד קומט אַרייַן אין שול אויף מינחה מיט אַ גרויסן הונט, אַ ריזיקן „סאַן-בערנאַר“ וואָס טראָגט אַ קאַפּעלע אויפֿן קאָפּ.
דער רבֿ וווּנדערט זיך :
– משה, וואָס ביסטו דאָ מיט אַזאַ הונט ?
– אָבער רבי, דער הונט איז אַ ייִדישער הונט. ער אַליין האָט געבעטן צו קומען.
– משה, דו מאַכסט חוזק פֿון מיר !
– חלילה ! כּלבֿ, ווייַז דעם רבין.
דער הונט גיט אַ שאָקל מיט דער לאַפּע און פֿון פֿעסעלע וואָס ער טראָגט אונטער דעם האַלדז פֿאַלן אַראָפּ אַ טלית מיט אַ סידור. און דער הונט הייבט אָן דאַווענען און שאָק-לען זיך ! דער רבֿ בלייַבט שטיין פֿאַר-גאַפּט :
– ס'איז נישט צו גלייבן ! מיט אַזאַ הונט וואָלסטו געקענט פֿאָרן איבער דער גאַנצער וועלט און קריגן פּרנסה !
– נו, זאָגט עס אים אַליין ! פֿון מיר וויל ער גאָרנישט הערן. ער איז אַן עקשן : נאָר אַ דאָקטער וויל ער ווערן !

Chapitre 15 Kapitl 15 קאַפּיטל 15
Religion Emune אמונה

Un Juif arrive à la synagogue pour la prière du soir avec un énorme saint-bernard qui porte une kippa sur la tête. Le rabbin s'étonne :*
– Moyshe, qu'est-ce que tu fais là avec ce chien ?
– C'est un chien juif, Rabbi. C'est lui qui m'a supplié de l'amener.
– Moyshe, tu te moques de moi !
– A Dieu ne plaise ! Kelef, montre au rabbin.*
Le saint-bernard secoue la patte et du tonnelet qui pend à son cou tombent un châle et un livre de prières. Et le chien se met à prier en se balançant d'avant en arrière et d'arrière en avant. Le rabbin est éberlué :
– C'est incroyable ! Avec un chien comme ça, tu pourrais gagner ta vie dans le monde entier !
– Eh bien justement, dites-le lui vous-même ! De moi il ne veut rien entendre. Il est têtu comme une mule : seulement docteur, il veut être !

363

Tsvey astronoytn landn oyf Maydem. Zey viln visn oyb es iz dortn faran zoyershtof. Nemen zey a shvebele : vet dos shvebele zikh ontsindn, vet zayn a simen az yo. Ven zey haltn baym gepruv, kumen tsu loyfn modne mentshelekh mit a gevald :
– Oser ! Haynt iz shabes ! Shabes !

צוויי אַסטראָנויטן לאַנדן אויף מאדים. זיי ווילן וויסן אויב עס איז דאָרטן פֿאַראַן זויערשטאָף. נעמען זיי אַ שוועבעלע : וועט דאָס שוועבעלע זיך אָנצינדן, וועט זײַן אַ סימן אַז יאָ. ווען זיי האַלטן בײַם געפּרוּוו, קומען צו לויפֿן מאָדנע מענטשעלעך מיט אַ גוואַלד :
– אָסור ! הײַנט איז שבת ! שבת !

Deux astronautes se posent sur la planète Mars. Ils veulent vérifier s'il y a de l'oxygène dans l'air : si une allumette s'enflamme, ce sera le cas. Quand ils sont sur le point de faire l'expérience, d'étranges petits bonshommes arrivent en courant et en hurlant :
– C'est interdit ! Aujourd'hui c'est shabbat ! Shabbat !*

364

In a groysn shturem, iz a Yid geblibn oyf a feldz in mitn vaser. Kumt tsu a shifl mit tsvey mener, im rateven.
– Es iz nisht neytik, Hashem-yisborekh vet mir helfn !

אין אַ גרויסן שטורעם, איז אַ ייִד געבליבן אויף אַ פֿעלדז אין מיטן וואַסער. קומט צו אַ שיפֿל מיט צוויי מענער, אים ראַטעווען.
– עס איז נישט נייטיק, השם-יתברך וועט מיר העלפֿן !

Chapitre 15 Kapitl 15 קאַפּיטל 15
Religion Emune אמונה

A bisl shpeter kumt tsu a tsveyt shifl.
– Es iz nisht neytik, Hashem-yisborekh vet mir helfn !
Ven der vaser dergreykht im di gombe, kumt tsu a helikopter.
– Es iz nisht neytik, Hashem-yisborekh vet mir helfn !
Biz er vert dertrunken...
Ven er kumt tsum Eybershtn, hot er taynes tsu im :
– Ikh bin shtendik geven a frumer Yid. Far vos hostu mir nisht geholfn ?
– Vos heyst ikh hob dir nisht geholfn ? Ikh hob dir geshikt a shifl, dernokh a tsveyt shifl un tsum letst a helikopter !

אַ ביסל שפּעטער קומט צו אַ צווייט שיפֿל.
– עס איז נישט נייטיק, השם-יתברך וועט מיר העלפֿן !
ווען דער וואַסער דערגרייכט אים די גאָמבע, קומט צו אַ העליקאָפּטער.
– עס איז נישט נייטיק, השם-יתברך וועט מיר העלפֿן !
ביז ער ווערט דערטרונקען...
ווען ער קומט צום אייבערשטן, האָט ער טענות צו אים :
– איך בין שטענדיק געווען אַ פֿרומער ייִד. פֿאַר וואָס האָסטו מיר נישט געהאָלפֿן ?
– וואָס הייסט איך האָב דיר נישט גע-האָלפֿן ? איך האָב דיר געשיקט אַ שיפֿל, דערנאָך אַ צווייט שיפֿל און צום לעצט אַ העליקאָפּטער !

Au cours d'une violente tempête, un Juif reste perché sur un rocher entouré d'eau. Arrivent deux hommes dans un canot, pour le secourir :
– Ce n'est pas la peine : le Tout-Puissant m'aidera...
Un peu plus tard, arrive un deuxième canot :
– Ce n'est pas la peine : le Tout-Puissant m'aidera...
Lorsque l'eau atteint son menton, arrive un hélicoptère :
– Ce n'est pas la peine : le Tout-Puissant m'aidera...
Il finit par être noyé...
Quand il arrive auprès du Très-Haut, il se plaint :
– J'ai toujours été un bon Juif. Pourquoi ne m'as-tu pas aidé ?
– Comment ça, je ne t'ai pas aidé ? Je t'ai envoyé un canot, puis un deuxième canot, et enfin un hélicoptère !

365

Moyshe krigt a hartsshlak un geyt glaykh aroyf in ganeydn.
Der malekh-doyme zogt im :
– Yo, du bist take geven a voyler mentsh. Ober du host oykh geton a sheyn bisl aveyres. Do tsu blaybn felt dir nokh eyn mitsve. Gey tsurik arop,

משה קריגט אַ האַרצשלאַק און גייט גלײַך אַרויף אין גן-עדן.
דער מלאך-דומה זאָגט אים :
– יאָ, דו ביסט טאַקע געווען אַ ווױלער מענטש. אָבער דו האָסט אויך געטאָן אַ שיין ביסל עבֿירות. דאָ צו בלײַבן פֿעלט דיר נאָך איין מיצווה. גיי צוריק אַראָפּ, און געפֿין אַ

un gefin a mitsve tsu ton.
Moyshe zukht un zukht biz er bamerkt a froy vos zitst aleyn, a miesnitse, mit a troyerik ponem. Er geyt tsu tsu ir, redt tsu ir mit tsarte verter, biz er bakumt a kleynem shmeykhl. Un... zey blaybn tsuzamen biz baginen...
Trakht Moyshe :
"Itst hob ikh geton a sheyne mitsve, vet der kheshbm shoyn zayn rekht !".
Punkt dan tseveynt zikh di froy :
– Oy, Got in himl ! Vey iz mir ! Sara shreklekhe aveyre hobn mir ersht beyde geton...

מיצווה צו טאָן.
משה זוכט און זוכט ביז ער באַמערקט אַ פֿרוי וואָס זיצט אַליין, אַ מיאוסניצע, מיט אַ טרויעריק פּנים. ער גייט צו צו איר, רעדט צו איר מיט צאַרטע ווערטער, ביז ער באַקומט אַ קליינעם שמייכל. און... זיי בלײַבן צוזאַמען ביז באַגינען...
טראַכט משה :
„איצט האָב איך געטאָן אַ שיינע מיצווה, וועט דער חשבון שוין זײַן רעכט“ !
פּונקט דאַן צעוויינט זיך די פֿרוי :
– אוי, גאָט אין הימל ! וויי איז מיר ! סאַראַ שרעקלעכע עבירה האָבן מיר ערשטביידע געטאָן ...

Moyshe a une crise cardiaque et monte directement au paradis. L'ange qui le reçoit lui dit :
– Oui, tu as effectivement été un homme bon. Malgré tout, tu as aussi commis pas mal de péchés ! Pour pouvoir séjourner ici, il te manque encore une bonne action. Redescends sur Terre et trouve une bonne action à accomplir.
Moyshe cherche et cherche, jusqu'à ce qu'il remarque une femme seule, un vrai laideron, au visage empreint de tristesse. Il va vers elle, lui dit des mots tendres jusqu'à obtenir un pâle sourire. Et... ils restent ensemble jusqu'au petit matin...
Alors, Moyshe se dit à lui-même :
« Je viens là de faire une bien belle action, le compte va être bon à présent ! »
Juste à ce moment-là, la femme fond en larmes :
– Oy, Dieu du ciel ! Quel malheur ! Quel terrible péché nous venons de commettre, l'un et l'autre...

Chapitre 16 Kapitl 16 16 קאַפּיטל
Identité juive Zayn a Yid זײַן אַ ייִד

זײַן אַ ייִד

ZAYN A YID

IDENTITÉ JUIVE

ייִדישקייט האָט דורך די תּקופֿות זיך אָנגעהאַלטן אין אירע באַזונדערע שטריכן :
רעליגיע, לשון און אַ יאָרטויזנטער-אַלטע געשיכטע.
פֿון דעם אַכצעטן יאָרהונדערט אָן, האָט די השׂכּלה געמוטיקט ייִדן זיך
אומצוקוקן אויף דער אויסערלעכער וועלט און זיך צו אינטערעסירן מיט וועלטלעכע
וויסנשאַפֿטן, פּאָליטישע ענינים אאַז״וו.
וואָס הייסט „זײַן אַ ייִד“ ? די פֿראַגע איז אַ פּשוטע, אָבער די ענטפֿערס זײַנען
פֿילפֿאַכיק, פֿילזײַטיק און פֿילטייליק...
מיט דער ייִדישער אידענטיטעט פֿאַרבינדן זיך ענינים אָן אַ צאָל. צווישן זיי :
זײַן אַ ייִד אָבער נישט קיין רעליגיעזער ייִד.
אין די תּפֿוצות, זײַן אַ ייִד און גלײַכצײַטיק זײַן אַ בירגער אין לאַנד וווּ מע לעבט.
און אין דעם פֿאַל, זיך אײַנגלידערן ?
זיך אַסימילירן ? טוישן דעם נאָמען ? אפֿילו זיך שמדן[1] ?
בדרך-כּלל, האַלטן אַ סך ייִדן פֿעסט פֿון די אוניווערסאַלע ווערטן,
פֿון דער ייִדישער קולטור און פֿון געוויסע טראַדיציעס.

[1] מע קען טוישן דעם נאָמען כּדי זיך אויסצומישן מיט די אײַנוווינערס פֿון לאַנד – נישט בלויז אין די תּפֿוצות : אַ סך עולים קלײַבן אויס העברעיִשע נעמען ווען זיי קומען אָן אין ישׂראל. אין גלות, קען דאָס טוישן דעם נאָמען און זיך שמדן, אויך העלפֿן זיך צו פֿאַרהיטן אין אַן אַנטיסעמיטישער סבֿיבֿה.

Yidishkeyt hot durkh di tkufes zikh ongehaltn in ire bazundere shtrikhn :
religye, loshn un a yortoyznter-alte geshikhte.
Fun dem akhtsentn yorhundert on, hot di Hashkole gemutikt Yidn
zikh umtsukukn oyf der oyserlekher velt un zikh tsu interesirn
mit veltlekhe visnshaftn, politishe inyonim u.az.v.
Vos heyst « zayn a Yid » ? Di frage iz a poshete, ober di entfers
zaynen filfakhik, filzaytik un filteylik…
Mit der yidisher identitet farbindn zikh inyonim on a tsol. Tsvishn zey :
Zayn a Yid ober nisht keyn religyezer Yid.
In di tfutses, zayn a Yid un glaykhtsaytik, zayn a birger in land vu me lebt.

Chapitre 16	Kapitl 16	קאַפּיטל 16
Identité juive	Zayn a Yid	זײַן אַ ייִד

Un in dem fal, zikh aynglidern ?
Zikh asimilirn ? Toyshn dem nomen ? Afile zikh shmadn[1] ?
Bederekh-klal, haltn a sakh Yidn fest fun di universale vertn,
fun der yidisher kultur un fun gevise traditsyes.

[1] Me ken toyshn dem nomen kedey zikh oystsumishn mit di aynvoyners fun land – nisht bloyz in di tfutses : a sakh oylim klaybn oys hebreishe nemen ven zey kumen on in Yisroel. In goles, ken dos toyshn dem nomen un zikh shmadn, oykh helfn zikh tsu farhitn in an antisemitisher svive.

Le judaïsme s'est maintenu à travers les siècles, caractérisé d'abord par la religion, la langue et le passé millénaire.
A partir du 18ème siècle, la Haskala* a permis aux Juifs de s'ouvrir au monde extérieur. Ils s'intéressent aux sciences profanes, se politisent etc.
Que signifie « être juif » ? La question est simple, mais les réponses sont multiples, variées et complexes.
A l'identité juive se rattachent d'innombrables questions.
Parmi elles : être juif, sans être religieux.
En diaspora*, être à la fois juif et citoyen du pays où l'on vit ;
et dans ce cas, s'intégrer ?
S'assimiler ? Changer son nom ? Voire se convertir[1] ?
En règle générale, nombreux sont les Juifs attachés aux valeurs universelles, à la culture juive et à certaines traditions.

[1] *On peut changer de nom pour se fondre dans le pays où l'on vit – et pas seulement en diaspora : nombreux sont les immigrés israéliens qui adoptent des prénoms ou des noms hébreux. En diaspora, changer de nom et se convertir peuvent aussi être des moyens de se préserver d'un antisémitisme ambiant.*

366

Dray zoologn shtudirn tsvey yor lang in Afrike, di oyffirungen fun helfandn.	דרײַ זאָאָלאָגן שטודירן צוויי יאָר לאַנג אין אַפֿריקע, די אויפֿפֿירונגען פֿון העלפֿאַנדן.
Un yeder git aroys zayn arbet :	און יעדער גיט אַרויס זײַן אַרבעט :
Der ershter :	דער ערשטער :
"Der seykhl fun di helfandn".	,,דער שׂכל פֿון די העלפֿאַנדן''.
Der tsveyter :	דער צווייטער :
"Helfandn un seks".	,,העלפֿאַנדן און סעקס''.
Un der driter, der profesor Feygl-boym :	און דער דריטער, דער פּראָפֿעסאָר פֿייג-לבוים :
"Di helfandn un di yidn-frage".	,,די העלפֿאַנדן און די ייִדן-פֿראַגע''.
Bay Yidn iz di yidn-frage a rikhtike mankolye...	בײַ ייִדן איז די ייִדן-פֿראַגע אַ ריכטיקע מאַנקאָליע...

Chapitre 16 — Kapitl 16 — קאַפּיטל 16
Identité juive — Zayn a Yid — זײַן אַ ייִד

Trois zoologistes étudient pendant deux ans en Afrique le comportement des éléphants, et chacun publie le résultat de ses travaux :
Le premier :
« L'intelligence des éléphants ».
Le second :
« Eléphants et sexualité ».
Et le troisième, le professeur Feygelboym :
« Les éléphants et la question juive ».

Chez les Juifs, la « question juive » est une idée fixe...

367

Ven me zogt :
"Er iz a goy", hot men in zinen eynem vos iz nisht keyn Yid.
Nor ven me zogt :
"Er iz an emeser goy", hot men yo a Yid in zinen !

ווען מע זאָגט :
„ער איז אַ גוי“, האָט מען אין זינען איינעם וואָס איז נישט קיין ייִד.
נאָר ווען מע זאָגט :
„ער איז אַן אמתער גוי “, האָט מען יאָ אַ ייִד אין זינען !

Lorsqu'on dit :
« C'est un goy », c'est d'un non-Juif qu'il s'agit.*
Mais lorsqu'on dit :
« C'est un vrai goy », c'est vraiment d'un Juif qu'il s'agit !

368

A sfardisher Yid vil vern an ashkenazisher Yid. Far vos nisht ?
Er mordevet zikh yorn lang : koydem lernt er zikh oys tsu redn, leyenen un shraybn yidish.
Dernokh nemt er zikh lernen di yidishe literatur, di shprikhverter, di kloles.
Er geveynt zikh tsu tsu gefilte fish, shmaltshering, gehakte tsibeles mit eyer un leber, lokshn mit yoykh...
Er tantst, er zingt yidishe lider un nigunim, azoy vi a mol in shtetl.

אַ ספֿרדישער ייִד וויל ווערן אַן אַשכּנזישער ייִד. פֿאַר וואָס נישט ?
ער מאָרדעוועט זיך יאָרן לאַנג : קודם לערנט ער זיך אויס צו רעדן, לייענען און שרײַבן ייִדיש.
דערנאָך נעמט ער זיך לערנען די ייִדישע ליטעראַטור, די שפּריכווערטער, די קללות.
ער געוויינט זיך צו צו געפֿילטע פֿיש, שמאַלצהערינג, געהאַקטע ציבעלעס מיט אייער און לעבער, לאָקשן מיט יויך...
ער טאַנצט, ער זינגט ייִדישע לידער און ניגונים, אַזוי ווי אַ מאָל אין שטעטל.

Chapitre 16 Kapitl 16 קאַפּיטל 16
Identité juive Zayn a Yid זײַן אַ ייִד

Er nemt oyf zikh tsu fargesn in gantsn zayn heymland un tsu zayn feik tsu shmuesn vegn Varshe, Vilne un Lodzh…
Tsum sof, nokh tsvey un a halb yor zitstfleysh, iz er greyt : oyf ale shayles un kashes git er dem rikhtikn entfer.
Ale zenen anttsikt, biz eyner fregt :
– Dos alts iz gants fayn ! Nor vos hert zikh mit aykh aleyn ?
– Altsding iz gut !
– Oy a shod ! Bay an ashkenazi iz keyn mol nisht altsding gut ! Opgezogt !

ער נעמט אויף זיך צו פֿאַרגעסן אין גאַנצן זײַן היימלאַנד און צו זײַן פֿעיִק צו שמועסן וועגן וואַרשע, ווילנע און לאָדשז...
צום סוף, נאָך צוויי און אַ האַלב יאָר זיצ־פֿלייש, איז ער גרייט : אויף אַלע שאלות און קשיות גיט ער דעם ריכטיקן ענטפֿער.
אַלע זענען אַנטציקט, ביז איינער פֿרעגט :
– דאָס אַלץ איז גאַנץ פֿײַן ! נאָר וואָס הערט זיך מיט אײַך אַליין ?
– אַלצדינג איז גוט !
– אוי אַ שאָד ! בײַ אַן אשכּנזי איז קיין מאָל נישט אַלצדינג גוט ! אָפּגעזאָגט !

Un Juif séfarade veut devenir ashkénaze. Pourquoi pas ?
Il travaille très dur des années durant : pour commencer, il apprend à parler, à lire et à écrire le yiddish.
Puis il étudie la littérature yiddish, les proverbes, les malédictions.
Il s'habitue à manger la carpe farcie, le hareng, les oignons hachés avec des œufs et du foie, le bouillon avec des nouilles…
Il danse, il chante des chansons yiddish et des mélopées, comme dans le temps dans les shtetlekh. Il s'évertue à oublier complètement son pays d'origine et à être capable de parler de Varsovie, de Vilnius ou de Lodz…*
En fin de compte, après deux ans et demi de travail acharné, il est fin prêt : à chaque question rituelle, à chaque question ardue, il donne la bonne réponse.
Tous les membres du jury sont subjugués, jusqu'à ce que quelqu'un lui demande :
– Et vous-même, comment vous sentez-vous ?
– Tout-à-fait bien !
– Oh, quel dommage ! Un ashkénaze a toujours quelque chose qui ne va pas ! Recalé !

Chapitre 16 Kapitl 16 קאַפּיטל 16
Identité juive Zayn a Yid זײַן אַ ייִד

369

– Zogt mir khaverte, do zaynen mir in Yisroel ! Far vos redt ir yidish mit ayer zun un nisht ivrit ?
– Ikh vel aykh gebn tsu farshteyn : in shule ruft men im Eytan, nisht mer Yankele. Mitn lerer un mit di khaveyrim redt er ivrit. Zingen un shpiln, tut er oykh oyf ivrit.
Az ikh vel redn mit im yidish, vet er khotsh nisht fargesn az er iz a Yid !

– זאָגט מיר חבֿרטע, דאָ זײַנען מיר אין ישׂראל ! פֿאַר וואָס רעדט איר ייִדיש מיט אײַער זון און נישט עבֿרית ?
– איך וועל אײַך געבן צו פֿאַרשטיין : אין שולע רופֿט מען אים איתן, נישט מער יאַנקעלע. מיטן לערער און מיט די חבֿרים רעדט ער עבֿרית. זינגען און שפּילן, טוט ער אויך אויף עבֿרית.
אַז איך וועל רעדן מיט אים ייִדיש, וועט ער כאָטש נישט פֿאַרגעסן אַז ער איז אַ ייִד !

– Dites-moi, madame, ici nous sommes en Israël ! Pourquoi parlez-vous en yiddish avec votre fils et pas en hébreu ?
– Je vais vous expliquer : à l'école, on l'appelle Eytan et non plus Yankele. Avec le maître et avec ses copains, il parle hébreu. Chanter et jouer, c'est aussi en hébreu.*
Alors si moi, je lui parle en yiddish, il n'oubliera pas qu'il est juif !

370

In a ban zitsn fir handlslayt in a kupe. Zey forn fun Pariz keyn Shtrasburg un yeder eyner zogt vi er heyst :
– Ikh heys Mark Dore.
– Mayn nomen iz Kristof Mondor.
– Un ikh bin Pier d'Or.
Un der ferter :
– Ikh heys oykh Goldshteyn ! Dovid Goldshteyn.

אין אַ באַן זיצן פֿיר האַנדלסלײַט אין אַ קופּע. זיי פֿאָרן פֿון פּאַריז קיין שטראַסבורג און יעדער איינער זאָגט ווי ער הייסט :
– איך הייס מאַרק דאָרע.
– מײַן נאָמען איז קריסטאָף מאָנדאָר.
– און איך בין פּיער ד׳אָר.
און דער פֿערטער :
– איך הייס אויך גאָלדשטיין ! דוד גאָלד-שטיין.

Quatre hommes d'affaires, installés dans le même compartiment, se rendent de Paris à Strasbourg. Ils se présentent :
– Je m'appelle Marc Doré.
– Moi, Christophe Mondor.
– Et moi, Pierre d'Or.
Et le quatrième :
– Moi aussi, je m'appelle Goldstein ! David Goldstein !

Chapitre 16 Kapitl 16 קאַפּיטל 16
Identité juive Zayn a Yid זײַן אַ ייִד

371

In Moskve, fregt men a profesor fun universitet far vos er hot zikh geshmadt un getoysht dem nomen.
– Vayl es hot mir beser gepast tsu vern a profesor in universitet, eyder a melamed in shtetl !

אין מאָסקווע, פֿרעגט מען אַ פּראָפֿעסאָר פֿון אוניווערסיטעט פֿאַר וואָס ער האָט זיך געשמדט און געטוישט דעם נאָמען.
– ווײַל עס האָט מיר בעסער געפּאַסט צו ווערן אַ פּראָפֿעסאָר אין אוניווערסיטעט, איידער אַ מלמד אין שטעטל !

A Moscou, on demande à un professeur d'université pourquoi il s'est converti et a changé son nom.
– Parce qu'il me convenait davantage de devenir professeur dans une université, plutôt que maître d'école dans un shtetl !*

372

Moyshe un Sure kenen shoyn nisht fartrogn dem antisemitizm. Zey bashlisn tsu shmadn zikh.
Oyf tsu morgns shteyt Moyshe oyf fun bet un, vi yedn tog, geyt er tsu tsu der shank aroysnemen dem tales mit di tfiln. Kumt arayn Sure :
– Moyshe, vos tustu ? Du host shoyn fargesn az du bist nisht mer keyn Yid ? Oy vey, host shoyn a goyishn kop !

משה און שׂרה קענען שוין נישט פֿאַרטראָגן דעם אַנטיסעמיטיזם. זיי באַשליסן צו שמדן זיך.
אויף צו מאָרגנס שטייט משה אויף פֿון בעט, און ווי יעדן טאָג, גייט ער צו צו דער שאַנק אַרויסנעמען דעם טלית מיט די תּפֿילין. קומט אַרײַן שׂרה :
– משה, וואָס טוסטו ? דו האָסט שוין פֿאַר-געסן אַז דו ביסט נישט מער קיין ייִד ? אוי וויי, האָסט שוין אַ גוייִשן קאָפּ !

Moyshe et Sarah ne peuvent plus supporter l'antisémitisme. Ils décident de se convertir.
Le lendemain de la conversion, Moyshe se lève et comme chaque jour, il ouvre l'armoire pour prendre son talith et ses phylactères*, lorsqu'arrive Sarah :*
– Moyshe, qu'est-ce que tu fais ? Ça y est, tu as déjà oublié que tu n'es plus juif ? Oy vey, tu as une tête de péquenot, déjà !*

דריטע טייל

ייִדן אין דער וועלט

DRITE TEYL

YIDN IN DER VELT

TROISIÈME PARTIE

LES JUIFS DANS LE MONDE

דאָס ייִדישע פֿאָלק לאָזט נישט די אַנדערע פֿעלקער שלאָפֿן.

יצחק באַשעוויס־זינגער.

מע קען צוגעבן :

די אַנדערע פֿעלקער לאָזן נישט שלאָפֿן דאָס ייִדישע פֿאָלק...

Le peuple juif empêche les autres peuples de dormir.

Isaac Bashevis-Singer

Et on peut ajouter :

Les autres peuples empêchent le peuple juif de dormir...

Dos yidishe folk lozt nisht di andere felker shlofn.

Yitskhok Bashevis-Zinger

Me ken tsugebn :

Di andere felker lozn nisht shlofn dos yidishe folk...

Chapitre 17 Kapitl 17 קאַפּיטל 17
Antisémitisme Sines-Yisroel שׂינאת-ישׂראל

שׂינאת-ישׂראל

SINES-YISROEL

ANTISÉMITISME

אין אַלע צײַטן האָט אויפֿן ייִדישן פֿאָלק געלויערט פֿאַרטיליקונג.
די שׂונאי-ישׂראל האָבן זיך אָנגעזעצט אויפֿן עם-ישׂראל.
דער אַנטיסעמיטיזם האָט באַגלייט ייִדן איבעראַל אין גלות, און איז פֿאַראַן אפֿילו דאָרטן,
ווו מ'האָט קיין מאָל נישט געזען קיין שום ייִד[1].
עס פֿעלן נישט קיין תּירוצים : רעליגיעזע, פּאָליטישע אָדער עקאָנאָמישע...
אין דעם פּרט, זײַנען די פֿאַרביסנסטע לענדער געווען דאָס צאַרישע רוסלאַנד און מיזרח-
אייראָפּע, און דערנאָך דער סאָוועטן-פֿאַרבאַנד מיט די קאָמוניסטישע לענדער.
אָבער די דאָזיקע לענדער זײַנען נישט די איינציקע :
דער דײַטשער נאַציזם האָט געהאַט אָנהענגערס אין מערבֿ-אייראָפּע !
דאָס לעבן דאָרטן האָט געדינט ווי אַ קוואַל פֿאַר אָן אַ צאָל וויצן.
שאַפֿן און דערציילן וויצן, וואָס מאַכן חוזק פֿון די צוררי-היהודים,
דאָס האָט געהאָלפֿן ייִדן איבערצולעבן שלעכטע צײַטן...

[1] אינעם פֿילם פֿון קל. בערי "Le vieil homme et l'enfant" האָט דער אַלטער פּויער קיין מאָל נישט געזען קיין ייִד ווען ער נעמט אויף בײַ זיך דאָס ייִדישע קינד און האַלט פֿאַר אים אַן אַנטיסעמיטישע דרשה...

In ale tsaytn hot oyfn yidishn folk geloyert fartilikung.
Di soyney-yisroel hobn zikh ongezetst oyfn am-yisroel.
Der antisemitizm hot bagleyt Yidn iberal in goles, un iz faran afile dortn
vu m'hot keyn mol nisht gezen keyn shum Yid[1].
Es feln nisht keyn terutsim : religyeze, politishe oder ekonomishe…
In dem prat, zaynen di farbisnste lender geven dos tsarishe Rusland un
mizrekh-Eyrope, un dernokh der Sovetn-Farband mit di komunistishe
lender. Ober di dozike lender zaynen nisht di eyntsike :
der daytsher natsizm hot gehat onhengers in mayrev-Eyrope !
Dos lebn dortn hot gedint vi a kval far on a tsol vitsn. Shafn un dertseyln
vitsn vos makhn khoyzek fun di tsorerey-hayehudim,
dos hot geholfn Yidn ibertsulebn shlekhte tsaytn…

[1] Inem film fun Cl. Berry "Le vieil homme et l'enfant" hot der alter poyer keyn mol nisht gezen keyn Yid, ven er nemt oyf bay zikh dos yidishe kind un halt far im an antisemitishe droshe…

Chapitre 17 | Kapitl 17 | 17 קאַפּיטל
Antisémitisme | Sines-Yisroel | שינאת-ישׂראל

De tout temps, le peuple juif a été une cible à éliminer.
Les « ennemis d'Israël » se sont acharnés contre le peuple d'Israël.
L'antisémitisme a accompagné les « enfants d'Israël » partout où l'exil les a menés. Il sévit même là où l'on n'a jamais vu un seul Juif(1)*.*
Les prétextes ne manquent pas :
d'ordre religieux, politique ou économique...
A cet égard, les pays les plus enragés ont été la Russie tsariste et les pays de l'est, et plus tard l'URSS et les pays du bloc communiste.
Mais ils n'ont pas l'exclusivité, l'Allemagne nazie l'a prouvé, trouvant des adeptes en Europe occidentale !
La vie dans ces pays a été la source de nombreuses histoires drôles.
Inventer et raconter des vitsn qui tournent en dérision leurs persécuteurs, ont été pour les Juifs un soutien précieux pour leur survie...*

(1) *Dans le film de Cl.Berry « Le vieil homme et l'enfant », le vieux paysan n'a jamais vu de Juif lorsqu'il recueille l'enfant juif et lui tient son discours judéophobe...*

373

In varshever geto zogt a natsisher ofitsir tsu a kind :
– Oyb du trefst velkhes fun mayne oygn iz dos glezerne, vestu krign a skorinke broyt !
Entfert dos kind oyfn ort :
– Dos linke.
– Vi azoy hostu getrofn ? Fregt der ofitsir.
– Vayl bloyz dos linke oyg hot nokh epes a funk mentshlekhkeyt !

אין וואַרשעווער געטאָ זאָגט אַ נאַצישער אָפֿיציר צו אַ קינד :
– אויב דו טרעפֿסט וועלכעס פֿון מײַנע אויגן איז דאָס גלעזערנע, וועסטו קריגן אַ סקאָרינקע ברויט !
ענטפֿערט דאָס קינד אויפֿן אָרט :
– דאָס לינקע.
– ווי אַזוי האָסטו געטראָפֿן ? פֿרעגט דער אָפֿיציר.
– ווײַל בלויז דאָס לינקע אויג האָט נאָך עפּעס אַ פֿונק מענטשלעכקייט !

Dans le ghetto de Varsovie, un officier S.S. dit à un enfant :
– Si tu devines lequel de mes yeux est en verre, tu auras un croûton de pain !
L'enfant répond sur-le-champ :
– C'est l'œil gauche.
– Comment as-tu deviné ? Demande l'officier.
– C'est que seul l'œil gauche a encore une lueur d'humanité !

Chapitre 17 Kapitl 17 17 קאַפּיטל
Antisémitisme Sines-Yisroel שׂינאת-ישׂראל

374

A porets kumt a mol in a yidish shtetl un zogt tsum rov un tsu di kehile-parneysim :
– Ir Yidn zent azoy klug ! Lomir zen oyb ir zent feik oystsulernen mayn hunt redn poylish. Ikh loz im bay aykh iber. Oyb er vet in a vokh arum nokh nisht kenen poylish, heys ikh opshmaysn ale Yidn fun shtetl !
Der rov un di parneysim brekhn zikh dem moyekh tsvey teg un tsvey nekht, ober keyner gefint nisht di rikhtike eytse.
– Lozt mikh geyn tsum porets, leygt for der shames.
Er kumt tsurik mit a breytn shmeykhl :
– Ikh hob zikh oysgedungen nisht eyn vokh, nor a gants yor !
– Nu, vu iz di kunts ? Iber a yor vet zayn di zelbe mayse !
– Ver ken visn, entfert der shames.
Biz in a yor arum ken der porets shtarbn, oder der hunt ken peygern un... ver veyst... efsher veln mir take oyslernen dem hunt redn poylish !

אַ פּריץ קומט אַ מאָל אין אַ ייִדיש שטעטל און זאָגט צום רבֿ און צו די קהילה-פּרנסים :
– איר ייִדן זענט אַזוי קלוג ! לאָמיר זען אויב איר זענט פֿעיִק אויסצולערנען מײַן הונט רעדן פּויליש. איך לאָז אים בײַ אײַך איבער. אויב ער וועט אין אַ וואָך אַרום נאָך נישט קענען פּויליש, הייס איך אָפּשמײַסן אַלע ייִדן פֿון שטעטל !
דער רבֿ און די פּרנסים ברעכן זיך דעם מוח צוויי טעג און צוויי נעכט, אָבער קיינער געפֿינט נישט די ריכטיקע עצה.
– לאָזט מיך גיין צום פּריץ, לייגט פֿאָר דער שמש.
ער קומט צוריק מיט אַ ברייטן שמייכל :
– איך האָב זיך אויסגעדונגען נישט איין וואָך, נאָר אַ גאַנץ יאָר !
– נו, ווו איז די קונץ ? איבער אַ יאָר וועט זײַן די זעלבע מעשׂה !
– ווער קען וויסן, ענטפֿערט דער שמש.
ביז אין אַ יאָר אַרום קען דער פּריץ שטאַרבן, אָדער דער הונט קען פּגרן און... ווער ווייסט... אפֿשר וועלן מיר טאַקע אויסלערנען דעם הונט רעדן פּויליש !

Un seigneur vient un jour dans un shtetl et dit au rabbin et aux notables de la communauté :*
– Vous les Juifs qui êtes si malins, voyons si vous êtes capables d'enseigner à mon chien à parler le polonais. Si dans une semaine ce chien ne parle pas le polonais, j'ordonnerai que l'on fouette tous les Juifs du village.
Le rabbin et les notables se torturent les méninges pendant deux jours et deux nuits, mais personne ne trouve de solution !
– Permettez-moi d'aller trouver le seigneur, propose le bedeau.
Et il revient avec un large sourire :
– J'ai obtenu un délai d'une année entière, au lieu d'une semaine !
– Et alors ? Où est l'astuce ? Dans un an le problème sera le même !

Chapitre 17 Kapitl 17 קאַפּיטל 17
Antisémitisme Sines-Yisroel שׂינאת-ישׂראל

– Qui peut savoir ? Répond le bedeau. En l'espace d'un an, le seigneur peut mourir, ou le chien peut mourir et… qui sait… peut-être parviendrons-nous effectivement à apprendre au chien à parler le polonais !

375

In shtetl geyt arum a klang : m'hot derharget a yunge kristn. Ale Yidn zenen zikher az s'vet oys-brekhn a pogrom ! Farzamlen zikh di baledeyes in shul, tsu gefinen epes an eytse.
Plutsem kumt tsu loyfn der shames :
– Ikh hob a psuretoyve : tsum badoyern, iz dos meydl a yidish meydl !

אין שטעטל גייט אַרום אַ קלאַנג : מ׳האָט דערהרגעט אַ יונגע קריסטין. אַלע ייִדן זענען זיכער אַז ס׳וועט אויסברעכן אַ פּאָגראָם ! פֿאַרזאַמלען זיך די בעלי-דעות אין שול, צו געפֿינען עפּעס אַן עצה.
פּלוצעם קומט צו לויפֿן דער שמשׂ :
– איך האָב אַ בשׂורה-טובֿה : צום באַדויערן, איז דאָס מיידל אַ ייִדיש מיידל !

Une rumeur circule dans la bourgade : on a assassiné une jeune chrétienne. Tous les Juifs sont certains qu'un pogrom va avoir lieu ! Les notables se réunissent dans la synagogue pour trouver une parade.
Soudain le bedeau arrive en courant :
– J'ai une bonne nouvelle : c'est triste à dire, mais la jeune fille assassinée, elle est juive !

376

In a ban, halt a general in eyn bafeln tsu zayn hunt :
– Yankl, zits ! Yankl, gib di lape ! Yankl, gib mir di tsaytung ! u.az.v.
In a vinkl zitst a rebe mit a seyfer.
– Nu Yidl, vos zogstu tsu mayn hunt ?
– Er iz take klug ! Volt er nisht geven keyn yidisher hunt, volt er gekent vern a general !

אין אַ באַן, האַלט אַ גענעראַל אין איין באַפֿעלן צו זייַן הונט :
– יאַנקל, זיץ ! יאַנקל, גיב די לאַפּע ! יאַנקל, גיב מיר די צייַטונג ! אאַז״וו.
אין אַ ווינקל זיצט אַ רבי מיט אַ ספֿר.
– נו ייִדל, וואָס זאָגסטו צו מייַן הונט ?
– ער איז טאַקע קלוג ! וואָלט ער נישט געווען קיין ייִדישער הונט, וואָלט ער געקענט ווערן אַ גענעראַל !

Dans un train, un général ne cesse d'ordonner à son chien :
– Yankl, assis ! Yankl, donne la patte ! Yankl, donne-moi le journal ! Etc.*
Dans un coin un rabbin est penché sur son livre de prières.
– Alors, espèce de petit Juif, que dis-tu de mon chien ?
– Il est vraiment intelligent ! S'il n'était pas juif, il aurait pu être général !

Chapitre 17 | Kapitl 17 | קאַפּיטל 17
Antisémitisme | Sines-Yisroel | שינאת-ישׂראל

377

אין אַ באַן, קומט אָן דער רעוויזאָר און זאָגט צו אַן אַלטן ייִד :
– היי דו, ייִדל, די וואַליזקע פֿאַרנעמט דאָ צו פֿיל פּלאַץ. בײַ דער ערשטער סטאַנציע, זאָלסטו זי אַוועקטראָגן אין דעם באַגאַשזן-וואַגאָן !
ווען ער קומט דאָס צווייטע מאָל, ליגט די וואַליזקע אַלץ אויפֿן אייגענעם אָרט ! אָן אַ וואָרט, כאַפּט ער די וואַליזקע און וואַרפֿט זי אַרויס דורכן פֿענסטער, און ער קוקט אָן דעם ייִד ווי איינער רעדט : איצט טו מיר עפּעס. זאָגט יענער געלאַסן :
– וואָס אַרט עס מיך ? די וואַליזקע איז נישט מײַנע...

In a ban, kumt on der revizor un zogt tsu an altn Yid :
– Hey du, Yidl, di valizke farnemt do tsu fil plats. Bay der ershter stantsye, zolstu zi avektrogn in dem bagazhn-vagon !
Ven er kumt dos tsveyte mol, ligt di valizke alts oyfn eygenem ort ! On a vort, khapt er di valizke un varft zi aroys durkhn fenster, un er kukt on dem Yid vi eyner redt : itst tu mir epes. Zogt yener gelasn :
– Vos art es mikh ? Di valizke iz nisht mayne...

Dans un train, le contrôleur s’adresse à un vieux Juif :
– Eh toi, le Juif, cette valise est trop encombrante pour rester là ! Au prochain arrêt, tu la descendras dans le fourgon à bagages !
Mais quand il passe à nouveau, la valise est toujours là ! Sans un mot, il attrape la valise, la jette par la fenêtre et il lance au vieux Juif un regard de défi. Alors, celui-ci dit posément :
– Cela ne me fait ni chaud ni froid, cette valise n’est pas à moi...

די ייִדישע לאַגע איז נישט געוואָרן בעסער מיט דער קאָמוניסטישער מאַכט.

Di yidishe lage iz nisht gevorn beser mit der komunistisher makht.

La situation des Juifs ne s’est guère améliorée avec le communisme.

378

איינער קומט אַרײַן אין אַ געוועלב מיט אַ גוואַלד :
– הערט אויס ! איך האָב געהערט אַז מען וועט אויסהרגענען אַלע ייִדן און אַלע פֿריזירערס !
– וואָס עפּעס די פֿריזירערס ?

Eyner kumt arayn in a gevelb mit a gevald :
– Hert oys ! Ikh hob gehert az men vet oyshargenen ale Yidn un ale frizirers !
– Vos epes di frizirers ?

Chapitre 17 Kapitl 17 קאַפּיטל 17
Antisémitisme Sines-Yisroel שינאת-ישׂראל

Quelqu'un arrive dans un magasin en hurlant :
– Écoutez tous ! J'ai entendu dire qu'on allait massacrer tous les Juifs et tous les coiffeurs !
– Pourquoi les coiffeurs ?

379

Zeks a zeyger in der fri. Tsvey paskudnyakes fun K.G.B. klapn in tir. Hershl tsitert un efnt oyf. Eyner git a geshrey : – Do lebt Hershl Goldshteyn ? – Neyn. – Neyn ? Un du, vi heystu ? – Ikh heys Hershl Goldshteyn. Der zhlob git im a hilkhikn patsh, un shrayt : – Far vos zogstu az du lebst nisht do ? – Dos heyst gelebt ?	זעקס אַ זייגער אין דער פֿרי. צוויי פּאַסקודניאַקעס פֿון ק.ג.ב. קלאַפּן אין טיר. הערשל ציטערט און עפֿנט אויף. איינער גיט אַ געשריי : – דאָ לעבט הערשל גאָלדשטיין ? – ניין. – ניין ? און דו, ווי הייסטו ? – איך הייס הערשל גאָלדשטיין. דער זשלאָב גיט אים אַ הילכיקן פּאַטש און שרייַט : – פֿאַר וואָס זאָגסטו אַז דו לעבסט ניט דאָ ? – דאָס הייסט געלעבט ?

Il est six heures du matin. Deux énergumènes du K.G.B. frappent à la porte. Henri sursaute et ouvre. L'un d'eux hurle :
– Henri Goldstein vit ici ?
– Non.
– Non ? Et toi, comment t'appelles-tu ?
– Je m'appelle Henri Goldstein.
L'abruti lui assène une énorme gifle et crie :
– Pourquoi m'as-tu dit que tu ne vis pas ici ?
– Parce que ça, ça s'appelle vivre ?

380

In local fun K.G.B. in Moskve : – Zog mir, Dovid Koganovitsh, far vos vilstu aroysforn fun dayn heymland ? Host do nisht keyn arbet ? – Ikh hob yo. – Host do nisht keyn voynung far bilik dire-gelt ?	אין לאָקאַל פֿון ק.ג.ב. אין מאָסקווע : – זאָג מיר, דוד קאָגאַנאָוויטש, פֿאַר וואָס ווילסטו אַרויספֿאָרן פֿון דייַן היימלאַנד ? האָסט דאָ נישט קיין אַרבעט ? – איך האָב יאָ. – האָסט דאָ נישט קיין וווינונג פֿאַר ביליק דירה-געלט ?

Chapitre 17 Kapitl 17 קאַפּיטל 17
Antisémitisme Sines-Yisroel שׂינאת-ישׂראל

– Ikh hob yo.
– Ven du bist krank, heylt men dikh nisht umzist ?
– Yo, umzist.
– To far vos vilstu farlozn dayn land ? Du khazer, oysvurf, gemeyner Yid !
– Du host dafke itst gegebn dem entfer, tovaritsh inspektor !

– איך האָב יאָ.
– ווען דו ביסט קראַנק, היילט מען דיך נישט אומזיסט ?
– יאָ, אומזיסט.
– טאָ פֿאַר וואָס ווילסטו פֿאַרלאָזן דײַן לאַנד ? דו חזיר, אויסוווּרף, געמיינער ייִד !
– דו האָסט דווקא איצט געגעבן דעם ענטפֿער, טאָוואַריטש אינספּעקטאָר !

Dans le local du K.G.B. à Moscou :
– Dis-moi, David Koganovitch, pourquoi veux-tu quitter ton pays natal ? Tu n'as pas de travail ici ?
– Si, j'ai du travail.
– Tu n'as pas de logement, avec un loyer dérisoire ?
– Si.
– Quand tu es malade, tu n'es pas soigné gratuitement ?
– Si, gratuitement
– Alors pourquoi veux-tu quitter ta patrie, espèce de cochon, ordure, sale Juif ?
– Voilà, camarade inspecteur ! Tu viens juste de donner la réponse à ta question !

381

M'hot gehert az me vet krign kartofl tsu koyfn, in "Gum", dem groysn gevelb in Moskve.
Bald shtelt zikh a lange rey, mit efsher hundert un fuftsik mentshn. Tsen sho shpeter, shteyen zey nokh alts. Kumt tsu geyn a bobe. In der rey derkent zi a kuzin un zi fregt im :
– Vos krigt men do ?
– Do krigt men geshvolene fis ! Entfert er, vayzndik di knekhlekh.
Dem tsveytn tog shteyen zey nokh alts, gefroyrn, oysgehungert, oysgematert. Kumt tsu geyn a partey-tshinovnik vos zogt :

מ'האָט געהערט אַז מע וועט קריגן קאַרטאָפֿל צו קויפֿן אין „גום“, דעם גרויסן געוועלב אין מאָסקווע.
באַלד שטעלט זיך אַ לאַנגע ריי, מיט אפֿשר הונדערט און פֿופֿציק מענטשן. צען שעה שפּעטער שטייען זיי נאָך אַלץ. קומט צו גיין אַ באָבע. אין דער ריי דערקענט זי אַ קוזין און זי פֿרעגט אים :
– וואָס קריגט מען דאָ ?
– דאָ קריגט מען געשוואָלענע פֿיס ! ענטפֿערט ער, ווײַזנדיק די קנעכלעך.
דעם צווייטן טאָג, שטייען זיי נאָך אַלץ, געפֿרוירן, אויסגעהונגערט, אויסגעמאַטערט. קומט צו גיין אַ פּאַרטיי-טשינאָווניק וואָס זאָגט :

Chapitre 17 | Kapitl 17 | קאַפּיטל 17
Antisémitisme | Sines-Yisroel | שׂינאת-ישׂראל

– Se vet nisht zayn genug kartofl far alemen. Yidn, aroys fun rey !
A sheyn bisl mentshn geyen avek. A por sho shpeter, kumt der tshinovnik tsurik :
– Se vet zayn zeyer veynik kartofl. Di vos zaynen nisht ayngeshribn in Partey, aroys fun rey !
Dem dritn tog, kumt er vider :
– Tayere khaveyrim, aykh ken ikh itst zogn dem emes : keyn kartofl vet nisht zayn. Der lastoyto iz kalye gevorn !
Nu tsegeyen zikh ale partey-khaveyrim on a vort, akhuts eynem vos yakhmert mit has :
– Yidlakes ! Zey zenen tomid privilegirt !

– סע וועט נישט זײַן גענוג קאַרטאָפֿל פֿאַר אַלעמען. ייִדן, אַרויס פֿון ריי !
אַ שיין ביסל מענטשן גייען אַוועק. אַ פּאָר שעה שפּעטער, קומט דער טשינאָווניק צוריק :
– סע וועט זײַן זייער ווייניק קאַרטאָפֿל. די וואָס זײַנען נישט אײַנגעשריבן אין פּאַרטיי, אַרויס פֿון ריי !
דעם דריטן טאָג, קומט ער ווידער :
– טײַערע חבֿרים, אײַך קען איך איצט זאָגן דעם אמת : קיין קאַרטאָפֿל וועט נישט זײַן. דער לאַסטאויטאָ איז קאַליע געוואָרן !
נו צעגייען זיך אַלע פּאַרטיי-חבֿרים אָן אַ וואָרט, אחוץ איינעם וואָס יאַכמערט מיט האַס :
– ייִדלאַקעס ! זיי זענען תּמיד פּריווילע-גירט !

La rumeur a couru qu'il va y avoir des pommes de terre au « Goum », le grand magasin de Moscou. Aussitôt, une longue file se forme d'au moins cent cinquante personnes. Dix heures plus tard, ils sont toujours là. Une petite grand-mère arrive et reconnait un cousin dans la queue.
Elle lui demande :
– Qu'est ce qu'on va avoir ici ?
– Des chevilles enflées ! Répond-il, en retroussant son pantalon.
Le deuxième jour ils sont encore là, frigorifiés, affamés, épuisés.
Un responsable du Parti arrive et annonce :
– Il n'y aura pas de pommes de terre pour tout le monde. Alors les Juifs, sortez de la queue !
Un bon nombre de personnes partent. Un peu plus tard il revient :
– Il y aura très peu de pommes de terre. Ceux qui ne sont pas inscrits au Parti, quittez la queue !
Le troisième jour, il revient :
– Chers camarades, à vous je peux maintenant dire la vérité : il n'y aura aucune pomme de terre. Le camion est tombé en panne !
Alors tous les camarades se dispersent en silence, sauf l'un d'eux qui hurle haineusement :
– Ces sales Juifs ! Toujours privilégiés !

Chapitre 17 Kapitl 17 קאַפּיטל 17
Antisémitisme Sines-Yisroel שׂינאת-ישׂראל

382

Brezhjnev kumt in a shtetl un fregt nokhn rov.
– Es iz shoyn nishto keyn rov do.
– Vos iz ?
– Hert oys : ven undzer rov iz nifter gevorn, hobn zikh tsugeshtelt dray kandidatn. Nor keyn eyner hot nisht getoygt :
Der ershter iz geven a gelernter, nor er iz nisht geven ayngeshribn in Partey.
Der tsveyter hot yo gehert tsu der Partey, nor keyn ben-toyre iz er nisht geven !
Un der driter iz geven a gelernter, un iz geven ayngeshribn, nor... er iz geven a Yid !

ברעזשנעוו קומט אין אַ שטעטל און פֿרעגט נאָכן רבֿ.
– עס איז שוין נישטאָ קיין רבֿ דאָ.
– וואָס איז ?
– הערט אויס : ווען אונדזער רבֿ איז ניפֿטר געוואָרן, האָבן זיך צוגעשטעלט דרײַ קאַנ-דידאַטן. נאָר קיין איינער האָט נישט גע-טויגט :
דער ערשטער איז געווען אַ געלערנטער, נאָר ער איז נישט געווען אײַנגעשריבן אין פּאַרטיי.
דער צווייטער האָט יאָ געהערט צו דער פּאַרטיי, נאָר קיין בן-תּורה איז ער נישט געווען !
און דער דריטער איז געווען אַ געלערנ-טער, און איז געווען אײַנגעשריבן, נאָר... ער איז געווען אַ ייִד !

Brejnev arrive dans un shtetl et demande à voir le rabbin.*
– Il n'y a plus de rabbin ici.
– Comment ça ?
– Eh bien voilà : quand notre rabbin est mort, trois candidats se sont présentés, mais aucun ne pouvait convenir :
Le premier avait l'érudition nécessaire, mais il n'était pas inscrit au Parti !
Le second était bien membre du Parti, mais il n'était pas érudit !
Quant au troisième, il était bien érudit, il était bien inscrit au Parti, mais... il était juif !

383

Oyfn "Roytn Plats" in Moskve, shtelt a politsyant op a yat vos trogt a valizkele.
– Stoy ! Papirn ! ... Aha... "Yitskhok Kupfervitski", a Yidlak ! Efn di valize !
Di valizke iz ful mit rublen.
– Vu hostu geganvet dos gelt ?
– Ikh hob es nisht geganvet, ikh hob es

אויפֿן „רויטן פּלאַץ" אין מאָסקווע, שטעלט אַ פּאָליציאַנט אָפּ אַ יאַט וואָס טראָגט אַ וואַליזקעלע.
– סטוי ! פּאַפּירן ! ... אַהאַ... „יצחק קופּ-פֿערוויטסקי", אַ ייִדלאַק ! עפֿן די וואַליזע !
די וואַליזקע איז פֿול מיט רובלען.
– ווּ האָסטו געגנבֿעט דאָס געלט ?
– איך האָב עס נישט געגנבֿעט, איך האָב עס

Chapitre 17 Kapitl 17 קאַפּיטל 17
Antisémitisme Sines-Yisroel שׂינאת-ישׂראל

gevunen mit gevetn.
– Du haltst mikh far a tipesh ?
– Zikher nisht, her politsyant ! Lomir zikh vetn oyf hundert rubl az ir vet nisht oyston do di hoyzn in eyn shmey-drey !
– Ikh vel es nisht ton, zogstu ?
Un eyder vos eyder ven, tut er oys di hoyzn.
Der yat git im di hundert rubl :
– Nat aykh, ir hot gevunen ! Un itst, zogt mir : loyt ayer meynung, vifl mentshn shteyen do oyf dem plats un kukn oyf undz ?
– Ikh veys ? Efsher arum fuftsik ?
– Genoy shteyen zey akht un zekhtsik ! Un mit yedn eynem hob ikh zikh gevet oyf tsen rubl, az ir vet zikh do oyston di hoyzn…

געוווּנען מיט געוועטן.
– דו האַלטסט מיך פֿאַר אַ טיפּש ?
– זיכער נישט, הער פּאָליציאַנט ! לאָמיר זיך וועטן אויף הונדערט רובל אַז איר וועט נישט אויסטאָן דאָ די הויזן אין איין שמיי-דריי !
– איך וועל עס נישט טאָן, זאָגסטו ?
און איידער וואָס איידער ווען, טוט ער אויס די הויזן.
דער יאַט גיט אים די הונדערט רובל :
– נאַט אײַך, איר האָט געוווּנען ! און איצט, זאָגט מיר : לויט אײַער מיינונג, וויפֿל מענטשן שטייען דאָ אויף דעם פּלאַץ און קוקן אויף אונדז ?
– איך ווייס ? אפֿשר אַרום פֿופֿציק ?
– גענוי שטייען זיי אַכט און זעכציק ! און מיט יעדן איינעם האָב איך זיך געוועט אויף צען רובל, אַז איר וועט זיך דאָ אויסטאָן די הויזן...

Sur la Place Rouge à Moscou, un policier interpelle un gars qui porte une petite valise.
– Halte ! Vos papiers ! ... Aha... "Itskhok Kupfervitsky", un cochon de Juif ! Ouvre-moi cette valise !
La valise est remplie de roubles.
– Où as-tu volé cet argent ?
– Je ne l'ai pas volé, je l'ai gagné en faisant des paris.
– Tu me prends pour un imbécile ?
– Sûrement pas, monsieur le policier ! Tenez, je vous parie cent roubles que là, maintenant, vous n'enlèverez pas votre pantalon !
– Je ne le ferai pas, dis-tu ?
Et en moins de temps qu'il n'en faut pour le dire, il enlève son pantalon.
Le gars lui donne les cent roubles :
– Tenez, vous avez gagné ! Mais maintenant dites-moi : d'après vous, combien y a-t'il de personnes sur cette place, qui nous regardent ?
– Est-ce que je sais, moi ? Peut-être une cinquantaine ?
– Il y en a exactement soixante-huit ! Et avec chacune d'elles, j'ai parié dix roubles qu'ici même, vous retireriez votre pantalon...

Chapitre 17 | Kapitl 17 | קאַפּיטל 17
Antisémitisme | Sines-Yisroel | שׂינאת-ישׂראל

384

In Brezhnevs tsaytn, zitst a man in park un leyent a bukh.
Geyt adurkh a politsyant. Er git a kuk un derkent nisht di oysyes. Fregt er :
– Vos leyenstu ? Vos iz dos far a shprakh ?
– Dos iz hebreish, her politsyant. Ikh lern zikh, vayl ikh vil zikh bazetsn in Yisroel.
– Dos iz oser ! Du veyst es nisht ?
– Nu, in ganeydn, redt men oykh hebreish !
– Vos meynstu ? Yidn geyen glaykh in gehenem !
– Shat nisht ! Rusish ken ikh shoyn !

אין ברעשזנעווס צײַטן, זיצט אַ מאַן אין פּאַרק און לייענט אַ בוך.
גייט אַדורך אַ פּאָליציאַנט. ער גיט אַ קוק און דערקענט נישט די אותיות. פֿרעגט ער :
– וואָס לייענסטו ? וואָס איז דאָס פֿאַר אַ שפּראַך ?
– דאָס איז העברעיִש, הער פּאָליציאַנט. איך לערן זיך, ווײַל איך וויל זיך באַזעצן אין ישׂראל.
– דאָס איז אָסור ! דו ווייסט עס נישט ?
– נו, אין גן-עדן, רעדט מען אויך העברעיִש !
– וואָס מיינסטו ? ייִדן גייען גלײַך אין גיהנום !
– שאַט נישט ! רוסיש קען איך שוין !

Sous Brejnev, un homme assis dans un parc est plongé dans un livre.
Un policier passe par là, jette un coup d'œil et ne reconnait pas les caractères.
– Qu'est-ce que tu lis ? Qu'est-ce que c'est que cette langue ?
– C'est de l'hébreu, monsieur le policier. J'étudie l'hébreu car je veux m'installer en Israël.
– C'est interdit ! Tu ne le sais donc pas ?
– Bon. Mais au paradis, on parle aussi l'hébreu !
– Qu'est-ce que tu crois ? Les Juifs vont directement en enfer !
– Aucune importance ! Le russe, je connais déjà !

385

Me flegt zogn az a Polyak "zoygt yidn-sine mit der mames milkh" :

מע פֿלעגט זאָגן אַז אַ פּאָליאַק „זויגט ייִדן-שׂינאה מיט דער מאַמעס מילך" :

Oyf an internatsyonaler konferents, shtelt der poylisher delegat aroys di foderungen fun zayn regirung. Un er git tsu :
– Oyb dos vert nisht ongenumen, veln Polyakn nemen hargenen Yidn !

אויף אַן אינטערנאַציאָנאַלער קאָנפֿערענץ, שטעלט דער פּוילישער דעלעגאַט אַרויס די פֿאָדערונגען פֿון זײַן רעגירונג. און ער גיט צו :
– אויב דאָס ווערט נישט אָנגענומען, וועלן פּאָליאַקן נעמען הרגענען ייִדן !

Chapitre 17 Kapitl 17 קאַפּיטל 17
Antisémitisme Sines-Yisroel שׂינאת-ישׂראל

– Se ken zayn, entfert eyner, ober oyb me nemt yo on vos zey fodern, vet dokh zayn bay zey a simkhe. Veln zey zikh onzhlyoken mit vodke, un ven zey veln zayn shiker Lot, veln zey say vi say nemen hargenen Yidn !

– סע קען זייַן, ענטפֿערט איינער, אָבער אויב מע נעמט יאָ אָן וואָס זיי פֿאָדערן, וועט דאָך זייַן בייַ זיי אַ שׂימחה. וועלן זיי זיך אָנזשליאָקען מיט וואָדקע, און ווען זיי וועלן זייַן שיכּור לוט, וועלן זיי סייַ ווי סייַ נעמען הרגענען ייִדן !

On avait l'habitude de dire que le Polonais « tète la haine des Juifs avec le lait de sa mère » :

Lors d'une conférence internationale, le délégué polonais expose les exigences de son gouvernement. Et il ajoute :
– Si vous n'acceptez pas, les Polonais massacreront les Juifs !
– Possible, réplique un participant, mais si nous acceptons, ils seront si contents qu'ils boiront vodka sur vodka. Et quand ils seront ivres morts, ils massacreront les Juifs de toute façon !

אין די דעמאָקראַטישע לענדער שאַפֿן זיך אויך אַנטיסעמיטישע וויצן.
למשל אין פֿראַנקרײַך און אין די פֿאַראייניקטע שטאַטן.

In di demokratishe lender shafn zikh oykh antisemitishe vitsn.
Lemoshl in Frankraykh un in di Fareynikte Shtatn.

Dans les pays démocratiques circulent également des vitsn antisémites. Par exemple en France ou aux Etats-Unis.*

386

In gortn fun "plas de Vozh" in Pariz, zitsn tsvey fraynd oyf a bank, un eyner hot taynes tsum tsveytn :
– Vi kenstu leyenen aza antisemitishe tsaytung ?
– Ikh vel dir gebn tsu farshteyen :
Shoyn in Poyln, ven ikh fleg leyenen a tsaytung, fleg ikh vern troyerik : di pogromen, di kozakn, der has kegn Yidn, der oyfshtayg fun natsizm… Un itst, iz do nisht beser : der antisemitizm vos blit vider oyf der gantser velt, der

אין גאָרטן פֿון „פּלאַס דע וואָשז“ אין פּאַריז, זיצן צוויי פֿרייַנד אויף אַ באַנק, און איינער האָט טענות צום צווייטן :
– ווי קענסטו לייענען אַזאַ אַנטיסעמיטישע צייַטונג ?
– איך וועל דיר געבן צו פֿאַרשטיין :
שוין אין פּוילן, ווען איך פֿלעג לייענען אַ צייַטונג, פֿלעג איך ווערן טרויעריק : די פּאָגראָמען, די קאָזאַקן, דער האַס קעגן ייִדן, דער אויפֿשטייַג פֿון נאַציזם… און איצט, איז דאָ נישט בעסער : דער אַנטיסעמיטיזם וואָס בליט ווידער אויף דער גאַנצער וועלט, דער

Chapitre 17 Kapitl 17 קאַפּיטל 17
Antisémitisme Sines-Yisroel שׂינאת-ישׂראל

negatsionizm, di zhurnalistishe hetse kegn Yisroel un vos es vet zayn mit Yisroel...
Dos alts ken ikh nisht fartrogn !
Nor ven ikh leyen di antisemitishe prese, shteyt geshribn az di ekonomye un di finantsn fun der gantser velt lign bay di Yidn in di hent, az di Yidn bahershn di komunitir-mitlen – di radyo, di televizye, di prese – un oykh di meditsin, di kunstn...
Azoy... ven ikh leyen dos alts, bin ikh shtolts un gliklekh vos ikh bin a Yid !

נעגאַציאָניזם, די זשורנאַליסטישע העצע קעגן ישׂראל און וואָס עס וועט זײַן מיט ישׂראל...
דאָס אַלץ קען איך נישט פֿאַרטראָגן !
נאָר ווען איך לייען די אַנטיסעמיטישע פּרעסע, שטייט געשריבן אַז די עקאָנאָמיע און די פֿינאַנצן פֿון דער גאַנצער וועלט ליגן בײַ די ייִדן אין די הענט, אַז די ייִדן באַהערשן די קאָמוניקיר-מיטלען – די ראַדיאָ, די טעלעוויזיע, די פּרעסע – און אויך די מעדיצין, די קונסטן...
אַזוי... ווען איך לייען דאָס אַלץ, בין איך שטאָלץ און גליקלעך וואָס איך בין אַ ייִד !

Dans le square de la place des Vosges à Paris, deux amis sont assis sur un banc. L'un d'eux reproche à l'autre :
– Comment peux-tu lire un tel journal antisémite ?
– Je vais t'expliquer :
Déjà en Pologne, quand je lisais le journal, j'étais déprimé :
Les pogromes, les cosaques, la haine des Juifs, la montée du nazisme...
Et maintenant ici, ce n'est pas mieux : l'antisémitisme qui à nouveau fleurit partout dans le monde, le négationnisme, le lynchage médiatique d'Israël et le devenir de ce pays...
Tout cela, m'est insupportable !
En revanche, dans la presse antisémite, on lit que l'économie et les finances mondiales sont entre les mains des Juifs, qu'ils ont la main sur les médias - la radio, la télévision, la presse - et aussi sur la médecine, sur les arts...
Alors... quand je lis tout ça, je suis fier et heureux d'être juif !

387

Oystsumaydn dem antisemitizm, hobn gevise Yidn getoysht dem nomen un oysgeklibn nemen vos klingen nisht yidish. Andere hobn zikh geshmadt. Dos iz forgekumen in alerlay lender un in alerlay tsaytn, der hoypt in Eyrope nokhn letstn khurbm.

אויסצומײַדן דעם אַנטיסעמיטיזם, האָבן געוויסע ייִדן געטוישט דעם נאָמען און אויסגעקליבן נעמען וואָס קלינגען נישט ייִדיש. אַנדערע האָבן זיך געשמדט. דאָס איז פֿאָרגעקומען אין אַלערלײַ לענדער און אין אַלערלײַ צײַטן, דער הויפּט אין אייראָפּע נאָכן לעצטן חורבן.

Chapitre 17 Kapitl 17 קאַפּיטל 17
Antisémitisme Sines-Yisroel שׂינאת-ישׂראל

Hershl un Etl Kvalski viln zikh oysmishn mit di Frantsoyzn. Geyen zey in rothoyz un betn me zol zey farshraybn mitn nomen “Henri un Helene Fontaine”.
Di kinder gibn zey a nomen “Francis un Christine”.
A por yor speter, kumen zey vider in rothoyz :
– Mir farlangen itst tsu krign dem nomen “Riviere”.
– Vos iz ? “Fontaine” gefelt aykh shoyn nisht ?
– Neyn, ober ven emetser fregt mit khshad :
“Un vi hot men aykh gerufn eyder ir hot geheysn Riviere ?”, viln mir kenen entfern : “Fontaine” !

A variant :
Yankl geyt tsum galekh un shmadt zikh. Er vert “Zhak”, der katoliker. Ober di shtekhvertlekh shpritsn vayter :
– Un frier, vos bistu geven ?
Bashlist er tsu vern a protestant...

הערשל און עטל קוואַלסקי ווילן זיך אויס-מישן מיט די פֿראַנצויזן. גייען זיי אין ראָטהויז און בעטן מע זאָל זיי פֿאַרשרייַבן מיטן נאָמען „הענרי און העלען פֿאָנטען“.
די קינדער גיבן זיי אַ נאָמען „פֿראַנסיס און קריסטין“.
אַ פּאָר יאָר שפּעטער, קומען זיי ווידער אין ראָטהויז :
– מיר פֿאַרלאַנגען איצט צו קריגן דעם נאָמען „ריוויער“.
– וואָס איז ? ”פֿאָנטען“ געפֿעלט אייַך שוין נישט ?
– ניין, אָבער ווען עמעצער פֿרעגט מיט חשד :
„און ווי האָט מען אייַך גערופֿן איידער איר האָט געהייסן ריוויער“ ? ווילן מיר קענען ענטפֿערן : „פֿאָנטען“ !

אַ וואַריאַנט :
יאַנקל גייט צום גלח און שמדט זיך. ער ווערט „זשאַק“, דער קאַטאָליקער. אָבער די שטעכווערטלעך שפּריצן ווייַטער :
– און פֿריער, וואָס ביסטו געווען ?
באַשליסט ער צו ווערן אַ פּראָטעסטאַנט...

Pour déjouer l’antisémitisme, certains Juifs changeaient leur nom et choisissaient des prénoms sans consonance yiddish. D’autres se convertissaient. Ces phénomènes ont existé dans divers pays et à diverses époques, mais surtout en Europe, après la Shoah.

Hershl et Etl Kvalski* veulent passer inaperçus au milieu des Français.*
A la préfecture, ils demandent à s’appeler Henri et Hélène Fontaine.
Ils prénomment leurs enfants Francis et Christine.
Quelques années plus tard, ils retournent à la préfecture :
– Nous souhaitons maintenant nous appeler « Rivière ».
– Mais pour quelle raison ? « Fontaine » ne vous plait plus ?
– Ce n’est pas ça, mais quand on nous demande d’un air soupçonneux :
« Et avant Rivière, c’était quoi votre nom ? », nous voulons pouvoir répondre « Fontaine » !

Chapitre 17 Kapitl 17 קאַפּיטל 17
Antisémitisme Sines-Yisroel שׂינאת-ישׂראל

Variante :
Jacob va trouver le curé et se convertit. Il devient Jacques, le *catholique.*
Mais les sarcasmes continuent :
– Et avant, tu étais quoi ?
Alors il décide de devenir protestant…

388

In a ban, fregt Moyshe zayn shokhn :
– Ikh hob fargesn mayn neseser. Zayt azoy gut, borgt mir ayer zeyf.
– Mit fargenign.
– Un ayer razir-meser ?
– … Far vos nisht.
– Efsher ayer tseynbershtl oykh ?
– Dos zikher nisht ! A tseynbershtl iz a perzendlekhe zakh !
– Oy, zent ir an antisemit !
– Biz itst bin ikh nisht geven, nor kh'meyn az bald vel ikh vern an antisemit !

אין אַ באַן, פֿרעגט משה זײַן שכן :
– איך האָב פֿאַרגעסן מײַן נעסעסער. זײַט אַזוי גוט, באָרגט מיר אײַער זייף.
– מיט פֿאַרגעניגן.
– און אײַער ראַזיר-מעסער ?
– ... פֿאַר וואָס נישט.
– אפֿשר אײַער ציינבערשטל אויך ?
– דאָס זיכער נישט ! אַ ציינבערשטל איז אַ פּערזענדלעכע זאַך !
– אוי, זענט איר אַן אַנטיסעמיט !
– ביז איצט בין איך נישט געווען, נאָר כ'מיין אַז באַלד וועל איך ווערן אַן אַנטי-סעמיט !

Dans un train, Moyshe s'adresse à son voisin :
– J'ai oublié ma trousse de toilette. Auriez-vous l'amabilité de me prêter votre savon ?
– Avec plaisir.
– Et votre rasoir ?
– … Pourquoi pas.
– Peut-être aussi votre brosse à dents ?
– Ça sûrement pas ! Une brosse à dents, c'est personnel !
– Oy, quel antisémite vous êtes !
– Je ne l'étais pas jusque là, mais maintenant je sens que je vais le devenir !

389

In di Fareynikte Shtatn, organizirt a froy fun di hoykhe fenster a "garden-party". Zi zet ayn az s'vet zayn tsu fil froyen. Shikt zi a depesh tsum hoypt-kolonel

אין די פֿאַראייניקטע שטאַטן, אָרגאַניזירט אַ פֿרוי פֿון די הויכע פֿענסטער אַ „גאַרדן-פּאַרטי“. זי זעט אײַן אַז ס'וועט זײַן צו פֿיל פֿרויען. שיקט זי אַ דעפּעש צום הויפּט-

Chapitre 17 Kapitl 17 קאַפּיטל 17
Antisémitisme Sines-Yisroel שׂינאת-ישׂראל

fun der kazarme vos gefint zikh nisht vayt. Zi bet im er zol oysklaybn, far dem kumendikn zuntik, tsen sheyne ofitsirn ; nor zi drikt oys dem vuntsh :
“az keyn Yid zol nisht zayn tsvishn zey”.
Dem tog fun der “garden-party” vayzn zikh tsen herlekhe ofitsirn, nor… ale zaynen shvarts ! S’vert ir take shvarts far di oygn ! Koym vos zi ken aroyszogn :
– Ober… s’iz a toes !
Entfert an ofitsir :
– Mises, der kolonel Feyglboym hot keyn mol nisht keyn toes !

קאָלאָנעל פֿון דער קאַזאַרמע וואָס געפֿינט זיך נישט ווײַט. זי בעט אים ער זאָל אויס- קלײַבן, פֿאַר דעם קומענדיקן זונטיק, צען שיינע אָפֿיצירן ; נאָר זי דריקט אויס דעם ווּנטש :
„אַז קיין ייִד זאָל נישט זײַן צווישן זיי“.
דעם טאָג פֿון דער „גאַרדן-פּאַרטי“ ווײַזן זיך צען הערלעכע אָפֿיצירן, נאָר... אַלע זײַנען שוואַרץ ! ס'ווערט איר טאַקע שוואַרץ פֿאַר די אויגן ! קוים וואָס זי קען אַרויסזאָגן :
– אָבער... ס'איז אַ טעות !
ענטפֿערט אַן אָפֿיציר :
– מיסעס, דער קאָלאָנעל פֿייגלבוים האָט קיין מאָל נישט קיין טעות !

Aux Etats-Unis, une femme de la haute société organise une « garden-party ». Elle se rend compte qu’il y aura trop de femmes. Elle envoie donc une dépêche au colonel qui commande la garnison voisine. Elle le prie de lui choisir dix beaux officiers pour le dimanche suivant ; mais elle exprime le souhait :
« qu’il n’y ait aucun Juif parmi eux ».
Le jour de la garden-party se présentent dix hommes superbes, mais… ils sont tous noirs ! Elle n’en croit pas ses yeux ! A peine si elle parvient à articuler :
– Mais… c’est une erreur !
Alors un officier se met au garde-à-vous :
– Madame, le colonel Feygelboym ne fait jamais d’erreur !

390

Moyshe zitst in a bar, mit a gloz viski tsu der hant. Kumt eyner, tut a trink oys dos gloz un shrayt oyf im :
– Nu, Yidlak, vos zogstu tsu dem ? … Un vos nemstu veynen atsind ?
– Ir vilt take visn ? Haynt iz der ergster tog in mayn gants lebn :
Ikh hob ersht farloyrn mayn parnose,

משה זיצט אין אַ באַר, מיט אַ גלאָז וויסקי צו דער האַנט. קומט איינער, טוט אַ טרינק אויס דאָס גלאָז און שרײַט אויף אים :
– נו, ייִדלאַק, וואָס זאָגסטו צו דעם ? ... און וואָס נעמסטו וויינען אַצינד ?
– איר ווילט טאַקע וויסן ? הײַנט איז דער ערגסטער טאָג אין מײַן גאַנץ לעבן :
איך האָב ערשט פֿאַרלוירן מײַן פּרנסה,

מ׳האָט מיר צוגעגנבֿעט דעם אויטאָ ; כ׳קום אַהיים, טרעף איך מײַן ווײַב אין בעט מיטן בריוון-טרעגער, און דערצו גיט מיר מײַן הונט אַ ביס !

טאָ האָב איך באַשלאָסן זיך צו נעמען דאָס לעבן. האָב איך דאָ באַשטעלט אַ טרונק, אַרײַנגעגאָסן אַ קאַפּסל סם-המוות...

און פּונקט זענט איר אָנגעקומען און האָט איר אויסגעליידיקט דאָס גלאָז !

אַזוי האָט אַן אַנטיסעמיט דערהאַלטן אַ ייִד בײַם לעבן !

m'hot mir tsugeganvet dem oyto ; kh'kum aheym, tref ikh mayn vayb in bet mitn brivn-treger, un dertsu git mir mayn hunt a bis !

To hob ikh bashlosn zikh tsu nemen dos lebn. Hob ikh do bashtelt a trunk, arayngegosn a kapsl sam-hamoves...

Un punkt zent ir ongekumen un hot ir oysgeleydikt dos gloz !

Azoy hot an antisemit derhaltn a Yid baym lebn !

Moyshe est assis dans un bar devant un verre de whisky. Un mec arrive, avale le contenu du verre et crie :*

– Alors, espèce de Juif minable, qu'est-ce que tu dis de ça ? ... Et pourquoi te mets-tu à pleurer maintenant ?

– Vous voulez vraiment le savoir ? Eh bien voilà.

Aujourd'hui c'est la journée la plus moche de toute ma vie : je viens de perdre mon travail, on m'a volé ma voiture ; j'arrive à la maison, je trouve ma femme au lit avec le facteur et en plus, mon chien me mord !

Alors j'ai décidé d'en finir. Je suis venu ici pour un dernier verre, j'y ai versé une capsule de poison... Et voilà que vous arrivez et que vous videz mon verre !

C'est ainsi qu'un antisémite a sauvé la vie d'un Juif !

נאָך דעם שלאָגוואָרט : „**ייִדן קיין פּאַלעסטינע !**" פֿונעם קלאַסישן אַנטיסעמיטיזם, קומט אונטער הײַנט צו טאָג דער נײַער לאָזונג : „**ייִדן, אַרויס פֿון פּאַלעסטינע !**" פֿונעם אַנטיציוניזם וואָס מאַסקירט די שׂינאת-ישׂראל.

Nokh dem shlogvort **"Yidn keyn Palestine !"** funem klasishn antisemitizm, kumt unter haynt tsu tog der nayer lozung : **"Yidn, aroys fun Palestine !"** funem antitsyenizm vos maskirt di sines-yisroel !

*Après le slogan « **Les Juifs en Palestine !** » de l'antisémitisme classique, apparait de nos jours le nouveau mot d'ordre : « **Les Juifs, hors de Palestine !** », de l'antisionisme qui masque la judéophobie !*

Chapitre 17 Kapitl 17 קאַפּיטל 17
Antisémitisme Sines-Yisroel שׂינאת-ישׂראל

391

Oyf der gas, in Brisl, bafalt a pitbul a kleyn meydele. Nokh gut az a fester bokher hot zikh antkegn geshtelt un hot bavizn tsu derdishn di vilde khaye.
A zhurnalist vos iz punkt geshtanen derbay gratulirt im :
– Morgn vet zayn geshribn in tsaytung :
"A heldisher Brisler hot geratevet a meydele…
– Ikh bin nisht fun Brisl.
– Nu, vel ikh shraybn : "A heldisher Belgyer…
– Keyn Belgyer bin ikh oykh nisht, ikh bin fun Yisroel.
Tsu morgns, leyent men oyf der ershter zayt fun tsaytung :
"A vilder yisreeylisher kolonist hot derharget a hintl vos hot zikh gevolt shpiln mit a kind" !

אויף דער גאַס, אין בריסל, באַפֿאַלט אַ פּיטבול אַ קליין מיידעלע. נאָך גוט אַז אַ פֿעסטער בחור האָט זיך אַנטקעגן גע-שטעלט און האָט באַוויזן צו דערדישן די ווילדע חיה.
אַ זשורנאַליסט וואָס איז פּונקט געשטאַנען דערבײַ גראַטולירט אים :
– מאָרגן וועט זײַן געשריבן אין צײַטונג :
„אַ העלדישער בריסלער האָט געראַ-טעוועט אַ מיידעלע ...
– איך בין נישט פֿון בריסל.
– נו, וועל איך שרײַבן : „אַ העלדישער בעלגיער...
– קיין בעלגיער בין איך אויך נישט, איך בין פֿון ישׂראל.
צו מאָרגנס, לייענט מען אויף דער ערשטער זײַט פֿון צײַטונג :
„אַ ווילדער ישׂראלישער קאָלאָניסט האָט דערהרגעט אַ הינטל וואָס האָט זיך געוואָלט שפּילן מיט אַ קינד“ !

Dans une rue de Bruxelles, un pitbull agresse une petite fille. Encore heureux qu'un jeune homme costaud se soit interposé et ait réussi à étrangler l'animal féroce ! Un journaliste qui se trouvait là le félicite :
– Demain sortira dans mon journal : « Un héroïque Bruxellois a sauvé la vie à une fillette…
– Je ne suis pas de Bruxelles.
– Bon, j'écrirai : « Un Belge héroïque…
– Je ne suis pas belge non plus, je viens d'Israël.
Le lendemain, à la une du journal, on peut lire :
« Un colon israélien a sauvagement assassiné un petit chien qui voulait jouer avec un enfant » !

Chapitre 18 | Kapitl 18 | קאַפּיטל 18
Allemagne. Hitler | Daytshland. Hitler | דײַטשלאַנד. היטלער

דײַטשלאַנד

DAYTSHLAND

ALLEMAGNE

מיט מער ווי טויזנט יאָר צוריק האָבן ייִדישע קהילות זיך אײַנגעגרונטעוועט
אין דער רײַן-געגנט. אָט דאָרטן איז אין מיטל-עלטער אויפֿגעקומען ייִדיש אַלס
אומגאַנגשפּראַך, זײַט בײַ זײַט מיטן לשון-קודש פֿון דער תּורה.
באַשולדיקטע אין פֿאַרשפּרייטן מגיפֿות אָדער אין עלילת-דם, האָבן ייִדן
נישט איין מאָל געליטן שחיטות און גירושים, אָבער דײַטשלאַנד האָט זיך
נישט געקענט באַגיין אָן זייער אָנטייל אין דער ווירטשאַפֿט...
מיט דער השׂכּלה, אין אַכצעטן יאָרהונדערט, שטרעבן די ייִדן זיך אײַנצוגלידערן
אין דער דײַטשער געזעלשאַפֿט, אין אַ קולטורעל און ציוויליזירט פֿאָלק...
טייל היטן פּריוואַט אָפּ ייִדישקייט, אַנדערע ווערן פֿאַרגוייִשט און האָבן חתונה מיט נישט-ייִדן.
טייל מאָל שמדן זיי זיך, כּדי אויסצומײַדן דעם פֿאַרבאַהאַלטענעם אַנטיסעמיטיזם.
צווישן ביידע וועלט-מלחמות, האָט דײַטשלאַנד שוועריקייטן צו
קומען צו זיך נאָך דער מפּלה פֿון 1918.
פֿון דעסט וועגן בליט ווידער די קולטור-סבֿיבֿה. ייִדישע קינסטלער און אינטעלעקטואַלן
צייכענען זיך אויס אין בערלין און אין ווין, די צוויי צײַטווײַליקע
הויפּטשטעט פֿון ייִדישן הומאָר.
פֿון 1933 אָן, מיט היטלערן און דעם אויפֿשטײַג פֿון נאַציזם,
ווערן ייִדן אומדערבאַרעמדיק גערודפֿט !

Mit mer vi toyznt yor tsurik, hobn yidishe kehiles zikh ayngegruntevet
in der Rayn-gegnt. Ot dortn iz in mitl-elter oyfgekumen yidish als
umgangshprakh, zayt bay zayt mitn loshn-koydesh fun der Toyre.
Bashuldikte in farshpreytn mageyfes oder in aliles-dam, hobn Yidn
nisht eyn mol gelitn shkhites un gerushim, ober Daytshland
hot zikh nisht gekent bageyn on zeyer onteyl in der virtshaft…
Mit der Haskole, in akhsetn yorhundert, shtrebn di Yidn zikh ayntsuglidern
in der daytsher gezelshaft, in a kulturel un tsivilizirt folk…
Teyl hitn privat op yidishkeyt, andere vern fargoyisht un hobn
khasene mit nisht-Yidn. Teyl mol shmadn zey zikh,
kedey oystsumaydn dem farbahaltenem antisemitizm.

| *Chapitre 18* | Kapitl 18 | קאַפּיטל 18 |
| *Allemagne. Hitler* | Daytshland. Hitler | דײַטשלאַנד. היטלער |

Tsvishn beyde velt-milkhomes, hot Daytshland shverikeytn
tsu kumen tsu zikh nokh der mapole fun 1918.
Fun dest vegn blit vider di kultur-svive. Yidishe kinstler un
intelektualn tseykhenen zikh oys in Berlin un in Vin,
di tsvey tsaytvaylike hoyptshtet fun yidishn humor.
Fun 1933 on, mit Hitlern un dem oyfshtayg fun natsizm, vern Yidn
umderbaremdik geroydeft !

Il y a plus de 1000 ans, des communautés juives se sont implantées dans la région rhénane. Et c'est là, à partir du Moyen âge, qu'a été initié le yiddish, langue parlée, à côté de la langue sacrée.
Rendus responsables des épidémies de peste, accusés de crimes rituels, les Juifs étaient massacrés, chassés... mais l'Allemagne ne pouvait se passer de leur participation à la vie économique...
A partir du 18ème siècle et de la Haskala*, les Juifs tendent à s'intégrer aux Allemands, peuple civilisé et cultivé.
Certains conservent en privé leur judéité ou bien s'assimilent et contractent des mariages mixtes. Parfois ils se convertissent pour échapper à l'antisémitisme, toujours sous-jacent.
Entre les deux grandes guerres mondiales, l'Allemagne se remet mal de sa défaite de 1918. Toutefois la vie culturelle redevient florissante et les artistes et intellectuels juifs brillent à Berlin et à Vienne, capitales temporaires de l'humour juif.
A partir de 1933, avec Hitler et la montée du nazisme, c'est la chasse aux Juifs, sans merci !

392

Albert Aynsteyn flegt zogn :

"Tomer es vayzt zikh aroys az mayn teorye iz gerekht, veln di Daytshn zogn az ikh bin a Daytsh, un di Frantzoyzn az ikh bin a veltbirger.

Ober tomer iz zi umgerekht, veln di Frantsoyzn zogn az ikh bin a Daytsh, un di Daytshn veln zogn az ikh bin a Yid !"

אַלבערט אײַנשטײַן פֿלעגט זאָגן :

,,טאָמער עס ווײַזט זיך אַרויס אַז מײַן טעאָריע איז גערעכט, וועלן די דײַטשן זאָגן אַז איך בין אַ דײַטש, און די פֿראַנצויזן אַז איך בין אַ וועלטבירגער.

אָבער טאָמער איז זי אומגערעכט, וועלן די פֿראַנצויזן זאָגן אַז איך בין אַ דײַטש, און די דײַטשן וועלן זאָגן אַז איך בין אַ ייִד !‟

Chapitre 18	Kapitl 18	קאַפּיטל 18
Allemagne. Hitler	Daytshland. Hitler	דײַטשלאַנד. היטלער

Albert Einstein disait :

« Si ma théorie s'avère exacte, les Allemands diront que je suis citoyen allemand, et les Français que je suis un citoyen du monde.

En revanche, si elle se révèle fausse, les Français diront que je suis allemand, et les Allemands que je suis juif ! »

393

— Far vos hobn mir gelitn a mapole in 1918 ? Fregt der lerer. Entfert bald der shiler Herman-Hershl :
— Iber di yidishe generaln !
— Vos redstu ? Keyn yidisher general iz nisht geven in undzer armey !
— Take derfar ! Antkegn, iz yo geven !

— פֿאַר וואָס האָבן מיר געליטן אַ מפּלה אין 1918 ? פֿרעגט דער לערער. ענטפֿערט באַלד דער שילער הערמאַן-הערשל :
— איבער די ייִדישע גענעראַלן !
— וואָס רעדסטו ? קיין ייִדישער גענעראַל איז נישט געווען אין אונדזער אַרמיי !
— טאַקע דערפֿאַר ! אַנטקעגן, איז יאָ געווען !

— Pourquoi avons-nous perdu la guerre en 1918 ?
Demande l'enseignant. L'élève Herman-Hershl* répond aussitôt :
— A cause des généraux juifs !
— Qu'est-ce que tu racontes ? Il n'y avait pas de général juif dans notre armée !
— Voilà, c'est justement pour ça ! En face, il y en avait !

394

In a privater shule, tshepet zikh der lerer tsu Yosefn, a bazundersh oysge-tseykhntn shiler :
— Ir zent punkt vi ale Yidn :
Ayer tate batsolt far eyn kind, un ir lernt vi dray !

אין אַ פּריוואַטער שולע, טשעפּעט זיך דער לערער צו יוספֿן, אַ באַזונדערש אויס-געצייכנטן שילער :
— איר זענט פּונקט ווי אַלע ייִדן :
אייַער טאַטע באַצאָלט פֿאַר איין קינד, און איר לערנט ווי דרײַ !

Dans une école privée, l'enseignant s'en prend à Joseph, un élève particulièrement brillant :
— Vous êtes bien comme tous les Juifs :
Votre père paye pour un seul enfant et vous, vous apprenez comme trois !

Chapitre 18 Kapitl 18 קאַפּיטל 18
Allemagne. Hitler Daytshland. Hitler דייַטשלאַנד. היטלער

395

In yor 1933 bazukht Gebels a shule. Er bet di kinder :
– Trakht oys a sheyn klingvort far undzer Dritn Raykh !
– "Hayl Hitler", leygt for a kind.
– Gut. Vos nokh ?
– "Daytshland iber ales", zogt a tsveyter.
– Oykh gut.
– "Mir leben eybik[1]", ruft zikh on a yingele mit tsvey kluge eygelekh.
– Yo, dos iz oysgetseykhnt ! Vi heystu, mayn kind ?
– Yosl Levi, mayn Her.

[1] "Mir lebn eybik" : A yidish lid, vos Leyb Rozental hot geshribn shpeter inem vilner geto.

אין יאָר 1933 באַזוכט געבעלס אַ שולע.
ער בעט די קינדער :
– טראַכט אויס אַ שיין קלינגוואָרט פֿאַר אונדזער דריטן רייַך !
– „הייַל היטלער“, לייגט פֿאָר אַ קינד.
– גוט. וואָס נאָך ?
– „דייַטשלאַנד איבער אַלעס“, זאָגט אַ צווייטער.
– אויך גוט.
– „מיר לעבן אייביק“[1] , רופֿט זיך אָן אַ ייִנגעלע מיט צוויי קלוגע אייגעלעך.
– יאָ, דאָס איז אויסגעצייכנט ! ווי הייסטו, מייַן קינד ?
– יאָסל לוי, מייַן הער.

[1] „מיר לעבן אייביק“ : אַ ייִדיש ליד, וואָס לייב ראָזענטאַל האָט געשריבן שפּעטער אינעם ווילנער געטאָ.

En 1933, Goebbels inspecte une école. Il demande aux enfants :
– Imaginez un beau slogan en l'honneur de notre Troisième Reich !
– « Vive Hitler », propose un enfant.
– C'est bien ! Quoi d'autre ?
– « L'Allemagne au dessus de tout », dit un second.
– C'est bien aussi.
– « Notre peuple est éternel[1] », lance un garçonnet aux yeux pétillants d'intelligence.
– Oui, ça c'est excellent ! Comment t'appelles-tu, mon enfant ?
– Yosl Lévi, Monsieur.*

[1] *« Mir lebn eybik » : Chant yiddish composé plus tard dans le ghetto de Vilno par Leyb Rozenthal.*

Chapitre 18 Kapitl 18 קאַפּיטל 18
Allemagne. Hitler Daytshland. Hitler דײַטשלאַנד. היטלער

396

Di dozike mayse - faktish oder oysgeklert - vayzt klor di atmosfere in Berlin, far der tsveyter velt-milkhome :
A Yid a shnorer zitst oyf der gas. Er trogt shvartse briln un oyf a plakat lebn im, ken men leyenen :

IKH NEM NISHT ON KEYN GELT BAY YIDN

די דאָזיקע מעשׂה - פֿאַקטיש אָדער אויסגע-קלערט - ווײַזט קלאָר די אַטמאָספֿערע אין בערלין, פֿאַר דער צווייטער וועלט מלחמה :
אַ ייִד אַ שנאָרער זיצט אויף דער גאַס. ער טראָגט שוואַרצע ברילן און אויף אַ פּלאַ-קאַט לעבן אים, קען מען לייענען :

איך נעם נישט אָן קיין געלט בײַ ייִדן

Cette histoire – réalité ou fiction – reflète bien l'atmosphère qui régnait à Berlin avant la seconde guerre mondiale :
Un Juif, un shnorer, mendie dans une rue de Berlin. Assis sur le trottoir, il porte des lunettes noires et près de lui se trouve une affichette :*

JE N'ACCEPTE PAS D'ARGENT DES JUIFS

397

In Daytshland, tsvishn nayntsn hundert dray un draysik, un nayn un draysik, zaynen di redifes oyf Yidn gevorn vos vayter alts sharfer. Moyshe geyt arayn in a rayze-agentur un vil koyfn a bilet.
– Vuhin vilt ir forn ?
– Ikh veys nisht. Azoy vayt vi s'iz nor meglekh !
– Nu ! Tut a kuk oyf dem globus, un zogt mir.
Ober ven Moyshe vayzt Khine, zogt der ongeshtelter az me lozt nisht arayn keyn Yidn in Khine. In Kanade, derloybt di kvote nisht mer keyn Yidn. Keyn Oystralye badarf men a vize, un se gedoyert a halb yor.
In gantsn tsemisht, fregt Moyshe :
– Efsher hot ir a tsveytn globus ?

אין דײַטשלאַנד, צווישן נײַנצן הונדערט דרײַ און דרײַסיק, און נײַן און דרײַסיק, זײַנען די רדיפֿות אויף ייִדן געוואָרן וואָס ווײַטער אַלץ שאַרפֿער. משה גייט אַרײַן אין אַ רײַזע-אַגענטור און וויל קויפֿן אַ בילעט.
– וווּהין ווילט איר פֿאָרן ?
– איך ווייס נישט. אַזוי ווײַט ווי ס'איז נאָר מעגלעך !
– נו ! טוט אַ קוק אויף דעם גלאָבוס, און זאָגט מיר.
אָבער ווען משה ווײַזט כינע, זאָגט דער אָנגעשטעלטער אַז מע לאָזט נישט אַרײַן קיין ייִדן אין כינע. אין קאַנאַדע, דערלויבט די קוואָטע נישט מער קיין ייִדן. קיין אויסטראַליע, באַדאַרף מען אַ וויזע, און סע געדויערט אַ האַלב יאָר.
אין גאַנצן צעמישט, פֿרעגט משה :
– אפֿשר האָט איר אַ צווייטן גלאָבוס ?

Chapitre 18 Kapitl 18 קאַפּיטל 18
Allemagne. Hitler Daytshland. Hitler דײַטשלאַנד. היטלער

En Allemagne, entre 1933 et 1939, les Juifs étaient de plus en plus pourchassés. Moyshe entre dans une agence de voyages pour acheter un billet :*
– Où voulez-vous aller ?
– Je ne sais pas. Aussi loin que possible !
– Bon, regardez sur ce globe et dites-moi.
Mais quand Moyshe montre la Chine, l'employé lui dit qu'on n'accepte aucun Juif en Chine. Au Canada, le quota de Juifs admis est déjà atteint. Pour l'Australie, il faut un visa et cela prend six mois.
Complètement désorienté, Moyshe demande :
– Vous n'avez pas un deuxième globe ?

<u>*398*</u>

Oyf der gas, khapt a natsi an altn Yid mit a vayser bord. Er git im a patsh un er shlept im tsu tsu a plakat. Oyfn plakat zet men a bild fun Hitlern, mit a lozung :

YIDN VELN RUINIRN DAYTSHLAND

Der natsi shrayt :
– Host geleyent ? Vos zogstu tsu dem, du oysvurf, du shvayn !
– Halevay !

אויף דער גאַס, כאַפּט אַ נאַצי אַן אַלטן ייִד מיט אַ ווײַסער באָרד. ער גיט אים אַ פּאַטש און ער שלעפּט אים צו צו אַ פּלאַקאַט. אויפֿן פּלאַקאַט זעט מען אַ בילד פֿון היטלערן, מיט אַ לאָזונג :

ייִדן וועלן רויִנירן דײַטשלאַנד

דער נאַצי שרײַט :
– האָסט געלייענט ? וואָס זאָגסטו צו דעם, דו אויסוווּרף, דו שווײַן !
– הלוואי !

Un nazi se saisit dans la rue d'un vieux Juif à la barbe blanche. Il lui assène une gifle et le traine jusqu'à une affiche. Sur l'affiche, le portrait d'Hitler avec un slogan : ***LES JUIFS RUINERONT L'ALLEMAGNE***
Le nazi se met à hurler :
– Tu as lu ? Qu'est-ce que tu en dis, espèce d'ordure, de porc !
– Espérons !

<u>*399*</u>

Di Gestapo hot gekhapt Yankl Klugtsing, eynem fun di vos hobn oysgetrakht vitsn kegn dem Dritn Raykh.

די געסטאַפּאָ האָט געכאַפּט יאַנקל קלוגצינג, איינעם פֿון די וואָס האָבן אויסגעטראַכט וויצן קעגן דעם דריטן רײַך.

Chapitre 18 | Kapitl 18 | קאַפּיטל 18
Allemagne. Hitler | Daytshland. Hitler | דײַטשלאַנד. היטלער

Als shtrof, vet er koydem-kol muzn zikh arumdreyen dray teg, mit a shild oyf der pleytse :

אַלס שטראָף, וועט ער קודם-כּל מוזן זיך אַרומדרייען דרײַ טעג, מיט אַ שילד אויף דער פּלייצע :

YIDN AROYS - ARYER OYF ZEYER PLATS

ייִדן אַרויס - אַריער אויף זייער פּלאַץ

Ven er kumt tsurik dem fertn tog, zidlt im oys der politsyant :
– Du hunt, du shvayn ! M'hot dikh gornisht gezen oyf di berliner gasn ! Vu bistu geven biz itst ?
– Ikh hob zikh arumgedreyt... oyfn besoylem !

ווען ער קומט צוריק דעם פֿערטן טאָג, זידלט אים אויס דער פּאָליציאַנט :
– דו הונט, דו שווײַן ! מ'האָט דיך גאָר-נישט געזען אויף די בערלינער גאַסן ! ווו ביסטו געווען ביז איצט ?
– איך האָב זיך אַרומגעדרייט... אויפֿן בית-עולם !

La Gestapo s'est saisie de Yankl Klugtsing, l'un des auteurs des histoires fustigeant le Troisième Reich.*
Pour commencer, on lui impose de circuler pendant trois jours avec une pancarte sur le dos : ***LES JUIFS DEHORS. LES ARYENS A LEUR PLACE.***
Le quatrième jour, lorsqu'il revient, le gestapiste l'invective vertement :
– Espèce de chien, de porc ! On ne t'a pas vu dans les rues de Berlin ! Où étais-tu passé jusqu'à maintenant ?
– J'ai tourné en rond... dans le cimetière juif !

היטלער, ימח-שמו, האָט צוגעשטעלט שטאָף פֿאַר אַ סך וויצן.

Hitler, yimakh-shmoy, hot tsugeshtelt shtof far a sakh vitsn.

Le personnage d'Hitler, de sinistre mémoire, a alimenté de nombreux vitsn.*

400

Hitler bet a treferke zi zol im foroyszogn di tsukunft.
– Vos zet ir ?
– Ikh ze farsheydene vikhtike gesheenishn ! Un afile dem tog ven ir vet shtarbn, ze ikh !
– Beemes ?
– Yo ! Un nokh beser : ir vet shtarbn dem tog fun a yidishn yontev.

היטלער בעט אַ טרעפֿערקע זי זאָל אים פֿאָרויסזאָגן די צוקונפֿט.
– וואָס זעט איר ?
– איך זע פֿאַרשיידענע וויכטיקע געשעענישן ! און אַפֿילו דעם טאָג ווען איר וועט שטאַרבן, זע איך !
– באמת ?
– יאָ ! און נאָך בעסער : איר וועט שטאַרבן

Chapitre 18 Kapitl 18 קאַפּיטל 18
Allemagne. Hitler Daytshland. Hitler דײַטשלאַנד. היטלער

– A yidishn yontev ? Velkhn yontev ?
– Dos veys ikh nisht. Ikh ken aykh nor zogn az ven ir vet shtarbn, vet zayn a groyse simkhe bay Yidn !

דעם טאָג פֿון אַ ייִדישן יום-טובֿ.
– אַ ייִדישן יום-טובֿ ? װעלכן יום-טובֿ ?
– דאָס װײס איך נישט. איך קען אײַך נאָר זאָגן אַז װען איר װעט שטאַרבן, װעט זײַן אַ גרױסע שׂימכה בײַ ייִדן !

Hitler consulte une voyante pour qu'elle lui prédise l'avenir.
– Que voyez-vous ?
– Je vois une quantité d'évènements importants ! Et même le jour de votre mort !
– Vraiment ?
– Oui ! Mieux encore, vous mourrez le jour d'une fête juive.
– Une fête juive ? Laquelle ?
– Ça, je ne sais pas. Je peux seulement vous dire que quand vous mourrez, ce sera une grande fête chez les Juifs !

401

Es geyt dos yor 1934. Hitler iz shtark in kas : vi nor er hot dergreykht di makht, hert men vitsn kegn im un kegn natsizm. Me khapt eynem aza vitsler, un Hitler vil im perzenlekh farhern.
– Du host oysgetrakht di mayse in velkher me glaykht mikh tsu a khazer ?
– Yo.
– Un di mayse in velkher a treferke zogt foroys az dem tog ven ikh vel shtarbn vet zayn a groyse simkhe bay Yidn ?
– Yo, ikh bin es.
– Vi azoy kenstu oystrakhtn azelkhe narishkeytn ? Tsi veystu nisht az ikh bin der Firer fun dem Dritn Raykh... un az morgn, vel ikh bahershn di gantse velt ?
– Oy, dos iz gor a fayner anekdot !
Dem dozikn vits hob ikh nokh nisht gehert !

עס גײט דאָס יאָר 1934. היטלער איז שטאַרק אין כּעס : װי נאָר ער האָט דער-גרײכט די מאַכט, הערט מען װיצן קעגן אים און קעגן נאַציזם. מע כאַפּט אײנעם אַזאַ װיצלער, און היטלער װיל אים פּערזענלעך פֿאַרהערן.
– דו האָסט אױסגעטראַכט די מעשׂה אין װעלכער מע גלײַכט מיך צו אַ חזיר ?
– יאָ.
– און די מעשׂה אין װעלכער אַ טרעפֿערקע זאָגט פֿאָראױס אַז דעם טאָג װען איך װעל שטאַרבן װעט זײַן אַ גרױסע שׂימחה בײַ ייִדן ?
– יא, איך בין עס.
– װי אַזױ קענסטו אױסטראַכטן אַזעלכע נאַרישקײטן ? צי װײסטו נישט אַז איך בין דער פֿירער פֿון דעם דריטן רײַך... און אַז מאָרגן, װעל איך באַהערשן די גאַנצע װעלט ?
– אױ, דאָס איז גאָר אַ פֿײַנער אַנעקדאָט !
דעם דאָזיקן װיץ האָב איך נאָך נישט געהערט !

Chapitre 18 | Kapitl 18 | קאַפּיטל 18
Allemagne. Hitler | Daytshland. Hitler | דײַטשלאַנד. היטלער

En 1934, Hitler est furieux : à peine est-il au pouvoir qu'on entend des blagues contre lui et contre le nazisme.
On arrête l'un des auteurs et Hitler tient à l'interroger personnellement.
– C'est toi qui as inventé l'histoire dans laquelle on me compare à un porc ?
– Oui.
– Et l'histoire dans laquelle une voyante prédit que le jour de ma mort sera un jour de festivités juives ?
– Oui, c'est moi.
– Comment peux-tu inventer de telles sornettes ? Tu ne sais donc pas que je suis le Führer du Troisième Reich, et que demain, je dominerai le monde entier ?
– Ah ben celle-là, c'est la meilleure ! Je ne l'avais pas encore entendue !

402

Hitler bazukht a psikhyatrishn shpitol.
Er vendt zikh tsu a patsyent :
– Tsi veyst ir ver ikh bin ?
– Neyn !
Vert Hitler shtark in kas, un er nemt shrayen :
– Ikh bin der Firer fun dem Dritn Raykh, un morgn vel ikh bahershn di gantse velt !
Der patsyent kukt im on, un trakht far zikh aleyn : "Bay mir hot zikh oykh azoy ongehoybn" !

היטלער באַזוכט אַ פּסיכיאַטרישן שפּיטאָל.
ער ווענדט זיך צו אַ פּאַציענט :
– צי ווייסט איר ווער איך בין ?
– ניין !
ווערט היטלער שטאַרק אין כּעס, און ער נעמט שרײַען :
– איך בין דער פֿירער פֿון דעם דריטן רײַך, און מאָרגן וועל איך באַהערשן די גאַנצע וועלט !
דער פּאַציענט קוקט אים אָן און טראַכט פֿאַר זיך אַליין : „בײַ מיר האָט זיך אויך אַזוי אָנגעהויבן !"

Hitler visite un hôpital psychiatrique. Il s'adresse à un malade :
– Vous savez qui je suis ?
– Non !
Alors Hitler devient rouge de colère et il se met à crier :
– Je suis le Führer du Troisième Reich ! Et demain je serai le maitre du monde !
Le malade regarde calmement Hitler et il se dit à lui-même : « Chez moi aussi, ça a commencé comme ça ! »

Chapitre 18	Kapitl 18	קאַפּיטל 18
Allemagne. Hitler	Daytshland. Hitler	דײַטשלאַנד. היטלער

403

Tsvey Yidn hobn bashlosn tsu derhargenen Hitlern. Zey koyfn tsvey pistoyln un bahaltn zikh in a finstern toyer, oyfn veg vu Hitler geyt geveyntlekh adurkh yedn tog.
Zey vartn un vartn…
Nokh tsvey sho krigt eyner moyre :
— Ikh hof az s'iz mit im kholile gornisht geshen !

צוויי ייִדן האָבן באַשלאָסן צו דערהרגענען היטלערן. זיי קויפֿן צוויי פּיסטוילן און באַהאַלטן זיך אין אַ פֿינסטערן טויער, אויפֿן וועג וווּ היטלער גייט געוויינטלעך אַדורך יעדן טאָג.
זיי וואַרטן און וואַרטן...
נאָך צוויי שעה קריגט איינער מורא :
— איך האָף אַז ס׳איז מיט אים חלילה גאָר־נישט געשען !

Deux Juifs décident de tuer Hitler. Ils achètent deux pistolets et se cachent dans un porche sombre, sur le trajet qu'Hitler a l'habitude d'emprunter chaque jour.
Ils attendent encore et encore…
Au bout de deux heures, l'un d'eux s'inquiète :
— J'espère qu'il ne lui est rien arrivé !

Chapitre 19	Kapitl 19	קאַפּיטל 19
Russie tsariste.	Tsarishe Rusland	צאַרישע רוסלאַנד
Union soviétique	Sovetn-farband	סאָוועטן־פֿאַרבאַנד

צאַרישע רוסלאַנד

TSARISHE RUSLAND

RUSSIE TSARISTE

פּוילן ווערט צעטיילט אין יאָר 1795 און ווערט צוריק אומאָפּהענגיק אין 1918, נאָך דער אָקטאָבער־רעוואָלוציע. צווישן ביידע דאַטעס, איז פּוילן אַ טייל פֿון רוסלאַנד. אין דעם רוסישן „ייִדישלאַנד“ איז דאָס לעבן שווער און ביטער פֿאַרן רובֿ ייִדן.

Poyln vert tseteylt in yor 1795 un vert tsurik umophengik in 1918, nokh der oktober-revolutsye. Tsvishn beyde dates, iz Poyln a teyl fun Rusland. In dem rusishn “Yidishland” iz dos lebn shver un biter farn rov Yidn.

La Pologne, démantelée en 1795, redevient indépendante après la Révolution d'Octobre, en 1918. Entre ces deux dates, la Pologne fait partie intégrante de la Russie tsariste. Dans ce « Yiddishland » russe, la vie est très pénible pour une grande majorité de Juifs.

ייִדן מוזן לעבן אויסשליסלעך אין תּחום־המושבֿ, און בלויז זעלטענע ייִדן האָבן די מעגלעכקייט צו וווינען אין גרויסע שטעט.

Yidn muzn lebn oysshlislekh in tkhum-hamoyshev, un bloyz zeltene Yidn hobn di meglekhkeyt tsu voynen in groyse shtet.

Les Juifs sont tenus de vivre uniquement dans la « zone de résidence », et seuls quelques rares Juifs sont autorisés à résider dans les grandes villes.

Chapitre 19	Kapitl 19	קאַפּיטל 19
Russie tsariste.	Tsarishe Rusland	צאַרישע רוסלאַנד
Union soviétique	Sovetn-farband	סאָוועטן־פֿאַרבאַנד

404

Moyshe un Yankl zenen oyf der gas in Moskve. Plutsling kumt antkegn a politsyant, un Yankl hot nisht di papirn. Zogt er :
– Antloyf gikh, Moyshe ! Azoy vet er nokh dir nokhloyfn !
Moyshe nemt di fis oyf di pleytses.
– Stoy ! Shrayt der politsyant.
Un ven er hot im deryogt :
– Papirn !
Moyshe vayzt di papirn : alts iz in ordenung.
– Far vos bistu antlofn ?
– Ikh bin nisht antlofn : ikh loyf yedn frimorgn, der dokter hot mir azoy geheysn !
– Host dokh gezen az ikh loyf nokh dir. Far vos hostu zikh nisht opgeshtelt ?
– Ikh hob gemeynt az ayer Dokter hot aykh oykh geheysn loyfn !

משה און יאַנקל זענען אויף דער גאַס אין מאָסקווע. פּלוצלינג קומט אַנטקעגן אַ פּאָליציאַנט, און יאַנקל האָט נישט די פּאַפּירן. זאָגט ער :
– אַנטלויף גיך, משה ! אַזוי וועט ער נאָך דיר נאָכלויפֿן !
משה נעמט די פֿיס אויף די פּלייצעס.
– סטוי ! שרײַט דער פּאָליציאַנט.
און ווען ער האָט אים דעריאָגט :
– פּאַפּירן !
משה ווײַזט די פּאַפּירן : אַלץ איז אין אָרדענונג.
– פֿאַר וואָס ביסטו אַנטלאָפֿן ?
– איך בין נישט אַנטלאָפֿן : איך לויף יעדן פֿרימאָרגן, דער דאָקטער האָט מיר אַזוי געהייסן !
– האָסט דאָך געזען אַז איך לויף נאָך דיר. פֿאַר וואָס האָסטו זיך נישט אָפּגעשטעלט ?
– איך האָב געמיינט אַז אײַער דאָקטער האָט אײַך אויך געהייסן לויפֿן !

Moyshe et Yankl* sont dans une rue à Moscou. Soudain un policier vient à leur rencontre, et Yankl n'a pas ses papiers. Alors il dit :*
– Sauve-toi vite, Moyshe ! Comme ça, c'est après toi qu'il en aura !
Moyshe prend ses jambes à son cou.
– Stop ! Crie le policier. Et quand il l'a rattrapé :
– Vos papiers !
Moyshe les lui présente : ils sont en règle.
– Pourquoi t'es-tu sauvé ?
– Je ne me suis pas sauvé : je cours ainsi chaque matin, comme me l'a ordonné mon médecin !
– Tu as bien vu que je courais derrière toi. Pourquoi ne t'es-tu pas arrêté ?
– Je pensais que votre médecin vous avait aussi ordonné de courir !

Chapitre 19	Kapitl 19	קאַפּיטל 19
Russie tsariste.	Tsarishe Rusland	צאַרישע רוסלאַנד
Union soviétique	Sovetn-farband	סאָוועטן־פֿאַרבאַנד

אין די שטעטלעך פֿונעם תּחום-המושבֿ לעבן ייִדן אין שרעק פֿאַר פֿאַרשיידענע גזירות. צווישן אַנדערע, שרעקט מען זיך אויך פֿאַרן פּריזיוו. אויף לאַנגע יאָרן ווערן צוגענומען אין מיליטער יונגע-לײַט, אַפֿילו פּרנסה-געבערס, און אָפֿיצירן ייִדן-פֿרעסערס פֿאַרמוטשן זיי דאָרטן. מער ווי איין מאָל שרײַבט אַ ייִד אײַן עטלעכע קינדער מיט אַ מאָל, מיט פֿאַלשע געבוירן-דאַטעס...

In di shtetlekh funem tkhum-hamoyshev lebn Yidn in shrek far farsheydene gzires. Tsvishn andere, shrekt men zikh oykh farn priziv. Oyf lange yorn vern tsugenumen in militer yunge-layt, afile parnose-gebers, un ofitsirn yidn-fresers farmutshn zey dortn. Mer vi eyn mol shraybt a Yid ayn etlekhe kinder mit a mol, mit falshe geboyrn-dates…

Dans les bourgades de la zone de résidence, les Juifs redoutent les persécutions diverses et variées. Entre autres, le service militaire est sujet d'épouvante. Des jeunes sont incorporés dans l'armée du tsar pour de longues années, et même les soutiens de famille ne sont pas exemptés (à certaines périodes, l'incorporation se faisait par tirage au sort).
Les officiers anti-juifs ne se privent pas de les harceler... Souvent un père déclare plusieurs enfants à la fois, avec des dates de naissance falsifiées...

405

– Vos iz mit dir Moyshe ? Host tsures ?
– Yo, s'iz bay mir mit mazl geboyrn a yingl, un ikh veys nisht vi ikh zol im farshraybn : frier vi di rikhtike date, tsi shpeter ?
– Un far vos nisht dem emesn tog ?
– Oy, dos iz mir afile nisht gekumen in zinen !

– וואָס איז מיט דיר משה ? האָסט צרות ?
– יאָ, ס'איז בײַ מיר מיט מזל געבוירן אַ ייִנגל, און איך ווייס נישט ווי איך זאָל אים פֿאַרשרײַבן : פֿריִער ווי די ריכטיקע דאַטע, צי שפּעטער ?
– און פֿאַר וואָס נישט דעם אמתן טאָג ?
– אוי, דאָס איז מיר אפֿילו נישט געקומען אין זינען !

– Qu'est-ce qui se passe, Moyshe ? Tu as des soucis ?*
– Oui, je viens d'avoir un garçon, et je ne sais pas quoi faire : le déclarer avant sa naissance ou après ?
– Et pourquoi pas le vrai jour ?
– Oy, ça ne m'était même pas venu à l'idée !

Chapitre 19 | Kapitl 19 | קאַפּיטל 19
Russie tsariste. | Tsarishe Rusland | צאַרישע רוסלאַנד
Union soviétique | Sovetn-farband | סאָוועטן־פֿאַרבאַנד

406

Moyshe bakumt a shlekhtn numer baym varfn goyrl. Der ofitsir vos nemt im oyf in polk, derklert im :
– Lange yorn in militer iz a shver lebn. Fun tsayt tsu tsayt iz gut a glezl mashke.
– Ober ikh vil nisht vern keyn shiker !
– Avade nisht, nor begilufn vern makht gringer dos lebn. Du darfst bloyz nisht ibertraybn : du zest di tsvey mentshn dortn ? Oyb du zest fir mentshn, iz es a simen az du bist shiker.
– Her kapitan, zayt mir moykhl, ober dortn shteyt nor eyn mentsh !

משה באַקומט אַ שלעכטן נומער בײַם וואַרפֿן גורל. דער אָפֿיציר וואָס נעמט אים אויף אין פּאָלק, דערקלערט אים :
– לאַנגע יאָרן אין מיליטער איז אַ שווער לעבן. פֿון צײַט צו צײַט איז גוט אַ גלעזל משקה.
– אָבער איך וויל נישט ווערן קיין שיכּור !
– אוודאי נישט, נאָר בגילופֿין ווערן מאַכט גרינגער דאָס לעבן. דו דאַרפֿסט בלויז נישט איבערטרײַבן : דו זעסט די צוויי מענטשן דאָרטן ? אויב דו זעסט פֿיר מענטשן, איז עס אַ סימן אַז דו ביסט שיכּור.
– הער קאַפּיטאַן, זײַט מיר מוחל, אָבער דאָרטן שטייט נאָר איין מענטש !

Moyshe a un mauvais numéro lors du tirage au sort. L'officier qui l'accueille dans son régiment lui explique :
– De longues années dans l'armée, c'est dur. De temps en temps un petit verre, ça fait du bien.
– Mais je ne veux pas devenir un ivrogne !
– Bien sûr que non, mais être un peu éméché, ça aide à supporter. Il faut seulement ne pas abuser : tu vois les deux hommes là-bas ? Si tu en vois quatre, c'est que tu es soûl.
– Excusez-moi mon capitaine, mais là-bas il n'y a qu'un seul homme !

407

An ofitsir shtelt zikh op bay a prizivnik, un fregt :
– Zelner Avramovitz, far vos muz a zelner zayn greyt avektsugebn dos lebn farn land ?
– Oy, her kapitan, dos volt ikh oykh gevolt visn : far vos, take ?

אַן אָפֿיציר שטעלט זיך אָפּ בײַ אַ פּריזיוווניק, און פֿרעגט :
– זעלנער אַבֿראַמאָוויטש, פֿאַר וואָס מוז אַ זעלנער זײַן גרייט אַוועקצוגעבן דאָס לעבן פֿאַרן לאַנד ?
– אוי, הער קאַפּיטאַן, דאָס וואָלט איך אויך געוואָלט וויסן : פֿאַר וואָס, טאַקע ?

Chapitre 19	Kapitl 19	קאַפּיטל 19
Russie tsariste.	Tsarishe Rusland	צאַרישע רוסלאַנד
Union soviétique	Sovetn-farband	סאָוועטן־פֿאַרבאַנד

Beshas zayn dinen, brekht oys a milkhome. Fun ale zaytn shist men. Avramovitz, der bester shiser funem polk, blaybt shteyn. Der ofitsir git a geshrey :
– Avramovitz, far vos shist ir nisht ?
– Her kapitan, antkegn... shteyen mentshn !

בשעת זײַן דינען, ברעכט אויס אַ מלחמה. פֿון אַלע זײַטן שיסט מען. אבֿראַמאָוויטש, דער בעסטער שיסער פֿונעם פּאָלק, בלײַבט שטיין. דער אָפֿיציר גיט אַ געשריי :
– אבֿראַמאָוויטש, פֿאַר וואָס שיסט איר נישט ?
– הער קאַפּיטאַן, אַנטקעגן... שטייען מענטשן !

Un officier s'arrête devant une recrue et l'interroge :
– Soldat Avramovitch, pourquoi un soldat doit-il être prêt à donner sa vie pour la patrie ?
– Oh mon Capitaine, justement moi aussi je voudrais savoir : pourquoi, en effet ?

Pendant son service militaire, la guerre éclate. On tire de tous les côtés. Avramovitch, qui est le meilleur tireur de la compagnie, reste immobile. L'officier crie :
– Avramovitch, pourquoi ne tirez-vous pas ?
– Mon Capitaine, en face... il y a des hommes !

408

Der zelner Avramovitz iz fartsveyflt : in zayn shtetl iz forgekumen a pogrom un er hot nisht keyn nayes fun di eygene.
Punkt varft im for der ofitsir :
– Zelner Avramovitz, es iz shoyn dos drite mol di vokh, az ikh bamerk az ayere kneplekh glantsn nisht : akht teg tfise ! Vos hot ir in zinen ?
Ziftst Avramovitz :
– Yeder eyner hot zikh zayne tsores !

דער זעלנער אבֿראַמאָוויטש איז פֿאַר־צווייפֿלט : אין זײַן שטעטל איז פֿאָרגעקומען אַ פּאָגראָם און ער האָט נישט קיין נײַעס פֿון די אייגענע.
פּונקט וואַרפֿט אים פֿאָר דער אָפֿיציר :
– זעלנער אבֿראַמאָוויטש, עס איז שוין דאָס דריטע מאָל די וואָך, אַז איך באַמערק אַז אײַערע קנעפּלעך גלאַנצן נישט : אַכט טעג תּפֿיסה ! וואָס האָט איר אין זינען ?
זיפֿצט אבֿראַמאָוויטש :
– יעדער איינער האָט זיך זײַנע צרות !

Chapitre 19	Kapitl 19	קאַפּיטל 19
Russie tsariste.	Tsarishe Rusland	צאַרישע רוסלאַנד
Union soviétique	Sovetn-farband	סאָוועטן־פֿאַרבאַנד

Le soldat Avramovitch est désespéré : son shtetl a été le théâtre d'un pogrome*, et il n'a aucune nouvelle des siens.*
C'est alors que l'officier lui reproche :
– Soldat Avramovitch, c'est la troisième fois cette semaine que je remarque que vos boutons ne brillent pas : huit jours d'arrêt ! Qu'avez-vous donc en tête ?
Avramovitch soupire :
– A chacun ses préoccupations !

409

– Zelner Avramovitz, bist gliklekh do in Rusland ? Fregt der tsar.
– Adoyni meylekh, voynen muz ikh in tkhum-hamoyshev ; kh'tor nisht lernen vos ikh vil, ven ikh vil, vi ikh vil ; ikh tor nisht vern keyn ofitsir. Mayn mishpokhe shtarbt far hunger... Neyn, ikh ken nisht zogn az ikh bin gliklekh...
– Du meynst efsher az dayn tsar hot yo fun vos tsu zayn gliklekh ? Di ministorn narn mikh op, ikh hob nisht keyn fraynd... Ikh bin oykh nisht gliklekh !
Avramovitzn khapt es on baym hartsn :
– Nu, Adoyni meylekh, lomir beyde tsuzamen forn keyn Amerike !

– זעלנער אבֿראַמאָוויטש, ביסט גליקלעך דאָ אין רוסלאַנד ? פֿרעגט דער צאַר.
– אַדוני מלך, וווינען מוז איך אין תּחום־המושבֿ ; כ׳טאָר נישט לערנען וואָס איך וויל, ווען איך וויל, ווי איך וויל ; איך טאָר נישט ווערן קיין אָפֿיציר. מײַן משפּחה שטאַרבט פֿאַר הונגער... ניין, איך קען נישט זאָגן אַז איך בין גליקלעך...
– דו מיינסט אפֿשר אַז דײַן צאַר האָט יאָ פֿון וואָס צו זײַן גליקלעך ? די מיניסטאָרן נאַרן מיר אָפּ, איך האָב נישט קיין פֿרײַנד... איך בין אויך נישט גליקלעך !
אבֿראַמאָוויטשן כאַפּט עס אָן בײַם האַרצן :
– נו, אַדוני מלך, לאָמיר ביידע צוזאַמען פֿאָרן קיין אַמעריקע !

– Soldat Avramovitch, es-tu heureux ici en Russie ? Demande le tsar.
– Majesté, je suis obligé d'habiter dans une zone de résidence ; je n'ai pas le droit d'étudier ce que je veux, quand je veux, comme je veux ; je ne peux pas devenir officier. Ma famille meurt de faim... Non, je ne peux pas dire que je sois heureux...
– Tu crois peut-être que ton tsar est heureux ? Mes ministres me dupent, je n'ai aucun ami... moi non plus je ne suis pas heureux !
Avramovitch est très touché :
– Alors, Majesté, partons ensemble en Amérique !

Chapitre 19 | Kapitl 19 | קאַפּיטל 19
Russie tsariste. | Tsarishe Rusland | צאַרישע רוסלאַנד
Union soviétique | Sovetn-farband | סאָוועטן־פֿאַרבאַנד

סאָוועטן-פֿאַרבאַנד

SOVETN-FARBAND

UNION SOVIÉTIQUE

אין אָקטאָבער 1917, האָבן אַ סך ייִדן זיך באַטייליקט אין דער רעוואָלוציע,
וואָס האָט אָנגעזאָגט אַ זוניקע צוקונפֿט.
פֿיל ייִדן, אין סאָוועטן-פֿאַרבאַנד און אין מערבֿ-אייראָפּע זײַנען געווען פֿאַרגלייבט אין דער
קאָמוניסטישער אידעאָלאָגיע, עס איז די צײַט פֿון „ליכטיקן מאָרגן“.
אין סאָוועטן-פֿאַרבאַנד לעבן אַרום צוויי מיליאָן ייִדן. אין פּוילן, וואָס איז אומאָפּהענגיק
זינט 1918, ציילט מען אַרום דרײַ מיליאָן פֿינעף הונדערט טויזנט ייִדן[1].
דאָס רובֿ רעדן זיי ייִדיש און ביז דער צווייטער וועלט-מלחמה איז פֿאַראַן אַ שטאַרקער וווּקס
פֿון דער ייִדישער קולטור : ליטעראַטור, טעאַטער און פּרעסע[2] בליִען אויף...
פֿון 1948 אָן, פֿירט סטאַלין אַ פּאָליטיק פֿון רעפּרעסיעס קעגן ייִדן.
אינטעליגענטן ווערן אַוועקגעשיקט קיין סיביר אָדער אומגעברענגט.
אין 1952 באַשולדיקט מען אַ גרופּע ייִדישע דאָקטוירים אין אַ פֿאַרשווערונג.
אין 1956 טאַדלט כרושטשאָוו די פֿאַרברעכנס פֿון דעם אָפּגאָט סטאַלין.
און דרײַסיק יאָר שפּעטער פֿירט גאָרבאַטשאָוו אײַן די „פּערעסטרויקע“.

[1] ווייניקער ווי 300.000 פּוילישער ייִדן האָבן איבערגעלעבט דעם חורבן. אַ גרויסער טייל פֿון זיי איז אַנטלאָפֿן פֿון פּוילן.
[2] 85 מאָנאַטשריפֿטן, 100 וואָכנבלעטער און 27 טאָגצײַטונגען אויף ייִדיש.

In Oktober 1917, hobn a sakh Yidn zikh bateylikt in der revolutsye,
vos hot ongezogt a zunike tsukunft.
Fil Yidn, in Sovetn-Farband un in mayrev-Eyrope zaynen geven fargleybt in der komunistisher ideologye, es iz di tsayt fun “likhtikn morgn”.
In Sovetn-Farband lebn arum tsvey milyon Yidn.
In Poyln, vos iz umophengik zint 1918, tseylt men arum dray milyon finef hundert toyznt Yidn[1]. Dos rov redn zey yidish un biz der tsveyter velt-milkhome, iz faran a shtarker vuks fun der yidisher kultur :
literatur, teater un prese[2] blien oyf…
Fun 1948 on, firt Stalin a politik fun represyes kegn Yidn.
Inteligentn vern avekgeshikt keyn Sibir oder umgebrengt.

Chapitre 19	Kapitl 19	קאַפּיטל 19
Russie tsariste.	Tsarishe Rusland	צאַרישע רוסלאַנד
Union soviétique	Sovetn-farband	סאָוועטן־פֿאַרבאַנד

In 1952, bashuldikt men a grupe yidishe doktoyrim in a farshverung.
In 1956 tadlt Khrushtshov di farbrekhns fun dem opgot Stalin.
Un draysik yor shpeter firt Gorbatchov ayn di "Perestroyke".

(1) Veyniker vi 300.000 poylisher Yidn hobn aribergelebt dem khurbm.
A groyser teyl fun zey iz antlofn fun Poyln.
(2) 85 monatshriftn, 100 vokhnbleter un 27 togtsaytungen oyf yidish.

*De nombreux Juifs ont participé à la Révolution d'octobre 1917,
laquelle promettait un avenir radieux. Nombreux sont les Juifs d'Urss et du
monde occidental qui croient aveuglément au communisme,
c'est la période des «lendemains qui chantent».
En Union soviétique vivent environ deux millions de Juifs.
Dans la Pologne devenue indépendante en 1918, on compte en 1939 quelque
3.500.000 Juifs[1]. Leur langue est majoritairement le yiddish, et jusqu'au
début de la seconde guerre mondiale, on assiste à une intense activité
culturelle juive : littérature, théâtre et journaux[2] sont florissants...
A partir de 1948, le régime stalinien instaure une politique de répression
anti-juive. Les intellectuels sont arbitrairement envoyés en Sibérie
ou assassinés. En 1952, des médecins juifs sont accusés de complot lors du
fameux « procès des blouses blanches ».
C'est en 1956 que Kroutchev dénonce les crimes de l'idole Staline.
Trente ans plus tard, Gorbatchev instaure la Perestroïka*.*

(1) Il restera moins de 300.000 Juifs polonais après la Shoah, dont une grande partie fuit la Pologne.
(2) 85 mensuels, 100 hebdomadaires et 27 quotidiens en langue yiddish.

דער פּאָליטישער צוזאָג און די פֿאַקטישע שװעריקייטן אין טאָג־טעגלעכן לעבן.

Der politisher tsuzog un di faktishe shverikeytn in tog-teglekhn lebn.

Les belles promesses et la dure réalité de la vie quotidienne.

410

— Veyst vos Moyshe ? In Moskve krigt men oytos umzist !	— װייסט װאָס משה ? אין מאָסקװע קריגט מען אויטאָס אומזיסט !
— Du host a toes : s'iz nisht in Moskve nor in Minsk. Es handlt zikh nisht vegn oytos nor vegn rovern.	— דו האָסט אַ טעות : ס'איז נישט אין מאָסקװע נאָר אין מינסק. עס האַנדלט זיך נישט װעגן אויטאָס נאָר װעגן ראָװערן.

Chapitre 19
Russie tsariste.
Union soviétique

Kapitl 19
Tsarishe Rusland
Sovetn-farband

קאַפּיטל 19
צאַרישע רוסלאַנד
סאָוועטן־פֿאַרבאַנד

Un me krigt zey nisht umzist...
me darf zey ganvenen !

און מע קריגט זיי נישט אומזיסט...
מע דאַרף זיי גנבֿענען !

– Tu sais quoi Moyshe ? On donne des voitures gratis à Moscou !*
– Tu te trompes : ce n'est pas à Moscou, c'est à Minsk.
Il ne s'agit pas de voitures, mais de vélos.
Et on ne les donne pas gratis... il faut les voler !

411

In Moskve, punkt baym magazin "Gum", shtelt Moyshe zikh op kedey tsutsubindn zayne shnurevadles. Bald shteln zikh hinter im kemat hundert mentshn, vos zaynen greyt tsu koyfn vos es zol nisht zayn. Kumt tsu a bobe vos fregt im :
– Vos vet men do krign haynt ?
– Ikh veys nisht, ikh hob zikh nor opgeshtelt tsutsubindn di shnurevadles.
– Oyb azoy, far vos shteyt ir nokh alts do ?
– Dos ershte mol shtey ikh der ershter in a rey !

אין מאָסקווע, פּונקט בײַם מאַגאַזין „גום“, שטעלט משה זיך אָפּ כּדי צוצובינדן זײַנע שנורעוואַדלעס. באַלד שטעלן זיך הינטער אים כּמעט הונדערט מענטשן, וואָס זײַנען גרייט צו קויפֿן וואָס עס זאָל נישט זײַן. קומט צו אַ באָבע וואָס פֿרעגט אים :
– וואָס וועט מען דאָ קריגן הײַנט ?
– איך ווייס נישט, איך האָב זיך נאָר אָפּגעשטעלט צוצובינדן די שנורעוואַדלעס.
– אויב אַזוי, פֿאַר וואָס שטייט איר נאָך אַלץ דאָ ?
– דאָס ערשטע מאָל שטיי איך דער ערשטער אין אַ ריי !

A Moscou, juste devant le grand magasin « Goum », Moyshe s'arrête pour renouer ses lacets.*
Aussitôt une centaine de personnes se mettent à la queue derrière lui, prêtes à acheter quelque marchandise que ce soit.
Arrive une vieille femme qui lui demande :
– Qu'est-ce qu'on va pouvoir acheter aujourd'hui ?
– Je ne sais pas, je m'étais arrêté seulement pour renouer mes lacets.
– Dans ce cas, pourquoi restez-vous encore là ?
– Pour une fois que je suis le premier dans une queue !

Chapitre 19 | Kapitl 19 | קאַפּיטל 19
Russie tsariste. | Tsarishe Rusland | צאַרישע רוסלאַנד
Union soviétique | Sovetn-farband | סאָוועטן־פֿאַרבאַנד

412

Es iz a hits in Moskve. Moyshe geyt oyf der gas un es farglust zikh im lyodes. Der farkoyfer iz zayns a fraynd. Oyf a plakatl, es shteyt geshribn :

NISHT FAR YIDN.

Moyshe iz oyfgebrakht un er shrayt :
– Du shemsts zikh gornisht !
Entfert yener :
– Host shoyn a mol farzukht di dozike lyodes ?

עס איז אַ היץ אין מאָסקווע. משה גייט אויף דער גאַס און עס פֿאַרגלוסט זיך אים ליאָדעס.
דער פֿאַרקויפֿער איז זייַנס אַ פֿרייַנד. אויף אַ פּלאַקאַטל, עס שטייט געשריבן :

נישט פֿאַר ייִדן.

משה איז אויפֿגעבראַכט און ער שרייַט :
– דו שעמסט זיך גאָרנישט !
ענטפֿערט יענער :
– האָסט שוין אַ מאָל פֿאַרזוכט די דאָזיקע ליאָדעס ?

C'est la canicule à Moscou. Moyshe est dans la rue et l'envie lui prend d'une crème glacée. Le vendeur est l'un de ses amis.*
Sur une pancarte il lit :

ON NE VEND PAS AUX JUIFS.

Indigné, Moyshe s'écrie :
– Tu n'as pas honte !
Et l'autre de répondre :
– Tu as déjà goûté ces glaces ?

413

In Moskve, geyt eyner arayn in a gevelb un fregt :
– S'iz nishto keyn broyt ?
Entfert der ongeshtelter :
– Es tut mir layd, bay mir iz :
"S'iz nishto keyn fleysh" !

אין מאָסקווע, גייט איינער אַרייַן אין אַ געוועלב און פֿרעגט :
– ס'איז נישטאָ קיין ברויט ?
ענטפֿערט דער אָנגעשטעלטער :
– עס טוט מיר לייַד, בייַ מיר איז :
„ס'איז נישטאָ קיין פֿלייש" !

A Moscou, quelqu'un entre dans une boutique et demande :
– Il n'y a pas de pain ?
Et le vendeur répond :
– Désolé, ici c'est : « Il n'y a pas de viande » !

Chapitre 19	Kapitl 19	קאַפּיטל 19
Russie tsariste.	Tsarishe Rusland	צאַרישע רוסלאַנד
Union soviétique	Sovetn-farband	סאָוועטן־פֿאַרבאַנד

414

– נעכטן האָב איך געבעטן אין אַ בריוו אַז דער ראַדיאָ זאָל שפּילן סאָוועטישע מוזיק.
– ביסט משוגע געוואָרן ? די סאָוועטישע מוזיק מאַכט אַ לאָך אין קאָפּ !
– אמת, נאָר איך וווין מיט זיבן שכנים אין איין דירה. אויב מע וועט שפּילן סאָוועטישע מוזיק, וועלן זיי אפֿשר אויסלעשן דעם ראַדיאָ, און דאַן וועל איך אפֿשר זיך קענען אָפּרוען אַ ביסל !

– Nekhtn hob ikh gebetn in a briv az der radyo zol shpiln sovetishe muzik.
– Bist meshuge gevorn ? Di sovetishe muzik makht a lokh in kop !
– Emes, nor ikh voyn mit zibn shkheynim in eyn dire. Oyb me vet shpiln sovetishe muzik, veln zey efsher oysleshn dem radyo, un dan vel ikh efsher zikh kenen opruen a bisl !

– Hier j'ai demandé par courrier que la radio diffuse de la musique soviétique.
– Tu es fou ? La musique soviétique, ça casse les oreilles !
– C'est vrai, mais je partage mon logement avec sept locataires. Si on joue de la musique soviétique, peut-être qu'ils éteindront le poste de radio, et peut-être que je pourrai alors me reposer un petit peu !

415

יאַנקל ליפֿשיץ וויל זיך איינשרייַבן אין דער קאָמוניסטישער פּאַרטיי. דער פּאַרטיי-טשינאָווניק פֿרעגט אים עטלעכע פֿראַגעס :
– ווער איז געווען קאַרל מאַרקס ?
– איך ווייס נישט.
– און לענין, ווער איז ער געווען ?
– קיין מאָל נישט געהערט פֿון אים.
– און יאָסיף סטאַלין ?
– זאָל איך אַזוי וויסן פֿון שלעכטס !
– זאָג נאָר, דו מאַכסט חוזק פֿון מיר ?
– חלילה, טאָוואַריטש קאָמיסאַר ! נאָר דו, זאָג מיר : קענסטו משה נאָראָוויטשן ?
– ניין, איך קען אים נישט.
– און יאַנקל קאָרטשינען ?
– אויך נישט !
– און יאָסעלע קאָראַוויצקין ?
– ניין, איך קען זיי אין גאַנצן נישט.

Yankl Lifshits vil zikh aynshraybn in der komunistisher partey. Der partey-tshinovnik fregt im etlekhe frages :
– Ver iz geven Karl Marks ?
– Ikh veys nisht.
– Un Lenin, ver iz er geven ?
– Keyn mol nisht gehert fun im.
– Un Yosif Stalin ?
– Zol ikh azoy visn fun shlekhts !
– Zog nor, du makhst khoyzek fun mir ?
– Kholile, tovaritsh komisar ! Nor du, zog mir : kenstu Moyshe Norovitshn ?
– Neyn, ikh ken im nisht.
– Un Yankl Kortshinen ?
– Oykh nisht !
– Un Yosele Koravitskin ?
– Neyn, ikh ken zey in gantsn nisht.

Chapitre 19
Russie tsariste. Union soviétique

Kapitl 19
Tsarishe Rusland Sovetn-farband

קאַפּיטל 19
צאַרישע רוסלאַנד סאָוועטן-פֿאַרבאַנד

Nisht gezen, nisht gehert !
— Es iz gants normal, tovaritsh komisar : du host dayne fraynd, un ikh hob mayne !

נישט געזען, נישט געהערט !
— עס איז גאַנץ נאָרמאַל, טאָוואַריטש קאָמיסאַר : דו האָסט דײַנע פֿרײַנד, און איך האָב מײַנע !

Yankl* Lifschitz veut s'inscrire au parti communiste. Le responsable lui pose quelques questions :
— Qui était Karl Marx ?
— Je ne sais pas.
— Et Lénine ?
— Jamais entendu parler de lui.
— Et Joseph Staline ?
— Je n'en ai pas la moindre idée.
— Dis-moi, tu te payes ma tête !
— Sûrement pas, camarade commissaire. Mais toi, dis-moi : est-ce que tu connais Moyshe Norovitch ?
— Non, je ne le connais pas.
— Et Yankl Kortshine ?
— Non plus.
— Et Yosele Koravitsky ?
— Non, je ne connais aucun d'eux ! Ni de près ni de loin !
— C'est tout à fait normal, camarade commissaire : toi, tu as tes amis, et moi j'ai les miens !

416

— Ikh hob gehert az Khrushtshov zamlt ale vitsn vos me dertseylt vegn im !
— Yo, emes. Un afile oykh di nemen fun di vos dertseyln di vitsn !

— איך האָב געהערט אַז כרושטשאָוו זאַמלט אַלע וויצן וואָס מע דערציילט וועגן אים !
— יאָ, אמת. און אפֿילו אויך די נעמען פֿון די וואָס דערציילן די וויצן !

— J'ai entendu dire que Kroutchev collectionne toutes les histoires qu'on raconte sur lui !
— C'est exact. Et il collectionne même aussi les noms de ceux qui les racontent !

Chapitre 19	Kapitl 19	קאַפּיטל 19
Russie tsariste.	Tsarishe Rusland	צאַרישע רוסלאַנד
Union soviétique	Sovetn-farband	סאָוועטן־פֿאַרבאַנד

417

In a lager fun gulag in Sibir, trefn zikh Moyshe un Yankl :
– Vifl yor hostu arayngekhapt ?
– Fuftsn.
– Vos hostu geton ?
– Gornisht.
– Neyn Moyshe ! Far gornisht, krigt men nor tsen yor !

אין אַ לאַגער פֿון גולאַג אין סיביר, טרעפֿן זיך משה און יאַנקל :
— וויפֿל יאָר האָסטו אַרײַנגעכאַפּט ?
— פֿופֿצן.
— וואָס האָסטו געטאָן ?
— גאָרנישט.
— ניין משה ! פֿאַר גאָרנישט, קריגט מען נאָר צען יאָר !

Moyshe* et Yankl* se retrouvent dans un camp du goulag en Sibérie :
– Tu en as pris pour combien, toi ?
– Quinze ans.
– Qu'est ce que tu as fait ?
– Rien.
– Non Moyshe ! Pour rien, on n'écope que de dix ans !

418

In nayntsn hundert tsvey un fuftsik, iz aroys a naye postmarke mitn bild fun Stalinen.
Zeyer veynik briv zaynen geshtemplt mit der doziker marke. Vos iz, der kley toyg nisht ? Klal nisht ! Der kley iz ershtklasik, ober di mentshn shpayen oyf der tsveyter zayt !

אין נײַנצן הונדערט צוויי און פֿופֿציק, איז אַרויס אַ נײַע פּאָסטמאַרקע מיטן בילד פֿון סטאַלינען.
זייער ווייניק בריוו זײַנען געשטעמפּלט מיט דער דאָזיקער מאַרקע. וואָס איז, דער קליי טויג נישט ? כּלל נישט ! דער קליי איז ערשטקלאַסיק, אָבער די מענטשן שפּײַען אויף דער צווייטער זײַט !

En mille neuf cent cinquante deux est édité un timbre postal à l'effigie de Staline. Très peu de lettres circulent avec ce timbre.
La colle serait-elle de mauvaise qualité ? Pas du tout ! La colle est excellente, mais les gens crachent du mauvais côté !

Chapitre 19
Russie tsariste.
Union soviétique

Kapitl 19
Tsarishe Rusland
Sovetn-farband

קאַפּיטל 19
צאַרישע רוסלאַנד
סאָוועטן־פֿאַרבאַנד

419

Yedn tog, akht a zeyger in der fri, kumt Moyshe tsum kiosk. Er koyft di "Pravde", varft an oyg oyf der ershter zayt fun tsaytung, un varft zi avek.
Fregt der soykher :
– Khaver, vos zukhstu in der Pravde ?
– Ikh zukh di meldung fun a ptire.
– Dos vestu gefinen oyf der driter zayt, nisht oyf der ershter !
– Dos vos ikh dervart vet yo shteyn oyf der ershter zayt, un mit a groysn kop afile !

Di psure iz ongekumen dem fiftn marts 1953 : Stalin iz geshtorbn !

יעדן טאָג, אַכט אַ זייגער אין דער פֿרי, קומט משה צום קיאָסק. ער קויפֿט די „פּראַוודע“, וואַרפֿט אַן אויג אויף דער ערשטער זײַט פֿון צײַטונג, און וואַרפֿט זי אַוועק.
פֿרעגט דער סוחר :
– חבֿר, וואָס זוכסטו אין דער פּראַוודע ?
– איך זוך די מעלדונג פֿון אַ פּטירה.
– דאָס וועסטו געפֿינען אויף דער דריטער זײַט, נישט אויף דער ערשטער !
– דאָס וואָס איך דערוואַרט וועט יאָ שטיין אויף דער ערשטער זײַט, און מיט אַ גרויסן קאָפּ אפֿילו !

די בשׂורה איז אָנגעקומען דעם פֿיפֿטן מאַרץ 1953 : סטאַלין איז געשטאָרבן !

Chaque jour à huit heures du matin, Moyshe arrive au kiosque à journaux. Il achète la Pravda, jette un coup d'œil sur la première page du journal et le jette aussitôt.*
Le marchand lui demande :
– Camarade, que cherches-tu dans la Pravda ?
– Je cherche l'annonce d'un décès.
– Tu trouveras ça sur la troisième page, pas sur la première !
– Ce que j'attends sera bien sur la première page ! Et en gros titre, encore !

La nouvelle attendue est survenue le 5 mars 1953 : Staline est mort !

420

In a shule in Moskve, fregt der lerer :
– Yosl, ver iz dayn foter ?
– Dos sovetishe heymland.
– Gut ! Un ver iz dayn muter ?
– Di komunistishe partey.
– Yo ! Un vos vilstu vern shpeter ?
– A yosem !

אין אַ שולע אין מאָסקווע, פֿרעגט דער לערער :
– יאָסל, ווער איז דײַן פֿאָטער ?
– דאָס סאָוועטישע היימלאַנד.
– גוט ! און ווער איז דײַן מוטער ?
– די קאָמוניסטישע פּאַרטיי.
– יאָ ! און וואָס ווילסטו ווערן שפּעטער ?
– אַ יתום !

Chapitre 19 / Kapitl 19 / קאַפּיטל 19

Russie tsariste. Union soviétique

Tsarishe Rusland / Sovetn-farband

צאַרישע רוסלאַנד / סאָוועטן־פֿאַרבאַנד

Dans une école à Moscou, l'instituteur demande :
– Yosl, qui est ton père ?*
– Le parti communiste.
– Bien ! Et ta mère ?
– La patrie soviétique.
– Oui ! Et que veux-tu être plus tard ?
– Je veux être orphelin !

421

Moyshe dertseylt :

"M'hot mikh aroysgevorfn fun Partey, vayl ikh hob dray mol gehat a toes.

Dos ershte mol, hot der partey-tshinovnik mir gezogt :

– Ikh hob dikh nisht gezen oyf der letster zitsung.

– Volt ikh gevust az s'vet zayn di letste, volt ikh zikher gekumen !

Dos tsveyte mol, bin ikh antshlofn gevorn beys a zitsung. Ven m'hot mikh oyfgevekt, hob ikh dertseylt az ikh hob gekholemt fun a barg puter, un oyfn barg iz gezesn Got aleyn.

Hot der tshinovnik gefregt :

– Zog mir khaver, host shoyn a mol gezen Got ?

– Un du, tovaritsh komisar, host shoyn a mol gezen puter ?

Der driter toes iz azoy : m'hot mir geheysn tsugreytn dem groysn zal far a vikhtiker zitsung, mit di bilder fun di onfirers. Ven ikh hob geendikt oyfhengen ale bilder, hot der tshinovnik geshrign :

– Nem bald arop dos bild fun yenem oysvurf ! Hob ikh gefregt :

– Velkhn ?"

משה דערציילט :

„מ׳האָט מיך אַרויסגעוואָרפֿן פֿון פּאַרטיי, ווײַל איך האָב דרײַ מאָל געהאַט אַ טעות.

דאָס ערשטע מאָל, האָט דער פּאַרטיי־טשינאָווניק מיר געזאָגט :

— איך האָב דיך נישט געזען אויף דער לעצטער זיצונג.

— וואָלט איך געוווּסט אַז ס׳וועט זײַן די לעצטע, וואָלט איך זיכער געקומען !

דאָס צווייטע מאָל, בין איך אַנטשלאָפֿן געוואָרן בעת אַ זיצונג. ווען מ׳האָט מיך אויפֿגעוועקט, האָב איך דערציילט אַז איך האָב געחלומט פֿון אַ באַרג פּוטער, און אויפֿן באַרג איז געזעסן גאָט אַליין.

האָט דער טשינאָווניק געפֿרעגט :

— זאָג מיר חבֿר, האָסט שוין אַ מאָל געזען גאָט ?

— און דו, טאָוואַריטש קאָמיסאַר, האָסט שוין אַ מאָל געזען פּוטער ?

דער דריטער טעות איז אַזוי : מ׳האָט מיר געהייסן צוגרייטן דעם גרויסן זאַל פֿאַר אַ וויכטיקער זיצונג, מיט די בילדער פֿון די אָנפֿירערס. ווען איך האָב געענדיקט אויפֿהענגען אַלע בילדער, האָט דער טשינאָווניק געשריגן :

— נעם באַלד אַראָפּ דאָס בילד פֿון יענעם אויסוווּרף ! האָב איך געפֿרעגט :

— וועלכן ?"

Chapitre 19	Kapitl 19	19 קאַפּיטל
Russie tsariste.	Tsarishe Rusland	צאַרישע רוסלאַנד
Union soviétique	Sovetn-farband	סאָוועטן־פֿאַרבאַנד

Moyshe raconte :*

« On m'a viré du Parti, car je me suis fourvoyé à trois reprises.

La première fois, le responsable du Parti m'a dit :

– Je ne t'ai pas vu à la dernière réunion.

– Si j'avais su que ce serait la dernière, je serais sûrement venu !

La seconde fois, je me suis endormi pendant la réunion. Quand on m'a réveillé, j'ai raconté que j'avais rêvé d'une montagne de beurre, sur laquelle était assis Dieu en personne. Le responsable m'a demandé :

– Camarade, tu as déjà vu Dieu ?

– Et toi, Camarade commissaire, tu as déjà vu du beurre ?

Quant à la troisième erreur, la voici : on m'a demandé de préparer la grande salle pour une conférence importante, avec les portraits des dirigeants. Quand j'ai fini d'accrocher tous les tableaux, le responsable s'est mis à hurler :

– Décroche immédiatement le portait de ce fumier ! Alors j'ai demandé :

– Lequel ? »

מיט כרושטשאָוון, און נאָך אים, האָט זיך די סיטואַציע ביסלעכווייַז געענדערט.

Mit Khrushtshovn, un nokh im, hot zikh di situatsye bislekhvayz geendert.

Avec Kroutchev, et après lui, la situation s'est progressivement modifiée.

<u>*422*</u>

Eyner fregt Khrushtshovn :

– Tovaritsh Khrushtshov, du host alts gevust vegn dem gulag, vegn dem antisemitizm un vegn di mordn vos Stalin hot bafoyln. Far vos hostu gornisht gezogt ?

Mit a shreklekh ponim, kvitshet Khrushtshov :

– Ver iz der khaver vos hot okersht geshtelt di frage ?

Men hert keyn shorkh nisht...

איינער פֿרעגט כרושטשאָוון :

– טאָוואַריטש כרושטשאָוו, דו האָסט אַלץ געוווּסט וועגן דעם גולאַג, וועגן דעם אַנטיסעמיטיזם און וועגן די מאָרדן וואָס סטאַלין האָט באַפֿוילן. פֿאַר וואָס האָסטו גאָרנישט געזאָגט ?

מיט אַ שרעקלעך פּנים, קוויטשעט כרושטשאָוו :

– ווער איז דער חבֿר וואָס האָט אָקערשט געשטעלט די פֿראַגע ?

מען הערט קיין שאָרך נישט...

Chapitre 19	Kapitl 19	קאַפּיטל 19
Russie tsariste.	Tsarishe Rusland	צאַרישע רוסלאַנד
Union soviétique	Sovetn-farband	סאָוועטן־פֿאַרבאַנד

Nokh a vayle, zogt Khrushtshov mit a shmeykhl :
– Itst farshteyt ir shoyn, far vos ikh hob gornisht gezogt !

נאָך אַ ווײַלע, זאָגט כרושטשאָוו מיט אַ שמייכל :
— איצט פֿאַרשטייט איר שוין, פֿאַר וואָס איך האָב גאָרנישט געזאָגט !

Quelqu'un demande à Kroutchev :
– Camarade Kroutchev, tu étais au courant du goulag, de l'antisémitisme et des massacres ordonnés par Staline. Pourquoi n'as-tu rien dit ?
Avec un visage terrifiant, Kroutchev hurle :
– Quel est le camarade qui vient de poser cette question ?
Silence total…
Au bout d'un moment, Kroutchev dit avec un petit sourire :
– Maintenant, vous comprenez pourquoi je n'ai rien dit !

423

A delegat fun der khinezisher komunistisher partey est klopsn in a restoran in Moskve. Baym ershtn, lekt er di finger, ober der letster iz hart vi a shteyn !
Er baklogt zikh un der kelner derklert im :
– Es tut mir layd, nor dos iz nisht keyn klops, dos iz a mikrofon !

אַ דעלעגאַט פֿון דער כינעזישער קאָמוניסטישער פּאַרטיי עסט קלאָפּסן אין אַ רעסטאָראַן אין מאָסקווע. בײַם ערשטן, לעקט ער די פֿינגער, אָבער דער לעצטער איז האַרט ווי אַ שטיין !
ער באַקלאָגט זיך און דער קעלנער דער־קלערט אים :
— עס טוט מיר לײַד, נאָר דאָס איז נישט קיין קלאָפּס, דאָס איז אַ מיקראָפֿאָן !

Un délégué du parti communiste chinois mange des boulettes de viande dans un restaurant à Moscou. Il se régale, mais la dernière boulette est dure comme une pierre.
Il se plaint auprès du serveur. Celui-ci lui explique :
– Je suis désolé, mais ceci n'est pas une boulette, c'est un micro !

424

A karpnkop(1) fun der sovetisher komunistisher partey halt a rede oyfn kongres fun der khinezisher komu-nistisher partey. Nokh a fertl sho, zetst

אַ קאַרפּנקאָפּ(1) פֿון דער סאָוועטישער קאָמוניסטישער פּאַרטיי האַלט אַ רעדע אויפֿן קאָנגרעס פֿון דער כינעזישער קאָמו־ניסטישער פּאַרטיי. נאָך אַ פֿערטל שעה,

Chapitre 19 | Kapitl 19 | קאַפּיטל 19
Russie tsariste. | Tsarishe Rusland | צאַרישע רוסלאַנד
Union soviétique | Sovetn-farband | סאָוועטן־פֿאַרבאַנד

der fartaytsher es iber mit an eyntsik vort : “SHING”.
Ale khaveyrim patshn bravo a por minut lang ! Der referent redt vayter a halbe sho, vert es oykh ibergezetst mit an eyntsik vort : “SHANG”. Vider aplodismentn. Der referent leyent vayter zayn rede, un di iberzetsung iz nor :
“SHING SHUNG”. Ale patshn bravo mit hislayves.
Ven der delegat kumt tsurik in Moskve, loyft er glaykh in Kreml, tsum spetsyalist fun khinezish, un er vundert zikh vi di khinezishe shprakh redt zikh azoy kurts un sharf :
– Ikh hob geredt mer vi a sho, un der fartaytsher hot es ibergezetst mit fir verter in gantsn :
“SHING”,“SHANG”un“SHING SHUNG”.
Derklert im der baamter fun Kreml :
– Mitn vort “SHING”, hot er gemeynt : “Der sovetisher tovaritsh dertseylt undz narishkeytn”.
Mitn vort “SHANG” : “Der sovetisher tovaritsh dertseylt undz vider narishkeytn”.
Un mit di verter “SHING SHUNG” : “Der sovetisher tovaritsh hot nisht mer keyn narishkeytn tsu dertseyln”.

(1) karpnkop : vikhtiker parshoyn.

זעצט דער פֿאַרטײַטשער עס איבער מיט אַן איינציק וואָרט : ,,שינג‘‘.
אַלע חבֿרים פּאַטשן בראַוואָ אַ פּאָר מינוט לאַנג ! דער רעפֿערענט רעדט ווײַטער אַ האַלבע שעה, ווערט עס אויך איבערגעזעצט מיט אַן איינציק וואָרט : ,,שאַנג‘‘.
ווידער אַפּלאָדיסמענטן. דער רעפֿערענט לייענט ווײַטער זײַן רעדע, און די איבער-זעצונג איז נאָר : ,,שינג שונג‘‘.
אַלע פּאַטשן בראַוואָ מיט התלהבֿות.
ווען דער דעלעגאַט קומט צוריק אין מאָסקווע, לויפֿט ער גלײַך אין קרעמל, צום ספּעציאַליסט פֿון כינעזיש, און ער וווּנדערט זיך ווי די כינעזישע שפּראַך רעדט זיך אַזוי קורץ און שאַרף :
– איך האָב גערעדט מער ווי אַ שעה, און דער פֿאַרטײַטשער האָט עס איבערגעזעצט מיט פֿיר ווערטער אין גאַנצן :
,,שינג‘‘, ,,שאַנג‘‘ און ,,שינג שונג‘‘.
דערקלערט אים דער באַאַמטער פֿון קרעמל :
– מיטן וואָרט ,,שינג‘‘, האָט ער געמיינט : ,,דער סאָוועטישער טאָוואַריטש דערציילט אונדז נאַרישקייטן‘‘.
מיטן וואָרט ,,שאַנג‘‘ : ,,דער סאָוועטישער טאָוואַריטש דערציילט אונדז ווידער נאַרישקייטן‘‘.
און מיט די ווערטער ,,שינג שונג‘‘ : ,,דער סאָוועטישער טאָוואַריטש האָט נישט מער קיין נאַרישקייטן צו דערציילן‘‘.

(1) קאַרפּנקאָפּ : וויכטיקער פּאַרשוין.

Un gros bonnet du parti communiste soviétique tient un discours au congrès du parti communiste chinois. Au bout d’un quart d’heure, l’interprète traduit par un seul mot : « CHING ». Tous les camarades applaudissent longuement ! Le conférencier parle encore durant une demi-heure et la traduction tient également en un seul mot : « CHANG ». A nouveau des applaudissements. Le conférencier poursuit son discours et la traduction se résume à « CHING CHOUNG ». Tous applaudissent avec

Chapitre 19 | Kapitl 19 | קאַפּיטל 19
Russie tsariste. | Tsarishe Rusland | צאַרישע רוסלאַנד
Union soviétique | Sovetn-farband | סאָוועטן־פֿאַרבאַנד

enthousiasme.
Quand le délégué revient à Moscou, il va directement voir le sinologue du Kremlin et il s'étonne que la langue chinoise soit aussi concise :
– J'ai parlé pendant plus d'une heure et l'interprète a traduit le tout avec quatre mots :
« CHING », « CHANG » et « CHING CHOUNG ».
Le fonctionnaire du Kremlin lui explique :
– Avec le mot « CHING », il a voulu dire : « Le camarade soviétique nous raconte des salades ».
Avec le mot « CHANG » : « Le camarade soviétique nous raconte encore des salades ».
Et avec les mots « CHING CHOUNG » : « Le camarade soviétique n'a plus de salades à raconter » !

425

Oyf a militerisher asife in Moskve, fregt an ofitsir :
– Oyb se brekht oys a milkhome mit Khine, vos veln mir ton kegn azoy fil sonim ?
– Der iker iz nisht di tsol, nor di feikeyt. Git a kuk vos es hot pasirt in noentn mizrekh tsvishn a kleynink folk un milyonen Araber : yedes mol hobn di Yidn gevunen !
– Yo, nor es blaybt undz genug Yidn in land ?

אויף אַ מיליטערישער אַסיפֿה אין מאָסקווע, פֿרעגט אַן אָפֿיציר :
– אויב סע ברעכט אויס אַ מלחמה מיט כינע, וואָס וועלן מיר טאָן קעגן אַזוי פֿיל שׂונאים ?
– דער עיקר איז נישט די צאָל, נאָר די פֿעיִקייט. גיט אַ קוק וואָס עס האָט פּאַסירט אין נאָענטן מיזרח צווישן אַ קליינינק פֿאָלק און מיליאָנען אַראַבער : יעדעס מאָל האָבן די ייִדן געוווּנען !
– יאָ, נאָר עס בלייַבט אונדז גענוג ייִדן אין לאַנד ?

Dans une réunion d'état-major militaire à Moscou, un officier s'informe :
– Si la guerre éclate avec la Chine, que pourrons-nous faire face à tant d'ennemis ?
– Ce n'est pas le nombre, mais le savoir-faire qui compte. Voyez ce qui s'est passé au Proche Orient entre un tout petit peuple et des millions d'Arabes : chaque fois ce sont les Juifs qui ont gagné !
– Oui, mais est-ce qu'il nous reste suffisamment de Juifs dans le pays ?

Chapitre 19	Kapitl 19	קאַפּיטל 19
Russie tsariste.	Tsarishe Rusland	צאַרישע רוסלאַנד
Union soviétique	Sovetn-farband	סאָוועטן־פֿאַרבאַנד

426

דער עמיגראַציע-ביוראָ אין מאָסקווע איז אָפֿן איין מאָל אין אַ פּורים !
ווען מ'האָט געהערט אַז סע וועט זײַן אָפֿן דעם ערשטן אָקטאָבער, האָט זיך באַלד געשאַפֿן אַ לאַנגע ריי, איין מאָנאַט פֿריער. מענטשן האָבן זיך נישט גערירט פֿון אָרט, זיי זײַנען אַפֿילו געבליבן שלאָפֿן אויף דער גאַס !
פּונקט ווען עס קומט משהס טשערע, פֿאַרמאַכט מען די טיר.
– איך וואַרט שוין אַ גאַנצן חודש, און ס'איז שוין דאָס דריטע מאָל ! לאָזט מיך אַרײַן, איך בעט אײַך !
– אוממעגלעך ! קומט צוריק ווען דער ביוראָ וועט ווידער עפֿענען, איבער אַ יאָר !
– אַנטשולדיקט מיך, אין דער פֿרי צי נאָכמיטאָג ?
– נאָכמיטאָג.
– אוי, גוט אַזוי ! ווײַל איבער אַ יאָר אין דער פֿרי, קומט מען מיר פֿאַרריכטן דעם אויוון !

Der emigratsye-byuro in Moskve iz ofn eyn mol in a Pirem !
Ven m'hot gehert az s'vet zayn ofn dem ershtn oktober, hot zikh bald geshafn a lange rey, eyn monat frier. Mentshn hobn zikh nisht gerirt fun ort, zey zaynen afile geblibn shlofn oyf der gas !
Punkt ven es kumt Moyshes tshere, farmakht men di tir.
– Ikh vart shoyn a gantsn khoydesh, un s'iz shoyn dos drite mol ! Lozt mikh arayn, ikh bet aykh !
– Ummeglekh ! Kumt tsurik ven der byuro vet vider efenen, iber a yor !
– Antshuldikt mikh, in der fri tsi nokhmitog ?
– Nokhmitog.
– Oy, gut azoy ! Vayl iber a yor in der fri, kumt men mir farrikhtn dem oyvn !

Le bureau pour l'émigration, à Moscou, est ouvert tous les trente-six du mois. Dès que le bruit a couru qu'il serait ouvert le 1er octobre, une longue queue se forme un mois à l'avance. Les gens restent sur place et passent même la nuit dans la rue !
Lorsqu'arrive enfin le tour de Moyshe, on lui ferme la porte au nez.*
– J'attends depuis un mois ! Et c'est déjà la troisième fois ! Laissez-moi entrer, je vous en prie !
– Impossible ! Revenez quand le bureau sera à nouveau ouvert, l'année prochaine !
– Excusez-moi, ce sera le matin ou l'après-midi ?
– L'après-midi.
– Ah, tant mieux ! Car l'année prochaine dans la matinée, on doit venir réparer ma cuisinière.

Chapitre 19	Kapitl 19	קאַפּיטל 19
Russie tsariste.	Tsarishe Rusland	צאַרישע רוסלאַנד
Union soviétique	Sovetn-farband	סאָוועטן־פֿאַרבאַנד

427

In Moskve vert Moyshe aroysgerufn tsum emigratsye-byuro :
— Far vos vilt ir aroysforn fun land ?
— Nisht ikh vil, nor mayn vayb vil. Zi vil forn keyn Yisroel.
— Nu, zol zi forn !
— Ober mayn shviger vil oykh mitforn.
— Nu, zoln zey beyde avek !
— Ober mayn shvegern, di dray shvester ire, mit zeyere mener un kinder viln oykh emigrirn.
— Nu ver darf zey hobn, di paskudne tsienistn ? Lomir poter vern fun zey !
— Ober... do iz do a problem.
— Vos nokh ?
— On mir kenen zey nisht emigrirn : ikh bin der eyntsiker Yid in der mishpokhe !

אין מאָסקווע ווערט משה אַרויסגערופֿן צום עמיגראַציע־ביוראָ :
— פֿאַר וואָס ווילט איר אַרויספֿאָרן פֿון לאַנד ?
— נישט איך וויל, נאָר מײַן ווײַב וויל. זי וויל פֿאָרן קיין ישׂראל.
— נו, זאָל זי פֿאָרן !
— אָבער מײַן שוויגער וויל אויך מיטפֿאָרן.
— נו, זאָלן זיי ביידע אַוועק !
— אָבער מײַן שוועגערין, די דרײַ שוועסטער אירע מיט זייערע מענער און קינדער ווילן אויך עמיגרירן.
— נו ווער דאַרף זיי האָבן, די פּאַסקודנע ציוניסטן ? לאָמיר פּטור ווערן פֿון זיי !
— אָבער... דאָ איז דאָ אַ פּראָבלעם.
— וואָס נאָך ?
— אָן מיר קענען זיי נישט עמיגרירן : איך בין דער איינציקער ייִד אין דער משפּחה !

A Moscou, Moyshe est convoqué au bureau de l'émigration.
— Pourquoi voulez-vous quitter le pays ?
— Ce n'est pas moi, c'est ma femme. Elle veut partir en Israël.
— Eh bien, qu'elle parte !
— Mais ma belle-mère veut l'accompagner.
— Eh bien, qu'elles partent toutes les deux !
— Mais ma belle-sœur avec ses trois sœurs, leurs maris et leurs enfants, veulent aussi émigrer.
— Eh bien qui a besoin de ces sales sionistes ? Qu'on en soit débarrassé !
— Mais... il y a un problème.
— Quoi encore ?
— Sans moi, ils ne peuvent pas émigrer : je suis le seul Juif de toute la famille !

428

In Moskve, heyst Moyshe zikh brengen   אין מאָסקווע, הייסט משה זיךברענגען אַ

Chapitre 19	Kapitl 19	קאַפּיטל 19
Russie tsariste.	Tsarishe Rusland	צאַרישע רוסלאַנד
Union soviétique	Sovetn-farband	סאָוועטן־פֿאַרבאַנד

a gloz tey un di Pravde.
— Tshay da, Pravde niet, zogt der kelner.
Tsu morgns un oykh oyfn andern tog, iz di zelbe mayse. Dem fertn tog regt zikh der kelner shoyn oyf :
— Shoyn a por mol hob ikh aykh gezogt az di sovetishe regirung iz oys, un az di Pravde drukt men shoyn nisht mer !
— Ikh veys, nor es iz mir aza fargenign dos tsu hern !

גלאָז טיי און די פּראַוודע.
— טשײַ דאַ, פּראַוודע ניעט, זאָגט דער קעלנער.
צו מאָרגנס און אויך אויפֿן אַנדערן טאָג, איז די זעלבע מעשׂה. דעם פֿערטן טאָג רעגט זיך דער קעלנער שוין אויף :
— שוין אַ פּאָר מאָל האָב איך אײַך געזאָגט אַז די סאָוועטישע רעגירונג איז אויס, און אַז די פּראַוודע דרוקט מען שוין נישט מער !
— איך ווייס, נאָר עס איז מיר אַזאַ פֿאַרגעניגן דאָס צו הערן !

A Moscou, Moyshe commande un verre de thé et le journal la Pravda.
— Thé da (oui) Pravda niet (non) dit le garçon.
Le lendemain et le surlendemain, même scénario. Le quatrième jour, le garçon s'énerve :
— Cela fait plusieurs fois que je vous dis que le régime soviétique est tombé et que la Pravda ne paraît plus !
— Je sais, mais j'ai un tel plaisir à me l'entendre dire !

429

In der tsayt fun Peretstroyke, hot Gorbatshov gefregt Yeltsinen :
— Vifl Yidn lebn, loyt ayer meynung, in Sovetn-Farband ?
— Efsher tsvey milyon.
— Un oyb mir lozn aroysforn ale Yidn vos viln zikh ibertsien keyn Yisroel, vifl veln avek ?
— Ikh veys, ...Beerekh tsvantsik milyon !

אין דער צײַט פֿון פּערעסטרויקע, האָט גאָרבאַטשאָוו געפֿרעגט יעלצינען :
— וויפֿל ייִדן לעבן, לויט אײַער מיינונג, אין סאָוועטן־פֿאַרבאַנד ?
— אפֿשר צוויי מיליאָן.
— און אויב מיר לאָזן אַרויספֿאָרן אַלע ייִדן וואָס ווילן זיך איבערציִען קיין ישׂראל, וויפֿל וועלן אַוועק ?
— איך ווייס, ... בערך צוואַנציק מיליאָן !

A l'époque de la Perestroïka, Gorbatchev demande à Eltsine :
— A votre avis, combien y a-t-il de Juifs en Union Soviétique ?
— Peut-être deux millions.
— Et si nous laissons sortir tous les Juifs qui veulent s'installer en Israël, combien partiront ?
— Est-ce que je sais ? ... Environ vingt millions !

Chapitre 20 Kapitl 20 קאַפּיטל 20
France Frankraykh פֿראַנקרײַך

פֿראַנקרײַך

FRANKRAYKH

FRANCE

פֿראַנקרײַך פֿלעגט האָבן אַ שם פֿאַר דעם לאַנד פֿון מענטשנרעכט.
אַזוי פֿלעגט עס צוציִען די פֿרעמדע וואָס זײַנען אַנטלאָפֿן פֿאַר דלות און רדיפֿות.
ספּעציעל אַ סך ייִדן האָבן, צווישן 1880 און 1938, אויסגעקליבן דאָס לאַנד וווּ
מענטשן זײַנען „גליקלעך ווי גאָט אין פֿראַנקרײַך“.
נאָכאַנאַנדיקע כוואַליעס ספֿרדישע ייִדן זײַנען געקומען פֿון טערקײַ,
פֿון סאַלאָניקע און שפּעטער פֿון צפֿון-אַפֿריקע ; אין די יאָרן 1962-1961,
אַ סך ייִדן פֿון אַלזשיריע.
די אשכּנזים פֿלעגן קומען פֿון מיזרח-אייראָפּע. לויט ווײַנבערגן(§), האָבן אין 1939
אַ העלפֿט פֿון די ייִדישע אײַנוווינערס אין פּאַריז געשטאַמט פֿון פּוילן.
ווען די מלחמה איז אויסגעבראָכן, זײַנען די מענער געווען גרייט צו פֿאַרטיידיקן זייער
אַדאָפּטירט לאַנד, און זייער אַ סך פֿון זיי האָבן זיך געאײַלט זיך אײַנצושליסן אין די
„פֿרעמדע פֿרײַוויליקע פּאָלקן“. נאָר פֿון 1940 אָן, זענען זיי אויסגעשטאַנען דעם אייגענעם
גורל ווי אַלע ייִדן אין אייראָפּע. אין פֿראַנקרײַך זענען זיי אַפֿילו געווען די ערשטע.

Frankraykh flegt hobn a shem far dem land fun mentshnrekht.
Azoy flegt es tsutsien di fremde vos zaynen antlofn far dales un redifes.
Spetsyel a sakh Yidn hobn, tsvishn 1880 un 1938, oysgeklibn dos land vu
mentshn zaynen “gliklekh vi Got in Frankraykh”.
Nokhanandike khvalyes sfardishe Yidn zaynen gekumen fun Terkay,
fun Salonike un shpeter fun Tsofn-Afrike ; in di yorn 1961-1962,
a sakh Yidn fun Alzhirye.
Di ashkenazim flegn kumen fun mizrekh-Eyrope. Loyt Weinbergn(§), hobn
in 1939 a helft fun di yidishe aynvoyners in Pariz geshtamt fun Poyln.
Ven di milkhome iz oysgebrokhn, zaynen di mener geven greyt tsu
farteydikn zeyer adoptirt land, un zeyer a sakh fun zey hobn zikh geaylt zikh
ayntsushlisn in di “fremde frayvilike polkn”. Nor fun 1940 on, zenen zey
oysgeshtanen dem eygenem goyrl vi ale Yidn in Eyrope.
In Frankraykh zenen zey afile geven di ershte.

Chapitre 20 | Kapitl 20 | 20 קאַפּיטל
France | Frankraykh | פֿראַנקרײַך

La France, pays des droits de l'homme, attirait les étrangers qui fuyaient la misère et les persécutions.
De nombreux Juifs en particulier, entre les années 1880 et 1938, ont choisi le pays où l'on est « heureux comme Dieu en France » !
Des vagues successives de Juifs séfarades sont venus de Turquie, de Salonique et plus tard d'Afrique du Nord ; en 1961-1962, ils sont venus en masse d'Algérie.
Les ashkénazes venaient d'Europe de l'est. Selon Weinberg(§), la moitié des Juifs établis à Paris en 1939 étaient originaires de Pologne.
Quand la guerre a éclaté, les hommes étaient prêts à défendre leur patrie d'adoption et c'est en très grand nombre qu'ils se sont précipités pour s'engager dans les régiments de volontaires étrangers. Mais à partir de 1940, ils ont subi le même sort que celui de tous les Juifs d'Europe.
Et en France, ils ont même été les premiers.

430

Moyshe un Yankl zaynen tsvey imigrantn fun Varshe. Zey kumen on in Pariz, oyf "gar de lest" in mitn zumer. Es iz a khmime un zey khaleshn nokh a trunk. Zey zetsn zikh in a kafe, nor Moyshe dayget :
– Mir kenen nisht keyn eyn vort frantseyzish ! Vi veln mir epes bashteln ?
– Makh zikh nisht keyn tsores, mir veln zikh an eytse gebn !
Punkt hert Yankl vi emetser bet : – "Garson, delo" !
Ruft er tsu dem kelner :
– Garson, de lu.
Moyshe heybt on trinken :
– Veyst vos Yankl, ven ikh volt nisht gevust az dos iz "de lu", volt ikh gemeynt az s'iz a prost bisl vaser !

משה און יאַנקל זײַנען צוויי אימיגראַנטן פֿון וואַרשע. זיי קומען אָן אין פּאַריז אויף „גאַר דע לעסט“ אין מיטן זומער. עס איז אַ חמימה און זיי חלשן נאָך אַ טרונק. זיי זעצן זיך אין אַ קאַפֿע, נאָר משה דאַגהט :
– מיר קענען נישט קיין איין וואָרט פֿראַנצייזיש ! ווי וועלן מיר עפּעס באַשטעלן ?
– מאַך זיך נישט קיין צרות, מיר וועלן זיך אַן עצה געבן !
פּונקט הערט יאַנקל ווי עמעצער בעט :
– „גאַרסאָן דע לאָ“.
רופֿט ער צו דעם קעלנער :
– גאַרסאָן, דע לו.
משה הייבט אָן טרינקען :
– ווייסט וואָס יאַנקל, ווען איך וואָלט נישט געוווּסט אַז דאָס איז „דע לו“, וואָלט איך געמיינט אַז ס'איז אַ פּראָסט ביסל וואַסער !

Moyshe et Yankl* viennent de Varsovie. Ils arrivent à Paris, gare de l'Est, en plein été. Il fait une chaleur torride et ils meurent de soif.*

Chapitre 20 | Kapitl 20 | קאַפּיטל 20
France | Frankraykh | פֿראַנקרײַך

Ils s'installent dans un café, mais Moyshe s'inquiète :
– On ne connait pas un seul mot de français ! Comment pourrons-nous commander quelque chose ?
– Ne t'inquiète pas, on se débrouillera !
Juste à ce moment, Yankl entend quelqu'un demander :
– « Garçon, de l'eau » !
Il appelle le serveur :
– Garçonne, dè lou.
Moyshe commence à boire :
– Tu sais quoi, Yankl, si je ne savais pas que ça, c'est « dè lou », j'aurais pensé que c'est tout simplement de la flotte !

431

A Yidene, a frish gekumene fun Varshe, kumt tsum oygn-dokter mit a yingl fun tsvelef yor.
– Ver darf tsu mir, ir oder dos kind ?
– Ikh, Dokter. Ober ikh hob im mitgenumen, vayl keyn frantseyzishe oysyes ken ikh nisht leyenen !

אַ ייִדענע, אַ פֿריש געקומענע פֿון וואַרשע, קומט צום אויגן-דאָקטער מיט אַ ייִנגל פֿון צוועלעף יאָר.
– ווער דאַרף צו מיר, איר אָדער דאָס קינד ?
– איך, דאָקטער. אָבער איך האָב אים מיטגענומען, ווײַל קיין פֿראַנצייזישע אותיות קען איך נישט לייענען !

Une immigrée récente de Varsovie arrive chez l'ophtalmologiste, avec un gamin de douze ans.
– Vous êtes là pour vous, ou pour l'enfant ?
– C'est pour moi, Docteur, mais je l'ai amené avec moi parce que les lettres françaises, moi je ne sais pas les lire !

432

In yor 1929 kumen on tsvey khelemer fun Poyln keyn Pariz.
Dray yor shpeter, trefn zey zikh oyf der gas :
– Nu Moyshe, vos hert zikh ? Vos makhstu itst ?
– Ikh arbet als preser bay Shnay-dermanen. Un du Yankl ?
– Ikh shrayb a bukh.

אין יאָר 1929 קומען אָן צוויי כעלעמער פֿון פּוילן קיין פּאַריז.
דרײַ יאָר שפּעטער, טרעפֿן זיי זיך אויף דער גאַס :
– נו משה, וואָס הערט זיך ? וואָס מאַכסטו איצט ?
– איך אַרבעט אַלס פּרעסער בײַ שנײַ-דערמאַנען. און דו יאַנקל ?
– איך שרײַב אַ בוך.

– A bukh ? Vos far a bukh ?
– A verterbukh oyf frantseyzish.
– A verterbukh ? Un oyf frantseyzish nokh ?... Bay velkhn os haltstu ?
– Bay dem os "pasekh-alef".
– Oy oy oy ! Du host nokh yene arbet ! Nu, zay mir gezunt !
Zeks yor shpeter, trefn zey zikh vider a mol :
– Oy, Yankl ! Nu, fun dayn verterbukh, hostu gehat parnose ?
– Es iz nisht geendikt.
– Vos ! Nokh nisht ? Un vu haltstu ?
– Bay dem os pasekh-alef. Ikh hob zikh nisht forgeshtelt az azoy fil verter heybn zikh on mit pasekh-alef :
"a lomp, a sha, a shez, a tabl..."

— אַ בוך ? וואָס פֿאַר אַ בוך ?
— אַ ווערטערבוך אויף פֿראַנצייזיש.
— אַ ווערטערבוך ? און אויף פֿראַנצייזיש נאָך ?... בײַ וועלכן אות האַלטסטו ?
— בײַ דעם אות „אַ“.
— אוי אוי אוי ! דו האָסט נאָך יענע אַר-בעט ! נו, זײַ מיר געזונט !
זעקס יאָר שפּעטער, טרעפֿן זיי זיך ווידער אַ מאָל :
— אוי, יאַנקל ! נו, פֿון דײַן ווערטערבוך, האָסטו געהאַט פּרנסה ?
— עס איז נישט געענדיקט.
— וואָס ! נאָך נישט ? און ווּ האַלטסטו ?
— בײַ דעם אות אַ. איך האָב זיך נישט פֿאָרגעשטעלט אַז אַזוי פֿיל ווערטער הייבן זיך אָן מיט אַ :
„אַ לאָמפּ, אַ שאַ, אַ שעז, אַ טאַבל...“

En 1929, deux khelemer arrivent de Pologne à Paris. Trois ans plus tard ils se rencontrent dans la rue :*
– Alors Moyshe, comment va, qu'est-ce que tu deviens ?
– Je suis « presseur » chez Schnayderman. Et toi Yankl ?*
– Moi, j'écris un livre.
– Un livre ? Quel genre de livre ?
– Un dictionnaire en français.
– Un dictionnaire ? Et en français, en plus ?... Tu en es à quelle lettre ?
– A la lettre « a ».
– Eh bien, tu as encore un sacré boulot ! Bon courage !
Six ans plus tard, ils se rencontrent à nouveau :
– Tiens, Yankl ! Alors ton dictionnaire, ça a été rentable ?
– Il n'est pas terminé !
– Quoi ? Encore pas ? Et où en es-tu ?
– A la lettre « a ». Je n'imaginais pas qu'il y avait tant de mots qui commencent par a : a-lampe, a-chat, a-chaise, a-table...

433

In yor 1934, kumt a Yid fun Varshe keyn Pariz, un er bakumt a dire oyf der gas “de Rozye” in mitn Pletsl[1].

In oygust 1939 brengt er a por shikh tsum shuster. Mit a por teg shpeter brekht oys di milkhome.

Vi di greste teyl fun di yidishe imigrantn, geyt er bald dinen in a polk fun frayvilike fremde. Er kemft in der gegnt “Arden” un vert a plenik in Daytshland. Er antloyft fun stalag, un er lebt iber di milkhome. In yor 1945, fort er zikh bazetsn in Amerike.

In yor 1969 kumt er als turist keyn Pariz, mit vayb un kinder. Avade nemt er zey mit oyfn Pletsl.

– Ot do, in dem dozikn altn un shmutsikn hoyz, hob ikh gevoynt... Do, iz geshtanen a bekeray, dortn a yatke... Oy ! Se shteyt nokh alts dem shusters kreml !

Zey geyen arayn un der shuster nemt zey oyf, an alter Yid, in gantsn ayn-geboygn un tsekneysht, mit a bloen numer oyfn orem...

– S’iz nisht tsu gleybn, ikh darken aykh ! Mit punkt draysik yor tsurik, hob ikh aykh gebrengt a por shikh. Fun tsvey kolirn zenen zey geven, shvarts un bezh.

On a vort geyt der shuster arayn in der hintershtub, un er kumt tsurik mit di shikh :

– Dinstik in der fri, vet gut zayn ?

[1] Dos “Pletsl” iz geven eyne fun di yidishe gegntn in Pariz, arum dem kleynem plats bay der metro-stantsye “Saint-Paul”.

אין יאָר 1934, קומט אַ ייִד פֿון וואַרשע קיין פּאַריז, און ער באַקומט אַ דירה אויף דער גאַס „דע ראָזיע“ אין מיטן פּלעצל[1].

אין אויגוסט 1939 ברענגט ער אַ פּאָר שיך צום שוסטער. מיט אַ פּאָר טעג שפּעטער ברעכט אויס די מלחמה.

ווי די גרעסטע טייל פֿון די ייִדישע אימיגראַנטן, גייט ער באַלד דינען אין אַ פּאָלק פֿון פֿרײַוויליקע פֿרעמדע. ער קעמפֿט אין דער געגנט „אַרדען“ און ווערט אַ פּלעניק אין דײַטשלאַנד. ער אַנטלויפֿט פֿון סטאַלאַג, און ער לעבט איבער די מלחמה. אין יאָר 1945, פֿאָרט ער זיך באַזעצן אין אַמעריקע.

אין יאָר 1969 קומט ער אַלס טוריסט קיין פּאַריז, מיט ווײַב און קינדער. אוודאי נעמט ער זיי מיט אויפֿן „פּלעצל“.

– אָט דאָ, אין דעם דאָזיקן אַלטן און שמוציקן הויז, האָב איך געוווינט... דאָ איז געשטאַנען אַ בעקערײַ, דאָרטן אַ יאַטקע... אוי ! סע שטייט נאָך אַלץ דעם שוסטערס קרעמל !

זיי גייען אַרײַן און דער שוסטער נעמט זיי אויף, אַן אַלטער ייִד, אין גאַנצן אײַנגעבויגן און צעקניישט, מיט אַ בלאָען נומער אויפֿן אָרעם...

– ס׳איז נישט צו גלייבן, איך דערקען אײַך ! מיט פּונקט דרײַסיק יאָר צוריק, האָב איך אײַך געברענגט אַ פּאָר שיך. פֿון צוויי קאָלירן זענען זיי געווען, שוואַרץ און בעזש.

אָן אַ וואָרט גייט דער שוסטער אַרײַן אין דער הינטערשטוב און ער קומט צוריק מיט די שיך :

– דינסטיק אין דער פֿרי, וועט גוט זײַן ?

[1] דאָס „פּלעצל“ איז געווען איינע פֿון די ייִדישע געגנטן אין פּאַריז, אַרום דעם קליינעם פּלאַץ בײַ דער מעטראָ-סטאַנציע „סאַן-פּאָל“.

Chapitre 20 | Kapitl 20 | קאַפּיטל 20
France | Frankraykh | פֿראַנקרײַך

En 1934, un Juif quitte Varsovie pour Paris et trouve un logement dans la rue des Rosiers, en plein cœur du «Pletsl»*[1]
En août 1939, il apporte une paire de chaussures chez le cordonnier du coin. Quelques jours plus tard, la guerre éclate. Comme la plupart des immigrés juifs, il va aussitôt s'engager dans une unité de volontaires étrangers.
Il combat dans les Ardennes et il est fait prisonnier en Allemagne. Il s'évade du stalag et il survit à la guerre. En 1945, il part refaire sa vie en Amérique.
En 1969, il revient à Paris en touriste, avec sa femme et ses enfants.
Bien entendu, il les emmène voir le Pletsl :
– C'est juste là, dans ce vieil immeuble crasseux que j'habitais... Ici, il y avait une boulangerie et là, une boucherie. Oy ! La boutique du cordonnier, elle est toujours là !
Ils entrent et le cordonnier les accueille. C'est un vieux Juif tout courbé et ridé, avec un numéro bleu tatoué sur l'avant-bras...*
– C'est incroyable ! Je vous reconnais ! Il y a juste 30 ans, je vous ai apporté une paire de chaussures. Elles étaient bicolores, noires et beiges.
Sans un mot, le cordonnier va dans l'arrière-boutique et revient avec les chaussures :
– Mardi matin, ça ira ?

[1] *Le «Pletsl» était le quartier juif autour de la « petite place » du Métro Saint-Paul, et la rue des Rosiers en était l'axe.*

434

Etlekhe dermonungen fun Zhaklins yidishe mame, mit a modne loshn :
– Zeldale, ayder di gayst in "ekol = shule", zolst nisht fargesn dayn "ketror = tsubays". In "makh atentsye = gib akhtik", loyf nisht in di "skalye = trep", di kenst "aruptombirn = aropfaln".
– Ti un dayn "kashne, kashkol = tu on dayn shalekhl", zolst khulile nisht khapn kayn "rim = kater". Nem a "spirin = an aspirin" mit dayn "tizan = kraytekhtser-tey".
– "Ti fu represey dayn zhip = du darfst oyspresn dayn kleydl".

עטלעכע דערמאָנונגען פֿון זשאַקלינס ייִדישע מאַמע, מיט אַ מאָדנע לשון :
– זעלדאַלע, אײדער דו גייסט אין „עקאָל = שולע“, זאָלסט נישט פֿאַרגעסן דײַן „קעטראָר = צובײַס“.
און „מאַך אַטענציע = גיב אַכטיק“, לויף נישט אין די „סקאַליע = טרעפּ“, דו קענסט „אַרופּטאָמבירן = אַראָפּפֿאַלן“.
– טי און דײַן „קאַשנע, קאַשקאָל = טו אָן דײַן שאַלעכל“, זאָלסט חלילה נישט כאַפּן קיין „רים = קאַטער“. נעם אַ „ספּירין = אַן אַספּירין“, מיט דײַן „טיזאַן = קרײַ-טעכצער-טיי“.
– „טי פֿו רעפּרעסיי דײַן זשיפּ = דו דאַרפֿסט אויספּרעסן דײַן קליידל“.

Chapitre 20 Kapitl 20 קאַפּיטל 20
France Frankraykh פֿראַנקרײַך

– Ikh makh mir a “zh’mo fu = es art mikh nisht”.

– “On va vura ! = me vet shoyn zen !” ; “Ti va vura, pitit vayu = vart, lobus *voyou*” (mitn zelbn vort “vayu », hot zi oykh gemeynt : kern *noyau*, azoy az undzere kinder flegn makhn khoyzek !)

– “Du son = tsvey hundert” ; an emesdiker anekdot : nokh der milkhome, hot men nokh gehat kartes mit biletn tsu koyfn shpayz. Di mame geyt tsum beker mit a gantse zhmenye kleyninke biletn. Zi bet “du son” gram broyt, krigt zi a kilo tsvey hundert gram (1200 gr) : der beker hot farshtanen (oder er hot gemakht an onshtel) “duz son = tsvelef hundert”...

Andere geshmake farkrimungen.
Nokh a kleynem emesdikn anekdot :
A shnayder zogt tsu a koyne :

– “I fu vu abiye kom a fu” (il faut vous habiller comme un fou) = ir muzt zikh onton vi a meshugener.
Hot er ober gemeynt :
“comme il faut = vi geher tsu zayn”...

– “Bulva Shabestepl = boulevard Sebastopol”.

– “Metro Strasbu-Deniz = Strasbourg Saint-Denis”. “Fun San-Pol biz Chatu Vantsen = Saint-Paul - Château de Vincennes”, fort men “drekt *direct* = glaykh vegs” ; nor keyn “Por Dorey = Porte Dorée” muz men “shanzhirn = toyshn” in “Roy yididro = Reuilly-Diderot”.

– “Ri Blon-Mantl = (gas) rue des Blancs-Manteaux”.

– “Lospitl ri Labozièr (fun gas labozier) = l’hôpital Lariboisière”.

– „איך מאַך מיר אַ זשמאָ פֿו = עס אַרט מיך נישט“.

– „אָן וואַ ווּראַ = מע וועט שוין זען“ ; „טי וואַ ווּראַ פּיטיט ווײַיו = וואַרט לאָבוס“. (מיטן זעלבן וואָרט „ווײַיו“, האָט זי אויך געמיינט אַ קערן, אַזוי אַז אונדזערע קינדער פֿלעגן מאַכן חוזק !)

– „דו סאָן = צוויי הונדערט“ ; אַן אמתדיקער אַנעקדאָט : נאָך דער מלחמה, האָט מען נאָך געהאַט קאַרטעס מיט בילעטן צו קויפֿן שפּײַז. די מאַמע גייט צום בעקער מיט אַ גאַנצער זשמעניע קליינינקע בילעטן. זי בעט „דו סאָן“ גראַם ברויט, קריגט זי אַ קילאָ צוויי הונדערט גראַם (1200 גר) : דער בעקער האָט פֿאַרשטאַנען (אָדער ער האָט געמאַכט אַן אָנשטעל) „דוז סאָן = צוועלעף הונדערט“...

אַנדערע געשמאַקע פֿאַרקרימונגען.
נאָך אַ קליינעם אמתדיקן אַנעקדאָט :
אַ שנײַדער זאָגט צו אַ קונה :

– „אי פֿו ווּ זאַבִייע קאָם אַ פֿו = איר מוזט זיך אונטאָן ווי אַ משוגנער“.
האָט ער אָבער געמיינט :
„קאָם איל פֿאָ = ווי געהער צו זײַן“...

– „בולוואַ שאַבעסטעפּל = בולוואַר סעבאַסטאָפּאָל“.

– מעטראָ „סטראַסבו-דעניז = סטראַסבור סאַן דעני“. „פֿון סאַן-פּאָל ביז שאַטו וואַנצען“ פֿאָרט מען „דרעקט = גלײַך וועגס“ ; נאָר קיין „פּאָר דאָריי“, מוז מען „שאַנזשירן = טוישן“, אין „רוי יִדידראָ = רייִדידראָ“.

– „רי בלאָן-מאַנטל = גאַס דע בלאַן-מאַנטאָ“.

– „לאָספּיטל רילאַבאָזיער (פֿון גאַס לאַבאָזיער) = שפּיטאָל לאַריבואַזיער“.

Chapitre 20	Kapitl 20	20 קאַפּיטל
France	Frankraykh	פֿראַנקרײַך

Quelques souvenirs de la « yiddishe mame » de Jacqueline, dans un langage étrange :
− *Zeldale*, ayder di geyst in "ekol", zolst nisht fargesn dayn "ketror" (tsoubays). In makh "atentsye, loyf nisht in di "skalye", di kenst "arouptombirn." *Avant d'aller à l'école, n'oublie pas ton quatre heures (le goûter). Et fais attention, ne cours pas dans les escaliers, tu pourrais tomber !*
− Ti oun dayn "kashne, kashkol", (shalekhl) zolst khoulile nisht khapn kayn "rim" : *mets ton cache-nez, cache-col, que tu n'attrapes pas un rhume.* Nem a "spirin" mit dayn "tizan" (kraytekhtser-tey) : *prends une aspirine avec ta tisane.*
− "Ti fou represey dayn zhip" : *il faut que tu repasses ta jupe.*
− Ikh makh mir a "zh'mo fou" : *je m'en fous (ça m'est égal).*
− *On* "va voura" : *on verra bien ;* "ti va voura, pitit vayou" : *tu vas voir, petit voyou. (Mais* "vayou" *signifiait aussi dans sa bouche noyau de fruit, et nos enfants s'en moquaient : tu vas voir, petit noyau ; attention, n'avale pas le voyou !)*
− "Dou son : *deux cents" ; une anecdote véridique : après la guerre, quand il y avait encore les cartes d'alimentation, ma mère va chez le boulanger avec une poignée de toutes petites coupures et demande* "dou son gram dè pain" *et elle repart avec... un kilo deux cents : le boulanger a compris (ou fait semblant de comprendre) douze cents grammes.*

Autres déformations savoureuses des immigrés d'Europe de l'est :
Seconde petite anecdote véridique. Un tailleur dit ainsi à un client :
− *il faut vous habiller* "kom a fou" = *comme un fou, mais en fait, il voulait dire "comme il faut" ...*
− "Boulva Shabes tepl" *pour Boulevard Sébastopol.*
− "Mètro Strasbu-Deniz" *pour la station de métro Strasbourg Saint-Denis.*
"San-Pol - Shatou Vantsen", s'iz "drekt" ; nor kayn "Por Dorèy" miz men "shanzhirn in Roy yididro". *De Saint-Paul à Château de Vincennes, c'est direct. Pour aller à Porte Dorée, il faut changer à Reuilly-Diderot.*
− "Ri de Blon-Mantl" *pour rue des Blancs-Manteaux.*
− "Lospitl Rilabozyèr" *(= hopital de la rue Labozyer) pour l'hôpital Lariboisière.*

Chapitre 20 — Kapitl 20 — קאַפּיטל 20
France — Frankraykh — פֿראַנקרײַך

435

– Halo, lospitl ri labozyer ?
– Yo, do iz der shpitol Laribouazyer.
– Ikh vil redn mit der hoypt-shvester fun profesor Akerman.
Nokh a vayle :
– Halo, do redt di hoypt-shvester fun profesor Akerman.
– Gut ! Ikh volt gevolt hobn nayes fun froy Feyglboym, Sure Feyglboym, tsimer akht un zekhtsik.
– Yo, froy Fezhelboam. S'iz ir gants gut. Morgn vet zi aroysgeyn fun shpitol. Ver redt ?
– Oy, ikh bin take Sure Feyglboym. Antshuldikt vos ikh kling aykh, ober mir zogn di doktorim keyn mol gornisht !

– האַלאָ, לאָספּיטל רילאַבאָזיער ?
– יאָ, דאָ איז דער שפּיטאָל לאַריבואַזיער.
– איך וויל רעדן מיט דער הויפּט־שוועסטער פֿון פּראָפֿעסאָר אַקערמאַן.
נאָך אַ ווײַלע :
– האַלאָ, דאָ רעדט די הויפּט־שוועסטער פֿון פּראָפֿעסאָר אַקערמאַן.
– גוט ! איך וואָלט געוואָלט האָבן נײַעס פֿון פֿרוי פֿייגלבוים, שׂרה פֿייגלבוים, צימער אַכט און זעכציק.
– יאָ, פֿרוי „פֿעזשעלבאָאַם“, ס׳איז איר גאַנץ גוט. מאָרגן וועט זי אַרויסגיין פֿון שפּיטאָל. ווער רעדט ?
– אוי, איך בין טאַקע שׂרה פֿייגלבוים. אַנטשולדיקט וואָס איך קלינג אײַך, אָבער מיר זאָגן די דאָקטוירים קיין מאָל גאָרנישט !

– Allo, l'hôpital Rilabozière ?
– Oui, ici l'hôpital Lariboisière.
– Je voudrais parler à la surveillante du professeur Ackerman.
Après quelques instants :
– Allo, ici la surveillante du professeur Ackerman.
– Ah ! Je voudrais avoir des nouvelles de madame Feygelboym, Sarah Feygelboym, « chombre svassonte-vite ».
– Oui, madame Féjelboime, chambre soixante-huit. Elle va très bien. Elle est d'ailleurs sortante demain. De la part de qui ?
– Justement, je suis madame Feygelboym... Excusez-moi si je vous téléphone, mais à moi, les médecins ne disent jamais rien !

צוויי אמתדיקע מעשׂיות.

Tsvey emesdike mayses.

Deux histoires véridiques.

Chapitre 20 Kapitl 20 קאַפּיטל 20
France Frankraykh פֿראַנקרייך

436

Rivke horkht oyfn radyo an emisye oyf frantseyzish, vegn dem visnshaftler Pier Zholyo-Kuri.
Di mame farshteyt kimat gornisht un ven di emisye endikt zikh, fregt zi di tokhter :
– Vos iz der shaykhes tsvishn zeyf [1] un Zholyo-Kuri ?

[1] a visnshaftler iz oyf frantseyzish a savan ; mitn yidishn aksent, vert es "savon = zeyf"...

רבֿקה האָרכט אויפֿן ראַדיאָ אַן עמיסיע אויף פֿראַנצייזיש, וועגן דעם וויסנשאַפֿ-טלער פּיער זשאָליאָ-קורי.
די מאַמע פֿאַרשטייט כמעט גאָרנישט, און ווען די עמיסיע ענדיקט זיך, פֿרעגט זי די טאָכטער :
— וואָס איז דער שייַכות צווישן זייף[1] און זשאָליאָ-קורי ?

[1] אַ וויסנשאַפֿטלער איז אויף פֿראַנצייזיש אַ „סאַוואַן“ ; מיטן ייִדישן אַקסענט ווערט עס „סאַוואָן“ = זייף.

Rivka écoute avec attention à la « TSF[1] », une émission sur le savant Pierre Joliot-Curie.
Sa mère, qui parle mal le français, ne comprend pas grand-chose. Quand l'émission est terminée, elle demande à sa fille :
– Quel est le rapport entre du savon[2] et Joliot-Curie ?

[1] TSF = Transmission Sans Fil : le poste de TSF est l'ancêtre du poste de radio.
[2] Confusion entre savon et savant, lequel se prononce « savon », avec l'accent yiddish.

437

Sure klingt tsu ir zun :
– Halo Shmuel, her zikh tsu a modne mayse : emetser hot geklungen tsu mir. Er hot gezogt az er hot dem zelbn nomen un az er hot mikh gefunen in telefon-bukh. Shoyn a sheyne por yorn, hot er mir dertseylt, arbet er oyf a boym ! Du farshteyst epes ?
Arbetn yorn lang oyf a boym ! A boym, a shboym ! Vos hot er gevolt fun mir ? Er hot mir gebetn a randevu, ober ikh vil zikh nisht trefn mit aza meshugenem !

...A sheyne mayse mit a yikhes-briv[1] !

[1] Far yikhes-briv, zogt men oyf frantseyzish : "genealogisher boym"

שׂרה קלינגט צו איר זון :
— האַלאָ שמואל, הער זיך צו אַ מאָדנע מעשׂה : עמעצער האָט געקלונגען צו מיר. ער האָט געזאָגט אַז ער האָט דעם זעלבן נאָמען און אַז ער האָט מיך געפֿונען אין טעלעפֿאָן-בוך. שוין אַ שיינע פּאָר יאָרן, האָט ער מיר דערציילט, אַרבעט ער אויף אַ בוים ! דו פֿאַרשטייסט עפּעס ?
אַרבעטן יאָרן לאַנג אויף אַ בוים ! אַ בוים, אַ שבוים ! וואָס האָט ער געוואָלט פֿון מיר ? ער האָט מיר געבעטן אַ ראַנדעוווּ, אָבער איך וויל זיך נישט טרעפֿן מיט אַזאַ משוגענעם !

... אַ שיינע מעשׂה מיט אַ ייִחוס-בריוו[1] !

[1] פֿאַר ייִחוס-בריוו, זאָגט מען אויף פֿראַנצייזיש : „גענעאַלאָגישער בוים“.

Chapitre 20	Kapitl 20	קאַפּיטל 20
France	Frankraykh	פֿראַנקרײַך

Sarah téléphone à son fils :
– Allo Samuel, écoute bien cette drôle d'histoire : quelqu'un m'a appelée. Il a dit qu'il porte le même nom que nous et qu'il m'a trouvée dans l'annuaire. Depuis plusieurs années déjà, m'a-t'il raconté, il travaille sur un arbre ! Tu y comprends quelque chose, toi ? Un arbre, un shmarbre ! Travailler des années sur un arbre ! Qu'est-ce qu'il voulait de moi ? Il souhaitait un rendez-vous, mais moi je ne veux pas rencontrer un fou pareil !

… Jolie histoire d'arbre généalogique[1] *!*

[1] *En yiddish, le mot « arbre » n'apparaît pas : la traduction littérale de yikhes-briv serait « lettre d'ascendance ».*

דער דראַמאַטורג טריסטאַן בערנאַר איז נישט געווען קיין אימיגראַנט, נאָר אַ פֿראַנצײַזישער
„ישׂראליט". געבוירן איז ער אין מיזרח-פֿראַנקרײַך.
ער האָט אַ שם פֿאַר זײַנע שאַרפֿזיניקע זאָגן. למשל די צוויי מעשׂיות :

Der dramaturg Tristan Bernar iz nisht geven keyn imigrant, nor a frantseyzisher "Izraelit". Geboyrn iz er in mizrekh-Frankraykh.
Er hot a shem far zayne sharfzinike zogn. Lemoshl di tsvey mayses :

L'auteur dramatique Tristan Bernard, lui, n'était pas un immigré, mais un « Israélite » français, né dans l'est de la France.
Il est connu pour ses traits d'esprit. Ainsi, les deux histoires suivantes :

438

A baarbete parodye fun antisemitizm :	: אַ באַאַרבעטע פּאַראָדיע פֿון אַנטיסעמיטיזם
In a groysn hotel in Pariz, ruft men oyf di gest :	אין אַ גרויסן האָטעל אין פּאַריז, רופֿט מען אויף די געסט :
– Her un Froy Moyshe Blum…	...הער און פֿרוי משה בלום
Her un Froy Berl Bernsteyn…	...הער און פֿרוי בערל בערנסטיין
Her un Froy Shepsl Finklsteyn…	...הער און פֿרוי שעפּסל פֿינקלשטיין
Her un Froy Kristof Ramo…	...הער און פֿרוי קריסטאָף ראַמאָ
Murmlt eyner :	: מורמלט איינער
– Iberal zenen zey do !	! איבעראַל זענען זיי דאָ –

Chapitre 20 Kapitl 20 קאַפּיטל 20
France Frankraykh פֿראַנקרײַך

Une parodie de l'antisémitisme, adaptée :

Dans un grand hôtel, on annonce les invités :
– Monsieur et Madame Moyshe Blum…
Monsieur et Madame Berl Bernstein…
Monsieur et Madame Shepsl Finkelstein…
Monsieur et Madame Christophe Rameau…
On entend quelqu'un murmurer :
– Ils sont partout !

439

Ven di rasn-oblaves oyf Yidn hobn zikh ongehoybn in 1941, hot Tristan Bernar gezogt :
– Ikh bin eyner fun dem "oysderveyltn" folk, ober dervayl… halt men nokh in shtimen…

Un ven er iz ongekumen in Drancy[1] mit zayn vayb :
– Biz haynt hobn mir gelebt mit pakhed… itst veln mir lebn mit hofenung.

[1] Drancy, lebn Pariz, iz geven an internirung-lager far Yidn, eyder m'hot zey farshikt in banen in di fartilikung-lagern, der hoypt "Oysshvits-Birkenao".

ווען די ראַסן-אָבלאַוועס אויף ייִדן האָבן זיך אָנגעהויבן אין 1941, האָט טריסטאַן בער-נאַר געזאָגט :
– איך בין איינער פֿון דעם „אויסדער-ווײלטן“ פֿאָלק, אָבער דערווײַל… האַלט מען נאָך אין שטימען…

און ווען ער איז אָנגעקומען אין דראַנסי[1] מיט זײַן ווײַב :
– ביז הײַנט האָבן מיר געלעבט מיט פּחד… איצט וועלן מיר לעבן מיט האָפֿענונג !

[1] דראַנסי, לעבן פּאַריז, איז געווען אַן אינטערנירונג-לאַגער פֿאַר ייִדן, איידער מ׳האָט זיי פֿאַרשיקט אין באַנען אין די פֿאַרטיליקונג-לאַגערן, דער הויפּט „אוישוויץ-בירקענאַאָ“.

Lors des premières rafles raciales de Juifs en 1941, Tristan Bernard a dit :
– J'appartiens à la race élue… pour le moment en ballotage…

Et lorsqu'il est arrivé à Drancy[1] avec sa femme :
– Jusqu'à présent nous vivions dans l'angoisse, maintenant nous vivrons dans l'espérance !

[1] Drancy, dans la banlieue parisienne, était un camp d'internement, où les Juifs, « ramassés » au cours des rafles, étaient rassemblés avant d'être entassés dans les nombreux convois ferroviaires vers les camps de la mort, principalement vers Auschwitz-Birkenau.

פֿאַראייניקטע שטאַטן

FAREYNIKTE SHTATN

ÉTATS-UNIS

נאָך 1880 קומען אָן צוויי-דרײַ מיליאָן ייִדן פֿון מיזרח-אייראָפּע קיין אַמעריקע[1],
דעם „גאָלדענעם לאַנד“. אין עליס אײַלאַנד סאָרטירט מען, פֿון 1882 ביז 1924, אַלע
קאַנדידאַטן אויף אימיגראַציע אין די פֿאַראייניקטע שטאַטן.
דער גרעסטער טייל ייִדן באַזעצט זיך אין ניו-יאָרק,
אין דעם „לאָווער איסט סײַד“[2], אין ברוקלין און אין די בראָנקס.
דאָס לעבן איז זייער שווערר, און אַ סך פֿון זיי מאַטערן זיך אין די קאָנפֿעקסיע-וואַרשטאַטן[3].
אַזעלכע, וואָס זײַנען שוין געווען סאָציאַליסטישע טוערס אין דער אַלטער היים,
שפּילן אָפּט אַן אָנפֿירנדיקע ראָלע אין סינדיקאַטן.
די ייִדישע אימיגראַנטן רעדן ייִדיש, נאָר ענגליש איז נייטיק צוצוקומען צו געוויסע
בראַנדזשעס. אין דער אַרטיסטישער סבֿיבֿה, צייכענען זיך ייִדן אויס,
ספּעציעל וואָס שייך קינאָ אין האָליוווּד און טעאַטער אין בראָדוויי.

(1) נישט בלויז די פֿאַראייניקטע שטאַטן, נאָר אויך קאַנאַדע און די דרום–אַמעריקאַנער לענדער : אַרגענטינע, בראַזיל, טשילי, אורוגוואײַ, מעקסיקע, ווענעזועלע...

(2) איבער הויפּט „העסטער סטריט“.

(3) אין דעם ליד „די גרינע קוזינע“, איז זי מלא-חן ווען זי קומט אָן, נאָר נישט לאַנג שפּעטער ווערט זי דערמאַטערט און זי פֿאַרלירט אירע רויטע בעקעלעך צוזאַמען מיט די האָפֿענונגען...

Nokh 1880, kumen on tsvey-dray milyon Yidn fun mizrekh-Eyrope keyn Amerike[1], dem “goldenem land”. In Elis Ayland sortirt men, fun 1882 biz 1924, ale kandidatn oyf imigratsye in di Fareynikte Shtatn.
Der grester teyl Yidn bazetst zikh in Nyu-York,
in dem “Lover Ist Sayd[2] ”, in Bruklin un in di Bronks.
Dos lebn iz zeyer shver, un a sakh fun zey matern zikh in di konfektsye-varshtatn[3]. Azelkhe, vos zaynen shoyn geven sotsyalistishe tuers in der alter heym, shpiln oft an onfirndike role in sindikatn.
Di yidishe imigrantn redn yidish, nor english iz neytik tsutsukumen tsu gevise brandzhes. In der artistisher svive tseykhenen zikh Yidn oys, spetsyel vos shayekh kino in Holivud un teater in Brodvey.

(1)ךNisht bloyz di Fareynikte Shtatn, nor oykh Kanade un di dorem-amerikaner lender : Argentine, Brazil, Tshili, Urugvay, Meksike, Venezuele...

Chapitre 21 Kapitl 21 קאַפּיטל 21
Etats-Unis Fareynikte Shtatn פֿאַראייניקטע שטאַטן

(2) Iber hoypt "Hester Strit".
(3) In dem lid "Di grine kuzine", iz zi mole-kheyn ven zi kumt on, nor nisht lang shpeter vert zi dermatert un zi farlirt ire royte bekelekh, tsuzamen mit di hofenungen…

A partir de 1880, deux à trois millions de Juifs venus d'Europe de l'est, se réfugient en Amérique(1), « le pays d'or ».
A Ellis Island, de 1882 à sa fermeture en 1924, tous les candidats à l'immigration aux Etats-Unis sont filtrés.
La plupart des Juifs se regroupent à New-York, dans le « Lower East Side »(2), à Brooklyn et dans le Bronx.
La vie s'avère difficile, et beaucoup d'entre eux s'éreintent dans les ateliers de confection(3). Certains, qui étaient déjà militants socialistes dans leur pays d'origine, se retrouvent ici à la tête du syndicalisme.
Ils s'expriment en yiddish, mais l'anglais s'impose pour accéder à certains secteurs professionnels. Dans le domaine artistique ils excellent, notamment dans le cinéma à Hollywood et le théâtre à Broadway.

(1) *Pas seulement les Etats-Unis, mais aussi le Canada et les pays d'Amérique du Sud : Argentine, Brésil, Chili, Uruguay, Mexique, Vénézuela...*
(2) *Notamment dans Hester Street.*
(3) *Dans la chanson « Di grine kuzine » : pleine de charme à son arrivée, elle s'épuise très vite et perd ses belles joues rouges en même temps que ses illusions...*

אימאיגראַנטן מעשׂיות.

Imigrantn mayses.

Histoires d'immigrés.

440

In Elis Ayland, shteyt Moyshe Raymanovzteyn in a langer rey imigrantn.
Eyner git im an eytse er zol zogn dem baamtn a nomen vos klingt amerikanish : "Ted Smis" tsum bay-shpil.
Halt Moyshe in eyn iberkhazern :
"Ted Smis, Ted Smis"...
Nor ven es kumt zayn tshere, gedenkt er shoyn nisht ! Lozt er aroys :

אין עליס אײַלאַנד, שטייט משה רײַמאַנאָװשטיין אין אַ לאַנגער ריי אימיגראַנטן.
איינער גיט אים אַן עצה ער זאָל זאָגן דעם באַאַמטן אַ נאָמען װאָס קלינגט אַמעריקאַניש : „טעד סמיס“ צום בײַשפּיל.
האַלט משה אין איין איבערחזרן :
„טעד סמיס, טעד סמיס“...
נאָר װען עס קומט זײַן טשערע, געדענקט ער שוין נישט ! לאָזט ער אַרויס :

| *Chapitre 21* | Kapitl 21 | קאַפּיטל 21 |
| *Etats-Unis* | Fareynikte Shtatn | פֿאַראייניקטע שטאַטן |

— "Shoyn fargesn".　　　　　　　　　　　　　　　— ,,שוין פֿאַרגעסן''.
Shraybt der baamter :　　　　　　　　　　　　　שרײַבט דער באַאַמטער :
"John Ferguson"…　　　　　　　　　　　　　　,,זשאָן פֿערגוסאָן''…

A Ellis Island, Moyshe* Rajmanovztejn se tient dans une longue queue d'immigrants. Quelqu'un lui conseille de donner à l'employé un nom qui sonne américain et lui suggère par exemple « Ted Smith ».
Moyshe se répète encore et encore « Ted Smith, Ted Smith », mais quand arrive son tour, il ne sait plus.
Il laisse échapper :
— « Shoyn fargesn ! », ce qui en yiddish signifie « Ça y est, j'ai oublié ! ».
Si bien que l'employé inscrit : « John Ferguson ».

441

An amerikaner Yid farshteyt nisht vi kumt es az zayn shokhn, a Khinezer, hot a yidishn nomen.
— Ikh vel aykh gebn tsu farshteyn : ven ikh bin ongekumen in Elis Ayland, bin ikh geshtanen in der rey hinter eynem vos hot geheysn Feyglboym. Ven der baamter hot mikh gefregt mayn nomen, hob ikh geentfert "Tsen Sing". Ober er hot farshtanen "same thing"[1], hot er geshribn Feyglboym !

[1] Oyf english, meynt "same thing" : di zelbe zakh.

אַן אַמעריקאַנער ייִד פֿאַרשטייט נישט ווי קומט עס אַז זײַן שכן, אַ כינעזער, האָט אַ ייִדישן נאָמען.
— איך וועל אײַך געבן צו פֿאַרשטיין : ווען איך בין אָנגעקומען אין עליס אײַלאַנד, בין איך געשטאַנען אין דער ריי הינטער איינעם וואָס האָט געהייסן פֿייגלבוים. ווען דער באַאַמטער האָט מיך געפֿרעגט מײַן נאָמען, האָב איך געענטפֿערט ,,צען סינג''. אָבער ער האָט פֿאַרשטאַנען ,,סעם סינג''[1], האָט ער געשריבן פֿייגלבוים !

[1] אויף ענגליש מיינט ,,same thing'' : די זעלבע זאַך.

Un Juif américain s'étonne de ce que son voisin, un Chinois, porte un nom juif.
— Je vais vous expliquer : quand je suis arrivé à Ellis Island, j'étais dans la file, derrière quelqu'un qui s'appelait Feygelboym. Lorsque l'employé m'a demandé mon nom, j'ai répondu « Tsen Sing ».
Mais lui, il a compris « same thing »[1] et il a inscrit « Feygelboym ».

[1] *« Same thing », en anglais, signifie : la même chose.*

Chapitre 21 Kapitl 21 21 קאַפּיטל
Etats-Unis Fareynikte Shtatn פֿאַראייניקטע שטאַטן

442

In a kafe in Nyu-York, zitst a neger un leyent a yidishe tsaytung. Kumt tsu a Yid, a frisher imigrant :
– Oykh a Yid zent ir ?
– Nor dos volt mir gefelt !

אין אַ קאַפֿע אין ניו-יאָרק, זיצט אַ נעגער און לייענט אַ ייִדישע צײַטונג. קומט צו אַ ייִד, אַ פֿרישער אימיגראַנט :
– אויך אַ ייִד זענט איר ?
– נאָר דאָס וואָלט מיר געפֿעלט !

Dans un café à New-York, un Noir est assis et lit un journal en yiddish. Un Juif récemment immigré s'approche :
– En plus, vous êtes juif ?
– Il manquerait plus que ça !

443

A frumer Yid, ersht gekumen fun Varshe, derzet shabes in a park in Nyu-York, eynem vos zitst un reykhert a tsigar. Un dokh leyent er a yidishe tsaytung...
– Sara goldn land ! Afile di goyim leyenen yidishe tsaytungen !

אַ פֿרומער ייִד, ערשט געקומען פֿון וואַרשע, דערזעט שבת אין אַ פּאַרק אין ניו-יאָרק, איינעם וואָס זיצט און רייכערט אַ ציגאַר. און דאָך לייענט ער אַ ייִדישע צײַטונג...
– סאַראַ גאָלדן לאַנד ! אַפֿילו די גויִים לייענען ייִדישע צײַטונגען !

Un Juif pieux, qui vient de débarquer de Varsovie, remarque un samedi dans un parc à New-York, un homme assis sur un banc qui fume un cigare. Et pourtant, il lit un journal yiddish...
– Quel pays merveilleux ! Même les non-Juifs lisent des journaux yiddish !

444

A nayer imigrant vil zikh koyfn a gevelb in Nyu-York. Ober, in velkher bank er zol nisht onkumen nokh a halvoe, bakumt er dem zelbn entfer :
– S'iz nisht meglekh, vayl ir zent nisht bakant !
Klogt er zikh :

אַ נײַער אימיגראַנט וויל זיך קויפֿן אַ געוועלב אין ניו-יאָרק. אָבער, אין וועלכער באַנק ער זאָל נישט אָנקומען נאָך אַ הלוואה, באַקומט ער דעם זעלבן ענטפֿער :
– ס'איז נישט מעגלעך, ווײַל איר זענט נישט באַקאַנט !
קלאָגט ער זיך :

Chapitre 21 Kapitl 21 קאַפּיטל 21
Etats-Unis Fareynikte Shtatn פֿאַראייניקטע שטאַטן

– Zet nor vos far a modne velt ! Do, vil men mir nisht borgn vayl ikh bin nisht bakant. Un in Poyln, hot men mir oykh nisht gevolt borgn vayl... ikh bin geven tsu fil bakant !

– זעט נאָר וואָס פֿאַר אַ מאָדנע וועלט ! דאָ, וויל מען מיר נישט באָרגן ווײַל איך בין נישט באַקאַנט. און אין פּוילן, האָט מען מיר אויך נישט געוואָלט באָרגן ווײַל... איך בין געווען צו פֿיל באַקאַנט !

Un nouvel immigré veut s'acheter une boutique à New-York. Mais aucune banque n'accepte de lui accorder un prêt. On lui répond chaque fois :
– Ce n'est pas possible, parce que vous n'êtes pas connu !
Alors il s'énerve :
– Regardez-moi ça, ce drôle de monde ! Ici, on ne veut pas me prêter d'argent parce que je ne suis pas connu. Et en Pologne, on ne voulait pas non plus me prêter d'argent, parce que... j'étais trop connu !

445

In di yorn nayntsn hundert un tsvantsik, kumt a "Grine", a poylish meydl, tsu forn keyn Amerike, dem "goldenem land". Zi bazetst zikh glaykh in dem "Lover Ist Sayd". Tsvey yor shpeter kumt on der bruder, an oysgehungerter. Zi brengt im a teler lokshn mit yoykh, un zi vil hern nayes fun shtetl :
– Vos hert zikh mit Moyshelen ?
– Geshtorbn.
– Moyshele ? Aza fester yat ! Un Mirele, mayn beste frayndine ?
– Geshtorbn.
Zi brengt fleysh mit zoyere ugerkes. Dernokh a shisl kompot. Nisht er est, nor er frest !
– Ikh ken dos nisht gleybn ! Mirele hot mir ersht nisht lang geshikt a bild, mit ir meydele Surelen.
– Geshtorbn.
– Vos ! Surele iz oykh geshtorbn ?
Un keyn vort nisht mer, biz er leydikt nisht oys dem letstn teler. Un dan mit a

אין די יאָרן נײַנצן הונדערט און צוואַנציק, קומט אַ „גרינע“, אַ פּויליש מיידל, צו פֿאָרן קיין אַמעריקע, דעם „גאָלדענעם לאַנד“. זי באַזעצט זיך גלײַך אין דעם „לאָווער איסט סײַד“. צוויי יאָר שפּעטער קומט אָן דער ברודער, אַן אויסגעהונגערטער. זי ברענגט אים אַ טעלער לאָקשן מיט יויך, און זי וויל הערן נײַעס פֿון שטעטל :
– וואָס הערט זיך מיט משהלען ?
– געשטאָרבן.
– משהלע ? אַזאַ פֿעסטער יאַט ! און מירעלע, מײַן בעסטע פֿרײַנדינע ?
– געשטאָרבן.
זי ברענגט פֿלייש מיט זויערע אוגערקעס. דערנאָך אַ שיסל קאָמפּאָט. נישט ער עסט, נאָר ער פֿרעסט !
– איך קען דאָס נישט גלייבן ! מירעלע האָט מיר ערשט נישט לאַנג געשיקט אַ בילד, מיט איר מיידעלע שׂרהלען.
– געשטאָרבן.
– וואָס ! שׂרהלע איז אויך געשטאָרבן ?
און קיין וואָרט נישט מער, ביז ער ליידיקט נישט אויס דעם לעצטן טעלער. און דאַן

Chapitre 21 Kapitl 21 קאַפּיטל 21
Etats-Unis Fareynikte Shtatn פֿאַראייניקטע שטאַטן

breytn shmeykhl :
– Antshuldik shvesterl ! Moyshe, Mirele, Surele, zey zenen ale gezunt. Ober ven ikh bin hungerik, iz di gantse velt geshtorbn !

מיט אַ ברייטן שמייכל :
– אַנטשולדיק שוועסטערל ! משה, מירע-לע, שׂרהלע, זיי זענען אַלע געזונט. אָבער ווען איך בין הונגעריק, איז די גאַנצע וועלט געשטאָרבן !

Dans les années 1920, une « Grine », une nouvelle immigrée, arrive de Pologne en Amérique, le « pays d'or ». Elle s'installe directement dans le « Lower East Side ». Deux ans après débarque son frère, quasiment mort de faim. Elle lui apporte une assiette de bouillon avec des nouilles et demande des nouvelles du shtetl*, de son village natal.*
– Comment va Moyshele ?
– Mort.
– Moyshele est mort ? Un si solide gaillard ! Et Mirele, ma meilleure amie ?
– Morte !
Elle apporte de la viande avec des cornichons en saumure. Puis un saladier de compote. Il ne mange pas, il s'empiffre !
– Je n'arrive pas à le croire ! Mirele m'a envoyé il n'y a pas si longtemps une photo, avec sa fille Sourele.*
– Morte !
– Non ! Sourele est morte aussi ?
Et plus un mot, jusqu'à ce qu'il ait nettoyé la dernière assiette. Alors, avec un grand sourire :
– Excuse-moi, sœurette ! Moyshe, Mirele, Sourele, ils sont tous en parfaite santé. Mais quand je suis affamé, le monde entier est mort pour moi !

446

A nayer Amerikaner, zeyer a feiker, hot zikh oysgetoygt un aroyfgearbet in a por yor.
Shikt er a bilet dem tatn in Poyln, er zol kumen tsu forn. Der foter kumt on in Nyu-York, mit bord un peyes, mit dem shtrayml, der shvartser kapote un di vayse zokn.

אַ נײַער אַמעריקאַנער, זייער אַ פֿעיִקער, האָט זיך אויסגעטויגט און אַרויפֿגעאַרבעט אין אַ פּאָר יאָר.
שיקט ער אַ בילעט דעם טאַטן אין פּוילן, ער זאָל קומען צו פֿאָרן. דער פֿאָטער קומט אָן אין ניו-יאָרק, מיט באָרד און פּאות, מיט דעם שטרײַמל, דער שוואַרצער קאַפּאָטע און די ווײַסע זאָקן.

Chapitre 21
Etats-Unis

Kapitl 21
Fareynikte Shtatn

קאַפּיטל 21
פֿאַראייניקטע שטאַטן

— Tate, do zaynen mir in Amerike ! Du kenst zikh do nisht arumdreyen azoy !

Morgn veln mir geyn tsum frizirer, er zol dir opgoln bord un peyes. Un mir veln geyn koyfn a por antsiger, hemder un kravatn. Du zolst oyszen vi a mentsh !

A por vokhn shpeter, ven der tate zet shoyn oys vi a rikhtiker Amerikaner, zogt der zun :

— Tate, itst ken ikh dikh shoyn mitnemen in Metropolitan Opere. Nor zolst nisht fargesn tsu toyshn di zokn !

In mitn kontsert, shpirt der zun az… se hert zikh epes :

— Tate, host getoysht di zokn ?

Nemt der alter aroys fun yeder keshene a zok, un er zogt mit a breytn shmeykhl :

— Kh'hob gevust az du vest mikh fregn !

— טאַטע, דאָ זײַנען מיר אין אַמעריקע ! דו קענסט זיך דאָ נישט אַרומדרייען אַזוי !

מאָרגן וועלן מיר גיין צום פֿריזירער, ער זאָל דיר אָפּגאָלן באָרד און פּאות. און מיר וועלן גיין קויפֿן אַ פּאָר אַנציגער, העמדער און קראַוואַטן. דו זאָלסט אויסזען ווי אַ מענטש !

אַ פּאָר וואָכן שפּעטער, ווען דער טאַטע זעט שוין אויס ווי אַ ריכטיקער אַמעריקאַנער, זאָגט דער זון :

— טאַטע, איצט קען איך דיך שוין מיט־נעמען אין מעטראָפּאָליטאַן אָפּערע. נאָר זאָלסט נישט פֿאַרגעסן צו טוישן די זאָקן !

אין מיטן קאָנצערט, שפּירט דער זון אַז… סע הערט זיך עפּעס :

— טאַטע, האָסט געטוישט די זאָקן ?

נעמט דער אַלטער אַרויס פֿון יעדער קעשענע אַ זאָק, און ער זאָגט מיט אַ ברייטן שמייכל :

— כ'האָב געוווּסט אַז דו וועסט מיך פֿרעגן !

Un immigré s'est fait en quelques années une belle situation en Amérique. Alors il envoie un billet à son père en Pologne, pour le faire venir à New-York. Le père arrive avec sa barbe, ses papillotes, le shtrayml*, la redingote noire et les bas blancs.

— Papa, ici nous sommes en Amérique ! Tu ne peux pas rester comme ça ! Dès demain nous irons chez le coiffeur te faire couper la barbe et les papillotes. Puis nous irons acheter quelques costumes, quelques chemises et cravates. Que tu sois correct !

Quelques semaines plus tard, quand le père a enfin l'air d'un vrai Américain, son fils lui dit :

— Bon, maintenant papa, je peux t'emmener au Metropolitan Opera. Mais n'oublie pas de changer tes chaussettes !

Au milieu du concert, le fils perçoit une odeur… douteuse :

— Papa, tu as changé tes chaussettes ?

Alors le vieux sort une chaussette de chaque poche et, avec un grand sourire :

— Je savais que tu me poserais cette question !

Chapitre 21 Kapitl 21 קאַפּיטל 21
Etats-Unis Fareynikte Shtatn פֿאַראייניקטע שטאַטן

447

Moyshe un Yankl zaynen frishe imigrantn in Amerike. Keyn eyn dolar hobn zey nisht in keshene. Zey geyen arum in Manhatan un zukhn epes an arbet. Plutsling, zeen zey a plakatl :

MIR ZUKHN MENER VOS REDN ENGLISH

– Du zest Yankl ? Do veln mir krign parnose.
– Bist meshuge ! Keyn eyn vort english kenen mir nisht !
– Makh zikh nisht keyn tsores, mir veln zikh shoyn an eytse gebn !
– Ikh gey nisht !
– Ikh gey yo !
Geyt er arayn. Nokh a por minut iz er shoyn oyf der gas, aroysgevorfn mit a knak.
– Moyshe, vos iz geshen ? Fregt Yankl.
– Tsu ersht iz es geven zeyer gring. Er hot mikh gefregt :
“Do you speak english ?” Hob ikh getrakht, “english – yidish”, hob ikh gezogt : “yes”.
Dernokh hot er mikh geheysn :
“Show me your hand”, hob ikh getrakht, “hand – hant”, hob ikh im gevizn di hant.
“Show me your feet”, hob ikh getrakht, “fit – fis”, hob ikh im gevizn di fis. Nor, ven er hot mikh gefregt :
“Do you smoke ?” (ir reykhert ?) ... Do hob ikh gehat a toes !

משה און יאַנקל זײַנען פֿרישע אימיגראַנטן אין אַמעריקע. קיין איין דאָלאַר האָבן זיי נישט אין קעשענע. זיי גייען אַרום אין מאַנהאַטאַן און זוכן עפּעס אַן אַרבעט. פּלוצלינג, זעען זיי אַ פּלאַקאַטל :

מיר זוכן מענער וואָס רעדן ענגליש

– דו זעסט יאַנקל ? דאָ וועלן מיר קריגן פּרנסה.
– ביסט משוגע ! קיין איין וואָרט ענגליש קענען מיר נישט !
– מאַך זיך נישט קיין צרות, מיר וועלן זיך שוין אַן עצה געבן !
– איך גיי נישט !
– איך גיי יאָ !
גייט ער אַרײַן. נאָך אַ פּאָר מינוט איז ער שוין אויף דער גאַס, אַרויסגעוואָרפֿן מיט אַ קנאַק.
– משה, וואָס איז געשען ? פֿרעגט יאַנקל.
– צו ערשט איז עס געווען זייער גרינג. ער האָט מיך געפֿרעגט :
„דו יוּ ספּיק ענגליש“ ? האָב איך גע-טראַכט, „ענגליש – ייִדיש“, האָב איך גע-זאָגט : „יעס“.
דערנאָך האָט ער מיך געהייסן :
„שאָ מי יוּר האַנד“, האָב איך געטראַכט, „האַנד – האַנט“, האָב איך אים געוויזן די האַנט.
„שאָ מי יוּר פֿיט“, האָב איך געטראַכט, „פֿיט – פֿיס“, האָב איך אים געוויזן די פֿיס.
נאָר ווען ער האָט מיך געפֿרעגט :
„דו יוּ סמאָק ?“ (איר רייכערט ?) ... דאָ האָב איך געהאַט אַ טעות !

Moyshe et Yankl viennent de débarquer en Amérique.
Ils n’ont pas un dollar en poche. Ils déambulent dans Manhattan à la recherche d’un petit boulot.

Chapitre 21 Kapitl 21 21 קאַפּיטל
Etats-Unis Fareynikte Shtatn פֿאַראייניקטע שטאַטן

Soudain, ils voient une affichette :

CHERCHONS HOMMES PARLANT ANGLAIS

– Tu vois, Yankl ? On a trouvé notre gagne-pain.
– Tu es fou ! On ne connait pas un seul mot d'anglais !
– T'en fais pas, on se débrouillera !
– Moi, je n'y vais pas !
– Moi, j'y vais !
Il entre et quelques minutes plus tard, il est brutalement rejeté dehors.
– Moyshe, qu'est-ce qui s'est passé ? S'inquiète Yankl.
– Au début, pas de problème, c'était très simple. Il m'a demandé :
« Do you speak english » (parlez-vous anglais).
Je me suis dit « english – yiddish », j'ai répondu : yes. Puis il m'a dit :
« Show me your hand » (montrez-moi la main).
Je me suis dit « hand - hant », je lui ai tendu la main.
« Show me your feet » (montrez-moi vos pieds).
Je me suis dit « feet – fis », je lui ai montré mes pieds.
Mais quand il m'a demandé :
« Do you smoke(1) ? » (est-ce que vous fumez ?) Là... j'ai fait une bourde !

(1) *En yiddish vulgaire, le mot «shmok» désigne le pénis.*

448

In Nyu-York, klingt a Yid tsum oyfnemtish fun zayn hotel. Mit a tserisenem yidish-englishn aktsent, bet er me zol im aynshafn :

"tu siks siks for eyn nayn" (dem numer telefon : 266-419).

Nokh a vayle, klapt men in tir. Er efnt oyf un shteyt ponem-el-ponem mit tsvey "seksi kol-gerlz" :

– You are the guy who ordered :
"Two shikses for one night" ?

= Ir zent der, vos hot bashtelt tsvey shikses far eyn nakht ?

אין ניו-יאָרק, קלינגט אַ ייִד צום אויפֿנעמטיש פֿון זײַן האָטעל. מיט אַ צעריסענעם ייִדיש-ענגלישן אַקסענט, בעט ער מע זאָל אים אײַנשאַפֿן :

,,טו סיקס סיקס פֿאָר איין נײַן" (דעם נומער טעלעפֿאָן : 266-419).

נאָך אַ ווײַלע, קלאַפּט מען אין טיר. ער עפֿנט אויף און שטייט פּנים-אל-פּנים מיט צוויי ,,סעקסי קאָל גערלז" :

—יו אַר זע גײַ וווּ אָרדערד :
,,טו שיקסעס פֿאָר אָאַן נײַט" ?

= איר זענט דער, וואָס האָט באַשטעלט צוויי שיקסעס פֿאַר איין נאַכט ?

Chapitre 21 Kapitl 21 קאַפּיטל 21
Etats-Unis Fareynikte Shtatn פֿאַראייניקטע שטאַטן

A New-York, un Juif téléphone à la réception de son hôtel. Avec un terrible accent yiddisho-anglais, il prie qu'on lui fournisse le :
« tou seks seks for eyn nayn » (c-à-d le numéro de téléphone : 266-419). Après quelques instants, on frappe à la porte et il se retrouve face à face avec deux « call-girls » très sexy, qui lui demandent :
– C'est vous qui avez commandé :
"Two shikses for one night" ? = deux filles pour une nuit ?

449

Hershl treft oyf der gas Yanklen, a landsman fun Poyln.
– Vos hert zikh bay dir ?
– Oy, freg shoyn nisht ! Mayn gants fardinst geyt avek oyf doktoyrim. Shtel zikh for : dem khoydesh, hob ikh oysgegebn dray toyznt dolar !
– Dray toyznt dolar ! Vundert zikh Hershl. Far dem gelt volstu dokh bay undz in shtetl zikh gekent heyln gantse tsvey yor, az nisht mer !

הערשל טרעפֿט אויף דער גאַס יאַנקלען, אַ לאַנדסמאַן פֿון פּוילן.
– וואָס הערט זיך בײַ דיר ?
– אוי, פֿרעג שוין נישט ! מײַן גאַנץ פֿאַרדינסט גייט אַוועק אויף דאָקטוירים. שטעל זיך פֿאָר : דעם חודש, האָב איך אויסגעגעבן דרײַ טויזנט דאָלאַר !
– דרײַ טויזנט דאָלאַר ! וווּנדערט זיך הערשל. פֿאַר דעם געלט וואָלסטו דאָך בײַ אונדז אין שטעטל זיך געקענט היילן גאַנצע צוויי יאָר, אַז נישט מער !

Hershl rencontre dans la rue Yankl*, un natif de son shtetl* de Pologne.*
– Comment ça va chez toi ?
– Oy, ne m'en parle pas ! Tout ce que je gagne part en frais médicaux. Rends-toi compte : ce mois-ci, j'ai dépensé trois mille dollars !
– Trois mille dollars ! S'étonne Hershl. Avec une telle somme, dans notre shtetl, tu aurais pu te soigner deux années entières, sinon plus !

450

In a konfektsye "svetshap" (varshtat vu me shvitst…), dertseylt der preser aza mayse :
– A mol in Afrike, hob ikh zikh getrofn ponem-el-ponem mit a leyb.
– Nu ?
– Nu, der leyb iz aroyfgeshprungen oyf mir un er hot mikh ayngeshlungen !

אין אַ קאָנפֿעקציע „סוועטשאַפּ" (וואַרשטאַט ווו מע שוויצט...), דערציילט דער פּרעסער אַזאַ מעשׂה :
– אַ מאָל אין אַפֿריקע, האָב איך זיך געטראָפֿן פּנים-אל-פּנים מיט אַ לייב.
– נו ?
– נו, דער לייב איז אַרויפֿגעשפּרונגען אויף מיר און ער האָט מיך אײַנגעשלונגען !

Chapitre 21
Etats-Unis
Kapitl 21
Fareynikte Shtatn
קאַפּיטל 21
פֿאַראייניקטע שטאַטן

– Bobe mayse ! Du lebst dokh biz haynt !
Vayzt der preser ale mashinistn un hant-neytorins, vos horeven a gantsn tog :
– Dos heyst gelebt ?

– באָבע-מעשׂה ! דו לעבסט דאָך ביז הײַנט !
ווײַזט דער פּרעסער אַלע מאַשיניסטן און האַנט-נייטאָרינס, וואָס האָרעווען אַ גאַנצן טאָג :
– דאָס הייסט געלעבט ?

Dans un « svetshap » (aux USA : atelier de confection où l'on transpire… et où l'on est exploité), le presseur raconte :*
– Un jour en Afrique, je me suis trouvé nez à nez avec un lion.
– Et alors ?
– Alors, le lion s'est jeté sur moi et m'a avalé tout cru !
– N'importe quoi ! Tu es encore bien vivant à ce jour !
Le presseur désigne alors tous les mécaniciens et finisseuses, qui triment à longueur de journée :
– Ça s'appelle vivre, ça ?

451

Tsvey shnorers oyf Brodvey viln zikh farbesern dos lebn. Bashlisn zey :
– Lomir zikh do trefn iber a yor, veln mir zen vos yeder eyner hot oyfgeton !
A yor shpeter, iz Moyshe geblibn der zelber nebekh. Un er zet vi Yankl geyt aroys fun a kadiyak, ongeton vi a gevir.
– Oy ! Vi sheyn du host zikh aroyfgearbet ! Vi bistu gekumen dertsu ?
– Zeyer poshet. Du kenst dos oykh bavayzn : ikh makh falshe dolarn.
– Falshe dolarn ? Ober… dos tor men nisht !
– Ikh veys, nor ikh makh nisht keyn banknotn fun eyn dolar, un nisht keyn tsvantikers un nisht keyn hunderters ! Ikh makh bloyz akhtsn-dolardike banknotn ! Na dir a bintl banknotn, un leb a tog !

צוויי שנאָרערס אויף בראָדוויי ווילן זיך פֿאַרבעסערן דאָס לעבן. באַשליסן זיי :
– לאָמיר זיך דאָ טרעפֿן איבער אַ יאָר, וועלן מיר זען וואָס יעדער איינער האָט אויפֿגעטאָן !
אַ יאָר שפּעטער, איז משה געבליבן דער זעלבער נעבעך. און ער זעט ווי יאַנקל גייט אַרויס פֿון אַ קאַדיַיאַק, אָנגעטאָן ווי אַ גבֿיר.
– אוי ! ווי שיין דו האָסט זיך אַרויפֿגעאַרבעט ! ווי ביסטו געקומען דערצו ?
– זייער פּשוט. דו קענסט דאָס אויך באַווײַזן : איך מאַך פֿאַלשע דאָלאַרן.
– פֿאַלשע דאָלאַרן ? אָבער… דאָס טאָר מען נישט !
– איך ווייס, נאָר איך מאַך נישט קיין באַנקנאָטן פֿון איין דאָלאַר, און נישט קיין צוואַנציקערס און נישט קיין הונדערטערס ! איך מאַך בלויז אַכצן-דאָלאַרדיקע באַנקנאָטן ! נאַ דיר אַ בינטל באַנקנאָטן, און לעב אַ טאָג !

Chapitre 21 Kapitl 21 קאַפּיטל 21
Etats-Unis Fareynikte Shtatn פֿאַראייניקטע שטאַטן

Moyshe geyt glaykh arayn in a gevelb un er vayzt a banknot :
– Zayt azoy gut, git mir kleyngelt.
Krigt er oyfn ort dem entfer :
– Tsvey nayners, oder dray zeksers ?

משה גייט גלײַך אַרײַן אין אַ געוועלב און
ער ווײַזט אַ באַנקנאָט :
– זײַט אַזוי גוט, גיט מיר קליינגעלט.
קריגט ער אויפֿן אָרט דעם ענטפֿער :
– צוויי נײַנערס, אָדער דרײַ זעקסערס ?

Deux mendiants de Broadway veulent changer de vie et ils décident :
– Retrouvons-nous ici dans un an, et on verra ce que chacun de nous est devenu !
Un an plus tard, Moyshe est toujours le même pauvre type. Et il voit Yankl descendre d'une Cadillac, habillé comme un prince.
– Oy ! Tu as drôlement réussi ! Comment as-tu fait ?
– C'est très simple. Tu peux faire pareil : je fabrique des faux dollars.
– Des faux dollars ? Mais... c'est interdit !
– Je sais, mais je ne fais pas des billets de un dollar, de vingt ou de cent dollars. Je ne fais que des billets de dix-huit dollars. Tiens, voilà une liasse de billets, et à toi la belle vie !
Moyshe va directement dans une boutique et montre un billet :
– Soyez gentil, faites-moi la monnaie.
La réponse jaillit du tac au tac :
– Deux billets de neuf, ou trois billets de six ?

452

In Nyu-York in a stantsye, vil a griner fun Poyln opnarn di biletn-mashin.
– Du farlangst tsvey matbeyes fun a fertl dolar ? Na dir eyne, vet zayn genug !
Avade kumt keyn bilet nisht aroys.
– Nu, shoyn ! Az me ken zikh nisht dingen mit dir, to na dir a tsveyte !
Nor keyn bilet kumt vider nisht aroys.
Git er a kope mitn fus in der mashin :
– Ganevte !

אין ניו-יאָרק אין אַ סטאַנציע, וויל אַ גרינער
פֿון פּוילן אָפּנאַרן די בילעטן-מאַשין.
– דו פֿאַרלאַנגסט צוויי מטבעות פֿון אַ
פֿערטל דאָלאַר ? נאַ דיר איינע, וועט זײַן
גענוג !
אוודאי קומט קיין בילעט נישט אַרויס.
– נו, שוין ! אַז מע קען זיך נישט דינגען
מיט דיר, טאָ נאַ דיר אַ צווייטע !
נאָר קיין בילעט קומט ווידער נישט אַרויס.
גיט ער אַ קאָפּע מיטן פֿוס אין דער מאַשין :
– גנבֿטע !

Dans une gare à New-York, un nouvel immigré de Pologne essaie de soudoyer le distributeur de billets :

Chapitre 21 Kapitl 21 קאַפּיטל 21
Etats-Unis Fareynikte Shtatn פֿאַראייניקטע שטאַטן

– Tu veux deux pièces d'un quart de dollar ? En voilà une, ça devrait suffire !
Bien entendu, la machine ne lui délivre pas de billet.
– Bon, d'accord ! Puisqu'on ne peut pas marchander avec toi, voilà une deuxième pièce !
Mais, toujours pas de billet. Alors il donne un grand coup de pied dans la machine :
– Voleuse !

453

Moyshe un Sure kumen tsurik in zeyer hotel, nokh a shpatsir in Tsentral Park. Nishto keyn mazl ! Di liftn zenen kalye gevorn un keyner veyst nisht vi lang vet gedoyern dos farrikhtn. Bashlisn zey aroyftsugeyn tsu fus, khotsh zeyer tsimer iz oyfn tsvey un draysikstn shtok.
Zey farbrengen di tsayt mit vitsn. Nor in mitn derinen, ven zey kumen on oyfn finef un tsvantsikstn shtok, dermont zikh Moyshe :
– Oy ! Itst meyn ikh nisht keyn shpas : mir hobn nisht genumen dem shlisl baym oyfnemtish !

משה און שׂרה קומען צוריק אין זייער האָטעל, נאָך אַ שפּאַציר אין צענטראַל פּאַרק. נישטאָ קיין מזל ! די ליפֿטן זענען קאַליע געוואָרן און קיינער ווייסט נישט ווי לאַנג וועט געדויערן דאָס פֿאַרריכטן. באַשליסן זיי אַרויפֿצוגיין צו פֿוס, כאָטש זייער צימער איז אויפֿן צוויי און דרײַסיקסטן שטאָק.
זיי פֿאַרברענגען די צײַט מיט וויצן. נאָר אין מיטן דערינען, ווען זיי קומען אָן אויפֿן פֿינעף און צוואַנציקסטן שטאָק, דערמאָנט זיך משה :
– אוי ! איצט מיין איך נישט קיין שפּאַס : מיר האָבן נישט גענומען דעם שליסל בײַם אויפֿנעמטיש !

Moyshe et Sarah rentrent à leur hôtel après une promenade à Central Park. Pas de chance ! Les ascenseurs sont en panne et l'on ne sait pas dans combien de temps ils seront réparés.
Bien que leur chambre soit au 32ème étage, ils décident de monter à pied.
Ils se racontent des blagues pour passer le temps mais soudain, lorsqu'ils arrivent au 25 ème étage, Moyshe réalise :
– Oy ! Cette fois ce n'est pas une blague : on a oublié de prendre la clef à la réception !

454

Moyshe un Dzhon zaynen shkheynim. Tsu Dzhonen in hoyz khapn zikh zeyer

משה און דזשאָן זײַנען שכנים. צו דזשאָנען אין הויז כאַפּן זיך זייער אָפּט אַרײַן גנבֿים.

Chapitre 21
Etats-Unis

Kapitl 21
Fareynikte Shtatn

קאַפּיטל 21
פֿאַראייניקטע שטאַטן

oft arayn ganovim. Geyt er eyn mol tsu zayn fraynd :
— Zog mir Moyshe, vos hostu dort tsugefestikt tsum bayshtidl fun dayn tir ? An alarm ?
— Avade nisht, dos iz a mezuze. Ineveynik iz tsunoyfgeviklt a shtikl parmet, mit a brokhe vos hit op dos hoyz un di aynvoyners.
— Zay azoy gut, festik tsu eyne tsu mayn tir. Se zet oys az es virkt take kegn ganovim !
— Ober Dzhon, dos iz nor far yidishe hayzer !
— Ikh bet dikh ! Mir zaynen ale Gots kinder ! Un mir zaynen fraynd fun azoy lang...
— Nu, shoyn...
Tsvey monatn shpeter iz Dzhon vider do :
— Na dir tsurik dayn mezuze !
— Vos iz ? Geven nokh a ganeyve bay dir ?
— Neyn, khas-vekholile ! Nor ale fertl sho kumt emetser zamlen nedoves far oreme-layt, far der shul, far di yidishe shules u.az.v. Ikh hob oysgerekhnt az se kost mir a sakh mer vi di ganeyves !

גייט ער אײן מאָל צו זײַן פֿרײַנד :
— זאָג מיר משה, װאָס האָסטו דאָרט צוגעפֿעסטיקט צום בײַשטידל פֿון דײַן טיר ? אַן אַלאַרם ?
— אַװדאי נישט, דאָס איז אַ מזוזה. אינעװײניק איז צונויפֿגעװיקלט אַ שטיקל פּאַרמעט מיט אַ ברכה װאָס היט אָפּ דאָס הויז און די אײַנװוינערס.
— זײַ אַזױ גוט, פֿעסטיק צו אײנע צו מײַן טיר. סע זעט אויס אַז עס װירקט טאַקע קעגן גנבֿים !
— אָבער דזשאָן, דאָס איז נאָר פֿאַר ייִדישע הײַזער !
— איך בעט דיך ! מיר זײַנען אַלע גאָטס קינדער ! און מיר זײַנען פֿרײַנד פֿון אַזוי לאַנג...
— נו, שוין...
צװײ מאָנאַטן שפּעטער איז דזשאָן װידער דאָ :
— נאָ דיר צוריק דײַן מזוזה !
— װאָס איז ? געװען נאָך אַ גנבֿה בײַ דיר ?
— נײן, חס-וחלילה ! נאָר אַלע פֿערטל שעה קומט עמעצער זאַמלען נדבֿות פֿאַר אָרעמע-לײַט, פֿאַר דער שול, פֿאַר די ייִדישע שולעס אאַז״װ. איך האָב אויסגערעכנט אַז סע קאָסט מיר אַ סך מער װי די גנבֿות !

Moyshe et John habitent deux maisons voisines et John se fait régulièrement cambrioler.
Un jour il vient voir son ami.
— Dis-moi Moyshe, c'est un système d'alarme qui est fixé sur le montant de ta porte ?
— Bien sûr que non, c'est une mezouza*. A l'intérieur, il y a un petit rouleau de parchemin avec une prière qui protège la maison et tous ses occupants.
— Tu ne veux pas en installer une chez moi ? Ça a l'air d'être efficace contre les cambriolages !
— Mais John, c'est seulement pour les maisons juives !

| *Chapitre 21* | Kapitl 21 | קאַפּיטל 21 |
| *Etats-Unis* | Fareynikte Shtatn | פֿאַראייניקטע שטאַטן |

– Je t'en prie ! Ne sommes-nous pas tous les enfants de Dieu ?
Et puis nous sommes amis depuis si longtemps…
– Bon, d'accord…
Deux mois plus tard, John sonne chez Moyshe :
– Tiens, reprends ta mezouza !
– Pourquoi ? Tu as encore été cambriolé ?
– Non, Dieu m'en préserve ! Mais tous les quarts d'heure on vient me solliciter pour des œuvres : pour les indigents, pour la synagogue, pour les écoles juives etc. J'ai calculé que cela me revient beaucoup plus cher que les cambriolages !

אַדוואָקאַטנשאַפֿט.

Advokatnshaft.

Le barreau.

455

Oyf der tir fun M. Feyglboym, a barimtn advokat in Nyu-York, es shteyt geshribn :

TSVEY FRAGES = TSVEY TOYZNT DOLAR

Kumt arayn a koyne un vundert zikh :
– Toyznt dolar a frage, ir meynt nisht az s'iz ibergetribn ?
– Neyn, ikh meyn nisht. Un ayer tsveyte frage ?

אויף דער טיר פֿון מ. פֿייגלבוים, אַ באַרימטן אַדוואָקאַט אין ניו-יאָרק, עס שטייט געשריבן :

צוויי פֿראַגעס = צוויי טויזנט דאָלאַר

קומט אַריין אַ קונה און וווּנדערט זיך :
– טויזנט דאָלאַר אַ פֿראַגע, איר מיינט נישט אַז ס'איז איבערגעטריבן ?
– ניין, איך מיין נישט. און אײַער צווייטע פֿראַגע ?

Sur la porte du cabinet de Maître M. Feygelboym, un avocat réputé de New-York, il est précisé :

DEUX QUESTIONS = DEUX MILLE DOLLARS

Entre un client qui s'étonne :
– Mille dollars la question, vous ne pensez pas que c'est exagéré ?
– Non, je ne pense pas. Quelle est votre deuxième question ?

Chapitre 21 Kapitl 21 קאַפּיטל 21
Etats-Unis Fareynikte Shtatn פֿאַראייניקטע שטאַטן

456

In Bruklin in di yorn nayntsn hundert un tsvantsik. Bob Ferguson shteyt in tribunal far epes krume gesheftn. Er iz baleydikt vayl m'hot tsugeshtelt an iberzetser. Zogt er tsum rikhter, oyf english :
– Far vos an iberzetser ? Ikh red davke a sheyn english : ikh bin geven in der bester gimnazye fun Nyu-York un ikh hob geendikt Harvard Universitet.
Der rikhter, a frish ongekumener fun Varshe, dreyt zikh oys tsum iberzetser un er fregt oyf yidish :
– Vos hot er gezogt ?

אין ברוקלין אין די יאָרן נײַנצן הונדערט און צוואַנציק. באָב פֿערגוסאָן שטייט אין טרי־בונאַל פֿאַר עפּעס קרומע געשעפֿטן. ער איז באַליידיקט ווײַל מ׳האָט צוגעשטעלט אַן איבערזעצער. זאָגט ער צום ריכטער, אויף ענגליש :
– פֿאַר וואָס אַן איבערזעצער ? איך רעד דווקא אַ שיין ענגליש : איך בין געווען אין דער בעסטער גימנאַזיע פֿון ניו־יאָרק, און איך האָב געענדיקט האַרוואַרד אוניווער־סיטעט.
דער ריכטער, אַ פֿריש אָנגעקומענער פֿון וואַרשע, דרייט זיך אויס צום איבערזעצער און ער פֿרעגט אויף ייִדיש :
– וואָס האָט ער געזאָגט ?

A Brooklyn, dans les années 1920. Bob Ferguson se tient sur le banc des accusés pour des affaires un peu louches. Il est vexé car on a fait venir un interprète. Il s'adresse alors au juge en anglais :
– Pourquoi un interprète ? Je parle un très bon anglais ! J'ai été dans le meilleur lycée de New-York et je suis diplômé de l'Université de Harvard.
Le juge, récemment immigré de Varsovie, se tourne alors vers l'interprète et lui demande en yiddish :
– Qu'est-ce qu'il a dit ?

457

In tribunal shteyt an alter Yid.
– Vi alt zent ir ?
Fregt der prezident.
– Ikh bin akhtsik yor alt, keyneynore.
– Entfert kurts. Bloyz vi alt !
– Akhtsik yor, keyneynore.
– Bloyz vi alt ! Shrayt der prezident.
– Her prezident, ruft zikh on der advokat, meg ikh shteln di frage :
Keyneynore, vi alt zent ir ?
– Akhtsik yor.

אין טריבונאַל שטייט אַן אַלטער ייִד.
– ווי אַלט זענט איר ?
פֿרעגט דער פּרעזידענט.
– איך בין אַכציק יאָר אַלט, קיין עין־הרע.
– ענטפֿערט קורץ. בלויז ווי אַלט !
– אַכציק יאָר, קיין עין־הרע.
– בלויז ווי אַלט ! שרײַט דער פּרעזידענט.
– הער פּרעזידענט, רופֿט זיך אָן דער אַד־וואָקאַט, מעג איך שטעלן די פֿראַגע :
קיין עין־הרע, ווי אַלט זענט איר ?
– אַכציק יאָר.

Chapitre 21	Kapitl 21	21 קאַפּיטל
Etats-Unis	Fareynikte Shtatn	פֿאַראייניקטע שטאַטן

A la barre du tribunal se tient un vieux Juif.
– Quel âge avez-vous ? Demande le président.
– J'ai quatre-vingts ans, sans le mauvais œil.
– Répondez juste à ma question. Quel âge ?
– Quatre-vingts ans, sans le mauvais œil.
– Juste quel âge ! Crie le président.
– Votre Honneur, intervient l'avocat, permettez que je lui pose la question :
  Sans le mauvais œil, quel âge avez-vous ?
– Quatre-vingts ans.

Chapitre 21 Kapitl 21 קאַפּיטל 21
Etats-Unis Fareynikte Shtatn פֿאַראייניקטע שטאַטן

די באַזונדערקייטן פֿון דעם אַמעריקאַנער ייִדישן הומאָר

DI BAZUNDERKEYTN FUN DEM AMERIKANER YIDISHN HUMOR

LES PARTICULARITÉS DE L'HUMOUR JUIF AMÉRICAIN

צו ביסלעך פֿאַרלירט דער ייִדישער הומאָר דעם טעם פֿון דער אַלטער וועלט אין מיזרח-
אייראָפּע. ער קריגט באַזונדערע שטריכן ווען די ייִדישע געשטאַלטן
אַנטוויקלען זיך אין דער אַמעריקאַנער סבֿיבֿה.
אין דער מאָדערנער וועלט, קען מען אַזוי קאַריקירן :
דער שנאָרער ווערט אַ געלטשאַפֿער פֿאַר אָרעמע-לײַט און פֿאַר ישׂראל.
דער שדכן קריגט אַ קאָנקורענט אין דער אינטערנעץ.
די כּלה, וואָס האָט שעמעוודיק און פּאַסיוו געוואַרט אויף איר באַשערטן, ווערט
אַ „ייִ.אַ.פּ“, דאָס הייסט אַ „ייִדישע אַמעריקאַנער פּרינצעסין“ :
אַ פֿרײַ מיידל, אַ ספּאָרטלערין, מיט פֿליי אין דער נאָז, נישט צו פֿאַרטראָגן !
וואָס שײַך די רבנים, טרעטן זיי אָפּ דעם נײַעם דור פּסיכאָלאָגן און פּסיכאָאַנאַליטיקערס
זייער אַמאָליקע ראָלע פֿון אינטימע בעלי-עצות. זיי דערווײַטערן זיך פֿון דער שטרענגער
אָרטאָדאָקסישקייט, און עס איז נישט קיין צופֿאַל וואָס די רעפֿאָרמירטע באַוועגונגען
האָבן זיך אַנטוויקלט אין די פֿאַראייניקטע שטאַטן.

Tsu bislekh farlirt der yidisher humor dem tam fun der alter velt in mizrekh-
Eyrope. Er krigt bazundere shtrikhn ven di yidishe geshtaltn
antviklen zikh in der amerikaner svive.
In der moderner velt, ken men azoy karikirn :
Der shnorer vert a geltshafer far oreme-layt un far Yisroel.
Der shadkhn krigt a konkurent in der Internets.
Di kale, vos hot shemevdik un pasiv gevart oyf ir bashertn, vert
a "YAP", dos heyst a "Yidishe Amerikaner Printsesn" :
a fray meydl, a sportlern, mit fley in der noz, nisht tsu fartrogn !

| *Chapitre 21* | Kapitl 21 | קאַפּיטל 21 |
| *Etats-Unis* | Fareynikte Shtatn | פֿאַראייניקטע שטאַטן |

Vos shayekh di rabonim, tretn zey op dem nayem dor psikhologn un psikhoanalitikers zeyer amolike role fun intime baley-eytses. Zey dervaytern zikh fun der shtrenger ortodoksishkeyt, un es iz nisht keyn tsufal vos di reformirte bavegungen hobn zikh antviklt in di Fareynikte Shtatn.

Progressivement, l'humour juif perd le sel de ses origines européennes.
Il acquiert des caractères spécifiques, en même temps que les personnages du monde yiddish évoluent dans l'environnement américain.
Ainsi dans le monde moderne, d'une façon caricaturale :
Le shnorer* se transforme en collecteur de fonds pour les pauvres et pour Israël.
Le shadkhn*, s'il existe toujours, est concurrencé par les rencontres sur l'Internet.
La candidate au mariage, la kala* timide et obéissante qui attend son promis, devient la « JAP », c'est-à-dire une Jewish American Princess, libre, sportive, prétentieuse et insupportable.
Quant aux rabbins, ils abandonnent à la génération nouvelle des psychologues et des psychanalystes leur rôle de soutien.
Ils délaissent l'orthodoxie rigoureuse, et ce n'est pas un hasard si les mouvements religieux réformistes se sont développés aux USA.

458

Der finantz-minister fun Yisroel fort keyn Vashington oyf an ofitsyeln bazukh : er kumt zamlen gelt far der yidisher medine. Oyfn veg zet er a shnorer. Er shtelt op dem oyto, im tsu gebn a nedove. Der shnorer zogt im op, mit a shmeykhl :
– Kholile ! Bay a kolege ?

דער פֿינאַנץ־מיניסטער פֿון ישׂראל פֿאָרט קיין וואַשינגטאָן אויף אַן אָפֿיציעלן באַזוך: ער קומט זאַמלען געלט פֿאַר דער ייִדישער מדינה. אויפֿן וועג זעט ער אַ שנאָרער. ער שטעלט אָפּ דעם אויטאָ, אים צו געבן אַ נדבֿה. דער שנאָרער זאָגט אים אָפּ, מיט אַ שמייכל:
— חלילה! בײַ אַ קאָלעגע?

Le ministre israélien des finances est en visite officielle à Washington, pour recueillir des fonds en faveur de l'état juif. Sur la route il voit un shnorer*.
Il arrête la voiture pour lui donner une aumône. Le mendiant refuse avec un petit sourire :
– Jamais de la vie ! Chez un collègue ?

| *Chapitre 21* | Kapitl 21 | קאַפּיטל 21 |
| *Etats-Unis* | Fareynikte Shtatn | פֿאַראייניקטע שטאַטן |

459

A raykher soykher kumt tsu a barimtn shadkhn :
– Ikh vil fun aykh a shidekh, azoyns un azelkhes !
– Ikh hob dafke far aykh a brilyant :
a "Y.A.P", dos heyst a Yidishe Amerikaner Printsesn !
Zi zingt, zi tantst, zi shpilt fidl. Zi shpilt tenis un golf, zi ken raytn, zi....
– Shoyn genug khesroynes !
Vu zenen di mayles ?

אַ רײַכער סוחר קומט צו אַ באַרימטן שדכן :
– איך וויל פֿון אײַך אַ שידוך, אַזוינס און אַזעלכעס !
– איך האָב דווקא פֿאַר אײַך אַ בריליאַנט :
אַ „יי.אַ.פּ.“, דאָס הייסט אַ ייִדישע אַמעריקאַנער פּרינצעסין !
זי זינגט, זי טאַנצט, זי שפּילט פֿידל. זי שפּילט טעניס און גאָלף, זי קען רײַטן, זי...
– שוין גענוג חסרונות !
ווּ זענען די מעלות ?

Un riche commerçant va voir un marieur réputé :
– Trouvez-moi un excellent parti !
– J'ai justement pour vous la perle rare : une JAP (Jewish American Princess) ! Elle chante, elle danse, elle joue du violon. Elle joue au tennis et au golf, elle sait monter à cheval, elle...
– Assez avec tous ses défauts ! Quelles sont ses qualités ?

460

A bokher fregt bay zayn psikho-analitiker :
– Dokter, shoyn tsvey vokhn hot mayn kale, a YAP, a shifles-kompleks...
– Makht zikh nisht keyn tsores. Es vet zikh aleyn oysheyln !
– Ober Dokter, mayn frage iz davke : vos zol ikh ton az zi zol azoy blaybn ?

אַ בחור פֿרעגט בײַ זײַן פּסיכאָאַנאַליטיקער :
– דאָקטער, שוין צוויי וואָכן האָט מײַן כּלה, אַ יי.אַ.פּ, אַ שיפֿלות-קאָמפּלעקס...
– מאַכט זיך נישט קיין צרות, עס וועט זיך אַליין אויסהיילן !
– אָבער דאָקטער, מײַן פֿראַגע איז דווקא : וואָס זאָל איך טאָן אַז זי זאָל אַזוי בלײַבן ?

Un jeune homme interroge son psychanalyste :
– Docteur, depuis deux semaines, ma fiancée, une JAP, souffre d'un complexe d'infériorité.
– Rassurez-vous, cela rentrera tout seul dans l'ordre !
– Mais Docteur, ma question est justement la suivante : que puis-je faire pour que cela ne change pas ?

| Chapitre 21 | Kapitl 21 | 21 קאַפּיטל |
| Etats-Unis | Fareynikte Shtatn | פֿאַראייניקטע שטאַטן |

461

A biznesman leygt for dem rov :
– 10.000 dolar.
– Neyn.
– 50.000.
– Neyn.
– 100.000 dolar !
– Neyn, eyn mol far ale mol – Neyn !
Der biznesman geyt avek, shtark antoysht. Der shames vundert zikh :
– Rebe, ikh ken nisht farshteyn ! Ir hot zikh opgezogt fun 100.000 dolar ! Mit aza mayontik volt men gekent re-montirn di gantse shul !
– Tsi veyst ir vos er hot gevolt far dem gelt ? Nokh yeder tfile, antshtot
“Omeyn”, zol men zogn “koka-kola” !

אַ ביזנעסמאַן לייגט פֿאַר דעם רבֿ :
– 10.000 דאָלאַר.
– ניין.
– 50.000 .
– ניין.
– 100.000 דאָלאַר !
– ניין, איין מאָל פֿאַר אַלע מאָל – ניין !
דער ביזנעסמאַן גייט אַוועק, שטאַרק אַנטוישט. דער שמשׂ וווּנדערט זיך :
– רבי, איך קען נישט פֿאַרשטיין ! איר האָט זיך אָפּגעזאָגט פֿון 100.000 דאָלאַר ! מיט אַזאַ מאַיאָנטיק וואָלט מען געקענט רע-מאָנטירן די גאַנצע שול !
– צי ווייסט איר וואָס ער האָט געוואָלט פֿאַר דעם געלט ? נאָך יעדער תּפֿילה, אַנטשטאָט „אָמן“, זאָל מען זאָגן „קאָקאַ-קאָלאַ“ !

Un homme d’affaires propose au rabbin :
– 10.000 dollars.
– Non.
– 50.000.
– Non.
– 100.000 dollars !
– Non, une fois pour toutes – C’est non !
L’homme d’affaires s’en va, très déçu.
Le bedeau s’étonne :
– Rabbi, je ne comprends pas ! Vous avez refusé 100.000 dollars !
Avec une telle somme, on aurait pu remettre à neuf toute la synagogue !
– Savez-vous ce qu’il voulait en échange de cet argent ?
Après chaque prière, au lieu de
« Amen », il aurait fallu dire « Coca-Cola » !

Chapitre 21 Kapitl 21 קאַפּיטל 21
Etats-Unis Fareynikte Shtatn פֿאַראייניקטע שטאַטן

די וויטערדיקע מעשׂה לאָזט זיך אוודאי נישט גלייבן. זי צייכנט נאָר אַ קאַריקאַטור פֿון היינטיקע אַמעריקאַנער רבנים, וואָס ווילן זיין ביז גאָר „סופּער-מאָדערן“.

Di vayterdike mayse lozt zikh avade nisht gleybn. Zi tseykhnt nor a karikatur fun hayntike amerikaner rabonim, vos viln zayn biz gor “super-modern”.

L’histoire suivante est évidemment non crédible, mais elle caricature certains rabbins américains actuels, qui se veulent à outrance « super-modernes ».

<u>*462*</u>

משה קומט מיט זיין נייעם וואָגן צו אַן אָרטאָדאָקסישן רבֿ :
– רבי, איך בעט אייך, קומט און מאַכט אַ ברכה אויף מיין דזשאַגואַר.
– אַ דזשאַגואַר ? וואָס איז אַ דזשאַגואַר ? איך מאַך נישט קיין ברכה אַז איך ווייס נישט וואָס דאָס איז.
גייט משה צו אַ ליבעראַלן ראַביי :
– רבי, איך בעט אייך, מאַכט אַ ברכה אויף מיין דזשאַגואַר.
– אַ דזשאַגואַר ! אַן אויסערגעוויינטלעכער אויטאָ ! און אייער, זע איך, איז דער לעצטער מאָדעל !
אָבער... אַ ברכה ? וואָס איז אַ ברכה ?

Moyshe kumt mit zayn nayem vogn tsu an ortodoksishn rov :
– Rebe, ikh bet aykh, kumt un makht a brokhe oyf mayn Dzhaguar.
– A Dzhaguar ? Vos iz a Dzhaguar ? Ikh makh nisht keyn brokhe az ikh veys nisht vos dos iz.
Geyt Moyshe tsu a liberaln rabay :
– Rebe, ikh bet aykh, makht a brokhe oyf mayn Dzhaguar.
– A Dzhaguar ! An oysergeveyntlekher oyto ! Un ayer, ze ikh, iz der letster model !
Ober... a brokhe ? Vos iz a brokhe ?

Moyshe va voir un rabbin orthodoxe avec sa voiture neuve :*
– Rabbi, je vous en prie, venez faire une bénédiction sur ma Jaguar !
– Une Jaguar ? Qu’est-ce que c’est, une Jaguar ? Je ne bénis pas quelque chose que je ne connais pas !
Moyshe s’adresse alors à un rabbin libéral :
– Rabbi, je vous en prie, faites une bénédiction sur ma Jaguar !
– Une Jaguar ! Ça, c’est une voiture hors du commun ! Et à ce que je vois, celle-ci est le tout dernier modèle !
Mais… une bénédiction ? Qu’est-ce que c’est, une bénédiction ?

Chapitre 22	Kapitl 22	קאַפּיטל 20
Israël	Erets-Yisroel	ארץ־ישׂראל

ארץ־ישׂראל

ERETS-YISROEL

ISRAËL

פֿון די יאָרן 1880 אָן, אַנטלויפֿן אַ סך ייִדן פֿון מיזרח־אייראָפּע
פֿאַרן דלות און פֿאַר די רדיפֿות. זיי פֿאָרן קיין אַמעריקע, ״דעם גאָלדענעם לאַנד״,
קיין מערבֿ־אייראָפּע, ספּעציעל פֿראַנקרײַך, דעם לאַנד פֿון ״מענטשנרעכט״,
און אויך קיין פּאַלעסטינע, דעם לאַנד פֿון דעם ציוניסטישן אידעאַל.
נאָך 1933, קומען אָן אין פּאַלעסטינע דײַטשע און פּוילישע ייִדן,
איבער היטלערן און דעם נאַציזם.
און באַלד נאָך דער מלחמה, נעמט דאָס לאַנד אויף אַ מאַסע אײַנוואַנדערערס
פֿון דער שארית־הפּליטה.
אין מײַ 1948, איז געבוירן געוואָרן די זעלבשטענדיקע מדינת־ישׂראל.

Fun di yorn 1880 on, antloyfn a sakh Yidn fun mizrekh-Eyrope
farn dales un far di redifes. Zey forn keyn Amerike, "dem goldenem land",
keyn mayrev-Eyrope, spetsyel Frankraykh, dem land fun "mentshnrekht",
un oykh keyn Palestine, dem land fun dem tsienistishn ideal.
Nokh 1933, kumen on in Palestine daytshe un poylishe Yidn, iber Hitlern un
dem natsizm.Un bald nokh der milkhome, nemt dos land oyf a mase
aynvanderers fun der sheyres-hapleyte.
In may 1948, iz geboyrn gevorn di zelbshtendike Medines-Yisroel.

*A partir de 1880, nombreux sont les Juifs qui fuient les pogromes et la
misère de l'Europe de l'est. Ils partent vers l'Amérique, le « pays d'or »,
vers l'Europe occidentale et en particulier
la France, le pays des « droits de l'homme ».
Ils choisissent aussi la Palestine, terre de l'idéal sioniste.
A partir de 1933, c'est Hitler et le nazisme que fuient
les Juifs allemands et polonais.
Et plus tard, juste après la guerre, la Palestine accueille en grand nombre
des rescapés de la Shoah.
Enfin en mai 1948, c'est la naissance de l'Etat d'Israël, état indépendant.*

Chapitre 22	Kapitl 22	קאַפּיטל 20
Israël	Erets-Yisroel	ארץ־ישׂראל

פֿאַר 1948, ייִדן אין פּאַלעסטינע.
אַ סך פֿון די עולים וואָס זײַנען געקומען פֿון דײַטשלאַנד קיין פּאַלעסטינע, די יעקעס, זײַנען אַקאַדעמיקערס. זיי האָבן אַ חוש פֿאַר אַ בירגערלעכן אויפֿפֿיר און פֿאַר דיסציפּלין.

Far 1948, Yidn in Palestine.
A sakh fun di oylim vos zaynen gekumen fun Daytshland keyn Palestine, di Yekes, zaynen akademikers. Zey hobn a khush far a birgerlekhn oyffir un far distsiplin.

Avant 1948, les Juifs en Palestine.

Venus d'Allemagne, les « Yekes », sont souvent des universitaires. Ils apportent avec eux leur civisme et leur sens aigu de la discipline.

463

ווען די יעקעס האָבן געאַרבעט בײַם בויען הײַזער אָדער שאָסייען, פֿלעגט מען הערן, ווען איינער פֿלעגט איבערגעבן דעם צווייטן אַ שטיין צי אַ ציגל:
— נאַט אײַך, הער דאָקטאָר!
— אַ דאַנק, הער פּראָפֿעסאָר!

Ven di Yekes hobn gearbet baym boyen hayzer oder shoseyen, flegt men hern, ven eyner flegt ibergebn dem tsveytn a shteyn tsi a tsigl :
– Nat aykh, her Doktor !
– A dank, her Profesor !

Quand les pionniers allemands travaillaient à la construction de maisons ou de routes, on entendait fréquemment, lorsqu'ils se passaient une pierre ou une brique :
– Tenez, Docteur !
– Merci, Professeur !

464

אַן עולה פֿון דײַטשלאַנד קויפֿט אַ בילעט חיפֿה־ירושלים און ער פֿאַרלאַנגט אַ פּלאַץ בײַם פֿענסטער מיטן פּנים צום פֿאָרנט. ווען ער קומט אָן אין ירושלים, באַקלאָגט ער זיך:
— איך האָב באַקומען אַ פּלאַץ נישט בײַם פֿענסטער און איך בין געזעסן קאַפּויער!
— נו, פֿאַר וואָס האָט איר זיך נישט

An oyle fun Daytshland koyft a bilet Kheyfe-Yerusholaim un er farlangt a plats baym fenster mitn ponem tsum fornt. Ven er kumt on in Yerusholaim, baklogt er zikh :
– Ikh hob bakumen a plats nisht baym fenster un ikh bin gezesn kapoyer !
– Nu, far vos hot ir zikh nisht getoysht

| Chapitre 22 | Kapitl 22 | קאַפּיטל 20 |
| Israël | Erets-Yisroel | ארץ־ישׂראל |

mit an andern pasazhir ?	געטוישט מיט אַן אַנדערן פּאַסאַזשיר ?
– Ikh hob nisht gehat mit vemen : ikh bin geven aleyn in dem vagon !	– איך האָב נישט געהאַט מיט וועמען : איך בין געוועזן אַליין אין דעם וואַגאָן !

Un immigré venu d'Allemagne achète un billet de train Haïfa-Jérusalem et il demande une place à la fenêtre, dans le sens de la marche. A son arrivée à Jérusalem, il va se plaindre :
– Ma place n'était pas près de la fenêtre, et j'étais assis dans le sens opposé à la marche !
– Eh bien, pourquoi n'avez-vous pas permuté avec un autre voyageur ?
– Je n'avais personne avec qui permuter : j'étais seul dans le wagon !

נאָך 1948, ייִדן אין ישׂראל.

נאָך גרויסע וויכּוחים ווערט ייִדיש אַוועקגעשטויסן לטובֿת עבֿרית, איין איינציקע שפּראַך זאָל פֿאַראייניקן די ערשטע חלוצים, די פֿרישע עולים און די יונגע סאַברעס, געבוירענע אין לאַנד. מיטן געבורט פֿון מדינת־ישׂראל, ווערט זי די אָפֿיציעלע שפּראַך פֿון דער נײַער מלוכה. גלײַכצײַטיק, ענדערן אַ סך ישׂראלים דעם געבורטסנאָמען : זיי קלײַבן אויס נעמען וואָס קלינגען אָרטיק.
דאָס קליינינקע לאַנד האָט איבערגעלעבט עטלעכע מלחמות. עס איז געוואָרן אַ מאָדערנע מאַכט, איינע פֿון די ערשטע אין דער וועלט אין וויסנשאַפֿט און טעכנאָלאָגיע. דערפֿאַר איז דער סאַברע שטאָלץ, אפֿילו גאווהדיק, און טייל מאָל האָט מען אים פֿאַרגלײַכט מיט דער פֿרוכט פֿונעם קאַקטוס, שטעכיק פֿון דרויסן און צאַרט אינעווייניק.
די וויצן וואָס מע שאַפֿט אין ישׂראל גיבן איבער דעם אַמאָליקן ייִדישן הומאָר, צוזאַמען מיטן הײַנטיקן ישׂראלדיקן געמיט.

Nokh 1948, Yidn in Yisroel.

Nokh groyse vikukhim vert yidish avekgeshtoysn letoyves ivrit, eyn eyntsike shprakh zol fareynikn di ershte khalutsim, di frishe oylim un di yunge sabres, geboyrene in land. Mitn geburt fun Medines-Yisroel, vert zi di ofitsyele shprakh fun der nayer melukhe. Glaykhtsaytik, endern a sakh Yisreeylim dem geburtsnomen : zey klaybn oys nemen vos klingen ortik.
Dos kleyninke land hot ibergelebt etlekhe milkhomes. Es iz gevorn a moderne makht, eyne fun di ershte in der velt in visnshaft un tekhnologye. Derfar iz der sabre shtolts, afile gayvedik, un teyl mol hot men im farglaykht mit der frukht funem kaktus, shtekhik fun droysn un tsart ineveynik.
Di vitsn vos me shaft in Yisroel gibn iber dem amolikn yidishn humor, tsuzamen mitn hayntikn yisroeldikn gemit.

Chapitre 22 Kapitl 22 קאַפּיטל 20
Israël Erets-Yisroel ארץ־ישׂראל

Après 1948, les Juifs en Israël.
Le yiddish est abandonné, non sans polémique, au profit de l'ivrit, l'hébreu moderne. Cette langue est censée fédérer les premiers pionniers, les immigrés récents et la jeune génération des « sabras », nés sur place. A la création de l'Etat d'Israël, elle devient la langue officielle du nouvel état israélien. Parallèlement, de nombreux Israéliens troquent leurs noms d'origine contre des noms à consonance locale.*
Survivant à plusieurs guerres, cette petite nation devient une puissance moderne, à la pointe du progrès scientifique et technologique.
Le sabra en est fier, voire arrogant, et on l'a parfois comparé au fruit du cactus, piquant à l'extérieur mais tendre à l'intérieur.
Les vitsn engendrés en Israël reflètent à la fois l'humour juif ancestral et l'état d'esprit de l'Israélien moderne.*

די עולים.

Di oylim.

Les olim ou immigrés.*

465

In di fuftsiker yorn, dernentert zikh a shif mit oylim tsum breg in Kheyfe. Zogt der kapitan :
– Shoyn, ir zent poter fun yidishe tsores. Itst heybn zikh on di yisreeylishe problemen !

אין די פֿופֿציקער יאָרן, דערנענטערט זיך אַ שיף מיט עולים צום ברעג אין חיפֿה.
זאָגט דער קאַפּיטאַן :
– שוין, איר זענט פּטור פֿון ייִדישע צורת. איצט הייבן זיך אָן די ישׂראלישע פּראָבלעמען !

Dans les années 1950, un bateau d'immigrants accoste à Haïfa. Le capitaine leur dit :
– Voilà, les souffrances juives, c'est terminé pour vous ! Maintenant commencent les problèmes israéliens !

466

In di fuftsiker yorn, iz faran a masive imigratsye, spetsyel Yidn fun Tsofn-

אין די פֿופֿציקער יאָרן, איז פֿאַראַן אַ מאַסיווע אימיגראַציע, ספּעציעל ייִדן פֿון

Chapitre 22 Kapitl 22 קאַפּיטל 20
Israël Erets-Yisroel ארץ־ישׂראל

Afrike un fun Irak.
In der zelber tsayt, zenen faran Yisreeylim, a sakh fun zey “groyse kep”, vos farlozn dos land ayntsuvandern in di Fareynikte Shtatn :

צפֿון-אַפֿריקע און פֿון איראַק.
אין דער זעלבער צײַט, זענען פֿאַראַן ישׂראלים, אַ סאַך פֿון זיי „גרויסע קעפּ“, וואָס פֿאַרלאָזן דאָס לאַנד אײַנצוּוואַנדערן אין די פֿאַראייניקטע שטאַטן :

Tsvey shifn kreytsn zikh lebn Kheyfe, eyne mit emigrantn un di tsveyte mitn foderbort keyn Yisroel.
Ven zey zenen eyne antkegn der tsveyter, dreyen s’rov pasazhirn mitn vayzfinger oyf der shleyf…

צוויי שיפֿן קרייצן זיך לעבן חיפֿה, איינע מיט עמיגראַנטן און די צווייטע מיטן פֿאָדערבאָרט קיין ישׂראל.
ווען זיי זענען איינע אַנטקעגן דער צווייטער, דרייען ס׳רובֿ פּאַסאַזשירן מיטן ווײַזפֿינגער אויף דער שלייף...

Dans les années1950, on assiste à une immigration massive, notamment de Juifs d’Afrique du Nord et d’Irak. Dans le même temps, des Israéliens quittent le pays – généralement des « grosses têtes » – pour émigrer aux États-Unis :

Deux bateaux se croisent au large de Haïfa, l’un chargé d’émigrants, l’autre se dirigeant vers Israël.
Lorsqu’ils sont à la même hauteur, une grande partie des passagers font tourner leur index sur la tempe…

467

A mayse shehoye :
In di fuftsiker yorn, kumt on Amnon, a akhtsn-yeriker oyle, in Kheyfe.
Ven er geyt arop fun shif, kukt er zikh arum, un dem feter vos nemt im oyf, fregt er :
– Ale mentshn do zenen Yidn ? Afile der kerer, dortn, iz a Yid ?

אַ מעשׂה שהיה :
אין די פֿופֿציקער יאָרן, קומט אָן אמנון, אַ אַכצן-יעריקער עולה, אין חיפֿה.
ווען ער גייט אַראָפּ פֿון שיף, קוקט ער זיך אַרום, און דעם פֿעטער וואָס נעמט אים אויף, פֿרעגט ער :
– אַלע מענטשן דאָ זענען יידן ? אפֿילו דער קערער, דאָרטן, איז אַ ייִד ?

Une histoire vécue : dans les années cinquante, Amnon, un adolescent de dix-huit ans, «monte» en Israël en tant que nouvel immigrant.
Quand il descend du bateau à Haïfa, il regarde tout autour de lui et à l’oncle qui est venu l’accueillir, il demande :
– Tous les gens ici sont juifs ? Même le balayeur, là-bas, c’est aussi un Juif ?

Chapitre 22 Kapitl 22 קאַפּיטל 20
Israël Erets-Yisroel ארץ-ישׂראל

468

A sovetisher oyle kumt on in Ben-Guryon luftport. Oyf yeder frage farkrimt er zikh :
– In Moskve, hot ir gehat a fayne dire ?
– Me tor zikh nisht klogn !
– Un di arbet ?
– Me tor zikh nisht klogn !
– Di parnose ?
– Me tor zikh nisht klogn !
– To far vos zent ir do gekumen aher, in Yisroel ?
– Vayl do... do, vel ikh zikh kenen klogn !

אַ סאָוועטישער עולה קומט אָן אין בן-גוריון לופֿטפּאָרט. אויף יעדער פֿראַגע פֿאַרקרימט ער זיך :
– אין מאָסקווע, האָט איר געהאַט אַ פֿײַנע דירה ?
– מע טאָר זיך נישט קלאָגן !
– און די אַרבעט ?
– מע טאָר זיך נישט קלאָגן !
– די פּרנסה ?
– מע טאָר זיך נישט קלאָגן !
– טאָ פֿאַר וואָס זענט איר דאָ געקומען אַהער, אין ישׂראל ?
– ווײַל דאָ... דאָ, וועל איך זיך קענען קלאָגן !

Un immigrant soviétique débarque à l'aéroport Ben Gourion.
A chacune des questions qu'on lui pose, il fait la moue :
– Vous étiez bien logé, à Moscou ?
– On ne pouvait pas se plaindre.
– Et votre emploi ?
– On ne pouvait pas se plaindre.
– Votre niveau de vie ?
– On ne pouvait pas se plaindre.
– Alors, pourquoi êtes vous venu ici, en Israël ?
– Parce qu'ici... ici, je pourrai me plaindre !

469

In luftport Ben-Guryon, tsvishn di rusishe oylim, vi azoy derkent men di pyanistn ?
Entfer : zey trogn nisht keyn fidl !

אין לופֿטפּאָרט בן-גוריון, צווישן די רוסישע עולים, ווי אַזוי דערקענט מען די פּיאַניסטן ?
ענטפֿער : זיי טראָגן נישט קיין פֿידל !

A l'aéroport Ben Gourion, parmi les immigrants russes, comment reconnait-on les pianistes ?
Réponse : ils ne portent pas de violon !

Chapitre 22 Kapitl 22 קאַפּיטל 20
Israël Erets-Yisroel ארץ־ישׂראל

470

Me fregt an oyle vos kumt fun Maroko :
– Du bist gliklekh do, in Yisroel ?
– Yo, zeyer gliklekh : in Maroko, hot men mikh gesholtn als Yid, nor do bahandlt men mikh als Marokaner[1] !

[1] In di fufsiker yorn, hobn di ashkenazim in Yisroel, farakht di sfardim, iberhoypt di Yidn fun Maroko, di tsolraykhste fun ale : "shvartse khayes", " Marokim im sakin = Marokaner mitn meser", hot men zey gerufn.

מע פֿרעגט אַן עולה וואָס קומט פֿון מאַראָקאָ :
– דו ביסט גליקלעך דאָ, אין ישׂראל ?
– יאָ, זייער גליקלעך : אין מאַראָקאָ, האָט מען מיך געשאָלטן אַלס ייִד, נאָר דאָ, באַהאַנדלט מען מיך אַלס מאַראָקאַנער[1] !

(1) אין די פֿופֿסיקער יאָרן, האָבן די אשכּנזים אין ישׂראל, פֿאַראַכט די ספֿרדים, איבער הויפּט די ייִדן פֿון מאַראָקאָ, די צאָלרײַכסטע פֿון אַלע : „שוואַרצע חיות“, „מאַראָקים עם סכּין = מאַראָקאַנער מיטן מעסער“, האָט מען זיי גערופֿן.

On demande à un immigrant venu du Maroc :
– Tu es heureux ici, en Israël ?
– Oui, très heureux : au Maroc, j'étais maudit en tant que Juif, mais ici on me considère comme un Marocain[1] !

[1] Dans les années 1950, en Israël, les ashkénazes regardaient les séfarades de haut, particulièrement les Juifs marocains qui étaient les plus nombreux. En parlant d'eux, ils les appelaient « bêtes à peau mate » ou « Marocains au couteau »

471

Far gevise naye oylim iz oysgekumen shver zikh oystsulernen hebreish :

A shabes in Tel-Aviv, hot a Yid taynes tsu tsvey oylim vos redn yidish oyf der gas. Farteydikt zikh eyner :
– Yidish[1] redt zikh aleyn. Nor redn hebreish iz far undz a shvere arbet, un shabes tor men nisht arbetn !

[1] Mit yidish, dem mame-loshn, flegn Yidn zikh farshteyn iberal oyf der gantser velt.

פֿאַר געוויסע נײַע עולים איז אויסגעקומען שווער זיך אויסצולערנען העברעיש :

אַ שבת אין תּל־אבֿיבֿ, האָט אַ ייִד טענות צו צוויי עולים וואָס רעדן ייִדיש אויף דער גאַס. פֿאַרטיידיקט זיך איינער :
– ייִדיש רעדט זיך אַליין. נאָר רעדן העברעיִש איז פֿאַר אונדז אַ שווערע אַרבעט, און שבת טאָר מען נישט אַרבעטן !

(1) מיט ייִדיש, דעם מאַמע־לשון, פֿלעגן ייִדן זיך פֿאַרשטיין איבעראַל אויף דער גאַנצער וועלט.

Certains nouveaux immigrés avaient du mal à apprendre l'hébreu :

Un samedi, dans une rue de Tel-Aviv, un Juif reproche à deux olim, immigrés récents, de parler yiddish.*

Chapitre 22 Kapitl 22 קאַפּיטל 20
Israël Erets-Yisroel ארץ־ישׂראל

L'un d'eux explique :
– Parler yiddish[1] ne demande aucun effort, mais parler hébreu est pour nous un travail pénible, et il est interdit de travailler le Shabbat !*

[1] *Le yiddish, ou « mame-loshn », permettait aux Juifs de se comprendre partout, dans le monde entier.*

די שווערקייטן.

Di shverikeytn.

Les difficultés.

472

Der Malekh-hamoves firt a Yid in gehenem arayn. Der Yid iz farvundert, s'iz beser nokh vi in ganeydn : blumen, sheyne vayblekh, un se shmekt azoy gut ! Farlangt er do tsu blaybn.
Layder, bald vern farshvunden di blumen un di sheyne vayblekh ! Un se shtinkt mit epes farbrents !
Baklogt zikh der Yid :
– Ikh farshtey nisht... Frier iz andersh geven !
– Frier, bistu do geven als turist ; itst bistu do als imigrant !

דער מלאך־המוות פֿירט אַ ייִד אין גיהנום אַרײַן. דער ייִד איז פֿאַרוווּנדערט, ס'איז בעסער נאָך ווי אין גן־עדן : בלומען, שיינע ווײַבלעך, און סע שמעקט אַזוי גוט ! פֿאַרלאַנגט ער דאָ צו בלײַבן.
לײַדער, באַלד ווערן פֿאַרשוווּנדען די בלומען און די שיינע ווײַבלעך ! און סע שטינקט מיט עפּעס פֿאַרברענטס !
באַקלאָגט זיך דער ייִד :
– איך פֿאַרשטיי נישט... פֿריִער איז אַנדערש געווען !
– פֿריִער, ביסטו דאָ געווען אַלס טוריסט ; איצט ביסטו דאָ אַלס אימיגראַנט !

L'Ange de la Mort conduit un Juif en enfer. Ce dernier est émerveillé, c'est encore mieux que le paradis : il y a des fleurs, des jolies femmes et l'air embaume ! Il demande à rester là.
Hélas, très vite les fleurs et les jolies femmes disparaissent ! Et cela sent le roussi !
Le nouvel arrivé se plaint :
– Mais je ne comprends pas... Ce n'était pas comme ça, avant !
– Avant, tu étais là en touriste ; maintenant tu es un immigrant !

Chapitre 22 Kapitl 22 קאַפּיטל 20
Israël Erets-Yisroel ארץ־ישׂראל

473

A mayse shehoye :
In a shpitol in Tel-Aviv, hobn mir geshmuest mit a kolegen, a yungn dokter vos iz gekumen fun Sovetn-Farband.
– Morgn, hot er undz gezogt, muz ikh haltn an ekvivalentz-ekzamen[1]. Oyb ikh vel im nisht oyshaltn, vel ikh muzn vern a kerer oder a kelner[2]...

[1] Demolt zenen di yisreeylishe doktoyrim geshtanen oyf a beserer madreyge vi di doktoyrim gekumen fun Sovetn-Farband.
[2] A sakh sovetishe oylim mit diplomen flegn bakumen a proste arbet.

אַ מעשׂה שהיה :
אין אַ שפּיטאָל אין תּל-אבֿיבֿ, האָבן מיר געשמועסט מיט אַ קאָלעגען, אַ יונגן דאָקטער וואָס איז געקומען פֿון סאָוועטן-פֿאַרבאַנד.
– מאָרגן, האָט ער אונדז געזאָגט, מוז איך האַלטן אַן עקוויוואַלענץ-עקזאַמען[1]. אויב איך וועל אים נישט אויסהאַלטן, וועל איך מוזן ווערן אַ קערער אָדער אַ קעלנער[2]...

[1] דעמאָלט זענען די ישׂראלישע דאָקטוירים געשטאַנען אויף אַ בעסערער מדרגה ווי די דאָקטוירים געקומען פֿון סאָוועטן-פֿאַרבאַנד.
[2] אַ סך סאָוועטישע עולים מיט דיפּלאָמען פֿלעגן באַקומען אַ פּראָסטע אַרבעט.

Une histoire vécue :
Dans un hôpital à Tel-Aviv, nous avons discuté avec un confrère, un jeune médecin qui venait d'Union Soviétique.
– Demain, nous a-t'il dit, je dois passer un examen d'équivalence[1]. Si je ne suis pas admis, il me faudra trouver un emploi de balayeur ou de serveur[2]...

[1] *Les médecins israéliens étaient alors d'un meilleur niveau que les médecins formés en Union Soviétique.*
[2] *De nombreux diplômés soviétiques étaient contraints d'occuper des emplois ordinaires.*

474

Gebers flegn shpiln a groyse role.
In Yisroel, oyf yedn shtotishn binyen, oyf yedn shpitol, oyf yedn stadyon u.az.v, shteyen shildlekh mit di nemen fun di breythartsike gebers.

Tsu boyen a nayem rizikn avyon volt zikh gefodert aza barg mit tshekn, az mit azoy fil shildlekh volt der avyon nisht gekent zikh oyfheybn !

געבערס פֿלעגן שפּילן אַ גרויסע ראָלע.
אין ישׂראל, אויף יעדן שטאָטישן בנין, אויף יעדן שפּיטאָל, אויף יעדן סטאַדיאָן אאַז"וו, שטייען שילדלעך מיט די נעמען פֿון די ברייטהאַרציקע געבערס.

צו בויען אַ נײַעם ריזיקן אַוויאָן וואָלט זיך געפֿאָדערט אַזאַ באַרג מיט טשעקן, אַז מיט אַזוי פֿיל שילדלעך, וואָלט דער אַוויאָן נישט געקענט זיך אויפֿהייבן !

Chapitre 22 Kapitl 22 קאַפּיטל 20
Israël Erets-Yisroel ארץ־ישׂראל

Les donateurs ont beaucoup aidé Israël.
En Israël, sur chaque bâtiment public, chaque hôpital, chaque stade etc, sont apposées des plaques avec le nom des généreux donateurs.

La fabrication d'un nouvel avion de très gros calibre aurait nécessité une telle quantité de chèques, et donc de plaques, que l'avion n'aurait pas pu décoller !

475

Der kantsler fun Daytshland bazukht Yisroel, un me ladt im ayn oyf a kontsert in der groyser Man-oyditorye fun Tel Aviv. Fregt er far vos heyst zi oyfn nomen "Man".
– Iz es lekoved undzer groysn daytshn shrayber, Thomas Man ?
– Neyn, der doziker Man iz an Amerikaner.
– An Amerikaner ? Un vos hot er geshribn ?
– A groysn tshek, ot dos hot er geshribn !

דער קאַנצלער פֿון דײַטשלאַנד באַזוכט ישׂראל, און מע לאַדט אים אײַן אויף אַ קאָנצערט אין דער גרויסער מאַן-אוידיטאָריע פֿון טל-אבֿיבֿ. פֿרעגט ער פֿאַר וואָס הייסט זי אויפֿן נאָמען „מאַן“.
– איז עס לכּבֿוד אונדזער גרויסן דײַטשן שרײַבער, טאָמאַס מאַן ?
– ניין, דער דאָזיקער מאַן איז אַן אַמעריקאַנער.
– אַן אַמעריקאַנער ? און וואָס האָט ער געשריבן ?
– אַ גרויסן טשעק, אָט דאָס האָט ער געשריבן !

Le chancelier allemand, en visite en Israël, est invité à un concert dans le grand Auditorium de Tel-Aviv qui porte le nom d' « Auditorium Mann ».
Il se renseigne :
– Est-ce en l'honneur de notre grand écrivain allemand Thomas Mann ?
– Non, ce Mann-là est américain.
– Américain ? Et qu'a-t'il écrit ?
– Ce qu'il a écrit ? Un gros chèque, voilà ce qu'il a écrit !

476

Amolike tsaytn flegt di inflatsye loyfn azoy shnel, az di prayzn in gesheftn flegn zikh hekhern in loyf funem tog.

אַמאָליקע צײַטן פֿלעגט די אינפֿלאַציע לויפֿן אַזוי שנעל, אַז די פּרײַזן אין געשעפֿטן פֿלעגן זיך העכערן אין לויף פֿונעם טאָג.

A retenish flegt umgeyn : vos iz der untersheyd tsvishn a dolar un a lire ? Entfer : a dolar !

אַ רעטעניש פּלעגט אומגיין : וואָס איז דער אונטערשייד צווישן אַ דאָלאַר און אַ לירע ? ענטפּער : אַ דאָלאַר !

Il y eut une période où l'inflation était si galopante que les prix dans les magasins grimpaient au cours d'une même journée.

Une devinette circulait : quelle est la différence entre un dollar et une livre(1) israélienne ?
Réponse : un dollar !

(1) *La livre israélienne a précédé le shekel.*

477

Eytan iz arbetsloz in Tel-Aviv.
Er dertseylt dem arbet-minister zayne shverikeytn. Der minister hert zikh tsu un zogt :
– Ikh farshtey, ikh farshtey... Nor « savlanut », du muzt hobn geduld.
Er vayzt im durkhn fenster :
– Kegn iber oyfn bergl, shteyt a boym. Du zest im ? In tsvey yor arum veln do vaksn tsen beymer. In finef yor arum, hundert beymer un nokh tsen yor shpeter, toyznt beymer ! Farshteystu ?
Ven Eytan kumt tsurik aheym, fregt im zayn vayb :
– Nu, vos hot men dir gezogt ?
Nor Eytan iz dokh a pesimist ! Entfert er :
– Alts hot der minister mir gegebn tsu farshteyn ! Kum Orit, gib a kuk durkhn fenster : untn oyf der gas, zitst a shnorer. Du zest im ? In a yor arum, veln do zitsn tsen shnorers, nokh tsvey yor, hundert shnorers...

Tfu tfu tfu, bahit zol men zayn !

איתן איז אַרבעטסלאָז אין טל-אָבִיבֿ.
ער דערציילט דעם אַרבעט-מיניסטער זײַנע שוועריקייטן. דער מיניסטער הערט זיך צו און זאָגט :
— איך פֿאַרשטיי, איך פֿאַרשטיי... נאָר „סאַוולאַנוט“, דו מוזט האָבן געדולד.
ער ווײַזט אים דורכן פֿענסטער :
— קעגן איבער אויפֿן בערגל, שטייט אַ בוים. דו זעסט אים ? אין צוויי יאָר אַרום, וועלן דאָ וואַקסן צען ביימער. אין פֿינעף יאָר אַרום, הונדערט ביימער, און נאָך צען יאָר שפּעטער, טויזנט ביימער ! פֿאַרשטייסטו ?
ווען איתן קומט צוריק אַהיים, פֿרעגט אים זײַן ווײַב :
— נו, וואָס האָט מען דיר געזאָגט ?
נאָר איתן איז דאָך אַ פּעסימיסט ! ענטפֿערט ער :
— אַלץ האָט דער מיניסטער מיר געגעבן צו פֿאַרשטיין ! קום אורית, גיב אַ קוק דורכן פֿענסטער : אונטן אויף דער גאַס, זיצט אַ שנאָרער. דו זעסט אים ? אין אַ יאָר אַרום, וועלן דאָ זיצן צען שנאָרערס, נאָך צוויי יאָר, הונדערט שנאָרערס...

טפֿו טפֿו טפֿו, באַהיט זאָל מען זײַן !

Chapitre 22
Israël
Kapitl 22
Erets-Yisroel
קאַפּיטל 20
ארץ־ישׂראל

Eytan est au chômage à Tel-Aviv.
Il se rend au ministère du travail pour exposer ses difficultés. Le ministre l'écoute attentivement et il lui dit :
– Je comprends, je comprends... Mais tu dois être patient (savlanout = la patience, était un maître-mot à cette époque).
Il l'entraîne à la fenêtre :
– En face sur la colline, il y a un arbre. Tu le vois ? Dans deux ans pousseront ici dix arbres. Encore cinq ans, il y aura cent arbres et dix ans plus tard, mille arbres ! Tu comprends ?
Quand Eytan rentre à la maison, sa femme lui demande :
– Alors ? Qu'est-ce qu'on t'a dit ?
Mais Eytan, c'est un pessimiste ! Il répond :
– Le ministre m'a bien fait comprendre ! Viens Orit, jette un coup d'œil par la fenêtre : en bas dans la rue, est assis un mendiant. Tu le vois ? Dans un an, il y en aura dix, et dans deux ans, il y aura cent mendiants...

Ptou ptou ptou, que Dieu nous en préserve !

478

A sabre vos hot flign in der noz, kumt als kandidat oyf a shtele in a ministeryum in Yerusholaim.
Me lozt im arayn in a koridor mit tsvey tirn :

GENITE KANDIDATN – ONFANGERS

Er efnt oyf di ershte tir, un zet vider tsvey tirn :

BIZ FERTSIK YOR – MER VI FERTSIK YOR

Er efnt oyf di ershte tir, un vider tsvey tirn :

NISHT BAVAYBT – BAVAYBT

Er efnt oyf di ershte tir un leyent :

MIT PROTEKTSYE – ON PROTEKTSYE

– Khevre paskudnyakes !
Er efnt oyf di tsveyte tir un...
er iz oyf der gas !

אַ סאַברע וואָס האָט פֿליגן אין דער נאָז, קומט אַלס קאַנדידאַט אויף אַ שטעלע אין אַ מיניסטעריום אין ירושלים.
מע לאָזט אים אַרײַן אין אַ קאָרידאָר מיט צוויי טירן :

געניטע קאַנדידאַטן — אָנפֿאַנגערס

ער עפֿנט אויף די ערשטע טיר, און זעט ווידער צוויי טירן :

ביז פֿערציק יאָר — מער ווי פֿערציק יאָר

ער עפֿנט אויף די ערשטע טיר, און ווידער צוויי טירן :

נישט באַווײַבט — באַווײַבט

ער עפֿנט אויף די ערשטע טיר און לייענט :

מיט פּראָטעקציע — אָן פּראָטעקציע

— חבֿרה פּאַסקודניאַקעס !
ער עפֿנט אויף די צווייטע טיר און...
ער איז אויף דער גאַס !

Chapitre 22 Kapitl 22 קאַפּיטל 20
Israël Erets-Yisroel ארץ־ישׂראל

Un sabra, prétentieux et sûr de lui, vient postuler un emploi dans un ministère à Jérusalem.*
On l'introduit dans un corridor où se trouvent deux portes :
EXPÉRIMENTÉS – DÉBUTANTS
Il ouvre la première porte et voit encore deux portes :
MOINS DE 40 ANS – PLUS DE 40 ANS
Il ouvre la première porte et à nouveau deux portes :
CÉLIBATAIRES – MARIÉS
Il ouvre la première porte et lit :
AVEC RECOMMANDATION – SANS RECOMMANDATION
– Bande d'enfoirés !
Il ouvre la seconde porte et... il se retrouve dans la rue !

אין די פֿופֿציקער און זעכציקער יאָרן זענען צוגעקומען דירעקט אויף ייִדיש אַ סך וויצן וועגן דעם טאָג־טעגלעכן לעבן אין ישׂראל.
דאָס האָט מען צו פֿאַרדאַנקען די צוויי ווונדערלעכע קאָמיקער, דזשיגאַן און שומאַכער, וואָס האָבן געמאַכט לאַכן דעם דעמאָלט גרויסן ייִדיש־רעדנדיקן עולם אין דער מדינה.

In di fuftsiker un zekhtsiker yorn zenen tsugekumen direkt oyf yidish a sakh vitsn vegn dem tog-teglekhn lebn in Yisroel.
Dos hot men tsu fardanken di tsvey vunderlekhe komiker, Dzhigan un Shumakher, vos hobn gemakht lakhn dem demolt groysn yidish-redndikn oylem in der medine.

Dans les années cinquante et soixante, des histoires drôles de la vie quotidienne en Israël ont été créées directement en yiddish.
Nous le devons à deux comiques exceptionnels, Dzhigan et Shumakher, qui ont fait rire un public yiddishophone, encore important à l'époque.

דאָס טאָג־טעגלעכע לעבן.

Dos tog-teglekhe lebn.

La vie quotidienne.

Chapitre 22 Kapitl 22 קאַפּיטל 20
Israël Erets-Yisroel ארץ־ישׂראל

479

In Yisroel, iz geven geshribn in ale oytobusn :

IR ZOLT NISHT REDN TSUM SHOFER, ER VET NISHT ENTFERN : ER BANITST ZIKH MIT DI HENT TSU FIRN

אין ישׂראל, איז געווען געשריבן אין אַלע אויטאָבוסן :

איר זאָלט נישט רעדן צום שאָפער, ער וועט נישט ענטפערן : ער באַניצט זיך מיט די הענט צו פירן

En Israël, on pouvait voir affiché dans tous les autobus :

PRIERE DE NE PAS PARLER AU CHAUFFEUR, IL NE REPONDRA PAS : IL A BESOIN DE SES MAINS POUR CONDUIRE

480

In Yisroel, iz yeder eyner a khokhem.
In an oysshulung-tsenter fun Tsahal shteyt geshribn oyf a plakat far di frishe zelner :

ZAYT AZOY GUT, GIT NISHT KEYN EYTSES DEM HOYPT-GENERAL

אין ישׂראל איז יעדער איינער אַ חכם.
אין אַן אויסשולונג־צענטער פֿון צה"ל שטייט געשריבן אויף אַ פּלאַקאַט פֿאַר די פֿרישע זעלנער :

זײַט אַזוי גוט, גיט נישט קיין עצות דעם הויפּט־גענעראַל

En Israël, tout un chacun est un « khokhem » un sage avisé.*
Dans un centre d'instruction de «Tsahal», l'armée israëlienne, il est affiché à l'attention des nouvelles recrues :

AYEZ LA BONTE DE NE PAS DONNER DE CONSEILS AU GENERAL EN CHEF

481

Der alter Moyshe shpatsirt in Tel-Aviv, mit zayn nayn-yerik eynikl.
– Zolst visn, mayn kind, az ven ikh bin geven yung, hob ikh zikh gemordevet mit mayne eygene hent, in der doziker gas, fun numer 100 biz numer 120 !
Vundert zikh Eytan :
– Vos epes, zeyde ? Ven du bist geven yung, bistu geven an araber, tsi a teylender, tsi vos... ?

דער אַלטער משה שפּאַצירט אין טל־אָבֿיבֿ, מיט זײַן נײַן־יעריק איניקל.
– זאָלסט וויסן, מײַן קינד, אַז ווען איך בין געווען יונג, האָב איך זיך געמאָרדעוועט מיט מײַנע אייגענע הענט, אין דער דאָזיקער גאַס, פֿון נומער 100 ביז נומער 120 !
וווּנדערט זיך איתן :
– וואָס עפּעס, זיידע ? ווען דו ביסט געווען יונג, ביסטו געווען אַן אַראַבער, צי אַ טיילענדער, צי וואָס... ?

Chapitre 22 | Kapitl 22 | קאַפּיטל 20
Israël | Erets-Yisroel | ארץ־ישׂראל

Le vieux Moyshe se promène dans une rue de Tel-Aviv, avec son petit-fils âgé de neuf ans.*
– Il faut que tu saches mon enfant, que quand j'étais jeune, j'ai trimé de mes propres mains, du n°100 au n°120 de cette rue !
Eytan s'étonne :
– Comment ça, grand-père ? Quand tu étais jeune, tu étais arabe, ou thaïlandais, ou quoi... ?

482

In 1980, barimt zikh Amnon far zayn feter, vos iz gekumen als turist fun Amerike :
– Shtel zikh for, feter, vi sheyn ikh hob zikh aroyfgearbet : itst voyn ikh in a moderner vile, oyf finef dunam erd. Dos gefint men zeltn in Yisroel !
– Finef dunam ? Iz vos ? Bay mir in Teksas, muz ikh forn mitn oyto a halbn tog, oystsuforn mayn rantsh !
– Emes ? Ikh hob oykh a mol gehat aza altn oyto[1] !

[1] In di fufstiker-zekhtsiker yorn, zenen geven zeyer veynik oytos in Yisroel, un bloyz gor alte amerikanishe trantes.

אין 1980, באַרימט זיך אמנון פֿאַר זייַן פֿעטער, וואָס איז געקומען אַלס טוריסט פֿון אַמעריקע :
– שטעל זיך פֿאָר, פֿעטער, ווי שיין איך האָב זיך אַרויפֿגעאַרבעט : איצט ווױן איך אין אַ מאָדערנער ווילע, אויף פֿינעף דונאַם ערד. דאָס געפֿינט מען זעלטן אין ישׂראל !
– פֿינעף דונאַם ? איז וואָס ? בײַ מיר אין טעקסאַס, מוז איך פֿאָרן מיטן אויטאָ אַ האַלבן טאָג, אויסצופֿאָרן מײַן ראַנטש !
– אמת ? איך האָב אויך אַ מאָל געהאַט אַזאַ אַלטן אויטאָ[1] !

[1] אין די פֿופֿציקער-זעכציקער יאָרן, זענען געווען זייער ווייניק אויטאָס אין ישׂראל, און בלויז גאָר אַלטע אַמעריקאַנישע טראַנטעס.

En 1980, Amnon se vante auprès de son oncle venu d'Amérique en touriste :
– Rends-toi compte, mon oncle, comme je me suis bien débrouillé : j'ai maintenant une villa moderne sur un terrain de cinq dounam, c'est rare en Israël !*
– Cinq dounam ? Et alors ? Chez moi au Texas, il me faut une demi-journée pour faire le tour de mon ranch en voiture !
– C'est vrai ? Moi aussi, dans le temps, j'ai eu un vieux tacot[1] comme ça !

[1] *Dans les années 1950-60, il y avait peu de voitures en Israël, et seulement de vieilles guimbardes américaines.*

Chapitre 22 Kapitl 22 20 קאַפּיטל
Israël Erets-Yisroel ארץ־ישׂראל

483

A yunger Yisreeyli fregt zayn feter fun Amerike, velkher iz do geblibn tsvey vokhn in land :
– Nu feter, vi gefelt dir Yisroel ?
– Se gefelt mir zeyer ! Ober epes shtert mikh dokh : in Yisroel, redt men nor vegn gelt, vegn dires, vegn esn... Bay undz in Amerike, redt men vegn musik, vegn literatur...
– S'iz a normale zakh feter :
yeder eyner redt vegn dem vos er hot nisht !

אַ יונגער ישׂראלי פֿרעגט זײַן פֿעטער פֿון אַמעריקע, וועלכער איז דאָ געבליבן צוויי וואָכן אין לאַנד :
– נו פֿעטער, ווי געפֿעלט דיר ישׂראל ?
– סע געפֿעלט מיר זייער ! אָבער עפּעס שטערט מיך דאָך : אין ישׂראל, רעדט מען נאָר וועגן געלט, וועגן דירות, וועגן עסן... בײַ אונדז אין אַמעריקע, רעדט מען וועגן מוזיק, וועגן ליטעראַטור...
– ס'איז אַ נאָרמאַלע זאַך פֿעטער :
יעדער איינער רעדט וועגן דעם וואָס ער האָט נישט !

Un jeune Israélien demande à son oncle d'Amérique, qui est en visite depuis deux semaines :
– Alors mon oncle, Israël te plaît ?
– Beaucoup ! Mais quand-même, il y a quelque chose qui me gêne :
En Israël, on n'entend parler que d'argent, d'appartements, de nourriture... Chez nous, aux Etats-Unis, on parle musique, littérature...
– C'est normal, mon oncle, chacun parle de ce qu'il n'a pas !

484

A mayse shehoye :
Amnon un Tsvi livern papirene skhoyre, vishpapirlekh, klozet-papir u.az.v. Yedes yor bakumen di sokhrim als matone epes a shmokhte, a reklame. Aroys fun gevelb, fregt Tsvi :
– Host im gegebn a "dos" ? Er hot gekrign a dos ? Gey un freg im, oyb er hot a dos !
– Freg im du aleyn...
oyb er hot a dos !

אַ מעשׂה שהיה :
אמנון און צבֿי ליווערן פּאַפּירענע סחורה, ווישפּאַפּירלעך, קלאָזעט-פּאַפּיר אאַז"וו. יעדעס יאָר באַקומען די סוחרים אַלס מתּנה עפּעס אַ שמאָכטע, אַ רעקלאַמע. אַרויס פֿון געוועלב, פֿרעגט צבֿי :
– האָסט אים געגעבן אַ „דאָס" ? ער האָט געקריגן אַ דאָס ? גיי און פֿרעג אים, אויב ער האָט אַ דאָס !
– פֿרעג אים דו אַליין...
אויב ער האָט אַ דאָס !

Une histoire vécue :
Amnon et Tsvi livrent des articles en papier : mouchoirs, serviettes de table,

Chapitre 22 Kapitl 22 קאַפּיטל 20
Israël Erets-Yisroel ארץ־ישׂראל

papier hygiénique etc. En fin d'année, les commerçants reçoivent en cadeau une bricole publicitaire. A la sortie d'une des boutiques, Tsvi demande :
– Tu lui as donné le « doss » [1] *le truc ? Il a un truc ? Va lui demander s'il a un truc !*
– Demande-lui toi-même, s'il a un truc !

[1] *« Doss » que l'on prononce « doesse ou douesse », signifie « n'importe quoi, un machin, un truc », mais aussi dans le langage populaire « le pénis ».*

485

Oyf Dizengof in Tel-Aviv, geyt a Yid un er halt in eyn vortshen :
"A drekish land, a drekish land !"
Kumt on a politsyant :
– Vos hob ikh gehert ? Ir zidlt di Medine ? Ir zidlt Erets-Yisroel ?
Un er firt im tsum komisaryat. S'iz a heyser tog, der komisar khapt a dreml.
Der politsyant vekt im oyf :
– Shtelt zikh for ! Dem Yid do, hob ikh gekhapt oyf Dizengof. Er hot gezidlt Erets-Yisroel :
"A drekish land, a drekish land",
hot er ibergekhazert etlekhe mol !
– Emes ? Ir hot gezogt
"A drekish land" ?
– Yo, ikh hob take gezogt
"A drekish land".
Ober nisht undzer land hob ikh gemeynt. Poyln hob ikh gehat in zinen, vu ikh hob frier gelebt !
– Take ? Oyb azoy, zent ir fray !
Un der komisar dreyt zikh oys tsum politsyant :
– Vos shayekh aykh, bakumt ir a shtrof fun 200 lires.
Ershtns, vayl ir hot mikh umzist oyfgevekt ; un tsveytns, vayl ir hot im nisht oysgefregt mit seykhl !

אויף דיזענגאָף אין טל-אבֿיבֿ, גייט אַ ייִד און ער האַלט אין איין וואָרטשען :
„אַ דרעקיש לאַנד, אַ דרעקיש לאַנד“ !
קומט אָן אַ פּאָליציאַנט :
– וואָס האָב איך געהערט ? איר זידלט די מדינה ? איר זידלט ארץ-ישׂראל ?
און ער פֿירט אים צום קאָמיסאַריאַט. ס׳איז אַ הייסער טאָג, דער קאָמיסאַר כאַפּט אַ דרעמל. דער פּאָליציאַנט וועקט אים אויף :
– שטעלט זיך פֿאָר ! דעם ייִד דאָ, האָב איך געכאַפּט אויף דיזענגאָף. ער האָט געזידלט ארץ-ישׂראל :
„אַ דרעקיש לאַנד, אַ דרעקיש לאַנד“,
האָט ער איבערגעחזרט עטלעכע מאָל !
– אמת ? איר האָט געזאָגט
„אַ דרעקיש לאַנד“ ?
– יאָ, איך האָב טאַקע געזאָגט
„אַ דרעקיש לאַנד“.
אָבער נישט אונדזער לאַנד האָב איך געמיינט. פּוילן האָב איך געהאַט אין זינען, ווּ איך האָב פֿריִער געלעבט !
– טאַקע ? אויב אַזוי, זענט איר פֿרייַ !
און דער קאָמיסאַר דרייט זיך אויס צום פּאָליציאַנט :
– וואָס שייַך אייַך, באַקומט איר אַ שטראָף פֿון 200 לירעס.
ערשטנס, ווייַל איר האָט מיך אומזיסט אויפֿגעוועקט ; און צווייטנס, ווייַל איר האָט אים נישט אויסגעפֿרעגט מיט שׂכל !

Chapitre 22 Kapitl 22 קאַפּיטל 20
Israël Erets-Yisroel ארץ־ישׂראל

Beyde geyen aroys. Der politsyant vert tsekokht un hot taynes :
– Ir zidlt di Medine, ikh farteydik zi, un di shtrof iz far maynt vegn !
Ruft zikh on yener :
– Ikh hob aykh gezogt, az do iz a drekish land !

ביידע גייען אַרויס. דער פּאָליציאַנט ווערט צעקאָכט און האָט טענות :
– איר זידלט די מדינה, איך פֿאַרטיידיק זי, און די שטראָף איז פֿאַר מייַנט וועגן !
רופֿט זיך אָן יענער :
– איך האָב אייַך געזאָגט, אַז דאָ איז אַ דרעקיש לאַנד !

Rue Dizengof, à Tel-Aviv, un quidam ne cesse de grommeler :
« Sale pays, sale pays ! »
Un policier s'approche :
– Qu'est-ce-que j'entends ? Vous insultez le pays ? Vous insultez Erets-Israël ?
Et il le conduit au commissariat. C'est une chaude journée, le commissaire est en train de piquer un petit somme. Le policier le réveille :
– Vous vous rendez compte ! Sur Dizengof, j'ai surpris cet homme qui insultait Israël :
« Sale pays, sale pays » a-t-il répété à plusieurs reprises !
– C'est exact ? Vous avez dit « sale pays » ?
– Oui, c'est vrai, j'ai dit « sale pays » ; mais je ne pensais pas à notre pays, c'est la Pologne que j'avais en tête, là où je vivais avant !
– Vraiment ? Dans ces conditions, vous êtes libre !
Et le commissatre se tourne vers le policier :
– Quant à vous, vous aurez une amende de 200 lires.
Primo, parce que vous m'avez réveillé pour rien et deuxio, parce que vous n'avez pas su mener l'interrogatoire !
Ils sortent tous les deux. Le policier est furieux :
– Vous, vous insultez le pays, moi je le défends et c'est moi qui récolte l'amende !
Et l'autre répond :
– Je vous l'avais bien dit qu'ici, c'est un sale pays !

486

Oyf Dizengof in a kafe, zitst a parshoyn bay a gloz bir. Er ruft dem kelner :
– Oy, s'iz mir azoy heys ! Tsindt on dem luftkiler, ikh bet aykh.

אויף דיזנגאָף אין אַ קאַפֿע, זיצט אַ פּאַרשוין בייַ אַ גלאָז ביר. ער רופֿט דעם קעלנער :
– אוי, ס׳איז מיר אַזוי הייס ! צינדט אָן דעם לופֿטקילער, איך בעט אייַך.

Chapitre 22 Kapitl 22 קאַפּיטל 20
Israël Erets-Yisroel ארץ־ישׂראל

A fertl sho shpeter :
– S'iz tsu kalt atsind ! Kent ir oysleshn dem luftkiler ?
Un nokh a vayle :
– Es iz mir vider a mol tsu heys ! Tsindt on dem luftkiler !
Zogt eyner tsum kelner :
– Vos far a geduld ir hot !
– Er meg betn biz morgn, der luftkiler iz kalye gevorn !

אַ פֿערטל שעה שפּעטער :
– ס'איז צו קאַלט אַצינד ! קענט איר אויסלעשן דעם לופֿטקילער ?
און נאָך אַ ווײַלע :
– עס איז מיר ווידער אַ מאָל צו הייס ! צינדט אָן דעם לופֿטקילער !
זאָגט איינער צום קעלנער :
– וואָס פֿאַר אַ געדולד איר האָט !
– ער מעג בעטן ביז מאָרגן, דער לופֿטקילער איז קאַליע געוואָרן !

Dans un café de la rue Dizengof, un type est attablé devant une bière. Il appelle le serveur :
– Oy, quelle chaleur ! Je vous en prie, allumez l'air conditionné.
Un quart d'heure plus tard :
– Il fait trop froid à présent ! Pouvez-vous fermer l'air conditionné ?
Après quelques instants :
– J'ai à nouveau trop chaud ! Rallumez l'air conditionné !
Un client voisin s'adresse au serveur :
– Quelle patience vous avez !
– Il peut toujours demander jusqu'à demain, l'appareil est en panne !

487

A mayse shehoye :
In di fuftsiker yorn kumt on Hershl in Yisroel als turist mit zayn vayb un zayn mamen. Zey kenen keyn eyn vort hebreish nisht. In a kafe, bashteln zey oyf yidish a trunk. Ven der kelner dervaytert zikh, vundert zikh di bobe :
– Vos far a mazl ! Punkt zenen mir arayngefaln in a yidishn kafe !

אַ מעשׂה שהיה :
אין די פֿופֿציקער יאָרן, קומט אָן הערשל אין ישׂראל אַלס טוריסט מיט זײַן ווײַב און זײַן מאַמען. זיי קענען קיין איין וואָרט העברעיִש נישט. אין אַ קאַפֿע, באַשטעלן זיי אויף ייִדיש אַ טרונק. ווען דער קעלנער דערווײַטערט זיך, וווּנדערט זיך די באָבע :
– וואָס פֿאַר אַ מזל ! פּונקט זענען מיר אַרײַנגעפֿאַלן אין אַ ייִדישן קאַפֿע !

Une histoire vécue :
Dans les années cinquante, Hershl vient en touriste en Israël avec sa femme et sa mère. Ils ne savent pas un mot d'hébreu.
Dans un café, ils passent leur commande en yiddish. Quand le garçon s'est éloigné, la grand'mère s'étonne :

Chapitre 22 Kapitl 22 קאַפּיטל 20
Israël Erets-Yisroel ארץ־ישׂראל

– Quel heureux hasard ! Nous sommes tombés juste sur un café juif !

488

AYi C 3437.0 ? Vos iz dos ?
Dos iz an oysergeveyntlekher kompyuter mit gor originele mayles :
> Er iz programirt biz hundert un tsvantsik yor.
> Ineveynik zaynen faran tsvey hartdiskn : eyner oyf milkhike tekes un der tsveyter oyf fleyshike.
> Er iz in gantsn oytomatish :
er lesht zikh oys fun zikh aleyn, yedn erev-shabes un erev-yonkiper, un er vert vayter vakh nokh havdole un nokh yontev. Far dem opshtel, farhit er ayer arbet.
> A klik oyf an oysklayb, un bald bavayzt zikh oyfn ekran :
– Der tsveyter gefelt aykh nisht ?
> Alts fargedenkt der doziker computer : nisht bloyz ayer arbet ; nor er dermont aykh afile yedn tog tsu klingen der mamen, un yede vokh tsu geyn esn mit ir.
> Ven der zikorn fun mashin iz ongepikevet, yomert zi :
– Oy vey iz mir ! Shoyn ! Shoyn genug !
> Oyb ir derloybt zikh oystsuleshn di mashin on ir deye, baklogt zi zikh :
– Farfaln, ikh vel shtilerheyt laydn !

AYi C 3437.0 ? וואָס איז דאָס ?
דאָס איז אַ אויסערגעוויינטלעכער קאָמפּיוטער מיט גאָר אָריגינעלע מעלות :
> ער איז פּראָגראַמירט ביז הונדערט און צוואַנציק יאָר.
> אינעווייניק זייַנען פֿאַראַן צוויי האַרט־דיסקן : איינער אויף מילכיקע טעקעס און דער צווייטער אויף פֿליישיקע.
> ער איז אין גאַנצן אויטאָמאַטיש :
ער לעשט זיך אויס פֿון זיך אַליין, יעדן ערבֿ־שבת און ערבֿ־יום־כיפּור, און ער ווערט ווייַטער וואַך נאָך הבֿדלה און נאָך יום־טובֿ. פֿאַר דעם אָפּשטעל, פֿאַרהיט ער אייַער אַרבעט.
> אַ קליק אויף אַן אויסקלייַב, און באַלד באַווייַזט זיך אויפֿן עקראַן :
– דער צווייטער געפֿעלט אייַך נישט ?
> אַלץ פֿאַרגעדענקט דער דאָזיקער קאָמפּיוטער : נישט בלויז אייַער אַרבעט ; נאָר ער דערמאָנט אייַך אפֿילו יעדן טאָג צו קלינגען דער מאַמען, און יעדע וואָך צו גיין עסן מיט איר.
> ווען דער זכּרון פֿון מאַשין איז אָנגעפּיקעוועט, יאָמערט זי :
– אוי וויי איז מיר ! שוין ! שוין גענוג !
> אויב איר דערלויבט זיך אויסצולעשן די מאַשין אָן איר דעה, באַקלאָגט זי זיך :
– פֿאַרפֿאַלן, איך וועל שטילערהייט לייַדן !

AYi C 3437.0 ? Qu'est-ce que c'est que ça ?
C'est un ordinateur hors du commun, avec des caractéristiques tout-à-fait originales :
> Il est programmé jusqu'à cent vingt ans.
> Il est pourvu de deux disques durs, le premier pour les fichiers lactés et le second pour les fichiers carnés.

Chapitre 22 Kapitl 22 קאַפּיטל 20
Israël Erets-Yisroel ארץ־ישׂראל

> Il fonctionne automatiquement : il s'éteint tout seul les veilles de shabbat et de Yom Kippour, et il redevient opérationnel dès la clôture du shabbat ou la fin de la fête. Avant l'arrêt, il a sauvegardé votre travail.

> Les fichiers ne peuvent en aucun cas être convertis.

> En cas d'option entre deux éventualités, dès le « clic » sur l'une d'elle, l'écran affiche :

– L'autre ne vous plait pas ?

> Cet ordinateur a une mémoire exceptionnelle : non seulement il garde en mémoire votre travail ; mais il vous rappelle chaque jour de téléphoner à votre mère, et chaque semaine d'aller manger avec elle.

> Quand sa mémoire vive est pleine à craquer, la machine se plaint :

– Oy pauvre de moi ! Assez ! Assez, ça suffit !*

> Si vous vous avisez de l'éteindre sans son avis, elle soupire :

– Tant pis... je souffrirai en silence !

489

In Tel-Aviv treft Nir zayn fraynd Yoramen.

– Vu loyfstu azoy ?

– Ikh gey in kupat-kholim vayl der elnboygn tut mir shreklekh vey.

– Di ambulatorye ? Altmodish ! Veystu den nisht az in shpitol Telhashomer shteyt a mashin vos di doktoyrim fun shpitol hobn oysgetrakht ? Dortn brengstu hashtone mit hundert shekel, un s'kumt aroys a tsetl mit dem dyagnoz un di refue.

Loyft Yoram tsu der mashin. Er git ir i hashtone i hundert shekel, un er bakumt a tsetl vu es shteyt geshribn :

"Ir laydt fun a shpanoder-fartsindung in elnboygn. Di beste refue iz az di hant zol blaybn in fuler ru, mit masazhn mitn balsam fun Dokter Garon.

Oyb neytik, kent ir kumen nokh lokale aynshpritsungen in opteyl fun Profesor Festebeyner".

אין תּל-אבֿיבֿ טרעפֿט ניר זײַן פֿרײַנד יורמען.

– ווּ לויפֿסטו אַזוי ?

– איך גיי אין קופּת-חולים ווײַל דער עלנבויגן טוט מיר שרעקלעך וויי.

– די אַמבולאַטאָריע ? אַלטמאָדיש ! ווייסטו דען נישט אַז אין שפּיטאָל תּל-השומר שטייט אַ מאַשין וואָס די דאָקטוירים פֿון שפּיטאָל האָבן אויסגעטראַכט ? דאָרטן ברענגסטו השתּנה מיט הונדערט שקל, און ס׳קומט אַרויס אַ צעטל מיט דעם דיאַגנאָז און די רפֿואה.

לויפֿט יורם צו דער מאַשין. ער גיט איר אי השתּנה אי הונדערט שקל, און ער באַקומט אַ צעטל ווּ עס שטייט געשריבן :

„איר לײַדט פֿון אַ שפּאַנאָדער-פֿאַרצינדונג אין עלנבויגן. די בעסטע רפֿואה איז אַז די האַנט זאָל בלײַבן אין פֿולער רו, מיט מאַסאַזשן מיטן באַלזאַם פֿון דאָקטער גאַראָן.

אויב נייטיק, קענט איר קומען נאָך לאָקאַלע אײַנשפּריצונגען אין אָפּטייל פֿון פּראָפֿעסאָר פֿעסטעביינער.“

Chapitre 22 Kapitl 22 קאַפּיטל 20
Israël Erets-Yisroel ארץ־ישׂראל

Blaybt Yoram farvundert :

"Di mashin iz take an oysergeveyntlekhe. Ober ikh vel zi tsetumlen !"

Er loyft aheym un misht oys in a groysn gloz : a bisele vaser fun kran, hashtone fun zayn hunt, fun zayn tokhter un fun zayn vayb. Un dertsu a por tropn fun zayn eygener zere.

Er git der mashin dos gemish mit nokh a hundert shekel. Un er bakumt dem entfer :

"In vaser fun kran gefint zikh tsufil kalkh. Git tsu visn der vaser-kompanye.

Ayer hunt hot a tenya. Nemt im mit tsum veterinar.

Ayer tokhter nitst heroin. Shikt zi in undzer spetsyalizirtn opteyl.

Ayer vayb shvangert. Dos kind iz nisht ayers. Ir kent kumen in undzer yuridishn opteyl.

Oyb ir hert nisht oyf tsu onanirn, vet der elnboygn zikh keyn mol nisht oysheyln !"

בלײַבט יורם פֿאַרוווּנדערט :

„די מאַשין איז טאַקע אַן אויסערגעוויינטלעכע. אָבער איך וועל זי צעטומלען !“

ער לויפֿט אַהיים און מישט אויס אין אַ גראָסן גלאָז : אַ ביסעלע וואַסער פֿון קראַן, השתּנה פֿון זײַן הונט, פֿון זײַן טאָכטער און פֿון זײַן ווײַב. און דערצו אַ פּאָר טראָפּן פֿון זײַן אייגענער זרע.

ער גיט דער מאַשין דאָס געמיש מיט נאָך הונדערט שקל. און ער באַקומט דעם ענטפֿער :

„אין וואַסער פֿון קראַן געפֿינט זיך צופֿיל קאַלך. גיט צו וויסן דער וואַסער־קאָמפּאַניע.

אײַער הונט האָט אַ טעניאַ. נעמט אים מיט צום וועטערינאַר.

אײַער טאָכטער ניצט העראָין. שיקט זי אין אונדזער ספּעציאַליזירטן אָפּטייל.

אײַער ווײַב שוואַנגערט. דאָס קינד איז נישט אײַערס. איר קענט קומען אין אונדזער יורידישן אָפּטייל.

אויב איר הערט נישט אויף צו אָנאַנירן, וועט דער עלנבויגן זיך קיין מאָל נישט אויסהיילן !“

A Tel-Aviv, Nir rencontre son copain Yoram.

– Où cours-tu comme ça ?

– Je vais à la Kupat-kholim, j'ai terriblement mal au coude.*

– Le dispensaire, c'est démodé ! Tu ne sais donc pas qu'à l'hôpital Tel-hashomer, il y a une machine mise au point par les médecins de l'hôpital ? Tu lui donnes un verre d'urine, tu mets cent shekels et elle te délivre un papier avec le diagnostic et la conduite thérapeutique !

Yoram court à la machine, il lui donne et son urine et cent shekels et il lit :

« Vous souffrez d'une tendinite du coude. Le meilleur traitement est le repos complet du bras, associé à des massages avec le baume du Dr Garon. Si nécessaire, vous pouvez bénéficier d'infiltrations locales dans le service du Professeur Festebeyner ».*

Yoram est émerveillé :

« Cette machine est vraiment extraordinaire. Mais je vais la piéger ! »

Chapitre 22 Kapitl 22 קאַפּיטל 20
Israël Erets-Yisroel ארץ־ישׂראל

Il court à la maison et recueille dans un grand verre : un peu d'eau du robinet, un peu d'urine de son chien, de sa fille et de sa femme. Et il ajoute quelques gouttes de son sperme.
Il donne le mélange à la machine, met encore cent shekels et il reçoit la réponse suivante :
« L'eau de votre robinet est trop calcaire. Prévenez la compagnie des eaux.
Votre chien a le taenia. Conduisez-le chez le vétérinaire.
Votre fille se drogue à l'héroïne. Conseillez-lui notre service spécialisé !
Votre femme est enceinte. L'enfant n'est pas de vous. Vous pouvez consulter notre service juridique !
Si vous n'arrêtez pas de vous masturber, votre tendinite du coude ne guérira jamais ! »

490

– Vi fil kost an urin-analiz ? Fregt Nir in a laboratorye.
– Hundert shekel.
Dray sho shpeter brengt er a sloy hashtone.
Tsu morgens bakumt er dem rezultat un er klingt bald tsu zayn vayb :
– Halo Orit ? Ikh bin gezunt, du bist gezunt, di kinder un dayne eltern zenen oykh gezunt. Un afile der hunt iz gezunt !

– ווי פֿיל קאָסט אַן אורין-אַנאַליז ? פֿרעגט ניר אין אַ לאַבאָראַטאָריע.
– הונדערט שעקעל.
דרײַ שעה שפּעטער ברענגט ער אַ סלוי השתּנה.
צו מאָרגנס באַקומט ער דעם רעזולטאַט און ער קלינגט באַלד צו זײַן ווײַב :
– האַלאָ אורית ? איך בין געזונט, דו ביסט געזונט, די קינדער און דײַנע עלטערן זענען אויך געזונט. און אפֿילו דער הונט איז געזונט !

– Combien coûte une analyse d'urine ? Demande Nir au laboratoire.
– Cent shekels.
Trois heures plus tard, il apporte un bocal d'urine. Le lendemain, il obtient les résultats et il téléphone aussitôt à sa femme :
– Allo Orit ? Je suis en bonne santé, tu es en bonne santé, les enfants et tes parents sont également en bonne santé. Et même le chien est en bonne santé !

Chapitre 22 Kapitl 22 קאַפּיטל 20
Israël Erets-Yisroel ארץ-ישׂראל

491

In luftport “Sharl de Gol” in Pariz, zaynen di registratsye-byuroen fun El-Al ibergelodn. Tsvey hundert mentshn vartn nokh tsu flien keyn Tel-Aviv.

Eyner fun dem zikherkeyt-dinst kumt on tsu Sure Feyglboym :

– Madam, vos trogt ir do, in ayer kabine-rentsl ?

– Do hob ikh mayn Bobi.

– Vos far a Bobi ?

– Bobi iz mayn hintl. Ikh nem es mit mit mir, vi yedes mol !

– Madam, zint dem eleftn september 2001, iz di zikherkeyt farshtarkt gevorn. Ir kent beshum-oyfn nisht mitnemen dos hintl in der kabine. Es muz forn in bagazh-opteyl.

– Vos ? Mayn Bobi in bagazh-opteyl ? Soyne-yisroel vos ir zent ! Mayn Bobi fort nisht in bagazh-opteyl !

– Madam, fort mit Er-Frans. Zey lozn nokh tsu di stub-khayes in der kabine.

– Neyn ! Nisht Er-Frans, zey zenen nokh ergere soyney-yisroel. Ikh for mit El-Al, un mayn Bobi fort mit mir !

– Oy madam, madam…

Er geyt a bisl vayter un klingt tsum komandant :

– Amnon, ikh bin do mit a yakhne, an akshente. Zi vil gornisht hern, zi vil mitnemen ir hintl in der kabine ! Un do vartn nokh a tsvey hundert mentshn !

Der komandant kumt bald on :

– Madam, vayzt mir ayer bilet… Gut… Hert oys, ikh vel makhn far aykh an oysnam. Ir vet forn in ershtn klas, un ayer hintl vet forn in bagazh-opteyl. Maskem ?

אין לופֿטפּאָרט „שאַרל דע גאָל“ אין פּאַריז, זײַנען די רעגיסטראַציע-ביוראָען פֿון אל-על איבערגעלאָדן. צוויי הונדערט מענטשן וואַרטן נאָך צו פֿליִען קיין טל-אָבֿיבֿ.

אײנער פֿון דעם זיכערקייט-דינסט קומט אָן צו שׂרה פֿייגלבוים :

– מאַדאַם, וואָס טראָגט איר דאָ, אין אײַער קאַבינע-רענצל ?

– דאָ האָב איך מײַן באָבי.

– וואָס פֿאַר אַ באָבי ?

– באָבי איז מײַן הינטל. איך נעם עס מיט מיט מיר, ווי יעדעס מאָל !

– מאַדאַם, זינט דעם עלעפֿטן סעפּטעמבער 2001, איז די זיכערקייט פֿאַרשטאַרקט געוואָרן. איר קענט בשום-אופֿן נישט מיטנעמען דאָס הינטל אין דער קאַבינע. עס מוז פֿאָרן אין באַגאַזש-אָפּטייל.

– וואָס ? מײַן באָבי אין באַגאַזש-אָפּטייל ? שׂונא-ישׂראל וואָס איר זענט ! מײַן באָבי פֿאָרט נישט אין באַגאַזש-אָפּטייל !

– מאַדאַם, פֿאָרט מיט ער-פֿראַנס. זיי לאָזן נאָך צו די שטוב-חיות אין דער קאַבינע.

– ניין ! נישט ער-פֿראַנס, זיי זענען נאָך ערגערע שׂונאי-ישׂראל. איך פֿאָר מיט אל-על און מײַן באָבי פֿאָרט מיט מיר !

– אוי מאַדאַם, מאַדאַם...

ער גייט אַ ביסל ווײַטער און קלינגט צום קאָמאַנדאַנט :

– אַמנון, איך בין דאָ מיט אַ יאכנע, אַן עקשנטע. זי וויל גאָרנישט הערן, זי וויל מיטנעמען איר הינטל אין דער קאַבינע ! און דאָ וואַרטן נאָך אַ צוויי הונדערט מענטשן !

דער קאָמאַנדאַנט קומט באַלד אָן :

– מאַדאַם, ווײַזט מיר אײַער בילעט... גוט... הערט אויס, איך וועל מאַכן פֿאַר אײַך אַן אויסנאַם. איר וועט פֿאָרן אין ערשטן קלאַס, און אײַער הינטל וועט פֿאָרן אין באַגאַזש-אָפּטייל. מסכּים ?

Chapitre 22 Kapitl 22 קאַפּיטל 20
Israël Erets-Yisroel ארץ־ישׂראל

– In ershtn klas ? Mit di besere mentshn ? Mit shampanyer umzist ?
– Avade !
– Nu, shoyn ! A dank aykh… nor leygt akht oyf mayn Bobi !
In Lod geyt der stuard zukhn dos hintl. S'vert im shvarts far di oygn… Klingt er :
– Amnon, s'vet do zayn a milkhome ! Dos hintl Bobi iz gepeygert, es iz kalt, es iz in gantsn shtayf !
– Oy a brokh ! Nu, nem bald an oyto un for glaykh tsu der hintarnye, un breng aher a hintl, genoy dos zelbe !
Un er tsindt on dem hoykhreder :
– Rabosay ve gverosay, der zikherkeyt-dinst heyst vartn nokh a halbe sho farn oysshtaygn fun avyon.
Un a halbe sho shpeter iz der stuard tsurik :
– Halo Amnon ? Mazl tov ! Ikh hob gefunen punkt dos zelbe hintl !
Ven Sure Feyglboym iz arop :
– Nat aykh ayer Bobi.
Zi varft an oyg un shrayt :
– Gevald ! S'iz nisht mayn Bobi !
– Madam, s'iz yo ayer hintl. Es kukt aykh on un shoklt mitn veydl !
– Oy vey iz mir ! S'iz nisht mayn Bobi… Mayn Bobi iz gepeygert, un ikh hob es mitgenumen mit mir, kedey tsu bagrobn es in Yisroël !

– אין ערשטן קלאַס ? מיט די בעסערע מענטשן ? מיט שאַמפּאַניער אומזיסט ?
– אוודא !
– נו, שוין ! אַ דאַנק אײַך... נאָר לייגט אַכט אויף מײַן באָבי !
אין לוד גייט דער סטואַרד זוכן דאָס הינטל. ס׳ווערט אים שוואַרץ פֿאַר די אויגן... קלינגט ער :
– אַמנון, ס׳וועט דאָ זײַן אַ מלחומה ! דאָס הינטל באָבי איז געפּגרט, עס איז קאַלט, עס איז אין גאַנצן שטײַף !
– אוי אַ בראָך ! נו, נעם באַלד אַן אויטאָ און פֿאָר גלײַך צו דער הינטאַרניע, און ברענג אַהער אַ הינטל, גענוי דאָס זעלבע ! און ער צינדט אָן דעם הויכרעדער :
– רבותי וגבֿרותי, דער זיכערקייט-דינסט הייסט וואַרטן נאָך אַ האַלבע שעה פֿאַרן אויסשטײַגן פֿון אַוויאָן.
און אַ האַלבע שעה שפּעטער איז דער סטואַרד צוריק :
– האַלאָ אמנון ? מזל טובֿ ! איך האָב געפֿונען פּונקט דאָס זעלבע הינטל !
ווען שׂרה פֿייגלבוים איז אַראָפּ :
– נאַט אײַך אײַער באָבי.
זי וואַרפֿט אַן אויג און שרײַט :
– גוואַלד ! ס׳איז נישט מײַן באָבי !
– מאַדאַם, ס׳איז יאָ אײַער הינטל. עס קוקט אײַך אָן און שאָקלט מיטן וויידל !
– אוי וויי איז מיר ! ס׳איז נישט מײַן באָבי... מײַן באָבי איז געפּגרט, און איך האָב עס מיטגענומען מיט מיר, כּדי צו באַגראָבן עס אין ישׂראל !

A l'aéroport Charles de Gaulle, à Paris, les comptoirs d'enregistrement d'El Al sont débordés. Deux cents personnes attendent de s'envoler vers Tel-Aviv. Un agent de la sécurité s'adresse à Sarah Feygelboym :
– Madame, qu'y a-t-il dans votre sac de cabine ?
– C'est mon Bobi.
– Mais encore ?

Chapitre 22 Kapitl 22 20 קאַפּיטל
Israël Erets-Yisroel ארץ־ישׂראל

– Bobi, c'est mon petit chien, et je l'emmène avec moi en Israël, comme d'habitude !
Madame, depuis le 11 septembre 2001, la sécurité est renforcée. Impossible de le prendre avec vous en cabine. Il doit voyager dans la soute à bagages.
– Quoi ? Mon Bobi dans la soute ? Antisémite que vous êtes ! Mon Bobi ne voyage pas dans la soute !
– Madame, prenez Air France, ils acceptent encore dans la cabine les animaux domestiques.
– Non ! Pas Air France, ils sont encore plus antisémites. Je voyage avec El Al, et mon Bobi avec moi !
– Oy, madame, madame...
Il s'éloigne un peu et téléphone au commandant de bord :
– Amnon, je suis avec une enquiquineuse, têtue comme une mule. Elle ne veut rien savoir, elle veut absolument son chien dans la cabine ! Et il y a encore environ 200 passagers qui attendent !
Le commandant arrive aussitôt :
– Madame, montrez-moi votre billet... Parfait... Ecoutez-moi bien. Je vais faire pour vous une exception. Vous, vous voyagerez en première classe ; et votre petit chien, lui, ira dans la soute. D'accord ?
– En première classe ? Avec les gens de la haute ? Avec du champagne gratis ?
– Bien sûr !
– Bon, soit ! Merci... mais prenez soin de mon Bobi !
A Lod, le steward va chercher le chien. Il n'en croit pas ses yeux... Il attrape son téléphone :
– Amnon, il va y avoir du grabuge ! Bobi, le petit chien, il est mort, il est froid, il est complètement raide !
– Catastrophe ! Bon, prends tout de suite une voiture, file au chenil et rapporte un chien exactement semblable !
Et il allume le haut-parleur :
– Mesdames et messieurs, le service de sécurité demande que vous ne descendiez pas de l'avion avant une demi-heure.
Une demi-heure plus tard, le steward est de retour :
– Allo Amnon ? Ouf, quelle chance ! J'ai trouvé exactement le même petit chien !
Dès que madame Feygelboym est descendue :
– Tenez, voilà votre Bobi.

Chapitre 22 Kapitl 22 קאַפּיטל 20
Israël Erets-Yisroel ארץ־ישׂראל

Elle jette un coup d'œil et s'écrie :
– Au secours ! C'est pas mon Bobi !
– Mais si madame ! C'est votre petit chien ! Il vous regarde et il remue la queue !
– Oy, malheur ! C'est pas mon Bobi… Mon Bobi à moi est mort, et je l'ai pris avec moi pour l'enterrer en Israël !

492

An avyon fun El-Al landt oyfn luftport fun Tel-Aviv, dem fir un tsvantsikstn detsember, arum akht a zeyger bay nakht. Nokh di aplodismentn, hert men dem pilot :
– Rabosay ve gverosay, mir zenen ersht ongekumen in luftport Ben-Guryon. In droysn iz tsvantsik grad hits. Mir danken aykh vos ir hot oysgeklibn El-Al tsu flien keyn Yisroel. Der gartl muz blaybn farshpilyet, biz dem fulshtendikn opshtel fun avyon.
Di vos zitsn nokh, vintsh ikh a freylekhn Nitl.
Di vos shteyen shoyn, vintsh ikh a freylekhn yontev Khanuke !

אַן אַוויאָן פֿון אל-על לאַנדט אויפֿן לופֿטפּאָרט פֿון טל-אָבֿיבֿ, דעם פֿיר און צוואַנציקסטן דעצעמבער, אַרום אַכט אַ זייגער בײַ נאַכט. נאָך די אַפּלאָדיסמענטן, הערט מען דעם פּילאָט :
— רבותי וגבֿרותי, מיר זענען ערשט אָנגעקומען אין לופֿטפּאָרט בן-גוריון. אין דרויסן איז צוואַנציק גראַד היץ. מיר דאַנקען אײַך וואָס איר האָט אויסגעקליבן אל-על צו פֿליִען קיין ישׂראל. דער גאַרטל מוז בלײַבן פֿאַרשפּיליעט, ביז דעם פֿולשטענדיקן אָפּ-שטעל פֿון אַוויאָן.
די וואָס זיצן נאָך, ווינטש איך אַ פֿריילעכן ניטל.
די וואָס שטייען שוין, ווינטש איך אַ פֿריילעכן יום-טובֿ חנוכּה !

Un avion d'El Al atterrit à l'aéroport de Tel-Aviv un vingt-quatre décembre, aux alentours de 20 heures. Après les applaudissements, le pilote s'adresse aux passagers :
– Mesdames et Messieurs, nous venons d'atterrir à l'aéroport Ben Gourion. La température au sol est de 20 degrés centigrades. Nous vous remercions d'avoir choisi El Al pour venir en Israël. Votre ceinture doit rester attachée jusqu'à l'arrêt complet de l'appareil.
A ceux qui sont encore assis, je souhaite un joyeux Noël.
A ceux qui sont déjà debout, je souhaite une joyeuse fête de Hanouca!*

Chapitre 22 Kapitl 22 קאַפּיטל 20
Israël Erets-Yisroel ארץ־ישׂראל

װיצלער פֿלעגן חוזק מאַכן פֿון געװיסע פּאָליטיקערס, טייל מאָל אָן שום אײַנהאַלט.

Vitsler flegn khoyzek makhn fun gevise politikers, teyl mol on shum aynhalt.

Des humoristes ont tourné en dérision certaines personnalités politiques, parfois sans aucune retenue.

493

בשעת דער מלחמה אין װיעטנאַם, קלינגט ניקסאָן צו משה דײַנען :
– איר האָט געװוּנען אַזױ פֿיל מלחמות, איך בעט אײַך איר זאָלט אונדז העלפֿן !
שיקט אים דיין צװײ רעגימענטן פּאַראַשוטיסטן. ניקסאָן איז שטאַרק אַנטױשט :
– איך האָב געהאָפֿט אַז איר װעט מיר שיקן װײניקסטנס צװײ דיװיזיעס !
– איך האָב נישט געװוּסט אַז איר גרייט זיך צו באַפֿאַלן כינע !

Beshas der milkhome in Vietnam, klingt Nixon tsu Moyshe Dayanen :
– Ir hot gevunen azoy fil milkhomes, ikh bet aykh ir zolt undz helfn !
Shikt im Dayan tsvey regimentn parashutistn. Nixon iz shtark antoysht :
– Ikh hob gehoft az ir vet mir shikn veynikstns tsvey divizyies !
– Ikh hob nisht gevust az ir greyt zikh tsu bafaln Khine !

Pendant la guerre du Vietnam, Nixon téléphone à Moyshe Dayan :
– Vous avez gagné tant de guerres, je vous en prie, donnez-nous un coup de main !
Alors Dayan lui envoie deux régiments de parachutistes.
Nixon est très déçu :
– J'espérais au moins deux divisions !
– Je ne savais pas que vous vous apprêtiez à envahir la Chine !

494

עס איז אַ חמימה אין טל־אָבֿיבֿ. בעת אַ זיצונג, טוט דוד בן־גוריון אויס זײַן מענאַרקע. זאָגט אים אַ חבֿר :
– דוד, סע פּאַסט נישט, איבער הױפּט פֿאַר אַ פּרעמיער־מיניסטער !
ענטפֿערט בן־גוריון :
– אַ מאָל איז אין לאָנדאָן געװען אַ היץ. בעת אַ װעלט־קאָנפֿערענץ, האָב איך אויס-

Es iz a khmime in Tel-Aviv. Beys a zitsung, tut Dovid Ben-Guryon oys zayn menarke. Zogt im a khaver :
– Dovid, se past nisht, iber hoypt far a premyer-minister !
Entfert Ben-Guryon :
– A mol iz in London geven a hits. Beys a velt-konferents, hob ikh oysgeton di

Chapitre 22 Kapitl 22 קאַפּיטל 20
Israël Erets-Yisroel ארץ-ישׂראל

menarke. Hot Tshoyrtshil mir gezogt :
"Dovid, dos vet ir ton in Tel-Aviv !"

געטאָן די מענאַרקע. האָט טשוירטשיל מיר געזאָגט :
,,דוד, דאָס וועט איר טאָן אין טל-אָבֿיבֿ !"

Il fait une chaleur torride à Tel-Aviv. Au cours d'une conférence, David Ben Gourion enlève son veston. Un ami lui fait remarquer :
– David, ce n'est pas correct, surtout pour un premier ministre !
Ben Gourion rétorque :
– Un jour à Londres, au cours d'une conférence internationale, il faisait très chaud. J'ai enlevé mon veston et Churchill m'a dit :
« David, cela vous le ferez à Tel-Aviv ! »

495

Eyzenhauer baklogt zikh far Ben-Guryonen :
– Ir meynt az es iz a gringe zakh tsu regirn iber a land mit tsvey hundert milyon mentshn fun farsheydene felker, religyes un shprakhn ?
– Zikher nisht ! Nor ir meynt az es iz gringer tsu regirn iber a land mit kemat tsvey milyon Yidn, un dertsu nokh, Yidn vos haltn zikh ale far premyer-ministorn ?

אייזענהאַוער באַקלאָגט זיך פֿאַר בן-גוריו-נען :
– איר מיינט אַז עס איז אַ גרינגע זאַך צו רעגירן איבער אַ לאַנד מיט צוויי הונדערט מיליאָן מענטשן פֿון פֿאַרשיידענע פֿעלקער, רעליגיעס און שפּראַכן ?
– זיכער נישט ! נאָר איר מיינט אַז עס איז גרינגער צו רעגירן איבער אַ לאַנד מיט כּמעט צוויי מיליאָן ייִדן, און דערצו נאָך, ייִדן וואָס האַלטן זיך אַלע פֿאַר פּרעמיער-מיניסטאָרן ?

Eisenhower se plaint auprès de Ben Gourion :
– Vous croyez que c'est facile de gouverner un pays de deux cents millions d'habitants, qui ont des origines, des religions et des langues différentes ?
– Certes non ! Mais croyez-vous qu'il est plus aisé de gouverner un pays de presque deux millions de Juifs et qui plus est, des Juifs qui se prennent tous pour des premiers ministres ?

496

Paula Ben-Guryon, Dovids vayb, hot gehat a shem far a nisht aza kulturele froy.

פּאָלאַ בן-גוריון, דודס ווײַב, האָט געהאַט אַ שם פֿאַר אַ נישט אַזאַ קולטורעלע פֿרוי.

Chapitre 22 Kapitl 22 קאַפּיטל 20
Israël Erets-Yisroel ארץ־ישׂראל

Me fregt zi :
– "Figaros khasene" iz aykh gefeln ?
– Ir meynt az ikh hob tsayt tsu geyn oyf ale khasenes !

מע פֿרעגט זי :
– „פֿיגאַראָס חתונה“ איז אײַך געפֿעלן ?
– איר מיינט אַז איך האָב צײַט צו גיין אויף אַלע חתונות !

Un ...
– Ir hot gern gehat Bethovens 9te sinfonye ?
– Ikh hob ober keyn mol nisht gehert fun di ershte akht !

און...
– איר האָט גערן געהאַט בעטהאָווענס $9^{טע}$ סינפֿאָניע ?
– איך האָב אָבער קיין מאָל נישט געהערט פֿון די ערשטע אַכט !

Un oykh...
– Di biletn zaynen far
"Madam Buterflay" ?
– Neyn, far Froy Ben-Guryon !

און אויך...
– די בילעטן זײַנען פֿאַר
„מאַדאַם בוטערפֿלײַ“ ?
– ניין, פֿאַר פֿרוי בן־גוריון !

Paula Ben Gourion, l'épouse de David, avait la réputation d'être peu cultivée.

On lui demande :
– Le « mariage de Figaro » vous a plu ?
– Si vous croyez que j'ai le temps d'aller à tous les mariages !

Et...
– Vous avez aimé la 9ème symphonie de Beethoven ?
– Mais je n'ai jamais entendu parler des huit premières !

Et aussi...
– Vos billets, c'est pour
« Madame Butterfly » ?
– Non, pour madame Ben Gourion !

497

In di zibetsiker yorn, hot Levi Eshkol, der premyer-minister, gehat a shem az er ken zikh keyn mol nisht antshlisn.
Ven m'hot im oyfgenumen mit :
– Tey oder kave ? Hot er geentfert :
– A bisl dos, un a bisl yents.

אין די זיבעציקער יאָרן, האָט לוי אשכול, דער פּרעמיער־מיניסטער, געהאַט אַ שם אַז ער קען זיך קיין מאָל נישט אַנטשליסן.
ווען מ׳האָט אים אויפֿגענומען מיט :
– טיי אָדער קאַווע ? האָט ער געענטפֿערט :
– אַ ביסל דאָס, און אַ ביסל יענץ.

Chapitre 22 | Kapitl 22 | קאַפּיטל 20
Israël | Erets-Yisroel | ארץ־ישׂראל

Dans les années 1970, le premier ministre Levi Eshkol était réputé pour être constamment indécis. Lorsqu'on lui demandait :
– Du thé ou du café ? Il répondait :
– Un peu de thé et un peu de café.

498

לוי אשכול, דער געוועזענער פּרעמיער־מיניסטער אין ישׂראל, איז שוין געווען אַן אַלטער מאַן ווען ער האָט חתונה געהאַט מיט אַ יונגער פֿרוי. אין מיטן דער שׂימחה, זאָגט אים זײַן סעקרעטאַר :
– זאָלסט נישט פֿאַרגעסן אַז מאָרגן אין דער פֿרי, קומט פֿאַר אַ וויכטיקע זיצונג מיט אַלע מיניסטאָרן. אַלס ראָש, איז זייער וויכטיק אַז דו זאָלסט זײַן דערבײַ ! וועסט קומען ?
– איך ווייס נאָך נישט :
אויב איך וועל קענען, אוי, אויב איך וועל יאָ קענען... נו, וועל איך נישט קומען ! נאָר, אויב איך וועל נישט קענען, לײַדער... וועל איך יאָ קומען !

Levi Eshkol, der gevezener premyer-minister in Yisroel, iz shoyn geven an alter man ven er hot khasene gehat mit a yunger froy. In mitn der simkhe, zogt im zayn sekretar :
– Zolst nisht fargesn az morgn in der fri, kumt for a vikhtike zitsung mit ale ministorn. Als rosh, iz zeyer vikhtik az du zolst zayn derbay ! Vest kumen ?
– Ikh veys nokh nisht :
Oyb ikh vel kenen, oy, oyb ikh vel yo kenen… nu, vel ikh nisht kumen ! Nor, oyb ikh vel nisht kenen, layder… vel ikh yo kumen !

Levi Eshkol, l'ancien premier ministre d'Israël, était déjà âgé lorsqu'il a épousé une jeune femme.
Au milieu de la fête, son secrétaire lui rappelle :
– N'oublie pas que demain matin, il y a un conseil des ministres très important.
En tant que président, il est capital que tu y assistes ! Tu seras là ?
– Je ne sais pas encore :
Si je peux, ah, si vraiment je peux… eh bien, je ne viendrai pas ! Mais si je ne peux pas, hélas… alors je viendrai !

די צוויי טויזנטער יאָרן.

Di tsvey toyznter yorn.

Les années 2000.

Chapitre 22 Kapitl 22 קאַפּיטל 20
Israël Erets-Yisroel ארץ־ישׂראל

499

Der prezident fun Iran klingt tsu dem prezident fun Yisroel :
– Itst zenen mir shoyn greyt tsu farnikhtn Yisroel, mit tsendliker mislen, mit toyznt avyonen, draysik toyznt tanken, un tsvey milyon zelner !
– Nu, veln mir zikh tsugreytn tsu farzorgn tsvey milyon plenikes.

דער פּרעזידענט פֿון איראַן קלינגט צו דעם פּרעזידענט פֿון ישׂראל :
– איצט זענען מיר שוין גרייט צו פֿאַרניכטן ישׂראל, מיט צענדליקער מיסלען, מיט טויזנט אַוויאָנען, דרײַסיק טויזנט טאַנקען, און צוויי מיליאָן זעלנער !
– נו, וועלן מיר זיך צוגרייטן צו פֿאַרזאָרגן צוויי מיליאָן פּלעניקעס.

Le président d'Iran téléphone au président d'Israël :
– Voilà, nous sommes prêts à anéantir Israël, avec des dizaines de missiles, avec mille avions, trente mille tanks et deux millions de soldats !
– Eh bien, nous allons nous préparer à subvenir aux besoins de deux millions de prisonniers de guerre.

500

Der prezident fun Iran klingt tsu dem prezident fun di Fareynikte Shtatn :
– Es hot zikh mir gekholemt di nakht, az oyf yedn dakh, in di Fareynikte Shtatn, iz geshtanen a fon ; un oyf yedn fon iz geven geshribn :
"Alahu Akbar" (Alah iz groys).
– Oy, vos far a tsufal ! Es hot zikh mir oykh gekholemt di nakht a modner kholem : oyf yedn dakh in Iran iz oykh geshtanen a fon !
– Un vos iz geven geshribn ?
– Dos veys ikh nisht, vayl di hebreishe oysyes ken ikh nisht leyenen !

דער פּרעזידענט פֿון איראַן קלינגט צו דעם פּרעזידענט פֿון די פֿאַראייניקטע שטאַטן :
– עס האָט זיך מיר געחלומט די נאַכט, אַז אויף יעדן דאַך, אין די פֿאַראייניקטע שטאַטן, איז געשטאַנען אַ פֿאָן ; און אויף יעדן פֿאָן איז געווען געשריבן :
„אַלאַהו אַקבאַר" (אַלאַה איז גרויס).
– אוי, וואָס פֿאַר אַ צופֿאַל ! עס האָט זיך מיר אויך געחלומט די נאַכט אַ מאָדנער חלום : אויף יעדן דאַך אין יראַן איז אויך געשטאַנען אַ פֿאָן !
– און וואָס איז געווען געשריבן ?
– דאָס ווייס איך נישט, ווײַל די העברעיִשע אותיות קען איך נישט לייענען !

Le président d'Iran téléphone au président des Etats-Unis :
– Cette nuit, j'ai rêvé que sur chaque toit aux Etats-Unis flottait un drapeau ; et sur chaque drapeau était inscrit « Allahou Akbar » (Allah est grand).

Chapitre 22 Kapitl 22 קאַפּיטל 20
Israël Erets-Yisroel ארץ־ישׂראל

– Oh, quelle coïncidence ! Moi, aussi j'ai fait un rêve étrange cette nuit : sur chaque toit en Iran flottait aussi un drapeau !
– Et qu'y avait-il d'inscrit ?
– Ça je l'ignore, car les caractères hébraïques, je ne sais pas les lire !

501

Der frantseyzisher oysern-minister bazukht Yerusholaim mit a yisreeylishn minister.
Bay dem Koysl-Marovi, fregt er :
– Far vos stupn mentshn arayn papirlekh tsvishn di shteyner fun der vant ?
– Dos iz a traditsye : zey shraybn vos zey vintshn zikh, un zey hofn az se vet mekuyem vern !
– Nu, vel ikh shraybn, in nomen fun Frankraykh, az Yisroel zol tsurik gebn ale gebitn vos zaynen bazetst gevorn fun 1967 on !
– Fargest nisht az ir redt tsu a vant !

דער פֿראַנצייזישער אויסערן־מיניסטער באַזוכט ירושלים מיט אַ ישׂראלישן מיניסטער.
בײַ דעם כּותל־מערבֿי, פֿרעגט ער :
— פֿאַר וואָס שטופּן מענטשן אַרײַן פּאַפּירלעך צווישן די שטיינער פֿון דער וואַנט ?
— דאָס איז אַ טראַדיציע : זיי שרײַבן וואָס זיי ווינטשן זיך, און זיי האָפֿן אַז סע וועט מקוים ווערן !
— נו, וועל איך שרײַבן, אין נאָמען פֿון פֿראַנקרײַך, אַז ישׂראל זאָל צוריק געבן אַלע געביטן וואָס זײַנען באַזעצט געוואָרן פֿון 1967 אָן !
— פֿאַרגעסט נישט אַז איר רעדט צו אַ וואַנט !

Le ministre français des affaires étrangères visite Jérusalem avec un ministre israélien.
Devant le Mur des Lamentations, il s'informe :
– Pourquoi les gens introduisent-ils des petits papiers entre les pierres du mur ?
– C'est une tradition : ils écrivent leurs souhaits et ils espèrent qu'ils se réaliseront.
– Alors je vais écrire, au nom de la France, qu'Israël rende tous les territoires occupés depuis 1967 !
– N'oubliez pas que vous parlez à un mur !

Chapitre 22	Kapitl 22	קאַפּיטל 20
Israël	Erets-Yisroel	אֶרֶץ-יִשְׂרָאֵל

502

Yuval un zayn fraynd Ali lebn beyde in Yerusholaim.
A mol shmuesn zey :
— Mir hobn an eyntsikn Got, zogt Yuval.
— Mir oykh, entfert Ali.
— Mir zenen male geven.
— Mir oykh.
— Mir esn nisht keyn khazer.
— Mir oykh nisht.
— Mir shraybn fun rekhts tsu links.
— Mir oykh.
— Yerusholaim iz undzer hoyptshtot...
— Unzere oykh...

Nu ? SHOLEM.

    Halevay !

יובֿל און זײַן פֿרײַנד אַלי לעבן ביידע אין ירושלים.
אַ מאָל שמועסן זיי :
— מיר האָבן אַן איינציקן גאָט, זאָגט יובֿל.
— מיר אויך, ענטפֿערט אַלי.
— מיר זענען מלע געוועןּ.
— מיר אויך.
— מיר עסן נישט קיין חזיר.
— מיר אויך נישט.
— מיר שרײַבן פֿון רעכטס צו לינקס.
— מיר אויך.
— ירושלים איז אונדזער הויפּטשטאָט...
— אונדזערע אויך...

נו ? שלום.

הלוואי !

Youval et son ami Ali vivent tous deux à Jérusalem. Un jour ils discutent :
— *Nous n'avons qu'un seul Dieu, dit Youval.*
— *Nous aussi, rétorque Ali.*
— *Nous sommes circoncis.*
— *Nous aussi.*
— *Nous ne mangeons pas de porc.*
— *Nous non plus.*
— *Nous écrivons de droite à gauche.*
— *Nous aussi.*
— *Jérusalem est notre capitale...*
— *C'est aussi la nôtre...*

Alors ? LA PAIX.

    Espérons !

GLOSSAIRE

Ashkenazes : (Allemands, en hébreu) : Juifs originaires d'Europe centrale et orientale. Certains ont migré en Europe occidentale, Amérique, Afrique du Sud, Australie, etc.
Apikoyres : épicurien, mécréant, impie, libre-penseur.
Badkhn, badkhonim : amuseur, animateur lors des fêtes et des mariages.
Balebos, baleboste : maitre, maitresse de maison.
Balegole : cocher.
Bar-mitsva : (littéralement : fils du commandement ou du précepte) : majorité religieuse d'un garçon de treize ans. Au cours de la cérémonie à la synagogue, il porte les phylactères* et il est appelé pour lire la Torah. Il devient responsable de ses actes et peut participer au minyan*.
« **Barukh ata Adonay, eloeynu melekh ha olam** » : premières paroles des prières « Béni sois tu, Seigneur notre Dieu, Roi de l'univers », devient **"Borekh ato Adoyshem, Eloykeynu melekh hooylem"** dans un contexte profane, où les noms « ineffables » ne peuvent être écrits.
Barukh ha shem : béni soit le Seigneur.
Barukh hu : loué soit-il.
Batln, batlonim : paresseux, sans profession, bon à rien, à qui l'on demande d'être le dixième dans un minyan*.
Beygl, beygele : petit pain rond avec un trou au milieu, saupoudré de graines de pavot.
Bris (brit milah en hébreu) : circoncision = ablation du prépuce au huitième jour de la vie d'un garçon.
Brokhe : bénédiction.
Casher, cachère, casherout : cf Kasher
Cohen, cohanim : Cohen est le titre donné en premier à Aaron, frère de Moïse (Cohen hagadol ou grand prêtre), puis à sa descendance : les cohanim assuraient les services et les sacrifices dans le Temple de Jérusalem. Le titre se transmet de père en fils et confère à son porteur des fonctions et des astreintes particulières chez les orthodoxes.
Cou farci : voir meygele.
Diaspora : voir Goles.
Dounam : mille mètres carrés.
Gefilte fish : tranches ou boulettes de carpe farcie.
Get : divorce, accordé au mari par le rabbin.
Gevald : au secours ! Egalement : hurlement, catastrophe.
Golem : selon la légende, colosse d'argile animé d'un souffle de vie, élaboré par le rabbin de Prague (le Maharal) et installé dans la synagogue « vieille-nouvelle » pour défendre les Juifs. Au figuré : abruti, être fruste, dénué de réflexion, qui agit comme un automate.
Goles, Tfutses : exil, diaspora, dispersion.
Got, Gotenyu : Dieu et le diminutif tendre et respectueux.
Goy, goyim : non-Juif, en pratique : chrétien.

Grine : littéralement « grin = vert ». Ainsi appelait-on les nouveaux immigrés dans le pays d'accueil.
Groshn : menue monnaie polonaise.
Guter-yid : rabbin hassidique.
Hagadah : récit détaillé de la sortie d'Egypte, raconté pendant le seder* de Pâques.
Halakha (marche) : la loi, les règles de vie.
Hanouca = Khanouka : fête des lumières, qui dure huit jours et qui commémore la victoire des Machabées sur les Syriens. On allume chaque soir une nouvelle bougie sur la ménorah à neuf branches dite **khanoukia** et l'on chante des chants particuliers.
Les enfants font tourner des toupies sur les quatre faces desquelles sont inscrites quatre initiales signifiant : « un grand miracle s'est produit là-bas (ou ici, en Israël) ». A cette occasion ils reçoivent des cadeaux ou de l'argent (hanouke gelt).
Haskalah : mouvement juif des Lumières, apparu aux 18 et 19èmes siècles. Leurs adeptes, les maskilim, s'opposaient au hassidisme.
Hassid = Khossid**, hassidim** : adeptes du hassidisme.
Hassidisme = Khassidisme (de l'hébreu : pieux) : mouvement mystique initié en Pologne au 18ème siècle par le « Bal Shem Tov ». Il préconisait de servir Dieu dans la joie. A donné naissance aux rabbins hassidiques qui étaient des Saints, des Maitres. On leur attribuait le pouvoir d'accomplir des miracles.
Havdole : cérémonie qui marque la fin du shabbat et le début d'une nouvelle semaine et se termine par les souhaits : a gute vokh, une bonne semaine !
Heder = Kheder : école primaire religieuse de jeunes garçons.
Kaddish : prière en l'honneur des morts.
Kala : fiancée.
Kasher, kosher, kascher : pur, apte, permis, conforme à des règles alimentaires élaborées. Au figuré, tout ce qui est autorisé par la Loi.
Kehile : communauté juive.
Kest : « gite et couvert » assuré par les beaux-parents d'un gendre étudiant dans une yeshiva, afin de lui permettre la poursuite de ses études traditionnelles.
Khale : pain brioché natté du Shabbat et des jours de fête, saupoudré de graines de pavot.
Khazan : chantre de synagogue et ministre officiant.
Khokhem, khakhomim : érudit, Sages. Au figuré et ironiquement : petit (ou gros) malin !
Khelem = Chelm : ville de Pologne réputée pour la sottise et l'absurdité de ses habitants.
Khelemer : habitant de Khelem.
Khokhme : finesse d'esprit.
Khupe : dais nuptial et par extension : cérémonie du mariage.
Khutspe : culot, toupet, sans-gêne.
Kidoush : proclamation de la sainteté du shabbat (ou d'une fête), accompagnée de la bénédiction sur le vin.
Kippa : petite calotte que portent les juifs pratiquants.
Klezmer, klezmorim : musiciens qui accompagnaient les mariages et les fêtes en Europe de l'est. Cette musique a inspiré certaines formes du jazz américain et elle est devenue très « à la mode » dans de nombreux groupes de musiciens, juifs et non juifs.
Koysl marovi : mur de l'Ouest. Vestige du deuxième Temple à Jérusalem, dit « mur des lamentations ».
Kreplekh : raviolis à la juive, faits maison, farcis à la viande ou au fromage.
Kupat-Kholim : dispensaire en Israël (littéralement « caisse des malades »).
Lehayim, lekhayim (à la vie, en hébreu) : bonne santé, à la vôtre !
Lokshn : nouilles, qui autrefois étaient faites maison.

Luftmentsh : « homme de l'air », sans profession définie.
Malekh hamoves : l'ange de la mort.
Mame, mamele, mamelu, mamenyu : mère et les diminutifs tendres.
Mame-loshen : langue maternelle, la langue « de maman », c'est ainsi qu'on appelle le yiddish.
Mashiakh : le Messie.
Maskil, maskilim : adeptes du mouvement juif des Lumières, la Haskalah.
Matsot : pain azyme que l'on mange pendant les huit jours de la Pâque juive, pour rappeler que lors de la fuite d'Egypte, les Hébreux n'ont pu attendre que la pâte lève.
Mazel tov : littéralement = bonne chance. Et aussi : félicitations.
Megila : livre ou rouleau d'Esther, qu'on lit lors de la fête de Pourim*.
Melamed : maitre d'école religieuse primaire de garçons, qui était peu considéré et toujours très pauvre.
Menorah : chandelier à sept branches, actuellement emblème de l'Etat d'Israël.
Mentsh : être humain. Au figuré : personne honorable, quelqu'un de bien.
Meshuge, a meshugener : fou, un fou.
Mezouze : tube contenant un petit rouleau de parchemin sur lequel sont inscrits certains extraits de la Torah.
Meygele ; cou d'oie ou de poulet farci d'une préparation riche en graisse.
Mikve : bain rituel que la fiancée doit prendre avant le mariage, et la femme pieuse après les règles.
Milkhik : alimentation lactée, **fleyshik** : alimentation carnée. Ces deux sortes d'aliments ne doivent pas être consommées au cours du même repas. De même, la Kasherout exige une vaisselle dédiée à chacune.
Minhe : prière de l'après-midi.
Minyan : quorum de dix hommes, indispensable pour la prière collective.
Misnaged, Misnagdim : (opposants) : juifs orthodoxes, opposés au hassidisme. Ils leur reprochaient de négliger le côté intellectuel du judaïsme.
Mitsve : précepte, commandement et aussi : bonne action (qui sera prise en compte après la mort, par le Tout-Puissant).
Mohel : circonciseur, qui excise le prépuce chez un garçon âgé de huit jours.
Nebekh : hélas, malheureusement. Un nebekh : un pauvre bougre.
Nudnik : casse-pieds, enquiquineur.
Numéro bleu tatoué : dès qu'ils arrivaient au camp d'extermination d'Auschwitz, les Juifs non sélectionnés d'emblée pour la chambre à gaz, recevaient un numéro tatoué sur l'avant-bras gauche.
Ole, Olim : (qui « montent ») = immigrant(s) en Israël ; à l'opposé, émigrants quittant Israël = **yordim** (qui « descendent »)
Oy : interjection fréquemment utilisée, avec des significations très variées, selon l'intonation : Oy oy oy : oh là là ! Oy vey, oy vey iz mir : pauvre de moi ! Oy a brokh : quel malheur !...
Perestroïka : en russe « reconstruction ». Restructuration socio-économique.
Pessakh (en hébreu) = **Peysekh** : Pâque juive, grande fête qui commémore pendant 8 jours la fin de l'esclavage en Egypte.
Peyes = **papillotes** : boucles de cheveux portées devant les oreilles par les Juifs pieux, dès l'enfance.
Phylactères (tefilin en hébreu et tfiln en yiddish) : les deux petites boites en cuir contenant des textes sacrés, que l'on pose, lors de certaines prières, l'une sur la tête, l'autre sur le bras gauche.

Pilpul : discussions et argumentations très poussées lors de l'étude du Talmud. Au figuré, discuter sans fin le pour et le contre, couper les cheveux en quatre.

Pletsl (petite place, en yiddish = celle du métro Saint-Paul) : quartier juif le plus ancien de Paris, dans le Marais, dont le centre est la rue des Rosiers.

Pogrom ou pogrome (en russe, destruction complète) : pillages, viols, massacres perpétrés en Russie et en Pologne, par des bandes de cosaques sauvages ou autres antisémites. Souvent soutenus voire ordonnés par les autorités, ils ont coûté la vie à plus d'un million de Juifs.

Pourim : fête joyeuse qui commémore la délivrance des Juifs après le complot de Haman, ministre du roi de Perse, Assuérus. Haman avait projeté de les massacrer un jour fixé par le sort : *Pour(im) = sort en hébreu*.

Presseur : celui qui repasse les pièces, dans les ateliers de confection.

Rabbi, Rebe : mon maitre, rabbin.

Reb : Monsieur, quand on s'adresse à un Juif (R' devant un prénom d'homme).

Rebenyu : rabbin hassidique vénéré (terme affectueux et respectueux).

Reboyne-sheloylem (ribono shel olam, en hébreu = Maitre du monde) : Dieu Tout-Puissant.

Rosheshune (Rosh ha shana, en hébreu) : le nouvel an juif.

Sabra : Israélien né en Israël.

Seder (ordre, en hébreu) : au cours de la cérémonie de Pâques, on raconte longuement la sortie d'Egypte, selon un rituel contenu dans un livre, la Hagadah. Il y a deux soirées en diaspora, une seule en Israël.

Séfarades ou sépharades : Juifs d'origine espagnole, qui ont migré en Afrique du nord, Egypte, Balkans, Salonique, Turquie, Pays-Bas et Italie.

Sefer Torah : rouleau de la Torah, sur lequel sont calligraphiés sur parchemin les cinq premiers livres du tanakh (Bible) qui constituent le Pentateuque, à savoir : La Genèse, l'Exode, le Lévitique, les Nombres et le Deutéronome. Sa lecture à la synagogue recommence chaque année, après la fête de la Loi (Simhat Torah*).

Sha : chut, silence.

Shabes (shabbat en hébreu) : du vendredi soir au samedi lorsqu'apparait la première étoile. Le Juif doit se consacrer à Dieu et cesser toute activité. Il ne doit ni travailler, ni manipuler d'argent, ni fumer, ni voyager, ni cuisiner etc. Pour actionner la lumière électrique par exemple, le Juif pieux a recours à un non-Juif, le **« shabes-goy »**.

Shadkhn, shadkhonim : marieur, courtier matrimonial.

Shames (shamash en hébreu, serviteur) : bedeau, homme à tout faire dans la synagogue. En Pologne, il frappait aux volets pour signaler l'heure de l'office.

Shavouot : « fête des semaines », survenant sept semaines après Pessah, anniversaire de la révélation de la Torah sur le Mont Sinaï, c'est la Pentecôte juive. C'est aussi la fête des primeurs, en fruits et légumes.

Shema Israël : « Écoute peuple d'Israël… », premiers mots des prières du matin, du soir et du coucher.

Shikse : femme non juive.

Shlemil et Shlimazl : le **shlemil** est le maladroit, l'empoté, celui par exemple qui est à sa fenêtre et qui laisse tomber un pot de fleurs, lequel tombe sur la tête du **shlimazl**, le malchanceux qui passe dans la rue. Le shlemil est parfois aussi l'idiot du village.

Shmalts : graisse (d'oie, de poulet…)

Shmaltshering : hareng gras en saumure.

Shmates : littéralement « chiffons » ; par extension : vêtements.
   La « shmatologie » désigne l'activité qui gravite autour de la confection et de la mode.
   Shmatologue (du yiddish shmates, chiffons) : spécialiste de l'habillement.
Shmendrik : parvenu, personnage ridicule.
Sholem aleykhem : formule de salutation. « La paix sur vous », la réponse étant : **aleykhem sholem,** « sur vous également ». C'est également le célèbre nom de plume pris par Sholem Rabinovitch.
Shnaps : alcool, eau-de-vie.
Shnorer : mendiant caractérisé par son esprit, son culot et son sens de la répartie.
Shoah : anéantissement. Terme hébreu qui désigne le génocide des Juifs pendant la deuxième guerre mondiale (1939-45) – (Khurbm en yiddish). Il est préféré au terme holocauste, qui signifie sacrifice volontaire.
Shofar : corne de bélier, que l'on sonne à l'office de Yom Kippour*.
Shoykhet : celui qui abat rituellement les animaux, selon la loi de la casherout*.
Shtetl, pluriel shtetlekh : (diminutif de shtot, ville) village, bourg, bourgade. La plupart des Juifs d'Europe de l'est vivait dans ces bourgades, dont la population comportait un à deux tiers de Juifs.
Shtrayml : chapeau rond bordé de fourrure, porté par les Juifs orthodoxes.
Shtroudel : gâteau aux pommes et aux noix.
Shoul : synagogue.
Simhe : fête, réjouissance.
Simhes-Toyre : fête de l'achèvement du cycle annuel de lecture de la Torah à la synagogue.
Souca : cabane faite de branchages construite à l'air libre pour la fête de Soucot.
Soucot, souccot, soucoth : fête des cabanes. Elle commémore le séjour des Hébreux dans le désert, après la sortie d'Egypte. Pendant les huit jours de la fête, on prend les repas dans une souca.
Tales (talit, en hébreu) : châle de prière, grand châle blanc en laine ou en soie, rayé aux extrémités de fils tissés noirs ou bleus.
Talmud : Recueil comprenant la Loi orale et les enseignements des grands rabbins ; conservés dans deux rédactions dites Talmud de Jérusalem et Talmud de Babylone, tous deux terminés vers le 4ème siècle de l'ère actuelle. C'est un recueil de discussions et de commentaires de centaines d'érudits, concernant les textes sacrés. C'est le Talmud de Babylone qui fait autorité, aux dépens de celui de Jérusalem.
Tate, tatele, tatenyu : père et les diminutifs tendres.
Tfutses : voir **Goles**
Torah : doctrine et loi du Judaïsme ; les cinq livres du Pentateuque.
Tsadik, tsadikim : un Juste, un Saint, un Maître, rabbin à la tête d'une communauté hassidique.
Tsholent : plat pour le repas du shabbat à midi. La ménagère préparait un plat qu'elle laissait mijoter toute la nuit. On pouvait apporter son plat le vendredi soir chez le boulanger, qui les gardait dans son four jusqu'au samedi.
Vits (vitsn): histoire(s) juive(s) humoristique(s).
Yeshiva : école religieuse supérieure talmudique.
Yid : littéralement un Juif. Mais aussi, un homme, un quidam, quelqu'un.
Yiddish : juif (adjectif). Le **yiddish** : désigne la langue (également désignée par la : mame-loshn*)
YIVO : (**Y**idisher **V**isnshaftlekher **I**nstitut) Institut scientifique d'études juives créé à

Vilno et transféré à New York en 1940.

Yom Kippour : avec Pâques, c'est la plus importante des fêtes juives : le Jour du Grand Pardon. Dix jours le sépare de Rosh Hashana*.
Ce sont les « dix jours redoutables » pendant lesquels on fait un retour sur soi-même. Le jour de Yom Kippour est marqué par un jeûne de vingt cinq heures. On demande le pardon envers Dieu mais aussi envers les hommes que l'on a offensés pendant l'année.

Zal (« z''l » **Z**ikhroyne **l**evrokhe,) : bénie soit la mémoire (d'un défunt).

Zloty, zlotys : monnaie polonaise.

NOMS PROPRES

Dayan (Moyshe) : chef d'état-major israélien lors de la guerre des six jours.
Hôpital « Rilabozière » : Lariboisière, sans l'accent yiddish.
Khaïm, Khayim, Chaïm ou Haïm : Henri.
Lévy Eshkol : ancien Premier Ministre d'Israël.
Moyshe, Moyshele : Moïse, Maurice et le diminutif.
Rivka et **Rivkele** : Rebecca ou Renée et le diminutif.
Rokhl - Rokhele : Rachel et le diminutif.
Shmuel : Samuel.
Soure, Sourele : Sarah et le diminutif.
Yankl, Yankele : Jacob, Jacques et le diminutif.
Yosl, Yosele : Joseph et le diminutif.
Brejnev, Eltsine, Gorbatchev, Kroutchev : anciens dirigeants de l'Union Soviétique.

NOMS PROPRES INVENTES PAR LES AUTEURS

Altblum (Mme) : « vieille fleur ».
Festebeyner (professeur, rhumatologue) : « os solides ».
Feygelboym : (monsieur ou madame) « arbre aux oiseaux ».
Fifik (Moyshe) **:** « rusé ».
Gevir : « homme riche », nanti, notable.
Geltfreser (monsieur) : personne qui aime, « dévore l'argent ».
Goldfinger : qui a des « doigts en or massif ».
Heyler : (docteur) « qui guérit ».
Kardiak : cardiaque, bien sûr !
Kelef : chien, en hébreu.
Khutspan, Khutspedik (madame, monsieur) : « qui a du culot ».
Kligkepl (docteur) : « petite tête intelligente ».
Klugerkop : (madame) se dit de quelqu'un d'intelligent, qui a une « bonne tête ».

Klugtsing : « langue intelligente ».
Kortnshpiler (monsieur) : « joueur de cartes ».
Kvalski : de kval « source, puits ».
Langzam (monsieur) : « lent, lentement ».
Malkop : qui a mal « à la tête ».
Moyrevdik : « peureux ».
Nar : « idiot ».
Neyerman : « homme qui coud », tailleur.
Oyvey (Mme) « oy douleur ».
Reder (Avocat = Maître) : « qui parle ».
Seksman (docteur, urologue) : « homme du sexe ».
Sexberg : (madame) « montagne de sexe ».
Shnayderman : de « shnayder = tailleur ».
Shtoltser : de shtolts = fier, prétentieux.
Shvakhkop (Yosele) : « tête faible », sot, benêt.
Stakhanovitch (docteur) : Stakhanoviste : personne qui travaille intensivement.
Tsynikman : un « homme cynique ».
Vitsologie : Spécialité des vitsn, les blagues juives. Sous-spécialité de l'**humourologie**.
Zylberbarg : (madame) « montagne d'argent ».

BIBLIOGRAPHIE

ביבליאָגראַפֿיע

BIBLYOGRAFYE

1 - Samuel Abraham, *Les toutes dernières histoires juives* – La Détente, 1979.
2 - Adam, *L'humour juif* – Denoel, 1966.
3 - Gilles Achache, *J'aurais tellement voulu qu'il soit docteur* –
    Calmann-Lévy, 2000.
4 - Yves Azeroual, *Petites blagues entre amis. Sur la vie de mon fils* – First, 1999.
5 - Cholem Aleichem, *Gens de Kasrilevke* – Juillard, 1993.
    Menahem Mendl, le rêveur – Albin-michel, 1975.
    Tevié le laitier – Albin-Michel, 1962.
6 - Elie Baroukh et David Lemberg , *5000 ans d'humour juif* – J'ai Lu, 1995.
7 - Jean Baumgarten, *Le yiddish. Histoire d'une langue vivante* –
    Albin-Michel, 2002.
8 - Jean Baumgarten, Rachel Ertel, Itskhok Niborski, Annette Wieviorka,
    Mille ans de cultures ashkénazes – Liana Levi, 1994.
9 - Doris Bensimon, *Les Juifs dans le monde au tournant du XXIème siècle* –
    Albin- Michel, 1994.
10 - Ben Zimet, *Contes du Yiddishland* – Le Seuil, 2000.
11 - Haim Bloch, *Das jüdishe Volk un seiner anekdoten* –
    Verlag für Kulturpolitik, 1931.
12 - Martin Buber, *Les récits hassidiques* – Rocher, 1978.
13 - Henry Bulawko, *Anthologie de l'humour juif et israélien* – Bibliophane, 1988.
14 - Charles Dobzynski, *Le miroir d'un peuple* – Gallimard – 1971.
15 - Alter Druyanov, *Le livre des anecdotes (en hébreu)* – DVIR, Tel-Aviv, 1951.
    The book of Jewish Humor and Folk Tales –DVIR, 1991.
16 - Valery Dymchitz, *Contes populaires juifs d'Europe orientale* –
    José Corti, 2004.
17 - Josy Eisenberg, *Ma plus belle histoire d'humour* – David Reinharc, 2012.
18 - Rachel Ertel, *Le shtetl, la bourgade juive de Pologne* – Payot, 1980.

19 - Sigmund Freud, *Le mot d'esprit et sa relation à l'inconscient* – Gallimard, 1988.
20 - Raymond Geiger, *Nouvelles histoires juives* – Gallimard, 1925.
21 - Marek Halter, *La mémoire d'Abraham* – Robert Laffont, 1983.
Histoires du peuple juif – Arthaud, 2010.
22 - Marc Hillel, *L'erreur de Dieu. Histoire des histoires juives* – Perrin, 1997.
23 - Irving Howe, *Le monde de nos pères* – Michalon, 1997.
24 - André Kaspi, *Les Juifs pendant l'occupation* – Le Seuil, 1991.
Les Juifs américains – Plon, 2008.
25 - Joseph Klatzmann, *L'humour juif* – PUF, 1998.
26 - Ephraïm Kishon, *Défense de jouer de la trompette à Jéricho après 20 heures* – Solar, 1973.
27 - Muriel Klein-Zolty, *Contes et récits humoristiques* – L'Harmattan, 2002.
28 - Max Kohn, *Freud et la bêtise de Khelm* – L'Harmattan, 1987.
29 - Bella Laurence, *Sail'houle- Sagesse yiddish dans la tradition juive* – Bordas, 1986.
30 - Andréa Lauterwein et coll, *Rire, Mémoire, Shoah* – Ed. de l'Eclat, 2009.
31 - Philippe Lellouche, *J'en ai marre d'être juif, j'ai envie d'arrêter* – Le Cherche midi, 2008.
32 - Daniel Lifschitz, *Sagesse hassidique* – Rocher, 1997.
33 - Victor Malka, *Mots d'esprit de l'humour juif* – Le Seuil, 2006.
Dieu soit loué – l'Archipel, 2011.
34 - Mendele Moïher Sforim, *Les voyages de Benjamin III* – Fasquelle, 1960.
35 - Henri Minczeles, *Une histoire des Juifs de Pologne* – La Découverte, 2011.
36 - Immanuel Olswanger, *Rosinkes mit mandlen* – Verlag der Schweizerischen Gesellschaft für Volkskunde, Basel, 1920.
Rejte pomerantsn – Berlin, 1936.
37 - Isaac Opatowski, *Lomir lakhn* – Farlag Israel-Bukh Tel-Aviv, 1989.
38 - Alain Oppenheim, *L'humour juif, anthologie littéraire* – Omnibus, 2012.
39 - Marc-Alain Ouaknin et Dory Rotnemer, *La bible de l'humour juif* – Ramsay, 1997.
Tout l'humour juif – Assouline, 2001.
La bible de l'humour juif – Michel Lafon, 2011.
40 - Moni Ovadia, *Le baladin du monde yiddish* – Rocher, 2002.
41 - Georges Perec et Robert Bober, *Récits d'Ellis Island* – Sorbier, 1980.
42 - Isaac Leib Perets, *Contes hassidiques* – Stock – 1980.
43 - Popeck, *Le meilleur de l'humour juif. Dieu soit loué ! Et toujours à un prix raisonnable* – Le Cherche-Midi, 2011.

44 - Gérard Rabinovitch, *Le sourire d'Isaac* – Arte Mango Document, 2002.
Comment ça va mal ? L'humour juif, un art de l'esprit – Bréal, 2010.
45 - Moïse Rahmani, *Tu choisiras le rire* – Pascal, 2008.
46 - Y.-Kh. Ravnitski, *Yidishe vitsn* – M.J. Shklarski, 1950.
47 - Lionel Rocheman, *Le petit monde de Shlomo* – L'Harmattan, 1995.
48 - Léo Rosten, *Les joies du yiddish* – Calmann Levy, 1994. Réédition 2011
49 - Dov Sadan, *Kaaret tsimokim* – Tel-Aviv 1950.
50 - Daniel Sibony, *Les sens du rire et de l'humour* – Odile Jacob, 2010.
51 - Salomon Simon, *Chelm. Les héros de la bêtise* – L'Harmattan, 1987.
52 - Isaac Bachevis Singer, *Gimpel le naïf* – Denoël, 1993.
53 - Judith Stora-Sandor, *L'humour juif dans la littérature. De Job à Woody Allen* – PUF, 1984.
54 - David Weinberg, *Les Juifs à Paris de 1933 à 1939* – Calmann-Levy, 1974.
55 - Miriam Weinstein, *Yiddish, mots d'un peuple, peuple de mots* – Autrement, 2003.
56 - Michael Wex, *Kvetch ! Le yiddish ou l'art de se plaindre* – Denoël, 2008.
57 - Annette Wieviorka et Yitskhok Niborski, *Les livres du souvenir. Mémoriaux juifs de Pologne* – Gallimard, 1983.
58 - Israel Zangwil, *Comédies du ghetto* – Rieder, 1928.
59 - Collectif, *Abécédaire incomplet de l'humour juif* – Folies d'encre, 2011.

REMERCIEMENTS

דאַנקוואָרט

Ils vont tout d'abord צום ערשטן, פֿאַר

רבֿקה קאַלושינסקי,

à Renée Kaluszynski, qui dès la première heure, nous a offert sa collaboration enthousiaste pour la rédaction en yiddish,

יצחק ניבאָרסקי,

au professeur Yitskhok Niborski, yiddishiste émérite, qui nous a toujours chaleureusement encouragés et soutenus, et qui a aimablement supervisé notre travail.

פֿאַר קלאַראַ און מאַרעק האַלטער,

Clara et Marek Halter, personnalités de renom, nous ont prodigué d'inestimables conseils et suggestions.

פֿאַר אונדזערע קרובֿים און פֿרײַנד,

Notre profonde gratitude va également à nos proches et à nos amis pour leurs précieux conseils, et à tous ceux qui nous ont aidés à alimenter ce recueil.

פֿאַר מאָניק װײַנבערג,

Monique Vainberg a inclus quelques-unes des silhouettes, qu'elle a dessinées avec talent, pour illustrer ce recueil. Qu'elle soit ici remerciée pour sa gentillesse.

פֿאַר דאַן ראַמשטײַן,

Merci à Dann Ramstein, qui d'emblée a accepté d'assurer l'impression de cet ouvrage et qui, avec son équipe, a mené cette tâche à son terme avec beaucoup de patience (première édition, 2013).

אינהאַלט

הקדמות. 9
- מאַרעק האַלטער. פֿאַרוואָס ייִדישער הומאָר ? (אויף פֿראַנצייזיש).
- יצחוק ניבאָרסקי.

פֿאָרוואָרט. 19
אַרײַנפֿיר. 25

טייל א

געשטאַלטן פֿון דער ייִדישער וועלט

קאַפּיטל 1 : משפּחה. 39
זיידע-באָבע. ייִדישע מאַמעס. טאַטעס.
שווער-און-שוויגער, שנור און איידעם. קינדער.

קאַפּיטל 2 : פּאָרפֿאָלק. 85
מיט שלום-בית. אָן שלום-בית. אומגעטרײַשאַפֿט. אומפֿאַרשטייעניש.

קאַפּיטל 3 : רביים און רבנים. 125
קאַפּיטל 4 : שדכנים. 147
קאַפּיטל 5 : כעלעמער מעשׂיות. 157
כעלעמער. נאַראישקייט.

קאַפּיטל 6 : לצים. 191
קאַפּיטל 7 : שנאָרערס. 201
הונגער.געלט.

קאַפּיטל 8 : גבֿירים און אָרעמע-לײַט. 211
קאַפּיטל 9 : מלאָכות. פּרײַצײַט. 227
מלאָכות : אין שטעטל און אַנדערע מלאָכות . פֿרײַע צײַט.

קאַפּיטל 10 : דאָקטוירים. 253
קאַפּיטל 11 : מעשׂיות אָן שום עטיק. 277
רבנים. דאָקטוירים. און אַנדערע...

טייל ב

ייִדישע שטריכן

295	קאַפּיטל 12 : טאָג־טעגלעכע מעשׂיות.
	געזעלשאַפֿטלעכע באַציונגען. כּבֿוד־זוכערײַ.
309	קאַפּיטל 13 : חכמה.
323	קאַפּיטל 14 : חוצפּה.
329	קאַפּיטל 15 : אמונה.
343	קאַפּיטל 16 : זײַן אַ ייִד.

טייל ג

ייִדן אין דער וועלט

351	קאַפּיטל 17 : שׂינאת־ישׂראל.
	אין מיזרח־אײראָפּע. אין פֿראַנקרײַך. אין די פֿאַראײניקטע שטאַטן.
369	קאַפּיטל 18 : דײטשלאַנד. היטלער.
379	קאַפּיטל 19 : צאַרישע רוסלאַנד. סאָוועטן פֿאַרבאַנד.
401	קאַפּיטל 20 : פֿראַנקרײַך.
	אימיגראַנטן.
413	קאַפּיטל 21 : פֿאַראײניקטע שטאַטן.
	אימיגראַנטן. אדוואָקאַטנשאַפֿט. די אײגנשאַפֿט פֿונעם אַמעריקאַנער הומאָר.
435	קאַפּיטל 22 : ארץ־ישׂראל.
	פֿאַר 1948, פּאַלעסטינע. נאָך 1948, מדינת־ישׂראל.

469	גלאָסאַר.
477	ביבליאָגראַפֿיע.
480	דאַנקוואָרט.

INHALT

HAGDOMES. 9
- Marek Halter : Far vos yidisher humor ? (Oyf frantseyzish).
- Yitskhok Niborski.

FORVORT. 19

ARAYNFIR. 25

TEYL I

GESHTALTN FUN DER YIDISHER VELT

Kapitl 1 : MISHPOKHE. 39
    Zeyde-Bobe. Yidishe Mames. Tates.
    Shver-un-Shviger, Shnur un Eydem. Kinder.
Kapitl 2 : PORFOLK. 85
    Mit sholem-bais. On sholem-bais.
    Umgetrayshaft. Umfarshteyenish.
Kapitl 3 : RABEIM un RABONIM. 125
Kapitl 4 : SHADKHONIM. 147
Kapitl 5 : KHELEMER MAYSES. 157
    Khelemer. Narishkeyt.
Kapitl 6 : LEYTSIM. 191
Kapitl 7 : SHNORERS. 201
    Hunger. Gelt.
Kapitl 8 : GVIRIM UN OREME-LAYT. 211
Kapitl 9 : MELOKHES. FRAYTSAYT. 227
    Melokhes : In shtetl un andere melokhes. Fraye tsayt.
Kapitl 10 : DOKTOYRIM. 253
Kapitl 11 : MAYSES ON SHUM ETIK. 277
    Rabonim. Doktoyrim. Un andere…

TEYL II

YIDISHE SHTRIKHN

Kapitl 12 : TOG-TEGLEKHE MAYSES.	295
Gezelshaftlekhe batsiungen. Koved zukherey.	
Kapitl 13 : KHOKHME.	309
Kapitl 14 : KHUTSPE.	323
Kapitl 15 : EMUNE.	329
Kapitl 16 : ZAYN A YID.	343

TEYL III

YIDN IN DER VELT

Kapitl 17 : SINES-YISROEL.	351
In Mizrekh-Eyrope. In Frankraykh.	
In di Fareynikte Shtatn.	
Kapitl 18 : DAYTSHLAND. HITLER.	369
Kapitl 19 : TSARISHE RUSLAND. SOVETN FARBAND.	379
Kapitl 20 : FRANKRAYKH.	401
Imigrantn.	
Kapitl 21 : FAREYNIKTE SHTATN.	413
Imigrantn. Advokatnshaft.	
Di eygnshaft funem amerikaner humor.	
Kapitl 22 : ERETS-YISROEL.	435
Far 1948, Palestine. Nokh1948, Medines-Yisroel.	
GLOSAR.	469
BIBLIOGRAFYE.	477
DANKVORT.	480

TABLE DES MATIÈRES

PRÉFACES. 9
- Marek Halter : Pourquoi l'humour juif ?
- Itskhok Niborski.

AVANT PROPOS. 19

INTRODUCTION. 25

Ière PARTIE

PERSONNAGES de la « COMÉDIE HUMAINE » JUIVE

Chapitre 1 : FAMILLE.	39
Grands pères et Grand'mères. Mères. Pères.	
Beaux parents, Brus et Gendres. Enfants.	
Chapitre 2 : COUPLES.	85
Bonne entente. Mésentente. Infidélité. Quiproquos.	
Chapitre 3 : RABBINS.	125
Chapitre 4 : MARIEURS.	147
Chapitre 5 : A PROPOS DE KHELEM.	157
Les habitants de Khelem. La bêtise.	
Chapitre 6 : BOUFFONS.	191
Chapitre 7 : MENDIANTS.	201
Faim. Argent.	
Chapitre 8 : RICHES ET PAUVRES.	211
Chapitre 9 : MÉTIERS.	227
Métiers : ceux du shtetl et les autres. Loisirs.	
Chapitre 10 : MÉDECINS.	253
Chapitre 11 : HISTOIRES SANS ÉTHIQUE.	277
Rabbins. Médecins. Et les autres…	

IIème PARTIE

STYLES DE VIE

Chapitre 12 : LA VIE DE TOUS LES JOURS. …………………………	295
- Relations sociales. Attrait des honneurs.	
Chapitre 13 : FINESSE D'ESPRIT. ……………………………………...	309
Chapitre 14 : CULOT. ………………………………………………..	323
Chapitre 15 : RELIGION. ……………………………………………..	329
Chapitre 16 : IDENTITÉ JUIVE. …………………………………..	343

IIIème PARTIE

LES JUIFS DANS LE MONDE

Chapitre 17 : ANTISÉMITISME. ………………………………………	351
En Europe de l'est. En France. Aux Etats-Unis.	
Chapitre 18 : ALLEMAGNE. HITLER. ………………………………	369
Chapitre 19 : RUSSIE TSARISTE. UNION SOVIÉTIQUE. ………………	379
Chapitre 20 : FRANCE. ………………………………………………..	401
Les Juifs immigrés.	
Chapitre 21 : ÉTATS-UNIS. …………………………………………...	413
Les Juifs immigrés. Le barreau.	
Les particularités de l'humour juif américain.	
Chapitre 22 : ISRAËL. ……………………………………………….	435
Avant 1948, la Palestine. Après 1948, l'État hébreu.	

GLOSSAIRE. ………………………………………………………	469
BIBLIOGRAPHIE. ……………………………………………………...	477
REMERCIEMENTS. ……………………………………………………	480

www.ingramcontent.com/pod-product-compliance
Lightning Source LLC
Chambersburg PA
CBHW081343230426
43667CB00017B/2706
* 9 7 8 2 2 1 2 5 7 0 8 8 5 *